What is VAK?

YOU CAN APPROACH the topic of learning styles with a simple and powerful system—one that focuses on just three ways of perceiving through your senses:

- Seeing, or *visual learning*
- Hearing, or *auditory learning*
- Movement, or *kinesthetic learning*

To recall this system, remember the letters VAK, which stand for **v**isual, **a**uditory, and **k**inesthetic. The theory is that each of us prefers to learn through one of these sense channels. To reflect on your VAK preferences, answer the following questions. Circle the answer that best describes how you would respond. This is not a formal inventory—just a way to prompt some self-discovery.

When you have problems spelling a word, you prefer to

1. Look it up in the dictionary.
2. Say the word out loud several times before you write it down.
3. Write out the word with several different spellings and then choose one.

You enjoy courses the most when you get to

1. View slides, videos, and readings with plenty of charts, tables, and illustrations.
2. Ask questions, engage in small-group discussions, and listen to guest speakers.
3. Take field trips, participate in lab sessions, or apply the course content while working as a volunteer or intern.

When giving someone directions on how to drive to a destination, you prefer to

1. Pull out a piece of paper and sketch a map.
2. Give verbal instructions.
3. Say, "I'm driving to a place near there, so just follow me."

When planning an extended vacation to a new destination, you prefer to

1. Read colorful, illustrated brochures or articles about that place.
2. Talk directly to someone who's been there.
3. Spend time at that destination on a work-related trip before vacationing there.

You've made a commitment to learn to play the guitar. The first thing you do is

1. Go to a library or music store and find an instruction book with plenty of diagrams and chord charts.
2. Listen closely to some recorded guitar solos and see whether you can sing along with them.
3. Buy a guitar, pluck the strings, and ask someone to show you a few chords.

You've saved up enough money to lease a car. When choosing from among several new models, the most important factor in your decision is

1. The car's appearance.
2. The information you get by talking to people who own the cars you're considering.
3. The overall impression you get by taking each car on a test drive.

You've just bought a new computer system. When setting up the system, the first thing you do is

1. Skim through the printed instructions that come with the equipment.
2. Call up someone with a similar system and ask her for directions.
3. Assemble the components as best as you can, see if everything works, and consult the instructions only as a last resort.

You get a scholarship to study abroad next semester in a Spanish-speaking country. To learn as much Spanish as you can before you depart, you

1. Buy a video-based language course on DVD.
2. Download audio podcasts that guarantee basic fluency in just 30 days.
3. Sign up for a short immersion course in which you speak only Spanish.

Name ______________________________ Date ______________________________

Now take a few minutes to reflect on the meaning of your responses. The number of each answer corresponds to a learning style preference.

1 = visual **2 = auditory** **3 = kinesthetic**

	Number of **Visual** responses	Number of **Auditory** responses	Number of **Kinesthetic** responses
My totals			

My dominant Learning Style(s): ______________________________

____

Do you see a pattern in your own answers? A pattern indicates that you prefer learning through one sense channel over the others. It's also possible that your preferences are fairly balanced.

Whether you have a defined preference or not, you can increase your options for success by learning through *all* your sense channels. For example, you can enhance visual learning by leaving a space in your class notes to add your own charts, diagrams, tables, and other visuals later. You can also type your handwritten notes into a computer file and use software that allows you to add colorful fonts and illustrations.

To enhance auditory learning, reinforce your memory of key ideas by talking about them. When studying, stop often to summarize key points and add examples in your own words. After doing this several times, dictate your summaries into a voice recorder and transfer the files to an iPod or similar device. Listen to these files while walking to class or standing in line at the store.

For kinesthetic learning, you've got plenty of options as well. Look for ways to translate course content into three-dimensional models that you can build. While studying grammar, for example, create a model of a sentence using different colors of clay to represent different parts of speech. Whenever possible, supplement lectures with real-world audio and video input and experiences, field trips to Spanish-speaking neighborhoods, and other opportunities for hands-on activity. Also recite key concepts from your courses while you walk or exercise.

These are just a few examples, and in your path to mastery of learning styles, you can create many more of your own. In addition to the suggestions above, the Eleventh Edition offers new, interactive grammar practice activities for *all learning styles* that are available on iLrn.

ELEVENTH EDITION

¿Cómo se dice...?

Ana C. Jarvis
Chandler-Gilbert Community College

Raquel Lebredo
California Baptist University

Francisco Mena-Ayllón
University of Redlands, Emeritus

CENGAGE Learning®

Australia • Brazil • Japan • Korea • Mexico • Singapore • Spain • United Kingdom • United States

CENGAGE
Learning

¿Cómo se dice... ? **Eleventh Edition**
Jarvis, Lebredo, and Mena-Ayllón

Product Director: Monica Eckman
Product Manager: Mark Overstreet
Senior Content Developer: Kristen Keating
Associate Content Developer: Tyler McGuire
Product Assistant: Angie Rubino
Marketing Manager: Patricia Velázquez
Senior Content Project Manager: Aileen M. Mason
Manufacturing Planner: Betsy Donaghey
IP Analyst: Christina Ciaramella
IP Project Manager: Betsy Hathaway
Production Service/Compositor: Lumina Datamatics
Cover Designer: Brenda Carmichael
Cover image: marck from belgium/Moment/Getty Images

Library of Congress Control Number: 2016935154

Student Edition:

ISBN-13: 978-1-337-10464-7

Loose-leaf Edition:

ISBN-13: 978-1-337-10469-2

Cengage Learning
20 Channel Center Street
Boston, MA 02210
USA

Cengage Learning is a leading provider of customized learning solutions with employees residing in nearly 40 different countries and sales in more than 125 countries around the world. Find your local representative at **www.cengage.com.**

Cengage Learning products are represented in Canada by Nelson Education, Ltd.

To learn more about Cengage Learning Solutions, visit **www.cengage.com**

Purchase any of our products at your local college store or at our preferred online store **www.cengagebrain.com**

Printed in the United States of America
Print Number: 01 Print Year: 2016

TO THE STUDENT

Dear students:

Learning Spanish will open doors for you in the world of work, allow you to communicate with people from other countries and cultures, and, as an added bonus, teach you more about your own language.

¿Cómo se dice...? is designed with you in mind. Whatever makes the study of the Spanish language easier, more interesting, more helpful, and more practical is what you will find in these pages.

You will be communicating with your classmates from day one, starting with one-on-one conversations and progressing to group work. An exciting beginning!

Throughout the book, you will find insights into the cultural diversity of the Spanish-speaking world, which is as essential to successful communication as linguistic competence.

Together with your instructor, we would like to guide you through this wonderful experience by giving you a few tips to make it more productive and more enjoyable.

- Remember that studying a foreign language is not a passive pursuit, but an *active* one. Therefore, make sure that you participate in class, ask questions when necessary, and take every opportunity to practice using the Spanish language.
- Try to relate everything you learn to your own experience and to the people around you, thinking about what you might say in different situations to express your ideas, opinions, needs, and wants, and to ask for information or give directions or instructions.
- Make use of the ***Actividades adicionales*** online activities offered by this program. They can help you be *prepared* before your instructor presents the vocabulary, dialogues, and structures in class. You can also use them to review the lesson.
- Do not worry if you make mistakes. Your ability to understand and to speak Spanish correctly will develop and improve as you practice it.
- Learn poems and songs by heart. Poetry and music will help you memorize vocabulary and constructions.
- Make as much use of media as you can. Read Spanish newspapers and magazines. Listen to the Spanish radio. Watch Spanish TV. Watch your favorite movies in Spanish and, if you want to get more examples of cultural differences, watch movies made in Spain, Mexico, or Argentina.

We wish you all the best in your endeavor to learn Spanish, and hope that you not only become bilingual, but learn to appreciate the Spanish language and the customs and ideas of the millions of people who speak it.

¡Bienvenidos!

Ana C. Jarvis   Raquel Lebredo   Francisco Mena-Ayllón

SCOPE AND SEQUENCE

SCOPE AND SEQUENCE

LECCIÓN	SITUACIONES	VOCABULARIO
4 **COSTUMBRES Y TRADICIONES** p. 102	**¡Bienvenido!** p. 104 **¡Ubíquelos!** p. 104	› weekend activities and festivities › needs and preferences › states of mind **Pronunciación:** The Spanish **b, v, d,** and **g** (before **a, o,** or **u**) p. 109
5 **LAS COMIDAS** p. 132	**¿Qué comemos…?** p. 134 **¡Ubíquelos!** p. 134	› restaurants, menu › ordering meals › paying the bill › the weather **Pronunciación:** The Spanish **p, t, c** (in the combinations **ca, co, cu**), and **q** p. 139
6 **LOS QUEHACERES DE LA CASA** p. 164	**¡Tocan a la puerta!** p. 166 **¡Ubíquelos!** p. 166	› household chores › family relationships › parts of a house **Pronunciación:** The Spanish **j, g** (before **e** or **i**), and **h** p. 171

SCOPE AND SEQUENCE

LECCIÓN	SITUACIONES	VOCABULARIO
7 **EN UN HOTEL** p. 194	**De vacaciones en Costa Rica** p. 196 **¡Ubíquelas!** p. 196	› checking in at a hotel › asking about accommodations › tourism › meal times **Pronunciación:** The Spanish **ll** and **ñ** p. 201
8 **HACIENDO DILIGENCIAS** p. 224	**¡Qué romántico eres!** p. 226 **¡Ubíquelos!** p. 226	› banking › running errands › types of flowers **Pronunciación:** The Spanish **l, r, rr,** and **z** p. 231
9 **PREPARATIVOS PARA UNA FIESTA** p. 252	**¡Feliz aniversario!** p. 254 **¡Ubíquelos!** p. 254	› shopping for groceries › preparing a meal › daily routines › musical instruments **Pronunciación:** Intonation p. 259

LECCIÓN	SITUACIONES	VOCABULARIO
10 BUSCANDO APARTAMENTO p. 282	**Dos amigos** p. 284 **¡Ubíquelos!** p. 284	› renting an apartment › parts of a house › home furniture and appliances **Pronunciación:** Pronunciation in context p. 289
11 ¡BUEN VIAJE! p. 310	**Una luna de miel ideal** p. 312 **¡Ubíquelos!** p. 312	› planning a trip › at the airport, in the airplane **Pronunciación:** Pronunciation in context p. 317
12 EL AUTOMÓVIL p. 336	**Necesitamos otro coche** p. 338 **¡Ubíquelos!** p. 338	› automobiles › service station › road emergencies **Pronunciación:** Pronunciation in context p. 343

SCOPE AND SEQUENCE

LECCIÓN	SITUACIONES	VOCABULARIO
13 DE COMPRAS EN EL CENTRO COMERCIAL p. 362	**De compras** p. 364 **¡Ubíquelos!** p. 364	› clothing › shopping **Pronunciación:** Pronunciation in context p. 369
14 LAS CARRERAS UNIVERSITARIAS p. 388	**¿Qué carrera me interesa?** p. 390 **¡Ubíquela!** p. 390	› college activities › careers **Pronunciación:** Pronunciation in context p. 395
15 LA SALUD p. 416	**Síntomas** p. 418 **¡Ubíquelos!** p. 418	› health problems › parts of the body **Pronunciación:** Pronunciation in context p. 423

SCOPE AND SEQUENCE

LECCIÓN	SITUACIONES	VOCABULARIO
16 DEPORTES Y ENTRETENIMIENTO p. 444	**¿Adónde vamos?** p. 446 **¡Ubíquelos!** p. 446	› film and television › sports › outdoors activities **Pronunciación:** Pronunciation in context p. 451
17 EL MUNDO DE LOS NEGOCIOS p. 470	**¿Asistente... o víctima?** p. 472 **¡Ubíquela!** p. 472	› business › job interviews › job-related technology **Pronunciación:** Pronunciation in context p. 477
18 NOTICIAS DEL MUNDO p. 498	**Mirando las noticias** p. 500 **¡Ubíquelos!** p. 500	› media › news › politics › social issues **Pronunciación:** Pronunciation in context p. 505

ACKNOWLEDGMENTS

We wish to express our appreciation to the following colleagues for the many valuable suggestions they have offered in reviews of several editions of ***¿Cómo se dice...?***

Robert L. Adler, *University of Alabama, Birmingham*
Iris Allocati, *Citrus College*
Jon Amastae, *University of Texas, El Paso*
Richard Auletta, *Long Island University, Brookville, NY*
Ann Bachman, *Seminole Community College*
Ann Baker, *University of Evansville*
Clayton Baker, *Indiana University, Indianapolis*
Deborah Baldini, *University of Missouri, Saint Louis*
Alejandra Balestra, *University of New Mexico*
Thomas Bente, *Temple University*
Mayra E. Bonet, *Lehman College, CUNY*
Paul Budofsky, *New York University*
Renatta Buscaglia, *East Los Angeles College*
Graciela Buschardt, *St. Louis Community College, Meramec*
Ezequiel Cardenas, *Cuyamaca College*
Malcolm Compitello, *Michigan State University*
Humberto Delgado-Jenkins, *DeKalb College*
Diana Diehl, *University of Delaware*
Mario L. D'Onofrio, *Cuyahoga Community College*
Martin H. Durrant, *Mesa Community College*
Deborah Edson, *Tidewater Community College*
Kenneth Eller, *University of Nebraska, Omaha*
María Enrico, *Mercy College*
Barbara P. Esquival-Heinemann, *Winthrop University*
Robert Fedorchek, *Fairfield University*
Ronna Feit, *Nassau Community College*
José Feliciano, *University of South Florida*
Roger Fernández, *Los Angeles City College*
Rosa Fernández, *University of New Mexico*
Rachel Finney, *Richard Bland College*
Carmen Forner, *College of Southern Nevada, Las Vegas*
Mark Forrester, *Burlington County College*
Walter Fuentes, *College of Charleston*
Brian Gilles, *Pasadena College*
Yolanda Guerrero, *Grossmont College*
Peg Haas, *Kent State University*
Janet J. Hampton, *University of the District of Columbia*
Paul Jacques, *Grossmont College*
Larry King, *University of North Carolina*
Lincoln Lambeth, *College of the Ozarks*
Fidel de León, *El Paso Community College*
Roxana Levin, *St. Petersburg Junior College*
Mark Littlefield, *Buffalo State College*
Christopher Maurer, *Harvard University*
Ornella Mazzuca, *Dutchess Community College*
Li McCleod, *University of Saskatchewan*
Kathy McConnell, *Point Loma Nazarene University*
Virginia M. McCready, *Pasadena City College*
Dawn Meissner, *Anne Arundel Community College*
Virginia Morris, *Broward Community College*

Karen-Jean Muñoz, *Florida Community College at Jacksonville*
Oliver T. Myers, *University of Wisconsin, Milwaukee*
Eileen Nelson, *Brookhaven College*
Verónica Mejía Noguer, *Chaffey College*
Joanne de la Parra, *Queen's University*
Loknath Persaud, *Pasadena City College*
George Pesacreta, *Palomar College*
Vernon L. Peterson, *Missouri Southern State College*
Alcibiades Policarpo, *The University of Missouri, St. Louis*
Alvin L. Prince, *Furman University*
Joy Renjilian-Burgy, *Wellesley College*
Duane Rhodes, *University of Wyoming*
Wendy L. Rolph, *University of Toronto*
Jeff Ruth, *East Stroudsburg University*
José Angel Sainz, *Mary Washington College*
José Alejandro Sandoval Erosa, *Des Moines Area Community College*
Ruth E. Smith, *Northeast Louisiana University*
Montserrat Solá-Solé, *University of the District of Columbia*
William N. Stivers, *Pepperdine University*
Octavio de la Suarée, *William Paterson College*
Alice K. Taub, *St. Louis University*
Edda Temoche-Weldele, *Grossmont College*
Charles P. Thomas, *University of Wisconsin*
Matthew Tornatore, *Truman State University*
Alfredo Torrejón, *Auburn University*
Margarita Vargas, *SUNY, Buffalo*
Maurice Westmoreland, *SUNY, Albany*

The publication of the eleventh edition of ***¿Cómo se dice...?*** could not have been accomplished without the contribution of many people. We would first like to thank Cengage Learning and Publisher Beth Kramer for their support. We would especially like to acknowledge Carlos Calvo for his guidance and invaluable support throughout the developmental stage of this edition. Our special thanks go to Mark Overstreet, Heather Bradley Cole, Tyler McGuire, and Aileen Mason. Our thanks also go to all the other people involved with the marketing, editorial, and production stages, and to Senior Project Manager Katy Gabel, and the copyeditor and the proofreader.

LECCIÓN PRELIMINAR

SITUACIONES

Learn some greetings and farewells, and how to get some information in Spanish. Read these brief dialogues with familiar situations. Start practicing with classmates and friends right away, and enjoy communicating in your new language.

En la universidad

CD1-2

—Buenos días, señor Vega.

—Buenos días, señorita.

Dragon Images/Shutterstock.com

—Buenas tardes, doctor Suárez.

—Buenas tardes, señora. ¿Cómo está usted?

—Bien, gracias. ¿Y usted?

—Muy bien, gracias.

ERproductions Ltd/ Blend Images/ Getty Images

—Buenas noches. ¿Cómo están ustedes?

—Bien, gracias, profesora.

Tyler Olson/Shutterstock.com

—Hola, Roberto. ¿Qué tal?

—Bien, ¿y tú?

—Bien, gracias. ¿Qué hay de nuevo?

—No mucho.

Helder Almeida/Shutterstock.com

—¿Cómo te llamas?

—Me llamo Victoria. ¿Y tú?

—Yo me llamo Juan Carlos.

Steve Debenport/E+/Getty Images

—¿Cuál es tu número de teléfono?

—(Cuatro-ocho-cero) tres-cinco-seis-siete-dos-uno-nueve

skynesher/Getty Images

—Hasta mañana, Silvia.

—Chau, Roberto.

CandyBox Images/Shutterstock.com

VOCABULARIO

En el diálogo

Cognados[1] *(Cognates)*

mucho	*much*
el teléfono	*telephone*
la universidad	*university*

Títulos *(Titles)*

doctor, doctora (Dr., Dra.)	*doctor (Dr.)*
profesor, profesora	*professor*
señor (Sr.)	*mister (Mr.)*
señora (Sra.)	*Mrs.*
señorita (Srta.)	*Miss*

Saludos y despedidas *(Greetings and farewells)*

buenas noches	*good evening, good night*
buenas tardes	*good afternoon*
buenos días	*good morning*
chau, adiós	*goodbye*
hasta mañana	*see you (until) tomorrow*
hola	*hello*

Preguntas y respuestas *(Questions and answers)*

¿Cómo está usted?	*How are you? (formal)*[2]
¿Cómo están ustedes?	*How are you? (When addressing more than one person)*
¿Qué tal?	*How is it going?*
Bien.	*Well, fine.*
Muy bien.	*Very well.*
¿Qué hay de nuevo?	*What's new?*
No mucho.	*Not much.*
¿Cómo te llamas?	*What's your name? (informal)*[3]
(Yo) me llamo...	*My name is . . .*

Otras palabras y expresiones *(Other words and expressions)*

¿cómo?	*how*
¿cuál?	*what, which*
_____ es tu número de teléfono?	*What's your phone number?*
Gracias.	*Thanks, Thank you.*
muy	*very*
no	*not*
número	*number*
tú	*you (familiar)*
usted	*you (formal)*
ustedes	*you (when addressing more than one person)*
y	*and*
yo	*I*

Números *(Numbers)*

0	**cero**
1	**uno**
2	**dos**
3	**tres**
4	**cuatro**
5	**cinco**
6	**seis**
7	**siete**
8	**ocho**
9	**nueve**
10	**diez**

¡Atención! **Uno** changes to **un** before a masculine singular noun, and it changes to **una** before a feminine singular noun: **un profesor** (one, a professor) [masculine], **una profesora** (one, a professor), [feminine].

[1] *Cognates* are words that are similar in both languages.
[2] Informal: **¿Cómo estás (tú)?**
[3] Formal: **¿Cómo se llama (usted)?**

Práctica

1. **La clase de español *(The Spanish class)*** With a classmate, take turns doing the following.

    1. It is morning.You greet your professor and ask how he/she is.
    2. In the afternoon, you greet Miss Vega and ask her what's new.
    3. In the evening, you greet Dr. Allende.
    4. You greet a friend and ask him how it's going.
    5. You ask a group of people how they are.
    6. Mr. Soto asks you how you are. What do you respond?
    7. Someone asks you what's new. What do you respond?
    8. You ask a classmate what her name is.
    9. Someone asks you what your name is. What do you respond?
    10. You ask a friend what her phone number is.

2. **Números de teléfono** In Los Angeles there are many businesses that are owned by Spanish speakers. Take turns with your classmate reading the telephone numbers that a Spanish-speaking person would call, according to his/her needs.

    1. Carlos wants to have his picture taken.
    2. Sergio wants to send flowers to his wife.
    3. Elena is having car trouble.
    4. Lupe needs to have a prescription filled.
    5. Fernando needs to make a dinner reservation.
    6. Silvia wants to know what time the jewelry store closes.
    7. Eva and Luis need an apartment.
    8. Antonio wants to know if a bookstore is open on Sundays.

LECCIÓN 1

SALUDOS Y DESPEDIDAS

iStockp/Getty Images

¡Hola!

OBJETIVOS COMUNICATIVOS

You will learn some greetings and farewells, how to introduce yourself and say where you are from, and how to talk about days of the week and dates.

SITUACIONES

Estudiantes y profesores

ESTRUCTURAS

1 The alphabet
2 Cardinal numbers 11–39
3 Colors
4 Days of the week
5 Months and seasons of the year
6 Subject pronouns
7 Present indicative of **ser**

ASÍ SOMOS

¡Vamos a ver!
Watching and understanding situations

¡Vamos a escuchar!
Listening for the main idea

¡Vamos a conversar!
Speaking for basic communication

¡Vamos a leer!
Recognizing cognates

¡Vamos a escribir!
Generating ideas by brainstorming

EL MUNDO HISPÁNICO Y TÚ

› Los mexicoamericanos

› Los Estados Unidos hispánicos y el español en el mundo

AUTOPRUEBA

You will review what you learned in this lesson.

LOS MEXICOAMERICANOS En los Estados Unidos *(United States)* hay unos 40 millones de hispanos. El 64 por ciento *(percent)* son de origen mexicano. La mayoría de ellos están *(are)* concentrados principalmente en Arizona, California, Tejas, Colorado, Nevada y Nuevo México.

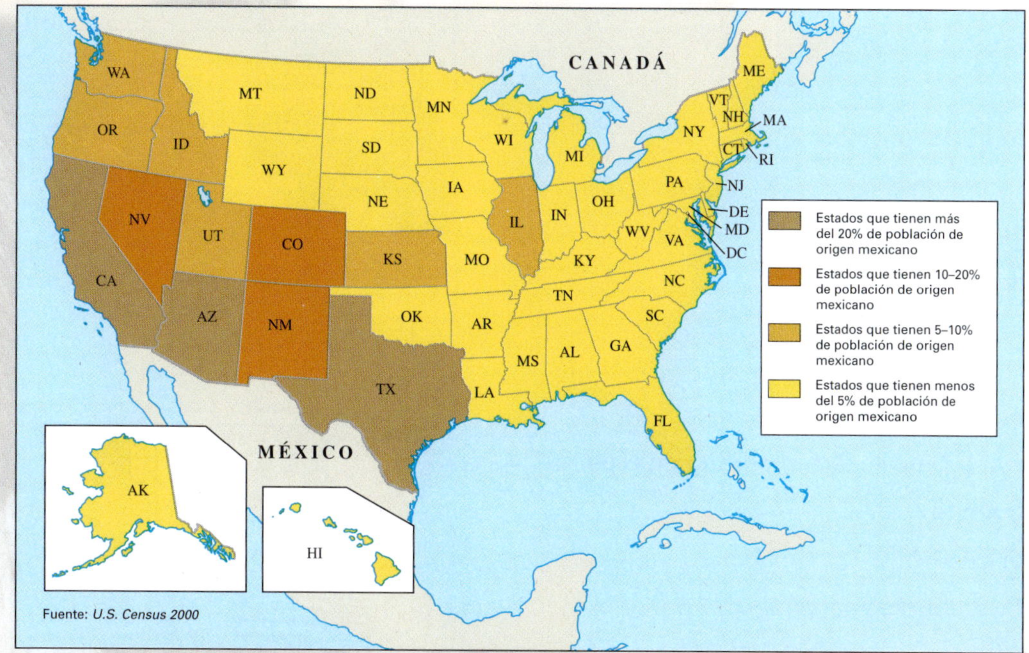

SITUACIONES

Estudiantes y profesores

CD1-3

¡Ubíquelos!

Fernando is from San Antonio, Texas. Watch the video about Mexican Americans to get a sense of the beautiful sights of the city of San Antonio.

Dos amigos en la universidad (por la mañana)

Luis: Buenos días, Marité. ¿Cómo estás?

Marité: Bien, gracias. ¿Qué hay de nuevo?

Luis: Nada. Bueno... no mucho. Chau. Saludos a Eva.

© Andersen Ross/Getty Images

Dos estudiantes en la cafetería

Ana María: Hola, Carlos. ¿Cómo te va?

Carlos: Bien, Ana María. Siéntate.

Ana María: Gracias. Oye, Carlos, ¿cuál es tu dirección?

Carlos: Calle Magnolia, número cuatro, seis, dos.

© Wavebreakmedia/Shutterstock.com

Cuatro profesores en la oficina (por la tarde)[1]

Dr. Vega: Dra. Soto, el profesor Luis Viñas.

Dra. Soto: Mucho gusto, profesor Viñas.

Prof. Viñas: El gusto es mío.

Dr. Vega: La señora Marta Ruiz.

Dra. Soto: Encantada, señora.

Sra. Ruiz: Igualmente.

© wavebreakmedia/Shutterstock.com

Dos estudiantes en la biblioteca (por la noche)

David: Oye, Sandra. ¿Cómo se dice *chemistry* en español?

Sandra: Se dice **química.**

David: ¡El español es difícil!

Sandra: No, ¡es fácil! Muchas palabras son cognados.

© Andresr/Shutterstock.com

[1] Dr. Vega introduces his colleagues to Dr. Soto.

Tres estudiantes en la clase de inglés

© Syda Productions/Shutterstock.com

MARCELO: ¿De dónde eres tú, Sandra?

SANDRA: Yo soy de México. ¿De dónde son ustedes?

MARCELO: Nosotros somos de Tejas. Yo soy de Dallas y Fernando es de San Antonio.

FERNANDO: Oye, Marcelo, ¿qué fecha es hoy?

MARCELO: Hoy es el siete de septiembre.

FERNANDO: ¡Caramba! ¡Hoy es mi cumpleaños!

MARCELO Y SANDRA: ¡Feliz cumpleaños, Fernando!

Un estudiante en la oficina de la profesora Lidia Méndez

© Monkey Business Images/Shutterstock.com

MARTÍN PAZ: Buenas tardes, profesora.

PROF. MÉNDEZ: Buenas tardes, señor Paz. Pase. Tome asiento, por favor.

MARTÍN PAZ: Gracias. Perdón, profesora, ¿hay clase hoy?

PROF. MÉNDEZ: No, hoy es lunes. La clase es el martes.

MARTÍN PAZ: Bueno... ¡La clase es mañana!

PROF. MÉNDEZ: Sí, nos vemos mañana.

LEARNING TIP

Many social variables are at play when deciding whether to address people formally **(usted/Ud.)** or informally **(tú).** At work, a superior is addressed as **Ud.,** whereas peers are addressed as **tú.** In social situations, consider the speakers' relative ages, their level of acquaintance, and shared commonalities. When in doubt, use **Ud.**

1. Hablemos. With a classmate, take turns asking and answering the following questions. Base your answers on the dialogues and on your own circumstances.

En el diálogo

1. ¿Cómo está Marité?
2. ¿Cuál es la dirección de Carlos?
3. ¿De dónde es Sandra?
4. ¿Hoy es el cumpleaños de Marcelo o de Fernando?
5. ¿Lidia Méndez es profesora o estudiante?

¿Y tú?

1. ¿Cómo estás?
2. ¿Cuál es tu dirección?
3. ¿De dónde eres tú? (Yo soy...)
4. ¿En qué mes es tu cumpleaños?
5. ¿Tú eres profesor(a) o estudiante?

(HINT: For a list of months, go to page 17.)

¿Tú lo sabías? *(Did you know?)*

María es un nombre *(name)* muy popular en España y en Latinoamérica. Frecuentemente se usa con otros nombres: Ana María, María Teresa, ect. Se usa también como segundo nombre *(middle name)* para hombres: José María, Carlos María, etc.

› **¿Mary es un nombre muy popular en este país? ¿Se usa con otros nombres?**

VOCABULARIO

En el diálogo

Cognados *(Cognates)*

la cafetería	*cafeteria*
la clase	*class*
el (la) estudiante	*student*
mucho	*much*
no	*no, not*
la oficina	*office*
septiembre[1]	*September*

Nombres *(Nouns)*

el (la) amigo(a)	*friend*
la biblioteca	*library*
la calle	*street*
el cumpleaños[2]	*birthday*
la despedida	*farewell*
el día	*day*
la dirección, el domicilio	*address*
el español[3]	*Spanish (language)*
la fecha	*date*
el inglés	*English (language)*
el lunes[4]	*Monday*
el martes	*Tuesday*
química	*chemistry*
el saludo	*greeting*

Verbo *(Verb)*

ser	*to be*

Adjetivos *(Adjectives)*

difícil	*difficult*
fácil	*easy*
feliz	*happy*

Despedida *(Farewells)*

Nos vemos.	*(I'll) See you.*

Preguntas para saludar *(Questions to say hello)*

¿Cómo estás?	*How are you?*
¿Cómo te va?[5]	*How is it going (for you)? (familiar)*
¿Qué tal?	*How is it going?*

Otras palabras y expresiones *(Other words and expressions)*

a	*to*
bueno...	*well . . .*
¡caramba!	*gee, gosh!*
¿Cómo se dice...?	*How does one say . . .?*
¿Cuál es tu dirección?	*What is your address?*
de	*from, of*
¿dónde?	*where?*
El gusto es mío.	*The pleasure is mine.*
en	*in, at*
Encantado(a).	*Charmed.*
hay	*there is, there are*
hoy	*today*
Igualmente.	*Likewise. Same here.*
Mucho gusto.	*Glad to meet you. (lit., Much pleasure.)*
nada	*nothing*
nosotros	*we*
¡Oye!	*Listen!*
Pase.	*Come in.*
Perdón.	*Pardon me. (Excuse me.)*
por favor	*please*
por la mañana	*in the morning*
por la noche	*in the evening*
por la tarde	*in the afternoon*
¿Qué fecha es hoy?	*What's today's date?*
Saludos a...	*Say hi to . . .*
sí	*yes*
Siéntate.[6]	*Sit down. (familiar)*
Tome asiento.[7]	*Have a seat. (formal)*
tu	*your*

[1] Names of months are not capitalized in Spanish. Note that the spelling "setiembre" (without the **p**) is also accepted.
[2] The word **cumpleaños** is always used in the plural.
[3] Names of languages are not capitalized in Spanish.
[4] Names of days are not capitalized in Spanish.
[5] Formal: **¿Cómo le va?**
[6] Formal: **Siéntese.**
[7] Familiar: **Toma asiento.**

Más sobre el tema *(More about the topic)*

Expresiones de cortesía

¿Tú lo sabías?

Se usa **hola** con personas conocidas *(known)*, no con extraños *(strangers)*.

› **¿Cómo saludan ustedes *(do you greet)* al profesor (a la profesora)?**

LEARNING TIP

Use your powers of visualization and association to aid your language learning. Think of real (or funny) images to associate with words you learn in context. Take a moment to create a mental image in which you associate several vocabulary words; then describe the image aloud. For example: **"En la universidad hay clases con** *(with)* **diez estudiantes." "La fiesta de cumpleaños es hoy."**

VOCABULARIO

Práctica

2. Empareja. Match the items in column A with those in column B.

A	B
1. Mucho gusto. ___	a. Yo soy de México.
2. Encantada. ___	b. No, es fácil.
3. ¿Qué fecha es hoy? ___	c. No mucho.
4. ¿De dónde eres? ___	d. No, por la tarde.
5 ¿Cuál es tu dirección? ___	e. Bien, gracias.
6. ¿Qué hay de nuevo? ___	f. Igualmente.
7. ¿Cómo te va? ___	g. No, hoy es martes.
8. ¿El español es difícil? ___	h. El gusto es mío.
9. ¿La clase es por la mañana? ___	i. Calle Lima, número diez.
10. Hoy es lunes, ¿no? ___	j. El cuatro de abril.

3. Completa. Complete the following, using vocabulary from Lesson 1.

1. Yo estudio *(study)* en la ___________.
2. ¿Cómo se ___________ *chemistry* en español?
3. Hola. ¿Cómo ___________?
4. Nos ___________ mañana. ___________ a Carlos.
5. Hay diez estudiantes en la ___________ de inglés.
6. ¿Hoy es tu cumpleaños?¡ ___________ cumpleaños!
7. Pase y tome ___________, por favor.
8. Yo como *(eat)* en la ___________.
9. ¿ ___________ es lunes o martes?
10. ¿Tú estudias *(study)* por la mañana, por la tarde o por la ___________?

4. Preguntas y respuestas Talk with a classmate. Take turns responding to the following.

1. Mucho gusto.
2. ¿Cómo estás?
3. ¿Qué hay de nuevo?
4. ¿Cuál es tu dirección?
5. ¿Tú estudias *(study)* por la mañana, por la tarde o por la noche? (Yo estudio...)
6. ¿El español es fácil o difícil? ¿Y la química?
7. ¿Cómo se dice *excuse me* en español?
8. Una pregunta: ¿Cuántos *(How many)* estudiantes hay en la clase? ¿Más de *(More than)* o menos de *(less than)* diez estudiantes?
9. Muchas gracias. Muy amable.
10. Hasta luego.

Para conversar

5. ¿Qué dicen estas personas? *(What are these people saying?)* With a classmate, take turns creating exchanges between the people in the illustrations. Then join another group and compare your ideas with theirs.

A.

Modelo —*Mucho gusto, soy Eva Pasos.*
—*Encantado. Soy Luis Díaz.*

B.

C.

D.

E.

F.

Pronunciación

CD1-4

A. The Spanish *a*

The Spanish **a** is pronounced like the *a* in the English word *father*. Listen to your teacher and repeat the following sentences.

¡Caramba, Amanda!

Encantada, señora Vargas.

Hasta mañana, Susana.

Soy Marta Aranda.

B. The Spanish e

CD1-5

The Spanish **e** is pronounced like the *e* in the English word *end*. Listen to your teacher and repeat the following sentences.

Eva es de Los Ángeles.

¿De dónde eres, Elena?

Es el señor Pérez Allende.

ESTRUCTURAS

1 The alphabet *(El alfabeto)*

Letter	Name	Letter	Name	Letter	Name
A	a	J	jota	R	ere, erre
B	be[1]	K	ka	S	ese
C	ce	L	ele	T	te
D	de	M	eme	U	u
E	e	N	ene	V	ve[2]
F	efe	Ñ	eñe	W	doble ve[3]
G	ge	O	o	X	equis
H	hache	P	pe	Y	i griega[4]
I	i	Q	cu	Z	zeta

[1]be larga
[2]ve corta
Note: Official names of these letters are: "b = be", "v = uve", [3]"w = doble uve", and [4]"y = ye", according to the *Real Academia de la Lengua Española.*

LEARNING TIP
Spell out names of people in your family and your circle of friends.

Práctica

6. Con el oculista With a classmate, take turns playing an eye doctor and read this eye chart. You point to a letter and your partner says the name of that letter. Then switch roles.

S
T U J
H M G L A
W F P Q X Z E
R D B C Y N K I V

7. Apellidos *(Last names)* Here are some last names that you have to spell out.

Modelo Douglas: *de - o - u - ge - ele - a - ese*

1. Wilson: ____________
2. Taylor: ____________
3. Jackson: ____________
4. Fisher: ____________
5. Ziegler: ____________
6. García: ____________

LEARNING TIP
When you spell out words in Spanish, some letters may require a written accent. If so, you should say "con acento" after the corresponding letter. For example, when spelling the word **tú**, you should say **"te - ú con acento"**

Para conversar

8. ¿Cómo se escribe? A Spanish-speaking person may not know how to spell your name. If that person wants to write it, he or she might ask, **¿Cómo se escribe?**[1] *(How do you write it?)* Learn how to spell your name in Spanish. Ask five classmates what their last names are **(¿Cuál es tu apellido?)** and how to spell them. Then spell your last name for them to write it.

2 Cardinal numbers 11–39 *(Los números cardinales del 11 al 39)*

11 **once**
12 **doce**
13 **trece**
14 **catorce**
15 **quince**
16 **dieciséis**
17 **diecisiete**
18 **dieciocho**
19 **diecinueve**
20 **veinte**
21 **veintiuno** *(and so on)*
30 **treinta**
31 **treinta y**[2] **uno** *(and so on)*

¡Atención! **Uno** changes to **un** before a masculine singular noun: **un profesor** *(one professor)*. **Uno** changes to **una** before a feminine singular noun: **una profesora** *(one professor)*.

LEARNING TIP
Count from 0 to 39 first by twos, then by threes, by fours, and by fives.

[1]Also **¿Cómo se deletrea?** *(How do you spell it?)*
[2]This **y** appears only in numbers from 31 to 99.

CD1-6

9. Una canción *(A song)* Count along in Spanish! Listen to the song, then try to sing it by heart.

Canción infantil *(Children's song)*

Dos y dos son cuatro,
cuatro y dos son seis;
seis y dos son ocho
y ocho dieciséis.

Para conversar

10. Una clase de aritmética You and your classmate are tutoring some Spanish-speaking children. Prepare addition and subtraction problems along with an answer key. The children only deal with numbers up to thirty-nine.

+	:	más
–	:	menos
=	:	igual, son
x	:	por
÷	:	entre
16 + 8 =		
3 – 2 =		
2 x 4 =		
6 ÷ 3 =		
25 – 12 =		

Modelo *—¿Cuánto es trece menos dos?*
—Trece menos dos son once.

—¿Cuánto es cinco por cuatro?
—Cinco por cuatro son veinte.

—¿Cuánto es ocho entre dos?
—Ocho entre dos son cuatro.

E+/Getty Images

3 Colors *(Los colores)*

› Everywhere you go, there are colors! Learn to say them in Spanish.

Práctica

11. Colores Match the items in column A with the corresponding colors in column B.

A		B
1. snow	_____	a. rojo
2. coffee	_____	b. verde
3. blood	_____	c. azul
4. a banana	_____	d. negro
5. an elephant	_____	e. marrón
6. a violet	_____	f. rojo, blanco y azul
7. grass	_____	g. rosado
8. coal	_____	h. morado
9. an orange	_____	i. gris
10. the sky	_____	j. anaranjado
11. rosy cheeks	_____	k. blanco
12. the American flag	_____	l. amarillo

12. Los colores de la ropa *(clothes)* With a classmate, take turns naming the people in the illustration (people in the cafeteria) and telling what colors they are wearing.

Modelo *—Eva*
—anaranjado y verde

13. Una pintura This is a painting by Mexican painter Diego Rivera. With a classmate, take turns naming the colors that you see, in Spanish. You can add the following words to the colors:

claro *light*
oscuro *dark*
(e.g., **azul claro** *or* **azul oscuro**)

Modelo —*Esto es (This is) de color azul claro.*
—*Mira (Look), morado oscuro.*
—*Y mira... aquí hay algo (something) amarillo.*

Artists Rights Society - (USE ARS - Artist's Rights Society) Superstock

Sueño de una tarde dominical, de Diego Rivera

Para conversar

14. ¿Qué color te gusta? *(What color do you like?)* Conduct a survey of your classmates to find out which color is the most popular.

Modelo —*¿Qué color te gusta?*
—*Me gusta el color...*
—*El color más popular es el ______.*

15. ¡Somos pintores! *(We are painters!)* See if your classmate knows what colors can be formed by mixing the primary colors.

Modelo —*¿Qué color forman el ______ y el ______?*
—*Forman el color ______.*

LEARNING TIP
As you look at the world around you, try to name, in Spanish, the colors you see. Remember that it is always best to go from the concept to the target language (Spanish) and vice versa.

4 Days of the week *(Los días de la semana)*

agosto

lunes	martes	miércoles	jueves	viernes	sábado	domingo
1	2	3	4	5	6	7
8	9	10	11	12	13	14
15	16	17	18	19	20	21
22	23	24	25	26	27	28
29	30	31				

—¿Qué día es hoy?, **¿sábado?**	*What day is today? Saturday?*
—No, hoy es **viernes.**	*No, today is Friday.*

› In Spanish-speaking countries, the week starts on Monday (although in some calendars it is common to see Sunday as the first day).

› The days of the week are not capitalized in Spanish.

› The days of the week are masculine in Spanish. The masculine definite articles **el** and **los** are often used with them to express *on.*

› All the days of the week use the same form for the singular and plural **(el lunes – los lunes).** The only exceptions are **sábado** and **domingo** **(el sábado – los sábados).**

LEARNING TIP
Every day, when you get up, tell yourself: "**Hoy es...** (+ the day of the week)."

Práctica

16. ¿Qué día es? Knowing that **mañana** means *tomorrow* and **pasado mañana** means the *day after tomorrow*, give information following the model.

Modelo Hoy es lunes.
Mañana es martes y pasado mañana es miércoles.

1. Hoy es sábado.
2. Hoy es miércoles.
3. Hoy es viernes.
4. Hoy es domingo.
5. Hoy es jueves.
6. Hoy es martes.

Para conversar

17. La guía de televisión With a classmate, take turns naming different programs from **el canal 27,** saying on what days they are shown. Then keep asking questions about programs that you watch regularly. You can use the dictionary to look up unknown words in the TV guide.

Modelo —*¿¡Fútbol!?*
—*Los sábados.*

canal 27
Su canal hispano
Programación de la mañana 9:00–12:00

	9:00–10:00	10:00–11:00	11:00–12:00
LUNES	Buenos días, Estados Unidos	Programa educativo	Telenovela *Pasión en California*
MARTES	Hospital General	Música latina	Tenis
MIÉRCOLES	Documental de ciencias	Ciudades latinoamericanas	Programa político
JUEVES	Una clase de ejercicio	Chef Arturo	Noticias internacionales
VIERNES	Animales de África	Problemas sociales	*Los Simpson*
SÁBADO	Programa infantil	Música de México	Fútbol
DOMINGO	Religión	Gimnasia	Béisbol

5 Months and seasons of the year *(Los meses y las estaciones del año)*

A. Los meses

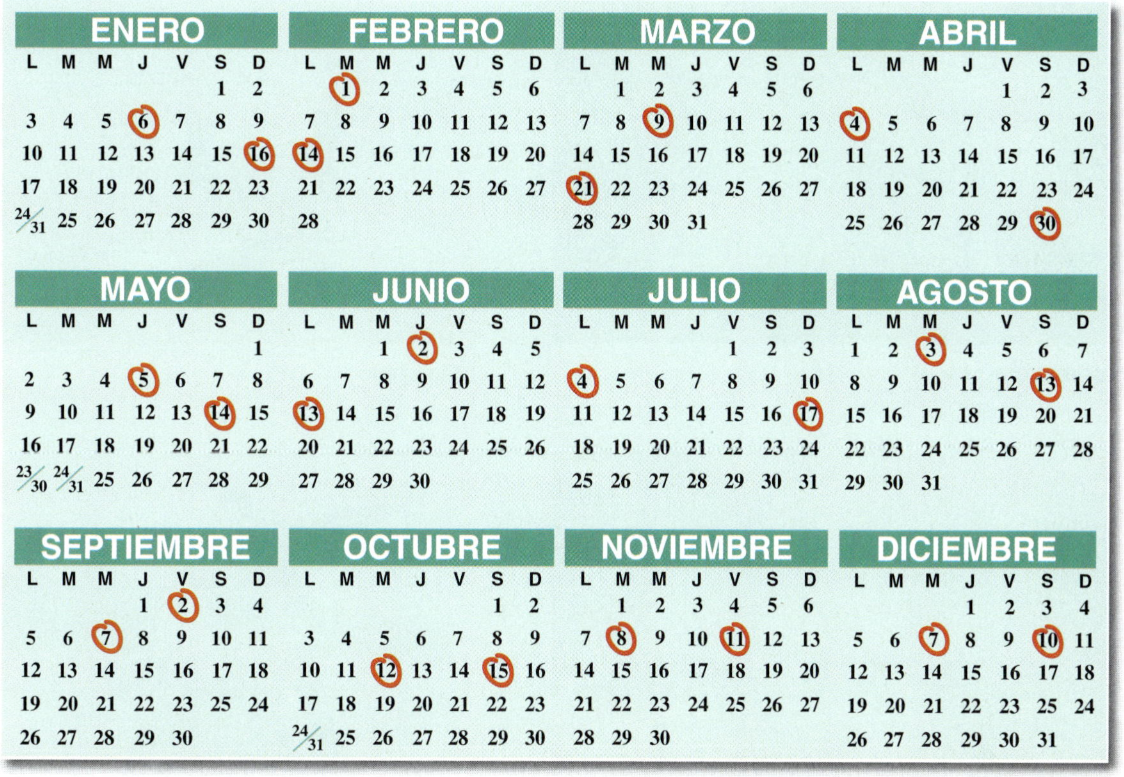

› To ask for the date say:

—¿Qué fecha es hoy? — *What's the date today?*

› When giving the date, always begin with the phrase **"Hoy es el..."**

—Hoy es el cuatro de julio. — *Today is the fourth of July.*

› Begin with the number, followed by the preposition **de** *(of)*, and then the month.

el seis de agosto — *August sixth*

—¿Qué fecha es hoy? ¿El treinta de abril? — *What's the date today? April thirtieth?*
—No, hoy es el primero de mayo. — *No, today is May first.*

› The article **el** is omitted when the day of the week is expressed.

Hoy es jueves, 20 de abril. — *Today is Thursday, April 20.*

¿Tú lo sabías?

Cuando en español damos *(we give)* una fecha como 10-8, no es el 8 de octubre sino *(but rather)* el 10 de agosto.

LEARNING TIP

Think of the birthdays of your friends and the members of your family. What are the dates? **"El cumpleaños de** (name) **es el** (day) **de** (month)."

B. Las estaciones del año

© TravnikovStudio/Shutterstock.com

La primavera

© Anouk de Maar/Cultura/Getty Images

El verano

© Dennis van de Water/Shutterstock.com

El otoño

© dotshock/Shutterstock.com

El invierno

Práctica

18. En el otoño With a classmate, take turns reading the following and answering the questions.

En el otoño, las calles de Buenos Aires están llenas de niños que van a la escuela. Las clases empiezan en marzo y, en julio, hay vacaciones de invierno.

1. ¿De qué están llenas las calles de Buenos Aires en el otoño?
2. ¿Adónde van los niños?
3. ¿En qué mes empiezan las clases?
4. ¿Qué hay en julio?
5. ¿Cómo se dice *spring break* en español?

iStock/Getty Images

19. El calendario With your classmate, look at the dates circled on the calendar on page 17 and take turns saying them in Spanish.

20. ¿Qué estación te gusta? Conduct a survey of your classmates to find out which is their favorite season.

Modelo —*¿Cuál es tu estación favorita?*
—*Me gusta el (la)...*

CD1-7

21. Una canción Listen to a folk song you would hear during the Feast of San Fermín in northern Spain. This feast is famous for bulls being let loose to chase people through the narrow streets of the old city of Pamplona. After listening to the song a couple of times, try to sing it.

Uno de enero,
dos de febrero,
tres de marzo,
cuatro de abril,
cinco de mayo,
seis de junio,
siete de julio,
San Fermín.

© Danny Lehman/Corbis

Celebración de San Fermín, en España *(Spain)*

ESTRUCTURAS

Para conversar

22. Oye, ¿cuál es tu signo? *(Hey, what's your sign?)* Survey your classmates to find out when everybody's birthday is and what signs everyone belongs to. For help, use the chart with the Zodiac and the corresponding dates.

Modelo *—¿Cuándo es tu cumpleaños?*
—Mi cumpleaños es el dos de abril.
—¿Cuál es tu signo?
—Mi signo es Aries.

Aries  21 de marzo a 19 de abril	**Tauro**  20 de abril a 20 de mayo	**Géminis**  21 de mayo a 21 de junio
Cáncer  22 de junio a 22 de julio	**Leo**  23 de julio a 22 de agosto	**Virgo**  23 de agosto a 21 de septiembre
Libra  22 de septiembre a 22 de octubre	**Escorpión**  23 de octubre a 21 de noviembre	**Sagitario**  22 de noviembre a 21 de diciembre
Capricornio  22 de diciembre a 19 de enero	**Acuario**  20 de enero a 19 de febrero	**Piscis**  20 de febrero a 20 de marzo

23. Cumpleaños Imagine that these friends of yours live in the southern hemisphere. Knowing that the seasons are reversed there, can you indicate in which seasons their birthdays fall? With a classmate, take turns asking and answering questions.

Modelo *—¿En qué estación cae* (falls) *el cumpleaños de Mirta?*
—El cumpleaños de Mirta cae en el verano.

1. Mirta: 14 de febrero ________
2. Carlos: 25 de mayo ________
3. Marta: 7 de julio ________
4. Luis: 10 de marzo ________
5. Alina: 15 de octubre ________
6. Sara: 13 de agosto ________

6 Subject pronouns *(Pronombres personales usados como sujetos)*

Singular		Plural	
yo	*I*	**nosotros** **nosotras**	*we (masc.)* *we (fem.)*
tú	*you (familiar)*	**vosotros** **vosotras**	*you (masc., familiar)* *you (fem., familiar)*
usted	*you (formal)*	**ustedes**	*you (formal)*
él	*he*	**ellos**	*they (masc.)*
ella	*she*	**ellas**	*they (fem.)*

› The **tú** form is used as the equivalent of *you* to address a friend, a coworker, a relative, or a child. The **usted** form is used in general to express deference or respect. In most Spanish-speaking countries today, young people tend to call each other **tú** even if they have just met. If in doubt, use **usted.**

› The plural form of **tú** is **vosotros(as)**, which is used only in Spain. In Latin America, the plural form **ustedes** (abbreviated **Uds.**) is used as the plural form of both **usted** (abbreviated **Ud.**) and **tú.**

› The masculine plural forms **nosotros** and **ellos** can refer to masculine gender alone or to both genders together. The plural form **ustedes** has only one form for both genders.

—Juan, ¿de dónde son tú y tus amigas?	*Juan, where are you and your (female) friends from?*
—**Nosotros** somos de Arizona.	*We are from Arizona.*
—¿Pedro y Ana son de San Diego?	*Are Pedro and Ana from San Diego?*
—Sí, **ellos** son de San Diego.	*Yes, they are from San Diego.*

LEARNING TIP

Think of yourself talking to some of the people you know. What is your relationship to them? Formal? Informal? Whom would you call **tú**? Whom would you call **usted**? When would you use **ustedes**? Now picture yourself talking about them. What pronoun would you use to refer to a man? A woman? Two men? Two women? One of them and yourself?

¿Tú lo sabías?

En la cultura hispánica, es común expresar cariño *(love)* llamando a las personas por el diminutivo de su nombre. Por ejemplo: a Carlos, Carlitos; a Ana, Anita. También es muy común usar sobrenombres *(nicknames)*, que no necesariamente son diminutivos. Por ejemplo: Enrique: Quique; Dolores: Lola; José: Pepe; Mercedes: Mecha.

› **¿Qué sobrenombres son populares en inglés?**

Práctica

24. ¿Quiénes somos? Identify the personal pronoun that corresponds to each picture below.

25. Pronombres Say what pronouns would be used to refer to the following people.

1. La doctora Soto ________
2. Carlos y yo *(masc.)* ________
3. Marcelo y Fernando ________
4. Usted y Marité ________
5. Marité y sus amigas ________
6. Sara y yo *(fem.)* ________
7. un niño ________

26. **¿Tú, Ud., Uds.?** With your classmate, take turns saying whether you would use **tú, usted**, or **ustedes** to address the following people.

1. Adriancito
2. your parents' elderly friend
3. two strangers
4. your math professor
5. your best friend
6. an older lady you just met
7. a twelve-year-old girl
8. three gentlemen you just met

Para conversar

27. **Habla con tu compañero(a).** With a classmate, take turns asking and answering these questions in the affirmative. Use the appropriate subject pronouns.

1. ¿Ana es estudiante?
2. ¿Luis es de San Antonio?
3. ¿Olga y Eva son profesoras?
4. ¿Marcos y Sergio son de Tejas?
5. ¿Sara y Juan son de México?

7 Present indicative of *ser* (*Presente de indicativo del verbo* **ser**)

ser *to be*		
Singular		
yo	**soy**	*I am*
tú	**eres**	*you are (fam.)*
Ud.	**es**	*you are (form.)*
él	**es**	*he is*
ella	**es**	*she is*
Ø	**es**	*it is*
Plural		
nosotros(as)	**somos**	*we are*
vosotros(as)	**sois**	*you are (fam.)*
Uds.	**son**	*you are (form.)*
ellos	**son**	*they are (masc.)*
ellas	**son**	*they are (fem.)*

ESTRUCTURAS

› The verb **ser**, *to be*, is irregular. Its forms, like the forms of other irregular verbs, must be memorized.

› The verb **ser** is commonly used to express identity, place of origin, occupation, characteristic, and nationality.

—¿De dónde **son** ustedes?	*Where are you from?*
—Nosotros **somos** de México.	*We are from Mexico.*
—¿Ud. **es** estudiante?	*Are you a student?*
—No, yo **soy** profesora.	*No, I am a professor.*

¡Atención! The indefinite article **(un, una)** is not used after the verb **ser** when describing profession, nationality, religion, or party affiliation, unless an adjective follows the noun.

La doctora Rojas **es profesora.**

BUT: La doctora Rojas **es una profesora excelente**.

LEARNING TIP

Say where several people that you know are from, including yourself and your family. Think of people individually and in pairs.

Un dicho *(A saying)*

El tiempo es oro *(gold)*. Equivalent: *Time is money*.

Práctica

28. Minidiálogo Complete this conversation between two students, using the present indicative of the verb **ser.**

—¿El doctor Vega ________ profesor?
—Sí, él ________ profesor de español.
—¿De dónde ________ él?
—Él ________ de Colombia. ¿De dónde ________ Uds.?
—Nosotros ________ de Perú. ¿Marité y Sara ________ de California?
—No, ellas ________ de Colorado. ¿De dónde ________ tú?
—Yo ________ de Arizona.

29. ¿De dónde somos? Write sentences to say where these people are from, using the information in the illustration on page 25.

1. ellos ________________________
2. tú ________________________
3. Juan, Mario y José ________________________
4. Carlos y yo ________________________
5. yo ________________________
6. nosotras ________________________
7. Teresa ________________________
8. ustedes ________________________

¿Tú lo sabías?

En los Estados Unidos, la influencia hispánica se nota en nombres de estados *(states)* como Colorado *(red)*, Tejas *(tiles)*, Nevada *(snowed)*, Montana *(mountain)*, y ciudades *(cities)* como Sacramento, San Francisco, Santa Bárbara y El Paso *(the pass)*. En Canadá, un ejemplo es el de la península de El Labrador *(the farmer)*.

› **En tu estado, ¿hay ciudades o calles *(streets)* con nombres en español? ¿cuáles?**

Para conversar

30. ¡Habla con tu compañero(a)! Ask each other information about yourselves, your friends, and your relatives. Use the verb **ser,** paying atention to the correct conjugation. You should ask at least four questions. Then join another pair of students and tell them about yourselves.

Modelo —*¿Quién* (Who) *eres tú?*
—*Soy...*
—*¿De dónde eres?*
—*Soy de...*
—*¿De dónde son tus padres* (parents)*?*
—*Mis padres son de...*
—*Mi padre es de... y mi madre es de...*

ASÍ SOMOS

¡Vamos a ver!

Antes de ver el video *(Before watching the video)*

31. Preguntas With a classmate, take turns responding to the following statements or questions.

1. Hola. Tú eres ________________,[1] ¿verdad?
2. ¿Cómo te llamas (tú)?
3. ¡Mucho gusto!
4. ¿Cómo te va?
5. ¿Qué hay de nuevo?
6. ¿De dónde eres tú?
7. ¿De dónde es tu papá?, ¿Y tu mamá?
8. ¡Encantado(a)!
9. ¿Cuál es tu número de teléfono?
10. ¿Hay una fiesta *(party)* hoy?
11. Hoy es mi cumpleaños.
12. Nos vemos el ________________.[2]

El video: Un día con María Inés

—¿Cómo se llama, señorita?

—Me llamo María Inés Hidalgo.

—Hasta mañana. Saludos a Teresa.

—Gracias.

—Hola, ¿cómo te llamas?

—Carlitos.

—Yo soy de Los Ángeles, ¿y ustedes?

—Nosotros somos de Arizona.

[1]your classmate's name
[2]the day you'll see your classmate again

Después de ver el video *(After watching the video)*

María Inés

el Dr. Trujillo

la señora

Rodolfo

Carlitos

el Sr. Paz

32. ¿Quién lo dice? *(Who says it?)* Identify the person who said each of the following in the dialogues.

1. Sí... es mi cumpleaños.
2. Oye..., ¿hay una fiesta hoy?
3. Tres-ocho-seis-nueve-cuatro-siete-dos.
4. Nosotros somos de Arizona. Usted es estudiante, ¿verdad?
5. Hasta mañana. Saludos a Teresa.
6. Tome asiento, por favor.

33. Hablemos. With a classmate, take turns asking and answering the following questions. Base your answers on the dialogues.

1. ¿El doctor Trujillo es profesor o estudiante?
2. ¿De dónde es María Inés?
3. ¿De dónde es el papá de María Inés?
4. ¿Es el cumpleaños de María Inés o el cumpleaños de Carlitos?
5. ¿La fiesta es hoy o mañana?
6. ¿De dónde son el señor Paz y sus *(his)* amigos?
7. ¿La mamá de María Inés es mexicana o norteamericana?
8. ¿María Inés es estudiante de la Universidad de California o de la Universidad de Arizona?

34. ¿Qué pasa después? You and a classmate use your imagination to write exchanges that will take place the next day between the following people. Now compare the exchanges you wrote with those of another group.

1. Dr. Trujillo and Miss Hidalgo
2. María Inés and Rodolfo
3. María Inés and Sergio
4. Rodolfo and Sergio
5. Dr. Trujillo, Rodolfo, and Sergio
6. Rodolfo and the lady at the cafeteria
7. Mr. Paz and Dr. Trujillo
8. Sergio and Carlitos

¡Vamos a escuchar!

Así somos. = *This is the way we are.*

ESTRATEGI **Listening for the main idea** Learning to listen in a foreign language takes practice. Throughout the course, you will practice a variety of techniques to help make the process easier. When you listen for the main idea, focus on getting the general idea of what you hear. Don't worry about understanding every word; just try to grasp what a conversation or passage is about.

CD1-8 **35. Una llamada de teléfono** Rosalía calls Jorge to check on some information. Listen to their phone call and, in one or two words, jot down what the subject of the conversation is.

¡Vamos a conversar!

ESTRATEGIA **Speaking for basic communication** Throughout your study of Spanish, you will be learning to express yourself orally, first with very basic ideas and gradually with greater sophistication. As you start to speak Spanish, remember the following tips.

Keep it simple. Use the vocabulary and structures you already know.

Try to speak clearly and accurately, but don't be afraid to make mistakes.

Use short sentences or phrases to convey what you want to say until you feel more comfortable using Spanish.

Talk to yourself and others whenever you can, using the Spanish you learn in each class.

36. Hola, ¿qué tal? Greet a classmate you don't know well and use the following questions to get to know him or her. Introduce yourself and ask questions. Then answer your classmate's questions in short form using the right conjugation.

Modelo *—¿Cómo te llamas?*
—Me llamo Bernardo.
—¿De dónde eres?
—Soy de Argentina...

37. ¿Cómo somos? Using the appropriate forms of the verb **ser**, describe the following people, using the characteristics below. Then, with a classmate, talk about yourselves and your loved ones.

yo	cómico(a)
mi mamá	realista
mi papá	optimista
mis amigos	pesimista
mis amigos y yo	estudioso(a)
tú	paciente (impaciente)
	atlético(a)
	inteligente
	conservador(a)
	liberal
	romántico(a)
	tímido(a)

(HINT: If the subject is plural, add an **-s** to the adjective if it ends in a vowel. Add **-es** if it ends in a consonant.)

38. **¿Qué dices tú?** *(What do you say?)* What would you say in the following situations? What might the other person say? Act out scenes with a classmate. Take turns playing each role.

1. You ask your friend Sara what's new and you offer her a seat.
2. You ask your professor how to say *birthday* in Spanish. Add that Spanish is difficult.
3. You ask Fernando where he is from, and tell him where you are from.
4. You ask someone what today's date is.
5. You ask a classmate what his address is.
6. You ask someone if there's class today.

39. **Para conocernos mejor** *(To get to know each other better)* Work with a classmate whom you would like to get to know better. Take turns asking each other these questions.

1. Hola, ¿cómo estás?
2. ¿Cómo te llamas?
3. ¿De dónde eres?
4. ¿Cuál es tu dirección?
5. ¿En qué mes es tu cumpleaños?
6. ¿Cuál es tu signo?
7. ¿Qué color te gusta?
8. ¿Tú eres optimista, pesimista o realista?
9. ¿Tú eres romántico(a)?
10. ¿Eres tímido(a)?
11. ¿Tu papá es conservador o liberal?
12. ¿Tu mamá es paciente o impaciente?
13. ¿Tus amigos son cómicos?
14. ¿Tú y tus amigos son inteligentes?

40. **Una actividad especial para toda la clase**

Vamos a conocernos mejor. The whole class is involved in a fun activity to get to know as many classmates as possible.

Step 1: In groups of three, students take turns asking questions about each other, for example: classmates' names and how to spell them, how they are and what's new in their lives, where they are from, where their parents are from, what colors they like, when their birthdays are, what their signs are, one or two words they each might use to describe themselves, etc.

(HINT: the phrase **yo también** = *I also* may be used as a response.)

Step 2: Each student shares some information about one of his/her classmates with the rest of the class.

Un poema para memorizar

CD1-9

Yo soy un hombre° sincero — *man*
de donde crece° la palma, — *grows*
y antes de morirme° quiero° — *antes... before I die / I want*
echar° mis versos del alma°. — *to give out / soul*

José Martí (Cuba), from *Versos sencillos* (1891).

¡Vamos a leer!

Antes de leer *(Before reading)*

ESTRATEGIA **Recognizing cognates** Many times Spanish words that look like English ones also have the same or very similar meanings. These words are cognates **(cognados).** You have seen numerous cognates in this lesson: for example, **color, programa, alfabeto,** and the months of the year.

¡Atención! Although Spanish–English cognates look alike, they are pronounced differently.

41. Cognados Look over the following reading and make a list of all the cognates you find. Use your knowledge of common academic subjects in English to help you.

42. Comprensión As you read the information about the five professors, find the answers to the following questions.

1. ¿De dónde es el profesor Vargas? ¿Qué enseña *(teaches)*?
2. ¿De qué estado *(state)* es la doctora Díaz? ¿Qué clase enseña?
3. ¿De qué país *(country)* es el profesor de música? ¿Cómo se llama?
4. ¿Quién enseña literatura?
5. ¿Qué profesores son de Colombia?
6. ¿Qué enseña Jorge Pérez?
7. ¿Qué días enseña el Dr. Vargas?
8. ¿Qué días no enseña la doctora Ana Díaz?
9. ¿Quién enseña los sábados?
10. ¿Qué enseña la profesora Rojas?
11. La profesora Rojas probablemente enseña literatura argentina, ¿no?
12. ¿El Dr. Pérez enseña solamente *(only)* por la mañana y por la tarde?

UNIVERSIDAD CENTRAL • Nuevos profesores

© Layland Masuda/Shutterstock · © Lisa F. Young/Shutterstock · © Jack Hollingsworth/PhotoDisc/Getty Images · © Huntstock/Getty Images · © Monkey Business Images/Shutterstock

Dr. Luis Vargas
de Lima, Perú
Profesor de español
Enseña los lunes, miércoles y viernes.

Dra. Ana Díaz
de San Diego, CA
Profesora de historia
Enseña todos los días excepto el viernes.

Sergio Álvarez
de Santiago, Chile
Profesor de música
Enseña una clase los sábados.

Dra. Eva Rojas
de Medellín, Colombia
Profesora de literatura
Enseña literatura hispanoamericana.

Dr. Jorge Pérez
de Bogotá, Colombia
Profesor de economía.
Enseña una clase por la noche.

Después de leer... desde tu mundo *(from your world)*

43. Información Give some information about yourself.

NOMBRE Y APELLIDO: ______________________

SOY DE: ______________________

ESTUDIO: ______________________

VIVO[1] EN: ______________________

ESTUDIO LOS DÍAS: ______________________

TRABAJO LOS DÍAS: ______________________

As a class, create your own class directory with five students with whom you may share study time, including this and any other useful information you wish to include.

¡Vamos a escribir!

Antes de escribir *(Before writing)*

ESTRATEGIA **Generating ideas by brainstorming** Before beginning to write, you need to generate ideas about a topic. Brainstorming is like thinking aloud. Allow your mind to wander and write down all of your thoughts and ideas about your topic. When brainstorming, avoid censoring your ideas. You can discard the least useful or interesting ideas later before you actually write.

¡A escribir!

44. Un mensaje electrónico *(An e-mail)* You will be exchanging e-mails with a Spanish-speaking student from another state. Before writing your e-mail, brainstorm the types of information and questions you can include.

1. Jot down information that you can provide about yourself. Include name, origin, nationality, where you are a student, characteristics, etc.
2. Write the questions you want to ask him or her.
3. Now organize your thoughts and the ideas from your brainstorming and write a draft **(borrador)** of the e-mail. Begin your e-mail with **Hola** and close with a farewell phrase.

Después de escribir

45. A revisar Before writing the final version of your e-mail, your instructor might want you to exchange your first draft with that of a classmate and peer edit each other's work. Use the following two guidelines.

- correct use of subject pronouns
- formation and agreement (with subject) of the verb **ser**

[1] I live.

EL MUNDO HISPÁNICO Y TÚ

Los mexicoamericanos

Tú probablemente conoces *(know)* a muchos mexicoamericanos. Están *(They are)* en las escuelas, en las universidades, en los lugares de trabajo *(places of work)* y en las iglesias. La mayoría se ha adaptado a la cultura norteamericana, pero conserva su lengua, su música, su comida *(food)* y su unidad familiar. Muchos se destacan *(stand out)* en la educación, en la política, en las artes y en la literatura. Entre ellos está Janet Napolitano, presidenta de la Universidad de California, que fue también gobernadora de Arizona.

La política

© Earl Gibson III/Getty Images

Xavier Becerra, congresista de California, fue elegido por primera vez en 1992. Es presidente del Caucus Demócrata y es el miembro de más alto rango en el Subcomité del Seguro Social. Otros políticos mexicoamericanos son Toni Cárdenas y Andy Meléndrez.

© AP Photo/William Faulkner

Susana Martínez, mexicoamericana, es la primera gobernadora hispana de un estado americano: Nuevo México.

Las artes plásticas

H. Mark Weidman Photography / Alamy

Paz y armonía con la naturaleza, mural de Leo Tanguma, forma parte de una exposición artística en el aeropuerto internacional de Denver, Colorado.

El pensamiento y la literatura

© David Livingston/Getty Images

Sandra Cisneros es una novelista y poeta mexicoamericana famosa por escribir novelas sobre la cultura chicana, como *La casa en Mango Street.*

Las diversiones y celebraciones con amigos mexicoamericanos

© Danita Delimont / Alamy

Diversiones

Entre los artistas mexicoamericanos del cine y televisión se destacan Eva Longoria, Jessica Alba y Edward James Olmos.

Celebraciones

El Cinco de Mayo es una fiesta tradicional de los mexicanos en los Estados Unidos. Celebran la victoria de los mexicanos sobre los franceses en Puebla, México.

Los Estados Unidos hispánicos y el español en el mundo

Más *(More)* del 5% de los habitantes del mundo *(world)* hablan *(speak)* español. En los Estados Unidos, hay más de 50 millones de hispanos y la mayoría hablan este idioma *(language)* como primera *(first)* lengua. La influencia hispana se nota también *(also)* en otros aspectos de la vida *(life)*, como en la comida, la arquitectura y la música. En las universidades y en las escuelas secundarias de este país *(country)*, miles *(thousands)* de estudiantes estudian español.

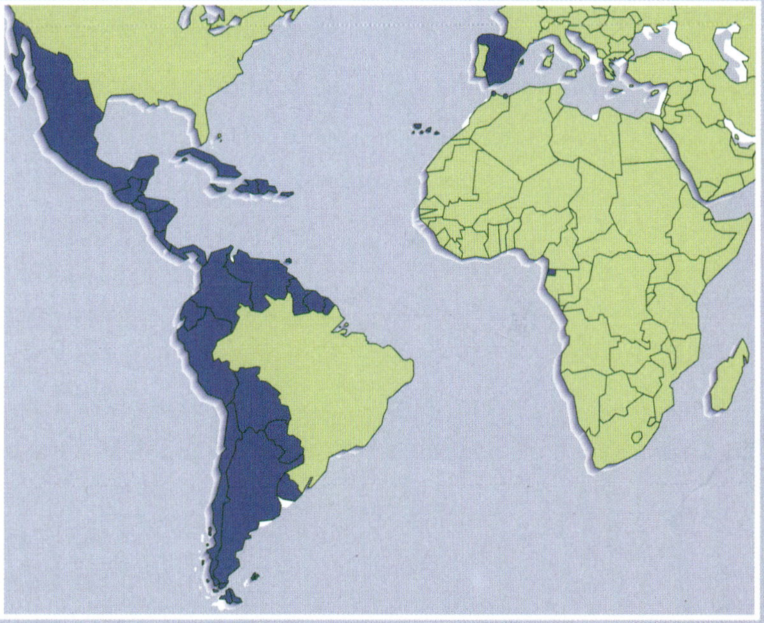

Se habla español en España, todos los países de Hispanoamérica, Ceuta y Melilla (territorios españoles en África) y en Guinea Ecuatorial (África).

Háganse preguntas. *(Ask each other.)*

The class is divided into groups of 3 or 4 students. Each group will prepare questions about the seven pieces of information, to ask the rest of the class.

iLrn™

To learn more about Hispanic communities in the United States, watch the cultural footage in the Media Library.

AUTOPRUEBA

¿Cuánto sé ahora?

Take this test. When you have finished, check your answers in the answer key provided in Appendix D. Then use a red pen to correct any mistakes you may have made. Are you ready?

A. The alphabet Spell out these last names in Spanish. Add the names of the missing consonants.

1. Fox: ________ o ________
2. Wilson: ________ i ________ ________ o ________
3. Kurt: ________ u ________ ________
4. Jackson: ________ a ________ ________ ________ o ________
5. Budge: ________ u ________ ________ e
6. Hill: ________ i ________ ________
7. McDevit: ________ ________ ________ e ________ i ________
8. Perry: ________ e ________ ________ ________
9. Quentin: ________ u e ________ ________ i ________
10. Zeller: ________ e ________ ________ e ________

B. Cardinal numbers (11–39) Write the following numbers in Spanish.

1. 21 ________________
2. 12 ________________
3. 27 ________________
4. 15 ________________
5. 32 ________________
6. 17 ________________
7. 20 ________________
8. 13 ________________
9. 39 ________________
10. 28 ________________
11. 30 ________________
12. 11 ________________
13. 14 ________________
14. 16 ________________

C. Colors What colors come to mind when you think of the following?

1. a canary ________________
2. an orange ________________
3. a pine tree ________________
4. a violet ________________
5. a dark night ________________
6. a mouse ________________
7. coffee ________________
8. the American flag ________________

D. Days of the week Write the names of the missing days in the week sequence.

________, domingo, ________, martes, ________, jueves, ________

E. Months of the year Write the dates of the following celebrations.

1. Halloween: ____________________
2. Independence Day: ____________________
3. The first day of the year: ____________________
4. Valentine's Day: ____________________
5. Christmas: ____________________
6. Veteran's Day: ____________________
7. Batalla de Puebla: ____________________

F. Seasons of the year In what season does each of the following months fall in the United States?

1. julio ____________________
2. febrero ____________________
3. mayo ____________________
4. octubre ____________________

G. Subject pronouns and the present indicative of *ser* Complete the following minidialogues, using the present indicative of the verb **ser.**

—Marta, ¿de dónde ________ tú?

—Yo ________ de Chile. Y ustedes, ¿de dónde ________?

—Carlos ________ de Perú, y Olga y yo ________ de Cuba.

H. Just words Select the word or phrase that does not belong in each group.

1. calle	dirección	despedida	________
2. biblioteca	fácil	difícil	________
3. ¿Cómo estás?	¿Cómo te va?	¿Cómo se dice?	________
4. El gusto es mío.	Tome asiento.	Encantada.	________
5. Por la noche	Saludos	Por la tarde	________
6. cafetería	lunes	sábado	________
7. clase	discoteca	estudiante	________
8. inglés	cumpleaños	español	________

I. Culture

1. Answer the following questions, based on information from the **¿Tú lo sabías?** sections.
   a. ¿Qué nombre *(name)* de mujer *(woman)*, muy popular en España y en Latinoamérica, se usa también como segundo nombre *(middle name)* para hombres? ________
   b. ¿Cuál es el sobrenombre de Mercedes? ________
   c. ¿Y de José? ________
2. Answer the following questions, based on the information found in the **El mundo hispánico y tú** section.
   a. ¿Cuántos millones de hispanos hay en los Estados Unidos aproximadamente?
   ____
   b. ¿Quién es Sandra Cisneros? ____________________

J. Un dicho Do you remember the Spanish saying about the importance of time? Find it in this lesson.

LECCIÓN 2

EN LA UNIVERSIDAD

Estudiantes de la Universidad Nacional de la Florida

OBJETIVOS COMUNICATIVOS

You will learn vocabulary related to the classroom, useful questions and answers, and some polite expressions.

SITUACIONES

Si necesitas ayuda...

ESTRUCTURAS

1 Gender and number
2 Definite and indefinite articles
3 Cardinal numbers 40–100
4 Telling time
5 Present indicative of regular **-ar** verbs
6 Negative and interrogative sentences
7 Possession with **de**

ASÍ SOMOS

¡Vamos a ver!
Watching and understanding situations

¡Vamos a escuchar!
Listening for specifics and guessing intelligently

¡Vamos a conversar!
Asking for repetition

¡Vamos a leer!
Guessing the meanings of unknown words

¡Vamos a escribir!
Conducting and reporting an interview

EL MUNDO HISPÁNICO Y TÚ

› Los cubanoamericanos

AUTOPRUEBA

You will review what you learned in this lesson.

LOS CUBANOAMERICANOS Más de medio *(a half)* millón de cubanos viven en Miami, donde ejercen una gran influencia cultural y económica. Antes de la llegada *(arrival)* de los cubanos en 1959, Miami era *(was)* fundamentalmente un centro turístico. Hoy es un centro industrial y comercial de primer orden *(first-class)* y el puente *(bridge)* que une la economía de los Estados Unidos con la de Latinoamérica y con la de España *(Spain)*.

Fuente: *U.S. Census 2000*

Si necesitas ayuda...

CD1-10

¡Ubíquelos!

Carmen and Sergio study at the Universidad Internacional de la Florida. Watch the Miami video to get a sense of their surroundings.

© Stephen Coburn/Shutterstock.com

Sergio, un chico cubanoamericano, conversa con Carmen, una chica de Guadalajara, México. Los dos son estudiantes de la Universidad Internacional de la Florida, en Miami, y toman una clase de matemáticas juntos. Sergio es alto, moreno y guapo. Carmen es bonita y muy inteligente.

SERGIO: ¿Cuántas clases tomas tú, Carmen?

CARMEN: Yo tomo solamente tres clases, porque trabajo treinta horas por semana. Necesito ganar dinero.

SERGIO: Yo tomo seis clases este semestre, pero no trabajo tanto.

CARMEN: Yo necesito trabajar, y además... no hablo muy bien el inglés. Es un idioma difícil...

SERGIO: ¡No, chica! No es verdad... ¡El inglés es fácil! Si necesitas ayuda...

CARMEN: ¿En serio? ¡Sí! Necesito practicar todos los días, y mis padres solamente hablan español.

SERGIO: Yo trabajo en el hospital por la mañana y estudio por la noche. ¿Deseas estudiar conmigo el sábado por la tarde?

CARMEN: ¡Perfecto! ¿A las dos? ¿en mi casa o en la biblioteca?

SERGIO: En tu casa. ¿Cuál es tu dirección?

CARMEN: Calle Siete, número cien.

SERGIO: *(Anota la dirección de Carmen.)* Muy bien. Nos vemos el sábado a las dos de la tarde.

El sábado, Sergio llega a la casa de Carmen a las dos y media.

SERGIO: ¿Qué hora es? ¿las dos y media? ¡Lo siento! Yo llego tarde a todas partes. ¡No soy muy puntual!

CARMEN: ¡No hay problema! ¿Deseas una taza de café?

SERGIO: Sí, por favor. ¡Oh, Carmen! Yo necesito tomar una clase de literatura el semestre próximo.

CARMEN: ¡Yo también! Si necesitas ayuda...

SERGIO: ¡Sí! ¿Estudiamos juntos?

CARMEN: ¡Buena idea! ¿Otra taza de café? ¿y un sándwich?

SERGIO: Sí, gracias. ¡Acepto! Eres muy amable.

¿Tú lo sabías?

Una expresión muy común entre *(among)* cubanos es **chico(a)** *(young man/girl)*, equivalente a las expresiones *dude* y *girl.*

› **¿Son muy populares estas expresiones en este país?**

1. Hablemos. With a classmate, take turns asking and answering the following questions. Base your answers on the dialogue and on your own circumstances.

En el diálogo

1. ¿Sergio es mexicano?
2. ¿Cómo es Sergio?
3. ¿Cómo es Carmen?
4. ¿Cuántas clases toma Carmen?
5. ¿Sergio trabaja o no trabaja?
6. ¿Carmen habla bien o no habla bien el inglés?
7. ¿Carmen y Sergio estudian juntos?
8. ¿Cuál es la dirección de Carmen?
9. ¿Sergio es puntual o no es puntual?
10. ¿Qué desea tomar Sergio?

¿Y tú?

1. ¿Tú eres estadounidense?
2. ¿Tú eres alto(a)?
3. ¿Tú eres inteligente?
4. ¿Cuántas clases tomas tú? (Yo tomo…)
5. ¿Tú trabajas? (Yo [no] trabajo [en]...)
6. ¿Tú hablas o no hablas bien el español? (Yo hablo...)
7. ¿Dónde estudias tú? (Yo estudio...)
8. ¿Cuál es tu dirección?
9. ¿Tú eres puntual o no eres puntual?
10. ¿Tú deseas tomar café o una soda? (Yo deseo…)

¿Tú lo sabías?

Cuando los hispanos dan *(give)* una dirección, usan primero la palabra **calle** o **avenida**, luego *(then)* dan el nombre de la calle o avenida y luego el número: Calle Quinta #120.

› **Además *(Besides)* de la palabra *street*, ¿qué otras palabras usan en este país cuando dan *(they give)* una dirección?**

VOCABULARIO

En el diálogo

Cognados

cubanoamericano(a)[1]	*Cuban American*
el hospital	*hospital*
la idea	*idea*
inteligente	*intelligent*
internacional	*international*
la literatura	*literature*
las matemáticas	*mathematics, math*
perfecto(a)	*perfect*
el problema	*problem*
puntual	*punctual*
el sándwich	*sandwich*
el semestre	*semester*

Nombres

la ayuda	*help*
el café	*coffee*
la casa	*house*
la chica, la muchacha	*young woman, girl*
el chico, el muchacho	*young man, boy*
el dinero	*money*
la hora	*hour, time (of day)*
el idioma, la lengua	*language*
el dinero	*money*
los padres	*parents*
la semana	*week*
la tarde	*afternoon*
la taza	*cup*
la verdad	*truth*

Verbos

aceptar	*to accept*
anotar	*to write down*
conversar, platicar	*to talk, to converse*
desear	*to wish, to want*
estudiar	*to study*
ganar	*to earn*
hablar	*to speak*
llegar	*to arrive*
necesitar	*to need*
practicar	*to practice*

Adjetivos

alto(a)	*tall*
amable, cortés	*polite*
bonito(a), lindo(a)	*pretty*
guapo(a)	*handsome*
juntos(as)	*together*
mi	*my*
moreno(a)	*dark*
otro(a)	*other, another*
próximo(a)	*next*
todos(as)	*all, every*

Otras palabras y expresiones

a todas partes, a todos lados	*everywhere*
además	*besides*
con	*with*
conmigo	*with me*
¿cuántos(as)?	*how many?*
de la tarde[2]	*in the afternoon*
¿En serio?	*Seriously?*
este semestre	*this semester*
llegar tarde	*to be late*
Lo siento.	*I'm sorry.*
los (las) dos	*both (of them)*
No hay problema.	*(There's) no problem.*
o	*or*
pero	*but*
¿por qué?	*why?*
si	*if, whether*
también	*also, too*
todos los días	*every day*
un (una)	*a, an*

[1] Names (and adjectives) of nationalities are not capitalized in Spanish.

[2] When speaking of specific time: **las *tres de* la tarde.**

Más sobre el tema

Vocabulario para la clase

Otros idiomas

alemán[1]	*German*
árabe	*Arabic*
chino	*Chinese*
francés	*French*
italiano	*Italian*
japonés	*Japanese*
portugués	*Portuguese*
ruso	*Russian*

LEARNING TIP

You may want to rewrite the words that you're learning by grouping or rearranging them under specific categories or themes. For instance, words about the classroom **(la mochila, la ventana, el escritorio, la computadora,** etc.**)**, parts of the day **(la tarde, la noche)**, languages **(el español, el francés, el chino)**, adjectives of nationality **(español[a], francés [francesa], chino[a])**, etc. Write down all thematically related words under a specific core theme or category of meaning (semantic field).

[1] All languages are masculine.

VOCABULARIO

Práctica

2. ¿Qué es? Write the word or phrase from the vocabulary that corresponds to each of the following.

1. seis meses __________
2. lugar *(place)* donde vivimos *(we live)* __________
3. Necesito una para tomar café. __________
4. Nunca *(Never)* llega tarde. __________
5. persona de Cuba __________
6. lengua __________
7. platicar __________
8. siete días __________

3. En la clase Review the words referring to people and objects you see in the classroom, then name the numbered items below.

4. Para completar Complete the following sentences, using appropriate vocabulary.

1. Carlos es alto, ______________ y guapo.
2. Sandra es una ______________ cubanoamericana y Julio es un ______________ de El Salvador.
3. El chino y el árabe son ______________ muy difíciles.
4. Necesito ______________ dinero.
5. Tú necesitas ______________ el español todos los días, de lunes a viernes.
6. Sandra ______________ con unos chicos de México para practicar el español.
7. Alberto ______________ cinco clases este semestre.
8. ¿Tú hablas cinco idiomas? ¡Caramba! ¿En ______________?

Para conversar

5. Habla con tu compañero(a). With a classmate, take turns asking and answering the following questions.

1. ¿Qué idioma hablan en Tokio?
2. ¿Qué idioma hablan en Río de Janeiro?
3. En Moscú, ¿hablan alemán o ruso?
4. En Roma, ¿hablan francés o italiano?
5. ¿Qué idioma hablan en Arabia Saudita?
6. ¿Tú deseas dominar el español o el chino? (Yo deseo...)
7. ¿Hay un reloj en la clase? (Sí, hay... / No, no hay...) ¿Hay mapas en la pared?
8. ¿Cuántas pizarras hay en la clase? ¿Cuántas ventanas hay?
9. ¿Hay una tablilla de anuncios en la clase?
10. ¿Hay un escritorio en la clase? ¿Hay un cesto de papeles?

6. Una escuelita *(A little school)* With a classmate, play the roles of two people who are in charge of opening a small school for about 50 children. Take turns saying what you need for two classrooms. (Necesitamos…)

Pronunciación

CD1-11 **A. The Spanish *i***

The Spanish **i** is pronounced like the double *e* in the English word *see.* Listen to your teacher and repeat the following sentences.

El ch**i**no es d**i**fíc**i**l.
El **i**nglés es fác**i**l.
M**i**mí es de Madr**i**d.
¿V**i**ajan a N**i**caragua?
¡Es una **i**dea magníf**i**ca!
L**i**l**i**ana estud**i**a en Ch**i**le.
Al**i**c**i**a v**i**ve en París.

CD1-12 **B. The Spanish *o***

The Spanish **o** is a short, pure vowel. It corresponds to the *o* in the English word *no,* but without the glide. Listen to your teacher and repeat the following sentences.

Y**o** trabaj**o** c**o**n R**o**d**o**lf**o** y c**o**n **O**rland**o**.
N**o**s**o**tr**o**s hablam**o**s un p**o**c**o** de chin**o**.
Necesit**o** s**o**l**o** d**o**s b**o**rrad**o**res y d**o**s libr**o**s.
Y**o** c**o**m**o** arr**o**z c**o**n p**o**ll**o**.

CD1-13 **C. The Spanish *u***

The Spanish **u** is shorter in length than the English *u.* It corresponds to the *ue* sound in the English word *Sue.* Listen to your teacher and repeat the following sentences.

Los m**u**chachos **u**san **u**niforme en la escuela.
Laura y **Ú**rs**u**la H**u**rtado son de **U**r**u**guay.
Yo est**u**dio en **u**na **u**niversidad p**ú**blica.
M**u**cho g**u**sto, señor M**u**ñoz. ¿**U**sted es de Per**ú**?

ESTRUCTURAS

1 Gender and number *(Género y número)*

A. Gender

- In Spanish, nouns—including those denoting nonliving things—are either masculine or feminine.
- Most nouns that end in **-o** are masculine, while most nouns that end in **-a** are feminine.

el escritorio

la silla

el libro

la ventana

- Nouns that denote males are masculine and nouns that denote females are feminine.

el hombre

la mujer

¡Atención! Some common exceptions include the words **el día** *(day)* and **el mapa** *(map)*, which end in **-a** but are masculine, and the word **la mano** *(hand)*, which ends in **-o** but is feminine.

Here are some helpful rules to remember about gender.

- Some masculine names ending in **-o** have a corresponding feminine form ending in **-a: el secretario / la secretaria.**
- When a masculine noun ends in a consonant, the corresponding feminine noun is often formed by adding **-a: el profesor / la profesora.**
- Many nouns that refer to people use the same form for both genders: **el estudiante / la estudiante.** In such cases, gender is indicated by the article **el** (masculine) or **la** (feminine).
- Nouns ending in **-sión, -ción, -tad, -dad,** and **-umbre** are feminine.

la televisión *television*	**la conversación** *conversation*
la libertad *liberty, freedom*	**la verdad** *truth*
la muchedumbre *crowd*	**la universidad** *university*

- Many words that end in **-ma** are masculine.

el poema *poem*
el programa *program*
el sistema *system*
el idioma *language*
el problema *problem*
el tema *subject, theme*
el clima *climate*

- You must learn the genders of nouns that have other endings and that do not refer to male or female beings.

el borrador *eraser*
el café *coffee*
el hospital *hospital*
el lápiz *pencil*
la luz *light*
la noche *night*
el papel *paper*
la pared *wall*
el reloj *clock, watch*
la tarde *afternoon*

LEARNING TIP
It is helpful to memorize each noun with its corresponding article.[1]

Práctica

7. ¿El o la? Read the following words aloud, adding the article **el** or **la** to each word, as appropriate, to indicate that the noun is masculine or feminine.

____ mapa	____ pared	____ verdad
____ luz	____ silla	____ clima
____ marcador	____ papel	____ hospital
____ idioma	____ ciudad	____ pupitre
____ sociedad	____ tarde	____ noche
____ día	____ señora	____ señorita
____ mujer	____ mano	____ café
____ profesor	____ dirección	____ hora
____ libertad	____ señor	____ lengua
____ problema	____ muchedumbre	____ español

B. Plural forms

- The plurals of nouns are formed by adding **-s** to words ending in vowels and **-es** to words ending in consonants.

señora ⇒ señora**s**
silla ⇒ silla**s**
libro ⇒ libro**s**
reloj ⇒ reloj**es**
borrador ⇒ borrador**es**
lección ⇒ leccion**es**

¡Atención! Note that the plural form of **lección** does not have a written accent. See Appendix A.

[1] **el** = the *(masc.)*; **la** = the *(fem.)*

› When a noun ends in **-z,** change the **-z** to **c** and add **-es.**

lápi**z** ⇒ lápi**ces**
lu**z** ⇒ lu**ces**

› When the plural refers to two or more nouns of different genders, the masculine form is used.

dos secretari**as** y un secretari**o** ⇒ tres secretari**os**

Práctica

8. **¿Cuántos hay?** You and a classmate take turns asking about the number or the quantities of the items listed below that you see in your classroom. Use the word **cuántos (cuántas)** in your questions. Change each item or person to the plural.

Modelo estudiante
—¿Cuántos estudiantes hay en la clase?
—Hay veinte estudiantes.

1. ventana
2. puerta
3. pupitre
4. cesto de papeles
5. borrador
6. lápiz
7. silla
8. chico
9. chica
10. mapa

2 Definite and indefinite articles *(Artículos determinados e indeterminados)*

A. The definite article

› Spanish has four forms that are equivalent to the English definite article *the.*

	Masculine	Feminine	English
Singular	el	la	*the*
Plural	los	las	

el profesor **los** profesores
la profesora **las** profesoras
el lápiz **los** lápices

B. The indefinite article

› The Spanish equivalents of *a (an)* and *some* are as follows.

	Masculine	Feminine	English
Singular	un	una	*a (an)*
Plural	unos	unas	*some*

un libro **unos** libros
una silla **unas** sillas
un profesor **unos** profesores

LEARNING TIP
Language learning is a cumulative process, so you should connect what you are studying with what you have already learned. For instance, articles, like nouns and most adjectives, are either masculine or feminine.

Práctica

9. ¿Qué es? Identify the following objects or people using the appropriate definite articles.

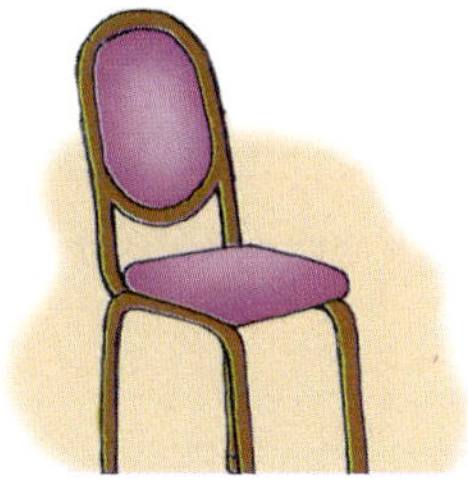

1. ______________

2. ______________

3. ______________

4. ______________

5. ______________

6. ______________

7. ______________

8. ______________

10. En la clase With a classmate, take turns asking each other questions about the items or people that can be found in the classroom, according to the illustrations. Follow the model.

Modelo —*¿Hay un cuaderno?*
—*No, pero hay un libro.*

1. ______________
____
2. ______________
____
3. ______________
____
4. ______________
____
5. ______________
____
6. ______________
____

1. 

2. 

3. 

4. 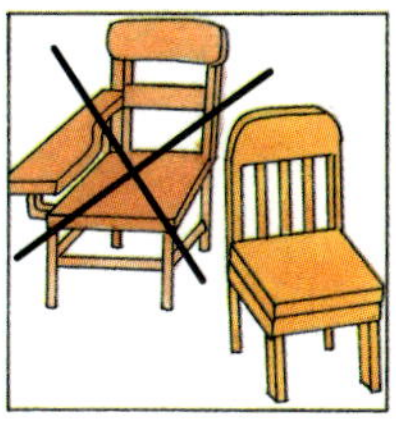

5. 

6. 

Para conversar

11. ¿Qué necesito? With a classmate, talk about what you need. Your classmate should answer by using a noun and an indefinite article.

Modelo *—¿Qué necesitas?*
—Yo necesito un libro.

12. ¿Qué hay en tu mochila? Working in groups, take turns asking each other whether or not there are certain items in your backpacks.

Modelo *—¿Hay un reloj en tu mochila?*
—No. Hay un lápiz en mi mochila.

3 Cardinal numbers 40–100 *(Números cardinales 40–100)*

40 **cuarenta**	68 **sesenta y ocho**	90 **noventa**
41 **cuarenta y uno** *(and so on)*	70 **setenta**	95 **noventa y cinco**
50 **cincuenta**	77 **setenta y siete**	100 **cien (ciento)**
53 **cincuenta y tres**	80 **ochenta**	
60 **sesenta**	84 **ochenta y cuatro**	

› **Note** that **y** appears only in numbers between 31 and 99.

Un dicho
Más vale pájaro en mano que cien volando.
Equivalent: *A bird in the hand is worth two in the bush.*

LEARNING TIP
Count from 40 to 100 first by twos, then by fives, then by tens.

Práctica

13. Especialistas When saying phone numbers, people in many Spanish-speaking countries tend to say the first number alone and the rest of the numbers in pairs. Using this system, give the names and phone numbers of the specialists the following people would call for each situation.

Modelo Your nephew has a bad case of acne.
Dr. José Carreras: cuatro, cero, dos, cuarenta y uno, ochenta.

1. Your nephew has a bad case of acne.
2. Mrs. Vega thinks she is pregnant.
3. Your grandmother has blurred vision.
4. Your friend's child is sick.
5. Your neighbor has frequent chest pains.

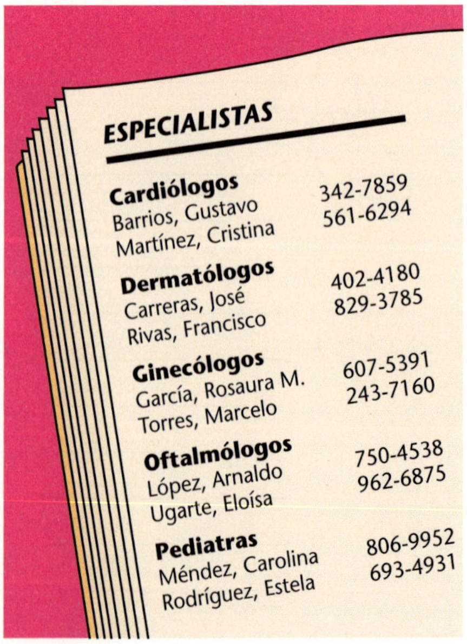

Para conversar

14. ¿Cuánto necesitamos? *(How much do we need?)* You and your classmate are in charge of buying school supplies. See what items you need and how much each item costs. First read the price of each item and then take turns indicating how much money you need to buy the items.

Modelo

—¿Cuánto necesitamos para comprar tres mapas?
—Necesitamos 75 dólares para comprar tres mapas.

Artículos	Precio	Total
3 mapas	$25,00	
40 bolígrafos	$1,50	
200 (doscientos) marcadores	$0,50	
45 borradores	$2,00	
2 tablillas de anuncios	$34,00	
10 cestos de papeles	$3,50	
4 relojes	$10,00	
83 cuadernos	$1,00	

4 Telling time *(La hora)*

› To ask what time it is, say, **"¿Qué hora es?"** To tell the time in Spanish, the following word order is used.

Es la				**y**		
or	+	*hour*	+	or	+	*minutes*
Son las				**menos**		

› **Es** is used with **una**.
Es la una.

› **Son** is used with all the other hours.
Son las cuatro.

› The feminine definite article is always used before the hour, since it refers to ***la* hora.**
Es **la** una y media.
Son **las** diez y cuarto.[1]

› The hour is given first, then the minutes.
Son las **once** menos **veinte.**

› The equivalent of *past* or *after* is **y.**
Es la una **y** veinticinco.

› The equivalent of *to* or *till* is **menos.** It is used with fractions of time up to a half hour.
Son las ocho **menos** cinco.

[1]It is becoming increasingly popular to substitute **y quince** for **y cuarto, y treinta** for **y media,** and **y treinta y cinco, y cuarenta,** etc., for **menos veinticinco, menos veinte,** and so on.

ESTRUCTURAS

¡Atención! The equivalent of *at* + *time* is **a** + **la(s)** + *time.*

—¿Qué hora es?	*What time is it?*
—Son las dos y cuarto.	*It's a quarter past two.*
—¿A qué hora es la clase?	*What time is the class?*
—La clase es a las dos y media.	*The class is at two-thirty.*

› To specify whether the time is A.M. or P.M., use **de la mañana, de la tarde,** or **de la noche,** respectively.

—¿La clase es a las 8 **de la mañana**?	*Is the class at 8 A.M.?*
—No, ¡es a las 8 **de la noche**!	*No, it's at 8 P.M.!*

› To indicate that an activity takes place at an undefined time in the morning, afternoon or evening, use **por la mañana, por la tarde,** or **por la noche,** respectively.

—¿Estudiamos **por la mañana**?	*Shall we study in the morning?*
—No, **por la tarde.**	*No, in the afternoon.*

Práctica

15. ¿Qué hora es? With a classmate, take turns giving the time indicated on the clocks in the illustration. Start with clock number one.

¿Tú lo sabías?

Para los horarios *(schedules)* de aviones *(planes)*, autobuses, trenes, televisión y algunas *(some)* invitaciones, se usa el sistema de 24 horas. Por ejemplo, las cuatro de la tarde son las dieciséis horas.

› **¿Se usa el sistema de 24 horas en este país?**

¡Atención! When we refer to after-midnight hours, for example **0:30,** we still use **horas,** in plural.

El programa empieza (starts) *a las 0:15 horas.*

16. Un mensaje telefónico Based on the information provided in the phone message, read the notes and complete the statements.

1. El mensaje es para ______________.
2. El Sr. Vega trabaja en el ______________.
3. El mensaje es de parte de[1] ______________.
4. El Sr. Ibarra trabaja para el ______________.
5. El número de teléfono del hotel es el ______________.
6. El mensaje es: ______________________.
7. El Sr. Ibarra llamó (*called*) a las ______________ del ______________.
8. En el hotel hay problemas con ______________________.

Hospital El Samaritano

MENSAJE PERSONAL

Para Carlos Vega

De parte de Jorge Ibarra

De la compañía Hotel Plaza

Teléfono 3-86-41-97

Llamó por teléfono a la(s) 10:30

☑ de la mañana ☐ de la tarde ☐ de la noche

MENSAJE

Desea hablar con usted mañana por la tarde.

ASUNTO

Problemas con las reservaciones del hotel para la convención

Día miércoles 24

17. ¿A qué hora es...? With a classmate, take turns asking each other what times the programs in the listing are on and what programs are on at different times.

Modelo —*¿A qué hora es Telediario?*
—*Es a las seis.*
—*¿Qué hay a las siete y media?*
—*Música Latina.*

Programación del Canal 36

Viernes

6:00	Telediario	**9:00**	Noticiero Televisa
6:50	Noticias Internacionales	**9:30**	Música
7:00	Religión	**10:00**	Fútbol
7:30	Música Latina	**10:30**	Noticias de Última Hora
8:00	"María" (Telenovela)		

[1]***de parte de*** = *person who is calling*

ESTRUCTURAS

Para conversar

18. Horario de clases This is María Elena's schedule. With a classmate, carry on a conversation to figure out when her classes are.

HORA	LUNES	MARTES	MIÉRCOLES	JUEVES	VIERNES	SÁBADO
8:00–9:00	Sicología		Sicología		Sicología	
9:00–10:00	Biología		Biología		Biología	Tenis
10:00–11:30		Historia		Historia		
12:15–1:00			ALMUERZO[1]			
1:00–2:00	Literatura		Literatura	Literatura		Laboratorio de Biología
5:00–6:30		Educación Física		Educación Física		
7:00–8:30	Arte		Arte			

Modelo —*¿Cuándo es la clase de tenis?*
—*La clase de tenis es los sábados.*
—*¿A qué hora?*
—*A las nueve.*

19. Mi horario With the help of a dictionary and/or your instructor, work with a classmate to make up each other's schedules.

Modelo —*¿Qué clases tienes* (do you have) *los lunes?*
—*¿A qué hora es tu clase de… ?*

5 Present indicative of regular *-ar* verbs

*(Presente de indicativo de los verbos regulares terminados en **-ar**)*

- Spanish verbs are classified into three main patterns of conjugation, according to the infinitive ending. The three infinitive endings are **-ar, -er,** and **-ir.**
- The infinitive of Spanish verbs consists of a stem (such as **habl-**) and an ending (such as **-ar**).
- The stem **habl-** does not change. The endings change with the subject.

[1] lunch

hablar *to speak*			
Singular			
yo	hablo	Yo **hablo** español.	*I speak Spanish.*
tú	hablas	Tú **hablas** francés.	*You* (inf.) *speak French.*
Ud.	habla	Ud. **habla** alemán.	*You* (form.) *speak German.*
él	habla	Él **habla** italiano.	*He speaks Italian.*
ella	habla	Ella **habla** portugués.	*She speaks Portuguese.*
Plural			
nosotros(as)	habl**amos**	Nosotros **hablamos** español.	*We speak Spanish.*
vosotros(as)	habl**áis**	Vosotros **habláis** francés.	*You* (inf.) *speak French.*
Uds.	habl**an**	Uds. **hablan** alemán.	*You* (form.) *speak German.*
ellos	habl**an**	Ellos **hablan** italiano.	*They* (masc.) *speak Italian.*
ellas	habl**an**	Ellas **hablan** portugués.	*They* (fem.) *speak Portuguese.*

—¿Qué idiomas **hablas tú**?	*What languages do you speak?*
—Yo **hablo** inglés y español.	*I speak English and Spanish.*
—¿Y Pierre?	*And Pierre?*
—Él **habla** francés.	*He speaks French.*

› Regular verbs ending in **-ar** are all conjugated the same way as **hablar**. Some other common **-ar** verbs are:

- **aceptar** *to accept*
- **conversar** *to talk*
- **desear** *to want, wish*
- **estudiar** *to study*
- **ganar** *to earn*
- **llegar** *to arrive*
- **necesitar** *to need*
- **practicar** *to practice*
- **regresar** *to return*
- **tomar** *to take*
- **trabajar** *to work*

—¿Uds. **estudian** por la noche?	*Do you study in the evening?*
—No, nosotros **estudiamos** por la tarde.	*No, we study in the afternoon.*
—¿Qué **necesitas** tú?	*What do you need?*
—Yo **necesito** un libro.	*I need a book.*

¡Atención! Notice that the verb forms for **Ud., él,** and **ella** are the same. In addition, **Uds., ellos,** and **ellas** share common verb forms. This is true for all verbs in all tenses.

› The Spanish present tense is equivalent to three English forms.

	I speak English.
Yo **hablo** inglés.	*I do speak English.*
	I am speaking English.

LEARNING TIP

In **Lección 1** you were introduced to the verb **ser.** Realize now that the **-ar** verbs *conjugate* in those same persons (**yo, tú/Ud.,** and **él/ella**) and numbers (the singular and plural forms of each person). In fact, all verbal tenses in Spanish (present, past, future) conjugate according to the very same categories: person and number.

- Because the verb endings indicate who is performing the action, the subject pronouns are frequently omitted.

Necesito un lápiz.	*I need a pencil.*
Estudiamos inglés.	*We study English.*
Hoy **trabajo.**	*I work today.*

- Subject pronouns can, however, be used for emphasis or clarification.

—¿**Ellos** hablan inglés?	*Do they speak English?*
—**Ella** habla inglés y **él** habla alemán.	*She speaks English, and he speaks German.*

- In Spanish, as in English, when two verbs are used together, the second verb remains in the infinitive.

—¿Con quién necesita **hablar** Ud.?	*With whom do you need to speak?*
—Necesito **hablar** con el Sr. Vega.	*I need to speak with Mr. Vega.*

¿Tú lo sabías?

El español es el idioma vernáculo *(native)* de más de 470.000.000[1] de personas.

› **¿Cuántas personas crees tú que hablan inglés en el mundo *(world)*?**

Práctica

20. ¡Habla con tu compañero(a)! With a classmate, take turns asking and answering the following questions to indicate what people do.

1. Yo estudio francés. ¿Qué idioma estudias tú?
2. Carlos trabaja por la noche. ¿Tú trabajas por la mañana, por la tarde o por la noche? ¿Ganas mucho dinero? (¿O no trabajas?)
3. Mis amigos y yo conversamos en la cafetería. ¿Tú y tus amigos conversan en la cafetería o en la biblioteca? ¿Hablan inglés o español?
4. Los chicos practican el español todos los días. ¿Qué días practicas tú?
5. Nosotros hablamos inglés. ¿Qué idioma hablan en Arabia Saudita?
6. Yo no siempre *(always)* acepto las invitaciones de mis amigos. ¿Tú siempre aceptas las invitaciones de tus amigos?
7. Las chicas toman cuatro clases. ¿Cuántas clases toman tú y tus amigos?
8. Yo llego a la universidad a las ocho de la mañana. ¿A qué hora llegas tú? ¿A qué hora regresas a tu casa?
9. Delia anota la dirección de Sergio. ¿Qué anotan ustedes?
10. Nosotros deseamos estudiar alemán. ¿Qué idioma deseas estudiar tú además del español?

Un dicho

El trabajo dignifica.
Equivalent: *Work dignifies.*

[1]*470 million*. Note that, in Spanish numbers, a period is used instead of a comma to indicate thousands.

21. ¿Qué pasa aquí? With a classmate, talk about what is going on in these drawings, using the subject pronouns given and the verbs **trabajar, hablar, necesitar, regresar, tomar,** and **estudiar.**

1. ______________________.

2. ______________________.

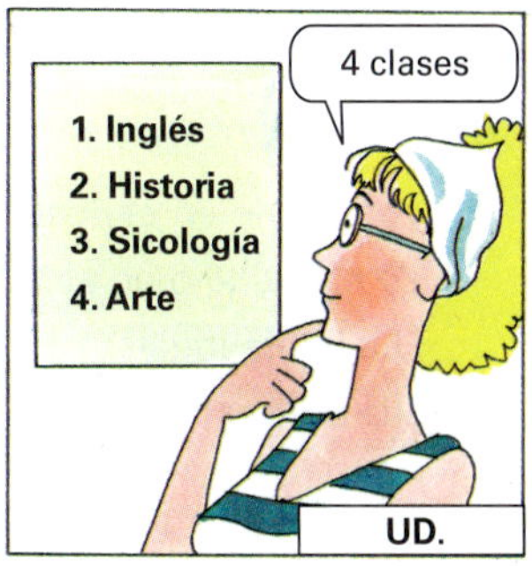

3. ______________________.

4. ______________________.

5. ______________________.

6. ______________________.

22. ¿Qué idioma hablan? Indicate what languages these people speak.

Modelo Jean-Pierre, que *(who)* es de París, habla *francés.*

1. Mao, que enseña *(teaches)* en la Universidad de Beijing, habla ______________.
2. María Mercedes, que trabaja en la Pequeña Habana, habla ______________.
3. Vittorino y Gina, que estudian en Florencia, hablan ______________.
4. Carolyn, que es de Toronto, Canadá, habla ______________.
5. João, que trabaja en Río de Janeiro, Brasil, habla ______________.
6. Hans, que es de Alemania, habla ______________.

Para conversar

23. Dos estudiantes conversan. With a classmate, have a conversation about where you work, what days you work, what languages you speak, how many classes you take, and what you need. Take notes.

Modelo *—¿Dónde trabajas?*
—Trabajo en la ciudad de Chicago.
—¿Qué días trabajas?
—Trabajo los lunes, miércoles y viernes.

24. Mi compañero(a)... Now each student will share some information about his/her classmate with the rest of the class.

Modelo (Sam) *trabaja en Chicago. Él trabaja los lunes, miércoles y viernes.*

6 Negative and interrogative sentences *(Oraciones negativas e interrogativas)*

A. Negative sentences

› To make a sentence negative, simply place the word **no** in front of the verb.

Yo trabajo en el hospital.	*I work at the hospital.*
Yo **no** trabajo en el hospital.	*I don't work at the hospital.*
Ella habla inglés.	*She speaks English.*
Ella **no** habla inglés.	*She doesn't speak English.*

› If the answer to a question is negative, the word **no** will appear twice, at the beginning of the sentence, as in English, and in front of the verb.

—¿Habla Ud. japonés?	*Do you speak Japanese?*
—**No,** yo **no** hablo japonés.	*No, I don't speak Japanese.*

The subject pronoun may be omitted.

—**No, no** hablo japonés.	*No, I don't speak Japanese.*

Un dicho

El saber no ocupa lugar.

Equivalent: *One can never know too much.*

B. Interrogative sentences

› In Spanish, there are several ways of asking a question to elicit a *yes* or *no* answer.

¿**Ud.** habla portugués?	
¿Habla **Ud.** portugués?	**Sí,** yo hablo portugués. (**No**, yo **no** hablo portugués).
¿Habla portugués **Ud.**?	

› These three questions ask for the same information and have the same meaning. The subject may be placed at the beginning of the sentence, after the verb, or at the end of the sentence.

¡Atención! When speaking, the difference between a statement and a question is intonation. When asking *yes* or *no* questions, the voice goes up at the end of the last word.

¿Ud. habla italiano?

› Note that a written question in Spanish begins with an inverted question mark.

› Another common way to ask a question in Spanish is to add tag questions such as **¿no?** and **¿verdad?** at the end of a statement.

Ud. habla ruso, **¿verdad?**	*You speak Russian, don't you?*

LEARNING TIP

Stress and intonation in Spanish (just like in English) help to signal certain information about the function (purpose) or even the meaning of what you are hearing. Continue to pay attention to this aspect of speech and start trying to recognize specific functions of stress and intonation in spoken Spanish.

› A question that asks for information begins with an interrogative word, and the verb, not the subject, is placed after the interrogative word.

¿Dónde **trabajas** tú?	*Where do you work?*
¿Cuándo **regresan** ellos?	*When do they return?*
¿Qué **necesita** Ud.?	*What do you need?*
¿Quién **es** el profesor?	*Who is the professor?*

¡Atención! Spanish does not use an auxiliary verb, such as *do* or *does,* in negative or interrogative sentences.

Práctica

25. ¿Qué preguntan? *(What do they ask?)* In the cafeteria, you overhear some conversations, but you miss all the questions. Supply them.

1. ______________________ Estudio matemáticas.
2. ______________________ Sí, trabajo en el hospital.
3. ______________________ No, no trabajo por la mañana. Trabajo por la tarde.
4. ______________________ Somos de California.
5. ______________________ Estudiamos en la biblioteca.
6. ______________________ Estudiamos los sábados.
7. ______________________ Necesito el libro de español y, además, necesito una pluma.
8. ______________________ No, Carlos no es profesor. Él es estudiante.
9. ______________________ Se dice *idioma.*
10. ______________________ Deseamos tomar café.

26. ¡No! With a classmate, take turns answering the following questions in the negative and adding the correct answers.

Modelo ¿Tú eres profesor?
No, no soy profesor. Soy *estudiante.*

1. ¿Tú trabajas los sábados?
   Trabajo __________.
2. ¿Tú necesitas una pluma?
   Necesito __________.
3. ¿Tú tomas cuatro clases?
   Tomo __________ clases.
4. ¿Tú regresas a tu casa a las tres?
   Regreso __________.
5. ¿Tú estudias literatura?
   Estudio __________.
6. ¿Uds. son de Perú?
   Somos de __________.

Para conversar

27. Un nuevo amigo With a classmate, read the following information about David Rojas. Then form ten questions about him. Your partner should answer in complete sentences.

Me llamo David Rojas. Soy cubanoamericano y estudio en la Universidad Internacional de la Florida. Tomo cuatro clases por la mañana, trabajo por la tarde y estudio por la noche; los sábados y los domingos no trabajo. Hablo tres idiomas: español, inglés y un poco de francés, y ahora deseo estudiar portugués. Trabajo mucho porque necesito dinero.

HINT:
Be aware of these interrogative words.
¿Dónde? *(Where?)*
¿Qué? *(What?)*
¿Cuándo? *(When?)*
¿Cuántos(as)? *(How many?)*
¿Quién(es)? *(Who?)*
¿Por qué? *(Why?)* (porque = *because*)

© Bill Jarvis

David Rojas

Some of the questions may require a yes or no answer. After completing the questions, join another group to ask your questions and answer theirs.

7 Possession with *de* *(El caso posesivo)*

› The **de** + *noun* construction is used to express possession or relationship. Spanish does *not* use the apostrophe.

Rosa ´s *address*
la dirección de Rosa
(*the address* *of* *Rosa*)

la clase **de la Dra. Peña**	*Dr. Peña's class*
el libro **de Dora**	*Dora's book*

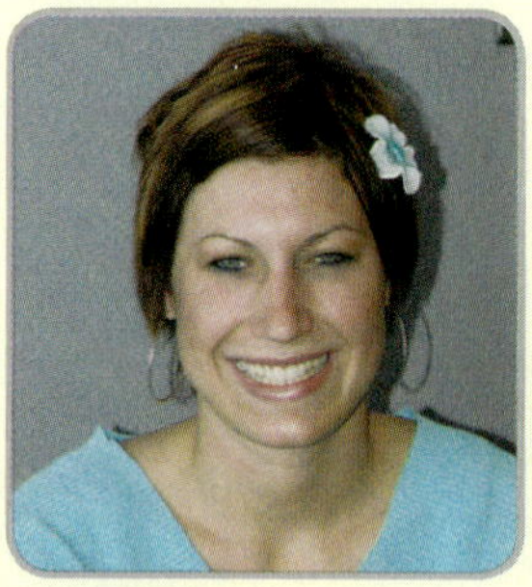

© Ana C. Jarvis

Irene, la amiga de Carmen

¡Atención! Note the use of the definite article before the words **dirección, clase,** and **libro.**

—¿Quién es Francisco Acosta?	*Who is Francisco Acosta?*
—Es **el profesor de Carmen.**	*He is Carmen's professor.*
—¿Cuál es **la dirección de Irene**?	*What is Irene's address?*
—Calle Magdalena, número seis.	*Six Magdalena Street.*

Práctica

28. Deseamos saber... *(We want to know . . .)* With a classmate, look carefully at the illustrations and then take turns answering the questions that follow.

1. ¿Quiénes son las amigas de Sergio?

_______________________________.

4. ¿Quién es el Sr. Soto?

_______________________________.

2. ¿Qué necesita Olga?

_______________________________.

5. ¿Quién es de Cuba?

_______________________________.

3. ¿Qué necesita Luis?

_______________________________.

6. ¿Quiénes son Pedro y José?

_______________________________.

Para conversar

29. ¿Lo necesitas o no? *(Do you need it or not?)* Take turns asking other members of the class if they need certain things.

Modelo —*¿Necesitas el reloj de Raúl?*
—*No, yo no necesito el reloj de Raúl. / Sí, yo necesito el reloj de Raúl.*

Un dicho

En casa del herrero, cuchillo de palo.
Equivalent: *The shoemaker's son always goes barefoot.*

LEARNING TIP

If a certain concept such as a grammar point is giving you difficulty after having been "with it" for a while, take a break, relax, and after five or ten minutes, resume your language study afresh. As you find out what points become more challenging for you, try to make these the first points you go over during your next study session.

¡Vamos a ver!

Antes de ver el video

30. ¡Habla con tu compañero(a)! You and a classmate take turns asking and answering the following questions.

1. ¿A qué hora es la clase de español?
2. ¿Tú estudias en la biblioteca o en tu casa? ¿Estudias por la mañana, por la tarde o por la noche?
3. ¿Tú trabajas o estudias esta noche?
4. ¿Estudias solo(a) *(by yourself)* o con un(a) amigo(a)?
5. ¿Necesitas más tiempo para estudiar o para trabajar?
6. ¿Cómo se dice *backpack* en español?
7. ¿El español es un idioma fácil o difícil?
8. ¿Tú practicas el español todos los días? ¿Necesitas practicar más *(more)*?
9. ¿Tú hablas otros idiomas?
10. ¿Tú deseas estudiar otro idioma? ¿Cuál?

El video: El primer día de clases

Julio anota la dirección y el número de teléfono de Gloria.

—¿Tú hablas otros idiomas?
—Sí, hablo francés y un poco de portugués.

Después de ver el video

Gloria

Julio

Sandra

31. ¿Quién lo dice? Identify the person who said each of the following in the dialogues.

1. Yo trabajo en el hospital por la noche.
2. ¡Necesitas más tiempo para estudiar!
3. ¡Ay, chica!¡En ese caso yo hablo chino!
4. Oye, ¿deseas estudiar conmigo el sábado por la mañana?
5. Yo hablo italiano.
6. ¿Cómo se dice *backpack* en español?
7. ¡Sí! ¿Estudiamos en mi casa? Y por la tarde vamos a la Calle Ocho.
8. El español es un idioma difícil.
9. ¡Perfecto! Nos vemos el sábado.

32. Hablemos. With a classmate, take turns asking and answering the following questions. Base your answers on the dialogues.

1. ¿Gloria es cubanoamericana?
2. ¿A qué hora es la clase de inglés?
3. ¿Julio y Olga estudian esta noche?
4. ¿Julio trabaja en el hospital por la mañana o por la noche?
5. ¿Cuántas clases toma Julio?
6. ¿Qué necesita Julio?
7. ¿Cuál es la dirección de Gloria?
8. ¿Gloria habla otros idiomas?

33. ¿Qué pasa después? You and a classmate use your imagination to talk about what the characters do the next day. In Spanish, discuss the following.

1. Whether Julio works or studies in the morning.
2. Whether Olga and José Luis study in the library.
3. Whether José Luis writes down Olga's phone number or Olga's address.
4. Whether or not Sandra practices Spanish.
5. Whether or not Gloria speaks French with a friend.
6. Whether or not Sandra wishes to study other languages.

Now compare your statements with those of another group.

¡Vamos a escuchar!

ESTRATEGIA **Listening for specifics and guessing intelligently**
Often, when listening, you have specific information in mind that you want to know or that you expect to hear. Concentrating on these specifics helps your understanding and allows you to "discard" unrelated information. For example, if your Spanish-speaking housemate wants you to buy some things on your way home, you automatically listen for the items you need to buy. If he or she asks you to pick up **café, pan, leche y huevos,** by guessing intelligently you know you're expected to buy **leche** and **huevos** even if you aren't sure what they are.

CD1-14 **34. Necesitamos muchas cosas** Julio and Carmen need to make some classroom-related purchases. Listen to their conversation and mark only the items they need to buy. Read the list before listening. If you hear an unknown word, make an intelligent guess about it.

________ tablilla de anuncios	________ tiza
________ cesto de papeles	________ calculadora
________ mochila	________ carpetas
________ reloj	________ sacapuntas
________ mapas	________ bolígrafos
________ archivo	________ pizarras

¡Vamos a conversar!

ESTRATEGIA **Asking for repetition** Conversing is a process of negotiation. Be ready to ask the person you are speaking with, for instance, to repeat whenever there's something important you didn't understand or didn't hear well. Here are some phrases you can use in these situations.

- **¿Cómo?** *(What?)* or **¿Perdón?** *(I beg your pardon?)*
- **Repite, por favor** *(informal)* or **Repita, por favor** *(formal). (Please repeat.)*
- **Más despacio, por favor.** *(More slowly, please.)*
- **Otra vez, por favor.** *(Once more, please.)*

35. ¿Cómo? With a classmate, take turns asking about each other's classes. Find out which classes your classmate takes, on what days, and who the professors are. Use the phrases you've just learned to ask for repetitions when necessary.

36. ¿Qué dices? What would you say in the following situations? What might the other person say? Act out scenes with a classmate. Take turns playing each role.

1. You ask a friend if he/she wishes to study with you in the library. Ask at what time.
2. Tell a friend when you study and when you work. Ask him/her about his/her schedule.
3. You accuse someone of not being punctual. Add that he/she is late everywhere.

4. You ask someone how many classes he/she takes.
5. You ask a friend if he/she wants a cup of coffee and a sandwich.

37. Para conocernos mejor To do this activity, work with a classmate whom you would like to get to know. Take turns asking each other these questions.

1. ¿Qué idiomas hablas tú? ¿Deseas estudiar otro idioma? (¿Cuál?)
2. ¿A qué hora es tu primera clase? ¿Tú estudias en la biblioteca o en tu casa? ¿Cuántas horas estudias?
3. ¿Tú trabajas los sábados y los domingos? ¿Necesitas ganar dinero?
4. ¿Tú eres puntual o llegas tarde a todas partes? ¿Necesitas más tiempo para estudiar?
5. ¿Qué hora es? ¿A qué hora regresas a tu casa hoy? ¿Y mañana?
6. ¿Tus padres hablan español o hablan solamente inglés?
7. ¿Tú y tus amigos conversan en español o en inglés? ¿Dónde conversan?
8. ¿Qué idiomas son fáciles? ¿Qué idiomas son difíciles?

38. Una actividad especial para toda la clase

El club de español All the students are members of the Spanish Club and are having a get-together after class.

Step 1: Divide into small groups and ask each other questions about the following: How many classes everyone takes this semester, your general schedule, and whether or not you need help with any of your classes. You might make plans to study together. Decide when, where, and at what time. Look around the classroom and describe what you see *(Hay...)*. Describe some of your classmates.

Step 2: Join another group and give some information about the members of your group.

Un poema para memorizar

CD1-15

Mi verso es de un verde claro° — *light*
y de un carmín encendido°: — carmín... *light red*
mi verso es un ciervo herido° — ciervo... *wounded deer*
que busca° en el monte amparo°. — *Looks for / shelter*

José Martí (Cuba), from *Versos sencillos* (1891).

1. ¿Qué colores menciona Martí en el poema?
2. ¿Cuál es la nacionalidad de José Martí?

¡Vamos a leer!

Antes de leer

ESTRATEGIA **Guessing the meanings of unknown words**
When you read, you can often guess the meanings of some of the words you don't know by paying attention to the context. Look at the words surrounding an unknown word. Are there cognates, familiar words, or explanation or information that give clues to the meaning of the word? If a word seems important to the general meaning of a passage, try to make logical guesses about its meaning based on context before you consult a dictionary.

39. ¿Qué significa? Read the following sentences and choose the definition that best fits the context.

1. El profesor Griego **enseña** ciencias políticas en la universidad.
   a. learns b. teaches c. supervises
2. La señora Jiménez es profesora de literatura española en el departamento de **lenguas**.
   a. languages b. humanities c. arts
3. El estudiante **ayuda** a sus amigos a estudiar para el examen de cálculo porque las matemáticas son fáciles para él.
   a. helps b. tests c. demands

¡A leer!

©William Casey/Shutterstock

ORGANIZACIÓN DE ESTUDIANTES HISPANOS

La profesora del año

La Dra. Isabel Junco, de La Habana, Cuba, es profesora de literatura española y latinoamericana en el departamento de Lengua y Literatura. Este semestre ella enseña un seminario sobre° la poesía de Rubén Darío. Además de enseñar literatura, la profesora Junco enseña dos clases de francés en la sección de la noche. Ella habla cuatro idiomas: español, inglés, francés y portugués. La Dra. Junco acaba de publicar° un libro sobre la poesía° del famoso poeta y patriota cubano José Martí.
La Dra. Junco es una profesora excelente y es muy respetada y admirada por todos sus estudiantes. Además de enseñar, trabaja como voluntaria con "Cuba Libre°", una organización dedicada a ayudar a los refugiados cubanos.

about

acaba... *has just published / poetry*

Free

40. Comprensión Now, as you read the article about Dra. Isabel Junco again, find the answers to the following questions.

1. ¿Quién es la profesora del año?
2. ¿De dónde es la Dra. Junco?
3. ¿Qué enseña?
4. ¿En qué departamento trabaja?
5. ¿Qué enseña este semestre?

6. ¿Qué idioma enseña?
7. ¿Qué idiomas habla?
8. ¿Qué acaba de publicar?
9. ¿Quién es José Martí?
10. La Dra. Junco, ¿es una buena profesora?
11. ¿Con qué organización trabaja Isabel Junco?
12. ¿A quiénes ayuda "Cuba Libre"?

Después de leer... desde tu mundo

41. Mi profesor(a) favorito(a) In groups of three, talk about your favorite professor, whom you want to select as professor of the year.

Include information such as his/her nationality, the languages he/she speaks, the days he/she teaches, etc.

¡Vamos a escribir!

Antes de escribir

ESTRATEGIA **Conducting and reporting an interview**

To prepare an effective interview, use your knowledge of the person you plan to interview and what readers might want to know about the person or the subject the interviewee will talk about.

- Include questions that ask for information.
- Prepare more questions than you think you need, and organize them in a logical sequence.

42. Una entrevista *(An interview)* You write a column about new students for the school paper and must interview a Spanish-speaking student for your next article. Brainstorm eight to ten questions you might ask and organize them in a logical sequence.

¡A escribir!

43. Informe Now write a draft **(borrador)** of your interview article. Sequence the information you obtained so that it flows smoothly.

Después de escribir

44. A revisar Before writing the final version of your interview, exchange your first draft with that of a classmate and peer edit each other's work. Use the following guidelines.

- noun-adjective and noun-article agreement (in gender and number)
- subject-verb agreement (in person and number)
- logical sequence of information

EL MUNDO HISPÁNICO Y TÚ

Los cubanoamericanos

¿Sabes qué tienen en común las famosas actrices Eva Mendes y Cameron Díaz, los senadores Marco Rubio, Bob Menéndez y Ted Cruz, Ileana Ros, la presidenta *(chairwoman)* de un subcomité de asuntos exteriores de la Cámara de Representantes, el modisto Narciso Rodríguez, el cantante *(singer)* rapero Pitbull y el jugador de Los Ángeles Dodgers Yasiel Puig? ¡Todos son cubanoamericanos!

Economía y política

Los cubanos son el 4% de los hispanos en los Estados Unidos, pero como la mayor parte de ellos vinieron *(most of them came)* por razones políticas y no económicas, son los inmigrantes hispanos de más alto nivel educacional y de mayor ingreso *(income)* per cápita y los más conservadores.

© Scott J. Ferrell/Congressional Quarterly/Newscom

Ileana Ros-Lehtinen (1952–) es la primera mujer hispana elegida *(elected)* al Congreso de los Estados Unidos (1989–presente).

© AP Photo/Alan Diaz

El cubanoamericano **Marco Rubio** es un ejemplo de autosuperación. Hijo de una familia de inmigrantes pobres, estudió para abogado y hoy es senador de los EE.UU.

El entretenimiento

© Gregg DeGuire/WireImage/Getty Images

Pitbull (Armando Christian Pérez) es un rapero cubanoamericano. Su album *Planet Pit* incluye la canción "Give me everything", su primer éxito *(hit)* en el *Billboard Hot 100.*

© ALBERTO PIZZOLI/AFP/Getty Images

Cameron Díaz actúa en muchas películas *(movies)*, como *Annie* y *The Counselor.*

SEAN DRAKES / Alamy

En **la Pequeña Habana,** un barrio *(neighborhood)* cubano de la ciudad de Miami, muchos de los bancos, cafés, restaurantes, mercados y tiendas son de propiedad cubana, y el español es el idioma más hablado *(spoken).* Anualmente se celebra allí el **Festival de la calle Ocho**, que es parte de la celebración del **Carnaval**.

El mundo de la moda[1] y los negocios[2]

© Gary Gershoff/WireImage/Getty Images

Narciso Rodríguez, famoso diseñador de ropa *(clothing).* Entre sus clientas están las actrices Salma Hayek y Sara Jessica Parker.

© Richard Ellis/Contributor/Hulton Archive/Rex Banner/Getty Images

La revolución cubana incautó *(seized)* los negocios azucareros de la familia Fanjul en Cuba, pero hoy Fanjul Corp., dirigida por **Alfonso Fanjul,** es la mayor empresa azucarera de la Florida. Sin embargo, el Sr. Fanjul declaró: "Si hay alguna manera *(some way)* de que la bandera familiar pueda volver *(may come back)* a Cuba, estaré encantado de hacerlo".

Háganse preguntas

The class will be divided into groups of 3 or 4 students. The instructor will assign one of the seven items of information presented here to each group. The members of each group will prepare questions about the item assigned to them to ask the rest of the class.

iLrn™

To learn more about Hispanic communities in the United States, watch the cultural footage in the Media Library.

[1]fashion
[2]business

AUTOPRUEBA

¿Cuánto sé ahora?

Take this test. When you have finished, check your answers in the answer key provided in Appendix D. Then use a red pen to correct any mistakes you may have made. Are you ready?

A. Gender and number and definite articles Write **el, la, los,** or **las** before each noun.

1. ________ matemáticas
2. ________ problema
3. ________ muchacha
4. ________ dirección
5. ________ idiomas
6. ________ marcador
7. ________ decisión
8. ________ pupitres
9. ________ ciudades
10. ________ libertad
11. ________ solución
12. ________ muchedumbre
13. ________ luces
14. ________ días
15. ________ lápices
16. ________ café

B. Gender and number and indefinite articles Write **un, una, unos,** or **unas** before each noun.

1. ________________ universidad
2. ________________ mochila
3. ________________ libros
4. ________________ mapa
5. ________________ manos
6. ________________ programa
7. ________________ relojes
8. ________________ pared
9. ________________ hombres
10. ________________ mujer
11. ________________ conversación
12. ________________ poemas
13. ________________ borradores
14. ________________ tema
15. ________________ hospital
16. ________________ noche

C. Cardinal numbers (40–100) Using simple arithmetic, write the results.

1. 20 más 22: ________________
2. 60 más 40: ________________
3. 60 menos 7: ________________
4. 29 más 32: ________________
5. 100 menos 20: ________________
6. 40 más 39: ________________
7. 50 más 40: ________________
8. 95 menos 9: ________________
9. 90 menos 40: ________________
10. 99 menos 39: ________________

D. Telling time Use the cues given to say at what time the following classes are.

1. ¿A qué hora es la clase de francés? (9:15 a.m.)

2. ¿A qué hora acaba *(ends)* la clase de español? (1:55 p.m.)

3. ¿A qué hora es la clase de historia? (8:25 p.m.)

E. Present indicative of *-ar* verbs and negative and interrogative sentences

Complete the following sentences, using the Spanish equivalents of the verbs in parentheses.

1. Eva y yo ________ francés. *(speak)*
2. Los chicos ________ en la clase. *(converse)*
3. ¿Tú ________ en la biblioteca? *(study)*
4. ¿Usted ________ los mapas, señora? *(need)*
5. Yo ________ a las dos de la tarde. *(return)*
6. ¿Fernando ________ los domingos? *(works)*
7. Ella ________ mucho dinero. *(earns)*
8. ¿Uds. ________ tarde? *(arrive)*

F. Possession with *de*

Give the Spanish equivalents of the words in parentheses.

1. ______________________________ está en el pupitre. *(The girl's computer)*
2. ______________________________ son negras. *(The boys' backpacks)*
3. ______________________________ es de México. *(Alina's professor)*

G. Just words . . .

Match the questions in the first column with the answers in the second column.

1. ¿Qué deseas?	________	a.	No, siempre llega tarde.
2. ¿Qué clase tomas?	________	b.	Sí, a las nueve de la noche.
3. ¿Dónde trabaja?	________	c.	Reloj.
4. ¿Es puntual?	________	d.	A las ocho de la mañana.
5. ¿Qué necesitan?	________	e.	Solamente una.
6. ¿A qué hora llegan?	________	f.	Ruso.
7. ¿Cómo se dice *clock*?	________	g.	Sí, y yo también.
8. ¿Con quién estudia Nora?	________	h.	En un hospital.
9. ¿Qué idioma hablan?	________	i.	Sí, veinte horas por semana.
10. ¿Cuántas clases tomas?	________	j.	¡Sí! ¡Yo necesito ayuda!
11. ¿Tú trabajas?	________	k.	Otra taza de café.
12. ¿Ana habla portugués?	________	l.	Conmigo.
13. ¿Nos vemos el sábado?	________	m.	Un cesto de papeles.
14. ¿Estudiamos juntos?	________	n.	Química.

H. Culture

1. Complete the following, based on information in the **¿Tú lo sabías?** sections.
   a. Cuando los hispanos dan una dirección, usan primero la palabra ________ o ________.
   b. Para los horarios de aviones, autobuses, televisión y algunas invitaciones, se usa el sistema de ________ horas.
2. Complete the following, based on information found in the **El mundo hispánico y tú...** sectíon.
   a. Buena parte de los cubanos vinieron por razones políticas, no ________.
   b. En la Pequeña Habana, el ________ es el idioma más hablado.

I. Un dicho

Do you remember the Spanish saying about the importance of knowledge? Find it in this lesson.

LECCIÓN 3

POR TELÉFONO

Una chica habla por teléfono.

OBJETIVOS COMUNICATIVOS

You will learn vocabulary used to describe people and activities and to make and receive phone calls.

SITUACIONES

Dos compañeros de cuarto

ESTRUCTURAS

1 Possessive adjectives
2 Cardinal numbers 101–1000
3 Descriptive adjectives: Forms, position, and agreement with articles and nouns
4 Present indicative of regular **-er** and **-ir** verbs
5 Present indicative of the irregular verbs **tener** and **venir**
6 The personal **a**

ASÍ SOMOS

¡Vamos a ver!
Watching and understanding situations

¡Vamos a escuchar!
Taking a phone call

¡Vamos a conversar!
Using stock phrases

¡Vamos a leer!
Activating background knowledge

¡Vamos a escribir!
Analyzing writing models

EL MUNDO HISPÁNICO Y TÚ

› Los puertorriqueños en los Estados Unidos

AUTOPRUEBA

You will review what you learned in this lesson.

Supri Suharjoto/Shutterstock.com

LOS PUERTORRIQUEÑOS Los puertorriqueños son el segundo grupo más grande *(largest)* de hispanos en los Estados Unidos. Como Puerto Rico es un Estado Libre Asociado a este país, los puertorriqueños son ciudadanos estadounidenses y no necesitan pasaporte ni visa para entrar en el país.

Fuente: *U.S. Census 2000*

SITUACIONES

Dos compañeros de cuarto

CD1-16

¡Ubíquelos!

Carlos and David live and study in New York, where there are more Puerto Ricans than in San Juan, the capital of Puerto Rico. Watching the video will give you a sense of the two young men's surroundings: "La Gran Manzana" (The Big Apple).

Carlos Saldaña y David Cortés son compañeros de cuarto y viven en un apartamento muy pequeño en Nueva York. Carlos es moreno, de estatura mediana y muy simpático. David es alto, guapo y muy inteligente. Los dos son puertorriqueños y asisten a la universidad.

CARLOS: ¿Tienes el periódico? Necesito leer los anuncios.

DAVID: Sí, aquí está. ¡Ah! Hay un mensaje electrónico de tu novia.

Carlos lee el mensaje.

A: Carlos@amigo.com
De: Silvia@pr.com
Asunto: Examen
Mi amor: Tengo que llevar a mi hermano a la biblioteca esta noche y después tengo que estudiar porque mañana tengo un examen parcial en mi clase de sicología.
Nos vemos mañana.
Silvia

CARLOS: ¡Silvia no viene esta noche...! Bueno, yo tengo que llenar una solicitud de empleo porque necesito ganar dinero...

DAVID: Sí, tienes problemas económicos, pero no tienes mucha experiencia.

CARLOS: ¡Es verdad!

Carlos come un sándwich de queso y una manzana, bebe un refresco y después llama a su novia.

CARLOS: *(Al teléfono)* Hola. ¿Está Silvia?

TERESA: Sí, un momento, por favor. *(Llama a Silvia.)* ¡Silvia!

SILVIA: *(Contesta el teléfono.)* Hola.

CARLOS: ¿Silvia?

SILVIA: Sí, con ella habla. ¿Carlos? ¿Cómo estás, mi amor?

CARLOS: No muy bien. ¡Tú no vienes esta noche!

SILVIA: No, mi vida. Tengo mucho que hacer.

CARLOS: ¿Deseas beber algo en el café San Juan?

SILVIA: No, lo siento. Tengo que estudiar. ¿y tú? ¿No tienes que llenar una solicitud de empleo?

CARLOS: Sí… y también tengo que escribir un informe para mi clase de historia...

SILVIA: Entonces... Hasta mañana, mi amor. ¡Y buena suerte!

CARLOS: Gracias. Hasta mañana…

Carlos habla con David.

DAVID: ¿Silvia estudia con Fernando esta noche?

CARLOS: ¿Quién es Fernando?

DAVID: Creo que es un amigo de Teresa. Él y Silvia tienen una clase juntos. Según Silvia, es un muchacho encantador…

CARLOS: ¡Ajá! ¡Con razón no viene esta noche y no acepta mi invitación! ¡Chau! ¡Me voy!

DAVID: ¿Adónde?

CARLOS: ¡A casa de Silvia!

¿Tú lo sabías?

Para contestar el teléfono *(To answer the phone)*:
En México: **Bueno**
En España *(Spain)*: **Diga, Dígame, ¿Sí?**
En Cuba y en otras regiones del Caribe: **Oigo, Hola**
En Argentina: **¿Sí?, Hable, Hola, Aló**

› **¿Cómo se contesta el teléfono en este país *(this country)*?**

1. Hablemos. With a classmate, take turns asking and answering the following questions. Base your answers on the dialogue and on your own circumstances.

En el diálogo

1. ¿Dónde viven Carlos y David?
2. ¿Carlos es muy alto?
3. ¿Cómo es David?
4. ¿Qué lee Carlos en el periódico?
5. ¿Qué recibe Carlos de su novia?
6. ¿Qué tiene Silvia mañana?
7. ¿Qué tiene que hacer Silvia?
8. ¿Qué tiene que escribir Carlos mañana?
9. ¿Con quién estudia Silvia?
10. ¿Acepta Silvia la invitación de Carlos?

¿Y tú?

1. ¿Dónde vives tú?
2. ¿Tú eres alto(a)?
3. ¿Cómo eres tú?
4. ¿Tú lees el periódico todos los días?
5. ¿Tú recibes muchos mensajes electrónicos?
6. ¿Cuándo tienes exámenes tú?
7. ¿Qué tienes que hacer tú?
8. ¿Qué tienes que escribir tú?
9. ¿Con quién estudias tú?
10. ¿Tú recibes muchas invitaciones?

¿Tú lo sabías?

Español y **castellano** son equivalentes.

› **¿Hay mucha diferencia entre el inglés que hablan en Inglaterra *(England)* y el que se habla en este país?**

VOCABULARIO

En el diálogo

Cognados

el apartamento	*apartment*
el café	*café, coffee shop*
el examen	*exam*
la experiencia	*experience*
la historia	*history*
la invitación	*invitation*
el mensaje	*message*
el momento	*moment*
puertorriqueño(a)	*Puerto Rican*
la sicología	*psychology*

Nombres

el anuncio, aviso	*advertisement*
el (la) compañero(a) de cuarto	*roommate*
el empleo, el trabajo	*job*
el examen parcial	*midterm exam*
la hermana	*sister*
el hermano	*brother*
el informe	*report*
la manzana	*apple*
el mensaje (correo) electrónico	*e-mail*
la novia	*girlfriend*
el novio	*boyfriend*
el periódico, el diario	*newspaper*
el queso	*cheese*
el refresco[1]**, la soda**	*soda pop*
la solicitud	*application*
________ **de empleo**	*job application*

Verbos

asistir (a)	*to attend*
beber, tomar	*to drink*
comer	*to eat*
contestar	*to answer*
creer	*to think, to believe*
escribir	*to write*
leer	*to read*
llamar	*to call*
llenar	*to fill out*
llevar	*to take (someone or something someplace)*
tener	*to have*
venir	*to come*
vivir	*to live*

Adjetivos

económico(a)	*financial*
encantador(a)	*charming*
pequeño(a)	*small, little*
simpático(a)	*likable*

Otras palabras y expresiones

Aquí está.	*Here it is.*
beber algo[2]	*to have something to drink*
Con ella habla.[3]	*This is she. (Speaking.)*
con razón	*no wonder*
de estatura mediana	*of medium height*
después	*afterwards*
entonces	*then, in that case*
Es verdad.	*It's true.*
¿Está... ?	*Is . . . (name) there?*
esta noche	*tonight*
Me voy.	*I'm leaving.*
mi amor	*my love*
mi vida	*my love (life)*
para	*for*
que[4]	*that*
¿quién? (¿quiénes?)	*who?*
según	*according to*
tener mucho que hacer	*to have a lot to do*
tener que + infinitivo	*to have to + infinitive*

[1] Also **la gaseosa**

[2] **comer algo** *to have something to eat*
[3] **Con él habla.** *This is he. (Speaking.)*
[4] **que** is not omitted: Yo creo **que** ella es bonita. *I think she's pretty.*

Más sobre el tema

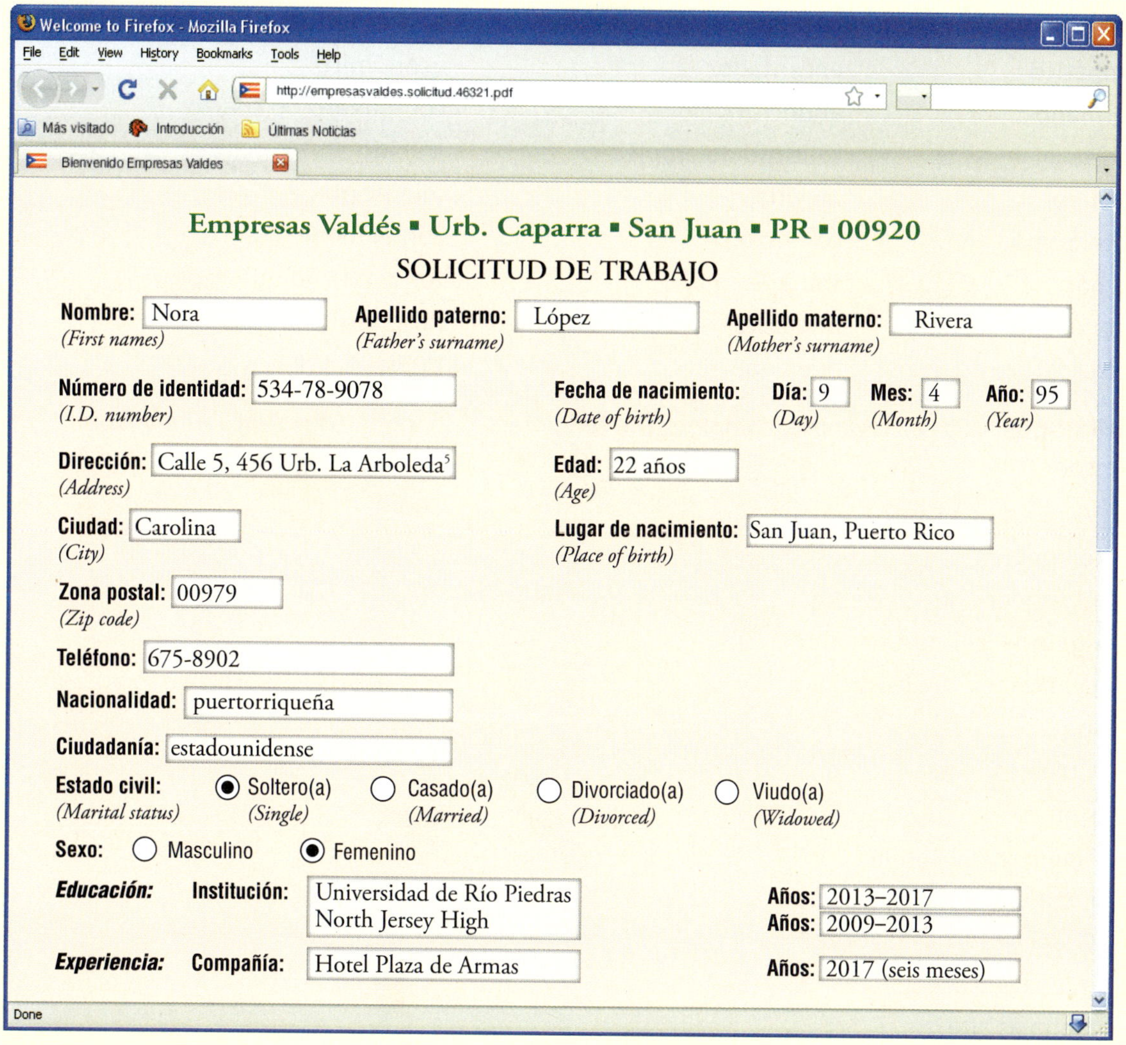
Welcome to Firefox - Mozilla Firefox
File Edit View History Bookmarks Tools Help
http://empresasvaldes.solicitud.46321.pdf
Más visitado Introducción Últimas Noticias
Bienvenido Empresas Valdes

Empresas Valdés ▪ Urb. Caparra ▪ San Juan ▪ PR ▪ 00920

SOLICITUD DE TRABAJO

Nombre: Nora *(First names)* **Apellido paterno:** López *(Father's surname)* **Apellido materno:** Rivera *(Mother's surname)*

Número de identidad: 534-78-9078 *(I.D. number)*

Fecha de nacimiento: *(Date of birth)* **Día:** 9 *(Day)* **Mes:** 4 *(Month)* **Año:** 95 *(Year)*

Dirección: Calle 5, 456 Urb. La Arboleda[5] *(Address)*

Edad: 22 años *(Age)*

Ciudad: Carolina *(City)*

Lugar de nacimiento: San Juan, Puerto Rico *(Place of birth)*

Zona postal: 00979 *(Zip code)*

Teléfono: 675-8902

Nacionalidad: puertorriqueña

Ciudadanía: estadounidense

Estado civil: *(Marital status)* ◉ Soltero(a) *(Single)* ○ Casado(a) *(Married)* ○ Divorciado(a) *(Divorced)* ○ Viudo(a) *(Widowed)*

Sexo: ○ Masculino ◉ Femenino

Educación: **Institución:** Universidad de Río Piedras — **Años:** 2013–2017
North Jersey High — **Años:** 2009–2013

Experiencia: **Compañía:** Hotel Plaza de Armas — **Años:** 2017 (seis meses)

Done

Características

antipático(a)	*unpleasant*
bajo(a)	*short*
delgado(a)	*thin, slender*
feo(a)	*ugly*
gordo(a)	*fat*
optimista[6]	*optimist*
pelirrojo(a)	*red-headed*
pesimista[6]	*pessimist*
realista[6]	*realist*
rubio(a)	*blond*
terco(a)	*stubborn*

Datos personales *(Personal data)*

lugar donde trabaja	*place of employment*
número de la licencia de conducir	*driver's license number*
número de seguro social	*social security number*
ocupación	*occupation*
profesión	*profession*
solicitud electrónica	*online application form*

[5] Given that the postal system in Puerto Rico is that of the United States, there have been trends toward reversing the street name and number so as to conform to American conventions. Remember, though: this is just in the case of Puerto Rico.
[6] The ending of this kind of adjective **(-ista)** does not change, regardless of gender: **un chico optimista; una chica optimista.**

VOCABULARIO

Práctica

2. Palabras Circle the word or phrase that does not belong in each group.

1. simpático	encantador	económico
2. hermano	anuncio	compañero de cuarto
3. suerte	solicitud de empleo	trabajo
4. mi amor	mi vida	mi informe
5. al teléfono	con razón	con él habla
6. llamar	trabajar	tener mucho que hacer
7. esta noche	aquí está	después
8. refresco	manzana	queso

3. Minidiálogos With a classmate, complete the following exchanges, using vocabulary from this lesson.

1. —¿Vives en una casa?
   —No, en un ______________.
2. —¿Qué tienes que ______________ para tu clase de geografía?
   ¡Tengo que leer muchos libros!
3. —¿Qué tienes que llenar?
   —Una ______________.
4. —¿Quién es Teresa?
   —Es mi ______________ de cuarto.
5. —¿Tienes que estudiar?
   —Sí, mañana tengo un ______________parcial.
6. —¿Cuál es tu fruta favorita?
   —La ______________.
7. —¿Elena es alta?
   —No, es de ______________ mediana.
8. —Me ______________. Chau.
   —Adiós.

4. ¿Qué es? Write the vocabulary word or phrase that corresponds to each of the following.

1. persona de Puerto Rico ______________
2. trabajo ______________
3. clase en la que estudiamos a Abraham Lincoln ______________
4. anuncio ______________
5. opuesto *(opposite)* de grande *(big)* ______________
6. lo que llenamos para solicitar algo ______________
7. muy simpática ______________
8. diario ______________
9. tipo de mensaje que recibimos en la computadora ______________
10. mi amor ______________

Para conversar

5. **Habla con tu compañero(a) de clase.** With a classmate, take turns asking and answering the following questions.

1. ¿Cuál es tu apellido paterno? ¿Y tu apellido materno?
2. ¿Cuál es tu nacionalidad? ¿Cuál es tu estado civil?
3. ¿Cuál es tu lugar de nacimiento? ¿Cuál es tu edad?
4. ¿Tú tienes tu número de seguro social en tu billetera *(wallet)*? (Sí (No), yo (no) tengo...)
5. ¿Tú eres optimista, pesimista o realista?
6. ¿Tú eres un poco *(a little)* terco(a)?
7. ¿Tu mejor *(best)* amigo(a) es moreno(a), rubio(a) o pelirrojo(a)? ¿Es guapo(a) o feo(a)?
8. ¿Tu mamá *(mom)* es alta, baja o de estatura mediana?
9. ¿Cómo se dice *driver's license* en español?
10. ¿Cómo se dice *social security number* en español?

CD1-17

Pronunciación

Linking

- In Spanish, a final consonant is always linked with the next initial vowel sound.
  Andrés es el amigo de Rafael. Son estudiantes argentinos.
- When two identical consonants are together, they are pronounced as one.
  Los señores son nativos.
- When two identical vowels are together, they are pronounced as one long vowel.
  ¿Está Ana Acosta? Habla Arturo Olivera.
- The final vowel of one word is linked with the initial vowel of the following word to form one syllable.
  La novia de Orlando es rubia. Ella es de Asunción y él es de Inglaterra.

ESTRUCTURAS

1 Possessive adjectives *(Los adjetivos posesivos)*

Forms of the Possessive Adjectives

Singular	Plural	
mi	mis	*my*
tu	tus	*your (fam.)*
		his
		her
su	sus	*your (form.)*
		its
		their
nuestro(a)	nuestros(as)	*our*
vuestro(a)	vuestros(as)	*your (fam.)*

› Possessive adjectives always precede the nouns they introduce. They agree in number with the nouns they modify.

Yo necesito mi libro. / pluma.

Yo necesito mis libros. / plumas.

› **Nuestro** and **vuestro** are the only possessive adjectives that have the feminine endings **-a** and **-as.** The others take the same endings for both genders.

Nosotros necesitamos nuestro libro. / nuestra pluma.

Nosotros necesitamos nuestros libros. / nuestras plumas.

› Possessive adjectives agree in gender with the thing possessed and *not* with the possessor. For example, two male students referring to their female professor will say **nuestra profesora.**

› Because **su** and **sus** have several possible meanings, the form **de él** (or **de ella, de ellos, de ellas, de Ud., de Uds.**) can be substituted to avoid confusion. The "formula" is: *article + noun +* **de** + *pronoun.*

sus plumas → las plumas **de él (ella, Ud.,** etc.)
su libro → el libro **de él (ella, Ud.,** etc.)

—¿De dónde son **tus** amigos? — *Where are your friends from?*
—**Mis** amigos son de Puerto Rico. — *My friends are from Puerto Rico.*

—¿Quién es la profesora **de Uds.**? — *Who is your professor?*
—**Nuestra** profesora es la doctora Paz. — *Our professor is Dr. Paz.*

Práctica

6. **Minidiálogos** Complete the following exchanges, using the corresponding possessive adjectives. Then act them out with a classmate.

1. —Inés, ¿a qué hora es ____________ clase de español?
   —____________ clase de español es a las 9. ¿A qué hora es la clase de Ana?
   —____________ clase (La clase de ella) es a las 10.
2. —¿De dónde es la profesora de Uds.?
   —____________ profesora es de San Juan; es puertorriqueña.
3. —Anita, ¿____________ hermanos hablan inglés?
   —Sí, ____________ hermanos hablan inglés.
   —¿Y las hermanas de Raúl?
   —No, ____________ hermanas (las hermanas de él) no hablan inglés.
4. —Sr. Vega, ¿____________ clases son por la mañana o por la tarde?
   —____________ clases son por la tarde.
5. —Sergio, ¿dónde trabaja la compañera de cuarto de Rita?
   —____________ compañera de cuarto (La compañera de cuarto de ella) trabaja en el hospital.
6. —¿Dónde viven los amigos de Uds.?
   —____________ amigos viven en California.

7. **Respuestas negativas** *(Negative answers)* Answer the following questions *in the negative,* using the appropriate possessive adjectives.

1. ¿Lorena es la novia de Alberto?
2. ¿Necesitas tu libro de español?
3. ¿La profesora de Uds. es de México?
4. ¿Carlos y Daniel son tus amigos?
5. ¿El Dr. Paz y la Dra. Ruiz son profesores de Uds.?
6. ¿Tú necesitas mis cuadernos?
7. ¿Tú necesitas la dirección de los chicos?
8. ¿Marisa y Olga son amigas de Claudia?

Para conversar

8. **Deseamos saber...** *(We want to know . . .)* With a classmate, prepare six questions you want to ask Carlos and David about their apartment, their friends, their classes, etc. Some of the questions should be addressed to both of them, and some to one of them. Make sure you use the appropriate possessive adjectives.

ESTRUCTURAS

› Other verbs conjugated like **comer:**

aprender *to learn* | **beber** *to drink*
creer *to believe, to think* | **vender** *to sell*
leer *to read* | **deber** *must, should*
correr *to run*

—¿Dónde **comen** ustedes? — *Where do you eat?*
—Eva y yo **comemos** en la cafetería y Anabel **come** en su apartamento. — *Eva and I eat in the cafeteria and Anabel eats in her apartment.*

—¿Tú **crees** que Marcos es simpático? — *Do you think Marcos is nice?*
—Sí, yo **creo** que es muy simpático. — *Yes, I think that he's very nice.*

—¿Qué periódico **lee** Ud., señorita? — *What newspaper do you read, miss?*
—Yo **leo** *El New York Times.* — *I read* The New York Times.

› Other verbs conjugated like **vivir:**

asistir *to attend* | **escribir** *to write* | **recibir** *to receive*
abrir *to open* | **decidir** *to decide*

—¿Dónde **viven** Uds.? — *Where do you live?*
—Nosotros **vivimos** en la calle Seis. — *We live on Sixth Street.*

—¿Tú **escribes** con lápiz o con pluma? — *Do you write with a pencil or with a pen?*
—**Escribo** con bolígrafo. — *I write with a ballpoint pen.*

Un proverbio
No solo de pan vive el hombre.
Equivalent: *Man does not live by bread alone.*

Práctica

18. ¿Y los demás? *(And the others?)* The following is what David does. With a classmate, use your imagination to indicate what other people do differently.

Modelo David come a las seis. (Nosotros)
Nosotros comemos a las ocho.

1. David come en su apartamento. (Nosotros)
2. … vive en la calle Quinta. (Yo)
3. … recibe mensajes electrónicos de sus amigos. (Tú)
4. … lee el periódico *New York Times*. (Mi papá)
5. … vende sus libros de historia. (Mis amigos)
6. … bebe café. (Nosotras)
7. … debe estudiar por la mañana. (Eva y Dora)
8. … escribe en español. (Tú)
9. … corre por la noche. (Mi hermano)
10. … cree que el español es fácil. (Los estudiantes)
11. … asiste a clases los martes y jueves. (Nosotros)
12. … abre su ventana por la noche. (Yo)

19. Deseo saber... With a classmate, take turns turning the statements on page 86 into questions to ask each other.

Modelo —*¿Tú comes en tu apartamento?*
—*No, yo no como en mi apartamento; como en la cafetería.*

20. ¿Qué hacemos? *(What do we do?)* With a classmate, complete the following sentences by describing what one or both of you do or don't do. Use regular **-er** and **-ir** verbs in your answers.

Modelos ______ el diario por la mañana.
Yo (no) leo el diario por la mañana.
or *Nosotros (no) leemos el diario por la mañana.*

1. ______ mucho *(a lot of)* café.
2. ______ en la cafetería de la universidad.
3. ______ mucho dinero.
4. ______ a la universidad.
5. ______ en Arizona.
6. ______ estudiar más *(more).*
7. ______ español.
8. ______ en Santa Claus.
9. ______ por la mañana.
10. ______ en el cuaderno.
11. ______ la puerta de la clase.
12. ______ en un apartamento.

Un dicho

Debes comer para vivir, no vivir para comer.
Equivalent: *You should eat to live, not live to eat.*

Para conversar

21. Dime... *(Tell me . . .)* With a classmate, take turns asking and answering the following questions in complete sentences.

1. ¿Tú asistes a clases todos los días? ¿A qué universidad asiste tu mejor *(best)* amigo(a)?
2. ¿Dónde vives? ¿Vives en una casa o en un apartamento? ¿Dónde viven tus padres?
3. ¿Dónde comes? ¿A qué hora comes? ¿Cómes sándwiches de queso? ¿Comes manzanas? ¿Tus amigos comen contigo[1] *(with you)*?
4. ¿Tú y tus amigos comen comida *(food)* mexicana o comida italiana? ¿Ustedes comen en la cafetería?
5. ¿Tú bebes refrescos o café? ¿Qué beben tus amigos?
6. ¿Aprendes mucho en la clase de español? ¿Debes estudiar más?
7. ¿Tú lees periódicos en español? ¿Tú crees que es fácil o difícil leer en español?
8. ¿Tú escribes en inglés o en español? ¿Tú y tus amigos leen el periódico?
9. ¿Tú vendes tus libros? ¿Los estudiantes reciben mucho dinero por sus libros?
10. ¿Tú debes trabajar mañana o debes estudiar? ¿Crees que es mejor *(better)* estudiar en tu casa o en la biblioteca?
11. ¿Recibes muchos mensajes electrónicos? ¿Tú crees que es mejor recibir mensajes electrónicos o textos?
12. ¿Tú corres todos los días? ¿Tus amigos corren? ¿Tú abres tu ventana por la noche?

[1] **conmigo** = *with me*

22. ¿Estás de acuerdo? *(Do you agree?)* In groups of three, express your opinion about each of the following **(Yo creo que...)**. The others agree **(Estoy de acuerdo)** or disagree **(No estoy de acuerdo)**. Use the hints and other descriptive words that you already know.

(HINT: fácil *easy* bueno *good*)

1. la clase de español
2. el presidente
3. los programas de TV en español
4. Nueva York
5. Christina Aguilera
6. el idioma árabe
7. los profesores de la universidad
8. Howard Stern

Christina Aguilera

5 Present indicative of the irregular verbs *tener* and *venir*

(Presente de indicativo de los verbos irregulares tener *y* venir*)*

tener ***to have***		**venir** ***to come***	
yo	**tengo**	yo	**vengo**
tú	**tienes**	tú	**vienes**
Ud. / él / ella	**tiene**	Ud. / él / ella	**viene**
nosotros(as)	**tenemos**	nosotros(as)	**venimos**
vosotros(as)	**tenéis**	vosotros(as)	**venís**
Uds. / ellos / ellas	**tienen**	Uds. / ellos / ellas	**vienen**

—¿Cuántas clases **tienen** Uds.? *How many classes do you have?*
—**Tenemos** dos. ¿Cuántas **tienes** tú? *We have two. How many do you have?*
—Yo **tengo** cuatro. *I have four.*
—¿A qué hora **vienen** Uds. a la universidad? *What time do you come to the university?*
—Yo **vengo** a las ocho y Teresa **viene** a las diez. *I come at eight and Teresa comes at ten.*
—¿Las chicas **vienen** los sábados? *Do the girls come on Saturdays?*
—Sí, y nosotras **venimos** con ellas. *Yes, and we come with them.*

¡Atención! **Tener que** means *to have to*, and it is followed by an infinitive: Olga **tiene que** trabajar hoy. *Olga has to work today.*

Práctica

23. Compañeros de estudio *(Study partners)* Using the present indicative of **tener** and **venir,** complete the following paragraph about what Rafael says he will do next Saturday.

Yo no ________________ a la universidad el sábado porque no ________________ clases. Mis compañeros de cuarto y yo ________________ que estudiar este *(this)* sábado porque ________________ un examen muy difícil el lunes. Mis amigos ________________ a mi casa por la tarde para estudiar conmigo. Mi amigo Luis no ________________ examen el lunes. Por eso él no ________________ a mi casa a estudiar.

24. ¿Qué tienes que hacer? You and a classmate talk about nine things you have to do this week.

1. trabajar / ¿cuántas horas?
2. estudiar / ¿qué días?
3. escribir / ¿qué?
4. llamar / ¿a quién?
5. llenar / ¿qué?
6. asistir / ¿adónde?
7. practicar / ¿qué?
8. aceptar / ¿qué?
9. hablar / ¿con quién?
10. contestar / ¿qué?

Join another group and compare your responses to theirs.

Él es Luis. ¿Tú crees que tiene que trabajar o que tiene que escribir un informe?

Para conversar

25. Entrevista With a classmate, take turns asking and answering these questions.

1. ¿Tú tienes mi número de teléfono? ¿Tienes mi dirección?
2. ¿El (La) profesor(a) tiene tu número de teléfono? ¿Tiene tu número de seguro social?
3. ¿Tú y tus amigos vienen a la universidad los sábados? ¿Vienen los domingos?
4. ¿Tú tienes problemas económicos? ¿Tienes que trabajar más?
5. ¿Tienes que trabajar los sábados y los domingos?
6. ¿A qué hora vienes tú a tu primera clase? ¿Vienes en ómnibus o en auto?
7. ¿Qué días vienes a la universidad? ¿Qué días no vienes?
8. ¿Tienes exámenes parciales en tus otras clases?
9. ¿Tienes compañero(a) de cuarto o vives solo(a)?
10. ¿Qué días tienes mucho que hacer? ¿Qué días no tienes mucho que hacer?

ESTRUCTURAS

6 The personal *a* (*La a personal*)

› The preposition **a** is used in Spanish before a direct object[1] referring to a specific person or persons. It is called "the personal **a**" and has no equivalent in English.

Yo llamo **a** mi amiga. (mi amiga = D.O.)	Nosotros llamamos **a** los estudiantes. (los estudiantes = D.O.)
I call my friend. (my friend = D.O.)	*We call the students.* (the students = D.O.)

› The personal **a** is *not* used when the direct object is not a person.

Yo llamo un taxi.	*I call a taxi.*
Nosotros llevamos los libros a la biblioteca.	*We take the books to the library.*

› The verb **tener** generally does not take the personal **a**, even if the direct object is a person.

Yo tengo muchos amigos.	*I have many friends.*
—¿Tú llevas **a** tu novia a la universidad?	*Do you take your girlfriend to the university?*
—Yo no tengo novia. Llevo **a** Jorge y **a** Luis.	*I don't have a girlfriend. I take Jorge and Luis.*

¡Atención! When there is a series of direct object nouns referring to people, the personal **a** is repeated: **Llevo *a* Jorge y *a* Luis.**

Práctica

26. Todos nosotros *(All of us)* With a classmate, take turns matching the items in column A with the items in column B. Add the personal **a** to the items in column B when needed.

A		B
1. Yo llevo ______	a. ______	sus padres.
2. El doctor llama ______	b. ______	muchos *(many)* estudiantes.
3. Ana visita ______	c. ______	nuestros amigos.
4. Yo necesito ______	d. ______	tu amigo a la universidad?
5. Nosotros invitamos ______	e. ______	sus pacientes *(patients)*.
6. El profesor tiene ______	f. ______	tu invitación.
7. ¿Tú llevas ______	g. ______	el informe.
8. Raúl acepta ______	h. ______	mi hermano a la biblioteca.

[1]See **Lección 6** for further explanation of the direct object.

27. Minidiálogos Use the personal **a** when needed to complete the following exchanges. Then act them out with a classmate.

1. —¿Cuántos hermanos tienes tú?
   —Yo no tengo ________ hermanos. Tengo dos ________ hermanas.
2. —¿A quién llevas tú a la universidad?
   —Yo llevo ________ mi hermana y ________ mis amigos.
3. —¿Tú llamas ________ tu compañero de cuarto?
   —Sí, necesito hablar con él.
4. —¿Adónde llevas los ________ cuadernos?
   —A la clase.
5. —¿Qué escribe Ud.?
   —Escribo ________ un informe para mi clase de historia.
6. —¿Tú llamas ________ un taxi?
   —No, llamo ________ mi amigo Raúl.

28. ¿Cómo se dice... ? With a classmate, take turns giving the Spanish equivalents of the words in parentheses. Include the personal **a** when necessary.

1. Yo llevo ______________ a la Universidad. *(my sister)*
2. Yo tengo ______________. *(a roommate)*
3. Nosotros necesitamos ______________ de literatura, la Dra. Rojas. *(the professor)*
4. Yo llevo ______________ a la biblioteca. *(the students)*
5. ¿Tú llamas ______________ todos los días? *(your boyfriend / girlfriend)*
6. Eva tiene ______________. *(two brothers)*

Para conversar

29. ¿Qué haces? *(What do you do?)* With a classmate, talk about whom you call, visit, or see *(Yo veo a...)* on different days of the week.

30. ¡Una fiesta! *(A party!)* With a classmate, decide which members of the class you want to take or invite **(invitar)** to the party next Saturday. Give reasons for your choices.

© Dmitriy Shironosov/Shutterstock.com

¡Vamos a ver!

Antes de ver el video

31. Antes de ver el video With a classmate, take turns responding to the following.

1. si viven en un apartamento o en una casa
2. si comen en la cafetería de la universidad
3. si beben mucho café
4. dónde trabajan
5. cómo son sus padres
6. si necesitan estudiar más o ganar más dinero
7. si tienen conocimiento *(knowledge)* de computadoras
8. si leen los anuncios en el periódico
9. si reciben muchos mensajes electrónicos de sus amigos
10. si tienen exámenes parciales en sus clases
11. si tienen que escribir un informe
12. si desean comer algo después de la clase

El video: Dos puertorriqueñas en Nueva York

—Tengo que llenar la solicitud de empleo de la compañía Sandoval.

—Hola. ¿Está Mariana?
—Sí, con ella habla.

—Tengo que escribir un informe para mi clase de literatura, pero acepto tu invitación...

Después de ver el video

Mariana

Olga

Rafael

32. ¿Quién lo dice? Identify the person who said each of the following in the dialogues.

1. Oye, mañana tenemos el examen parcial en la clase de historia. ________________
2. Pero recibo mensajes electrónicos de mi amiga de Brasil. ________________
3. ¡Acepto tu invitación! ________________
4. Pero tú no tienes conocimiento de computadoras. ________________
5. Tengo que llenar la solicitud de empleo de la compañía Sandoval. ________________
6. Buena idea. Nos vemos a las seis. Oye... ¿está Olga? ________________
7. ¿Deseas beber algo en el café París? ________________
8. Tú no hablas portugués. ________________
9. ¡Ajá! ¡Con razón Rafael viene a estudiar conmigo! ________________

33. Hablemos. With a classmate, take turns asking and answering the following questions. Base your answers on the dialogue.

En el diálogo

1. ¿Quién es la compañera de cuarto de Olga?
2. ¿Dónde conversan las chicas?
3. ¿Cómo es Olga? ¿Cómo es Mariana?
4. ¿Mariana tiene dinero o tiene problemas económicos?
5. ¿Mariana tiene conocimiento de computadoras?
6. ¿Qué recibe Mariana de Brasil?
7. ¿Qué tienen Rafael y Mariana mañana?
8. ¿Qué tiene que escribir Olga?
9. ¿Acepta Olga la invitación de Rafael?
10. ¿Rafael viene o no a estudiar con Mariana?

34. ¿Qué pasa después? You and a classmate use your imaginations to talk about what happens to the characters after they leave the café. In Spanish, discuss the following.

1. what time the girls return to their apartment
2. whether Mariana fills out the job application
3. whether Mariana receives another e-mail from her friend from Brazil
4. whether Olga reads a book or the paper
5. whether Rafael calls Olga again *(otra vez)* or he comes to the girls' apartment
6. whether Mariana studies for the history exam
7. whether Olga writes the report for her literature class or watches TV *(mira la tele)*
8. if Rafael calls another girl when he arrives at his apartment

Now compare your statements to those of another group.

¡Vamos a escuchar!

ESTRATEGIA **Taking a phone call** In a very broad sense, most listening has a purpose, whether to get specific information such as movie times or store hours, follow a lecture for the important points, or simply provide an ear for a friend. When you get a phone call, you generally expect the caller to let you know the reason for the call, which then tells you how to respond and what specific information to listen for or ask about as the conversation continues.

CD1-18 **35. Hola** Javier calls his friend Marta. Listen to their conversation and answer the first question to identify the reason for his call. Then listen a second time for the specifics and answer the remaining questions.

1. ¿Por qué llama a Marta?
2. ¿Qué hay mañana?
3. ¿Dónde estudian Javier y Marta? ¿A qué hora?
4. ¿Para qué clase tiene que escribir un informe Marta?

¡Vamos a conversar!

ESTRATEGIA **Using stock phrases** Having a repertoire of phrases that you can use in particular situations can help take the pressure off speaking, especially when you are beginning to learn a language. It also lets you concentrate on listening and understanding. Here are some phrases you can use.

To show agreement: **Buena idea.** *(Good idea.)* **Es verdad.** *(It's true.)* **Por supuesto.** *(Of course.)* **Está bien.** *(That's fine / good.)*
To apologize: **Lo siento.** *(I'm sorry.)*
To decline or make an excuse: **No puedo.** *(I can't.)* **Tengo que...**

36. ¿Estudiamos el lunes? With a classmate, agree on a day, time, and place to study Spanish together. Use some of the preceding phrases in your conversation as you try to find a day and time that's convenient for both of you.

37. ¿Qué dices tú? What would you say in the following situations?

1. You are asked what your friends are like. Say they are very pretty (handsome) and very intelligent.
2. You have agreed to pick up a classmate on your way to school. Ask her where she lives and what time she gets home in the evening.
3. Your phone rings and you answer it. The call is for you. You tell the caller it's you speaking.
4. You tell a friend that you have to work in the morning.
5. You ask Miss Vega if she has a lot to do tomorrow.
6. You tell someone that you have to fill out a job application.
7. You ask someone what his social security number is.
8. You tell someone that you have a midterm in your psychology class.

38. Para conocernos mejor To do this activity, work with a classmate whom you would like to get to know. Take turns asking each other these questions.

1. ¿Vives en una casa o en un apartamento pequeño? ¿Vives con tu familia?
2. ¿Qué días asistes a la universidad? ¿Tus clases son por la mañana, por la tarde o por la noche? ¿Cuál de tus clases es la más difícil?
3. ¿A qué hora estudias? ¿Estudias solo(a) o con tu compañero(a) de clase? ¿Él/Ella es muy inteligente? ¿Tienes que escribir muchos informes para tus clases? ¿Son fáciles?
4. ¿Tienes problemas económicos? ¿Necesitas trabajar? ¿Tienes experiencia? ¿Cuánto dinero deseas ganar en tu trabajo? ¿Lees los anuncios en los periódicos todos los días? ¿Qué periódico lees?
5. ¿Qué tienes que hacer mañana por la mañana? ¿Y por la tarde?
6. ¿Tienes novio(a)? (¿Cómo es?) ¿Tienes hermanos? (¿Cómo son?)
7. ¿Tú comes en tu casa o en la cafetería? ¿Bebes refrescos? ¿Deseas comer un sándwich de queso o una manzana? ¿Cuál tiene menos *(fewer)* calorías?
8. ¿Tú crees que debes estudiar más o que debes trabajar más? Generalmente, ¿tienes mucho que hacer?

39. Una actividad especial para toda la clase

En la oficina de empleos The class will practice posing and answering professional interview questions.

Step 1: The class will be divided into pairs: Each pair made up of one interviewer and one interviewee. Using the job application and the **datos personales** on page 75, the candidates will be interviewed for a possible job.

Step 2: The interviewers will give some information on the candidates they interviewed to the rest of the class.

Un poema para memorizar

CD1-19

Con los pobres° de la tierra°	*poor people / earth*
Quiero yo mi suerte° echar:	*destiny*
El arroyo° de la sierra°	*brook / mountain*
Me complace° más que el mar°.	Me… *pleases me / sea*

José Martí (Cuba), from *Versos sencillos* (1891).

1. ¿Con quiénes *(whom)* quiere echar su suerte José Martí?
2. ¿Qué le complace más? ¿el arroyo o el mar?

Note: The previous poem by José Martí and this one are the lyrics for the song "Guantanamera".

¡Vamos a leer!

Antes de leer

ESTRATEGIA **Activating background knowledge** Bringing your own experiences to a new reading helps prepare you for the kinds of information you may encounter. By thinking about what you know of a topic before reading, you will be better able to anticipate the content of a text and understand more of what you read.

40. Un mensaje electrónico Aurora Paz and Sergio Guzmán have recently met in a chat room. Before reading an e-mail from Aurora to Sergio, discuss with a classmate what information you would give about yourself to a new cyberfriend and what questions you would ask to get to know someone.

¡A leer!

El mensaje de Aurora

Send Mail: Message Composition

A: Sergio

De: Aurora

Asunto: Cómo soy

Sergio:

Tú deseas una descripción de mi persona.° ¡Aquí va!

Soy morena, alta y delgada. Muchos dicen° que soy bonita. Creo que soy inteligente, trabajadora y muy disciplinada. Y ahora... lo negativo: soy impaciente. Mi mamá dice que soy muy terca.

Asisto a la universidad por la mañana, trabajo por la tarde y estudio por la noche. Los sábados salgo° con mis amigos. Vamos° a la playa,° a una discoteca, a un concierto o al teatro.

¿Y tú? ¿Cómo eres? ¿Alto o de estatura mediana? ¿Trabajas o solo estudias? ¿Tus clases son fáciles o difíciles? ¿Vives en San Juan o en Santurce? ¿Vives en una casa con tu familia o vives en un apartamento?

¿Vives solo° o tienes un compañero de cuarto? ¿Tienes hermanos? ¿cuántos? Mándame° un mensaje mañana.

de... *of myself*
Muchos... *Many say*
I go out / We go / beach
alone
Send me

41. Comprensión As you read the e-mail, find the answers to the following questions.

1. ¿Qué desea Sergio?
2. ¿Aurora es rubia?
3. ¿Qué características positivas tiene?
4. ¿Qué dice la mamá de Aurora?
5. ¿Qué actividades tiene Aurora todos los días?
6. Los sábados, ¿trabaja o sale con sus amigos?
7. ¿Adónde va *(goes)* con sus amigos?
8. ¿Qué pregunta *(asks)* Aurora sobre las clases de Sergio?
9. ¿Qué ciudades puertorriqueñas menciona Aurora?
10. ¿Qué pregunta ella sobre la familia de Sergio?

Después de leer... desde su mundo

42. **Caracteristicas** In groups of three or four, discuss your positive and negative traits. Then describe the positive and negative characteristics of your best friend.

LEARNING TIP
As with speaking and pronunciation, paying attention to the words and structures used by the writer of a Spanish text will help you to improve your ability to communicate when you speak or write in Spanish.

¡Vamos a escribir!

Antes de escribir

ESTRATEGIA **Analyzing writing models** A model or written sample is often an excellent aid for your development as a writer in Spanish. By examining how a letter, an article, or another piece of writing is organized and what words are used, you can gain helpful ideas about how to construct your own writing.

43. **Organización** Look at the e-mail in **¡A leer!** and ask yourself the following questions.
    1. What is the main idea that groups together the sentences in each paragraph?
    2. How does Aurora describe herself? How would you describe yourself?
    3. What activities does she talk about in the second paragraph?
    4. What questions does she ask Sergio in the third paragraph? What questions would you ask?

¡A escribir!

44. **Mensaje electrónico** You have a new cyberacquaintance. Write the first draft **(primer borrador)** of an e-mail to send to this person, following the organization of Aurora's e-mail to Sergio. You may want to use some of the questions that you brainstormed for the pre-reading activity in **¡A leer!**

Después de escribir

45. **A revisar** Before writing the final version of your e-mail, exchange your first draft with a classmate's and peer edit each other's work using the following guidelines:
    - noun-adjective-article agreement (in gender and number)
    - subject-verb agreement (in person and number)
    - clear organization and use of the model

    If students do not have Spanish-speaking pen pals, have each student exchange e-mails with a classmate and respond to his/her partner's e-mail.

EL MUNDO HISPÁNICO Y TÚ

Los puertorriqueños en los Estados Unidos

Aproximadamente 5 000 000 de puertorriqueños viven en los Estados Unidos, el 70% de ellos en Nueva York y Nueva Jersey. En la ciudad de Nueva York viven más puertorriqueños que en San Juan, la capital de Puerto Rico. El desfile puertorriqueño de Nueva York es uno de los más coloridos y espectaculares de esta ciudad, y unos tres millones de personas asisten a él *(attend it)*. Tiene lugar *(It takes place)* el segundo domingo de junio.

La mayoría de los puertorriqueños llegaron *(arrived)* a los Estados Unidos después de la Segunda Guerra Mundial *(Second World War)* y, para muchos, fue *(it was)* muy difícil adaptarse a la vida de la gran ciudad. En las últimas décadas, han llegado de Puerto Rico miles de profesionales, artistas y gente de negocios *(businesspeople)*. Algunos ejemplos de puertorriqueños exitosos son Sonia Sotomayor, jueza *(judge)* de la Corte Suprema de los Estados Unidos; Nydia Velázquez y José Serrano, congresistas; Ricky Martin y Chayanne, cantantes; Rosalyn Sánchez y Benicio del Toro, artistas de Hollywood, y Félix "Tito" Trinidad, ex triple campeón de boxeo.

© BEHAR ANTHONY/SIPA/AP Images

El Día del Desfile Nacional Anual de los Puertorriqueños

© Philip Scalia/Alamy

Nuyorican Poets Café, una de las instituciones neoyorquinas dedicadas a la poesía, la música, las artes visuales, la comedia y el teatro

La música y el baile

© AF archive / Alamy

La puertorriqueña **Jennifer López** es famosa por su talento como cantante y bailarina. Además es actriz de cine. Se hizo famosa con la película *Selena*, sobre la vida de esa cantante texana.

© Daniel DeSlover/ZUMA Wire/ Alamy

Ricky Martin es un cantante puertorriqueño que logró el *crossover*. Sus canciones se cantan en todo el mundo en español y en inglés.

El cine y la televisión

Benicio del Toro, famoso actor y productor de cine puertorriqueño, es ganador *(winner)* de varios premios *(awards),* incluyendo el Óscar por su actuación *(acting)* en las películas *21 Grams* y *Traffic.*

Carlos Ponce nació *(was born)* en Puerto Rico, hijo de padres cubanos. Es cantante, compositor y actor de cine y de televisión. También fue *(was)* periodista *(journalist)* para "Entertaiment Tonight". Entre sus últimos trabajos está la película *Single in South Beach* (2015).

Los beisbolistas puertorriqueños

El béisbol es el deporte nacional de Puerto Rico, a diferencia de otros países latinoamericanos donde el fútbol es el deporte popular.

Carlos Beltrán, jardinero *(outfielder)* del equipo *(team)* los Yankees de Nueva York

Háganse preguntas

The class is divided into groups of 3 or 4 students. Each group will prepare questions about the seven pieces of information to ask the rest of the class.

iLrn™

To learn more about Hispanic communities in the United States, watch the cultural footage in the Media Library.

AUTOPRUEBA

¿Cuánto sé ahora?

Take this test. When you have finished, check your answers in the answer key provided in Appendix D. Then use a red pen to correct any mistakes you may have made. Are you ready?

A. Possessive adjectives Complete these sentences, using the Spanish equivalents of the possessive adjectives given.

1. _______ examen de historia es a las nueve. *(My)*
2. Jorge, tienes un mensaje de _______ novia. *(your)*
3. Estela llama a _______ padres los sábados. *(her)*
4. _______ hermanos vienen mañana. *(My)*
5. _______ padres viven en Nevada. *(Our)*
6. Carmen, ¿_______ amigos asisten a la universidad? *(your)*
7. _______ profesora de español es muy simpática. *(Our)*
8. Raúl vive con _______ hermano en un apartamento. *(his)*

B. Cardinal numbers Write the following numbers in Spanish.

1. 195
2. 286
3. 371
4. 460
5. 553
6. 644
7. 732
8. 827
9. 918
10. 1000

C. Descriptive adjectives Complete the following sentences with the opposites of the adjectives given.

1. Ramiro no es gordo; es __________.
2. Tu hermana no es fea; es muy __________.
3. Esos niños *(children)* no son morenos; son __________.
4. Mis padres no son pesimistas; son __________.
5. Su novia no es alta; es __________.
6. Nuestro apartamento no es grande; es muy __________.
7. Esa chica no es simpática; es __________.
8. La clase de literatura no es fácil. Es una clase __________.

D. Present indicative of regular *-er* and *-ir* verbs Complete each sentence using the appropriate verb in the list in the correct form. Some sentences accept two verbs.

deber	abrir
aprender	creer
vender	leer
comer	recibir
escribir	beber

1. Nosotros ____________________ mucho en la clase de español.
2. ¿Tú _____________ en la cafetería?
3. Yo _____ que Elena habla portugués.
4. ¿Ustedes _______ muchos libros?
5. Carlos _______ café.
6. Usted _______ estudiar más.
7. Ellos _______ sus libros por *(for)* treinta dólares.
8. Yo ______ las ventanas.
9. Ellos _______ mensajes electrónicos.
10. Nosotros _______ con lápiz.

E. The verbs *tener* and *venir* Complete the following minidialogues, using the present indicative of **tener** and **venir.**

1. —Inés, ¿tú _________ a clase los martes?

   —No, yo no _________ a clase los martes.

   —¿Por qué?

   —Porque yo no _________ clase los martes.
2. —¿A qué hora _________ Uds. a la universidad?

   —Nosotros _________ a las ocho porque _________ una clase a las ocho y media.
3. —Alicia, ¿tus amigas _________ hoy?

   —No, _________ el sábado.
4. —¿Tú _________ el número de teléfono de la profesora?

   —No, pero Andrés y Luis _________ su número de teléfono.

F. The personal *a* Give the Spanish equivalents of the words in parentheses.

1. Yo _______________ todos los domingos. *(call my friends)*
2. Elena _______________ a la universidad. *(takes her brother)*
3. Nosotros __________________ los lunes. *(call Nora and Alicia)*

G. Just words . . . Choose the word in parentheses that best completes each sentence.

1. Necesito el periódico para (tomar, leer, asistir) los anuncios.
2. Mario, tienes un (mensaje, momento, informe) de tu novia.
3. Mi compañero de cuarto tiene que (contestar, llamar, llenar) una solicitud de empleo.
4. ¿Tú tienes problemas (encantadores, guapos, económicos)?
5. Mi hermano tiene que (venir, escribir, creer) un informe para su clase de historia.
6. Voy a (comer, beber, llenar) una manzana.
7. Esa chica viene (queso, adonde, esta noche).
8. Alicia tiene un examen (simpático, alto, parcial) hoy.
9. Voy a tomar un (diario, refresco, novio).
10. Hoy tengo mucho que (venir, hacer, tener).

H. Cultura

1. Answer the following questions, based on information from the **¿Tú lo sabías?** sections.

   a. ¿Cómo contestan el teléfono en Cuba? _________

   b. ¿Cuál es un equivalente del idioma **español**? _________
2. Complete the following, based on the information found in the **El mundo hispánico y tú** section.

   a. El ________ es el deporte nacional de Puerto Rico.

   b. Jennifer López es una famosa _______________ puertorriqueña.

I. Un dicho Do you remember the Spanish saying that discourages overeating? Find it in this lesson.

LECCIÓN 4

COSTUMBRES Y TRADICIONES

Una fiesta de quinceañera

OBJETIVOS COMUNICATIVOS

You will learn vocabulary related to planning weekend activities, needs and preferences, and states of mind.

SITUACIONES

¡Bienvenido!

ESTRUCTURAS

1 Pronouns as objects of prepositions
2 Contractions
3 Present indicative of the irregular verbs **ir**, **dar**, and **estar**
4 **Ir a** + *infinitive*
5 Present indicative of **e:ie** stem-changing verbs
6 Expressions with **tener**

ASÍ SOMOS

¡Vamos a ver!
Watching and understanding situations

¡Vamos a escuchar!
Listening to voice mail

¡Vamos a conversar!
Asking for additional information

¡Vamos a leer!
Identifying text formats

¡Vamos a escribir!
Writing an e-mail

EL MUNDO HISPÁNICO Y TÚ

› México

AUTOPRUEBA

You will review what you learned in this lesson.

© oliveromg / shutterstock.com

MÉXICO, con más de cien millones de habitantes, ocupa por su población el primer lugar entre los países del mundo hispano, y tiene casi tres veces el área de Texas. Su capital, la Ciudad de México hasta hace poco conocida oficialmente como, D.F. (Distrito Federal), con unos 24 millones de habitantes, es el centro urbano más grande del mundo.

© LEHTIKUVA OY/REX/Newscom

Catedral Metropolitana, Ciudad de México

¡Bienvenido!

CD1-20

¡Ubíquelos!

Gabriela is a native of Mexico City, and Luis, who is from Ecuador, now resides there. Watch the video and you will see "plazas," museums, and monuments that reflect Mexico's diverse history, and are part of the two young people's lives.

Gabriela Alvarado y su amigo Luis Junco están en el Zócalo, en la Ciudad de México. Luis va a pasar la Navidad y el Año Nuevo con la familia de Gabriela porque él es de Ecuador y este año no va a su país para las fiestas. Luis acaba de hablar por teléfono con su mamá.

Gabriela: ¿Cómo está tu mamá? ¿Está triste porque tú no estás en Quito? ¿O está preocupada? Tú eres su hijo favorito, ¿no?

Luis: ¡No, no! Mi mamá está muy ocupada con los preparativos para la fiesta de quinceañera[1] de Gloria, mi hermanita. Ella cumple quince años el veinte de diciembre.

Gabriela: ¿Van a tener muchos invitados?

Luis: Sí, van todos los parientes, los amigos, los vecinos... Ella baila el primer vals con mi papá y después con uno de los muchachos. ¡Y mi mamá va a preparar mucha comida! ¡Ah! Y mi hermano va a sacar muchas fotos.

Gabriela: ¿Y tú no piensas ir?

Luis: No... no tengo dinero para el viaje... ¡Soy muy pobre! Prefiero ir para el cumpleaños de mi mamá, que es en febrero.

Gabriela: Pues aquí vas a ver las posadas, que empiezan el dieciséis de diciembre. ¡Ah! Y este fin de semana es el santo de mi tío Rodolfo y damos una fiesta. ¡Y tú estás invitado!

Luis: ¡Gracias! ¿La fiesta es en tu casa o en la casa de don Rodolfo?

Gabriela: Esta vez es en la casa de mi abuela.

Luis: Ah, sí. Doña Nieves. Oye, son las doce. ¿Quieres ir a comer algo? ¿No tienes hambre?

Gabriela: No, pero tengo mucha sed y estoy un poco cansada. ¿Por qué no vamos a mi casa? Tomamos una soda y charlamos un rato...

Luis: Sí, pero esta noche vamos al cine ¿no? ¿O prefieres ir a una discoteca?

Gabriela: Bueno... yo no bailo muy bien...

Luis: ¡Magnífico! Vamos al cine, entonces, porque yo como bailarín, ¡soy un desastre!

[1] the party to celebrate a girl's fifteenth birthday

¿Tú lo sabías?

En España y en Latinoamérica, no existe tanta *(as much)* separación entre *(among)* generaciones como en los Estados Unidos. Los niños, los padres y los abuelos frecuentemente van juntos a fiestas y celebraciones.

› **¿Qué celebraciones tienen las familias de este país?**

¿Tú lo sabías?

En México, durante la época de Navidad, celebran las posadas, que representan el viaje de María y José desde Nazaret a Belén y su búsqueda *(search)* de alojamiento *(lodging)*. Empiezan el 16 de diciembre y terminan el 24 de diciembre.

› **¿Celebran las posadas en algún barrio mexicano en la ciudad donde tú vives?**

1. Hablemos. With a classmate, take turns asking and answering the following questions. Base your answers on the dialogue and on your own circumstances.

En el diálogo

1. ¿Dónde va a pasar Luis la Navidad?
2. ¿La mamá de Luis está triste?
3. ¿Quién cumple 15 años?
4. ¿Con quién va a bailar Gloria el primer vals?
5. ¿Por qué no va a ir Luis a la fiesta?
6. ¿Gabriela tiene hambre o tiene sed?
7. ¿Adónde van a ir Luis y Gabriela?
8. ¿Gabriela baila bien?
9. ¿Luis prefiere ir al cine o a una discoteca?

¿Y tú?

1. ¿Dónde vas a pasar tú la Navidad? (Voy a pasar...)
2. ¿Tú estás triste? (Estoy...)
3. ¿Cuántos años cumples tú?
4. ¿Con quién bailas tú?
5. ¿Tú tienes mucho dinero?
6. Cuando tienes sed, ¿bebes agua *(water)* o bebes una soda?
7. ¿Adónde vas a ir tú hoy? (Voy a ir a...)
8. ¿Tú eres buen bailarín (buena bailarina)?
9. ¿A dónde prefieres ir tú?

¿Tú lo sabías?

Los hispanos generalmente celebran el cumpleaños y también el día de su "santo", que corresponde al santo de su nombre en el calendario católico. Por ejemplo, si un niño nace *(is born)* en junio, y sus padres lo llaman Miguel, celebra su cumpleaños en junio y celebra el día de su "santo" el 29 de septiembre, que es el día de San Miguel.

› **En este país, ¿celebran el día de San Patricio?**

¿Es el día de su cumpleaños o de su santo? ¿Cuántos años crees tú que cumple el chico? ¿La chica es su novia o su hermana?

VOCABULARIO

En el diálogo

Cognados

el desastre	*disaster*
la discoteca	*discotheque*
la familia	*family*
favorito(a)	*favorite*
la foto, la fotografía	*photo, photograph*
invitado(a)	*invited*
el parque	*park*

Nombres

la abuela	*grandmother*
el abuelo	*grandfather*
el año	*year*
el Año Nuevo	*New Year*
el bailarín (la bailarina)	*dancer*
el cine	*movie theater*
la comida	*food*
la fiesta	*party*
las fiestas	*holidays*
el fin de semana	*weekend*
la hermanita	*little sister*
la hija	*daughter*
el hijo	*son*
el (la) invitado(a)	*guest*
la mamá, la madre	*mom, mother*
la Navidad	*Christmas*
el país	*country, nation*
el papá, el padre	*dad, father*
los parientes	*relatives*
los preparativos	*preparations*
el santo	*saint's day*
la tía	*aunt*
el tío	*uncle*
el vals	*waltz*
el (la) vecino(a)	*neighbor*
la vez	*time (in a series)*
el viaje	*trip*

Verbos

bailar	*to dance*
charlar	*to chat*
cumplir	*to turn (years old)*
dar	*to give*
empezar (e:ie), comenzar (e:ie)	*to begin, to start*
estar	*to be*
ir	*to go*
pasar	*to spend (time)*
pensar (e:ie)	*to think*
pensar + *infinitive*	*to plan (to do something)*
preferir (e:ie)	*to prefer*
preparar	*to prepare*
querer (e:ie)	*to want, to wish*
ver (yo veo)	*to see*

Adjetivos

bienvenido(a)	*welcome*
cansado(a)	*tired*
este(a)	*this*
magnífico(a)	*great, magnificent*
muchos(as)	*many*
ocupado(a)	*busy*
pobre	*poor*
preocupado(a)	*worried*
primero[1](a)	*first*
triste	*sad*

Otras palabras y expresiones

acabar de + *infinitive*	*to have just (done something)*
dar (pasar, poner) una película	*to show a movie*
don	*a title of respect, used with a man's first name*
doña	*a title of respect, used with a woman's first name*
esta vez	*this time*
pues...	*well . . .*
que	*that, which*
sacar (tomar) una foto	*to take a picture*
tener hambre	*to be hungry*
tener sed	*to be thirsty*
un poco	*a little*
un rato	*a while*
Vamos.	*Let's go.*

[1]Primero drops the **o** before masculine singular nouns: el primer año

Más sobre el tema

Actividades para un fin de semana

ir	*to go*
_____ **a un baile**	*to go to a dance*
_____ **a un concierto**	*to go to a concert*
_____ **a un partido (o juego) de...**	*to go to a _____ game*
_____ **a la montaña**	*to go to the mountains*
_____ **a la playa**	*to go to the beach*
_____ **al museo**	*to go to the museum*
_____ **al parque de diversiones**	*to go to the amusement park*
_____ **al teatro**	*to go to the theater*
_____ **al zoológico**	*to go to the zoo*
ver una película	*to see a movie*

Para describir cómo estamos

aburrido(a)	*bored*
alegre	*joyful*
animado(a)	*animated*
aturdido(a)	*dazed*
contento(a)	*happy, content*
enfermo(a)	*sick*
enojado(a), enfadado(a)	*angry*
entusiasmado(a)	*enthusiastic*
furioso(a)	*furious*
nervioso(a)	*nervous*

¿Tú lo sabías?

La celebración familiar más importante para los hispanos es la Nochebuena *(Christmas Eve)*, no la Navidad, el día 25.

Práctica

2. ¿Qué es? Write the words or phrases that correspond to the following.

1. lugar donde vamos a bailar ______________
2. empezar ______________
3. padres, hijos, hermanos, etc. ______________
4. foto ______________
5. el que preferimos ______________
6. composición musical ______________
7. doce meses ______________
8. sábado y domingo ______________

3. Para completar Complete the following sentences logically, using vocabulary from this lesson.

1. Yo soy el hijo ______________ de mi mamá.
2. En la fiesta de mi abuelo, yo voy a ______________ muchas fotografías de la familia.
3. ¿De qué ______________ son ______________ Manuel y su hijo?, ¿de México?
4. Mi hermanita va a ______________ quince años el dos de mayo.
5. ¿Uds. acaban de llegar? ______________
6. En la fiesta de Año ______________ vamos a bailar. Yo voy a ______________ mucha comida y vamos a tener muchos ______________.
7. Diego no tiene dinero. Es muy ______________.
8. Aquí en México vas a ______________ las posadas.
9. ¿Deseas ir al cine? ¡Magnífico! Entonces ______________ al cine.
10. Esta ______________ vamos a ______________ el día en el parque.

Para conversar

4. Habla con tu compañero(a) de clase. With a classmate, take turns asking and answering these questions.

1. ¿Prefieres ir a un baile, a un concierto o al teatro? (Yo prefiero...)
2. ¿Prefieres ir a un parque de diversiones o a la playa?
3. ¿Prefieres ir a un partido de fútbol o a la montaña?
4. ¿Prefieres ir al museo o al zoológico?
5. ¿Estás animado(a) o aburrido(a)? (Estoy...)
6. ¿Estás triste o contento(a) hoy? ¿Estás entusiasmado(a)?
7. ¿Estás enfadado(a) con tu mejor *(best)* amigo(a)?
8. ¿Estás nervioso(a) cuando tienes un examen?
9. ¿Vienes a la universidad cuando estás enfermo(a)?
10. En diciembre, ¿tienes un árbol de Navidad en tu casa?
11. ¿Tienes un lector MP3? ¿Te gusta cantar? (Me gusta...)
12. En tu cumpleaños, ¿tú y tus amigos tienen un brindis? Cuando tú brindas, ¿qué dices *(What do you say)*? (Digo...)

5. **Planes** With a classmate, ask each other about what you plan to do at different times in the near future.

Modelo —*¿Vas a ir a... ?*
—*(No) Pienso ir a...*

6. **Una fiesta** You and a classmate play the roles of two friends who are planning a party and cannot agree on anything: the day, the time, the place, whom to invite, what to serve, etc.

Modelo —*¿Damos una fiesta el sábado?*
—*No... el domingo.*

Pronunciación

CD1-21

A. The Spanish *b* and *v*

The Spanish **b** and **v** are pronounced exactly alike. Both sound like a weak English *b*, as in the word *Abe*. In Spanish, they are even weaker when pronounced between vowels. The lips don't quite touch. Never pronounce these consonants like the English *v*. Listen to your instructor and repeat the following words.

Beto vive en Bogotá.
Bienvenida a Bolivia.
Don Gustavo es mi abuelo.
Víctor Barrios viene de Brasil.

1-22

B. The Spanish *d*

The Spanish **d** is slightly softer than the *d* in the English word *day*. When pronounced between two vowels or at the end of a word, it is similar to the *th* in the English word *they*. Listen to your instructor and repeat the following words.

Doña Delia es de Colorado.
¿Ustedes están cansados?
David y Adela están invitados.
Daniel Aranda está preocupado.

1-23

C. The Spanish *g* (before *a*, *o*, or *u*)

- When followed by **a**, **o**, or **u**, the Spanish **g** is similar to the *g* in the English word *guy*. Listen to your instructor and repeat the following words.

  Gustavo es gordo.
  Gabriel Gómez es guapo.

- When pronounced between vowels, the Spanish **g** is much softer. Repeat after your instructor.

  Mi amigo es uruguayo.
  Ágata nos aguarda.

- In the combinations **gue** and **gui**, the **u** is silent. Repeat after your instructor.

  Guillermo Guevara toca la guitarra.
  El Sr. Rodríguez tiene un águila.

ESTRUCTURAS

1 Pronouns as objects of prepositions

(Pronombres usados como objetos de preposición)

› The object of a preposition is the noun or pronoun that immediately follows the preposition:
La fiesta es para María (ella). Ellos van con nosotros.

Singular		**Plural**	
mí	*me*	**nosotros(as)**	*us*
ti	*you* (fam.)	**vosotros(as)**	*you* (fam.)
Ud.	*you* (form.)	**Uds.**	*you* (form.)
él	*him*	**ellos**	*them* (masc.)
ella	*her*	**ellas**	*them* (fem.)

Un dicho

Hoy por ti, mañana por mí.
Equivalent: *One hand washes the other.*

› Only the first and second-person singular, **mí** and **ti**, are different from regular subject pronouns.

—¿Hablan de **mí**? — *Are you talking about me?*
—No, no hablamos de **ti;** hablamos de **ella.** — *No, we are not talking about you; we're talking about her.*

› **Mí** and **ti** combine with **con** to become **conmigo** *(with me)* and **contigo** *(with you)*, respectively.

—¿Estudias **conmigo** o con Carlos? — *Are you studying with me or with Carlos?*
—No estudio **contigo;** estudio **con él.** — *I'm not studying with you; I'm studying with him.*

Práctica

7. Minidiálogos Complete the following dialogues, using the Spanish equivalent of the words in parentheses. Then act them out with a classmate, adding a sentence or two to each dialogue.

1. —¿Deseas estudiar ______ o ______? *(with me / with him)*
   —Yo deseo estudiar ______. *(with you)*
2. —¿Para quién es el vino? ¿______ o ______? *(for you / for them)*
   —Es ______. *(for me)*
3. —¿Para quién es el ponche? ¿______ o ______? *(for her / for us)*
   —Es ______. *(for you, pl.)*

Para conversar

8. ¡Habla con tu compañero(a)! Interview a classmate, using the following questions and two questions of your own. When you have finished, switch roles. Use the appropriate prepositions and pronouns in your responses. Answer in complete sentences.

1. ¿Hablas con tus amigos en la clase?
2. ¿Deseas estudiar español conmigo?
3. ¿Trabajas para tus padres?
4. ¿Vives cerca de *(near)* tus abuelos?
5. ¿Hablas mucho con tus amigos por teléfono?
6. ¿Tus amigos vienen a la universidad contigo?

2 Contractions *(Contracciones)*

› There are only two contractions in Spanish: **al** and **del.** Both the preposition **a** *(to, toward)* and the personal **a** followed by the article **el** contract to **al.**

Llamo	a	+	el	profesor.
Llamo		**al**		profesor.

› The preposition **de** *(of, from)* followed by the article **el** contracts to **del.**

Tiene los libros	**de**	+	el	profesor.
Tiene los libros		**del**		profesor.

—¿Llevas **al** amigo de Ana?	*Are you taking Ana's friend?*
—No, llevo **a las** primas de Eva.	*No, I'm taking Eva's cousins.*
—¿La casa es **de la** Sra. Vega?	*Is it Mrs. Vega's house?*
—No, es **del** Sr. Parra.	*No, it's Mr. Parra's.*

¡Atención! **A** + **el** and **de** + **el** must always be contracted to **al** and **del.** None of the other combinations **(de la, de las, de los, a la, a las, a los)** is contracted: **Llaman a los hijos de los profesores.**

LEARNING TIP
Practice "seeing" yourself coming from and going to certain places: **Vengo del hotel; voy al cine.**

Práctica

9. Minidiálogos Complete the following dialogues, using **de la, de las, del, de los, a la, a las, al,** or **a los.** Then act them out with a classmate.

1. —¿Adónde desean ir Uds. hoy?
   —Yo deseo ir ______ cine y Eduardo desea ir ______ biblioteca. ¿Adónde deseas ir tú?
   —Yo deseo ir ______ montaña.
2. —¿De qué hablan Uds.?
   —Hablamos ______ viaje a México.
3. —¿La computadora es ______ padres de Alicia?
   —No, es ______ hijas de la señora Gómez.
4. —¿A quién llamas?
   —Llamo ______ hermano de mi amiga Sandra.
5. —¿Adónde llevas ______ muchachos?
   —Llevo ______ muchachos ______ fiesta ______ hermano de Ana.

ESTRUCTURAS

Un dicho

Al pan, pan y al vino, vino.

Equivalent: *To call a spade a spade.*

10. Preguntas y respuestas With a classmate, take turns asking and answering the following questions, using the cues provided. Pay special attention to the use of contractions.

1. ¿De quién es el árbol de Navidad? (amigo de mi tío)
2. ¿De quién son los parlantes? (señorita Vargas)
3. ¿A quiénes llevas a la fiesta? (chicos)
4. ¿A quién piensan invitar *(to invite)* Uds.? (señor Robles)
5. ¿De dónde vienen Uds.? (concierto)
6. ¿Adónde llevan Uds. a sus hijos? (teatro)
7. ¿Las fotos son de los muchachos? (no, las muchachas)
8. ¿De quién hablan Uds.? (estudiantes)

Para conversar

11. ¿Qué pasa aquí? In a hotel lobby, you and your classmate observe what is going on. Take turns asking each other who is calling whom, where people are coming from, how they relate to each other, etc. Use prepositions, contractions, and pronouns.

3 Present indicative of the irregular verbs *ir*, *dar*, and *estar*

(Presente de indicativo de los verbos irregulares ***ir, dar y estar****)*

	ir *to go*	dar *to give*	estar *to be*
yo	**voy**	**doy**	**estoy**
tú	**vas**	**das**	**estás**
Ud. / él / ella	**va**	**da**	**está**
nosotros(as)	**vamos**	**damos**	**estamos**
vosotros(as)	**vais**	**dais**	**estáis**
Uds. / ellos / ellas	**van**	**dan**	**están**

—Susana **da** una fiesta hoy. ¿Tú **vas**? — *Susana is giving a party today. Are you going?*

—No, no **voy** porque **estoy** muy cansada. — *No, I'm not going because I am very tired.*

—Entonces **voy** con Ana y Beto. ¿Dónde **están** ellos? — *Then I'm going with Ana and Beto. Where are they?*

—**Están** en la universidad. Vienen a las tres. — *They're at the college. They're coming at three.*

¿Tú lo sabías?

En los países hispanos, las chicas y los muchachos generalmente van en grupos a fiestas, al teatro y a conciertos.

› **En este país, ¿los chicos prefieren salir en grupos o en parejas *(couples)*?**

› The verb **estar,** *to be*, is used here to indicate current condition **(estoy muy cansada)** and location **(están en la universidad)**. **Ser,** another equivalent of the English verb *to be*, has been used up to now to refer to origin **(él es de México),** nationality **(ellas son mexicanas),** characteristics **(Jorge es rubio),** profession **(Elsa es profesora),** and time **(son las doce).**

› Other frequent uses of **dar** are **dar un examen, dar una conferencia** *(lecture),* and **dar una orden** *(order).*

Práctica

12. Unos y otros Using the present indicative of **ir, dar,** or **estar**, as appropriate, write statements combining elements from columns A and B. Several combinations are possible. When you have finished, join one or two of your classmates and compare your statements.

A	B
1. Yo	a. fiestas los sábados.
2. Tú	b. en la biblioteca.
3. Mi papá	c. al cine o al teatro los sábados.
4. La profesora	d. muy contento(a).
5. Mis amigos y yo	e. exámenes difíciles.
6. Los estudiantes	f. a la playa en el verano.
	g. al zoológico.
	h. muy cansado(a).
	i. dinero para los pobres.
	j. en la universidad.

13. ¿Y los demás? Complete the following statements in a logical manner, by using the verb given in the sentence.

1. Roberto está en el parque y nosotros...
2. Yo doy una fiesta esta noche y tú...
3. Tú vas al museo y yo...
4. Yo estoy muy enojado(a) y ellos...
5. Nosotros damos una fiesta de Navidad y él...
6. Ellos van hoy y nosotros...
7. Ella está nerviosa y su novio...
8. Julia está aburrida y yo...

Para conversar

14. ¡Habla con tu compañero(a)! Interview a classmate, using the following questions. When you have finished, switch roles. You both should answer in complete sentences.

1. ¿Cómo estás? ¿Estás preocupado(a)? ¿por qué?
2. ¿Dónde están tus amigos hoy?
3. ¿Estás muy ocupado(a) hoy? ¿Qué tienes que hacer?
4. ¿Tus amigos dan una fiesta de Navidad? ¿dónde?
5. ¿Tú vas a muchas fiestas?
6. En tu familia, ¿quién da fiestas de Año Nuevo?
7. ¿Tu mejor amiga va a dar la fiesta el sábado o el domingo?
8. ¿Tú y tus amigos van al cine los sábados?

15. ¿Adónde vamos? Imagine that you or you and one classmate are walking around town and walk around the classroom. You will bump into several of your classmates. Ask them where they are going now. Here is a list of places that people go to.

la playa	el cine	el parque
el parque de diversiones	el concierto	el zoológico
el teatro	el museo	la tienda *(store)*

Modelo *—¡Hola! ¿Adónde vas (van ustedes)?*
—Voy (Vamos) al cine. ¿y tú?
—Yo voy a la tienda.

After everyone sits down, the instructor will ask where everyone is going.

4 *Ir a* + infinitive *(Ir a + infinitivo)*

› **Ir a** + *infinitive* is used to express future action. It is equivalent to the English expression *to be going (to) + infinitive*. The "formula" is as follows.

ir *(conjugated)*	+ **a** +	*infinitive*
Voy	**a**	**trabajar.**
I am going		*to work.*

—¿Con quién **vas a bailar** en la fiesta? — *With whom are you going to dance at the party?*
—**Voy a bailar** contigo. — *I'm going to dance with you.*
—¿Uds. **van a cantar?** — *Are you going to sing?*
—No, **vamos a bailar.** — *No, we're going to dance.*

Práctica

16. Lo que va a pasar What do you think these people are going to do? Consider where they are and what time of day it is.

Modelo José / en el hospital / por la tarde
José va a trabajar en el hospital por la tarde.

1. yo / en mi casa / por la noche
2. los estudiantes / en la clase / por la mañana
3. nosotros / en la discoteca / por la noche
4. tú / en la cafetería / a las doce
5. Susana / en su casa / por la mañana
6. Uds. / en la fiesta / por la noche
7. mis amigos / en la biblioteca / el sábado
8. el profesor / en la universidad

ESTRUCTURAS

Para conversar

17. ¡Habla con tu compañero(a)! Interview a classmate, using the following questions. Your classmate should answer in complete sentences. When you have finished, switch roles.

1. ¿Cuántas horas vas a estudiar hoy? ¿Con quién vas a estudiar? ¿dónde?
2. ¿Vas a comer en tu casa o en la cafetería? ¿A qué hora vas a comer? ¿Tú y tu familia van a comer juntos?
3. ¿Qué vas a hacer este fin de semana? ¿Vas a ir a un baile?
4. ¿Adónde van a ir tus amigos el sábado? ¿Qué van a hacer? ¿Van a ir a un concierto?
5. ¿Tú y tu familia van a dar una fiesta? ¿cuándo? ¿dónde? ¿A quiénes van a invitar?

18. ¿Qué van a hacer? What are these people going to do? With a classmate, take turns asking and answering questions, using the information in the illustrations.

Modelo —*¿Con quién va a bailar Marisol?*
—*Va a bailar con Tito.*

Marisol

1. Roberto

2. Elisa

3. Julio y Estrella

4. Daniel

5. Eduardo

6. Graciela

7. Beto y Ana

5 Present indicative of *e:ie* stem-changing verbs

(Presente de indicativo de los verbos que cambian en la raíz e:ie*)*

› Some Spanish verbs undergo a stem change in the present indicative. For these verbs, when **e** is the last stem vowel and it is stressed, it changes to **ie** as follows.

preferir ***to prefer***			
yo	pref**ie**ro	nosotros(as)	preferimos
tú	pref**ie**res	vosotros(as)	preferís
Ud. / él / ella	pref**ie**re	Uds. / ellos / ellas	pref**ie**ren

—¿A qué hora **piensas** ir a la fiesta? *What time are you planning to go to the party?*
—**Prefiero** ir a las diez. ¿y tú? *I prefer to go at ten. And you?*
—Yo **no quiero** ir. Estoy cansado. *I don't want to go. I'm tired.*

—¿A qué hora **empiezan** a[1] estudiar Uds.? *What time do you start to study?*
—**Empezamos** a las tres. *We start at three.*

› Note that the stem vowel is not stressed in the verb forms used with **nosotros(as)** and **vosotros(as);** therefore, the **e** does not change to **ie.**

› Stem-changing verbs have the same endings as regular **-ar, -er,** and **-ir** verbs.

› Some verbs that undergo this change are:

cerrar *to close*
comenzar *to begin, to start*
empezar *to begin, to start*
entender *to understand*
pensar *to think*
pensar *(+ infinitive) to plan (to do something)*
perder *to lose*
querer *to want, to wish, to love*

Un dicho
Ojos que no ven, corazón que no siente.
Equivalent: *Out of sight, out of mind.*

[1]The preposition **a** is used after **empezar** and **comenzar** when they are followed by infinitives.

Práctica

19. ¿Tú lo sabes... ? With a classmate, complete each statement with the correct form of the verb in parentheses, and by answering the questions that follow it.

1. Yo (preferir) comer...	¿qué?	¿dónde?	¿con quiénes?
2. Nosotros (preferir) ir...	¿adónde?	¿con quiénes?	¿qué días?
3. Tú (querer) bailar...	¿qué?	¿con quién?	
4. Nosotros (querer) charlar...	¿con quiénes?	¿cuándo?	
5. Mi papá (pensar) leer...	¿qué?	¿cuándo?	
6. Nosotros (cerrar)...	¿qué?	¿cuándo?	
7. Mis amigos (perder)...	¿qué?	¿dónde?	
8. Ellos (empezar)...	¿qué?	¿en qué mes?	
9. Yo (comenzar) a...	¿qué?	¿a qué hora?	
10. Tú no (entender)...	¿qué?		

20. Orientación You have just enrolled at a new university, and some current students are helping to orient you. Compare their routines and preferences with your own.

1. Comenzamos las clases a las nueve.
2. No entendemos inglés.
3. Pensamos trabajar mañana.
4. Queremos ir al zoológico.
5. Preferimos beber ponche.
6. No cerramos las ventanas por la noche.

Para conversar

21. ¡Habla con tu compañero(a)! Interview a classmate, using the following questions. Your classmate should answer in complete sentences. When you have finished, switch roles.

1. ¿Tienes sed? ¿Qué quieres beber? ¿Prefieres café o refresco?
2. ¿Dónde quieres comer hoy? ¿Qué quieres comer? ¿Tus amigos quieren comer contigo?
3. ¿Tú prefieres comer en un restaurante o en la cafetería de la universidad?
4. ¿A dónde piensas ir este fin de semana?
5. ¿Qué prefieres hacer, ir al zoológico o ir a un parque de diversiones?
6. ¿Tú entiendes una conversación en español?
7. ¿Tú cierras las ventanas por la noche?
8. ¿A qué hora empieza tu primera *(first)* clase?

¿ Tú lo sabías?

Muchos productos norteamericanos, como las sodas y los chicles, son muy populares en los países hispanos.

› **¿Qué productos extranjeros *(foreign)* son populares en este país?**

6 Expressions with *tener* (*Expresiones con tener*)

› Many useful idiomatic expressions that use *to be* + *adjective* in English are formed with **tener** + *noun* in Spanish.

tener (mucho) frío	*to be (very) cold*
tener (mucha) sed	*to be (very) thirsty*
tener (mucha) hambre	*to be (very) hungry*
tener (mucho) calor	*to be (very) hot*
tener (mucho) sueño	*to be (very) sleepy*
tener (mucha) prisa	*to be in a (great) hurry*
tener (mucho) miedo	*to be (quite) afraid, scared*
tener (mucho) cuidado	*to be (very) careful*
tener razón	*to be right*
no tener razón[1]	*to be wrong*
tener... años (de edad)	*to be . . . years old*

—**¿Tienes calor?**	*Are you hot?*
—Sí, y también **tengo** mucha **sed.**	*Yes, and I'm also very thirsty.*
—¿Deseas comer pollo?	*Do you want to eat chicken?*
—No, gracias, no **tengo hambre.**	*No, thank you, I'm not hungry.*
—¿Cuántos **años tienes**?	*How old are you?*
—**Tengo** diecinueve **años.**	*I'm nineteen years old.*
—Tenemos que trabajar más.	*We have to work harder (more).*
—**Tienes razón...**	*You're right . . .*

¡Atención! Note that Spanish uses **mucho(a)** *(adjective)* + *noun* (as in **mucha hambre**) the way English uses *very* + *adjective* (as in *very hungry*).

© Alexander Sysoev/Shutterstock.com

Maribel

1. Maribel tiene frío o tiene calor?
2. Maribel tiene sed. ¿Tú creees que quiere beber ponche, vino o café?
3. Maribel tiene hambre. ¿Tú crees que quiere comer un sándwich de queso o una manzana?
4. ¿Maribel quiere bailar o tiene sueño?
5. ¿Cuántos años crees tú que tiene Maribel?

[1]Incorrectness is also conveyed by the expression **estar equivocado(a)** *(to be wrong)*.

Práctica

22. ¿Qué tienen? Using expressions with **tener**, indicate how these people feel.

1. José

2. Yo

3. Tú

4. La profesora

5. Ud.

6. Felipe

7. Marisa y Elena

8. Ella

9. Susana

23. ¡Siete problemas y un cumpleaños! Which expression with **tener** would you use in each of the following situations?

1. You are in the Sahara desert in the middle of summer.
2. A big dog is chasing you.
3. You have only a minute to get to your next class.
4. You are in Alaska in the middle of winter.
5. You haven't eaten for an entire day.
6. You got up at 4 a.m. and it is now midnight.
7. You just ran for two hours in the sun.
8. You are blowing out twenty candles on your birthday cake.

Para conversar

24. ¡Habla con tu compañero(a)! Interview a classmate, using the following questions. When you have finished, switch roles.

1. ¿Qué bebes cuando tienes sed? ¿y cuando tienes frío?
2. ¿Qué comes cuando tienes hambre? ¿y qué haces cuándo no tienes hambre?
3. ¿Cuántos años tienes? ¿Cuántos años tiene tu mejor *(best)* amigo(a)?
4. ¿Cuántos años tiene tu mamá? ¿y tu papá?
5. En tu familia, ¿quién tiene razón siempre? ¿y en la clase?
6. ¿Tienes miedo a veces *(sometimes)*? ¿Debes tener más cuidado?

25. Tenemos huéspedes. *(We have guests.)* This is group activity for at least 5 students. Three or four students play the role of a family with children. The other students receive that family in their house. Imagine that Mr. and Mrs. Vega and their two children, Anita and Luisito, are staying with you and your classmate. Take turns asking them individually and/or collectively whether they are hungry, thirsty, etc. When possible, ask them also if they want a drink, etc.

¿Tú lo sabías?

En español se dice "¡Salud!" *(Cheers)* para brindar. En España también dicen "Salud, amor y pesetas[1]" *(Health, love, and money)*.

[1]**Pesetas** were the monetary unit in Spain before the use of the Euro.

¡Vamos a ver!

Antes de ver el video

26. **Habla con tu compañero(a).** You and a classmate take turns asking and answering the following questions.

1. ¿Tú vas a veces a la casa de tus tíos? ¿Tienes muchos primos *(cousins)*?
2. ¿Tú vas a pasar el Año Nuevo con tus amigos o con tu familia? ¿y la Navidad?
3. ¿Tienes hambre? ¿Tienes sed? ¿Tienes sueño?
4. ¿Prefieres beber una soda o un vaso de agua?
5. ¿Estás cansado(a)? ¿Estás contento(a) o triste?
6. ¿Vas al parque con tus amigos a veces?
7. ¿Piensas ir a la tienda *(store)* mañana?
8. ¿Qué vas a hacer pasado mañana *(the day after tomorrow)*?
9. ¿Tú vas a dar una fiesta el viernes?
10. ¿Tú celebras *(celebrate)* el día de tu santo? ¿Celebras el día de San Patricio?
11. ¿Tú y tu familia tienen mariachis cuando dan fiestas?
12. Cuando das una fiesta, ¿muchas chicas (muchos chicos) quieren bailar contigo?
13. ¿Vas a dar una fiesta la semana que viene? ¿Vas a bailar este fin de semana? ¿Invitas a tus vecinos cuando das una fiesta?
14. ¿Quieres platicar un rato más?

El video: Julia visita la Ciudad de México

¡Bienvenida, hijita! ¡Ay! ¡Dame un abrazo!

—¿Cuándo empiezan las posadas?

—La semana que viene. Este fin de semana pensamos ir a una discoteca de la Zona Rosa.

Después de ver el video

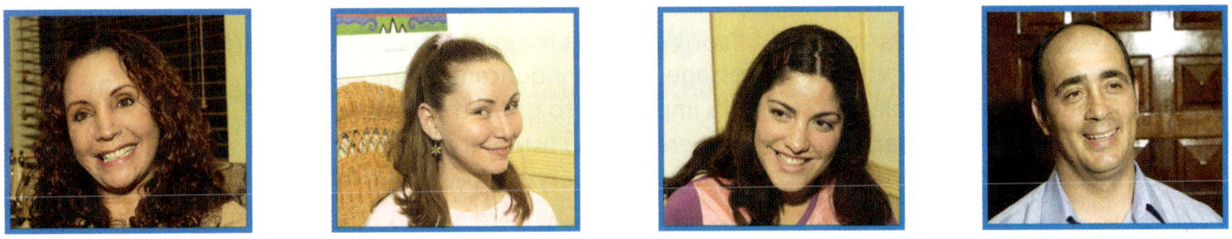

Doña Luz | Lupita | Julia | Don Rodolfo

27. ¿Quién lo dice? Identify the person who said each of the following in the dialogues.

1. Pasado mañana damos una fiesta aquí en casa.
2. Entonces quiero sacar muchas fotos.
3. Mario, una soda para tu prima.
4. ¡Pero no tengo sueño! Quiero platicar un rato más.
5. ¡Bienvenida, hijita! ¡Ay! ¡Dame un abrazo! *(Give me a hug!)*
6. ¡La pobre Julia está aturdida!
7. ¡Mamá! ¡Una pregunta a la vez!
8. ¿Cómo estás, sobrina? ¿Qué tal el viaje?
9. Y su hermano está bien, también.

28. Hablemos. With a classmate, take turns asking and answering the following questions. Base your answers on the dialogues.

1. ¿Dónde va a pasar Julia la Navidad?
2. ¿Julia tiene hambre o tiene sed?
3. ¿Qué quiere beber Julia?
4. ¿Adónde van a ir Julia y Lupita mañana?
5. ¿Es el santo o el cumpleaños del abuelo de Lupita?
6. ¿Quiénes van a venir a la fiesta?
7. ¿Cuándo empiezan las posadas?
8. ¿Julia tiene sueño?

29. ¿Qué pasa después? You and a classmate use your imaginations to say what the characters do. In Spanish, discuss the following.

1. Whether or not doña Luz calls Julia's father.
2. Whether or not Julia is still **(todavía)** tired.
3. Whether Julia converses with her uncle.
4. Whether Julia and Lupita eat a lot of food at the party.
5. Whether or not Julia dances with Mario.
6. Whether or not Julia takes pictures of don Gustavo.
7. With whom Julia dances when she goes to the discotheque.
8. Whether or not Julia and Lupita take part **(toman parte)** in the **posadas.**

Now compare your statements to those of another group.

¡Vamos a leer!

Antes de leer

ESTRATEGIA **Identifying text formats** Before reading a text, it is useful to look at the title, subtitles, photos or illustrations, and format to get a general idea of the nature of the text. For example, is it an informative article, a calendar of events, an advertisement, or an interview? Recognizing formats can help orient you to the type of information to expect.

35. ¿De qué habla? Look at the reading that follows. Have you come across similar types of texts? Where did this reading possibly appear? What is the title? Who is featured? Why? What might be said about them? Use this information to help you decipher the specifics of this reading.

¡A leer!

SOCIALES

Ruslan Guzov / Shutterstock.com

El matrimonio Vera Viñas va a dar una fiesta el sábado 3 de julio para celebrar sus bodas de oro°. La fiesta va a tener lugar° en el club La Unión. ¡Felicitaciones!

bodas... *golden wedding anniversary* / tener... *take place*

Andrey Arkusha/ Shutterstock.com

Los padres de Analisa Gómez Gil van a dar una fiesta el viernes 5 de mayo para celebrar el cumpleaños de su niña, que cumple cinco años. ¡Feliz cumpleaños, Analisa!

Andresr/Shutterstock.com

La señorita Sofía Inés Reyes Mirabal recibió° su título° de licenciada el 30 de junio. Sus padres van a dar una fiesta en su residencia para celebrar la ocasión. Felicitamos° a Sofía y le deseamos buena suerte°.

received

degree

We congratulate

buena... *good luck*

36. Comprensión As you read the **Sociales** section of the newspaper, find the answers to the following questions.

1. ¿Qué va a celebrar el matrimonio Vera Viñas el 3 de julio?
2. ¿Dónde va a tener lugar la fiesta?

3. ¿Quiénes van a dar una fiesta el viernes 5 de mayo?
4. ¿Qué van a celebrar?
5. ¿Cuántos años cumple Analisa?
6. ¿Qué recibió Sofía Inés?
7. ¿Quiénes van a dar una fiesta en su residencia?
8. ¿Qué le deseamos a Sofía Inés?

Después de leer... desde tu mundo

37. Celebraciones In groups of three or four, talk about your plans for several holidays in the year.

(HINT: Día de Acción de Gracias = *Thanksgiving*)

¡Vamos a escribir!

Antes de escribir

ESTRATEGIA **Writing an e-mail** Although e-mails are more informal than letters, they follow a similar pattern.

- Greeting: **Querido(a)...: Hola...:** (Use a colon after the name.)
- Body: one or more paragraphs that include the purpose of the message, the information you want to convey, and questions you want to ask
- Closing: **Bueno, nos vemos el día..., Besos *(Kisses)*, Tu amigo(a)...**

LEARNING TIP
Don't ever feel shy about asking for correction. That's how learning takes place.

38. Una invitación You will write an e-mail in which you invite a friend to spend a weekend with you. Before writing, jot down the information you want to include.

- When will it be? When should your friend arrive?
- What are the general plans and schedule of activities for the weekend? What are you going to do each day?
- Ask your friend if he or she prefers or wants to do one activity or another.

¡A escribir!

39. Una invitación Write your **primer borrador** of the message. Remember to use an appropriate greeting and closing.

Después de escribir

40. A revisar Before writing the final version, exchange your first draft with a classmate and peer edit each other's work using the following guidelines.

- use of **ir a** + *infinitive*
- formation of **e:ie** stem-changing verbs
- form of the e-mail: greeting, body, and closing

EL MUNDO HISPÁNICO Y TÚ

México

México es el país vecino al sur de los Estados Unidos. ¿Te interesan sus bellezas *(beauties)* naturales? ¿Sus reliquias históricas? ¿Sus centros turísticos? ¿Sus museos de arte? ¿Quieres conocer solamente la capital o quieres ver también ciudades como Guadalajara, Guanajuato y San Miguel Allende?

- Quizás *(Perhaps)* quieres estudiar en México para perfeccionar tu español o seguir una carrera específica.
- ¡México lo tiene todo! Playas famosas como Acapulco, Cancún y Puerto Vallarta. Su música es popular en todo el mundo, y las obras *(works)* de sus escritores están traducidas a muchas lenguas. Sus telenovelas se ven en muchos países, incluyendo aquellos *(those)* donde no se habla español. Su comida ya es internacional, ¡y en los Estados Unidos, la salsa mexicana se vende *(is sold)* más que el "ketchup"!

Ruinas arquitectónicas y edificios coloniales

Chichén Itzá, en el estado de Yucatán, es un ejemplo de la arquitectura mesoamericana. Los mayas y los aztecas construyeron *(built)* estos monumentos en honor al Sol y a la Luna, que eran, para ellos, los dioses de la vida y de la muerte. Las pirámides mayas y aztecas son las más grandes fuera de Egipto.

En la Ciudad de México está el **Palacio Nacional**, situado en El Zócalo, la plaza más grande de Latinoamérica. El palacio es una muestra de la arquitectura colonial española. Fue construido sobre las ruinas del palacio de Monctezuma, emperador azteca a la llegada *(arrival)* de los españoles.

Ciudades de interés turístico

Guadalajara, la segunda ciudad más grande del país, origen del mariachi y del tequila. En esta ciudad hay un gran número de firmas internacionales, y está considerada como "la ciudad del futuro".

La **Ciudad de México** —la más grande del país— también es la ciudad que tiene la mayor población de las Américas.

Las artes plásticas y la literatura

Christie's Images Ltd. / Christie's Images Ltd. / ARS

Frida Kahlo es la pintora más famosa de México y esposa del gran pintor Diego Rivera. Las obras de Frida incluyen muchos autorretratos *(self-portraits)* como este, en el que se pintó *(painted herself)* frente al espejo ***(mirror)***.

AP Images/Mary Kent

Octavio Paz (1914–1998), ganador del Premio Nobel de Literatura 1990, fue (was) un pensador e intérprete de la cultura mexicana. Su obra *El Laberinto de la Soledad* es un estudio de la identidad mexicana.

Dos grandes universidades

© csp/Shutterstock

© Universidad Autónoma de Guadalajara, Mexico

La UNAM[1], fundada en 1553, es la segunda universidad más antigua de Norteamérica y está considerada una de las mejores *(best)* instituciones educacionales de Latinoamérica. La UNAM ofrece cursos para estudiantes extranjeros *(foreign)* durante todo el año.

Otra universidad importante es la **Universidad Autónoma de Guadalajara,** una universidad privada. Estudiantes de muchos países (incluyendo los Estados Unidos) estudian en la UAG. La **UAG** fue la primera universidad privada de México. Fue fundada en 1935 por un grupo de estudiantes opuestos al proyecto de educación socialista del presidente Lázaro Cárdenas.

Háganse preguntas

The class will be divided into groups of 3 or 4 students. The instructor will assign one of the eight items of information presented here to each group. The members in each group will prepare questions about the item assigned to them to ask the rest of the class.

iLrn™

To learn more about México, watch the cultural footage in the Media Library.

[1] Universidad Nacional Autónoma de México

AUTOPRUEBA

¿Cuánto sé ahora?

Take this test. When you have finished, check your answers in the answer key provided in Appendix D. Then use a red pen to correct any mistakes you may have made. Are you ready?

A. Pronouns as objects of prepositions Complete the following mindialogues, using the Spanish equivalents of the word in parentheses.

1. La fiesta no es para ________. Es para ________, Lupita. *(me / you [fam.])*
2. Mis amigos no quieren ir a la discoteca ________. Quieren ir ________. *(with you / with me)*
3. Tus abuelos siempre hablan de ________. *(you [plural])*
4. Doña Teresa quiere ir al cine con ________, no con ________, Don Carlos. *(us / you [formal])*
5. La comida es para ________, no para ________. *(her / him)*
6. Este fin de semana, ¿vas a salir con ________? *(them [masc.])*

B. Contractions Complete the following sentences, using the Spanish equivalents of the words in parentheses.

1. Nosotros venimos ____________ y ellos vienen ____________. *(from the zoo / from the beach)*
2. ¿Quieres ir ____________ o ____________? *(to the Christmas Party / to the theater)*
3. Nosotros llevamos ____________ a la universidad. *(Mr. Vega's son)*
4. Yo quiero ver ____________. *(my neighbor's children)*

C. Present indicative of the irregular verbs *ir, dar,* and *estar* Complete the following minidialogues, using the present indicative of **ir, dar,** or **estar**, as appropriate.

1. —¿Tú ________ al teatro hoy?
   —Sí, ________ con mi hermanita.
2. —¿Quién ________ la fiesta de Fin de Año?
   —Rosa y Celia ________ la fiesta en su casa.
3. —Este fin de semana yo ________ muy contenta.
   —¿Por qué ________ contenta?
   —Porque mis padres ________ en mi casa.
4. —¿Aurora y Ramiro ________ al zoológico contigo?
   —Sí, y después ________ a un museo.
5. —¿Tú ________ mucho dinero para la fiesta?
   —No, yo no ________ dinero porque soy pobre.

D. *Ir a* + infinitive Complete the following sentences, using the appropriate form of **ir a** plus the Spanish equivalents of the verbs given.

1. Ellos __________ el ponche. *(serve)*
2. Yo no __________ en la fiesta. *(dance)*
3. Mi hermanita __________ sus quince años. *(celebrate)*
4. Tú __________ con los invitados. *(chat)*
5. Ustedes __________ la comida *(prepare)*
6. Nosotros __________ a los niños al parque de diversiones. *(take)*

E. Present indicative of *e:ie* stem-changing verbs Complete the following sentences, using the present indicative of the verbs given.

1. ¿A qué hora ________ (empezar) la fiesta?
2. ¿Tu abuelo ________ (entender) una conversación en inglés?
3. Yo no ________ (pensar) ir a la playa este sábado.
4. Nosotros ________ (preferir) ir al cine hoy. ¿Ustedes ________ (querer) ir con nosotros?
5. Nuestras clases ________ (comenzar) en septiembre.
6. Arturo y yo ________ (pensar) ir a la montaña y sacar muchas fotos.
7. Cuando Uds. van a Las Vegas, ¿________ (perder) mucho dinero?
8. ¿Tú ________ (cerrar) las puertas antes de salir?

F. Expressions with *tener* Write the Spanish equivalents of the words in parentheses.

1. Mis primos ________. *(are in a hurry)*
2. Yo ____________, pero ____________. *(am not hungry / am very thirsty)*
3. Nosotros vamos a abrir la ventana porque ____________. *(we are hot)*
4. Las chicas ____________. *(are very sleepy)*
5. ¿Tú __________, Anita? *(are afraid)*
6. Ud. __________, Srta. Peña. María __________. *(are right / is ten years old)*

G. Just words . . . Choose the word or phrase that best completes each sentence.

1. Yo estoy (aturdido, contento, aburrido) porque mi novia está conmigo. ¡Ella es una chica encantadora!
2. Quiero comer algo porque tengo (sueño, miedo, hambre).
3. Voy a (sacar, charlar, pensar) muchas fotos.
4. Voy a pasar el (fin de semana, viaje, vecino) con mi abuela.
5. ¡Un brindis! (¡Semana!, ¡Salud!, ¡Árbol!)
6. Yo estoy muy (preocupado, bienvenido, ocupado) porque mi tío está enfermo.
7. Ana está (enojada, cansada, entusiasmada) porque su novio no está invitado a la fiesta.
8. Ellos bailan y (comienzan, ven, cantan) en la fiesta.
9. Nora va a tomar algo porque tiene (prisa, sed, cuidado).
10. Nosotros (pensamos, queremos, acabamos) de hablar con Eva.

H. Culture

1. Complete the following, based on the information found in the **¿Tú lo sabias?** sections.
   a. Las posadas representan el viaje de María y ________ desde Nazaret a Belén.
   b. Los hispanos generalmente celebran el cumpleaños y también el día de su ________.
2. Complete the following, based on information found in the **El mundo hispánico y tú** section.
   a. ________ es la segunda ciudad más grande de México.
   b. La Universidad ________ de Guadalajara es una universidad privada.
   c. Frida Kahlo es una famosa ________ mexicana.

I. Un dicho Do you remember the Spanish saying that is equivalent to "Out of sight, out of mind"? Find it in this lesson.

LECCIÓN 5

LAS COMIDAS

Una familia comiendo paella, una comida típica de España.

iStock/Getty Images

OBJETIVOS COMUNICATIVOS

You will learn vocabulary related to restaurants, menus, ordering meals, and paying the bill. You will also learn to talk about the weather.

SITUACIONES

¿Qué comemos... ?

ESTRUCTURAS

1 Comparative forms
2 Irregular comparative forms
3 Present indicative of **o:ue** stem-changing verbs
4 Present progressive
5 Uses of **ser** and **estar**
6 Weather expressions

ASÍ SOMOS

¡Vamos a ver!

Watching and understanding situations

¡Vamos a escuchar!

Listening for details I

¡Vamos a conversar!

Providing supporting details

¡Vamos a leer!

Expanding your vocabulary through reading

¡Vamos a escribir!

Solidifying and repurposing what you learn

EL MUNDO HISPÁNICO Y TÚ

› Guatemala
› El Salvador

AUTOPRUEBA

You will review what you learned in this lesson.

Guatemala fue *(was)* parte del imperio maya. Aunque el español es el idioma oficial, solo lo habla el 60% de la población; el resto habla alguna lengua maya.

El Salvador tiene más de seis millones de habitantes en un área aproximadamente del tamaño *(size)* del estado de Massachusetts. Su capital, San Salvador, es la ciudad más industrializada de Centroamérica.

La Merced, Antigua, Guatemala

Plaza Libertad, San Salvador, El Salvador

¿Qué comemos... ?

CD1-26

¡Ubíquelos!

Rogelio and Maribel are visiting the city of Antigua. They see churches and visit markets. Watch the video, and enjoy the sights. You will also "visit" Maribel's home town in El Salvador.

© Holger Scheibe/Corbis

© John /Mitchell/DDB Stock Photo

Rogelio Silva y su esposa Maribel están de vacaciones en la ciudad de Antigua. Rogelio es alto y bastante guapo. Es moreno, de ojos castaños. Maribel es de estatura mediana; no es muy bonita, pero es muy simpática. Rogelio es dos años mayor que su esposa.

En este momento están en el restaurante del hotel, y van a desayunar. Los dos están leyendo el menú.

ROGELIO: Yo quiero jamón con huevos revueltos y pan tostado. Para beber, jugo de frutas y chocolate caliente.

MARIBEL: Yo voy a pedir yogur, y para beber... té helado y un vaso de leche. Estoy contando calorías; además, yo no tengo tanta hambre como tú.

El camarero trae la comida.

ROGELIO: ¡Mmm! ¡El jamón está muy sabroso!

MARIBEL: *(Está mirando su yogur.)* ¿Por qué no pruebas el yogur? ¡Y yo pruebo el jamón y los huevos...!

Al mediodía, Rogelio y Maribel están en un restaurante que tiene comida internacional. Van a almorzar.

ROGELIO: *(Al camarero)* Tráigame biftec y langosta con puré de papas y sopa de fideos. Para beber, vino tinto. De postre... flan con crema y helado.

El mozo anota el pedido.

MARIBEL: Tráigame pescado, una papa al horno y una ensalada. Para beber, agua con limón.

Rogelio y Maribel están conversando.

ROGELIO: Tenemos un correo electrónico de mi hermano. Está furioso, porque está en El Salvador, que tiene algunas de las playas más hermosas del mundo, y no puede hacer surfing porque llueve todos los días.

MARIBEL: ¡Por supuesto! ¡Están en la estación de las lluvias! ¿Y... qué está haciendo tu cuñada?

ROGELIO: Siempre está mirando telenovelas en el hotel. ¡Ella lo está pasando muy bien!

El mozo trae la comida.

Maribel: ¿Por qué no pruebas la ensalada... ? Yo quiero un pedazo de tu biftec... y un poco de flan y de helado...

Cuando terminan de comer, los dos beben café. Rogelio paga la cuenta y deja una buena propina.

Por la noche, los dos están cenando en su habitación, porque están muy cansados.

Rogelio: *(Mirando la comida.)* A ver... pollo frito, sopa de verduras, ensalada de camarones... y torta de chocolate.

Maribel: Yo tengo un pedazo de pollo a la parrilla, ensalada... y un refresco de dieta.

Maribel "prueba" el pollo frito, toma la sopa y come un pedazo de la torta.

Rogelio: Maribel, voy a salir un rato. ¡Y voy solo! En seguida vuelvo.

Maribel: Pero... ¿no estás cansado? ¿Qué pasa, mi amor? ¿Estás enojado... ?

Rogelio: No. ¡Estoy muerto de hambre!

1. Hablemos. With a classmate, take turns asking and answering the following questions. Base your answers on the dialogue and on your own circumstances.

En el diálogo

1. ¿Rogelio es bajo?
2. ¿Rogelio es menor *(younger)* que su esposa?
3. ¿Cómo es Maribel?
4. ¿Qué desayuna Rogelio?
5. ¿Cuándo van a almorzar Rogelio y Maribel?
6. ¿Qué va a almorzar Rogelio?
7. ¿Por qué está furioso el hermano de Rogelio?
8. ¿Qué está haciendo la cuñada de Rogelio en el hotel?
9. ¿Dónde cenan Rogelio y Maribel?
10. Cuando almuerzan, ¿por qué no pide postre Maribel?
11. ¿Qué beben Maribel y Rogelio cuando terminan de comer?
12. ¿Qué problema tiene Rogelio? ¿Está cansado?

¿Y tú?

1. ¿Tú eres alto(a) o bajo(a)?
2. ¿Tú eres mayor *(older)* o menor que tu mejor amigo(a)?
3. ¿Tu mejor amiga es muy bonita?
4. ¿Qué desayunas tú generalmente?
5. ¿A qué hora almuerzas tú?
6. ¿Tú comes langosta o prefieres comer pescado?
7. ¿Tú haces surfing? (Yo hago...)
8. ¿Tú miras mucha televisión? ¿Miras telenovelas?
9. Cuando estás en un hotel, ¿tú prefieres cenar en el restaurante o en tu habitación?
10. ¿Tú comes postre o no? ¿Qué postre te gusta?
11. ¿Qué bebes tú después de la comida?
12. ¿Tú estás muerto(a) de hambre ahora? ¿Qué quieres comer?

VOCABULARIO

En el diálogo

Cognados

las calorías	*calories*
el chocolate	*chocolate*
la crema	*cream*
la ensalada	*salad*
la fruta	*fruit*
el hotel	*hotel*
el limón	*lemon*
el menú	*menu*
el restaurante	*restaurant*
la sopa	*soup*
el té	*tea*
las vacaciones[1]	*vacation*
el yogur	*yogurt*

Nombres

el agua[2] *(fem.)*	*water*
el biftec, bistec	*steak*
el (la) camarero(a), el (la) mozo(a)	*waiter, waitress; server*
los camarones	*shrimp*
la cuenta	*bill, check*
la cuñada	*sister-in-law*
la esposa, la mujer	*wife*
el esposo, el marido	*husband*
la estación	*season*
los fideos	*noodles*
el flan	*caramel custard*
la habitación, el cuarto	*room*
el helado	*ice cream*
el huevo	*egg*
el jamón	*ham*
el jugo de frutas	*fruit juice*
la langosta	*lobster*
la leche	*milk*
la lluvia	*rain*
el mundo	*world*
el pan	*bread*
_____ tostado, la tostada	*toast*
la papa	*potato*
_____ al horno (asada)	*baked potato*
el pedazo, trozo	*piece*
el pedido	*order*
el pescado	*fish*
el pollo	*chicken*
la propina	*tip*
el puré de papas	*mashed potatoes*
el refresco	*soft drink, soda pop*
la telenovela	*soap opera*
la torta	*cake*
la verdura, la legumbre	*vegetable*
el vaso	*glass*

Verbos

almorzar (o:ue)	*to have lunch*
cenar	*to have dinner*
contar (o:ue)	*to count*
dejar	*to leave (something)*
desayunar	*to have breakfast*
hacer (yo hago)	*to do, to make*
llover (o:ue)	*to rain*
mirar	*to look at, to watch (e.g., TV)*
pagar	*to pay*
pedir[3] **(e:i)**	*to order*
poder (o:ue)	*to be able (to)*
probar (o:ue)	*to taste*
salir (yo salgo)	*to go out*
terminar (de)	*to finish, to end*
traer (yo traigo)	*to bring*

Pablo y Elisa

¿Crees tú que Elisa es la novia de Pablo o que es su esposa?
¿Con qué crees que ellos están brindando?

[1] **Vacaciones** is always used in the plural in Spanish.
[2] When a feminine noun starts with a stressed **a,** the masculine article is used.

[3] This stem-changing verb will be studied in Lesson 6.

Adjetivos

algunos(as)	*some*
caliente	*hot*
frito(a)	*fried*
helado(a)	*iced*
hermoso(a)	*beautiful*
mayor	*older*
revueltos(as)	*scrambled*
sabroso(a), rico(a)	*tasty*
solo(a)	*alone, by oneself*
tinto	*red (when referring to wine)*

Otras palabras y expresiones

a la parrilla	*grilled*
A ver.	*Let's see.*
al mediodía	*at noon*
bastante	*quite*
cuando	*when*
de dieta, dietético(a)	*diet*
de ojos castaños	*with brown eyes*
de postre	*for dessert*
en este momento	*at this moment*
en seguida, enseguida	*right away*
En seguida vuelvo.	*I'll be right back.*
estar de vacaciones	*to be on vacation*
estar muerto(a) de hambre	*to be starving*
hacer surfing	*to surf*
más	*more*
para beber	*to drink*
pasarlo bien	*to have a good time*
¡Por supuesto!	*Of course!*
¿Qué pasa?	*What's the matter?, What's happening?*
siempre	*always*
terminar de comer	*to finish eating*
tomar sopa[4]	*to eat soup*
tráigame	*bring me*

Más sobre el tema

Para comer

el arroz con leche	*rice pudding*
el arroz con pollo	*chicken and rice*
el cordero	*lamb*
los frijoles	*beans*
la hamburguesa	*hamburger*
las papas fritas	*French fries*
el pastel	*pastry, pie*
el pavo	*turkey*
el perro caliente	*hot dog*

Para poner la mesa

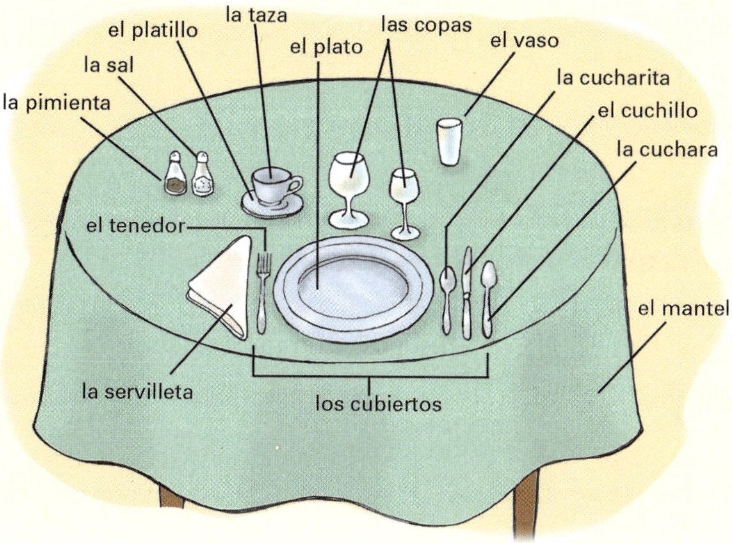

Bebidas *(Drinks)*

el agua mineral	*mineral water*
la bebida alcohólica	*alcoholic beverage*
la cerveza	*beer*
el champán	*champagne*
la sidra[5]	*cider*

¿Tú lo sabías?

En los países hispanos el café se sirve después del postre. Generalmente es café tipo espreso, y se sirve en tazas muy pequeñas.

› **¿Se bebe mucho café en este país? ¿Qué tipo de café es muy popular aquí ahora?**

LEARNING TIP

To organize your Spanish study sessions, create standard checklists that will provide a habitual structure. What categories should you include? These will depend on your style of learning. Pay attention to how you approach specific aspects of language learning and build your own studying strategies on those.

[4] **tomar helado** *to eat ice cream*
[5] In Spanish-speaking countries, **sidra** is an alcoholic beverage.

Práctica

2. Completa la oración. Choose the word or phrase that best completes each sentence.

1. Para beber quiero (cordero, cerveza, huevo).
2. De postre queremos (pavo, fideos, arroz con leche).
3. Necesito (un cuchillo, una cuchara, un tenedor) para tomar la sopa.
4. Voy a poner la mesa. ¿Dónde está (el mantel, la habitación, el camarero)?
5. Quiero comer (leche, papa, torta) asada.

3. ¿Qué es? Write the words or phrases from the vocabulary that correspond to the following.

1. pedazo
2. esposa
3. comer al mediodía
4. sabroso(a)
5. las doce del día
6. banana, por ejemplo

¿Tú lo sabías?

Después de comer, los hispanos se quedan sentados *(remain seated)* alrededor de la mesa y conversan. A esto se le llama "hacer la sobremesa".

› **¿Se hace la sobremesa en este país?**

4. Minidiálogos Complete the following exchanges, using vocabulary from this lesson.

1. —Estás muerta de ______________, ¿no?
   —Sí, deseo huevos fritos o revueltos, con ______________.
2. —¿Deseas tomar café?
   —Sí, con ______________. Voy a llamar al ______________.
3. —¿Qué desea Ud. para cenar?
   —Deseo pollo ______________, ______________ de camarones y, de ______________, arroz con leche.
4. —¿Vas a tomar ______________ mineral?
   —No, agua con ______________.
5. —¿Quién va a pagar la ______________, Elsa o tú?
   —Elsa ______________ la cuenta y yo dejo la ______________.
6. —¿Elsa no quiere comer postre?
   —No, porque está contando ______________.

Para conversar

5. Habla con tu compañero(a) de clase. With a classmate, take turns asking and answering the following questions.

1. ¿Tú prefieres beber cerveza, champán, sidra o agua mineral?
2. De postre, ¿prefieres comer arroz con leche o pastel de manzana?
3. El Día de Acción de Gracias *(Thanksgiving)*, ¿tú y tu familia comen pavo o jamón?
4. ¿Prefieres comer arroz con pollo o un perro caliente?
5. ¿Prefieres comer papas fritas o puré de papas?

6. ¿Tú usas *(use)* mucha sal y pimienta en la comida?
7. ¿Qué cubiertos necesitas para comer bistec, tomar sopa y comer flan?
8. Cuando pones la mesa, ¿usas mantel y servilletas?

6. Tráigame... With a classmate, take turns playing a customer and a server. The server recommends things to eat, things for dessert, and things to drink **(Yo le recomiendo...)**. The customer has other ideas and orders something else **(No, tráigame...)**.

¿Tú lo sabías?

En los países hispanos, la propina generalmente es del 10%. Con frecuencia la propina está incluida en la cuenta. Si Ud. no está seguro de esto, debe preguntar *(ask)*: ¿Está incluido el servicio?

› **Generalmente, ¿cuánto se deja de propina en un restaurante en este país?**

Pronunciación

CD1-27 **A. The Spanish *p***

The Spanish **p** is pronounced like the English *p* in the word *sparks*, but with no expulsion of air. Listen to your instructor and repeat the following phrases.

Paco prefiere papas fritas.
Pedro Pérez pide pescado.
Mi esposa está un poco preocupada.
Mi padre paga y deja propina.

CD1-28 **B. The Spanish *t***

The Spanish **t** is pronounced by placing the tongue against the upper teeth, as in the English word *stop*. Listen to your instructor and repeat the following phrases.

Cristina está en Guatemala.
Teresa y Arturo están en la fiesta.
También tienen torta.
En el hotel, Tito toma vino tinto.

CD1-29 **C. The Spanish *c***

The Spanish sound for the letter **c** in the combinations **ca, co,** and **cu** is /k/, pronounced as in the English word *car*, but with no expulsion of air. Listen to your instructor and repeat the following phrases.

Carlos come camarones.
Carlos toca *(plays)* música cubana.
¿Cuánto cuesta el café?
Carmen Cortés no come carne.

CD1-30 **D. The Spanish *q***

The Spanish **q** is always followed by a **u**; it is pronounced like the *c* in the English word *come*, but without any expulsion of air. Listen to your instructor and repeat the following phrases.

¿Qué quiere Quique?
Raquel Quijano estudia química.
Roque Quintana come queso.
Enrique Aquino tiene quince años.

ESTRUCTURAS

1 Comparative forms *(Formas comparativas)*

A. Comparisons of inequality

› In Spanish, the comparative of inequality of most adjectives, adverbs, and nouns is formed by placing **más** *(more)* or **menos** *(less)* before the adjective, the adverb, or the noun and **que** *(than)* after it.

		adjective		
más *(more)*		or		
	+	*adverb*	+	**que** *(than)*
menos *(less)*		or		
		noun		

—¿Tú eres **más alta que** Ana? *Are you taller than Ana?*
—Sí, ella es mucho **más baja que** yo. *Yes, she is much shorter than I.*

¡Atención! **De** is used instead of **que** before a numerical expression of quantity or amount.

Luis tiene **más de** treinta años. *Luis is over thirty years old.*
Hay **menos de** veinte estudiantes aquí. *There are fewer than twenty students here.*

B. Comparisons of equality

› To form comparisons of equality with adjectives, adverbs, and nouns, use the adverb **tan** or the adjective **tanto(a, os, as)** and **como.**

When comparing adjectives or adverbs:

tan *(as)* < bonita / tarde + **como**

When comparing nouns:

tanto *(as much)* dinero
tanta bebida
tantos *(as many)* libros
tantas plumas
+ **como**

—Luis es **tan** inteligente **como** Sergio. *Luis is as intelligent as Sergio.*
—Sí, pero él no es **tan** guapo **como** Sergio. *Yes, but he is not as handsome as Sergio.*

—Carol habla muy bien el español. *Carol speaks Spanish very well.*
—Tú hablas **tan** bien **como** ella. *You speak as well as she (does).*

—Tú tomas mucho café. *You drink a lot of coffee.*
—Sí, pero no tomo **tanto** café como tú. *Yes, but I don't drink as much coffee as you (do).*

Un dicho

No es tan fiero el león como lo pintan.
Equivalent: *His bark is worse than his bite.*

C. The superlative

› The superlative construction is similar to the comparative. It is formed by placing the definite article before the person or thing being compared.

definite article	+	*(noun)*	+	**más** or **menos**	+	*adjective*	+	**de**

—¿Quieres ir a Antigua? — *Do you want to go to Antigua?*
—Sí, es **la ciudad más hermosa de** Guatemala. — *Yes, it's the most beautiful city in Guatemala.*

—Juan no es muy inteligente. — *Juan is not very intelligent.*
—No, es **el**[1] **menos inteligente de** la familia. — *No, he is the least intelligent (one) in the family.*

¡Atención! Note that the Spanish **de** translates to the English *in* after a superlative.

Es la ciudad más hermosa **de** Guatemala. — *It's the most beautiful city in Guatemala.*
Es la chica más bonita **de** la clase. — *She is the prettiest girl in the class.*

Un dicho
Amigo y vino, el más antiguo.
Equivalent: *Old friends and old wine are best.*

Práctica

7. ¿Cómo son? With a classmate, compare the people in the picture to each other.

1. María es ________________ Rosa.
2. Rosa es ________________ María.
3. Carlos es ________________ Rosa y que María.
4. Carlos es ________________ Juan.
5. Juan es ________________ Carlos.
6. Juan es ________________ María.
7. Juan es ________________ de todos.
8. Carlos es ________________ de todos.

[1]As in English, the noun may be omitted.

8. **Comparando** Establish comparisons between the following people, places, and things using the adjectives provided and adding any necessary words.

Modelo Michael Jordan / Danny DeVito (alto)
*Michael Jordan es **más** alto que Danny DeVito.*

1. Brasil / Costa Rica (grande) *(big)*
2. el español / el inglés (fácil)
3. Jennifer López / Sofía Vergara (bonita)
4. el jamón / el pavo (sabroso)
5. el agua mineral / el champán (caro) *(expensive)*
6. Nora, cuatro horas / Olga, cuatro horas (trabajar, horas)

Now, with a classmate, take turns comparing more people, places, and things.

9. **Comparaciones y más comparaciones** Complete the following, using the appropriate comparative forms.

1. Los camarones son ________ caros que el pescado.
2. Ese hotel tiene ________ cuartos como el Hotel Hilton.
3. El pastel de manzana es ________ sabroso como el arroz con leche.
4. Yo trabajo ________ horas como tú.
5. Este restaurante es muy caro. Es el ________ caro de la ciudad.
6. Rafael no es muy inteligente. Él es el ________ inteligente de la clase.

Para conversar

10. **¡A conocernos mejor!** With a classmate, take turns asking each other comparative questions. Start with the following questions; then add five more of your own. Answers should be given in complete sentences.

1. En la clase, ¿quién es el más simpático de los estudiantes? ¿Tu mejor amigo es tan simpático como tu mejor amiga?
2. En tu familia, ¿quién gana más dinero? ¿Quién gana menos dinero? ¿Tú tienes tanto dinero como tus padres?
3. ¿Cuál de tus clases es más fácil? ¿Cuál es la más difícil? ¿Qué clase prefieres? ¿Por qué?
4. ¿Tú bailas tan bien como Ricky Martin? ¿Cantas tan bien como él?
5. ¿Tú eres tan guapo como Brad Pitt? (¿Tan bonita como Jennifer López?) ¿Quién es el más guapo de tus amigos? ¿La más bonita de tus amigas?

11. **¡Vamos a comparar!** *(Let's compare!)* In groups of three or four, make comparisons between each one of you and other members of the class. You might want to include the instructor.

Decide who is the tallest, the most intelligent, the most charming, etc.

Un dicho
El tiempo vuela.
Equivalent:
Time flies.

2 Irregular comparative forms *(Formas comparativas irregulares)*

› The following adjectives and adverbs have irregular comparative and superlative forms in Spanish.

Adjective	Adverb	Comparative	Superlative
bueno	bien	mejor	el (la) mejor
malo	mal	peor	el (la) peor
grande		mayor	el (la) mayor
pequeño		menor	el (la) menor

—El restaurante El Dorado es muy **malo.** — *The El Dorado Restaurant is very bad.*
—Sí, pero la cafetería de la universidad es **peor.** — *Yes, but the university's cafeteria is worse.*

—Eva es una **buena** estudiante. — *Eva is a good student.*
—Sí, es **la mejor** de la clase. — *Yes, she's the best in the class.*

› When the adjectives **grande** and **pequeño** refer to size, the regular forms are generally used.

Tu casa es **más grande** que la de Carolina. — *Your house is bigger than Carolina's.*

› When these adjectives refer to age, the irregular forms are used.

Ella es **mucho mayor** que yo. — *She is much older than I.*
Teresa es **menor** que Carlos. — *Teresa is younger than Carlos.*
Ella es **la menor** de todos. — *She is the youngest of all.*

Práctica

LEARNING TIP
Think of hotels and restaurants in your city. Which ones are the best? The worst? Compare some of your friends and relatives to you. Who is older? Who is younger?

12. Dime... *(Tell me . . .)* Answer the following questions with complete sentences.

1. Mi sobrina tiene siete años y mi sobrino tiene cinco. ¿Quién es mayor? ¿Quién es menor?
2. Mi tío tiene cuarenta años y mi tía tiene treinta y ocho. ¿Quién es menor? ¿Quién es mayor?
3. ¿Quién habla mejor el español, tú o el profesor (la profesora)?
4. Pedro tiene una "B" en inglés; Antonio tiene una "C"; y José tiene una "F". ¿Quién es el peor estudiante? ¿Quién es el mejor estudiante?

Now write three original comparative situations, using the ones you have just completed as models. When you have finished, take turns giving and responding to situations with a classmate.

Para conversar

13. ¡Habla con tu compañero(a)! Interview a classmate, using the following questions. When you have finished, switch roles.

1. ¿Cuál crees tú que es el mejor lugar para ir de vacaciones?
2. ¿Qué crees tú que tiene menos calorías, el yogur o el chocolate?
3. ¿Quién es el (la) mayor de tu familia? ¿Quién es el (la) menor?
4. ¿Quién trabaja más, tu papá o tu mamá?
5. ¿Cuál crees tú que es la mejor película *(film)* del año? ¿y la peor?
6. De los restaurantes de la ciudad donde vives, ¿cuál es el mejor? ¿y el peor?
7. ¿Cuál crees tú que es la mejor universidad de tu país?
8. ¿Quiénes crees tú que manejan *(drive)* mejor: los hombres o las mujeres?
9. ¿Cuál crees tú que es el mejor programa de la televisión? ¿y el peor?
10. ¿Cuál crees tú que es la mejor estación del año y cuál es la peor? ¿por qué?

Now change the **tú** form to the **Ud.** form, and ask your instructor the same questions.

3 Present indicative of *o:ue* stem-changing verbs *(Presente de indicativo de los verbos que cambian en la raíz **o:ue**)*

› Some verbs undergo a stem change in the present indicative. For these verbs, when **o** is the last stem vowel and it is stressed, it changes to **ue.**

poder *to be able*	
puedo	podemos
puedes	podéis
puede	pueden

—¿**Puedes** ir conmigo al restaurante? *Can you go with me to the restaurant?*
—No, no **puedo.** No tengo dinero. *No, I can't. I don't have (any) money.*

› Other verbs that undergo this change:[1]

almorzar	*to have lunch*	**llover**	*(impersonal) to rain*
contar	*to tell, to count*	**morir**	*to die*
costar	*to cost*	**recordar**	*to remember*
dormir	*to sleep*	**volar**	*to fly*
encontrar	*to find*	**volver**	*to return*

—¿A qué hora **vuelven** Uds.? *At what time are you returning?*
—**Volvemos** a las doce. *We'll return at twelve o'clock.*
—Entonces **almorzamos** a las doce y media. *Then we'll have lunch at twelve-thirty.*

Note that the stem vowel is not stressed in the verb forms used with **nosotros(as)** and **vosotros(as);** therefore, the **o** does not change to **ue.**

[1]For a complete list of stem-changing verbs, see Appendix B.

Práctica

14. ¿Con quién habla Marité? Marité is talking to her roommate, who is sound asleep. Complete the story, supplying the missing **(o:ue)** verbs. Think logically before filling in the blanks. Then read it aloud.

MARITÉ: ¡Teresa, me voy! No __________ mis libros. ¿Dónde están? No __________ ir a mi clase sin *(without)* mis libros. ¡Oye! Hoy __________ con Pedro en la cafetería; no tengo dinero y los sándwiches en la cafetería __________ tres dólares. ¡Ay, Teresa! hoy tengo que llamar a Marta y no __________ su número de teléfono. ¿Tú __________ el número de Marta? ¡Oye! ¿Roberto __________ a San Salvador hoy? ¿Vas al aeropuerto con él? *(Mira por la ventana.)* ¡Ay, cómo __________! Necesito tu impermeable *(raincoat)*. ¡Ah!, hoy __________ a casa a las cinco. *(Abre la puerta de Teresa.)* ¡Teresa! ¡Teresa! ¿Por qué no contestas *(answer)*?

TERESA: (Mmm…) Nunca __________ dormir cuando tú estás en casa.

MARITÉ: Tú __________ mucho. No necesitas dormir más. Me voy. Nos vemos.

15. Minidiálogos Complete the following exchanges, using the verbs given.

1. — Ana, Silvia necesita llamar a Raúl y no __________ su número de teléfono. ¿Tú tienes su número? (encontrar)
   — No, y no __________ cuál es. (recordar)
2. — Cuando Uds. comen, ¿__________ calorías? (contar)
   — No, nosotros(as) no __________ calorías. (contar)
3. —¿Rosa y tú __________ ir con nosotros a la cafetería? (poder)
   — No, hoy no __________ ir. (poder)
4. —¿Cuántas horas __________ tú? (dormir)
   — Yo __________ ocho horas. (dormir)

16. Uds. preguntan. With a classmate, prepare four or five questions to ask a member of another group, using stem-changing **(o:ue)** verbs.

Para conversar

17. Habla con tu compañero(a). Interview a classmate, using the following questions. When you have finished, switch roles.

1. ¿Dónde almuerzas generalmente, en la cafetería o en tu casa? ¿A qué hora? ¿Almuerzas solo(a) o con tus amigos(as)? ¿Qué bebida tomas en el almuerzo?
2. En la cafetería, ¿cuánto cuestan las hamburguesas? ¿Cuánto cuesta un sándwich de jamón y queso? ¿Y uno de ensalada de pollo? ¿Qué prefieres comer tú?
3. ¿Te gusta la comida de la cafetería? ¿Es buena? ¿Es muy cara *(expensive)*?
4. Cuando comes en un restaurante muy bueno, ¿cuentas las calorías o comes mucho?
5. Cuando vas a salir, ¿siempre encuentras las llaves *(keys)* de tu casa?
6. ¿A qué hora vuelves a tu casa hoy? ¿Vuelves muy tarde *(late)* o vuelves temprano *(early)*? ¿Vuelves a la universidad los sábados?
7. ¿Llueve mucho en tu ciudad? ¿En qué meses llueve más? ¿Tú vienes a la universidad cuando llueve mucho o prefieres no salir de tu casa? Si no sales *(go out)*, ¿qué haces?
8. ¿Recuerdas la dirección del profesor (de la profesora)? ¿y la de tu mejor amigo(a)?

18. Compañeros de cuarto You are interviewing a prospective roommate. Your roommate asks how much the apartment costs, what he/she can do and cannot do in the apartment, etc. Tell him/her how much the apartment costs and ask pertinent questions about his/her schedule and routine. Give details about yours.

4 Present progressive *(Estar + gerundio)*

› The present progressive describes an action that is in progress. It is formed with the present tense of **estar** and the **gerundio,** which is equivalent to the English present participle (the *-ing* form of the verb).

Gerundio		
hablar	***comer***	***escribir***
habl **-ando**	com **-iendo**	escrib **-iendo**
speaking	*eating*	*writing*

—¿Qué **estás tomando**?	*What are you drinking?*
—**Estoy tomando** chocolate caliente. Y tú, ¿qué **estás comiendo**?	*I am drinking hot chocolate. And you, what are you eating?*
—**Estoy comiendo** un pedazo de pastel.	*I'm eating a piece of cake.*
—¿Qué **están haciendo** los niños?	*What are the children doing?*
—**Están escribiendo.**	*They are writing.*

› The following forms are irregular.

pedir:	**pidiendo**	dormir:	**durmiendo**
decir:	**diciendo**	traer:	**trayendo**
servir:	**sirviendo**	leer:	**leyendo**

—¿Daniel **está leyendo**?	*Is Daniel reading?*
—No, **está durmiendo.**	*No, he's sleeping.*
—¿Qué **está sirviendo** el camarero?	*What is the waiter serving?*
—**Está sirviendo** las bebidas.	*He's serving the drinks.*
—¿José **está pidiendo** champán?	*Is José ordering champagne?*
—No, porque el champán cuesta 70 quetzales.	*No, because champagne costs 70 quetzales.*

› Note that as shown with **traer** and **leer,** the **i** of **-iendo** becomes **y** between vowels.

¡Atención! In Spanish, the present progressive is never used to indicate a future action. The present tense is used in future expressions that would require the present progressive in English.

Trabajo mañana.	*I'm working tomorrow.*

Some verbs, such as **ser, estar, ir,** and **venir,** are rarely used in the progressive construction.

¿Tú lo sabías?

El **quetzal** es la unidad monetaria de Guatemala. Argentina, Chile, Colombia, Cuba, México, República Dominicana y Uruguay usan el **peso.** Otras unidades monetarias de los países de habla hispana son: el **boliviano** en Bolivia, el **colón** en Costa Rica y El Salvador[1], el **dólar** en Ecuador, Panamá y Puerto Rico, el **lempira** en Honduras, el **córdoba** en Nicaragua, el **nuevo sol** en Perú, el **guaraní** en Paraguay, el **bolívar** en Venezuela y el **euro** en España. El valor de estas monedas no es estable y su equivalencia con el dólar varía frecuentemente.

› **¿Cuál es la unidad monetaria de este país?**

Práctica

19. **¿Qué están haciendo? ¿Qué está pasando?** With a classmate, take turns asking each other what the following people are doing **(haciendo)** or what is happening **(está...)**.

Tú...

Yo...

Raúl y Sara...

Eva...

La profesora...

Nosotros... y el chico...

Marta...

Leo...

Afuera

[1]The dollar is legal tender in this country.

20. **¿Cuál es la pregunta?** With a classmate, take turns supplying the questions that prompted the following answers. Make sure you use the present progressive.

1. Estoy comiendo bistec, papas fritas y frutas.
2. Estamos leyendo el menú.
3. El camarero está sirviendo las bebidas.
4. Ellos están diciendo que quieren camarones.
5. Mi esposo está durmiendo en el sofá.
6. Estamos comiendo verduras porque estamos contando calorías.
7. Estoy haciendo puré de papas, pollo a la parrilla y, de postre, flan.
8. Los niños están pidiendo perros calientes.
9. Mi cuñada está desayunando jugo de frutas, leche y pan tostado.
10. Al mediodía los chicos están mirando televisión.

21. **Según donde están** *(According to where they are)* With a classmate, discuss what you think these people are doing. Give two or three possibilities for each situation.

1. la secretaria / en la oficina
2. los estudiantes / en la clase
3. los chicos / en la cafetería
4. el profesor / en la universidad
5. los muchachos y las muchachas / en la fiesta
6. el Sr. Vega / en su cuarto
7. el camarero / en el restaurante
8. la Srta. Barrios / en su apartamento

Para conversar

22. **Chicos** The instructor will play the role of resident assistant in a dorm. He/She will leave the classroom for one minute, then return and ask each student what he/she is doing. Each person will claim to be doing something worthwhile and accuse another student of doing something against the rules. That student will deny it and say he/she is doing something else.

(HINT: **fumar** *to smoke*)

5 Uses of *ser* and *estar* *(Usos de* **ser** *y* **estar***)*

The English verb *to be* has two Spanish equivalents, **ser** and **estar.** As a general rule, **ser** expresses *who* or *what* the subject is *essentially*, and **estar** indicates *state* or *condition*. **Ser** and **estar** are *not* interchangeable.

A. Uses of *ser*

Ser expresses a fundamental quality and identifies the essence of a person or thing.

› It describes the basic nature or character of a person or thing. It is also used with expressions of age that do not refer to a specific number of years.

Amanda **es** hermosa y muy inteligente. **Es** joven *(young)*, pero **es** muy madura.

- It is used to denote nationality, origin, and profession or trade.
  Amanda **es** guatemalteca. **Es** de la ciudad de Guatemala. **Es** estudiante.
- It is used to indicate relationship or possession.
  Amanda **es** la sobrina del Sr. Álvarez. Los discos compactos **son** de Amanda.
- It is used with expressions of time and with dates.
  Son las cuatro y cuarto de la tarde. Hoy **es** miércoles, cuatro de abril.
- It is used with events as the equivalent of *to take place.*
  La fiesta **es** en la casa de Amanda.
- It describes the materials that things are made of.
  La mesa **es** de metal.

Un dicho

No todo lo que brilla es oro.
Equivalent: *All that glitters is not gold.*

Práctica

23. **¡Habla con tu compañero(a)!** Interview a classmate, using the following questions and two of your own. When you have finished, switch roles.

    1. ¿Eres norteamericano(a)? ¿De dónde eres?
    2. ¿De qué ciudad eres?
    3. ¿Cómo es tu mamá? ¿Cómo es tu papá?
    4. ¿De dónde son tus abuelos?
    5. ¿Quién es tu mejor amigo(a)? ¿Cómo es?
    6. ¿Eres optimista o pesimista?
    7. ¿Dónde son tus clases? ¿Tienes clases hoy?
    8. ¿Qué fecha es hoy? ¿Qué dia es?
    9. ¿Qué hora es?
    10. ¿Tu reloj es de oro *(gold)*?

ESTRUCTURAS

B. Uses of *estar*

Estar is used to express more transitory qualities and often implies the possibility of change.

- It indicates place or location.
  Mi marido no **está** aquí. ¿**Está** en el restaurante?
- It is used to indicate condition.
  Mis amigos **están** muy cansados. El profesor **está** enfermo.
- With personal reactions, it describes what is perceived through the senses—that is, how a person or thing seems, looks, tastes, or feels.
  El ponche **está** muy sabroso.
- It is used in the present progressive tense.
  Yo **estoy** estudiando y Ana **está** leyendo.

LEARNING TIP
Remember to "stay" with **each use,** creating as many examples as possible and always personalizing them. (Yes, it's all about you!) For example: ***Yo estoy* en la universidad, mi mamá *está* en casa, mis amigos *están* en la cafetería,** etc.

Práctica

24. En el Club Náutico Imagine that you and your family are at a nautical club celebrating Mother´s Day **(el Día de las madres),** and answer the following questions.

1. ¿En qué ciudad y en qué calle está el club?
2. ¿Quiénes de tu familia están comiendo contigo en el club?
3. ¿Quién está sirviendo la comida?
4. ¿Qué estás comiendo tú? ¿Qué estás bebiendo?
5. ¿Cómo está la comida?
6. ¿Uds. están contentos o tristes?
7. ¿Uds. están conversando? ¿Lo están pasando bien?
8. ¿Quién está diciendo que va a pagar la cuenta?

25. Minidiálogos Complete the following dialogues, using the appropriate forms of **ser** or **estar.** Then act them out with a classmate.

1. —¿De dónde _______ tus padres?
   —Mi papá _______ de México y mi mamá _______ de Chile; pero ahora ellos _______ viviendo en Guatemala.
   —¿Tu papá _______ profesor?
   —Sí, él _______profesor, y ahora _______ trabajando en la universidad.
2. —¿Carlos _______ tu novio?
   —No, él _______ mi hermano.
   —¿Cómo _______ él?
   —_______ alto, rubio, de ojos castaños y _______ muy simpático.
   —¿Dónde _______ trabajando él ahora?
   —No _______ trabajando. _______ estudiando en la universidad.
3. —¿Qué _______ bebiendo Uds.?
   —Yo _______ bebiendo té helado, y Rosa _______ bebiendo un refresco de limón.
4. —¿Dónde _______ la fiesta de Maricela?
   —_______ en su casa. Yo no voy porque _______ muy cansado(a).

5. —¿Qué _______ comiendo?
   —_______ comiendo flan.
   —¿_______ sabroso?
   —Sí, _______ muy rico.
6. —¿De quién _______ ese *(that)* reloj?
   —_______ de María.
   —¿_______ de oro?
   —No, _______ de plata *(silver)*.

26. **En un restaurante** Answer the following questions according to what you see in the illustration. Take turns responding with a classmate.

1. ¿Qué día es hoy? ¿Qué fecha es hoy? ¿Qué hora es?
2. ¿Luis es casado o soltero?
3. ¿Tú crees que Eva es la esposa o la mamá de Luis?
4. ¿Eva es bonita o fea? ¿Cómo es Luis?
5. ¿Dónde están Eva y Luis?
6. ¿Qué está comiendo Luis? ¿Está sabrosa la langosta?
7. ¿Quién es José?
8. ¿Qué está sirviendo José?
9. ¿En qué está pensando José? ¿Dónde es la fiesta?
10. ¿Isabel está contenta o triste?

Para conversar

27. **¿Quién es?** With two or three other students, prepare a description of a famous person. Include as much information as possible (nationality, profession, physical characteristics, etc.). Read your description to the rest of the class and see who can identify your subject.

¿Tú lo sabías?

En la mayoría de los países hispanos, los restaurantes no sirven la cena hasta las nueve de la noche. A las cuatro de la tarde, la gente merienda *(have an afternoon snack).*

› **¿A qué hora empiezan a servir la cena los restaurantes en este país?**

6 Weather expressions *(Expresiones para describir el tiempo)*

› In the following expressions, Spanish uses the verb **hacer,** *to make,* followed by a noun.

Es el 13 de agosto. Eva está en Phoenix, Arizona.

Hace sol y **hace** mucho **calor.**

Es el 20 de enero. Luis está en Alaska. **Hace** mucho **frío.**

Ana y Raúl están en Chicago en octubre. Hoy **hace** mucho **viento.**

› To ask about the weather, say, **¿Qué tiempo hace?** *(What's the weather like?)*

—**¿Qué tiempo hace** hoy?	*What's the weather like today?*
—**Hace** buen (mal) tiempo.	*The weather is good (bad).*
—**¿Hace frío** en Guatemala?	*Is it cold in Guatemala?*
—No, Guatemala es el país de la eterna primavera.	*No, Guatemala is the country of eternal spring.*

› The following words used to describe the weather do not combine with **hacer;** they are impersonal verbs used only in the infinitive, present participle, past participle, and third person singular forms of all tenses.

llover (o:ue) *to rain*	**Llueve.** *It rains.*
nevar (e:ie) *to snow*	**Nieva.** *It snows.*

› Other weather-related words are **lluvia** *(rain)* and **niebla** *(fog).*

—¿Vas a volar hoy a San Salvador?	*Are you going to fly to San Salvador today?*
—No, porque **hay niebla.**	*No, because it's foggy.*

Práctica

28. Minidiálogos Study the words in the following list; then complete the dialogues.

el paraguas *umbrella* | **el sombrero** *hat* | **el suéter** *sweater*
el impermeable *raincoat* | **el abrigo** *coat*

1. —¿Necesitas un paraguas?
   —Sí, porque ____________ mucho. También necesito un abrigo porque ____________.
2. —¿Por qué no quieres llevar el suéter?
   —¡Porque ____________, ____________!
3. —¿Vas a llevar el sombrero?
   —Sí, porque ____________.
4. —¿Necesitas un suéter y un abrigo?
   —Sí, porque ____________.
5. —¿Un impermeable? ¿Por qué? ¿Está lloviendo?
   —No, pero ____________.
6. —¡Qué lluvia! Necesito un ____________ y un ____________.
   —¡Yo también!

29. ¿Qué tiempo hace? Say what the weather will be like in different locations at different times of the year.

1. Portland, Oregón—el 2 de enero
2. Anchorage, Alaska—el 25 de diciembre
3. Phoenix, Arizona—el 13 de agosto
4. Londres *(London)*—el 5 de febrero
5. Chicago—el 6 de marzo

Un dicho

Marzo ventoso, abril lluvioso hacen a mayo florido y hermoso.
Equivalent: *March winds and April showers bring May flowers.*

LEARNING TIP

Note that when talking about weather conditions, the normal Spanish sentence structure is modified. Instead of the general *subject* + *verb* + *object* structure, one uses **Hace** or **Hay** (impersonal forms of **hacer** and **haber**—that is, in this construction the verb is not conjugated) + the particular weather expression, or just the impersonal weather-related verb, such as **Llueve** or **Nieva.** The repertory of sentence structures in Spanish, just as in English, goes beyond the basic one you know. Start recognizing any variant structure (syntactic) patterns.

Para conversar

30. De visita *(Visiting)* A visiting professor from Guatemala is planning a weekend visit to your hometown. What questions is he or she likely to ask about the weather there and what clothes to bring? How will you respond? Act out the scene with a classmate. Say at least three lines each.

31. ¿Dónde quiero vivir? In groups of three, talk about the places where you want to live and those where you don't want to live. Keep in mind the kind of weather in said places.

32. El pronóstico del tiempo *(The weather forecast)* You and a classmate are in charge of preparing the weather report for a local TV station. Discuss the weather in your area today.

¡Vamos a ver!

Antes de ver el video

33. Prepárate. To prepare to watch the video, you and a classmate talk about the following.

1. si almuerzan en restaurantes frecuentemente
2. si tienen un restaurante favorito (¿cuál?)
3. si prefieren papas fritas o puré de papas
4. si creen que la langosta es más cara *(expensive)* o más barata *(inexpensive)* que el pescado
5. si prefieren beber vino tinto o agua mineral
6. si prefieren comer un pedazo de torta o tomar un helado
7. si pasan más tiempo durmiendo, estudiando o mirando la tele
8. si hoy hace calor o hace frío y si hace sol o llueve
9. si lo pasan bien cuando van de vacaciones
10. si reciben muchos mensajes electrónicos

El video: En un restaurante

Cristina está leyendo el menú.

El mozo anota el pedido.

Cristina llama a su mamá.

Fernando y Cristina están conversando.

Después de ver el video

Cristina

Fernando

Camarero

34. ¿Quién lo dice? Identify the person who said each of the following in the dialogues.

1. Tráigame biftec con papas fritas y sopa de verduras. _________
2. Mañana vuelvo a mi dieta. _________
3. Voy a llamar a mamá para ver qué están haciendo los niños. _________
4. Las papas fritas tienen más sabor que las papas asadas. _________
5. Yo a veces almuerzo aquí. Preparan una ensalada de camarones muy rica. _________
6. ¡Están bien! ¡Eres imposible! _________
7. ¿Qué desean comer? _________
8. Pollo a la parrilla con ensalada y una papa al horno. _________
9. Tengo que contar calorías. _________
10. Estamos solos... podemos conversar. _________

35. Hablemos. With a classmate, take turns asking and answering the following questions. Base your answers on the dialogue.

En el diálogo

1. ¿De dónde es Fernando?
2. ¿Fernando es contador[1] o profesor?
3. ¿De dónde es Cristina?
4. ¿Dónde trabaja Fernando?
5. ¿Cómo es Fernando?
6. ¿Qué está leyendo Cristina?
7. ¿Cuánto cuesta la langosta?
8. ¿Qué va a comer Cristina y qué va a beber?
9. ¿A quién va a llamar Cristina?
10. ¿Qué está haciendo la mamá de Cristina?

36. ¿Qué pasa después? You and a classmate use your imaginations to talk about what happens to the characters in the video after Cristina and Fernando leave the restaurant. In Spanish, discuss the following:

1. The time when Fernando and Cristina return home
2. What the weather is like
3. What the children are doing (HINT: **jugar** = *to play*)
4. Whether the grandmother is watching another soap opera or sleeping
5. Whether they have another e-mail (from whom?)
6. Whether they watch TV for a while or talk in the living room
7. Where they have dinner that evening and what they eat and drink
8. Whether or not Cristina goes back to her diet

Now compare your statements to those of another group.

[1]contador: *accountant*

¡Vamos a leer!

Antes de leer

ESTRATEGIA **Expanding your vocabulary through reading** Just as in English, reading in any language increases your vocabulary. Some ways of doing this are by looking for cognates, for word families **(comer-comida-comedor)**, and for words that pertain to topics of interest to you.

42. Cómo mantenernos saludables *(How to stay healthy)* The following reading about healthful eating habits contains numerous words that are unfamiliar to you. As you answer these questions, make it a goal to learn at least five new words.

¡A leer!

Tácticas y estrategias para tener buena salud *(health)*

Es mejor…

1. ... comer muchas verduras y frutas.
2. ... cocinar *(to cook)* la carne, el pollo y el pescado al horno o a la parrilla *(grilled)*.
3. ... cocinar las verduras al vapor *(steamed)*.
4. ... beber mucha agua.
5. ... tomar leche sin grasa *(fat free)*.
6. ... comer alimentos *(foods)* bajos en grasa y en azúcar *(sugar)*.
7. ... hacer ejercicio *(exercise)* por lo menos tres veces por semana, por 30 minutos.

No es una buena idea…

1. ... tener alimentos con muchas calorías en el refrigerador y en la despensa *(pantry)*.
2. ... comer mucha comida frita.
3. ... comer mucho por la noche.
4. ... beber mucha cerveza y muchos refrescos.
5. ... beber mucho café.
6. ... tener una vida *(life)* sedentaria.
7. ... fumar *(to smoke)*.

Monkey Business Images/Shutterstock.com

El Dr. Rafael Mirabal siempre da muy buenos consejos *(advice)*. Su filosofía es "mente sana en cuerpo sano".

43. Comprensión Find the answers to the following questions in the reading.

1. ¿Qué alimentos debemos preferir?
2. ¿Cómo debemos cocinar la carne y el pescado?
3. ¿Cómo debemos cocinar las verduras?
4. ¿Debemos beber mucha o poca agua?
5. ¿Qué tipo de leche debemos preferir?
6. ¿Debemos comer alimentos que tienen mucha grasa?
7. ¿Cuántas veces a la semana debemos hacer ejercicio? ¿por cuánto tiempo?
8. ¿Qué alimentos no debemos tener en la casa?
9. ¿Debemos comer mucha comida frita?
10. ¿Es una buena idea comer mucho por la noche?
11. ¿Qué no debemos beber en exceso?
12. ¿Qué tipo de vida debemos evitar *(avoid)*?

Después de leer...

44. Desde su mundo In groups of three or four, discuss your preferences for specific dishes and foods. Do you have good eating habits?

¡Vamos a escribir!

Antes de escribir

ESTRATEGIA **Solidifying and repurposing what you learn** You were asked to use the reading activity for the goal of increasing your vocabulary on the basic subjects of food and health. To add new words to those you already use, you need to practice and reuse them whenever you can.

45. ¿Qué comes? In preparation for inviting your classmates to dinner, interview two classmates about their food preferences and general eating habits to find out about the kinds of food and drinks they like. Be sure to use some of the words you learned from the reading and don't forget to ask about dessert! Take notes.

46. Un menú sabroso You are planning to invite two classmates to an evening of fine and healthy dining at your place! Before writing an e-mail invitation, use your notes from the preceding activity to plan the menu. Also, organize the paragraphs of your e-mail according to what you will communicate in each, including the occasion, comments about the menu, day, time, and place.

¡A escribir!

47. Una invitación a una comida Write your **primer borrador** of the e-mail invitation. Remember the greetings and closings presented in **Lección 4.** You may want to begin by saying: **Quiero invitarlos** *(invite you)* **a cenar en mi casa...**

Después de escribir

48. A revisar Before writing the final version, exchange your first draft with that of a classmate and peer edit each other's work, using the following guidelines.

- spelling of foods
- formation and subject-verb agreement of verbs, especially stem-changing and irregular verbs
- completeness of information (when, what time, where)

EL MUNDO HISPÁNICO Y TÚ

Guatemala

¿No te gustan los inviernos muy fríos, ni los veranos muy calurosos *(hot)*?

Entonces puedes visitar un país donde la primavera parece *(seems)* eterna: Guatemala. Además, el país tiene mucho más que ofrecer al visitante: sus paisajes, sus playas, sus selvas tropicales, sus centros arqueológicos y su artesanía *(arts and crafts)*.

La economía

Guatemala es un país agrícola. Sus productos principales son café, bananas, algodón *(cotton)* y madera. La moneda guatemalteca es el quetzal, nombre del pájaro que es el símbolo de Guatemala.

Tradiciones

En Guatemala se mezclan las tradiciones, los mitos y las costumbres mayas con la cultura europea y universal. Esto se ve en su religión, su artesanía, sus vestidos y su música.

Guatemala turística

Tikal es la mejor muestra de la cultura precolombina, y el más grande de sus centros ceremoniales.

Antigua, capital de Guatemala hasta el año 1776, es una de las principales atracciones turísticas de Guatemala.

La literatura y la artesanía

Antes de Colón

Dos libros que se conservan son *el Popol Vuh,* que recoge las creencias mayas sobre el origen del mundo y una historia de su civilización, y los *Libros de Chilán Balam,* que incluyen historia, mitología y profecías.

Reciente

Los autores más conocidos son Miguel Ángel Asturias (Premio Nobel de Literatura, 1967), Rafael Arévalo, Augusto Monterroso y Rigoberta Menchú (Premio Nobel de la Paz, 1992).

La artesanía

Guatemala es famosa por sus cerámicas. Hay dos tipos de cerámicas: la de origen hispánico vidriada y decorativa, y la cerámica de origen indígena, pintada con frutas, mariposas y pájaros.

El Salvador

Si quieres ver volcanes, debes visitar El Salvador, llamado "la tierra de los volcanes".

El Salvador es el más pequeño de los países de Centroamérica y uno de los más bellos *(beautiful)*. Tiene unos 300 kilómetros de costa, y sus playas están entre las más hermosas de América. La capital de El Salvador es San Salvador, la ciudad más industrializada de Centroamérica. Los principales productos industriales del país son textiles y artículos de cuero, madera y metal. La agricultura también es importante en El Salvador; entre los productos agrícolas que exporta el país están el café y las bananas.

Deporte

El deporte principal es el fútbol. **El Estadio Cuscatlán,** en la capital, es el más grande de Centroamérica. El jugador más importante del país es **Jorge "El Mágico" González.**

Carlos Borbon/La Nacion de Costa Rica/ Newscom

EDAGR ROMERO/AP Images

El Salvador turístico

© Stefano Paterna/Alamy

El Volcán de Izalco es el más joven del país. Su última erupción fue en 1966.

© Stefano Paterna/Alamy

La Joya de Cerén es un pueblo maya del siglo *(century)* VII. El pueblo se mantiene en perfectas condiciones, porque estaba *(it was)* cubierto por la ceniza *(ash)* de un volcán.

Háganse preguntas

The class will be divided into groups of 3 or 4 students. The instructor will assign one of the eight items of information presented here to each group. The members in each group will prepare questions about the item assigned to them to ask the rest of the class.

iLrn™
To learn more about Guatemala and El Salvador, watch the cultural footage in the Media Library.

AUTOPRUEBA

¿Cuánto sé ahora?

Take this test. When you have finished, check your answers in the answer key provided in Appendix D. Then use a red pen to correct any mistakes you may have made. Are you ready?

A. Comparisons Establish comparison between the following people and things, using the Spanish equivalents of the words given.

1. Los camarones / el pescado (expensive)
   Los camarones son ____________________ el pescado.
   El pescado es ____________________ los camarones.
2. Rafael 6′ 2″ / Elvira 5′ 10″ (tall)
   Rafael es ____________________ Elvira.
   Elvira es ____________________ Rafael.
3. Un hotel / una casa (big)
   Un hotel es ____________________ una casa.
   Una casa es ____________________ un hotel.
4. Elsa 10 horas / Marcelo 10 horas (working hours)
   Elsa trabaja ____________________ Marcelo.
5. Ana es muy bonita. / Elisa es muy bonita. (pretty)
   Ana es ____________________ Elisa.

B. Irregular comparative and superlative forms Complete the following sentences, using the irregular comparative and superlative forms and the information given.

1. Yo 30 años / Ernesto 20 años
   Yo soy _________ que Ernesto.
   Ernesto es _________ que yo.
2. El profesor / los estudiantes (hablar español)
   El profesor habla español _________ que los estudiantes.
   Los estudiantes hablan español _________ que el profesor.
3. Eva: "A" en literatura / Sara: "B" en literatura / Ramón: "D" en literatura
   Eva es _________ estudiante de los tres.
   Ramón es _________ estudiante de los tres.

C. Present indicative of *o:ue* stem-changing verbs Complete the following sentences, using the present indicative of the verbs given.

1. ¿Cuánto _________ las habitaciones en ese *(that)* hotel? (costar)
2. ¿A qué hora _________ Uds.? (almorzar)
3. Nosotros no _________ calorías. (contar)
4. ¿En qué cuarto _________ tu cuñada? (dormir)
5. ¿A qué hora _________ tú del restaurante? (volver)
6. José y yo no _________ ir de vacaciones con Uds. (poder)
7. Yo no _________ la dirección del profesor. (recordar)
8. En California no _________ mucho. (llover)

D. Present progressive Write sentences saying what these people are doing. Use the verbs given.

1. Nosotros ______________ las bebidas. (pedir)
2. Los camareros ______________ el postre. (servir)
3. Yo ______________ el periódico. (leer)
4. Estela y yo ______________ los platos y los cubiertos en la mesa. (poner)
5. ¿Tú ______________ jugo de frutas o chocolate caliente? (tomar)
6. Mi esposo ______________ que él paga la cuenta. (decir)

E. Uses of *ser* and *estar* Form sentences, using the elements provided and the appropriate forms of **ser** or **estar.** Add the necessary connectors.

1. Elsa / mamá / Marcela ______________
2. restaurante Miramar / calle Siete ______________
3. ¡Mmmm! / el pollo / delicioso ¡Mmmm! ______________
4. Roberto / de México / pero ahora / en Guatemala ______________
5. café / frío ______________
6. escritorio / metal ______________

F. Weather expressions Complete the following sentences appropriately.

1. No puedo salir ahora porque ________ mucho y no tengo paraguas.
2. En Chicago ________ mucho en el invierno.
3. Hoy no ________ frío.
4. Me gusta estar en la playa cuando ________ sol.
5. Hoy no hay vuelos *(flights)* porque ________ niebla.

G. Just words . . . Choose the word or phrase that does not belong in each group.

1. copa	vaso	plato	________
2. servilleta	cuchillo	tenedor	________
3. camarones	cordero	langosta	________
4. desayunar	almorzar	volver	________
5. leche	torta	helado	________
6. cuenta	pescado	propina	________
7. mantel	sal	pimienta	________
8. a la parrilla	al mediodía	frito	________

H. Culture

1. Complete the following, based on the information found in the **¿Tú lo sabías?** sections.
   a. En los países hispanos, la ________ frecuentemente está incluida en la cuenta.
   b. El ________ es la unidad monetaria de España.
2. Answer the following questions, based on the information found in the **El mundo hispánico y tú** section.
   a. ¿Cuál es la moneda guatemalteca? ________
   b. ¿Qué escritor guatemalteco recibió el Premio Nobel de Literatura en 1967? ______________

I. Un dicho Do you remember the Spanish saying that is equivalent to *March winds and April showers bring May flowers.* Find it in this lesson. ______________

¡Tocan a la puerta!

CD1-33

¡Ubíquelos!

Beatriz and Guillermo live in Tegucigalpa, the capital of Honduras. Watch the video to see many places of historical interest. You will also see Managua, the capital of Nicaragua, where Beatriz's mother lives.

Photosindia/Alamy stock photo

Beatriz y su esposo Guillermo viven en Tegucigalpa, Honduras. Hoy es viernes y tienen mucho que hacer porque mañana llega la mamá de Beatriz, que viene a visitarlos.

GUILLERMO: ¿Dónde está mi camisa azul? La necesito para ir al mercado.

BEATRIZ: Estoy planchándola. ¿Por qué no barres el garaje? Aquí está la escoba.

GUILLERMO: Estoy leyendo una revista. Hay un artículo muy interesante...

BEATRIZ: ¡Tienes que ayudar con los quehaceres de la casa! ¡Tú nunca haces nada!

GUILLERMO: *(Suspira)* ¡Tú siempre dices eso! Pero yo a veces lavo los platos... Y cuando necesitamos algo del mercado, yo lo compro... Y a veces cocino...

BEATRIZ: Sí, es verdad que a veces haces las compras... y a veces recoges tus revistas y las pones debajo de la cama...

GUILLERMO: Y mañana... ¿tu mamá va a tomar un taxi? Si no, ¿quién va a ir a la parada de autobuses a buscarla?

BEATRIZ: ¡Tú! ¡Ya lo sé! ¿Puedes arreglar el cuarto de huéspedes? Necesitamos cambiar las sábanas y después tienes que comprar carne.

GUILLERMO: No, tú siempre dices que yo nunca consigo carne buena. ¡Yo no estoy de acuerdo! Y... ¿qué vas a hacer tú?

BEATRIZ: Pues... yo voy a llamar por teléfono a alguien.

GUILLERMO: Bueno. Ahora salgo para el mercado. Quiero traer algunas revistas.

Beatriz llama a una agencia de empleos.
Tres horas después, tocan a la puerta. Guillermo esconde un montón de revistas debajo del sofá y mira por la ventana.

GUILLERMO: Es una mujer… ¿quién es? No la conozco.

BEATRIZ: ¿Puedes abrir la puerta, por favor? ¡Rápido! Y después puedes leer el artículo… ¡Tenemos criada!

¿Tú lo sabías?

En una guía telefónica en español, alfabetizan los nombres según los dos apellidos, por ejemplo:

Núñez Arzuaga, Pedro

Núñez Lara, Inés

› **¿Cómo alfabetizan los nombres en una guía telefónica en este país?**

1. Hablemos. With a classmate, take turns asking and answering the following questions. Base your answers on the dialogue and on your own circumstances.

En el diálogo

1. ¿En qué país viven Beatriz y Guillermo?
2. ¿Por qué tienen ellos mucho que hacer hoy?
3. ¿Para qué necesita Guillermo su camisa azul?
4. ¿Qué está haciendo Beatriz?
5. ¿Qué está leyendo Guillermo?
6. ¿Qué dice Beatriz que Guillermo tiene que hacer?
7. ¿Dónde pone Guillermo las revistas?
8. ¿Qué tiene que arreglar Guillermo?
9. ¿Qué necesitan cambiar?
10. ¿Qué tiene que comprar Guillermo?
11. ¿Quien llama a una agencia de empleos?
12. ¿Qué tienen Guillermo y Beatriz?

¿Y tú?

1. ¿En qué estado *(state)* o provincia vives tú?
2. ¿Tú tienes mucho que hacer? ¿por qué?
3. ¿Te gusta el color azul?
4. ¿Qué crees tú que está leyendo tu mejor amigo(a)?
5. ¿Tú estás leyendo un buen libro?
6. ¿Tú haces los trabajos de la casa? (Yo hago...)
7. ¿Dónde pones tú las revistas? (Yo pongo...)
8. ¿Tu casa tiene cuarto de huéspedes?
9. ¿Qué días cambias las sábanas de tu cama?
10. ¿Tú tienes que comprar algo?, ¿qué?
11. ¿A quién llamas tú?

12 ¿Tú tienes criada en tu casa?

¿Tú lo sabías?

Actualmente muchos hombres hispanos, especialmente los más jóvenes, comparten con sus esposas los trabajos de la casa. Esto se debe a que a menudo los dos trabajan fuera de la casa.

› **Generalmente, ¿comparten los hombres norteamericanos con sus esposas los quehaceres de la casa?**

Africa Studio/Shutterstock.com

Esta empleada doméstica hace todos los trabajos de la casa, excepto uno. ¿Qué creen Uds. que ella no hace?

VOCABULARIO

En el diálogo

Cognados

la agencia	*agency*
el artículo	*article*
el autobús, el bus, el ómnibus	*bus*
el garaje	*garage*
interesante	*interesting*
el sofá	*sofa*
el taxi	*taxi*

Nombres

la agencia de empleos	*employment office*
la cama	*bed*
la camisa	*shirt*
la carne	*meat*
la criada, la empleada doméstica	*maid*
el cuarto de huéspedes	*guest room*
la escoba	*broom*
el mercado	*market*
la parada de autobuses	*bus stop*
los quehaceres (trabajos) de la casa	*housework*
la revista	*magazine*
la sábana	*sheet*

Verbos

arreglar	*to tidy up, to fix*
ayudar	*to help*
barrer	*to sweep*
buscar	*to get, to pick up, to look for*
cambiar	*to change*
cocinar	*to cook*
comprar	*to buy*
conocer (yo conozco)	*to know, to be acquainted with*
conseguir (e:i)	*to get, to obtain*
decir (e:i) (yo digo)	*to say, to tell*
esconder	*to hide*
lavar	*to wash*
_____ los platos, fregar (e:ie)	*to wash dishes*
planchar	*to iron*
poner (yo pongo)	*to put*
probar (o:ue)	*to try*
recoger	*to pick up*
saber (yo sé)	*to know (a fact; how to)*
suspirar	*to sigh*
tomar	*to take (e.g., a taxi or a bus)*
traer	*to bring*
visitar	*to visit*

Otras palabras y expresiones

a veces	*sometimes*
ahora	*now*
algo	*something, anything*
alguien	*someone, somebody*
debajo (de)	*under*
eso	*that (neutral)*
estar de acuerdo	*to agree, to be in agreement*
hacer las compras	*to do the shopping*
mirar por la ventana	*to look out the window*
¡Rápido!	*Quick!*
tocar a la puerta	*to knock on the door*
un montón de	*a bunch of*
¡Ya lo sé!	*I know (it)!*

Ellos son Gabriel y su esposa Analía. ¿Qué trabajos de la casa están haciendo?

¿Tú lo sabías?

En los países hispanos, muchas familias de la clase alta y de la clase media tienen criadas. Frecuentemente la criada vive en la casa donde trabaja. Cuando lleva muchos años trabajando en la misma casa, es considerada prácticamente como un miembro de la familia.

› **En general, ¿las familias de este país tienen criadas?**

Más sobre el tema

cortar el césped	*to cut (mow) the grass*
doblar la ropa	*to fold clothes*
lavar la ropa	*to wash the clothes (do laundry)*
limpiar (el cuarto de baño)	*to clean (the bathroom)*
pasar la aspiradora	*to vacuum*
sacar la basura	*to take out the trash*
sacudir los muebles	*to dust the furniture*
secar (los platos)	*to dry (the dishes)*
trapear el piso	*to mop the floor*

LEARNING TIP

Especially when learning concrete actions (verbs) such as **arreglar, barrer, recoger, cocinar, lavar, planchar,** etc., you might want to reinforce their meanings in your mind by stating which ones you do and what is done by other people. For example: **Yo arreglo mi cuarto. Mi mamá plancha la ropa.**

La familia de Dora

Más sobre la familia

el (la) cuñado(a)	*brother (sister)-in-law*
el (la) hijo(a)	*son (daughter)*
el (la) nieto(a)	*grandchild*
la nuera	*daughter-in-law*
el (la) sobrino(a)	nephew (niece)
el (la) suegro(a)	*father (mother)-in-law*
el yerno	*son-in-law*

La casa

la cocina	*kitchen*	**el cuarto de baño**	*bathroom*
el comedor	*dining room*	**____ de lavar**	*laundry room*
el dormitorio, la recámara *(Méx.)*, la pieza	*bedroom*	**la sala**	*living room*
		la sala de estar	*family room*
		el sótano	*basement*

¿Tú lo sabías?

En los países de habla hispana, el concepto de familia es más amplio e incluye a todos los parientes: tíos, primos, sobrinos, etcétera. Generalmente, la relación entre ellos es muy estrecha *(close)*.

› **Generalmente, ¿con qué miembros de la familia tienen los norteamericanos una relación estrecha?**

Práctica

2. ¿Qué es? Write the words or phrases that correspond to the following.

1. ómnibus ________
2. la hermana de mi esposo ________
3. *Newsweek,* por ejemplo ________
4. comprar ________
5. opuesto de **llevar** ________
6. opuesto de **siempre** ________
7. parte de la casa donde comemos ________
8. recámara ________
9. lavar los platos ________
10. la usamos para barrer ________

3. Oraciones incompletas Complete the following sentences, using vocabulary from this lesson.

1. Yo voy a arreglar el cuarto de ________ y también voy a ________ las sábanas. ¿Tú puedes ________?
2. Necesitamos una ________. Voy a llamar a la agencia de ________.
3. Tocan a la ________. Voy a ________ por la ventana antes de *(before)* ________.
4. Tú y yo nunca estamos de ________.
5. ¿Dónde vas a ________ esas sábanas? ¿En mi ________?
6. Hoy tengo que hacer un ________ de cosas: doblar la ________, limpiar el ________ de baño y la sala, sacar la ________ y ________ los muebles.
7. Carlos, ¿tú puedes ir a ________ a mi prima a la ________ de autobuses? Ella no quiere tomar un ________.
8. Elba va a trapear el ________ de la sala y va a barrer el sótano.

4. Habla con tu compañero(a) de clase. With a classmate, take turns asking and answering the following questions.

1. ¿Prefieres fregar o secar los platos?
2. ¿Prefieres pasar la aspiradora o trapear el piso?
3. En tu casa, ¿quién limpia el baño? ¿Quién corta el césped?
4. ¿Prefieres lavar la ropa o planchar?
5. ¿Tú vas a doblar la ropa o vas a sacar la basura?
6. ¿Tu lavadora *(washing machine)* está en el cuarto de lavar o en el garaje?
7. ¿Tu televisor *(TV set)* está en la sala o en la sala de estar?
8. ¿Tú comes en el comedor o en la cocina?
9. ¿Cuántos dormitorios tiene tu casa o apartamento? ¿Tú vives con tu familia?
10. ¿Tú eres el nieto (la nieta) favorito(a) de tus abuelos? ¿Quién es tu tío(a) favorito(a)? ¿Tú tienes sobrinos? ¿Tienes muchos primos?

Para conversar

5. **Relaciones familiares** With a classmate, look at the family tree on page 169 and ask each other questions about the relationships among the people in the illustration.

   (HINT: ¿Cuál es la relación que existe entre ______ y ______?)

6. **¿Quién puede ayudarme?** With a classmate, take turns asking for help and saying that you can't help. Say what you have to do.

   Modelo —*¿Puedes ayudarme a... ?*
   —*No puedo; tengo que...*

7. **Prefiero hacer otra cosa.** *(I prefer to do something else.)* With a classmate, take turns indicating what you frankly *hate* to do, and stating what you *would rather* do.

   Modelo *Francamente, yo odio pasar la aspiradora; prefiero sacudir los muebles.*

Pronunciación

CD1-34 **A. The Spanish *j***

The Spanish **j** sounds somewhat like the *h* in the English word *hit.* It is never pronounced like the English *j* in *John* or *James.* Listen to your instructor and repeat the following phrases.

Julia y Javier trabajan hoy.
Juan José viene el jueves.
Juana deja a su hijo aquí.
Jimena jamás juega al tenis.

CD1-35 **B. The Spanish *g* (before *e* or *i*)**

When followed by **e** or **i,** the Spanish **g** sounds like the Spanish **j** mentioned above. Listen to your instructor and repeat the following phrases.

Gerardo recoge a Genaro.
Eva Gil es inteligente.
El general Ginés está en Argentina.
Los gitanos están en Los Ángeles.

CD1-36 **C. The Spanish *h***

The Spanish **h** is always silent. Listen to your instructor and repeat the following phrases.

Humberto Hernández es de Honduras.
Hilda es la hija de Hugo.
Tu hermano está en el hotel.
¿Hay hamburguesas hoy?

¿Tú lo sabias?

En la mayoría de los países de habla hispana, cuando una mujer se casa *(gets married)* retiene su apellido de soltera *(maiden name)*. Puede también añadir *(add)* el apellido de su esposo. Por ejemplo, Ana Soto está casada con Luis Paz y su nombre completo es Ana Soto (de) Paz. La mayoría de los hispanos usan dos apellidos: el del padre y el de la madre, en ese orden. Por ejemplo, el nombre completo de Raúl (el hijo de Ana y Luis) es Raúl Paz Soto.

› **Cuando las mujeres de este país se casan, ¿usan el apellido del esposo? ¿Usan su apellido de soltera?**

ESTRUCTURAS

1 Demonstrative adjectives and pronouns *(Los adjetivos y los pronombres demostrativos)*

A. Demonstrative adjectives

› Demonstrative adjectives point out persons or things. Like all other adjectives, they agree in gender and number with the nouns they modify. The forms of the demonstrative adjectives are as follows.

Masculine		Feminine		
Singular	*Plural*	*Singular*	*Plural*	
este	**estos**	**esta**	**estas**	*this, these*
ese	**esos**	**esa**	**esas**	*that, those*
aquel	**aquellos**	**aquella**	**aquellas**	*that, those* (at a distance in space or time)

—¿Qué vas a fregar? — *What are you going to wash?*
—**Este** plato, **esas** tazas y **aquellos** vasos. — *This dish, those cups, and those glasses (over there).*

B. Demonstrative pronouns

› The forms of the demonstrative pronouns are as follows.

Masculine		Feminine			
Singular	*Plural*	*Singular*	*Plural*	Neuter	
este	**estos**	**esta**	**estas**	esto	*this (one), these*
ese	**esos**	**esa**	**esas**	eso	*that (one), those*
aquel	**aquellos**	**aquella**	**aquellas**	aquello	*that (one), those (at a distance)*

› The masculine and feminine demonstrative pronouns are the same as the demonstrative adjectives.[1]

[1]The Real Academia accepted the use of demonstrative pronouns without written accents. However, it is possible to find old publications that still keep the accent on the demonstrative pronouns (for example: éste).

› Each demonstrative pronoun has a neuter form. They are **esto, eso,** and **aquello.** The neuter forms, which do not change in number or gender, are used to refer to situations, ideas, and nonspecific objects or things, equivalent to the English ***this, that matter; this, that business;*** and ***this, that stuff.***

—¿Entiendes **eso**? *Do you understand that?*
—No, es muy difícil. *No, it's very difficult.*

—¿Qué es **esto**? *What's this?*
—¿Quién sabe? *Who knows?*

LEARNING TIP
Pronouns refer to something already mentioned. Their use is especially useful when, in conversation or writing, you need to refer again to something or someone that you have already talked about.

Práctica

8. **Los quehaceres de la casa** Two roommates, Amalia and Celia, are doing a lot of housework today. With a classmate, complete their conversation, using demonstrative adjectives. Then play the roles of the two girls.

Amalia: Celia, ¿tú necesitas ________ *(these)* sábanas que están aquí?

Celia: Sí, y también ________ *(those)* camisas.

Amalia: Tienes que fregar ________ *(these)* vasos *(glasses)* y ________ *(those)* platos.

Celia: Y tú tienes que sacudir ________ *(this)* mesa y ________ *(this)* escritorio.

Amalia: ¿Dónde vamos a poner ________ *(that over there)* sofá?

Celia: En la sala de estar. Y ________ *(this)* vez, Daniel tiene que ayudar.

Amalia: Es verdad. ¡Ah! ¿Dónde quieres poner ________ *(those over there)* revistas?

Celia: En ________ *(that over there)* mesa. Oye... ¿qué es ________ *(that)* que está debajo del sofá?

Amalia: ¿Quién sabe? *(Who knows?)*

9. **Este, ese y aquel** With a classmate, play the roles of two friends. Take turns asking and answering the questions. The one who answers always rejects the objects indicated and wants the ones far away from both.

1. ¿Vas a leer estas revistas? ________________
2. ¿Vas a lavar esta ropa? ________________
3. ¿Vas a secar estos platos? ________________
4. ¿Vas a comprar en este mercado? ________________

Para conversar

10. **¡Habla con tu compañero(a)!** With a classmate, take turns asking each other who the other students in the class are. Respond, using the appropriate demonstrative adjectives and descriptions.

Modelo *—¿Quién es Sandra?*
—Es aquella chica rubia.

2 Present indicative of *e:i* stem-changing verbs *(Presente indicativo de los verbos que cambian en la raíz* **e:i***)*

servir *to serve*	
sirvo	servimos
sirves	servís
sirve	sirven

› Some **-ir** verbs undergo a special stem change in the present indicative. For these verbs, when **e** is the last stem vowel and it is stressed, it changes to **i.**

—¿Qué **sirven** Uds. en sus fiestas? — *What do you serve at your parties?*
—**Servimos** champán. — *We serve champagne.*

› Note that the stem vowel is not stressed in the **nosotros(as)** and **vosotros(as)** verb forms; therefore, the **e** does not change to **i.**

› Other verbs that undergo this change:[1]

conseguir	*to get, to obtain*	**pedir**	*to ask for, to request, to order*
decir	*to say, to tell*	**seguir**	*to follow, to continue*

› The verb **decir** undergoes the same change, but in addition it has an irregular first-person singular form: **yo digo.**

› Note that in the present tense **seguir** and **conseguir** drop the **u** before **a** or **o: yo sigo, yo consigo.**

Summary of the present indicative of stem-changing verbs

e:ie	*o:ue*	*e:i*
cerrar	almorzar	conseguir
comenzar	contar	decir
empezar	costar	pedir
entender	dormir	seguir
pensar	encontrar	servir
perder	llover	
preferir	morir	
querer	mostrar	
	poder	
	probar	
	recordar	
	volar	
	volver	

Add to this list as you learn other stem-changing verbs.

[1]For a complete list of stem-changing verbs, see Appendix B.

Práctica

11. ¿Qué hacemos y qué decimos? Form complete sentences by combining the words in the three columns in sequence, starting with A. Use each subject and each verb at least once.

A	B	C
yo	decir	la comida
nosotros	servir	un cuarto
Amalia y Celia	pedir	que necesitamos un sofá nuevo
mis padres	conseguir	revistas
tú	seguir	información sobre Honduras
mi cuñado		a mis amigos
		estudiando español

12. Beatriz y nosotros With a classmate, use your imagination to compare what Beatriz does to what the other people mentioned do. Take turns! Beatriz...

1. ... consigue carne buena en el mercado. (Mi mamá)
2. ... dice que es más difícil planchar que limpiar el baño. (Yo)
3. ... sirve cerveza en sus fiestas. (Mis amigos)
4. ... pide tamales cuando va a un restaurante mexicano. (Tú)
5. ... siempre sigue la moda *(fashion).* (Nosotros)
6. ... consigue frijoles en un mercado mexicano. (Yo)
7. ... dice que ella no quiere sacar la basura. (Mi papá)
8. ... sirve el café después de la comida. (Tú)
9. ... pide ravioles cuando va a un restaurante italiano. (Mis amigos y yo)
10. ... sigue en su clase de literatura. (Yo)

Para conversar

13. ¡Habla con tu compañero(a)! Interview a classmate, using the following questions. When you have finished, switch roles.

1. ¿Hay muchos restaurantes que sirven comida mexicana en esta ciudad? ¿Qué pides cuando vas a un restaurante mexicano?
2. Cuando vas a un restaurante, ¿qué pides de postre? ¿y para beber?
3. Cuando das una fiesta, ¿qué sirves para comer? ¿y para beber?
4. ¿Dónde consiguen los estudiantes libros en español? ¿Tú consigues revistas en español?
5. ¿Tú dices que es mejor vivir en una casa o en un apartamento?
6. ¿Tú siempre sigues los consejos *(advice)* de tus padres? ¿Tus amigos siguen tus consejos?

14. Yo digo... In groups of three, discuss what you think the worst chores are when you have to do housework.

Modelo *Yo digo que lo peor* (the worst thing) *es doblar la ropa.*

Now one person in each group reports to the class: _______ *dice que lo peor es...* *y* _______ *dice que...*

Is there a chore that most people agree is the worst?

3 Affirmative and negative expressions *(Expresiones afirmativas y negativas)*

Affirmative	Negative
algo *something, anything*	**nada** *nothing, not anything*
alguien *someone, somebody, anyone*	**nadie** *nobody, no one, not anyone*
alguno(a), algún *any, some*	**ninguno(a), ningún** *no, none, not any*
a veces *sometimes* / **siempre** *always*	**nunca, jamás** *never*
también *also, too*	**tampoco** *neither, not either*
o *or*	
o... o *either . . . or*	**ni... ni** *neither . . . nor*

—¿Necesitas **algo** más? — *Do you need anything else?*
—No, no necesito **nada** más. — *No, I don't need anything else.*
—¿Tienes **algunos** amigos de Nicaragua? — *Do you have any friends from Nicaragua?*
—No, no tengo **ningún** amigo nicaragüense.[1] — *No, I don't have any Nicaraguan friends.*
—¿Hay **alguien** en tu recámara? — *Is there anybody in your room?*
—No, no hay **nadie.** — *No, there's no one.*
—¿Quieres café **o** té? — *Do you want coffee or tea?*
—Yo no bebo **ni** café **ni** té. — *I don't drink either coffee or tea.*

¡Atención! Note that **alguno(a)** may be used in the plural forms, but **ninguno(a)** is not pluralized.

› **Alguno** and **ninguno** drop the -**o** before a masculine singular noun: ***algún*** **niño,** ***ningún*** **niño;** but ***alguna*** **niña,** ***ninguna*** **niña.**

¡Atención! **No** is never used as an adjective, as it sometimes is in English: *No person could do all that.*

› Spanish sentences frequently use a double negative form to express a degree of negation: the adverb **no** is placed before the verb and the second negative word either follows the verb or appears at the end of the sentence. If, however, the negative word precedes the verb, **no** is never used.

No hablo español **nunca.**
or: **Nunca** hablo español. — *I never speak Spanish.*

No compro **nada nunca.**
or: **Nunca** compro **nada.** — *I never buy anything.*

Un dicho
Más vale tarde que nunca.
Equivalent: *Better late than never.*

› Note that Spanish often uses several negatives in one sentence.

Yo **no** quiero **nada tampoco.** — *I don't want anything either.*

[1] In some cases before an **e** or **i,** the **u** is not silent. To indicate this, a **diéresis** (two dots) is added over the **u** **(pingüino, Mayagüez).**

Práctica

15. No estoy de acuerdo. Change the following statements to express the opposite.

1. Diego nunca corta el césped los sábados.
2. Mi mamá necesita comprar algo en el mercado.
3. Nadie va a ir a recoger a mi suegra.
4. Mi sobrina pasa la aspiradora a veces.
5. Mireya seca o los platos o las tazas.
6. Aquí no hay ningún lugar interesante.
7. Rita va a ir a Honduras y yo voy a ir también.
8. Nosotros tenemos algunos amigos de Honduras.

Para conversar

16. ¡Habla con tu compañero(a)! Interview a classmate, answering the following questions in the negative. Use the expressions you have just learned. When you have finished, switch roles and create new questions.

1. ¿Quieres ir a Nicaragua o a Honduras?
2. ¿Tienes algunos amigos en Managua?
3. Yo no hablo portugués. ¿Y tú?
4. ¿Siempre vas a restaurantes chinos?
5. ¿Siempre vienes con alguien aquí?
6. ¿Compras algo cuando vas de vacaciones?

17. Siempre... a veces... nunca With a classmate, tell each other four things that you always do, four things that you sometimes do, and four things that you never do. Compare notes.

Modelo —*Yo siempre leo libros en Internet. A veces compro libros en la librería. Nunca voy a la biblioteca.*

18. Quejas *(Complaints)* With a classmate, write a list of complaints frequently heard on campus. Use the expressions you have just learned.

Modelo *Nunca podemos comer nada en la cafetería.*

Un dicho

Nadie es profeta en su tierra.
Equivalent: *A prophet is not recognized in his own land.*

4 Verbs with irregular first-person forms *(Verbos irregulares en la primera persona)*

The following verbs are irregular in the first-person singular of the present tense.

Verb	*yo* form	Regular forms
salir *(to go out)*	**salgo**	sales, sale, salimos, salís, salen
hacer *(to do, make)*	**hago**	haces, hace, hacemos, hacéis, hacen
poner *(to put, place)*	**pongo**	pones, pone, ponemos, ponéis, ponen
traer *(to bring)*	**traigo**	traes, trae, traemos, traéis, traen
conducir *(to drive)*	**conduzco**	conduces, conduce, conducimos, conducís, conducen
traducir *(to translate)*	**traduzco**	traduces, traduce, traducimos, traducís, traducen
conocer *(to know)*	**conozco**	conoces, conoce, conocemos, conocéis, conocen
caber *(to fit)*	**quepo**	cabes, cabe, cabemos, cabéis, caben
ver *(to see)*	**veo**	ves, ve, vemos, veis, ven
saber *(to know)*	**sé**	sabes, sabe, sabemos, sabéis, saben

—¿Qué haces los domingos? *What do you do on Sundays?*
—No **hago** nada. *I don't do anything.*

—¿Estás mirando por la ventana? *Are you looking out the window?*
—Sí, pero no **veo** nada. *Yes, but I don't see anything.*

Práctica

19. Celia y yo Compare this information about Celia to what you do, by completing the following sentences.

1. Celia sale de su casa a las siete y yo...
2. Celia conduce un Ford y yo...
3. Celia ve a sus amigos los sábados y yo...
4. Celia conoce a muchos estudiantes y yo...
5. Celia trae a su hermana a la universidad y yo...
6. Celia cabe con su familia en un coche *(car)* muy pequeño y yo...
7. Celia sabe hablar portugués y yo...
8. Celia no hace nada los domingos y yo...

20. De viaje Read this paragraph about Amalia's preparations for her trip to Nicaragua and then rewrite it as if you were Amalia, starting with **Yo...**

Amalia sale para Nicaragua esta noche. Va con su amiga Susan. Conduce al banco para cobrar *(cash)* un cheque regresa a su casa, pone todos los documentos en su bolso de mano *(handbag)* y después hace las maletas *(packs).* Como sabe que hay mucho tráfico, sale de su casa a las cinco para ir al aeropuerto. Cuando llega al aeropuerto, ve que Susan está esperando.

Un dicho

El hombre propone y Dios dispone.
Equivalent: *Man proposes and God provides.*

Para conversar

21. ¡Habla con tu compañero(a)! Your classmate is traveling to Tegucigalpa. Here is a list of questions you want to ask in order to help him/her prepare for the trip. Your classmate should conjugate the verbs correctly and answer in complete sentences. Then create new questions with the same verbs, focusing on a trip to Nicaragua.

1. ¿Conoces Tegucigalpa? ¿Sabes a qué distancia está de aquí?
2. ¿Sabes cuál es la moneda *(currency)* de Honduras? ¿Sabes a cómo está el cambio de moneda *(rate of exchange)*?
3. ¿Haces la reservación del hotel antes de salir de viaje? ¿Dónde pones el pasaporte?
4. El día del viaje, ¿sales de casa con tiempo? ¿Conduces tu coche para ir al aeropuerto?
5. ¿Conoces a alguien en Tegucigalpa?
6. ¿Traes muchas cosas para tu familia? ¿Compras algo para ti?

5 *Saber* vs. *conocer*

Spanish has two verbs that mean *to know*, ***saber*** and ***conocer***.

A. *Saber* means:

› to know something by heart.
Yo **sé** un poema de Rubén Darío.

› to know a fact.
Yo **sé** que Rubén Darío es un poeta nicaragüense.

› to know how to do something.
Yo **sé** bailar salsa.

B. *Conocer* means:

› to be familiar or acquainted with a person.
Nosotros **conocemos** a Ester Núñez.

› to be acquainted with a place.
Ellos **conocen** Honduras.

› to be acquainted with an artist's or writer's work.
¿Tú **conoces** la poesía de Rubén Darío?

Práctica

22. *¿Saber o conocer... ?* With a classmate, tell what these people know, using **saber** or **conocer.**

1. Natalia ___________ al suegro de Mirta. Ella ___________ dónde vive él, pero no ___________ su número de teléfono.
2. David ___________ muchas ciudades de España, pero no ___________ hablar español.
3. Estela ___________ muchos poemas de ese poeta, pero no ___________ ninguno de memoria.
4. Roberto ___________ a la familia que da la fiesta de Año Nuevo, pero no ___________ dónde es la fiesta.
5. Yo ___________ que Lorca es un poeta español.

Para conversar

23. Habla con tu compañero(a) de clase. With a classmate, take turns asking and answering the following questions.

1. ¿Cuántos idiomas sabes hablar? ¿Cuáles son? ¿Sabes cantar canciones *(songs)* en español?
2. ¿Conoces a los padres de tu mejor amigo(a)? ¿Conoces a sus abuelos?
3. ¿Sabes dónde vive el profesor (la profesora)? ¿Sabes su número de teléfono?
4. ¿Sabes tocar *(play)* el piano? ¿el violín? ¿la guitarra?
5. ¿Sabes cocinar? ¿Sabes planchar?
6. ¿Conoces un buen restaurante mexicano? ¿Sabes en qué calle está?
7. ¿Conoces a algún actor famoso personalmente?
8. ¿Conoces las novelas de Jane Austen? ¿Conoces Inglaterra *(England)*?
9. ¿Conoces los poemas de Emily Dickinson? ¿Sabes alguno de memoria?
10. ¿Sabes bailar salsa? ¿Sabes bailar el tango? ¿Qué sabes bailar?

24. ¿Qué sabes? o ¿Qué conoces? With a classmate, talk about the places you are familiar with and the ones you want to know, some people you know, facts you know about your college, city or state, and things you know how to do. Compare notes!

6 Direct object pronouns *(Pronombres usados como complemento directo)*

A. The direct object

› In addition to a subject, most sentences have an object that directly receives the action of the verb.

Ellos	compran	el libro.
S.	V.	D.O.

In the preceding sentence, the subject **(Ellos)** performs the action, while **el libro,** the direct object, directly receives the action of the verb. The direct object of a sentence may be either a person or a thing.

› The direct object can be easily identified as the answer to the questions *whom?* and *what?* about what the subject is doing.

Ellos compran **el libro.**	*What are they buying?*
Pepe visita a **su primo.**	*Whom does Pepe visit?*
Yo llamo a **mis padres.**	*Whom do I call?*

› Direct object pronouns may be used in place of the direct object.

Un dicho

El que la sigue, la consigue.
Equivalent: *If at first you don't succeed, try, try again.*

B. Forms of the direct object pronouns

Singular		Plural	
me	*me*	**nos**	*us*
te	*you (fam.)*	**os**	*you (fam.)*
lo	*you (form., masc.)* *him, it (masc.)*	**los**	*you (form., masc.)* *them (masc.)*
la	*you (form., fem.)* *her, it (fem.)*	**las**	*you (form., fem.)* *them (fem.)*

—¿Tú tienes **la lista**?	*Do you have the list?*
—Sí, yo **la** tengo.	*Yes, I have it.*
—¿Seca Ud. **los platos**?	*Do you dry the dishes?*
—Sí, yo **los** seco.	*Yes, I dry them.*

C. Position of direct object pronouns

› In Spanish, object pronouns are normally placed before a conjugated verb.

	D.O.		D.O.
Ellos sirven	**la comida.**		*They serve the meal.*
Ellos	**la**	**sirven.**	*They serve it.*

› In negative sentences, the **no** must precede the object pronoun.

		D.O.		D.O.
Ellos sirven		**la comida.**		*They serve the meal.*
Ellos		**la**	sirven.	*They serve it.*
Ellos	**no**	**la**	sirven.	*They don't serve it.*

› When an infinitive is used with a conjugated verb, the direct object pronoun may either be attached to the infinitive or be placed before the conjugated verb. The same principle applies with the present participle in progressive constructions.

Yo puedo leer**lo.** Yo **lo** puedo leer.	*I can read it.*
Yo estoy leyénd**olo.** Yo **lo** estoy leyendo.	*I am reading it.*

¡Atención! When a direct object pronoun is attached to a present participle **(leyéndolo),** an accent mark is added to maintain the correct stress.

Un dicho

A quien madruga *(gets up very early)*, Dios lo ayuda.
Equivalent: *The early bird gets the worm.*

Práctica

25. ¿Qué quiere Julio? Complete the following dialogue, using the appropriate direct object pronouns[1]. Then act it out with a classmate.

JULIO: ¿Tú me puedes llevar a casa hoy?

DELIA: Sí, ______ puedo llevar a las tres.

JULIO: ¡Ah! Necesito la maleta *(suitcase)* de mamá. ¿Tú ______ tienes?

DELIA: Sí, yo ______ tengo. ¿Tú quieres llevar ______ a Tegucigalpa?

JULIO: Sí. También necesito comprar cheques de viajero *(travelers checks)*...

DELIA: Podemos comprar ______ esta tarde.

JULIO: Rosa y yo tenemos que estar en el aeropuerto a las ocho de la noche. ¿Tú ______ puedes llevar?

DELIA: Sí, yo ______ puedo llevar...

JULIO: ¡Ah! Las sobrinas de Rosa quieren ir al aeropuerto con nosotros. ¿Tú ______ puedes traer a mi casa a las siete?

DELIA: ¡No! ¡Yo no tengo un servicio de taxi!

LEARNING TIP
Save a small part of your study sessions to learn things through repetition. This will help embed the material in your long-term memory.

26. Yo lo hago. You and your roommates are doing chores. Volunteer to do the following tasks yourself.

Modelo —¿Quién lava las sábanas?
—Yo las lavo.

1. ¿Quién barre el garaje?
2. ¿Quién friega los platos?
3. ¿Quién limpia el cuarto de baño?
4. ¿Quién corta el césped?
5. ¿Quién pasa la aspiradora?
6. ¿Quién sacude los muebles?
7. ¿Quién lava la ropa?
8. ¿Quién prepara la comida?

27. Nadie hace lo mismo. With a classmate, take turns forming the second sentence. Use direct object pronouns and the cues provided to indicate what people do differently.

Modelo —Yo pongo las revistas en la mesa. (Teresa / en su escritorio)
—Teresa las pone en su escritorio.

1. Don Manuel consigue la carne en el supermercado. (nosotros / en la carnicería)
2. Yo voy a llevar a Tito a su casa. (Elena / a la parada de autobuses)
3. Yo plancho las camisas en la cocina. (Julio / en su dormitorio)
4. Nosotros hacemos las compras los viernes. (mis padres / los sábados)
5. Elisa trapea el piso dos veces por semana. (tú / todos los días)
6. Nosotros sabemos el número de teléfono de Irene. (yo / no)

[1]Remember that in progressive tenses and when an infinitive follows the conjugated verb the direct object pronoun may be *before* the verb or *attached* to it: ***Te* puedo llevar** o **Puedo llevar*te*.**

28. ¿Tú lo sabes... ? With a classmate, take turns answering the questions below, basing your answers on the illustrations. Use direct object pronouns in your responses.

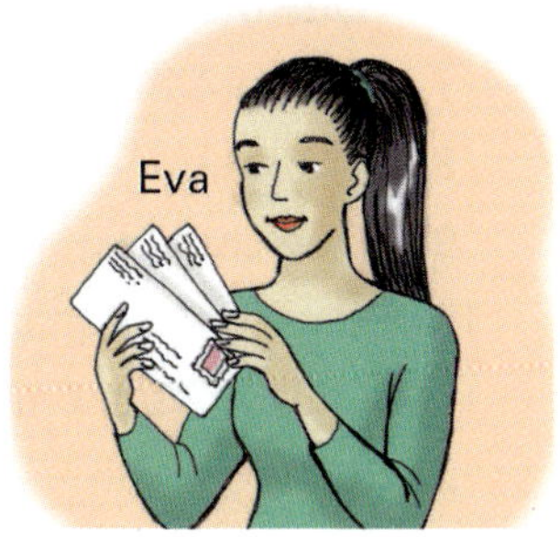

1. ¿A qué hora llama Sara a Luis?
2. ¿Cuándo tiene que llamar Luis a Sara?
3. ¿Pepe puede llevar a los chicos a casa?
4. ¿Dónde tiene Pepe los libros?
5. ¿Quién abre la puerta?
6. ¿Quién sirve el café?
7. ¿Quién bebe el refresco?
8. ¿Quién tiene las cartas?

Para conversar

29. ¡Habla con tu compañero(a)! You and your classmate play the roles of two roommates who are planning their weekend activities. Take turns answering the following questions, using appropriate direct object pronouns.

1. ¿Quieres dar la fiesta el viernes o el sábado?
2. ¿Vamos a invitar a los chicos de la clase?
3. ¿Tú puedes comprar las bebidas?
4. Mi auto no funciona. ¿Puedes llevarme al mercado?
5. Vamos a tener que limpiar la casa. ¿Quién puede ayudarnos?
6. ¿Quién va a preparar el postre?
7. Yo no puedo ir contigo a la iglesia *(church)* el domingo. ¿Alguien puede llevarte?
8. Mis amigos y yo queremos ver el partido de fútbol por la tarde. ¿Y tú?

30. ¿Quién lo hace? With a classmate, ask each other who does what around the house, with other members of the family, etc. Use the appropriate direct object pronouns in the answers.

Modelo —*¿Quién friega los platos?*
—*Mi mamá los friega.*

¡Vamos a ver!

Antes de ver el video

31. Preguntas You and a classmate take turns asking and answering the following questions.

1. ¿Tú tienes un hermano o hermana mayor?
2. Cuando tú haces los quehaceres de la casa, ¿prefieres lavar los platos o barrer la cocina?
3. ¿Tú haces todo el trabajo, ayudas a tu mamá o nunca haces nada?
4. ¿Tú haces la cama todos los días? ¿Qué días cambias las sábanas de tu cama?
5. Cuando tú arreglas tu cuarto, ¿pones todas las cosas en su lugar?
6. ¿Qué días haces las compras en el mercado? ¿Consigues carne buena?
7. ¿Siempre tienes una lista o sabes lo que tienes que comprar?
8. Si tú sabes que alguien va a visitarte, ¿limpias tu casa o apartamento?
9. ¿Qué ciudad quieres conocer tú?
10. Cuando tu familia quiere visitar una ciudad, ¿tú estás de acuerdo?
11. Si tú tomas el ómnibus, ¿tienes que ir a la parada de autobuses?
12. Cuando tocan a la puerta, ¿tú miras por la ventana para ver quién es?

El video: Hoy llega tía Nora

¡Amalia! Yo estoy cocinando. Tú tienes que lavar los platos y barrer la cocina.

Para él, arreglar su cuarto es esconderlo todo debajo de la cama.

¡Pedro! Tienes que ir al Mercado Municipal. Y a ver si esta vez consigues carne buena…

¡Daniel! ¡Rápido! ¡Todo esto va debajo de la cama!

Después de ver el video

Ester

Celia

Amalia

Pedro

32. ¿Quién lo dice? Identify the person who said each of the following in the dialogues.

1. Yo sé lo que tengo que comprar. ________
2. Y a ver si esta vez consigues carne buena. ________
3. ¿Y qué va a hacer Celia mientras yo hago todo el trabajo? ________
4. ¡Pedro! Tienes que ir al Mercado Municipal. ________
5. ¿Papá va a ir a buscar a tía Nora a la parada de autobuses? ________
6. Yo estoy planchando las camisas de papá. ________
7. No, ella dice que es mejor tomar un taxi. ________
8. ¿Quién va a hacer las compras en el mercado? ________
9. ¡Qué trabajo tenemos cuando mi cuñada viene a visitarnos! ________

33. Hablemos. With a classmate, take turns asking and answering the following questions. Base your answers on the dialogue.

En el diálogo

1. ¿De dónde es la familia Núñez Arzuaga?
2. ¿Qué están haciendo Ester y sus hijos?
3. ¿Qué tiene que hacer Amalia?
4. ¿Qué está haciendo Celia?
5. ¿Qué va a hacer Celia después?
6. ¿Dónde va a dormir Nora? ¿Y Daniel?
7. ¿Quién va a hacer las compras en el mercado?
8. ¿Qué ciudad quiere conocer Amalia?
9. ¿Pedro va a ir a la parada de autobuses a buscar a Nora?
10. ¿Dónde va a poner Daniel las revistas?

34. ¿Qué pasa después? With a classmate, use your imagination to say what the characters do. In Spanish, discuss the following.

1. Whether or not doña Nora does any cooking the day after she arrives. What does she prepare? Or do they all go to a restaurant?
2. While she is visiting, does doña Nora help with any housework? What does she do? Does she tell Daniel that he has to help?
3. Does Daniel sleep on the sofa every night or does doña Nora sleep on the sofa sometimes?
4. Does doña Nora go to the market sometimes? Does she pay for **(por)** anything?
5. Where do they take doña Nora while she is visiting? Name three or four places.
6. Do they tell doña Nora that they want to visit Managua next year? Does she think it's a good idea?
7. Does doña Nora tell Daniel that he shouldn't hide his magazines under the bed?
8. Are they sad or happy when doña Nora returns to Managua? Give reasons.

Now compare your statements to those of another group.

¡Vamos a escuchar!

ESTRATEGIA **Listening for details II** Remember what you have learned in preceding lessons about focusing your listening. Anticipate the kinds of information you will hear, concentrate on listening for the details you want to know, and ignore extraneous information.

CD1-37 **35. Propaganda de televisión** Everybody in your household has been discussing the need for extra cleaning help as you are all very busy. You hear a TV commercial on cleaning services. Listen once and make notes of the following details so that you can report to your housemates in the **A conversar...** activity.

1. nombre del servicio
2. dos servicios que ofrece
3. el número de teléfono

ESTRATEGIA **Reporting** When you tell something you hear to another person, you can use **decir (Ramón dice que va a limpiar)** or you can simply report the information without specifying the source. When restating what you hear, use the language you know.

¡Vamos a conversar!

36. Un servicio fenomenal Get together with two classmates. Today they happen to be your housemates, too! You all heard a TV commercial for a cleaning service and now take turns telling the others what you recall about the services offered and what cleaning help you think you need. Decide what help you most need and who's going to call for prices.

37. ¿Qué dices tú What would you say in the following situations? What might the other person say? Act out the scenes with a classmate. Take turns playing each role.

1. You and your roommate are trying to divide household chores. Volunteer for those chores that you want to do.
2. Talk about some members of your family and indicate with whom you always agree and with whom you never agree.
3. You complain about chores that certain people in your family never do.
4. You are trying to sell or rent your house or apartment. Describe it to a prospective buyer, by giving as many details as possible.

38. Para conocernos mejor To do this activity, work with a classmate whom you would like to get to know. Take turns asking and answering these questions.

1. ¿Te gusta hacer los quehaceres de la casa? ¿Cuáles no te gusta hacer?
2. En tu casa, ¿quién lava los platos? ¿Quién barre la cocina? ¿Quién saca la basura?
3. ¿Alguien te ayuda a arreglar tu cuarto? ¿Tú escondes tus revistas debajo de tu cama?
4. ¿Te gusta hacer las compras en el mercado? ¿Qué día las haces?
5. ¿Qué días cambias las sábanas de tu cama? ¿Las lavas ese mismo *(same)* día?
6. ¿Tu casa tiene sótano? ¿Tiene cuarto de lavar? ¿Tiene garaje para dos coches *(cars)* o para tres coches?
7. ¿Algunos de tus parientes viven en otras ciudades? ¿Vas a visitarlos? ¿Ellos te visitan?
8. Cuando tocan a la puerta, ¿tú miras por la ventana antes de abrirla?

39. Una actividad especial para toda la clase

Los quehaceres de la casa Students will play the roles of brothers and sisters who have to do chores.

Step 1: The class is divided into groups of three or four, and each group decides who is going to do what. You offer to do something by saying **Yo voy a...** or **Yo puedo....** To tell others what they have to do, say **Tú tienes que....** Refuse to do something by saying **Yo no quiero....** Make sure all the housework is done. Decide also who is going to do the shopping.

Step 2: One of the students in each group shares some information about the members' decisions. He/She may accuse one of his/her brothers or sisters of not wanting to do anything.

Un poema para memorizar

CD1-38

Los suspiros° son aire, y van al aire. — *sighs*
Las lágrimas° son agua y van al mar° — *tears / sea*
Dime°, mujer: cuando el amor se olvida° — *Tell me / se... is forgotten*
¿Sabes tú adónde va?

Gustavo Adolfo Bécquer (España), "Rima XXXVIII."

1. ¿Qué son los suspiros? ¿ Adónde van?
2. ¿Qué son las lágrimas? ¿Adónde van?
3. ¿Qué le pregunta el poeta a la mujer?

¡Vamos a leer!

Antes de leer

ESTRATEGIA **Skimming** When skimming, you look over a text quickly to get the gist or general idea of its content. Scanning is a similar technique often used along with skimming; however, when scanning, you look for very specific information. For example, you might scan a TV listing to locate a basketball game you know is on.

40. La receta You will be reading a recipe for **flan,** one of the most popular desserts in the Spanish-speaking world. Imagine that you have promised to make a dessert for dinner at a friend's. You don't have a lot of time so you first skim the recipe to decide whether it's relatively easy and quick to make.

1. ¿Hay muchos o pocos ingredientes? ¿Son fáciles o difíciles de encontrar?
2. ¿Cuánto tiempo tiene que estar en el horno *(oven)*?
3. ¿Vas a preparar un flan? ¿Por qué sí o por qué no?

¡A leer!

Sección de cocina

Flan casero

Ingredientes:

1 taza de azúcar
4 huevos
2 latas de leche evaporada
1 cucharadita *(tsp)* de esencia de vainilla *(vanilla extract)*
caramelo líquido

© Marcelo Krelling/Shutterstock.com

Preparación:

1. Poner[1] los huevos en un bol. Agregar el azúcar y revolver con una cuchara de madera.
2. Agregar la leche lentamente. Agregar la esencia de vainilla.
3. Para hacer el caramelo, poner azúcar y un poco de agua en el fuego. Cuando la mezcla tenga color dorado, sacarla del fuego.
4. Poner el caramelo líquido en el molde y, cuando ya está frío, poner la preparación.
5. Cocinar en el horno a baño María *(double boiler)* a 350° por una hora.
6. Ya que esté tibio, ponerlo en el refrigerador.
7. Servirlo frío, solo o con crema.

[1]In Spanish the infinitive is often used as a command to give instructions or directions.

41. Comprensión As you read the recipe, find the answers to the following questions.

1. ¿Cuáles son los ingredientes del flan?
2. ¿Qué hacemos con el azúcar *(sugar)* para hacer el caramelo? ¿Qué color va a tener el azúcar?
3. Después de batir los huevos, ¿qué agregamos *(add)*?
4. ¿Cómo debemos cocinar el flan? ¿a qué temperatura y por cuánto tiempo?
5. ¿Qué debemos hacer después de sacarlo del horno?
6. ¿Qué podemos hacer antes de servirlo?

Después de leer… desde su mundo

42. ¿Te gusta… ? In groups of three or four, find out who likes to cook and what types of food your classmates like to make. Do they have a favorite recipe?

¡Vamos a escribir!

Antes de escribir

ESTRATEGIA **Sequencing steps for a recipe** When following a recipe, the preparation process generally requires a precise order of steps. The sequence of a well-written recipe can save preparation time as well as ensure a tasty final result. Here are some sequencing words you can use: **primero, luego, después, finalmente.**

43. Tu receta favorita You will be sharing with the class how you make one of your favorite dishes. First, make a list of the steps to follow in the order in which they should be completed. With the help of a bilingual dictionary, look up only the words you absolutely need. Here are some verbs commonly used in recipes.

agregar to add	**revolver (o:ue)** to mix	**freír**[1] to fry
batir to beat	**cocinar** to cook	**hervir (e:ie)** to boil

¡A escribir!

44. Receta Write your **primer borrador** of the recipe, using the **flan** recipe as a model and being sure to sequence the steps carefully.

Después de escribir

45. Mi receta Before writing the final version, exchange your first draft with a classmate and peer edit each other's work using the following guidelines.

- use of infinitives in cooking instructions
- subject-verb agreement
- clear and logical sequence of steps

46. Del libro de cocina de… ¡la clase de español! Prepare a cookbook with the recipes from the entire class. You might want to confer as a class to set aside a day or an evening to gather socially and cook recipes from your class cookbook! Take the opportunity to mingle and chat in Spanish.

[1]**Present indicative: frío, fríes, fríe, freímos, freís, fríen**

AUTOPRUEBA

¿Cuánto sé ahora?

Take this test. When you have finished, check your answers in the answer key provided in Appendix D. Then use a red pen to correct any mistakes you may have made. Are you ready?

A. Demonstrative adjectives and pronouns Complete the following sentences, using the appropriate demonstrative adjectives and pronouns.

1. Yo necesito ________ escritorio, ________ silla y ________ mapas. *(this / this / those)*
2. ________ señor es el profesor de inglés y ________ chicas son sus estudiantes. *(That over there / those over there)*
3. Ellas estudian tres horas por día. ________ es muy importante. *(That)*

B. Present indicative of *e:i* stem-changing verbs Complete the following sentences, using the present indicative of the verbs in the list, as needed.

decir (2)	servir (2)	seguir	pedir	conseguir

1. Juan está en Nicaragua pero Estrella ________ en Honduras.
2. Yo siempre ________ que mi sobrina Susana es la favorita de sus abuelos, pero ella ________ que eso no es verdad.
3. Nosotros ________ el postre y la criada ________ el café.
4. Yo generalmente ________ carne buena.
5. ¿Qué ________ Uds. cuando van a un restaurante mexicano?

C. Affirmative and negative expressions Answer the following questions in the negative.

1. ¿Tú sacudes los muebles todos los días?
2. ¿Uds. lavan o doblan la ropa?
3. ¿Hay algunas sábanas en el armario *(closet)*?
4. ¿Hay alguien en el cuarto de huéspedes?

D. Verbs with irregular first-person forms Complete the following sentences, using the present indicative of the verbs in the list, as needed.

traducir	hacer	conocer	saber	salir
poner	caber	ver	traer	conducir

1. Yo ____________ un Ford, modelo 2008.
2. Yo no ____________ dónde está la agencia de empleos.
3. Yo no ____________ en este taxi. ¡Hay ocho personas!
4. Yo siempre ____________ de mi casa a las siete de la mañana.
5. Yo ____________ las lecciones del inglés al portugués.
6. Yo no ____________ mi camisa. ¿Dónde está?
7. Yo no ____________ las compras los sábados.
8. Yo nunca ____________ las sillas aquí.
9. Yo no ____________ Honduras.
10. Yo ____________ la carne para la cena.

E. *Saber* vs. *conocer* Form sentences, using **saber** and/or **conocer**.

1. Ellos / que nosotros / somos hermanos, / pero no / a mi hermana.
2. Yo / al cuñado / de María, / pero no / dónde vive.

3. James / Buenos Aires / pero no / hablar español.
4. Mis primos no / bailar salsa.

F. Direct object pronouns Answer the following questions in the affirmative. Substitute direct object pronouns for the direct objects.

1. ¿Tú conoces a la cuñada de Amalia?
2. ¿Tus tíos saben tu número de teléfono?
3. ¿Sus abuelos los llevan a Uds. al teatro?
4. ¿Tus primos te llaman por teléfono?
5. ¿Tú puedes llevarme a la parada de autobuses?
6. ¿Tú escondes las revistas en tu cuarto?
7. ¿Tú lavas los platos?
8. ¿Uds. sacan la basura todos los días?

G. Just words . . . Complete the following, using vocabulary from Lesson 6.

1. Yo voy a pasar la ________, Ana va a ________ los muebles, Julio va a cortar el ________ y mamá va a doblar la ________.
2. Tocan a la puerta; voy a ________. Yo no ________ quién es.
3. Voy a barrer. ¿Dónde está la ________? Elena va a arreglar el cuarto de ________.
4. ¿Tu prima está en el comedor o en la ________ de estar? ¿Tú crees que ella puede ________ las camisas de Tito?
5. ¿Tú vas a ir en autobús o vas a tomar un ________? ¿Vas a llamar a la ________ de empleos?
6. Yo ________ de mi casa a las siete y vuelvo a las once.
7. Raúl es mi ________; es el hermano de mi esposo.
8. Tengo un ________ de revistas en español. Muchas tienen ________ muy interesantes que yo quiero leer.
9. Ana ________ que Carlos no es inteligente, pero yo no estoy de ________.
10. ¿Uds. comen en la ________ o en el comedor? ¿Tu casa tiene ________ de lavar?

H. Culture

1. Complete the following sentences, based on information found in the **¿Tú lo sabías?** sections.
   a. Actualmente, muchos hombres hispanos, especialmente los más jóvenes, comparten *(share)* con su esposa con los ________ de la casa.
   b. En la mayoría de los países de habla hispana, cuando una mujer se casa, retiene su apellido de ________.
2. Answer the following questions, based on the information found in the **El mundo hispánico y tú** section.
   a. ¿Cuál es la capital de Honduras? ________
   b. ¿En qué se basa la economía de Nicaragua? ________

I. Un dicho Do you remember the Spanish saying that states that it is better to do things later than never? Find it in this lesson.

LECCIÓN 7

EN UN HOTEL

Un hotel de cinco estrellas con piscina

iStock/Getty Images

OBJETIVOS COMUNICATIVOS

You will learn vocabulary related to checking in at a hotel and asking about accommodations and tourism.

SITUACIONES

De vacaciones en Costa Rica

ESTRUCTURAS

1. Indirect object pronouns
2. Constructions with **gustar**
3. Time expressions with **hacer**
4. Preterite of regular verbs
5. Ordinal numbers

ASÍ SOMOS

¡Vamos a ver!
Watching and understanding situations

¡Vamos a escuchar!
Listening to authentic language

¡Vamos a conversar!
Simplifying ideas through paraphrasing

Rincón literario
Using prior knowledge to guess the meaning of new vocabulary

La liebre y la tortuga by Esopo

¡Vamos a escribir!
Sequencing steps for writing a didactic story

EL MUNDO HISPÁNICO Y TÚ

› Costa Rica

› Panamá

AUTOPRUEBA

You will review what you learned in this lesson.

Robert Kneschke/Shutterstock.com

COSTA RICA, llamada "la Suiza de Centroamérica" por su estabilidad política, es una nación progresista y democrática. El país no tiene ejército *(army)*; la educación es obligatoria y gratuita *(free)* y el analfabetismo casi no existe. La mayoría de los ticos (como se les llama a los costarricenses) es de origen español.

PANAMÁ está situada en el istmo que une Norteamérica con Sudamérica. Panamá fue *(was)* una provincia de Colombia hasta 1903 y, por lo tanto *(therefore)*, es la república hispanoamericana de más reciente creación.

SITUACIONES

De vacaciones en Costa Rica

CD2-2

¡Ubíquelas!

Delia and Sara are staying in a hotel in San José while they visit Costa Rica. Watching the video will give you a preview of the places the girls can visit.

Nicolas McComber/iStockphoto.com

La semana pasada, Delia y Sara, dos chicas panameñas, decidieron pasar sus vacaciones juntas. Ahora están en un hotel de Costa Rica, hablando con un empleado.

EMPLEADO: *(A Delia)* ¿En qué puedo servirle, señorita?

DELIA: Buenos días. Mi amiga y yo tenemos reservación para una habitación doble. Yo llamé ayer para confirmarla. La reservación está a nombre de Delia Villalobos.

EMPLEADO: A ver... Sí, Delia Villalobos. Su habitación está en el cuarto piso, señorita. El botones puede llevar sus maletas al cuarto.

SARA: No, no es necesario. No tenemos mucho equipaje.

DELIA: ¿Los cuartos tienen televisor? ¿Aire acondicionado? Y... ¿tienen servicio de Internet?

EMPLEADO: Sí, señorita. ¡Ah! Tiene que dejarnos el número de su tarjeta de crédito. *(Le da la llave del cuarto.)* Tienen que dejarla en la recepción si salen del hotel.

SARA: Gracias. ¿Dónde está el ascensor?

EMPLEADO: A la derecha, señorita. Al lado de la tienda de regalos.

En el cuarto

DELIA: El hotel tiene servicio de habitación. ¿Por qué no almorzamos aquí? Yo no comí nada esta mañana y estoy muerta de hambre...

SARA: ¡Ay, no! ¿Por qué no vamos al restaurante del hotel? Después quiero mandarles una tarjeta postal a mis padres. Y el hotel tiene piscina. Podemos nadar un rato...

DELIA: Sara, te prometo que mañana voy a caminar y correr... Voy a hacer ejercicio... Pero hoy quiero comer, mirar la película que pasan en el canal cinco y tomar una siesta. ¡Vamos, Sara! Hace mucho tiempo que no tomo una siesta. ¡Y el colchón es muy cómodo!

SARA: No me gusta dormir cuando estoy de vacaciones. Esta noche, después de cenar, podemos mirar las noticias, y después…

DELIA: ¡Está bien! Vamos al restaurante.

Delia y Sara caminan hacia el restaurante y ven a un grupo de muchachos muy guapos cerca de la piscina.

DELIA: Sara... ¡Tengo una idea brillante! ¿Por qué no nadamos un rato después de almorzar? ¡Tenemos que usar la piscina!

SARA: Pero... ¿No estás cansada? ¿No quieres dormir?

DELIA: ¡Ya dormimos anoche! Y tú descansaste anteayer, antes del viaje… Y mañana vamos a ir al jardín Lankester y al parque Braulio Carrillo.

SARA: ¿Solas… ?

DELIA: O quizás con algunos nuevos amigos…

LEARNING TIP

Take advantage of any opportunity you may have to interact in conversation with a native Spanish speaker.

¿Tú lo sabías?

En muchos países hispanos, especialmente en los pueblos pequeños, hay hoteles donde las habitaciones no tienen baño privado. Generalmente tienen uno o dos baños por piso.

› **¿Cuál es la situación en los *bed and breakfasts* de este país?**

1. Hablemos. With a classmate, take turns asking and answering the following questions. Base your answers on the dialogue and on your own circumstances.

En el diálogo

1. ¿Dónde están de vacaciones Delia y Sara?
2. ¿En qué piso está la habitación de las chicas?
3. ¿Las chicas tienen mucho equipaje?
4. ¿Los cuartos del hotel tienen servicio de Internet?
5. ¿Qué quiere mandarles Sara a sus padres?
6. ¿Qué quiere hacer Sara en el hotel?
7. ¿Qué quiere mirar Delia?
8. ¿Cómo es el colchón de Delia?
9. ¿Dónde van a comer Delia y Sara?
10. ¿Qué no le gusta hacer a Sara cuando está de vacaciones?

¿Y tú?

1. ¿Adónde vas tú de vacaciones?
2. En un hotel, ¿en qué piso prefieres tener tu habitación?
3. ¿Tú viajas con mucho equipaje?
4. ¿Tú tienes Internet en tu casa?
5. ¿A quiénes les mandas tú tarjetas postales?
6. ¿Tu casa tiene piscina? ¿Tú sabes nadar?
7. ¿Tú prefieres mirar las noticias o ver una película?
8. ¿Cómo es tu colchón?, ¿cómodo o incómodo?
9. En un hotel, ¿tú comes en tu habitación o en el restaurante del hotel?
10. ¿Qué te gusta hacer a ti cuando estás de vacaciones?

VOCABULARIO

En el diálogo

Cognados

brillante	*brilliant*
doble	*double*
el grupo	*group*
necesario(a)	*necessary*
panameño(a)	*Panamanian*
la reservación, la reserva	*reservation*
el servicio	*service*

Nombres

el aire acondicionado	*air conditioner*
el botones	*bellhop*
el canal	*channel*
el colchón	*mattress*
el (la) empleado(a)	*clerk, employee*
el equipaje	*luggage*
el (la) Internet, la Red	*internet, World Wide Web*
el jardín	*garden*
la llave	*key*
la maleta, la valija	*suitcase*
la noticia	*piece of news*
la película	*movie, film*
la piscina, la alberca *(Méx.)*	*swimming pool*
el piso	*floor*
la recepción	*front desk, reception desk*
el servicio de habitación (cuarto)	*room service*
la siesta	*nap*
la tarjeta de crédito[1]	*credit card*
_____ postal	*post card*
el televisor	*TV set*
la tienda	*shop*
____ de regalos	*gift shop*

Verbos

caminar	*to walk*
confirmar	*to confirm*
descansar	*to rest*
gustar	*to like, to be pleasing to*
mandar, enviar	*to send*
nadar	*to swim*
prometer	*to promise*

[1] tarjeta de débito *debit card*

Adjetivos

cómodo(a)	*comfortable*
cuarto(a)	*fourth*
juntos(as)	*together*
pasado(a)	*last*

Otras palabras y expresiones

a la derecha[2]	*to the right*
a nombre de	*under the name of*
al lado de	*next to*
anoche	*last night*
anteayer	*the day before yesterday*
antes (de)	*before*
ayer	*yesterday*
cerca (de)	*near*
¿En qué puedo servirle?	*How may I help you?*
Hace mucho tiempo que no tomo (duermo) una siesta.	*I haven't taken a nap for a long time.*
hacer ejercicio	*to exercise*
hacia	*towards*
mucho tiempo	*a long time*
pasar (dar) una película	*to show a movie*
quizá(s)	*perhaps*
¡Vamos!	*Come on!*

Westend61/Getty Images

El botones lleva a los turistas a la habitación. ¿El botones está ayudando a los turistas con las maletas? Cuando vas a un hotel, ¿el botones te ayuda con las maletas?

[2] a la izquierda *to the left*

Más sobre el tema

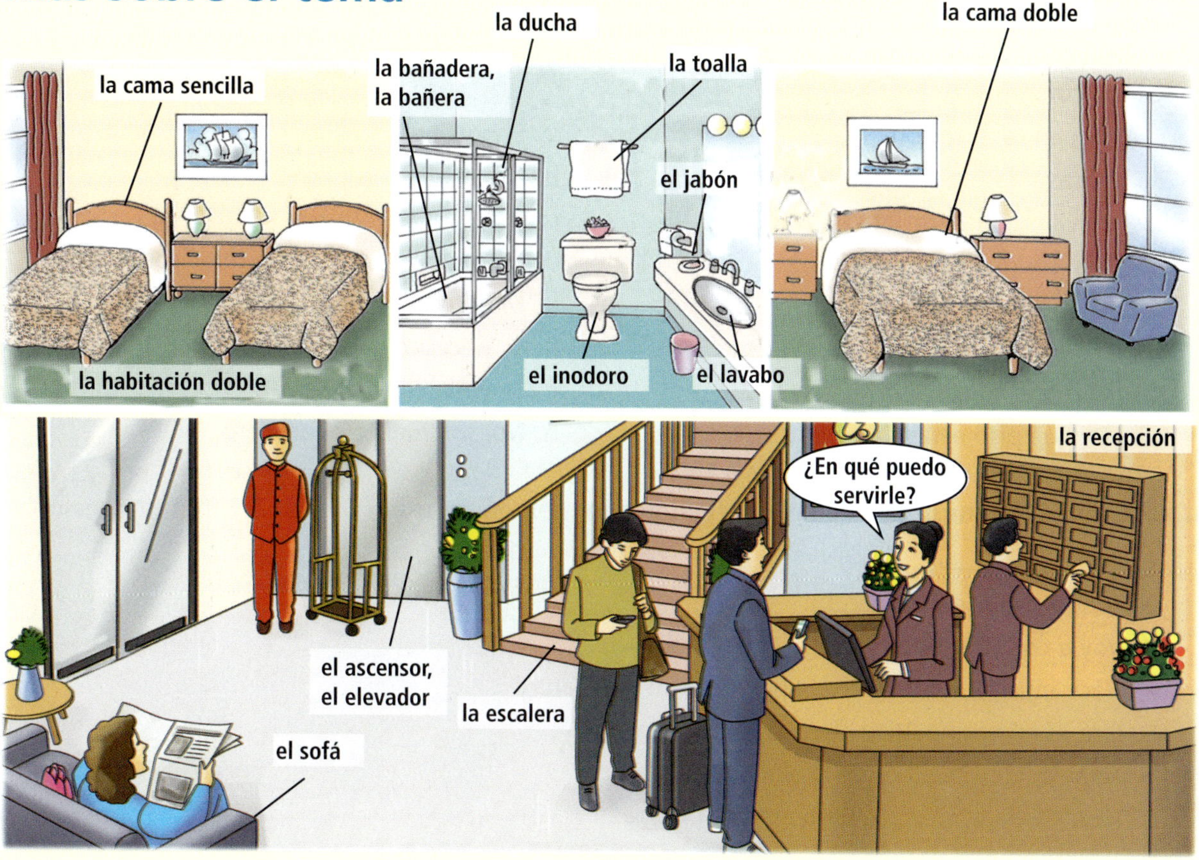

Las comidas

el desayuno	*breakfast*
el almuerzo	*lunch*
la merienda	*afternoon snack*
la cena	*dinner, supper*

Para hablar de turismo

¿A cómo está el cambio de moneda?	*What is the rate of exchange?*
la aduana	*customs*
cancelar	*to cancel*
con vista a	*overlooking*
el consulado	*consulate*
desocupar el cuarto	*to vacate the room*
la embajada	*embassy*
la escalera mecánica	*escalator*
la habitación sencilla	*single room*
libre	*vacant*
la lista de espera	*waiting list*
el mar	*sea*
el pasaporte	*passport*
pasar por la aduana	*to go through customs*
la pensión	*boarding house*
viajar	*to travel*

¿Tú lo sabías?

En los países de habla hispana, el desayuno consiste en una taza de café con leche y pan con mantequilla.

› **Generalmente, ¿qué desayuna la gente en este país cuando está en un hotel?**

Práctica

2. Preguntas y respuestas Match the questions in the first column with the answers in the second column.

1. ¿Tienen reservación? ________
2. ¿Miraste las noticias? ________
3. ¿Le vas a dar la tarjeta de crédito? ________
4. ¿Vas a tomar una siesta? ________
5. ¿Vas a tomar un taxi? ________
6. ¿Quién lleva las maletas? ________
7. ¿Cómo es tu colchón? ________
8. ¿En qué piso estás? ________

a. El botones.
b. No, prefiero caminar.
c. En el cuarto.
d. No, mi cuarto no tiene televisor.
e. Muy cómodo.
f. Sí, necesito decansar.
g. Sí, yo la confirmé ayer.
h. No, solamente el número.

3. Oraciones incompletas Complete the following sentences, using vocabulary from this lesson.

1. ¿En qué ________ servirle, señor?
2. Tengo una idea ________.
3. Voy a comprar dos ________ postales.
4. Hace mucho ________ que no veo a mi hermana.
5. Elsa es mi vecina. Vive al ________ de mi casa.
6. Ana es ________; es de la ciudad de Panamá.
7. Necesito la ________ para abrir la puerta.
8. ¿Quieres comer algo? ¡________! Yo sé que tienes hambre.
9. ¿A ________ de quién está la reservación?
10. La recepción está a la derecha, ________ de la escalera.

Para conversar

4. Habla con tu compañero(a). With a classmate, take turns asking and answering these questions.

1. ¿Tienes una cama sencilla o una cama doble en tu cuarto?
2. ¿Prefieres usar la ducha o la bañadera? ¿Tienes que limpiar el inodoro y el lavabo a veces?
3. ¿Cuántas toallas hay en tu baño? ¿Qué jabón usas tú?
4. ¿A qué hora sirven el desayuno en tu casa? ¿Y el almuerzo? ¿Y la cena? ¿Tú tomas la merienda?
5. ¿Prefieres usar el ascensor, la escalera mecánica o la escalera?
6. En un hotel, ¿prefieres una habitación con vista al mar o a la montaña?
7. Generalmente, ¿a qué hora desocupas el cuarto cuando estás en un hotel?
8. Cuando viajas, ¿prefieres estar en un hotel o en una pensión?
9. Si no hay cuartos libres en tu hotel favorito, ¿pones tu nombre en la lista de espera?
10. Si vuelves de un país extranjero, ¿tienes que pasar por la aduana?

5. **¿En qué puedo servirle?** With a classmate, take turns playing the part of a hotel employee and a customer who wants to find out about specific accommodations that the hotel has to offer. The employee's answers will determine what kind of hotel it is.

Modelo —*Buenas tardes. Quiero una habitación sencilla.*
—*No tenemos habitaciones sencillas. Todas son dobles y muy cómodas.*

6. **Quejas** *(Complaints)* With classmates, play the roles of two guests and the concierge. The guests complain about everything when staying at a hotel. Discuss everything that you find wrong with the place and the service.

Modelo —*No hay agua caliente. Tampoco hay suficientes toallas en el baño.*
—*Lo siento. Voy a darles otra habitación.*

¿Tú lo sabías?

La moneda *(currency)* que utilizan con más frecuencia los latinoamericanos cuando viajan fuera de su país es el dólar estadounidense, porque es fácil cambiar dólares en la mayoría de los bancos principales.

› **¿Se puede cambiar dinero de otros países en los bancos de este país?**

Pronunciación

CD2-3

A. The Spanish *ll*

In most countries, the Spanish **ll** has a sound similar to the *y* in the English word *yes*. Listen to your instructor and repeat the following sentences.

Me llamo Raúl Allende.

Ellos llevan las llaves.

El Dr. Llanes vive en la calle Portillo.

Las llamas llegaron del Callao.

CD2-4

B. The Spanish *ñ*

The Spanish **ñ** is similar to the *ny* in the English word *canyon*. Listen to your instructor and repeat the following sentences.

El señor Saldaña está en España.

La señorita Núñez viene mañana.

La señora Peña tiene treinta años.

La niña sueña con ir a la montaña.

¿Tú lo sabías?

Al seleccionar un hotel en Latinoamérica, hay que tener en cuenta *(keep in mind)* que los precios que dan no incluyen los impuestos *(taxes)* que, en la mayoría de los países, son muy altos.

› **En este país, los precios que dan los hoteles ¿incluyen los impuestos?**

ESTRUCTURAS

1 Indirect object pronouns *(Pronombres usados como complemento indirecto)*

› In addition to a subject and a direct object, a sentence may have an indirect object.

Él **te** da **el libro.**	*He gives you the book.*
I.O. D.O.	I.O. D.O.

› An indirect object describes *to whom* or *for whom* an action is done. An indirect object pronoun can be used in place of an indirect object. In Spanish, the indirect object pronoun includes the meaning *to* or *for*: **Yo *les* mando los libros (a los estudiantes).**

› The forms of the indirect object pronouns are as follows. Notice that the indirect object pronouns are the same as the direct object pronouns, except in the third person.

Singular		**Plural**	
me	*(to, for) me*	**nos**	*(to, for) us*
te	*(to, for) you* (fam.)	**os**	*(to, for) you* (fam.)
le	*(to, for) you* (form.) *(to, for) him* *(to, for) her*	**les**	*(to, for) you* (form.) *(to, for) them* (masc., fem.)

› Indirect object pronouns are usually placed in front of the conjugated verb.

—¿Qué **te** está diciendo el empleado?	*What is the employee saying to you?*
—Que puedo pagar con dólares.	*That I can pay with dollars.*
—¿En qué idioma **les** hablan sus padres a ustedes?	*In what language do your parents speak to you?*
—Ellos **nos** hablan en español.	*They speak to us in Spanish.*

› In sentences with a conjugated verb followed by an infinitive, the indirect object pronoun may either be placed in front of the conjugated verb or be attached to the infinitive.

Le quiero dar dinero.
Quiero dar**le** dinero.
I want to give him money.

› When used in sentences with the present progressive, an indirect object pronoun may either be placed in front of the conjugated verb or be attached to the present participle.

Nos está diciendo que viene hoy.
Está diciéndo**nos**[1] que viene hoy.
He is telling us that he is coming today.

[1]When an indirect object pronoun is attached to a **gerundio**, an accent mark is added to maintain the correct stress.

¡Atención! The indirect object pronouns **le** and **les** sometimes require clarification when the person to whom they refer is not specified. Spanish provides clarification (or emphasis) by using the preposition **a** + *personal pronoun* or *noun*.

Le doy el pasaje.	*I am giving the ticket . . .* (to him? to her? to you?)
but: **Le** doy el pasaje **a ella.**	*I am giving the ticket to her.*

Note, however, that the prepositional phrase is optional, while the indirect object pronoun must always be used.

Le traigo un libro a **Roberto.**	*I am bringing a book to Roberto.*
¿**Les** vas a dar el dinero **a ellas?**	*Are you going to give the money to them?*

LEARNING TIP
Remember that pronouns refer to something already mentioned.

Práctica

7. Comentarios You are at a hotel, waiting for a friend to arrive, and you overhear some people making the following comments. Complete their sentences with the appropriate indirect object pronouns.

1. ________ dan las llaves. (a nosotros)
2. ________ doy el equipaje. (a ellos)
3. ________ doy la maleta. (a él)
4. ________ doy las tarjetas postales. (a ella)
5. ________ traigo el teléfono inteligente. (a Uds.)
6. ________ piden el pasaporte. (a ella)
7. ________ traigo la valija. (a ti)
8. ________ traen el periódico. (a él)
9. ________ decimos gracias. (a ellos)
10. ________ dan las bebidas. (a mí)

8. Minidiálogos Add the appropriate indirect object pronouns to the following exchanges, and then act them out with a classmate.

1. —¿Qué ________ va a traer el botones a Uds.?
   ________ va a traer el equipaje.
2. —¿Qué ________ compras a tu mamá para su cumpleaños?
   —Voy a comprar ________ un televisor.
3. —¿Qué tienes que decir ________ al empleado?
   ________ tengo que decir que necesito la llave de mi cuarto.
4. —¿Quién ________ va a comprar el teléfono inteligente? ¿Y la computadora?
   —Mi hermano ________ va a comprar el teléfono inteligente y Aba ________ va a comprar la computadora.
5. —¿Quién ________ sirve el desayuno a Rosa y a ti?
   —El camarero ________ sirve el desayuno y el almuerzo.

9. ¿Qué van a hacer? With a classmate, take turns asking each other what the people depicted here are doing or are going to do. Remember to use the appropriate indirect object pronouns in your questions and answers.

1. dar

2. dar

3. dar

4. dar

5. traer

6. traer

10. ¿Qué necesitan? The following people are going on a trip and need certain items. Say who is going to give, bring, or buy the things they need.

Modelo Óscar necesita un mapa. *El papá de Óscar le va a traer (comprar, dar) el mapa.*

tu mamá	el amigo de...	mi hermano	el novio de...
nuestros amigos	el papá de...	la abuela de...	su esposo(a)
los chicos			

1. Yo necesito una tarjeta de crédito.
2. Teresa necesita el pasaporte.
3. Tú necesitas dos maletas.
4. Raúl y yo necesitamos cien dólares.
5. Alicia necesita un abrigo.
6. Nosotros necesitamos dinero para comprar los pasajes.
7. María necesita hacer una reservación en el hotel.
8. Ellos necesitan una maleta.

Para conversar

11. ¡Habla con tu compañero(a)! You are going on a trip to Panamá to visit your aunt and uncle. Discuss with a classmate what you are doing now and what you are going to do once you get there. Answer the questions in complete sentences.

1. ¿Les estás escribiendo a tus tíos de Panamá?
2. ¿Qué les estás diciendo?
3. ¿Qué les vas a llevar a tus tíos?
4. ¿Tu papá te va a dar su teléfono inteligente?
5. ¿Nos vas a escribir desde *(from)* Panamá?
6. ¿Me vas a dejar la llave de tu casa?
7. ¿Qué les vas a traer a tus padres?
8. ¿Qué me vas a traer a mí?

12. De Costa Rica You and your classmate are going on a trip to Costa Rica. Ask each other what you are going to bring people as gifts. Add five more persons or groups of people that will receive your gifts.

1. a tu mamá
2. a tus hermanos
3. a tu mejor amigo(a)
4. a tus compañeros de clase
5. a tus tíos favoritos

2 Constructions with *gustar* (*Construcciones con* ***gustar***)

› The verb **gustar** means *to like* (literally, *to be pleasing to*). **Gustar** is always used with an indirect object pronoun (**me** in the following example).

Me gusta tu casa. — *I like your house.*
I.O. V. S. — S. V. D.O.
Your house is pleasing to me.
S. V. I.O.

› The two most commonly used forms of **gustar** are the third-person singular form, **gusta,** used if the subject is singular or if **gustar** is followed by one or more infinitives; and the third-person plural form, **gustan,** used if the subject is plural.

Indirect object pronouns

Me / Te / Le / Nos / Os / Les

gusta — esta ciudad. / viajar en el verano. / cantar y bailar.

gustan — estas maletas.

› Note that the verb **gustar** agrees with the *subject* of the sentence—that is, with the person or thing being liked.

Me gusta **Lima.**	*I like Lima.*
No me gustan es**as maletas.**	*I don't like those suitcases.*

¡Atención! When what is liked is an activity, **gustar** is followed by the infinitive.

Me gusta **ir** al cine.	*I like to go to the movies.*

› The person who does the liking is the indirect object.

Me gustan los hoteles de esta ciudad.
I.O.

—¿**Te** gusta Panamá?	*Do you like Panama?*
—Sí, **me** gusta **mucho** Panamá, pero **me** gusta **más** Guatemala.	*Yes, I like Panama very much, but I like Guatemala better.*
—A Eva **le** gusta México y **a nosotros nos** gusta Costa Rica.	*Eva likes Mexico and we like Costa Rica.*

¡Atención! Note that the words **mucho** and **más** *(better)* immediately follow **gustar.**

› The preposition **a** + *noun* or *pronoun* may be used to emphasize or specify the name of the person referred to by the indirect object pronoun.

A Eva (A ella) le gusta nadar y **a mí** me gusta bailar.	*Eva (She) likes to swim and I like to dance.*

LEARNING TIP

The construction with **gustar** is one of the cases in which Spanish expresses something in a way quite different from English. This structure will require some understanding on its own terms.

Spanish: **Me gusta...** *(. . . appeals to me)*

Práctica

13. Entrevista a tu compañero(a). You have used certain constructions with **gustar (me gusta, te gusta).** To review, get together with a classmate and ask each other whether or not you like the following things.

1. tomar el ascensor (usar la escalera mecánica)
2. mirar la televisión (ir al cine)
3. leer un periódico (leer una revista)
4. nadar en la piscina (correr)
5. dormir la siesta (hacer ejercicio)
6. comer en tu habitación (ir a un restaurante)
7. ir a la tienda de regalos (ir al parque)

If you address someone as **usted, le** is used instead of **te.** Now choose questions from the list above to ask your instructor.

14. ¿Qué nos gusta más? Rewrite the following sentences, using constructions with **gustar más.**

Modelo Ellos prefieren comer en la habitación.
A ellos les gusta más comer en la habitación.

1. Nosotros preferimos una habitación con vista al mar.
2. ¿Ud. prefiere usar el ascensor o la escalera mecánica?
3. Graciela prefiere un cuarto con aire acondicionado.
4. ¿Tú prefieres estar de vacaciones con un grupo de amigos?
5. ¿Uds. prefieren mirar las noticias o ver una película?
6. Yo prefiero tomar una siesta antes de cenar.
7. Mis padres prefieren las ciudades grandes.
8. Las chicas prefieren bailar salsa.
9. ¿Ud. prefiere pagar con tarjeta de crédito?
10. Yo prefiero las películas españolas.

15. Los fines de semana Interview a classmate to find out what the following members of his or her family like and don't like to do on weekends. When you have finished, switch roles.

Modelo *—A tu hermana, ¿qué le gusta hacer? ¿Qué no le gusta hacer?*
—A mi hermana le gusta mucho ir a bailar. No le gusta trabajar.

1. a ti
2. a tus hermanos
3. a tu padre
4. a Uds.
5. a tus primos
6. a tu mamá

16. **¿Nos gusta o no?** Look at the illustrations below and say what these people like (or don't like) and what they like (or don't like) to do.

Modelo

A Juan le gusta leer.

Juan

Inés

1. ______________________

Jorge

Mario

2. ______________________

Yo

3. ______________________

Nosotras

4. ______________________

Tú

5. ______________________

Ud.

6. ______________________

Para conversar

17. ¡Habla con tu compañero(a)! Interview a classmate, using the following questions. When you have finished, switch roles.

1. ¿Dónde te gusta pasar tus vacaciones?, ¿en la playa o en la montaña?
2. ¿Te gustan más las ciudades grandes o las ciudades pequeñas?
3. ¿Te gusta vivir cerca de una playa?
4. ¿Te gusta más ir a un museo o a un parque de diversiones?
5. ¿Qué les gusta hacer a tus amigos los fines de semana?
6. A ti y a tus padres ¿les gusta viajar juntos?
7. ¿A tu mejor amiga le gustan las canciones de Enrique Iglesias?
8. ¿Qué estación del año te gusta más? ¿Por qué?
9. ¿Qué día de la semana te gusta más? ¿Por qué?
10. ¿Qué te gusta hacer cuando llueve? ¿Qué no te gusta hacer?

18. ¿Y a usted? With a classmate, prepare four questions to ask your instructor about his or her likes and dislikes. Ask him/her formal questions **(usted)** and write his/her answers.

19. Para comparar Compare your likes and dislikes with those of two classmates and their relatives. Consider your tastes in food, music, weekend activities, classes, and travel.

Modelo *—A mí me gusta la música de Carlos Santana.*
—A mis padres también les gusta Santana. A mí me gusta Green Day.
—A todos nos gusta Green Day. A mí también me gusta la música latina.

3 Time expressions with *hacer* *(Expresiones de tiempo con el verbo **hacer**)*

› English uses the present perfect progressive or the present perfect tense to express how long something has been going on.

*I **have been living** here **for** twenty years.*

› Spanish uses the following construction.

Hace	+	*length of time*	+	**que**	+	*verb* (in the present tense)
Hace		veinte años		que		vivo aquí.

—**¿Cuánto tiempo hace que** Ud. estudia español?	*How long have you been studying Spanish?*
—**Hace** tres meses **que** estudio español.	*I have been studying Spanish for three months.*
—¿Tienes mucha hambre?	*Are you very hungry?*
—¡Sí! **Hace** ocho horas **que** no como.	*Yes! I haven't eaten for eight hours.*

¡Atención! To ask how long something has been going on, use the expression **¿Cuánto tiempo hace que... ?**

LEARNING TIP
Note that just as with some weather expressions **(hace calor, hace frío**, etc.**), hace** is used with time expressions in Spanish **(hace mucho tiempo, hace tres meses**, and so on**)**.

Práctica

20. **¿Cuánto tiempo hace... ?** Tell how long each action depicted below has been going on. Use **hace... que** and the length of time specified.

1. veinte minutos

2. tres años

3. una hora

4. dos horas

5. siete horas

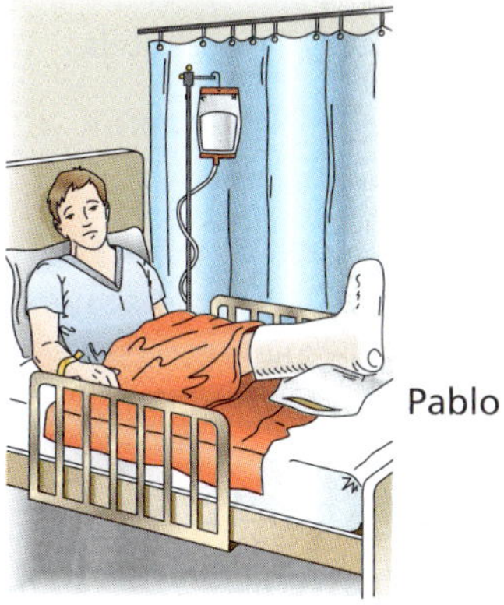

6. quince días

Para conversar

21. **¡Habla con tu compañero(a)!** Interview a classmate, using the following questions, and create five more of your own. When you have finished, switch roles.

Modelo —¿Cuánto tiempo hace que vives en la misma *(same)* casa?
—Hace cinco años que vivo en la misma casa.

1. ¿Cuánto tiempo hace que no tienes vacaciones?
2. ¿Cuánto tiempo hace que no sales en grupo con tus amigos?
3. ¿Cuánto tiempo hace que empezaste a estudiar español?
4. ¿Cuánto tiempo hace que conoces a tu mejor amigo(a)?
5. ¿Cuánto tiempo hace que tienes la licencia para conducir?

22. **Queremos saber...** In groups of three, prepare six questions to ask your instructor, using time expressions with **hacer.** You may want to use the verb **enseñar** *(to teach)* in your questions.

Modelo *—¿Cuánto tiempo hace que enseña español?*

ESTRUCTURAS

4 Preterite of regular verbs *(Pretérito de verbos regulares)*

› Spanish has two simple past tenses: the preterite and the imperfect. (The imperfect tense will be studied in **Lección 10.**) The preterite tense is used to refer to actions or states that the speaker views as completed in the past.

› The preterite of regular verbs is formed as follows. Note that the endings for the **-er** and **-ir** verbs are the same.

-ar verbs	-er verbs	-ir verbs
tomar *to take*	**comer** *to eat*	**escribir** *to write*
tom**é**	com**í**	escrib**í**
tom**aste**	com**iste**	escrib**iste**
tom**ó**	com**ió**	escrib**ió**
tom**amos**	com**imos**	escrib**imos**
tom**asteis**	com**isteis**	escrib**isteis**
tom**aron**	com**ieron**	escrib**ieron**

—¿**Hablaste** con Silvia ayer? *Did you speak with Silvia yesterday?*
—Sí, **comí** con ella en la cafetería. *Yes, I ate with her in the cafeteria.*
—¿Le **escribió** Roberto? *Did Roberto write to her?*
—Sí, **recibió** una tarjeta de él ayer. *Yes, she received a card from him yesterday.*

› The first-person plural of **-ar** and **-ir** verbs is identical to the present tense forms.

—¿A qué hora salieron Uds.? *What time did you leave?*
—**Salimos** de casa a las seis y no **llegamos** hasta las siete. *We left home at six, and we didn't arrive until seven.*

› Verbs ending in **-gar, -car,** and **-zar** change **g** to **gu, c** to **qu,** and **z** to **c** before **-é** in the first-person singular of the preterite: **pagar → pagué; buscar** *(to look for)* **→ busqué; empezar → empecé.**

—¿A qué hora **llegaste** a la pensión? *What time did you arrive at the boarding house?*
—**Llegué** a las ocho y **empecé** a trabajar enseguida. *I arrived at eight, and I started to work right away.*

› Certain **-er** and **-ir** verbs with the stem ending in a vowel change **i** to **y** in the third-person singular and plural endings: **leer → leyó, leyeron; creer → creyó, creyeron.**

Él lo **leyó** en el periódico, pero no lo **creyó.** *He read it in the newspaper, but he didn't believe it.*

› Verbs of the **-ar** and **-er** groups that are stem-changing in the present indicative are regular in the preterite.

Rosa **volvió** a las seis y **cerró** las puertas. *Rosa returned at six o'clock and closed the doors.*

Un dicho
Salió de Guatemala y entró en Guatepeor.
Equivalent: *He went from bad to worse.*

¿Tú lo sabías?

Las pensiones son muy populares en los países de habla hispana. Son más económicas que los hoteles y generalmente el precio incluye el cuarto y las comidas.

› **Los *bed and breakfast* que hay en este país ¿son equivalentes a las pensiones?**

› Spanish has no equivalent for the English word *did* used as an auxiliary verb in questions and negative sentences.

—¿Encontraste el dinero?	*Did you find the money?*
—No lo busqué.	*I didn't look for it.*
—¿Dejaste una buena propina?	*Did you leave a good tip?*
—Sí, dejé el 20 por ciento.	*Yes, I left 20 percent.*

Práctica

23. Minidiálogos Complete the following exchanges, using the verbs given. Then, act them out with a classmate.

1. almorzar (2) pagar (2)
   —¿Dónde ______________ (tú) ayer?
   —______________ en la cafetería con mi hermana.
   —¿Quién ______________ la cuenta?
   —Yo la ______________ con mi tarjeta de crédito.
2. llegar (2) empezar
   —Carmen, ¿a qué hora ______________ (tú) a tu casa anoche?
   —______________ a las cinco y ______________ a estudiar para el examen.
3. llamar (2) invitar
   —¿A quiénes ______________ Uds. anoche?
   —______________ a nuestros padres y ellos nos ______________ a comer en el restaurante.
4. recibir (2) mandar gustar comprar (2)
   —Rosa, ¿______________ el regalo que te ______________?
   —Sí, lo ______________ y me ______________ mucho. ¿Dónde lo ______________?
   —Lo ______________ anteayer en la tienda de regalos del hotel.
5. leer (2) creer (2)
   —¿Dónde ______________ Ud. esas noticias?
   —Las ______________ anoche en el periódico.
   —¿Ud. las ______________?
   —Sí, yo las ______________.
6. encontrar (2) buscar
   —¿Ud. ______________ las tarjetas?
   —No, las ______________ pero no las ______________.
7. prometer
   —¿Qué les ______________ tú a los niños?
   —Les ______________ llevarlos al parque.

24. ¿Qué compraron? With a classmate, ask each other questions about what the people in the word bank purchased and how much each item cost.

Modelo Tú

—*¿Qué compraste tú?*
—*Compré una blusa (blouse).*
—*¿Cuánto te costó?*
—*Me costó cuarenta dólares.*

tú
tu amigo(a)
el (la) profesor(a)
tu tío(a)
yo

1. 

2. 

3. 

4. 

5. 

Para conversar

25. ¡Habla con tu compañero(a)! With a classmate, talk about what you did this morning, yesterday, and last weekend. Focus on routine and extraordinary activities, using regular verbs in the preterite.

Modelo —*¿Qué comiste ayer?*
—*Ayer comí ensalada de papas.*

26. ¿Qué hiciste tú... ? With a classmate, have a conversation about what your family and friends did yesterday using the following verbs.

Modelo —*¿Dónde almorzaste ayer?*
—*Almorcé en la cafetería.*

almorzar	escribir	mirar	trabajar	volver	conversar
cenar	leer	pagar	ver	mandar	bailar
cerrar	llegar	practicar	buscar	salir	beber

5 Ordinal numbers *(Números ordinales)*

primero(a)[1]	*first*	**sexto(a)**	*sixth*
segundo(a)[1]	*second*	**séptimo(a)**	*seventh*
tercero(a)[1]	*third*	**octavo(a)**	*eighth*
cuarto(a)	*fourth*	**noveno(a)**	*ninth*
quinto(a)	*fifth*	**décimo(a)**	*tenth*

› Ordinal numbers agree in gender and number with the nouns they modify.

el segundo **chico** — la segunda **chica**
los primeros **días** — las primeras **semanas**

› Ordinal numbers are seldom used after **décimo** *(tenth)*.

Un dicho
Los últimos serán los primeros.
Equivalent: *The last shall be first.*

[1]abbreviated 1.º, 2.º, 3.º, etc. for masculine forms, and 1.ª, 2.ª, 3.ª, etc. for feminine forms

¡Atención! The ordinal numbers **primero** and **tercero** drop the final **-o** before masculine singular nouns.

el **primer**[1] día	el **tercer**[2] año
—Nosotros estamos en el **segundo** piso, ¿y Uds.?	*We are on the second floor. And you?*
—Estamos en el **tercer** piso.	*We are on the third floor.*

[1]abbreviated 1er [2]abbreviated 3er

Práctica

27. Ordena los números. Match the cardinal numbers in column A with the corresponding ordinal numbers in column B.

A		B	
nueve ____	cuatro ____	a. séptimo	f. octavo
dos ____	ocho ____	b. décimo	g. quinto
cinco ____	tres ____	c. primero	h. segundo
siete ____	seis ____	d. sexto	i. noveno
uno ____	diez ____	e. tercero	j. cuarto

28. ¿Es el primero… ? Complete the following sentences with the appropriate ordinal numbers.

1. Enero es el ________ mes del año y "c" es la ________ letra del abecedario.
2. Febrero es el ________ mes del año y mayo es el ________ mes.
3. En el calendario hispano el miércoles es el ________ día de la semana y el domingo es el ________ día.
4. El Día de Acción de Gracias es el ______ jueves de noviembre.
5. El ______ mes del año es junio y el ______ mes es octubre.

29. Concurso de belleza *(Beauty contest)* In a beauty contest, these are the ten finalists. With a classmate, put their names in order according to the points that they have accumulated.

Modelo *Maribel Fuentes es la primera; Isabel Reyes…*

1. Lucía Ayala:	450 pts.	6. Mireya Vargas:	760 pts.
2. Teresa Peñarol:	560 pts.	7. María Inés Valles:	490 pts.
3. Ana Luisa Peña:	380 pts.	8. Isabel Reyes:	800 pts.
4. Maribel Fuentes:	850 pts.	9. Marcela Vigo:	700 pts.
5. Silvia Torres:	600 pts.	10. Gloria Calderón:	500 pts.

Para conversar

30. ¿En qué piso están? Imagine that the whole class is staying at a 10-story hotel in Costa Rica. Your classmates were assigned rooms on different floors. With a classmate, have a conversation about who is on what floor, where the restaurant is, where the swimming pool is, etc.

Modelo *—¿En qué piso está Karina?*
—Karina está en el segundo piso.

¡Vamos a ver!

Antes de ver el video

31. Preguntas You and a classmate, take turns asking and answering the following questions in complete sentences:

1. Cuando tú reservas una habitación en un hotel, ¿llamas para confirmarla?
2. ¿Prefieres una habitación en el octavo piso o en el primer piso? ¿Por qué?
3. Cuando tú estás en un hotel, ¿quién lleva tu equipaje a tu cuarto, tú o el botones?
4. Cuando sales del hotel, ¿llevas la llave contigo o la dejas en la recepción?
5. Generalmente, ¿hasta qué hora sirven la cena en un restaurante? Si estás en un hotel, ¿tú usas el servicio de habitación?
6. Si tu cuarto está en el tercer piso, ¿usas el ascensor o usas la escalera para hacer ejercicio?
7. Si el hotel tiene piscina, ¿nadas un rato?
8. Cuando tú miras televisión, ¿te gusta más ver las noticias o ver una película?
9. ¿Prefieres ver un drama o una comedia romántica?
10. ¿Tú prefieres mandarles mensajes instantáneos a tus amigos o prefieres mandarles tarjetas postales?

El video: Una familia panameña en Costa Rica

Me llamo Rubén Saldaña. Mi familia y yo necesitamos una habitación para cuatro personas, con dos camas dobles.

Vamos a nuestro cuarto. ¿Dónde está el ascensor? Estoy cansada.

Yo voy a usar la escalera. Necesito hacer ejercicio.

¿Por qué no miras la película con nosotras? Te prometo que te va a gustar. Es una comedia romántica…

Después de ver el video

El empleado

Rubén

Paola

Beatriz

Ariana

32. ¿Quién lo dice? Identify the person who said each of the following in the dialogues.

1. El botones puede llevar las maletas a su cuarto. __________
2. A mí me gusta más mirar las noticias. __________
3. Yo quiero mirar televisión hasta tarde. __________
4. Rubén... ya cenamos... ¡Y tú comiste muchísimo! __________
5. No me gusta la cama. El colchón no es muy cómodo. __________
6. ¿En qué puedo servirle, señor? __________
7. ¿El hotel tiene servicio de habitación? __________
8. Yo necesito mandarle un mensaje instantáneo a Carolina. __________
9. ¿Por qué no miras la película con nosotras? __________
10. Yo voy a usar la escalera. Necesito hacer ejercicio. __________

33. Hablemos. With a classmate, take turns asking and answering the following questions. Base your answers on the dialogue.

1. ¿Dónde están Rubén Saldaña y su familia?
2. ¿Qué pide la familia Saldaña en el hotel?
3. ¿En qué piso está la habitación de la familia Saldaña?
4. ¿A quién quiere mandarle un mensaje instantáneo Paola?
5. ¿Quién lleva las maletas al cuarto?
6. En el hotel, ¿hasta qué hora sirven la cena?
7. ¿Ariana va a usar la escalera o el ascensor? ¿Por qué?
8. ¿Qué quiere hacer Paola en la piscina?
9. ¿Qué dice Paola del colchón?
10. ¿Qué quieren mirar Beatriz y las chicas? ¿Qué quiere mirar Rubén?

34. ¿Qué pasa después... ? You and a classmate, use your imagination to say what the characters do. In Spanish, discuss the following.

1. Whether Paola sends Carolina a message or sends her another postcard, and what she says to her friend.
2. Whether or not they watch the movie on channel 4.
3. Whether Beatriz watches the news with her husband after the movie.
4. Whether or not they go to the Lankester Garden and to the Braulio Carrillo Park and what they do afterward.
5. Whether they go to a restaurant in the evening or whether they use room service. Does Rubén eat a lot?
6. Whether there are other teenagers at the hotel and whether the girls talk to them.

Now compare your statements with those of the members of another group.

¡Vamos a escuchar!

ESTRATEGIA **Listening to authentic language** When listening to authentic programs and commercials, listen as attentively as you can, but don't feel frustated if you don't understand everything. Seek out opportunities to listen to Spanish speakers or Spanish-language television and try to identify what the subject of conversation or discussion is; catch as many words and phrases as you can. With time and continued practice, your comprehension level *will* improve.

CD2-5 **35. Turismo local** You will listen three times to a fragment from a Costa Rican TV program on local tourism.

1. Escuche por primera vez y conteste: ¿De qué trata *(deals with)* este fragmento?
2. Escuche por segunda vez y conteste:
   a. ¿Cuántas habitaciones tiene el hotel?
   b. ¿Dónde está el hotel? ¿Cuántas personas trabajan en el hotel?
   c. ¿Qué tipos de restaurantes hay en la zona?
3. Escuche por tercera vez y conteste: ¿Qué vista *(view)* tienen las habitaciones del hotel?

¡Vamos a conversar!

ESTRATEGIA **Simplifying ideas through paraphrasing** An important skill in conversation is to be able to bring the interaction to a manageable level so you can participate. Paraphrasing and simplifying ideas is one technique that enables you to engage with others in discussion. For instance, when talking with someone, you can demonstrate your understanding of a statement by expressing it in simpler words.

CD2-6 **36. ¿Cómo?** You will hear a series of sentences on familiar topics. Listen and express an approximation of the message of each one. Then compare your responses with those of a classmate to determine whether you've understood the essence of the message.

Modelo *You hear:* Para quienes les gusta la comida internacional hay un gran número de restaurantes en la zona entre los cuales escoger. *Sample paraphrase:* Si te gusta la comida internacional, hay muchos restaurantes aquí que la sirven.

37. ¿Qué dice Ud.? What would you say in the following situations? What might the other person say? Act out the scenes with a classmate. Take turns playing each role.

1. You have just checked into a hotel. You want to know what time they serve breakfast, and whether they have room service.
2. You tell someone that you want to send a postcard to your best friend.
3. You tell a traveling companion that you want to go to your room for a while because they are showing a good movie on channel four.
4. You are checking in at a hotel in Costa Rica. Ask about prices and accommodations. Make sure you get a room with an ocean view.
5. You are a hotel employee and ask a guest what you can do for him/her.
6. You ask the concierge three questions: what time you have to vacate the room, where the American embassy or consulate is, and what the exchange rate is.

38. Para conocernos mejor To do this activity, work with a classmate whom you would like to get to know. Take turns asking each other these questions.

1. Cuando viajas, ¿haces reservaciones para el hotel antes de salir de viaje? ¿Prefieres una habitación interior o con vista a la calle (al mar)? ¿Cuál es tu hotel favorito?
2. ¿Prefieres un cuarto en el segundo piso o en el décimo piso? Si el cuarto no tiene baño privado, ¿lo aceptas?
3. Cuando viajas, ¿les mandas tarjetas postales a tus amigos? ¿Sacas muchas fotografías cuando viajas? ¿Usas tu teléfono inteligente para sacar las fotos? ¿Compras algo en la tienda de regalos del hotel?
4. ¿Prefieres cenar en tu cuarto si el hotel tiene servicio de habitación o te gusta más ir a un restaurante? ¿Cuál es tu restaurante favorito? ¿Es muy caro?
5. Cuando estás de viaje, ¿miras televisión? ¿Qué tipos de programas te gustan más? ¿Tienes un canal favorito? ¿Cuál? ¿Viste alguna película anoche? ¿Te gustó?
6. ¿Qué lugares te gusta visitar cuando estás de vacaciones? ¿Te gusta más viajar solo(a), con tus amigos o con tu familia? ¿Cuándo son tus próximas vacaciones? ¿Adónde piensas ir? ¿Cuánto tiempo hace que no viajas?

39. Una actividad especial para toda la clase

Muchos hoteles Students will play the part of tourists and hotel receptionists.

Step 1: Two or more "hotels" are set up in different corners of the classroom. Two or more students are hotel clerks. The rest of the students play the part of tourists looking to find accommodations. They should discuss how long they plan to stay and ask about room types, availability, and prices. The students should ask whether breakfast is included and inquire about any other amenities the hotel provides such as a pool, gym *(gimnasio)* facilities, or internet connections. They should also include questions about the restaurants, entertainment, and shopping available nearby. The students should "shop around" before deciding where to stay.

Step 2: Some students will inform the rest of the class about their experience.

Jupiterimages/Pixland/Getty Images

Rincón literario

Esopo (c. 600 A.C.[1])

Esopo, escritor de la Grecia Antigua, es famoso por sus fábulas, que llegan a nosotros a través[2] de la tradición oral y de traducciones escritas. La fábula tiene un objetivo didáctico, que se expresa en la moraleja. En muchas fábulas, los personajes son animales.

Album / Oronoz / Album/Superstock

Antes de leer

▶ ESTRATEGIA **Using prior knowledge to guess the meaning of new vocabulary** You probably know Aesop's fable "The Tortoise and the Hare." Think about the story's plot and moral. What words and expressions might you find in this narration? Which ones do you know in Spanish?

40. Una fábula Do the following:

1. Skim the fable, without looking at the English equivalents of the glossed words, and try to guess their meanings.
2. List the reflexive verbs that you recognize.

¡A leer!

41. Comprensión As you read the selection, find the answers to the following questions.

1. ¿Por qué se está burlando la liebre de la tortuga?
2. ¿La liebre acepta el reto?
3. ¿Cómo camina la tortuga hacia la meta?
4. ¿Qué hace la liebre?
5. ¿Qué ve cuando se despierta?
6. ¿Cuál es la moraleja?

La liebre y la tortuga

Cierto día, una liebre se está burlando de la tortuga que, como todos sabemos, es muy lenta. La tortuga se ríe y le contesta:

—Tú eres muy rápida y corres como el viento, pero yo sé que puedo ganarte en una competencia.

La liebre, totalmente segura de que eso es imposible, continúa burlándose de la tortuga y acepta el reto.

El día de la carrera,° las dos empiezan a correr al mismo tiempo. La tortuga camina lentamente hacia la meta.° La liebre, que se cree invencible, se acuesta y descansa° en el camino muchas veces y al final se duerme.

race
goal
rests

Cuando se despierta y empieza a correr, ve que la tortuga llega a la meta y obtiene la victoria.

Moraleja: Con paciencia y constancia siempre se triunfa.

[1] circa *(around)* 600 años antes de Cristo = *before Christ* (B.C.)
[2] *through*

Después de leer…

42. **Reflexiones** In groups of three, apply the moral of the story to this scenario, which is a part of student life.

> Dos estudiantes: Luis y Sergio
>
> Luis es muy inteligente y tiene dinero, de modo que no tiene que trabajar. Él raramente estudia y todo lo deja para última hora. Sergio encuentra difíciles varias de sus clases y trabaja veinte horas por semana. Él es disciplinado y estudia mucho. ¿Cuál de los dos triunfa? ¿por qué? Den detalles sobre la rutina diaria de los dos. Comparen los hábitos de estos estudiantes con los de ustedes.

¡Vamos a escribir!

Antes de escribir

ESTRATEGIA **Sequencing steps for writing a didactic story** When telling a story that is meant to teach something, the process requires an order of steps. The following might be useful.

1. Presentation and description of the characters
2. The scenario
3. The problem or the challenge the characters face
4. The action
5. What happens at the end
6. The moral of the story

¡A escribir!

43. **Narración** Using the conversation you had with your partners as a guide, write a story about Luis and Sergio, providing details about their personalities and their routine. The story should illustrate the moral of the fable that you read on page 218.

Después de escribir

44. Before writing the final version, exchange your first draft with a classmate and peer edit each other's work, using the guidelines suggested in the strategy. Pay attention to the use of the reflexive construction.

AUTOPRUEBA

¿Cuánto sé ahora?

Take this test. When you have finished, check your answers in the answer key provided in Appendix D. Then use a red pen to correct any mistakes you may have made. Are you ready?

A. Indirect object pronouns Give the Spanish equivalents of the words in parentheses.

1. —¿Qué ________ de México, tía? *(are you going to bring us)*
   ________ muchas cosas. *(I'm going to bring you)*
2. —¿Tú ________ en español? *(speak to her)*
   —Sí, pero ella ________ en inglés. *(answers me)*
3. —Anita, tu papá ________ dinero? *(sends you)*
   —Sí, y yo ________ todos los días. *(write to him)*

B. Constructions with *gustar* Give the Spanish equivalents. Use the verb *gustar*.

1. ______________ las ciudades grandes. *(My parents prefer)*
2. ¿Qué ______________ los fines de semana, señorita? *(do you like to do)*
3. ______________ esta pensión. *(We very much like)*
4. ______________ hacer ejercicio. *(I don't like)*
5. ¿______________ la comida mexicana o la comida italiana, Anita? *(Do you prefer)*

C. Time expressions with *hacer* Form sentences with the elements provided, using the expression **hace... que.** Follow the model.

Modelo una hora / él / trabajar
Hace una hora que él trabaja.

1. dos días / yo / no dormir
2. un mes / tú / no llamarme
3. media hora / nosotras / estar / aquí
4. un año / ellos / vivir / Panamá
5. doce horas / Eva / no comer
6. quince minutos / Uds. / hablar / por teléfono

D. The preterite Change all the verbs to the preterite.

1. Él llama al hotel y reserva un cuarto.
2. Yo llego temprano y empiezo a trabajar.
3. Tú sales a las siete y vuelves a las diez.
4. Ana busca un libro y lo lee.
5. Nosotros comemos sándwiches y bebemos café.
6. Ellos abren las ventanas y cierran las puertas.
7. Yo toco el piano y canto.
8. Ustedes almuerzan a la una y después estudian.
9. ¿Usted no cree lo que lee?
10. Los libros cuestan cien dólares y la computadora cuesta mil dólares.

E. Ordinal numbers Give the Spanish equivalents of the words in parentheses.

1. Eva está en el ________ piso y yo estoy en el ________ piso. (first / third)
2. Este es mi ________ año y el ________ año de Marisa. (second / fourth)
3. ¿Prefieres estar en el ________ piso o en el ________ piso? (fifth / tenth)

F. Just words Match the questions in column A with the answers in column B.

A	B
1. ¿Dónde está la tienda de regalos? ___	a. ¡Sí! ¡Podemos nadar!
2. ¿Quién lleva las maletas al cuarto? ___	b. Sí, con vista al mar.
3. ¿Tiene reservación? ___	c. No, la escalera mecánica.
4. ¿Reservaste un cuarto? ___	d. Sí, y la bañadera y el inodoro.
5. ¿Tienes que limpiar la ducha? ___	e. No, hace mucho tiempo que no la veo.
6. ¿Hay jabón en el baño? ___	f. El botones.
7. ¿El hotel tiene piscina? ___	g. No, sencilla.
8. ¿Está a la derecha? ___	h. No. No tengo la llave.
9. ¿Usas el elevador? ___	i. Al lado del ascensor.
10. ¿Es una cama doble? ___	j. No, anteayer.
11. ¿Puedes abrir la puerta? ___	k. Sí, necesito descansar.
12. ¿Teresa llegó anoche? ___	l. Sí, a nombre de Luis Vega.
13. ¿Vas a tomar una siesta? ___	m. No, a la izquierda.
14. ¿Viste a tu cuñada? ___	n. Sí, pero no hay toallas.

G. Cultura

1. Complete the following, based on the information found in the **¿Tú lo sabías?** sections.
   a. Las ________ son más económicas que los hoteles y generalmente incluyen el cuarto y la ________.
   b. En algunos hoteles hispanoamericanos hay ________ que no tienen ________ privado.
2. Complete the following, based on the information found in the **El mundo hispánico y tú** section.
   a. Costa Rica tiene una de las mejores ________ de Centroamérica.
   b. La principal fuente de ingreso de Panamá proviene del famoso ________ de Panamá.

H. Un dicho Do you remember the Spanish saying that is equivalent to *"He went from bad to worse"*? Find it in this lesson.

LECCIÓN 8

HACIENDO DILIGENCIAS

La señora está haciendo una diligencia en el banco.

OBJETIVOS COMUNICATIVOS

You will learn vocabulary related to banking and running errands. You will also be able to talk about different kinds of flowers.

SITUACIONES

¡Qué romántico eres!

ESTRUCTURAS

1. Direct and indirect object pronouns used together
2. Preterite of **ser, ir,** and **dar**
3. Preterite of **e:i** and **o:u** stem-changing verbs
4. Uses of **por** and **para**
5. Formation of adverbs

ASÍ SOMOS

¡Vamos a ver!
Watching and understanding situations

¡Vamos a escuchar!
Guessing meaning from context

¡Vamos a conversar!
Paraphrasing practice I

Rincón literario
Reading poetry
"Cuadrados y ángulos" by Alfonsina Storni

¡Vamos a escribir!
Brainstorming and organizing

EL MUNDO HISPÁNICO Y TÚ

› Puerto Rico

AUTOPRUEBA

You will review what you learned in this lesson.

RosalreneBetancourt 8 / Alamy

PUERTO RICO, "La Isla del Encanto" es la menor de las islas que forman el archipiélago de las Antillas Mayores. La artesanía indígena es característica de la isla. Muchos puertorriqueños se identifican como *boricuas*… y dicen que tienen la dicha de vivir en uno de los lugares más hermosos del mundo.

Unknown Artist (Puerto Rico), Small Mask, 1970s. Papier mâché. Image © Davis Art Images

¡Qué romántico eres!

CD2-7

¡Ubíquelos!

Luis lives in San Juan, the capital of Puerto Rico. Watching the video will give you an opportunity to learn about the places that he and his family often visit.

Pamela Moore/Getty Images

Luis, un chico de veinte años, vive con sus padres en San Juan, la capital de Puerto Rico. Hoy tiene el día libre, de modo que decidió hacer diligencias. Primero fue al banco. Estacionó su motocicleta y no vio la boca de incendios.

En el banco

Luis: Me llamo Luis Fernando Torres Rivera y tengo una cuenta corriente en este banco. Quiero cobrar un cheque y abrir una cuenta de ahorros. ¡Ah! También quiero solicitar un préstamo. Necesito cinco mil dólares para comprar un coche.

Empleado: Tiene que llenar esta planilla, firmarla, fecharla y dársela al gerente.

Luis llenó la planilla, la firmó, la fechó y se la dio al gerente. Desgraciadamente no consiguió el préstamo porque él no tiene trabajo y tiene muchas deudas. Cuando salió del banco, un policía le dio una multa por estacionar frente a una boca de incendios. Después fue a una florería para comprar flores para Eva, su novia.

En la florería

Luis: ¿Cuánto cuesta un ramo de rosas?

Empleada: Treinta dólares. ¿Va a pagar con un cheque, con tarjeta de crédito o en efectivo?

Luis: No tengo mi chequera. ¿Cuánto cuesta un ramo de margaritas?

Empleada: Veinte dólares.

Luis: Tengo solamente cinco dólares... y quiero comprar un regalo para mi novia...

Empleada: Con cinco dólares puede comprarle una tarjeta de cumpleaños.

Luis compró la tarjeta, fue a su casa y durmió por un rato. A las cinco, tomó una decisión: Le pidió a su mamá unas flores del jardín y se las llevó a su novia.

En casa de su novia

Luis: Flores... ¡para la flor más bonita!

Eva: ¡Ay, gracias! ¡Me encantan! ¡Qué romántico eres!

Luis: *(Piensa.)* No soy romántico... ¡Soy pobre!

LEARNING TIP

You are learning standard Spanish for the most part. As is the case in English, different regions of the Spanish-speaking world use different words for common things. For example, Luis and Eva would normally use the following Puerto Rican terms: **motocicleta = motora, florería = floristería**, and **policía = guardia.**

¿Tú lo sabías?

El uso de cheques no es tan común en Latinoamérica como en los Estados Unidos y en Canadá, pero muchos bancos tienen sus propias *(own)* tarjetas de crédito.

› **Generalmente, ¿cómo paga la gente de este país cuando va de compras?**

1. Hablemos. With a classmate, take turns asking and answering the following questions. Base your answers on the dialogue and on your own circumstances.

En el diálogo

1. ¿Con quién vive Luis?
2. ¿Luis tiene que trabajar hoy?
3. ¿Qué tipo *(type)* de cuenta quiere abrir Luis?
4. ¿Para qué necesita dinero Luis?
5. ¿Por qué no consiguió Luis el préstamo?
6. ¿Cómo se llama la novia de Luis?
7. ¿Por qué le dieron una multa a Luis?
8. ¿Qué quiere comprar Luis en la florería?
9. ¿Cuánto dinero tiene Luis para comprarle un regalo a su novia?
10. ¿Luis es romántico?

¿Y tú?

1. ¿Con quién vives tú?
2. ¿Tú también tienes el día libre?
3. ¿Tú tienes cuenta en el banco? ¿De qué tipo?
4. ¿Tú también necesitas dinero? ¿Para qué lo necesitas?
5. ¿Tú tienes deudas?
6. ¿Tú tienes novio(a)? (¿Cómo se llama?)
7. ¿A tí te dieron una multa alguna vez *(ever)*?
8. ¿Qué flores prefieres tú?
9. ¿Tú vas a comprar un regalo? ¿Cuánto dinero tienes?
10. Y tú, ¿eres romántico(a)?

¿Tú lo sabías?

En los países hispanos por lo general los jóvenes *(young people)* viven con su familia hasta que se casan *(get married)*, pero esto está cambiando un poco, especialmente en las ciudades grandes.

› **Generalmente, ¿hasta qué edad viven con sus padres los jóvenes de este país?**

VOCABULARIO

En el diálogo

Cognados

el banco	*bank*
la capital	*capital*
el cheque	*check*
la motocicleta, la moto	*motorcycle*
el (la) policía[1], el (la) agente de policía	*policeman (policewoman), police officer*
la rosa	*rose*
solamente	*only*

Nombres

la boca de incendios, el hidrante	*fire hydrant*
la chequera, el talonario de cheques	*checkbook*
la cuenta	*account*
_____ corriente	*checking account*
_____ de ahorros	*savings account*
la deuda	*debt*
la flor	*flower*
la florería	*flower shop*
el (la) gerente	*manager*
el incendio, el fuego	*fire*
la margarita	*daisy*
la multa	*fine, ticket*
los pantalones	*pants, trousers*
la planilla	*form*
el préstamo	*loan*
el ramo	*bouquet*
el regalo	*present*

Verbos

estacionar, aparcar, parquear	*to park*
fechar	*to date*
firmar	*to sign*

Otras palabras y expresiones

abrir una cuenta	*to open an account*
cobrar (cambiar) un cheque	*to cash a check*
dar (poner, imponer) una multa	*to fine, to give a ticket*
desgraciadamente, desafortunadamente, por desgracia	*unfortunately*
en efectivo	*in cash*
encantarle a uno	*to love*
frente a	*in front of*
hacer diligencias	*to run errands*
solicitar (pedir) un préstamo	*to apply for a loan*
¡Qué romántico(a) eres!	*How romantic you are!*
tener el día libre	*to have the day off*

James Carman/Blend Images/Getty Images

¿Tú lo sabías?

Cada nación latinoamericana tiene un banco central encargado de *(in charge of)* emitir el dinero y de controlar la actividad de los bancos comerciales. En algunos países hay también sucursales *(branches)* de bancos extranjeros.

› **En este país, ¿qué institución está encargada de emitir el dinero?**

[1]**la policía** also means *police corps*

Más sobre el tema

Flores

AKI's Palette/Shutterstock.com

Inomoto/Shutterstock.com

Wjarek/Shutterstock.com

Chinnachote/Shutterstock.com

Freya-photographer/Shutterstock.com

Pri Ma/Shutterstock.com

BelkaG/Shutterstock.com

MoinMoin/Shutterstock.com

Sea-walker/Shutterstock.com

En el banco

a plazos	*in installments*
ahorrar	*to save (e.g. money)*
al contado	*in cash*
el cajero automático	*automatic teller (ATM)*
la cuenta conjunta	*joint account*
deber	*to owe*
depositar	*to deposit*
la firma	*signature*
gratis	*free of charge*
el impuesto	*tax*
prestar	*to lend*
el presupuesto	*budget*
el recibo	*receipt*
el saldo	*balance (of a bank account)*
el seguro	*insurance*

Antoniodiaz/Shutterstock.com

Jorge y Sara

1. Jorge va a ir al banco. ¿Va a abrir una cuenta de ahorros? ¿Va a solicitar un préstamo? ¿Va a cobrar un cheque o va a sacar dinero del cajero automatico?
2. Sara va a ir a la florería. ¿Va a comprar claveles, margaritas o girasoles? ¿Va a pagar en efectivo o con una tarjeta de crédito? ¿Va a pedir un recibo?
3. ¿Van a hacer otras diligencias? ¿Van a tener el día libre mañana?

VOCABULARIO

Práctica

2. Preguntas y respuestas Match the questions in column A with the responses in column B.

A		B
1. _______	¿Cuál es tu flor favorita?	a. No, con un cheque.
2. _______	¿Vas a ir al banco?	b. Sí, y me dio una multa.
3. _______	¿Dónde estacionaste la moto?	c. No, en motocicleta.
4. _______	¿Hablaste con el policía?	d. Sí, se lo di anoche.
5. _______	¿Compraste el regalo para Olga?	e. No, de ahorros.
6. _______	¿Firmaste la planilla?	f. Frente a una boca de incendios.
7. _______	¿Pagaste en efectivo?	g. No, tengo el día libre.
8. _______	¿Tienes una cuenta corriente?	h. La rosa.
9. _______	¿Vas en auto?	i. Sí, pero no la feché.
10. _______	¿Tienes que trabajar?	j. Sí, voy a solicitar un préstamo.

3. ¿Qué es? Write the words or phrases that correspond to the following.

1. boca de incendio
2. lugar donde venden flores
3. fuego
4. de modo que
5. dinero que solicitamos en el banco
6. por desgracia
7. gustarle mucho a uno
8. poner la fecha
9. chequera
10. Wells Fargo, por ejemplo

4. Oraciones incompletas Complete the following sentences, using vocabulary from this lesson.

1. Por _________ no me van a dar el préstamo.
2. Hoy tengo que hacer muchas _________.
3. Mi esposa y yo vamos a _________ una cuenta corriente en el banco.
4. Le compré un _________ de rosas amarillas.
5. No tengo dinero y tengo que pagar muchas _________.
6. San Juan es la _________ de Puerto Rico.
7. Me gustan mucho las flores. ¡Me _________!
8. ¿Escribiste un poema para tu novia? ¡Qué _________ eres!
9. ¿Vas a pagar con un cheque o en _________?
10. ¿Tienes que trabajar o tienes el día _________?

Para conversar

5. Habla con tu compañero(a) de clase. With a classmate, take turns asking and answering these questions.

1. ¿Tus padres te prestan dinero a veces? ¿Alguien te debe dinero a ti?
2. ¿Tú sabes cuál es el saldo de tu cuenta corriente? ¿Tú y tus padres tienen una cuenta conjunta? ¿Tú ahorras dinero todos los meses? ¿Tienes un presupuesto?
3. ¿Depositaste dinero en el banco ayer? ¿Sacaste dinero del cajero automático? En tu banco, ¿los cheques son gratis?
4. ¿Qué cosas pagas tú al contado? ¿y a plazos?
5. ¿Tú pagas los impuestos el quince de abril? ¿Es fácil imitar tu firma?
6. ¿Qué flor te gusta más? ¿Cuándo compras flores?

6. **¡Cuántas diligencias!** With a classmate, play the roles of two roommates who were supposed to run several errands yesterday. You ask each other whether or not you did certain things. Include follow-up questions as much as possible. **(¿Fuiste a... ?, ¿Compraste... ?**, etc.**)**

gilaxia/E+/Getty Images

¿Fuiste al supermercado?

Pronunciación

CD 2-8

A. The Spanish *l*

The Spanish **l** is pronounced like the *l* in the English word *lean*. The tip of the tongue must touch the palate. Listen to your instructor and repeat the following sentences.

Laura y Silvia le dan el regalo a Maribel en el hotel.

Daniel dice que Alicia Mirabal es un ángel.

CD 2-9

B. The Spanish *r*

The Spanish **r** sounds something like the *dd* in the English word *ladder*. Listen to your instructor and repeat the following sentences.

Sara Burgos fue a la tintorería a las tres y cuarto de la tarde.

Teresa Vera compró flores para Laura en la florería Girasol.

CD 2-10

C. The Spanish sound /rr/

At the beginning of a word and after the letters **l, n,** and **s, r** is a strong trill. Listen to your instructor and repeat the following sentences.

Tito dio una vuelta alrededor de la manzana.

Enrique Reyes y Rosa Manrique son de Israel. Los dos son honrados.

In other positions, the strong trill is represented by **rr**. Listen to your instructor and repeat the following sentences.

El señor Arriola toca la guitarra en su carro.

Luis Herrera y su perro corren hasta el correo, que está en su barrio.

CD 2-11

D. The Spanish *z*

In Latin America, the Spanish **z** is pronounced like the *ss* in the English word *pressing*. In Spain, it is pronounced like the *th* in the English word *think*.

La taza azul es de Zoila y el lápiz es de Zulma.

El señor Paz compró zapatos en la zapatería Zúñiga.

ESTRUCTURAS

1 Direct and indirect object pronouns used together *(Pronombres de complemento directo e indirecto usados juntos)*

- When an indirect object pronoun and a direct object pronoun are used together, the indirect object pronoun always comes first.

Ana **me** (I.O.) da **la maleta.** (D.O.) → Ana **me** (I.O.) **la** (D.O.) da.

- With an infinitive, the pronouns can either be placed before the conjugated verb or be attached to the infinitive.

Ana **me** (I.O.) **la** (D.O.) va a dar.

Ana va a **dármela.**[1]

- With the present progressive, the pronouns can either be placed before the conjugated verb or be attached to the gerund.

Ella **me** (I.O.) **lo** (D.O.) está diciendo.

Ella está **diciéndomelo.**[1]

- If both pronouns begin with **l,** the indirect object pronoun **(le** or **les)** is changed to **se.**

For clarification, it is sometimes necessary to add **a él, a ella, a Ud., a Uds., a ellos,** or **a ellas.**

Ana **le** (I.O.) da **la cuenta.** (D.O.) → Ana **se** (I.O.) **la** (D.O.) da.

—¿A quién le da la cuenta Ana?
—**Se la da a él.**

[1]Note the use of the written accent, which follows the rules for accentuation. See Appendix A.

Práctica

7. Minidiálogos Complete the following exchanges, using direct and indirect object pronouns. Then act them out with a classmate, adding a sentence or two to each dialogue.

1. —¿Le vas a dar las lilas a tu novia?
   —Sí, __________ voy a dar esta tarde.
2. —¿Uds. nos van a dar el recibo?
   —Sí, __________ vamos a dar.
3. —¿Tus padres le van a pagar las deudas a Jorge?
   —No, no __________ van a pagar.
4. —¿Tu hermano siempre te presta la moto?
   —Sí, él siempre __________ presta.
5. —¿Me compraste los claveles?
   —Sí, __________ compré.
6. —¿El gerente les va a dar la chequera a Uds.?
   —Sí, __________ va a dar.
7. —¿Tú me vas a traer la planilla hoy?
   —Sí, __________ voy a traer.

8. Él nos ayuda. You have a friend who is always willing to help others. Explain how, using the information provided.

Modelo —Yo quiero dos orquídeas. (traer)
*—Mi amigo **me las** trae.*

1. Tú necesitas los cheques. (traer)
2. Yo solamente necesito dos tarjetas. (comprar)
3. Nosotros necesitamos un préstamo. (dar)
4. Elsa necesita cheques de viajero. (comprar)
5. Mis hermanos necesitan dinero. (prestar)
6. Ud. necesita la chequera. (traer)
7. Yo quiero el talonario de cheques. (buscar)

9. Lo siento. With a classmate, take turns asking and answering questions about what the following people want and whether you can help them. Use the verbs **mandar, dar, prestar, comprar,** and **traer.** Use direct and indirect object pronouns together.

Modelo *—¿Qué quiere Elisa?*
—Quiere dinero. ¿Tú se lo puedes mandar?
—No, lo siento. Yo no puedo mandárselo.

1. Carlos

2. Ana y Paco

3. Javier

4. Lidia

5. Lucía

10. ¿Puedes hacerlo? You are in a bad mood, and people keep asking you to do things you don't want to do. Tell them you can't do the favors they are requesting.

Modelo —¿Puedes traerme las violetas?
*—No, no puedo traér**telas.***

1. ¿Puedes comprarle el regalo a mamá?
2. ¿Puedes buscarme la chequera?
3. ¿Puedes llevarle las flores a Luisa?
4. ¿Puedes darle los cheques a Raúl?
5. ¿Puedes traernos los claveles del jardín?
6. ¿Puedes comprarnos un ramo de rosas?

11. Otro modelo Now repeat Activity 10, following the model below.

Modelo —¿Puedes traerme los geranios?
*—No, no **te los** puedo traer.*

Para conversar

12. ¡Habla con tu compañero(a)! Interview a classmate, using the following questions and two questions of your own. Answer the questions in complete sentences. When you have finished, switch roles. Answers should be given with indirect object pronouns.

1. Cuando tú necesitas dinero, ¿a quién se lo pides?
2. Cuando tú les pides dinero a tus padres, ¿te lo dan?
3. Si yo necesito tu libro de español, ¿me lo prestas?
4. Si Uds. no entienden algo, ¿se lo preguntan *(ask)* a su profesor(a)?
5. Si tú y yo somos amigo(as) y yo necesito tu motocicleta, ¿tú me la prestas?
6. Necesito las planillas. ¿Puedes traérmelas?
7. Necesito cheques. ¿Tú me los puedes conseguir?
8. Yo no tengo el número de teléfono del profesor (de la profesora). ¿Tú se lo puedes pedir?

13. ¿Qué necesitamos? In groups of three, talk about what each of you needs. Then ask a member of the group whether he/she can lend you, give you, or send you the needed items.

Modelo *—Necesito dinero. ¿Puedes prestármelo?*
—Sí, cómo no (of course). *Yo puedo prestártelo.* o
—No, lo siento. No puedo prestártelo.

2 Preterite of *ser, ir,* and *dar* *(Pretérito de los verbos **ser, ir** y **dar**)*

› The preterite forms of **ser, ir,** and **dar** are irregular.

ser *to be*	**ir** *to go*	**dar** *to give*
fui	fui	di
fuiste	fuiste	diste
fue	fue	dio
fuimos	fuimos	dimos
fuisteis	fuisteis	disteis
fueron	fueron	dieron

› Note that **ser** and **ir** have identical forms in the preterite.

—Ayer **fue** el cumpleaños de Lucía, ¿no? *Yesterday was Lucía's birthday, right?*

—Sí, Ana y yo **fuimos** a su casa y le **dimos** los regalos. *Yes, Ana and I went to her house and gave her the presents.*

—¿**Fuiste** a la fiesta que **dio** Sara? *Did you go to the party that Sara gave?*

—Sí, **fui. Fue** la mejor fiesta del año. *Yes, I went. It was the best party of the year.*

Práctica

14. ¿Y los demás? With a classmate, use your imagination to compare what Rafael did to what the other people mentioned did. Take turns!

1. … fue al banco y solicitó un préstamo. (Yo)
2. … fue a la florería y compró un ramo de camelias. (Nosotros)
3. … fue al cine con sus amigos el sábado pasado. (Las chicas)
4. … fue el mejor estudiante de su clase de inglés. (Yo)
5. … compró una tarjeta para su mamá. (Ellas)
6. … dio una fiesta para celebrar su cumpleaños. (Ellos)
7. … le dio flores a su novia. ¡Qué romántico! (Tú)
8. … fue a visitar a sus padres y les dio un regalo. (Ustedes)

15. La última vez With a classmate, talk about when the last time was that each of you . . .

1. went to a concert or to the theater (with whom?)
2. went to the bank (to do what?)
3. gave a party (to celebrate what?)
4. gave someone money (to whom and how much?)

Un dicho

Todo tiempo pasado fue mejor.

Equivalent: *Those were the good old days.*

ESTRUCTURAS

Para conversar

16. ¡Habla con tu compañero(a)! Interview a classmate, using the following questions. Answer the questions in complete sentences, paying attention to the conjugation of the verbs **ser, dar,** and **ir.** When you have finished, switch roles.

1. ¿Cuándo fue la última vez *(last time)* que fuiste al banco? ¿Alguien fue contigo? ¿Te dieron un préstamo?
2. ¿Cuándo fue la última vez que sacaste dinero del cajero automático?
3. ¿Cuándo fue la última vez que fuiste a una florería? ¿Le diste un ramo de flores a tu mamá para el Día de las Madres? Cuando fue tu cumpleaños, ¿alguien te dio flores?
4. ¿Te dieron una multa alguna vez?
5. ¿Ayer fue tu día libre o trabajaste? ¿A dónde fuiste el sábado pasado? ¿Tú y tus amigos fueron a una fiesta la semana pasada?

3 Preterite of *e:i* and *o:u* stem-changing verbs *(Pretérito de los verbos que cambian en la raíz:* ***e:i*** *y* ***o:u****)*

› Verbs of the **-ir** conjugation that have a stem change in the present tense change **e** to **i** and **o** to **u** in the third-person singular and plural of the preterite.[1]

preferir *to prefer*		**dormir** *to sleep*	
preferí	preferimos	dormí	dormimos
preferiste	preferisteis	dormiste	dormisteis
prefirió	prefirieron	durmió	durmieron

› Other verbs that follow the same pattern:

pedir	seguir
mentir *(to lie)*	conseguir
servir	morir
repetir *(to repeat)*	

—¿Cómo **durmieron** Uds. anoche?	*How did you sleep last night?*
—Nosotros **dormimos** bien, pero Paco no **durmió** muy bien.	*We slept well, but Paco didn't sleep very well.*
—¿Qué **pidieron** ellos?	*What did they order?*
—Raúl **pidió** camarones y Rosa **pidió** langosta.	*Raúl ordered shrimp and Rosa ordered lobster.*
—Eva dice que ella no comió nada.	*Eva says that she didn't eat anything*
—Te **mintió.**	*She lied to you.*

[1]Remember that the **-ar** and **-er** stem-changing verbs are regular in the preterite: **él cerró, ellos volvieron.** Exceptions are **poder** and **querer**, which are explained in **Lección 9.**

Práctica

17. Anoche With a classmate, take turns describing what the following people did last night. Use the verbs given (or similar).

1. Arturo (preferir) ____________

2. Ernesto (pedir) ____________

3. Paco (seguir) ____________

4. Rosa (dormir) ____________

5. el mozo (servir) ____________

6. Pilar (conseguir) ____________

18. ¿Qué hicieron? Find out what the following people did yesterday in different places.

1. En la cafetería, yo ________ (pedir) café y Rosa y Alicia ________ (pedir) té.
2. En el banco, Carlos ________ (pedir) un préstamo, pero no lo ________ (conseguir).
3. En el hotel, Uds. ________ (dormir) bien, pero yo ________ (dormir) mal.
4. En la universidad, Rafael le ________ (mentir) a su profesor de química.
5. En la fiesta, las chicas ________ (preferir) tomar vino.
6. En la clase, el profesor ________ (repetir) dos veces las preguntas.
7. En el restaurante, el camarero ________ (servir) la cena.
8. En la calle Lima, dos personas ________ (morir) en un accidente.

Un dicho

El pez muere por la boca.
Equivalent: *Engage brain before putting mouth in gear.*

Para conversar

19. ¡Qué mala suerte! With two classmates, imagine that you have a friend who had really bad luck last Friday the 13th. Brainstorm to come up with all the bad things that happened to him. Use the verbs studied in this section.

¿Tú lo sabías?

En los países hispanos el día de "mala suerte" es el martes trece y no el viernes trece. Dice un dicho, "Martes trece ni te cases ni te embarques" *(Don't get married or get on a ship [travel] on Tuesday the 13th).*

› **En este país, ¿toman muy en serio la idea de que el viernes trece es un día de mala suerte?**

4 Uses of *por* and *para* *(Usos de* por *y* para*)*

A. Uses of *por*

The preposition **por** is used to express the following concepts.

› motion or approximate location *(through, around, along, by)*

Luis salió **por** la ventana.	*Luis went out through the window.*
Enrique va **por** la calle Juárez.	*Enrique is going down Juárez Street.*
Gustavo pasó **por** el hotel.	*Gustavo went by the hotel.*

› cause or motive of an action *(because of, on account of, on behalf of)*

Llegamos tarde **por** la lluvia.	*We were late because of the rain.*
Lo hago **por** ellos.	*I do it on their behalf.*

› means, manner, unit of measure *(by, for, per)*

Siempre viajamos **por** tren.	*We always travel by train.*
Van a 100 kilómetros **por** hora.	*They're going 100 kilometers per hour.*

› *in exchange for*

Te doy 50 dólares **por** esa cámara.	*I'll give you 50 dollars for that camera.*

› period of time during which an action takes place *(during, in, for)*

Ella trabaja **por** la mañana.	*She works in the morning.*
Va a estar aquí **por** dos meses.	*He's going to be here for two months.*

› *in search of, for*

Voy a venir **por** ti a las siete.	*I'll come by for you at seven.*

Un dicho

Hoy por ti y mañana por mí.

Equivalent: *I do something for you today and you do something for me tomorrow.*

Práctica

20. Entrevista a tu compañero(a). Interview a classmate, using the following questions. When you have finished, switch roles.

1. ¿Tienes clases por la mañana? ¿Qué haces por la tarde?
2. Antes de ir a clase, ¿vas por tus amigos? ¿Alguien viene por ti?
3. ¿Cuánto pagaste por tu libro de español?
4. ¿Pasaste por mi casa anoche?
5. Si tu pierdes la llave de tu casa, ¿entras por la ventana?
6. En tu familia, ¿quién hace mucho por ti?
7. ¿A quién llamas tú por teléfono todos los días?
8. ¿Prefieres viajar por ómnibus o por avión *(plane)*? ¿Por qué?

B. Uses of *para*

The preposition **para** is used to express the following concepts.

› destination

Mañana salgo **para** San Juan. — *Tomorrow I am leaving for San Juan.*

¿A qué hora hay autobuses **para** Río Piedras? — *What time are there buses for Río Piedras?*

› goal for a point in the future (*by* or *for* a certain time)

Quiero el dinero **para** el sábado. — *I want the money for Saturday.*

Debo estar allí **para** el mes de noviembre. — *I must be there by the month of November.*

› whom or what something is for

Compré una mesa **para** mi cuarto. — *I bought a table for my room.*

Compramos los libros **para** Fernando. — *We bought the books for Fernando.*

› *in order to*

Necesito mil dólares **para** pagar la multa. — *I need a thousand dollars in order to pay the fine.*

Vamos al teatro **para** celebrar mi cumpleaños. — *We are going to the theater (in order) to celebrate my birthday.*

› objective or goal

Mi novio estudia **para** médico. — *My boyfriend is studying to be a doctor.*

LEARNING TIP

Using **por** and **para** correctly takes time. Reading all the examples is only the first step. With *each* use, think of as many examples as possible, always *personalizing* them—that is, using them in sentences reflecting your own circumstances.

ESTRUCTURAS

Práctica

21. Cosas que pasan Look at the illustrations and describe what is happening, using **por** or **para.**

1. Fuimos ______________ a la capital.

2. Daniel salió ______________.

3. La torta es ______________.

4. Luisa va a estar en San Juan ______________.

5. Jorge pagó 35 ______________ el vino.

6. Eva sale mañana ______________.

22. Planes Complete the following description of a trip to Mexico, using **por** and **para.**

Roberto y yo salimos _________ Cancún la semana próxima. Vamos a viajar _________ avión. Tenemos pasajes _________ el sábado _________ la mañana. Pagamos tres mil dólares _________ el pasaje, pero como pensamos pasar _________ Guatemala, donde vamos a estar _________ unos días, no es muy caro. Mañana _________ la tarde vamos a la tienda _________ comprar algunos regalos _________ nuestros amigos mexicanos. Desde Guatemala vamos a llamar _________ teléfono a nuestros amigos en Cancún y ellos van a ir al aeropuerto _________ nosotros.

23. *¿Por o para?* Use **por** or **para** to finish each of the following. Add the necessary words to complete the sentences. When you have finished, join one of your classmates and compare your work.

1. Llamé al gerente...
2. Mis clases son...
3. Necesito dinero...
4. Mi hermano estudia...
5. No tengo la llave. Voy a entrar...
6. El lunes salgo...
7. Siempre viajo...
8. Hoy mis padres vienen...
9. ¿Cuánto pagaste... ?
10. No vinimos a clase...
11. Los regalos son...
12. ¿A qué hora son los viajes... ?
13. Necesito volver de mi viaje...
14. Vamos a estar en la capital...

Para conversar

24. De viaje Plan a trip to Puerto Rico with a classmate. Using the paragraph in Activity 23 as a model, describe your travel plans.

5 Formation of adverbs *(La formación de los adverbios)*

› Most Spanish adverbs are formed by adding **-mente** (the equivalent of the English *-ly*) to the adjective.

especial	*special*	especial**mente**	*especially*
reciente	*recent*	reciente**mente**	*recently*
general	*general*	general**mente**	*generally*
probable	*probable*	probable**mente**	*probably*

› Adjectives ending in **-o** change the **-o** to **-a** before adding **-mente.**

lento	*slow*	lent**amente**	*slowly*
rápido	*rapid*	rápid**amente**	*rapidly*
desafortunado	*unfortunate*	desafortunad**amente**	*unfortunately*

› If two or more adverbs are used together, both change the **-o** to **-a,** but only the last adverb takes the **-mente** ending.

Habló clara y **lentamente.** — *He spoke clearly and slowly.*

› If the adjective has an accent, the adverb retains it.

fácil — **fácilmente**

Práctica

25. De adjetivos a adverbios Change the following adjectives to adverbs.

1. fácil
2. feliz
3. claro *(clear)*
4. raro *(rare)*
5. necesario
6. frecuente *(frequent)*
7. triste
8. trágico *(tragic)*
9. alegre *(merry)*
10. desgraciado

26. ¿Qué dice Sergio? Complete the following sentences with appropriate adverbs.

1. El profesor de español habla ______________ y ______________. Por eso lo entiendo.
2. Yo ______________ voy al banco los lunes.
3. Mi abuela camina muy ______________.
4. ______________ no tengo dinero para pagar los impuestos.
5. Mis padres ______________ van a fiestas. No les gustan las fiestas.
6. Yo visito a mis padres ______________; por lo menos, dos o tres veces por semana.
7. El pobre Carlos me habló ______________ de sus deudas.
8. Los regalos son ______________ para Rita porque hoy es su cumpleaños.
9. Los niños corren ______________.
10. ______________ no voy a poder ir al viaje porque tengo que trabajar.

27. ¡Habla con tu compañero(a)! Interview a classmate, using the following questions and two of your own. Include adverbs in your responses. When you have finished, switch roles.

1. ¿A qué hora sales de tu casa por la mañana?
2. ¿Tú y tu familia van de compras juntos?
3. ¿Tú ves a tus abuelos a menudo *(often)*?
4. ¿Vas al teatro a menudo?
5. ¿Tú tienes mucho dinero?

Para conversar

28. Lo que hacemos With a classmate, discuss what you frequently do, rarely do, and what, unfortunately, you can't do.

Modelo —*Yo raramente visito a mis abuelos.*

¡Vamos a ver!

Antes de ver el video

29. Preguntas You and a classmate, take turns asking and answering the following questions.

1. ¿Tú vives en una calle o en una avenida?
2. ¿Tú desayunas solo(a), con un(a) compañero(a) de cuarto o con tu familia?
3. ¿A quién le cuentas tú lo que te pasa *(happens)*?
4. ¿Cuándo fue la última vez *(the last time)* que fuiste a la tintorería *(dry cleaner)*?
5. ¿Prefieres tener un coche o una motocicleta? Si tú conduces, ¿estacionas a veces frente a una boca de incendios?
6. ¿Te dieron una multa alguna vez? ¿por qué?
7. La última vez que fuiste al banco, ¿depositaste dinero en tu cuenta de ahorros o en tu cuenta corriente?
8. ¿Le compraste un regalo a alguien? ¿Se lo diste? ¿Le gustó?
9. Si tienes peces de colores *(gold fish)* y les das demasiada comida, ¿qué les va a pasar?
10. ¿Tú eres supersticioso(a)? ¿Piensas salir de tu casa el próximo viernes 13?

El video: Un martes 13

—¿Fuiste a la tinterería a recoger tus pantalones?

—Sí… ese fue mi primer problema…

—Estacioné la motocicleta frente a una boca de incendios y un policía me dio una multa.

—¡Pobrecito!

—Bueno… desgraciadamente es alérgica a las flores…

—¡Ay, Edwin! ¡Qué desastre!

Después de ver el video

Mamá

Edwin

30. **¿Quién lo dice?** Identify the person who said each of the following in the dialogue.

1. ¿Fuiste a la tintorería a recoger tus pantalones *(pants)?*
2. Después pedí un préstamo, pero no me lo dieron.
3. Tu papá tampoco consiguió el préstamo que pidió.
4. Después compré dos peces de colores para Martita.
5. ¿Compraste el regalo para tu novia?
6. Sí, pero su ex novio le regaló una enciclopedia.
7. En fin... fui a la florería y le compré un ramo de rosas.
8. Pero tú tienes una moto casi nueva.
9. ¡Ya sé por qué pasó todo eso! ¡Ayer fue martes trece!
10. ¡Pero el próximo martes trece no salgo de casa!

31. **Hablemos.** With a classmate, take turns asking and answering the following questions. Base your answers on the dialogue.

1. ¿Edwin durmió bien anoche?
2. ¿Qué le está contando Edwin a su mamá?
3. ¿Para qué fue Edwin a la tintorería?
4. ¿Por qué le dio el policía una multa a Edwin?
5. ¿En qué cuentas depositó Edwin dinero?
6. ¿Consiguió el papá de Edwin el préstamo que pidió?
7. ¿Qué compró Edwin para Martita? ¿Qué les pasó a los peces?
8. ¿Qué compró Edwin en la florería?
9. ¿Para qué tiene que ahorrar dinero Edwin?
10. ¿Qué no piensa hacer Edwin el próximo martes trece?

32. **¿Qué pasa después... ?** You and a classmate, use your imagination to say what the characters do. In Spanish, discuss the following.

1. Three or four things that you think happened to Edwin's mother yesterday.
2. How much money you think Edwin deposited in his savings account and in his checking account.
3. How much money he applied for and whether or not he is going to apply for another loan.
4. Whether or not Edwin bought another present for his girlfriend. What?
5. Whether or not Edwin saves enough **(suficiente)** money to buy another motorcycle.
6. What you think Edwin is going to do next Tuesday the thirteenth.
7. How much he paid for the ticket and whether he ever parked in front of a fire hydrant again.

Now compare your statements with those of the members of another group.

¡Vamos a escuchar!

ESTRATEGIA **Guessing meaning from context** When you listen to speech, you can use informed guesswork to figure out the approximate meaning of an unknown word or phrase, just as you have been learning to do when reading. Use your knowledge of the topic and the words you do know to help you decipher unfamiliar words.

CD 2-12 **33. ¿Qué significa?** You will listen to three commercials for different products and services. Guess the meanings of the following words and phrases.

Commercial 1:

a. mándale
b. va a quedar encantada

Commercial 2:

a. perrito
b. gatito
c. venga
d. cuidarlos

Commercial 3:

a. bancarios
b. estamos a su disposición

ESTRATEGIA **Paraphrasing practice I** In **A conversar...** of **Lección 7,** you were introduced to the technique of simplifying statements in your own words. This helps you manage a conversation by confirming that you understand. The following is the first of four activities in which you will practice paraphrasing what you hear.

¡Vamos a conversar!

CD 2-13 **34. ¿Qué dice?** Listen to the following sentences and restate them in a simpler way in your own words. Then compare your responses with those of a classmate.

Modelo *You hear:* Me resulta imposible sacar dinero del cajero automático. Parece que está roto o fuera de servicio.
Simple paraphrase: No puedo sacar dinero del cajero automático porque no funciona.

35. ¿Qué dices tú? What would you say in the following situations? What might the other person say? Act out the scenes with a classmate. Take turns playing each role.

1. Mention four transactions that people can make at a bank.
2. You ask Mrs. López if she got the loan that she asked for at the bank.
3. You ask a friend if she prefers to pay with a credit card, with a check, or in cash when she goes to the store.
4. A young man wants to send flowers to his girlfriend. Make suggestions about what kind of flowers to send.
5. You are talking to a friend about your activities last week. Mention several things you did and places you went to. Mention whether or not you gave a party.

36. Para conocernos mejor To do this activity, work with a classmate whom you would like to get to know. Take turns asking each other these questions.

1. ¿Fuiste al banco la semana pasada? ¿Depositaste dinero? ¿Cobraste un cheque? ¿Sacaste dinero del cajero automático? ¿Solicitaste un préstamo?
2. ¿Compraste algún regalo el mes pasado? (¿para quién? ¿Le gustó a esa persona el regalo?) ¿y tú? ¿Recibiste algún regalo?
3. ¿Compras flores frecuentemente? ¿Cuáles son tus flores favoritas? ¿Cuáles son las flores favoritas de tu mamá?
4. ¿Te gustan las motocicletas? ¿Tienes una? Muchas personas dicen que las motocicletas son peligrosas *(dangerous)*. ¿Qué piensas tú? ¿Son peligrosas o no?
5. Si tu mejor amigo(a) necesita dinero, ¿tú se lo prestas? Y si tú necesitas dinero, ¿tu mejor amigo(a) te lo presta?
6. ¿Cuándo fue la última vez que tú diste una fiesta? ¿Cuándo fue la última vez que fuiste a una fiesta?
7. ¿Te dieron una multa alguna vez? ¿Te estacionas frente a una boca de incendios alguna vez?
8. ¿Qué diligencias tienes que hacer la semana próxima? ¿Tienes que trabajar mañana o tienes el día libre?

37. Una actividad para toda la clase

Bancos y florerías It's a day for running errands in the classroom.

Step 1: There will be two or three banks and two or three flower shops. Each will have three or four employees. The rest of the students will be customers.

Step 2: The employees and customers will make transactions and ask and answer questions. The customers will complain about the service.

michaeljung/Shutterstock.com

Rincón literario

Alfonsina Storni (Argentina: 1892–1938)

Prisma VWPics/Superstock

Alfonsina Storni, una de las poetisas más importantes del período modernista, fue lo que hoy llamamos una feminista, una mujer de ideas liberales que luchó° contra los prejuicios y las convenciones sociales de su época por conseguir una mayor libertad para la mujer. Fue actriz de teatro, maestra rural y profesora de literatura.

fought

Su poesía es a veces torturada, intelectual y de ritmos duros. En ella se refleja su idea de que la mujer, a pesar de ser igual que el hombre, vive en una especie de esclavitud° con respecto a este.

slavery

El final de la vida de Alfonsina Storni fue trágico. Al saber que tenía cáncer, escribió un breve poema que tituló "Voy a dormir", y se suicidó en el mar. Su muerte° inspiró la famosa canción "Alfonsina y el mar". Entre sus libros de poemas podemos mencionar *El dulce daño, Ocre,* considerado por muchos críticos como el mejor, *Mundo de siete pozos y Macarilla y trébol.*

death

Antes de leer

ESTRATEGIA **Reading poetry** Just as in the case of short stories or essays, paying attention to a poem's title and skimming through it can help you understand it. In poetry, the rhyme, the symbols and images, and sometimes the repetition of certain sounds, words, or phrases give the reader what is necessary to aid comprehension and to appreciate the work.

El poema

1. The title of the poem is "Cuadrados y ángulos." What do these words mean to you?
2. What words are repeated throughout the poem?
3. Read the poem aloud in order to sense the feeling of *sameness* that expresses the lack of originality the poet wants to convey.

Cuadrados y ángulos

Casas enfiladas°, casas enfiladas, — *in a row*
casas enfiladas,
cuadrados°, cuadrados, cuadrados, — *squares*
casas enfiladas.
Las gentes ya tienen el alma° cuadrada, — *soul*
ideas en fila,
y ángulo en la espalda°; — *back*
yo misma he vertido° ayer una lágrima° — *have shed / tear*
Dios mío°, cuadrada. — Dios... *my God*

Alfonsina Storni, "Cuadrados y ángulos," *El dulce daño* (1918).

38. Comprensión As you read the poem, find the answers to the following questions.

1. ¿Cómo están las casas?
2. ¿Qué formas geométricas usa la poetisa?
3. Según la poetisa, ¿cómo es el alma de las gentes?
4. ¿Qué dice de las ideas?
5. ¿Qué ha vertido la poetisa?

Después de leer... reflexiones

39. Preguntas In groups of three, have a conversation about the following.

1. ¿Prefieren ustedes vivir en una vecindad *(neighborhood)* en la que las casas son iguales o muy similares o en una vecindad en la que todas las casas son diferentes y originales? ¿por qué?
2. Generalmente, ¿ustedes prefieren pensar como la mayoría de la gente o prefieren ser individualistas? ¿por qué?

¡Vamos a escribir!

Antes de escribir

ESTRATEGIA **Brainstorming and organizing** When getting ready to write, you should think about your main topic and two or three subtopics. Jot down everything that comes to mind, and then try to organize your ideas and, if applicable, a sequence of events.

¡A escribir!

40. Mis ideas Write the **primer borrador** (first draft) of your essay. You will write two or three paragraphs describing how you think and how you live your life. Do you generally try to agree **(tratas de estar de acuerdo)** with what other people think or do you have a tendency to think and do things your own way? Do you work well with others? Do you accept other people's ideas easily or not? Do you try to impose **(imponer)** your ideas on them?

Después de escribir

41. ¡A revisar! Before writing the final version of your essay, exchange your first draft with a classmate's and peer edit each other's work, using the following guidelines:

a. correct use of verbs
b. organization according to ideas

AUTOPRUEBA

¿Cuánto sé ahora?

Take this test. When you have finished, check your answers in the answer key provided in Appendix D. Then use a red pen to correct any mistakes you may have made. Are you ready?

A. Direct and indirect object pronouns used together Complete the following sentences using the Spanish equivalents of the words in parentheses.

1. Yo compré un ramo de margaritas y ______________. *(sent it to her)*
2. Yo necesito mi chequera. ¿Tú ______________? *(can bring it to me)*
3. Nosotros necesitamos la computadora. Ana ______________. *(can lend it to us)*
4. Si tú quieres mis valijas, yo ______________. *(can give them to you)*
5. Yo sé que ustedes necesitan los cheques, pero yo ______________. *(cannot bring them to you)*
6. Cuando mi hermano necesita dinero, yo ______________. *(send it to him)*

B. Preterite of *ir*, *ser*, and *dar* Change all verbs to the preterite.

1. Yo voy a su casa y le doy el recibo.
2. Nosotros somos sus estudiantes. Ella es nuestra profesora favorita.
3. Teresa va a la florería y nosotros le damos el dinero para comprar rosas.
4. ¿Tú eres estudiante de la doctora Fuentes?
5. Tu vas al teatro con Nora y nosotros vamos al baile con Fernando.
6. Ellos le dan un ramo de claveles para su cumpleaños.
7. El banco no le da el préstamo y tú no le das dinero.
8. ¿Qué le dan ustedes a su mamá?

C. Preterite of *e:i* and *o:u* stem-changing verbs Complete the following sentences, using the preterite tense of the verbs listed below, as needed.

mentir   dormir   seguir   conseguir   pedir   repetir   morir   servir

1. ¿______________ ellos en el hotel el jueves?
2. Los chicos ______________ a sus amigos a la tienda.
3. Nosotros ______________ sándwiches de jamón y queso.
4. Ella me ______________. No tiene veinte años.
5. ¿No ______________ Ud. el dinero para ir de vacaciones?
6. ¿Qué le ______________ los niños a Santa Claus?
7. El hombre ______________ en un accidente.
8. Ella me ______________ la pregunta.
9. Anoche yo _________ bien, pero Ana _________ muy mal.
10. ¿Ud. _________ un préstamo en el banco ayer?

D. Uses of *por* and *para* Complete the following, using *por* and *para.*

En San Juan vamos a llamar (1)_________ teléfono a nuestra amiga Julia, que estudia allí (2)_________ abogada. Ella va a venir (3)_________ nosotros. Tenemos que regresar (4)_________ el treinta de agosto (5)_________ empezar las clases. (6)_________ pagar (7)_________ el viaje y (8)_________ los regalos que compramos (9)_________ nuestros padres, vamos a pedir un préstamo en el banco.

E. Formation of adverbs Give the Spanish equivalents of the adverbs in parentheses.

1. Me gustan las flores, _________ las rosas. *(especially)*
2. Yo _________ voy a conciertos. *(frequently)*
3. El profesor habló _________ y _________. *(slowly and clearly)*
4. Vino a verme _________. *(recently)*
5. _________ voy al banco los sábados. *(Generally)*
6. _____________ no tengo dinero. *(Unfortunately)*

F. Just words . . . Choose the word or phrase that does not belong in each group.

1. girasol	geranio	préstamo
2. fechar	estacionar	aparcar
3. de modo que	de manera que	creo que
4. No trabajo.	Trabajo.	Tengo el día libre.
5. pedir	parquear	solicitar
6. hidrante	orquídeas	pensamientos
7. flores	jardín	talonario de cheques
8. estacionar	fechar	firmar
9. incendio	gerente	fuego
10. boca de incendios	banco	cajero automático
11. multa	tulipán	lila
12. por desgracia	al contado	desafortunadamente
13. saldo	cuenta de ahorros	fuego
14. cuenta corriente	ramo	presupuesto

G. Cultura

1. Complete the following, based on the information found in the **¿Tú lo sabías?** sections.
   a. Cada nación latinoamericana tiene un banco _________.
   b. Muchos bancos latinoamericanos tienen su propia _________ de crédito.
2. Complete the following, based on the **El mundo hispánico y tú** section.
   a. Puerto Rico es un Estado Libre _________ de los Estados Unidos.
   b. Una importante fuente de ingreso de Puerto Rico es el _________.

H. Un dicho Do you remember the Spanish saying that is equivalent to "Those were the good old days"? Find it in this lesson.

LECCIÓN 9

PREPARATIVOS PARA UNA FIESTA

Celebrando un aniversario de bodas

E+/Getty Images

OBJETIVOS COMUNICATIVOS

You will learn vocabulary related to shopping for groceries, meal preparation, and daily routines.

SITUACIONES

¡Feliz aniversario!

ESTRUCTURAS

1. Reflexive constructions
2. Some uses of the definite article
3. Possessive pronouns
4. Irregular preterites
5. **Hace...** meaning *ago*

ASÍ SOMOS

¡Vamos a ver!

Watching and understanding situations

¡Vamos a escuchar!

Dealing with fast speech

¡Vamos a conversar!

Using pauses to manage a conversation

Rincón literario

Skimming for key information

La señorita Julia by Ana Cortesi

¡Vamos a escribir!

Organize ideas in order of importance

EL MUNDO HISPÁNICO Y TÚ

› Cuba

› La República Dominicana

AUTOPRUEBA

You will review what you learned in this lesson.

Robert Nicholas/OJO Images/Getty Images

CUBA es la mayor de las islas del archipiélago de las Antillas. Su figura es similar a la de un cocodrilo y, como es larga y estrecha *(narrow)*, tiene extensas costas en las cuales hay playas de gran belleza *(beauty)*. Muchos llaman a Cuba "la Perla de las Antillas".

LA REPÚBLICA DOMINICANA es parte de la isla que Colón llamó La Española. Tiene una naturaleza extraordinaria, fascinante historia y gran riqueza cultural. Es un destino turístico sin igual. Sus hermosas playas, como Punta Cana, La Romana y Puerto Plata, atraen millones de turistas todos los años.

El Malecón, la avenida más famosa de la Havana

Roxana Gonzalez / Shutterstock.com

La Playa Bávaro en Punta Cana

Petr Kopka / Shutterstock.com

SITUACIONES

¡Feliz aniversario!

CD2-14

¡Ubíquelos!

Don Carlos lives with his family in Santo Domingo, the capital of the Dominican Republic, but still misses his native Cuba. When you watch this video, you will get a sense of the places he remembers. You will also see places that are now part of their lives.

Matelly/Cultura/Getty Images

g-stockstudio/Shutterstock

Don Carlos Ferreyra y su esposa, doña Consuelo, celebran sus bodas de oro. Ellos viven ahora en Santo Domingo, la capital de la República Dominicana, con su hija Noemí y su yerno Daniel y sus tres nietos, Graciela, Alberto y Teresa. Don Carlos y su esposa vinieron de Cuba hace más de cuarenta años, después de la revolución castrista[1]. A veces los dos extrañan los lugares donde nacieron y donde pasaron su infancia y su juventud: La Habana, Camagüey, Pinar del Río... Graciela, Alberto y Teresa están ahora en un supermercado, haciendo las compras.

GRACIELA: *(A Teresa)* ¿Trajiste la lista que te dio mamá?

TERESA: ¡Ay, no! ¡Me olvidé de traerla! La puse en mi otra cartera... pero me acuerdo de todas las cosas que necesitamos.

ALBERTO: Yo también: manzanas, naranjas, mangos, plátanos, uvas, aguacates...

TERESA: Y verduras: cebolla, lechuga, pepinos, zanahorias...

GRACIELA: ¡No podemos acordarnos de todo! A ver... azúcar, tres latas de salsa de tomate, pan, mantequilla...

TERESA: ¡Ay, chicos! ¡Yo tengo la culpa! ¡Y mamá está contando con nosotros!

ALBERTO: Yo la ayudé. Es verdad que me levanté un poco tarde, pero... fui a la pescadería y traje el pescado que le gusta al abuelo.

GRACIELA: ¡Yo me levanté a las seis! ¡Y tuve solamente dos horas para bañarme, lavarme la cabeza y vestirme!

TERESA: ¡Pobrecita! Yo me levanté muy temprano, ¡a pesar de que no me acosté hasta la medianoche!

Los chicos terminan de hacer las compras y están listos para pagar.

ALBERTO: *(A Teresa)* ¿Tú tienes tu tarjeta de crédito? La mía está en mi billetera, que está en mi cuarto.

[1]de Fidel Castro, líder de la revolución cubana

Teresa: ¡La mía está en mi otra cartera! Graciela, ¿tú tienes la tuya?

Graciela: No... ¿No te acuerdas que yo perdí la mía hace una semana?

Teresa: Vamos a tener que llamar a mamá...

Por la noche, todos se divierten en la fiesta. Alberto toca la guitarra y Graciela canta unas canciones cubanas. Don Carlos recita un poema de José Martí. A las dos de la mañana, los invitados se van.

Noemí: *(A sus tres hijos)* Todo estuvo muy bien pero, de ahora en adelante, ¡yo hago las compras en el supermercado!

¿Tú lo sabías?

En los países hispanos frecuentemente hay dos o más generaciones que viven en la misma *(same)* casa. Los abuelos, por ejemplo, muchas veces viven con sus hijos y contribuyen al cuidado *(care)* de los niños. Muy raramente las personas mayores viven en una casa de ancianos *(nursing home)*.

› **En este país, ¿las personas mayores generalmente viven con sus hijos o en una casa de ancianos?**

1. **Hablemos.** With a classmate, take turns asking and answering the following questions. Base your answers on the dialogue and on your own circumstances.

En el diálogo

1. ¿Dónde pasaron su infancia don Carlos y doña Consuelo?
2. ¿Qué extrañan ellos?
3. ¿De qué se olvidó Teresa? ¿De qué se acuerda?
4. ¿Qué verduras va a comprar Teresa?
5. ¿Qué compró Alberto? ¿Dónde lo compró?
6. ¿A qué hora se levantó Graciela?
7. ¿Dónde tiene Alberto su tarjeta de crédito?
8. ¿Qué perdió Graciela hace una semana?
9. ¿Quién tocó la guitarra en la fiesta?
10. ¿Qué recitó don Carlos?

¿Y tú?

1. ¿Dónde pasaste tu niñez?
2. ¿Qué extrañas tú? ¿Extrañas a alguien?
3. ¿Tú te olvidas de muchas cosas o siempre te acuerdas de todo?
4. ¿Qué verduras te gustan a ti?
5. ¿Tú compras pescado a veces? ¿Dónde lo compras?
6. ¿A qué hora te levantas tú? ¿A qué hora te acuestas? (Me levanto / Me acuesto...)
7. ¿Tú tienes tarjetas de crédito? ¿Las usas frecuentemente?
8. ¿Tú perdiste algo recientemente? ¿Qué?
9. ¿Tú tocas algún instrumento? ¿Cuál es tu favorito?
10. ¿Te gusta leer poemas? ¿Quién es tu poeta favorito?

VOCABULARIO

En el diálogo

Cognados

el aniversario	*anniversary*
la guitarra	*guitar*
la lista	*list*
el mango	*mango*
la revolución	*revolution*
el supermercado	*supermarket*
el tomate	*tomato*

Nombres

el aguacate	*avocado*
el azúcar	*sugar*
la billetera	*wallet*
la boda	*wedding*
la canción	*song*
la cartera, el bolso	*purse*
la cebolla	*onion*
la infancia, la niñez	*childhood*
la juventud	*youth*
la lata, el bote *(Méx.)*	*can*
la lechuga	*lettuce*
el lugar	*place*
la mantequilla	*butter*
la medianoche	*midnight*
la naranja	*orange*
el oro	*gold*
el pepino	*cucumber*
la pescadería	*fish store*
el plátano, la banana	*banana*
pobrecito(a)	*poor thing*
la salsa	*sauce*
las uvas	*grapes*
la zanahoria	*carrot*

Verbos

acordarse (o:ue) (de)	*to remember*
acostarse (o:ue)	*to go to bed*
bañarse	*to bathe*
celebrar, festejar	*to celebrate*
divertirse (e:ie)	*to have fun, to have a good time*
extrañar	*to miss*
irse	*to leave, to go away*
levantarse	*to get up*
nacer	*to be born*
olvidarse (de)	*to forget*
recitar	*to recite*
tocar	*to play (e.g., a musical instrument)*
vestirse (e:i)	*to get dressed*

Otras palabras y expresiones

a pesar de que	*in spite of the fact that*
las bodas de oro	*golden (wedding) anniversary*
de ahora en adelante	*from now on*
hace una semana	*a week ago*
lavarse la cabeza	*to wash one's hair*
temprano	*early*
tener la culpa	*to be at fault*

Una adivinanza° — *riddle*

A un naranjo° me subí;° — *orange tree / I climbed*
naranjas encontré;
naranjas no comí;
naranjas no dejé.
¿Cuántas naranjas había° en el árbol?[1] — *were there*

[1]*Answer:* dos naranjas

© Georgios Alexandris/Shutterstock.com

¿Tú lo sabías?

La palabra **salsa** *(sauce, spice)* se usa también para referirse a la música caribeña. Actualmente este ritmo, basado en la música afrocubana, es muy popular en muchos países.

› **¿Cuáles son los ritmos típicos de este país?**

Más sobre el tema

Para hacer compras

la carnicería	*meat market*
la farmacia	*pharmacy*
la ferretería	*hardware store*
la joyería	*jewelry store*
la panadería	*bakery*
la zapatería	*shoe store*

Instrumentos musicales

la batería	*drums*
el clarinete	*clarinet*
el contrabajo	*bass*
la flauta	*flute*
el órgano	*organ*
el piano	*piano*
la trompeta	*trumpet*
el violín	*violin*

¿Tú lo sabías?

Aunque en la actualidad los supermercados son muy populares en los países de habla hispana, todavía es costumbre comprar en pequeñas tiendas especializadas en uno o dos productos: panadería, pescadería, etc. La mayoría de los pueblos tienen un mercado central, con pequeñas tiendas. Mucha gente todavía prefiere comprar en estos mercados donde los precios son más bajos y los clientes pueden regatear *(bargain)* con los vendedores *(merchants)*.

› **¿Hay en su ciudad pequeñas tiendas que se especializan en dos o más productos? ¿Hay mercados al aire libre?**

Práctica

2. ¿Qué es? Write the words or phrases from the vocabulary that correspond to the following.

1. fruta cítrica ________
2. banana ________
3. celebrar ________
4. opuesto de acordarse ________
5. cartera ________
6. lugar donde compramos pescado ________
7. infancia ________
8. las doce de la noche ________

3. Para completar Complete the following sentences, using vocabulary from this lesson.

1. La ________ castrista empezó en Cuba en 1959.
2. Ellos ________ sus ________ de oro este año.
3. De ________ en adelante yo voy a estudiar más.
4. Voy a ________ un poema.
5. ¿Dónde tienes tu tarjeta de crédito: en la ________ o en la cartera?
6. Voy a comprar tres ________ de salsa de ________.
7. En el ________ yo siempre compro muchas ________: mangos, aguacates, piñas y naranjas.
8. Cuando voy a la ________ siempre compro salmón.

Para conversar

4. Habla con tu compañero(a) de clase. With a classmate, take turns asking and answering the following questions.

1. Para preparar una ensalada, ¿usas apio o repollo? ¿Tú le pones aceite y vinagre a la ensalada?
2. Cuando preparas una ensalada de frutas, ¿prefieres usar duraznos, sandía o fresas? ¿Usas piña y bananas?
3. Cuando comes pan tostado, ¿prefieres usar mantequilla o margarina? ¿Y cuando haces una torta?
4. ¿Qué días haces las compras en el supermercado? ¿Hay una panadería? ¿Y una carnicería?
5. La última vez *(last time)* que fuiste al supermercado, ¿te acordaste de comprar papel higiénico? ¿Qué te olvidaste de comprar?
6. ¿Cuándo fue la última vez que fuiste a una joyería? ¿A una zapatería? ¿Tú crees que hay más mujeres o más hombres que van a la ferretería?
7. ¿Tú tocas algún instrumento musical? ¿Te gusta más el violín, la batería o el contrabajo?
8. ¿Te gusta la música de jazz? ¿Prefieres aprender a tocar la trompeta, el clarinete o la flauta? Si uno sabe tocar el piano, ¿es fácil aprender a tocar el órgano?

CD2-15

Pronunciación

La entonación

Intonation refers to the variations in the pitch of your voice when you are talking. Intonation patterns in Spanish are different from those in English. Note the following regarding Spanish intonation.

1. For normal statements, the pitch generally rises on the first stressed syllable.

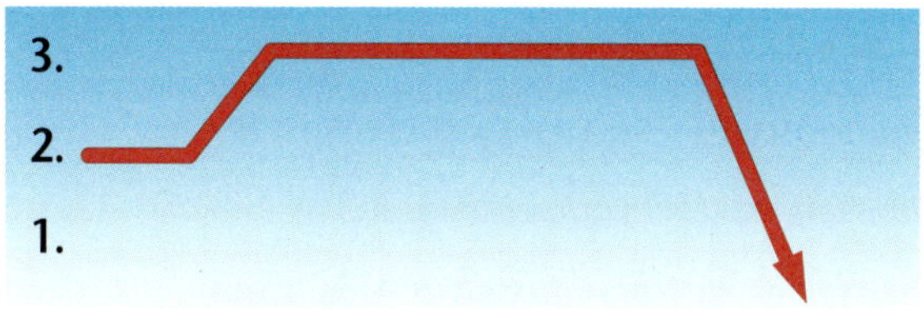

Yo compré el regalo para Elena.

2. For questions eliciting information, the pitch is highest on the stressed syllable of the interrogative pronoun.

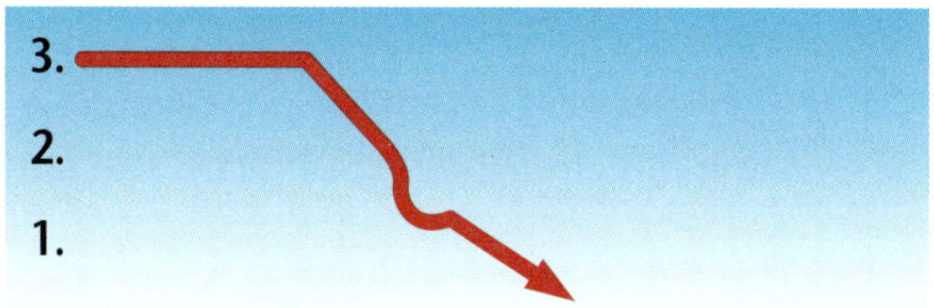

¿Cómo está tu mamá?

3. For questions that can be answered with **sí** or **no,** the pitch is generally highest on the last stressed syllable.

¿Fuiste al mercado ayer?

4. In exclamations, the pitch is highest on the first stressed syllable.

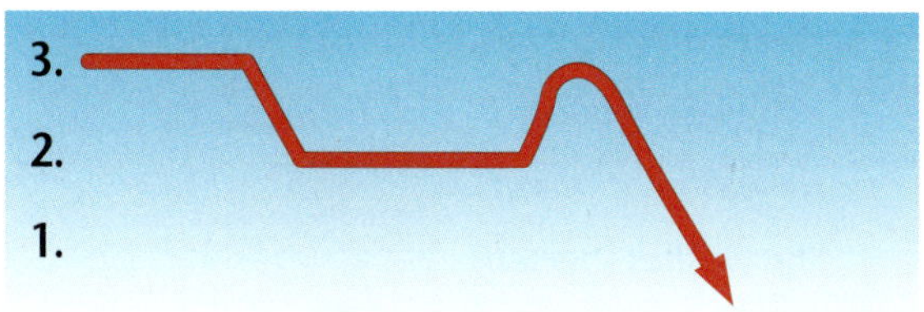

¡Qué bonita es esa chica!

ESTRUCTURAS

1 Reflexive constructions *(Construcciones reflexivas)*

A. Reflexive pronouns

Subjects		Reflexive pronouns
yo	**me**	*myself, to (for) myself*
tú	**te**	*yourself, to (for) yourself* (**tú** *form*)
nosotros(as)	**nos**	*ourselves, to (for) ourselves*
vosotros(as)	**os**	*yourselves, to (for) yourselves* (**vosotros** *form*)
Ud.	**se**	*yourself, to (for) yourself* (**Ud.** *form*)
Uds.	**se**	*yourselves, to (for) yourselves* (**Uds.** *form*)
él	**se**	*himself, to (for) himself*
ella	**se**	*herself, to (for) herself*
	se	*itself, to (for) itself*
ellos, ellas	**se**	*themselves, to (for) themselves*

- Reflexive pronouns are used whenever the direct or indirect object is the same as the subject of the sentence.
- Note that except for **se,** the reflexive pronouns have the same forms as the direct and indirect object pronouns.
- The third-person singular and plural **se** is invariable.
- Reflexive pronouns are positioned in the sentence in the same manner as object pronouns. They are placed in front of a conjugated verb—**Yo *me* levanto**—or they may be attached to an infinitive or to a present participle: **Yo voy a levantar*me*. Yo estoy levantándo*me*.**

B. Reflexive verbs

- Many verbs can be made reflexive in Spanish: that is, they can be made to act upon the subject by the use of a reflexive pronoun.

lavarse	*to wash oneself*
Yo **me lavo.**	*I wash (myself).*
Tú **te lavas.**	*You wash (yourself).* (**tú** *form*)
Ud. **se lava.**	*You wash (yourself).* (**Ud.** *form*)
Él **se lava.**	*He washes (himself).*
Ella **se lava.**	*She washes (herself).*
Nosotros(as) **nos lavamos.**	*We wash (ourselves).*
Vosotros(as) **os laváis.**	*You wash (yourselves).* (**vosotros** *form*)
Uds. **se lavan.**	*You wash (yourselves).* (**Uds.** *form*)
Ellos **se lavan.**	*They (masc.) wash (themselves).*
Ellas **se lavan.**	*They (fem.) wash (themselves).*

Julia baña al perro.

Julia se baña.

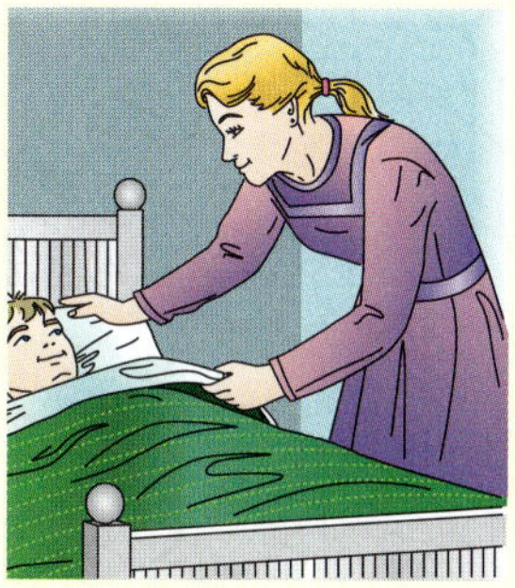

Elsa acuesta a su hijo a las siete.

Elsa se acuesta a las diez.

› In addition to the verbs included in the vocabulary list, the following verbs are commonly used in reflexive constructions.

afeitarse	*to shave*
cepillarse los dientes	*to brush one's teeth*
despertarse (e:ie)	*to wake up*
desvestirse (e:i)	*to get undressed*
peinarse	*to comb one's hair*
preocuparse (por)	*to worry (about)*
quejarse	*to complain*
sentarse (e:ie)	*to sit (down)*
sentirse (e:ie)	*to feel (mood or physical condition)*

—¿A qué hora **se acuestan** Uds.? *What time do you go to bed?*

—Yo **me acuesto** a las diez y Ana **se acuesta** a las doce. *I go to bed at ten and Ana goes to bed at twelve.*

¡Atención! The Spanish reflexives are seldom translated using the reflexive pronouns in English: **Yo me acuesto** = *I go to bed.*

› The following verbs have different meanings when they are used with reflexive pronouns.

acostar (o:ue) *to put to bed*	**acostarse** *to go to bed*
dormir (o:ue) *to sleep*	**dormirse** *to fall asleep*
ir *to go*	**irse** *to go away, leave*
levantar *to raise, lift*	**levantarse** *to get up*
llamar *to call*	**llamarse** *to be called*
poner *to put, place*	**ponerse** *to put on*
probar (o:ue) *to try; to taste*	**probarse** *to try on*
quitar *to take away*	**quitarse** *to take off*

—¿A qué hora se **levantaron** Uds.? *What time did you get up?*

—**Nos levantamos** muy temprano. *We got up very early.*

—¿Ya **te vas**? *Are you leaving already?*

—Sí, tengo que ir al mercado. *Yes, I have to go to the market.*

ESTRUCTURAS

Summary of Personal Pronouns				
Subject	***Direct object***	***Indirect object***	***Reflexive***	***Object of prepositions***
yo	me	me	me	mí
tú	te	te	te	ti
usted *(fem.)*	la	le	se	usted
usted *(masc.)*	lo			usted
él	lo			él
ella	la			ella
nosotros(as)	nos	nos	nos	nosotros(as)
vosotros(as)	os	os	os	vosotros(as)
ustedes *(fem.)*	las	les	se	ustedes
ustedes *(masc.)*	los			ustedes
ellos	los			ellos
ellas	las			ellas

Práctica

5. Todos los días Indicate what you and your relatives do and how you feel, by adding the correct forms of the verbs in parentheses.

1. Mis hermanos _________ (afeitarse) y _________ (peinarse) cuando van a salir.
2. Yo _________ (levantarse) a las seis de la mañana y _________ (acostarse) a las once de la noche.
3. ¿Tú _________ (lavarse) la cabeza cuando _________ (bañarse)?
4. Rogelio _________ (despertarse) muy temprano, pero los sábados no _________ (levantarse) hasta las diez.
5. Carlos _________ (bañarse), _________ (cepillarse) los dientes y _________ (vestirse) antes de salir.
6. Cuando nosotros vamos a la zapatería, siempre ___________ (probarse) muchos zapatos.
7. Eva _________ (sentarse) cerca de la puerta. Ana y yo _________ (sentarse) cerca de la pizarra.
8. Mis padres _________ (preocuparse) por nosotros y nosotros __________ (preocuparse) por ellos.
9. ¿Cómo _________ (sentirse), Anita? Yo no _________ (sentirse) muy bien.
10. Yo nunca _________ (quejarse), pero Laura _________ (quejarse) de todo.
11. Yo _________ (desvestirse) y _________ (quitarse) los zapatos *(shoes)* cuando llego a mi casa.
12. Yo a veces _________ (dormirse) mirando la tele.

Un dicho

Yo me lavo las manos.

Equivalent: *I wash my hands (of this).*

6. ¿Qué hacen? Say what these people are doing.

1. María ________ bien.

2. Los estudiantes ________ en la clase.

3. Juan le ________ el dinero al niño.

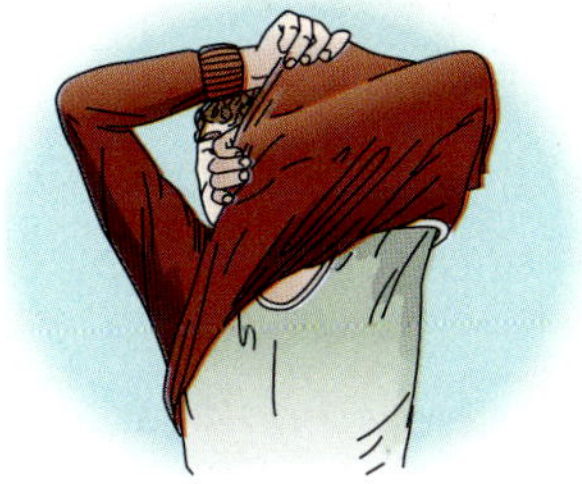

4. Pepito ________ el suéter.

5. Yo ________ la ________ en la clase.

6. Yo ________ a las seis.

7. Rosa ________ el ________ en la ________.

8. Rosa ________ el vestido *(dress)*.

7. ¿Y los demás? With a classmate, use your imaginations to compare what Alberto does to what the other people mentioned do. Take turns!

Alberto…

1. se levanta a las seis de la mañana y se acuesta a las once de la noche. (Yo)
2. se baña y se lava la cabeza por la noche. (Tú)
3. se cepilla los dientes dos veces al día. (Nosotros)
4. se preocupa por su hermano menor. (Mis amigos)
5. se despierta a las ocho los sábados. (Yo)
6. se sienta cerca de la pizarra cuando está en la clase. (Tú)
7. se queja cuando tiene que trabajar mucho. (Nosotros)
8. se llama Alberto Julián Ibarra. (Yo)
9. nunca se prueba la ropa antes de comprarla. (Las chicas)
10. no se siente muy bien hoy. (Tú)

Para conversar

8. **¡Habla con tu compañero(a)!** Interview a classmate, using the following questions and two of your own. When you have finished, switch roles. You should answer in complete sentences with the correct pronouns.

1. ¿A qué hora te levantas tú generalmente? ¿y los sábados? ¿A qué hora te levantaste hoy?
2. ¿A qué hora te acuestas? ¿A qué hora te acostaste anoche? ¿Dormiste bien?
3. ¿Puedes bañarte y vestirte en diez minutos? ¿Te lavas la cabeza cuando te bañas? ¿Te bañas por la mañana o por la tarde?
4. ¿Te miras en el espejo para peinarte?
5. ¿Te acordaste de traer el libro de español hoy? ¿A veces te olvidas de traerlo?
6. ¿Cómo se llama tu mejor amigo(a)? ¿Cómo se llama tu abuelo? ¿y tu abuela?
7. ¿Se preocupan tus padres por ti? ¿Tú te preocupas por alguien? ¿Por quién?
8. ¿Qué te pones cuando hace frío: un suéter o un abrigo? Cuando llueve, ¿te pones un impermeable o usas un paraguas?
9. ¿Siempre te pruebas los zapatos antes de comprarlos?
10. ¿Te quitas los zapatos cuando llegas a tu casa? ¿Te gusta caminar sin *(without)* zapatos?

9. **El Sr. Vega** With a classmate, take turns asking "Mr. Vega" the same questions in Activity 9, to inquire about his circumstances. Pay attention to the pronouns.

2 Some uses of the definite article *(Algunos usos del artículo definido)*

The definite article has the following uses in Spanish.

› The possessive adjective is often replaced by the definite article. An indirect object pronoun or a reflexive pronoun (if the subject performs the action upon himself or herself) usually indicates who the possessor is. Note the use of the definite article in Spanish in the following specific situations indicating possession.

› With parts of the body

Voy a cortar**le el pelo.**	*I'm going to cut his hair.*
Me lavé **las manos.**	*I washed my hands.*

› With articles of clothing and personal belongings

¿**Te** quitaste **el abrigo**?	*Did you take off your coat?*
Ellos **se** quitaron **el suéter.**	*They took off their sweaters.*

¡Atención! The number of the subject and verb generally does not affect the number of the thing possessed. Spanish uses the singular to indicate that each person has only one of any particular object.

Ellas se quitaron **el abrigo.** (Each one has one coat.)	*They took off their coats.*
but: Ellas se quitaron **los zapatos.** (Each one has two shoes.)	*They took off their shoes.*

- The definite article is used with abstract and generic nouns.

Me gusta **el té,** pero prefiero **el café.**	*I like tea, but I prefer coffee.*
Las madres siempre se preocupan por sus hijos.	*Mothers always worry about their children.*
La educación es muy importante.	*Education is very important.*

- The definite article is used with certain nouns, including **cárcel** *(jail)*, **iglesia** *(church)*, and **escuela,** when they are preceded by a preposition.

—¿Vas a **la iglesia** los domingos?	*Do you go to church on Sundays?*
—No, voy a **la iglesia** los sábados.	*No, I go to church on Saturdays.*
—¿Dónde están los chicos?	*Where are the children?*
—Están en **la escuela.**	*They're at school.*
—¿Jorge está en **la cárcel**?	*Is Jorge in jail?*
—Sí, yo lo visito todas las semanas.	*Yes, I visit him every week.*

- Remember that the definite article is also used with days of the week, when indicating titles in indirect address, and when telling time.

El Sr. Vega viene **el sábado** a **las tres** de la tarde.	*Mr. Vega is coming on Saturday at three o' clock in the afternoon.*

Práctica

10. Minidiálogos Supply the Spanish equivalents of the words in parentheses. Then act out the dialogues with a classmate.

1. —¿Tú vas todos los domingos a ________? *(church)*
   —No, los domingos voy a ________ a visitar a un amigo de mi hijo. *(jail)*
2. —¿Tú hablas frecuentemente con ________ Silva? *(Mr.)*
   —No, pero hablo con su esposa, ________ Álvarez. *(Dr.)*
3. —¿Qué dice ella de los problemas de ________? *(education)*
   —Ella dice que son muchos.
4. —¿Qué están haciendo ________ Gómez y ________ Díaz? *(Miss / Mrs.)*
   —Se están poniendo ________ porque hace mucho frío. *(their coats)*
5. —Luisito, ¿dónde estás?
   —Estoy en el baño. Me estoy lavando ________. *(my hands)*
6. —Amalia, ¿cuándo es tu clase de piano?
   —Es ________ ________ tres. *(on Tuesday / at)*
7. —________ conducen mejor que ________. *(Men / women)*
   —No, yo creo que ________ conducen mucho mejor. *(women)*
8. —¿Te gusta ________ italiana? *(food)*
   —Me encanta.

Un dicho

Las apariencias engañan.
Equivalent: *Appearances are deceiving.*

ESTRUCTURAS

Para conversar

11. ¡Habla con tu compañero(a)! With a classmate, take turns asking and answering the following questions in complete sentences.

1. ¿Qué te gusta más, el pescado o la carne? ¿Te gustan más las naranjas o las uvas?
2. ¿Qué te gusta más, el café o el té? ¿El agua mineral o los refrescos?
3. ¿Te lavas la cabeza todos los días? ¿Qué champú usas?
4. ¿Te quitas los zapatos cuando llegas a tu casa? ¿Te cambias de ropa?
5. ¿Te gustan los idiomas extranjeros *(foreign)*? ¿Te gusta más el francés o el español?
6. ¿Vas a la iglesia los domingos? ¿A qué hora vas? ¿Con quién vas?
7. ¿Qué es más importante para ti, el amor o el dinero?
8. ¿Quiénes conducen mejor, los hombres o las mujeres? ¿Quiénes son más eficientes?

3 Possessive pronouns *(Pronombres posesivos)*

Singular		**Plural**		
Masculine	***Feminine***	***Masculine***	***Feminine***	
el mío	la mía	los míos	las mías	*mine*
el tuyo	la tuya	los tuyos	las tuyas	*yours* (fam.)
el suyo	la suya	los suyos	las suyas	*yours* (form.) / *his* / *hers*
el nuestro	la nuestra	los nuestros	las nuestras	*ours*
el vuestro	la vuestra	los vuestros	las vuestras	*yours* (fam.)
el suyo	la suya	los suyos	las suyas	*yours* (form.) / *theirs*

LEARNING TIP
Remember that pronouns are especially useful when, in conversation or writing, you need to refer again to an idea or something or someone that you have already introduced. For example: **La novia de Luis es de Perú. *La mía* es de Chile.**

In Spanish, possessive pronouns agree in gender and number with the thing possessed. They are generally used with the definite article.

—Aquí están **mis maletas.** ¿Dónde están **las tuyas**? — *Here are my suitcases. Where are yours?*
—**Las mías** están en mi cuarto. — *Mine are in my room.*

—**Nuestro profesor** es de Colombia. — *Our professor is from Colombia.*
—**El nuestro** es de Venezuela. — *Ours is from Venezuela.*

—**Mi apartamento** está en la calle Palma. — *My apartment is on Palma Street.*
—**El mío** está en la calle Estrella. — *Mine is on Estrella Street.*

¡Atención! After the verb **ser,** the definite article is frequently omitted.

—¿Estos billetes son **suyos,** señor? — *Are these tickets yours, sir?*
—No, no son **míos.** — *No, they're not mine.*

› Because the third-person forms of the possessive pronouns **(el suyo, la suya, los suyos, las suyas)** can be ambiguous, they can be replaced by the pronouns below for clarification.

	Ud.		
el de	él	el [libro]	de él
la de	ella	el	**de él**
los de	Uds.		
las de	ellos	Es **suyo.** (*unclarified*)	
	ellas	Es **el de él.** (*clarified*)	

—Estas maletas son de Eva y de Jorge, ¿no? — *These suitcases are Eva's and Jorge's, aren't they?*
—Bueno, la maleta azul es **de ella y** la maleta marrón es **de él.** — *Well, the blue suitcase is hers, and the brown suitcase is his.*
—¿El piano es **de Uds.**? — *Is the piano yours?*
—No, es **de ellos.** — *No, it's theirs.*

Un dicho
Lo que es tuyo es mío y lo que es mío es tuyo.
Equivalent: *What's yours is mine and what's mine is yours.*

Práctica

12. Preguntas y respuestas Match the questions in column **A** with the answers in column **B.**

A		B
1. ¿La casa es de ustedes?	______	a. Sí, es suya.
2. ¿Los mapas son tuyos?	______	b. Sí, son mías.
3. ¿El reloj es de Ana?	______	c. Sí, es tuyo.
4. ¿Los bolígrafos son de ustedes?	______	d. Sí, es mía.
5. ¿El mantel es mío?	______	e. No, no son nuestros.
6. ¿La mochila es de Luisa?	______	f. Sí, es nuestra.
7. ¿Las revistas son tuyas?	______	g. Sí, es suyo.
8. ¿La computadora es tuya?	______	h. No, no son míos.

13. Minidiálogos Complete the following dialogues using the correct possessive pronouns.

1. —Mis padres viven en Cuba. ¿Dónde viven __________, señor Suárez? *(yours)*
   —__________ viven en Costa Rica. *(mine)*
2. —Mis llaves están en la mesa. ¿Dónde están __________, María? *(yours)*
   —__________ están en mi cuarto, pero Armando no tiene __________. *(mine / his)*
3. —Yo no tengo mi equipaje en el cuarto. ¿Elsa tiene __________ en su cuarto? *(hers)*
   —Sí, y también tiene __________. *(ours)*

14. Comparaciones With a classmate, make comparisons between the objects and people described and those in your own experience. Use appropriate possessive pronouns when asking each other questions.

Modelo —El hermano de Teresa tiene quince años. ¿Y el tuyo?
—El mío tiene dieciocho.

1. Los mejores amigos de Rosa son de Cuba.
2. El apartamento de Ana tiene cuatro cuartos.
3. Los padres de Ramiro viven en Pinar del Río.
4. El cumpleaños de Jorge es en septiembre.
5. Las maletas de Alina son verdes.
6. La hermana de Rafael es muy bonita.
7. El idioma de Hans es alemán.
8. Las primas de Enrique son cubanas.

Para conversar

15. Así es la vida *(Such is life)* In groups of three, compare some aspects of your lives, such as your rooms or apartments, relatives, classes, jobs, and so on. For example:

Modelo *—Mi apartamento está cerca de* (near) *la universidad.*
—El mío está cerca también.
—El mío está lejos.

4 Irregular preterites *(Pretéritos irregulares)*

› The following Spanish verbs are irregular in the preterite.

tener: tuve, tuviste, tuvo, tuvimos, tuvisteis, tuvieron
estar: estuve, estuviste, estuvo, estuvimos, estuvisteis, estuvieron
poder: pude, pudiste, pudo, pudimos, pudisteis, pudieron
poner: puse, pusiste, puso, pusimos, pusisteis, pusieron
saber: supe, supiste, supo, supimos, supisteis, supieron
hacer: hice, hiciste, hizo,[1] hicimos, hicisteis, hicieron
venir: vine, viniste, vino, vinimos, vinisteis, vinieron
querer: quise, quisiste, quiso, quisimos, quisisteis, quisieron

[1]Note that in the third-person singular form, **c** changes to **z** in order to maintain the soft sound.

decir: dije, dijiste, dijo, dijimos, dijisteis, dijeron[1]

traer: traje, trajiste, trajo, trajimos, trajisteis, trajeron[1]

conducir: conduje, condujiste, condujo, condujimos, condujisteis, condujeron[1]

traducir: traduje, tradujiste, tradujo, tradujimos, tradujisteis, tradujeron[1]

—¿Por qué no **viniste** anoche?	*Why didn't you come last night?*
—No **pude; tuve** que trabajar.	*I wasn't able to; I had to work.*
Y tú, ¿qué **hiciste**?	*And you, what did you do?*
—Yo **estuve** en casa toda la noche.	*I was home all night.*
—¿Qué me **trajeron** Uds.?	*What did you bring me?*
—Te **trajimos** una cámara.	*We brought you a camera.*
—¿Dónde la **pusieron**?	*Where did you put it?*
—La **pusimos** en tu cuarto.	*We put it in your room.*

¡Atención! The preterite of **hay** (impersonal form of **haber**) is **hubo** *(there was, there were)*.

Anoche **hubo** un concierto.	*Last night there was a concert.*

[1]Note that in the third-person plural ending of these verbs, the **i** is omitted.

Práctica

16. ¡Qué idiotas! Elsa and David are arguing. Complete their dialogue, using the preterite of the verbs given. Then act it out with a classmate.

Elsa: ¿Dónde ________ (estar) (tú) anoche? ¡________ (Venir) muy tarde!

David: ¡Te lo ________ (decir)! ________ (Estar) en casa de mamá. ________ (Tener) que hablar con papá. No te llamé porque no ________ (poder).

Elsa: ¿No ________ (poder) o no ________ (querer)?

David: Bueno. ¿Dónde ________ (poner) tú los documentos que yo ________ (traducir) ayer en la oficina?

Elsa: ¡Tú no ________ (traer) ningún documento!

David: No... los empleados los ________ (traer) cuando ________ (venir) ayer.

Elsa: Ellos no me ________ (decir) nada. ¡Son unos idiotas!

17. Ayer Read what the following people typically do. Then, using your imagination, say what everyone did differently yesterday.

1. Yo estoy en mi casa por la mañana.
2. Tú vienes a la universidad a las diez de la mañana.
3. Paquito hace ejercicio por la tarde.
4. Julio tiene que trabajar en el mercado.
5. Nosotros traemos a nuestros hijos a la escuela.
6. Ellos traducen las lecciones al inglés.
7. María se pone el suéter azul.
8. Yo conduzco mi coche.

ESTRUCTURAS

Para conversar

18. ¡Habla con tu compañero(a)! With a classmate, take turns asking each other the following questions and answering in complete sentences.

1. ¿Qué tuviste que hacer ayer? ¿Tuviste mucho trabajo? ¿Estuviste muy ocupado(a)?
2. ¿Qué hicieron tú y tus amigos ayer? ¿Tú hiciste algo interesante el sábado pasado?
3. ¿Dónde estuvieron tú y tu familia anoche? ¿Qué hicieron tus padres? ¿Tú estuviste en la biblioteca ayer?
4. ¿Hubo una fiesta en tu casa el mes pasado? ¿Quiénes vinieron?
5. ¿Hiciste ejercicio ayer? ¿Alguien tuvo que ayudarte?
6. ¿Viniste a clase la semana pasada? ¿Viniste solo(a)? ¿Qué días viniste?
7. ¿Pudiste venir temprano a la universidad ayer? ¿A qué hora viniste? ¿Alguien vino contigo? ¿Qué te pusiste para venir a la universidad? ¿Trajiste tu libro de español?
8. ¿Condujiste tu auto ayer o viniste en autobús?

19. ¿Qué hiciste? In groups of three, ask each other about what you did yesterday, last night, or last week. Use irregular preterite forms in your questions. Ask for as many details as possible.

Modelo —*¿Qué hicieron tú y tus amigos el fin de semana?*

—*Hicimos un viaje a Nueva York. ¿Qué hicieron el sábado?*

Marco Rubino/Shutterstock.com

5 *Hace...* meaning *ago* (*Hace... como equivalente de ago*)

Hace + *preterite* indicates how long ago something took place.

In sentences using the preterite and in some cases the imperfect, **hace** + *period of time* is the equivalent of the English *ago*.

LEARNING TIP
Here is another case of an English expression that uses the impersonal form **hace** in Spanish, along with weather expressions **(Lección 5)** and time expressions **(Lección 7).**

When **hace** is placed at the beginning of the sentence, the construction is as follows.

Hace + *period of time* + **que**
Hace + *dos años* + **que** la conocí.

—¿Cuánto tiempo hace que conociste a tu novia?	*How long ago did you meet your girlfriend?*
—**Hace tres años que** la conocí.	*I met her three years ago.*
—**Hace diez años que** ellos vinieron a los Estados Unidos. ¿Y tú?	*They came to the United States ten years ago. And you?*
—Yo llegué **hace cuatro años.**	*I arrived four years ago.*

¡Atención! Note that it is also possible to say: **Hace cuatro años que yo llegué.**

Práctica

20. ¿Cuánto tiempo hace? Say how long ago everything happened, according to the information provided.

Modelo Mi padre viajó el martes. Hoy es viernes.
Mi padre viajó hace tres días.

1. Mi nieto nació en junio. Estamos en diciembre.
2. El Sr. Calderón compró la ferretería en el año 2017. Estamos en el año 2019.
3. Yo desayuné a las ocho. Son las once y media.
4. Mis hijos fueron a Lima el lunes. Hoy es sábado.
5. Ramiro empezó a tocar la trompeta a las doce. Son las doce y cuarto.

Para conversar

21. Dime... With a classmate, take turns asking and answering these questions in complete sentences.

1. ¿Cuánto tiempo hace que llegaste a la universidad?
2. ¿Cuánto tiempo hace que conociste a tu profesor (a)?
3. ¿Cuánto tiempo hace que empezaste a estudiar aquí?
4. ¿Cuánto tiempo hace que tuviste un examen?
5. ¿Cuánto tiempo hace que terminaste la escuela secundaria?
6. ¿Cuánto tiempo hace que aprendiste a conducir?
7. ¿Cuánto tiempo hace que compraste tu coche?
8. ¿Cuánto tiempo hace que almorzaste?

22. ¡Hace mucho tiempo! With a classmate, take turns asking each other how long ago you did each of the following things.

Modelo visitar un museo
—¿Cuánto tiempo hace que visitaste un museo?
—Hace seis meses que visité un museo.
(Visité un museo hace seis meses.)

1. ir a la playa
2. ir al dentista
3. dar una fiesta
4. ir de compras
5. ir al cine
6. empezar a estudiar
7. ver a tus padres
8. ir de vacaciones
9. llamar a tu mejor amigo(a)
10. levantarse

Now, use similar questions to interview your instructor.

23. Acontecimientos importantes With a classmate, prepare two questions about how long ago an important event took place in his/her life. Then join another pair, and ask them your questions and answer theirs.

Modelo *—¿Cuánto tiempo hace que empezaste a estudiar español?*
—Hace un año que empecé a estudiar español.
(Empecé a estudiar español hace un año.)

¡Vamos a ver!

Antes de ver el video

24. Antes de ver el video You and a classmate take turns asking and answering the following questions.

1. ¿Cuántos años vas a cumplir en tu próximo cumpleaños?
2. Para festejar tu cumpleaños, ¿das una fiesta en tu casa o lo festejas en un restaurante?
3. ¿Tú sabes dónde pasaron tus padres su infancia y su juventud? ¿Ellos extrañan esos lugares?
4. ¿Tú sabes tocar la guitarra y cantar? ¿Sabes cantar "La guantanamera"? ¿Quieres aprender a cantarla?
5. ¿Tú tuviste que levantarte temprano ayer? ¿Qué hiciste? ¿Te acostaste muy tarde anoche?
6. ¿Tú puedes bañarte, lavarte la cabeza y vestirte en veinte minutos?
7. Generalmente, ¿a qué hora es la cena en tu casa?
8. ¿Tú tienes alguna receta especial?
9. El congrí, una comida cubana típica, se hace con arroz blanco y frijoles negros. ¿Tú sabes cocinarlo?
10. ¿Tú usas lechuga, tomates, cebollas, pepinos y zanahorias para preparar una ensalada?
11. Cuando fuiste al mercado, ¿te acordaste de comprar frutas? ¿Qué frutas compraste? ¿Pusiste algunas en el refrigerador?
12. Cuando haces una ensalada de frutas, ¿le pones azúcar? ¿La sirves con crema?
13. ¿Tú sabes preparar un flan? ¿Sabes preparar dulce de leche?
14. Cuando haces espaguetis, ¿usas salsa de tomate? ¿Tú la preparas o compras una lata de salsa de tomate?

El video: Guantanamera

—¿Y tú, Mario? ¿Qué hiciste?

—Yo tuve que levantarme muy temprano para ir a la pescadería para comprar un pargo, el pescado que le gusta a abuelo.

—Extrañas Cuba, ¿verdad?

—Mucho. Extraño los lugares donde pasé mi infancia y mi juventud: La Habana, Camagüey... Pinar del Rio...

Después de ver el video

Graciela

Magali

Mario

Don Rogelio

25. ¿Quién lo dice? Identify the person who said each of the following in the dialogues.

1. Yo tuve que levantarme muy temprano para ir a la pescadería.
2. Extraño los lugares donde pasé mi infancia y mi juventud.
3. Tu tío César va a hacer el lechón asado.
4. Yo le pongo azúcar y la sirvo con crema.
5. ¿Qué estás haciendo, abuelo?
6. ¡Ay, pobrecito! Yo me levanté a las cinco.
7. Estoy leyendo unos poemas de José Martí.
8. Todavía tengo que bañarme, lavarme la cabeza y vestirme.

26. Hablemos. With a classmate, take turns asking and answering the following questions. Base your answers on the dialogue.

1. ¿Cuántos años cumple don Rogelio?
2. ¿Qué trajo Magali para preparar el congrí?
3. ¿Qué trajo Magali para la ensalada?
4. ¿A qué hora tuvo que levantarse Mario? ¿Adónde fue? ¿Qué compró?
5. ¿A qué hora se levantó Magali? ¿A qué hora se acostó? ¿Con quién estuvo hablando?
6. ¿Qué frutas necesita Mario?
7. ¿Qué se olvidó de comprar Magali?
8. ¿Dónde está don Rogelio? ¿Qué está haciendo?
9. ¿Qué extraña don Rogelio? ¿Qué ciudades recuerda?
10. ¿Qué instrumento toca don Rogelio?

27. ¿Qué pasa después... ? You and a classmate use your imaginations to say what the characters do. In Spanish, discuss the following.

1. Whether or not everybody liked the barbecued pork that César prepared and what he served with it.
2. Whether or not everybody liked the fruit salad that Ramón prepared.
3. Whether or not Graciela was able to bathe, wash her hair, and get dressed before eight.
4. Whether Magali's grandpa played the guitar at the party and whether he and Magali sang their favorite song.
5. What Graciela and Magali bought at the supermarket a week after the party.
6. Whether Mario had to get up early the day after the party.
7. Whether Magali went to bed before eleven the night after the party.
8. Whether Mrs. Torales gave them another recipe.

Now compare your answers to those of the members of another group.

¡Vamos a escuchar!

ESTRATEGIA **Dealing with fast speech** Listening to speech when you can't ask the speaker to slow down or repeat is especially challenging in a foreign language, particularly if the language is spoken at what seems to be a fast pace. In such instances, try to listen for familiar words to understand what the topic is, or to get the gist of what is said. When dealing with fast speech in a classroom setting—with video or lab activities, for instance—you can often listen more than once and thus train yourself to become a better listener.

28. ¿Qué dijeron? Listen to a conversation between Ester and Raúl, and answer the following questions when you feel you can provide the answers or make guesses.
CD2-16

1. ¿Qué festejan hoy Ester y Raúl?
2. ¿Qué necesita Ester para la ensalada?
3. ¿Qué va a comprar Raúl en la pescadería?
4. ¿Quién va a traer el postre?
5. ¿Para qué debe ir Raúl a la joyería?

¡Vamos a conversar!

ESTRATEGIA **Using pauses to manage a conversation** In addition to asking for repetition or clarification **(Lección 2),** and restating something you hear in your own words **(Lecciones 7 and 8),** you can create pauses during a conversation in order to gain time to organize your thoughts and reply. The following words and expressions, most of which you have seen in previous lessons, are commonly used as pausing devices.

- Gaining time: **Bueno..., A ver...**
- Asking for your listener's attention: **Oye... (Óyeme...), Mira...**
- Reacting to what you hear: **¡Caramba!**
- Fillers: **Este..., Eh...** *(Uh . . . , Ummm . . .)*
- Correcting or clarifying what you are saying: **Es decir...** *(That is to say . . .)*

29. Este... Take turns telling a classmate about the last birthday you celebrated. Your goal is to describe the celebration as fully as you can. Tell whose birthday you celebrated, where, how many people attended, and talk about the food, gifts, etc. Use some of the phrases above when you need to pause or gain time to think.

30. ¿Qué dicen Uds.? What would you say in the following situations? What might the other person say? Act out the scenes with a classmate. Take turns playing each role.

1. You and your roommate are going to decide what you need from the grocery store. Don't forget to include fruits and vegetables.
2. You are talking to a prospective roommate and want to know about his/her daily routine. Ask him/her pertinent questions.
3. You are in Santo Domingo. Your Dominican friend is going to accompany you downtown to do some shopping. Tell him/her which stores you have to go to. You want to buy nails, shoes, a bracelet, medicine, etc. Say what time you want to leave.
4. Last night you called your friend Fernando and he wasn't home. Ask him where he was, what he had to do, whether or not he was able to speak with his parents, and what they said about the party.

31. Para conocernos mejor To do this activity, work with a classmate whom you would like to get to know. Take turns asking and answering these questions.

1. ¿Cuánto tiempo hace que empezaste a estudiar en esta universidad? ¿Te gusta la universidad? ¿Tienes muchos amigos aquí?
2. ¿Sabes algún poema en español? ¿Alguna canción? ¿Te gusta recitar poemas?
3. ¿Hiciste algo de interés anteayer? ¿Adónde fuiste? ¿Con quién estuviste? ¿Tuviste que trabajar? ¿Hubo una fiesta en tu casa?
4. ¿Qué hiciste anoche para cenar? ¿Tienes alguna receta *(recipe)* especial? ¿Dónde la conseguiste?
5. ¿A qué hora te despertaste hoy? ¿A qué hora te levantas generalmente? ¿Te gusta acostarte temprano o tarde?
6. Generalmente, ¿te bañas por la mañana o por la tarde? ¿Qué jabón usas? ¿Te lavas la cabeza todos los días? ¿Necesitas mucho tiempo para vestirte?
7. ¿Tomas café? ¿Le pones azúcar y crema? ¿Lo tomas después de las comidas o con las comidas?
8. ¿Dónde naciste? ¿Extrañas el lugar donde pasaste tu niñez? ¿Extrañas a tus amigos de la escuela? ¿Tú sabes dónde pasaron tus padres su juventud?

32. Una actividad especial para toda la clase

De compras en el supermercado The class will be divided into groups of 3 or 4"siblings" who need to do a lot of shopping.

Step 1: You are going to the supermarket. Make a list of things you need to buy to prepare a fruit salad, a green salad, and chicken and vegetable soup.

Step 2: You also need to buy a hammer, shoes, and a piece of jewelry for your grandmother. Talk about what stores you have to go to. You also need to try to figure out how much everything will cost, and how you are going to pay for it.

bokan/Shutterstock.com

Rincón literario

Ana Cortesi (Paraguay: 1936–)

Ana Cortesi, nacida en Paraguay y educada en Argentina, es autora de libros de texto para la enseñanza del español a nivel universitario. También publicó varios cuentos, entre ellos "La ciudad caníbal" y "La cicatriz", y poemas de tono intimista en los que expresa nostalgia por su patria.

Photographed by DanaArts

Antes de leer

ESTRATEGIA **Skimming for key information** In this story, you find out that *la señorita Julia* is 80 years old. Alberto falls in love with the beautiful girl in the painting (Julia, at eighteen years of age), and hates the woman that she has become. Those feelings turn into an obsession. What might happen?

¡A leer!

33. Comprensión Read the selection and find the answers to the following questions.

1. ¿En qué consiste el trabajo de Alberto?
2. ¿Cómo es el cuadro que Alberto contempla durante horas?
3. ¿Qué diferencia hay entre la muchacha del cuadro y la señorita Julia?
4. ¿Por qué mata Alberto a la señorita Julia?
5. ¿Qué hace la criada cuando descubre el cadáver de la señorita Julia?
6. ¿Cómo pueden estar seguros los policías de que no falta nada en la casa?
7. ¿Qué diferencia hay entre el cuadro que el inventario describe y el que ven los policias?

La señorita Julia

Alberto Aguirre necesita ganar algún dinero para poder asistir a la universidad. Solicita y obtiene un trabajo en la casa de la señorita Julia Ocampos, anciana° de ochenta años, que tiene muchísimo dinero y vive sola, con una criada. *old lady*

El trabajo de Alberto consiste en hacer un inventario completo de todas las posesiones de la señorita Julia.

Un día, Alberto sube a un cuarto pequeño, con cortinas de encaje° blanco y olor a jazmines. Es entonces que nota el cuadro enorme colgado en la pared. Es el retrato de una muchacha de belleza° espléndida, sentada bajo un árbol grande con margaritas en el regazo°. *lace* *beauty* *lap*

Alberto pasa horas en el cuarto, contemplando el cuadro. Allí trabaja, come, sueña°, vive... *dreams*

Un día oye los pasos° de la señorita Julia, que viene hacia el cuarto. *steps*

—¿Quién es? —pregunta Alberto, señalando el cuadro con mezcla de admiración, respeto y delirio.

—Soy yo... —responde la señorita Julia—, yo a los dieciocho años.

Alberto mira el cuadro y mira a la señorita Julia, alternativamente. En su corazón nace un profundo odio° por la señorita Julia, que es vieja y arrugada° y tiene el pelo blanco.

hatred
wrinkled

Cada día que pasa, Alberto está más pálido y nervioso. Casi no trabaja. Cada día está más enamorado de la muchacha del cuadro, y cada día odia más a la señorita Julia.

Una noche, cuando está listo para regresar a su casa, oye pasos que vienen hacia el cuarto. Es la señorita Julia.

—Su trabajo está terminado —dice—; no necesita regresar mañana…

Alberto mata a la señorita Julia y pone el cadáver de la anciana a los pies de la muchacha.

Pasan dos días. La criada llama a la policía cuando descubre el cuerpo de la señorita Julia en el cuarto de arriba.

—Estoy segura de que fue un ladrón —solloza° la criada.

weeps

—¿Falta algo de valor? —pregunta uno de los policías, mirando a su alrededor.

La criada tiene una idea: Va a buscar el inventario detallado, escrito por Alberto con su letra pequeña y apretada. Los dos policías leen el inventario y van por toda la casa y ven que no falta nada.

Regresan al cuarto.

Parados al lado de la ventana con cortinas de encaje blanco, leen la descripción del cuadro que tienen frente a ellos: "retrato de una muchacha de belleza espléndida, sentada bajo un árbol grande, con margaritas en el regazo."

—¡Qué raro! —exclama uno de los policías, frunciendo° el ceño—. Según este inventario, es el retrato de una muchacha, no de una pareja°…

frowning
couple

Después de leer... reflexiones

34. El amor In groups of three or four, discuss the following.

1. En una relación amorosa, ¿es mas importante el aspecto físico o la personalidad? Expliquen.
2. Imaginen ustedes lo que sucede *(happens)* si Alberto puede retroceder *(go back)* en el tiempo, y conoce a la señorita Julia cuando ella es joven.

¡Vamos a escribir!

Antes de escribir

ESTRATEGIA **Organizing ideas in order of importance** Brainstorm, write down your ideas, and group them, starting with the one you consider the most important.

› ¿Qué tipo de persona me haría feliz? As you write, think about what physical characteristics you prefer, and what traits you admire most in a person. Do you believe that opposites attract or that it is important to have things in common?

¡A escribir!

35. El compañero (La compañera) ideal Write the **primer borrador**.

Después de escribir

36. A revisar Before writing the final version, exchange your first draft with a classmate´s and peer edit each other´s work.

AUTOPRUEBA

¿Cuánto sé ahora?

A. Reflexive constructions Complete the following sentences, using the correct forms of the verbs given.

1. Mi padre _________ (afeitarse) por la mañana, pero mi hermano y yo _________ (afeitarse) por la tarde.
2. Yo _________ (levantarse) a las siete y _________ (acostarse) a las once de la noche.
3. Ayer todos _________ (divertirse) mucho en la fiesta de nuestro aniversario de bodas.
4. ¿Tú _________ (bañarse) por la mañana o por la tarde?
5. Paquito _________ (lavarse) las manos antes de comer.
6. Ayer yo _________ (olvidarse) de llevar la lista al supermercado.
7. Nosotros _________ (acordarse) de los lugares donde pasamos nuestra niñez.
8. ¿Uds. _________ (quitarse) los zapatos *(shoes)* cuando llegan a su casa? ¿Qué _________ (ponerse)?
9. ¿A qué hora _________ (despertarse) Ud.?
10. Nosotros _________ (preocuparse) por nuestros hijos.
11. En la clase, ¿tú _________ (sentarse) cerca de la puerta?
12. Yo _________ (vestirse) en diez minutos.

B. Some uses of the definite article Give the Spanish equivalents of the words in parentheses.

1. Yo me voy a poner _________. *(my blue shirt)*
2. Los niños están _________. *(in school)*
3. Las chicas se quitaron _________. *(their coats)*
4. Tienes que lavarte _________. *(your hands)*
5. _________ se preocupan por sus hijos. *(Parents)*
6. _________ tiene cafeína. *(Coffee)*

C. Possessive pronouns Give the Spanish equivalents of the pronouns in parentheses.

1. El vestido de Nora está aquí. _________ está en mi cuarto. *(Mine)*
2. Mis revistas están aquí. ¿Dónde están _________, Sr. Vega? *(yours)*
3. Ellos van a enviar sus cartas *(letters)* hoy. ¿Cuándo vamos a enviar _________? *(ours)*
4. No tengo maletas. ¿Puedes prestarme _________, Anita? *(yours)*
5. Aquí están los regalos de Jorge. ¿Dónde están _________? *(ours)*
6. Juan necesita tu cuaderno, Eva. _________ está en la universidad. *(His)*
7. La hija de Mirta nació en Cuba. _________ nació en Chile. *(Ours)*
8. Ana y Luis celebran su aniversario de bodas en febrero. ¿Cuándo celebran Uds. _________? *(yours)*
9. Su billetera está en el cuarto. ¿Dónde está _________? *(mine)*
10. Yo tengo mi guitarra. ¿Ud. tiene _________, señorita? *(yours)*

D. Irregular preterites Change all verbs to the preterite.

1. Ellas vienen a mi casa y traen a sus hijos.
2. Yo estoy en casa porque no tengo que trabajar.
3. Ella pone el dinero en el banco, pero no puede conseguir un préstamo.
4. Yo conduzco mi coche porque no quiero conducir el coche de mi papá.
5. ¿Qué te dicen ellos? ¿Hacen el trabajo?
6. Juan viene a las seis y hace ejercicio contigo.
7. Yo traigo los documentos y los traduzco.

8. ¿Tú puedes comprar las frutas? ¿Dónde las pones?
9. ¿Roberto trae a los niños? ¿Cómo lo saben Uds?
10. Nosotros venimos en ómnibus y tú vienes en auto.

E. *Hace...* meaning *ago* Say how long ago everything happened, according to the information provided.

1. Llegué aquí a las dos. Son las dos y media.
2. Vi a Carlos el lunes. Hoy es jueves.
3. Conocí a Eva en enero. Estamos en mayo.
4. Compré mi coche en el año 2017. Estamos en el año 2020.
5. Carlitos empezó a tocar el piano a las tres de la tarde. Son las tres y cuarto.

F. Just words . . .

a. Write the words or phrases that correspond to the following.

1. niñez ________
2. cartera ________
3. durazno ________
4. lata ________
5. opuesto de **mediodía** ________
6. lugar donde compramos carne ________
7. instrumento que tocan en las iglesias ________
8. fruta cítrica ________

b. Complete the following appropriately, using vocabulary from Lesson 9.

1. ¿Compraste papel ________?
2. ¿Te acordaste de comprar azúcar o te ________?
3. Roberto puso el dinero en la ________.
4. De ahora en ________ me voy a ________ a las seis de la mañana y me voy a ________ a las diez de la noche.
5. Me bañé y me lavé la ________ y después me ________.
6. ¿Los chicos no se ________ en la fiesta anoche? Bueno... Yo no tengo la ________.
7. Mis abuelos celebraron sus ________ de oro.
8. Yo le voy a prestar veinte dólares, a ________ de que no tengo mucho dinero.
9. Fui a la ________ para comprar zapatos y después fui a la ________ para comprar medicina.
10. Hace un año que no veo a mi hermana. La ________ mucho.

G. Cultura

1. Complete the following, based on the information found in the **¿Tú lo sabías?** sections.
   a. En los países de habla hispana todavía es costumbre comprar en tiendas especializadas en uno o dos ________.
   b. La palabra **salsa** *(sauce)* se usa también para referirse a la ________ caribeña.
2. Complete the following based on the information in the **El mundo hispánico y tú** section.
   a. Wifredo Lam es el más famoso de los ________ cubanos.
   b. La música típica de la República Dominicana es el ________.

H. Un dicho Do you remember the Spanish saying that is equivalent to *Appearances are deceiving*? Find it in this lesson.

LECCIÓN 10

BUSCANDO APARTAMENTO

Roman Samborskyi/Shutterstock.com

Una pareja busca apartamento en la ciudad de Caracas

OBJETIVOS COMUNICATIVOS

You will learn vocabulary related to renting an apartment, the various parts of a house, home furniture, and appliances.

SITUACIONES

Dos amigos

ESTRUCTURAS

1. The imperfect
2. The preterite contrasted with the imperfect
3. Verbs that change meaning in the preterite
4. The relative pronouns **que** and **quien**

ASÍ SOMOS

¡Vamos a ver!

Watching and understanding situations

¡Vamos a escuchar!

Training yourself to listen for units of meaning

¡Vamos a conversar!

Paraphrasing practice II

Rincón literario

Having a famous character in the title of a story

La tela de Penélope o quién engaña a quién by Augusto Monterroso

¡Vamos a escribir!

Analyzing feelings

EL MUNDO HISPÁNICO Y TÚ

› Venezuela

AUTOPRUEBA

You will review what you learned in this lesson.

Goodluz/Shutterstock.com

VENEZUELA Cuando los conquistadores españoles llegaron al lago Maracaibo, las construcciones de los indígenas a orillas del lago les recordaron las de Venecia, y por eso llamaron al país "Venezuela", nombre que significa "pequeña Venecia".

Paulo Fridman/SambaPhoto/Getty Images

Una plataforma petrolera en el lago de Maracaibo, Venezuela

Dos amigos

CD2-17

¡Ubíquelos!

Álvaro and Mirta are two Venezuelan students who live in Caracas, the capital of Venezuela. This video will give you a sense of their surroundings and an appreciation for the "presence" of Simón Bolívar, the great liberator who was born in this city.

Antoniodiaz/Shutterstock.com

Álvaro y Mirta, dos estudiantes venezolanos, se encuentran en un café de Caracas para tomar algo y charlar un rato. Mirta está tratando de encontrar un apartamento, que ella va a compartir con su hermana. Ahora las chicas viven en una pensión y tienen que mudarse. Álvaro conoció a Mirta el año pasado en una clase de historia y ahora son muy buenos amigos. En este momento están hablando de su niñez.

ÁLVARO: ¿Dónde vivías tú cuando eras niña?

MIRTA: Yo vivía en un pueblo pequeño, en una casa antigua y muy grande, con habitaciones amplias, de paredes blancas. La casa de mis abuelos no quedaba lejos, y los veíamos casi todos los días. ¿Y tú?

ÁLVARO: Yo vivía en Caracas. Cuando tenía siete años, mis padres y yo fuimos a vivir a Bogotá, pero volvimos tres años después. Como yo era hijo único, me gustaba más vivir en Caracas, porque todos mis primos estaban aquí. Íbamos a la escuela juntos, y a veces teníamos los mismos maestros.

MIRTA: Yo no sabía que eras hijo único... ¿Tus padres te malcriaban?

ÁLVARO: *(Se ríe.)* No, pero mi abuela, sí. ¡Y todavía me malcría! Ayer me dijo que yo necesitaba un traje nuevo, y quizás un coche...

MIRTA: *(Se ríe también.)* ¡Caramba! ¡Es tarde! Tengo que encontrarme con mi hermana para ver un apartamento desocupado que yo quiero alquilar. No es muy grande, pero el alquiler no es muy caro, y está amueblado. ¡Y está cerca de la estación del metro!

ÁLVARO: ¿El alquiler incluye la electricidad, el agua y el teléfono?

MIRTA: El teléfono, no. Yo voy a tratar de convencer a mi hermana de que el apartamento no es muy chico y de que el barrio no es malo... pero sé que se va a quejar.

ÁLVARO: Cuando yo me mudé a mi apartamento, no tenía muebles... Bueno, tenía una mesita de noche, una cómoda y una bolsa de dormir... pero ustedes estaban acostumbradas a vivir en una casa grande...

MIRTA: Bueno... esos eran otros tiempos... ¡No es lo mismo!

ÁLVARO: ¿Me vas a llamar para decirme si tienes una nueva dirección?

MIRTA: Sí, yo te voy a avisar.

1. Hablemos. With a classmate, take turns asking and answering the following questions. Base your answers on the dialogue and on your own circumstances.

En el diálogo

1. ¿Cuándo y dónde conoció Álvaro a Mirta?
2. ¿Dónde vivía Mirta cuando era niña?
3. ¿Mirta veía a sus abuelos frecuentemente?
4. ¿Álvaro tiene muchos hermanos?
5. ¿Quién malcría a Álvaro?
6. ¿Para qué va a encontrarse Mirta con su hermana?
7. ¿Cómo es el apartamento que quiere alquilar Mirta?
8. ¿El apartamento tiene muebles?
9. ¿Qué incluye el alquiler del apartamento?
10. Según Mirta, ¿quién se va a quejar?

¿Y tú?

1. ¿Cuándo y dónde conociste a tu mejor amigo(a)?
2. ¿Dónde vivías tú cuando eras niño(a)? (Yo vivía...)
3. ¿Tus abuelos vivían cerca *(near)* o lejos de tu casa?
4. ¿Tú eres hijo(a) único(a)?
5. ¿Alguien te malcriaba a ti?
6. ¿Tú tienes que encontrarte con alguien hoy?
7. ¿Cómo es el lugar donde tú vives?
8. ¿Qué muebles tienes tú?
9. ¿Tú pagas alquiler en el lugar donde vives?
10. ¿De qué te quejas tú?

Alexander Chaikin/Shutterstock.com

¿Cómo es el apartamento que quiere alquilar Mirta?

VOCABULARIO

En el diálogo

Cognados

la electricidad	*electricity*
la estación	*station*
venezolano(a)	*Venezuelan*

Nombres

el alquiler	*rent*
el barrio, la vecindad	*neighborhood*
la bolsa (el saco) de dormir	*sleeping bag*
el coche, el carro, el auto, el automóvil	*car*
la cómoda	*chest of drawers*
la escuela[1]	*school*
el (la) maestro(a)	*teacher*
la mesita de noche	*night stand*
el metro, el subterráneo	*subway*
los muebles	*furniture*
el (la) niño(a)	*child*
el pueblo	*town*
el traje	*suit*

Verbos

alquilar	*to rent*
avisar	*to let know, to advise*
compartir	*to share*
conocer	*to meet (for the first time)*
convencer	*to convince*
encontrarse (o:ue)	*to meet (someone somewhere)*
incluir[2]	*to include*
malcriar	*to spoil (e.g., a child)*
mudarse	*to move (from one house to another)*
quedar	*to be located*
quejarse	*to complain*
reírse[3]	*to laugh*

Adjetivos

acostumbrado(a)	*used to*
amplio(a)	*large, ample*
antiguo(a)	*old*
amueblado(a)	*furnished*
caro(a)	*expensive*
chico(a)	*small*
desocupado(a)	*vacant*
mismo(a)	*same*
único(a)	*only*

Otras palabras y expresiones

el (la) hijo(a) único(a)	*only child*
lejos	*far*
lo mismo	*the same thing*
todavía	*still*

¿Tú lo sabías?

La palabra **barrio** equivale simplemente al inglés *neighborhood,* pero en muchos lugares de los Estados Unidos y en algunos países latinoamericanos tiene una connotación negativa.

› **¿Te gusta el barrio donde vives?**

JGI/Tom Grill/Getty Images

Esta pareja se encuentra a tomar un café. ¿Crees que ya se conocen? ¿Dónde te encuentras tú con tus amigos a tomar café?

[1] **escuela primaria** = *elementary school;* **escuela secundaria** = *secondary school*
[2] present indicative: **incluyo, incluyes, incluye, incluimos, incluís, incluyen**
[3] present indicative: **me río, te ríes, se ríe, nos reímos, os reís, se ríen**

Más sobre el tema

Aparatos electrodomésticos y batería de cocina *(Home appliances and cookware)*

la cacerola	*pot*
la cafetera	*coffee pot, coffee-maker*
el horno	*oven*
la lavadora	*washing machine*
la licuadora	*blender*
el microondas	*microwave (oven)*
la plancha	*iron*
el refrigerador	*refrigerator*
la sartén	*frying pan*
la secadora	*clothes dryer*
la tostadora	*toaster*
la tabla de planchar	*ironing board*

Otro mueble

el librero	*bookshelf*

LEARNING TIP

Exercise your memory so that it may aid you in learning Spanish. Think of combining several new vocabulary items in funny or otherwise memorable statements, and visualize these statements in your mind. This will help you remember the new words.

Un dicho

Si quieres ver a la persona que causa muchos de tus problemas, mírate en el espejo.

Equivalent: *If you want to see the person who causes most of your problems, look in the mirror.*

Westend61/Getty Images

Práctica

2. Palabras Select the word or phrase that best completes each sentence.

1. Alejandra y yo (nos encontramos / nos quejamos / nos mudamos) en el cine.
2. Me voy a mudar. No me gusta esta (bolsa de dormir / vecindad / butaca).
3. No tengo muebles. Necesito un apartamento (amueblado / antiguo / caro).
4. Los niños (todavía / lo mismo / lejos) están en la escuela.
5. El alquiler (incluye / se queja / convence) la electricidad y el agua.
6. Aquí hay muchos apartamentos (desocupados / mismos / acostumbrados).
7. ¿Vas a comprar la casa o la vas a (avisar / alquilar / convencer)?
8. Guillermo es muy cómico. Siempre (me río / me quejo / me afeito) cuando estoy con él.

3. ¿Qué es? Write the words or phrases that correspond to the following.

1. barrio ________
2. metro ________
3. coche ________
4. opuesto de moderno ________
5. que no está ocupado ________
6. que tiene muebles ________

4. Para completar Complete the following, using appropriate vocabulary.

1. Ayer compré una bolsa de ________.
2. Tengo un ________ muy viejo, pero no me ________ porque no tengo que usar el autobús para ir a la universidad.
3. Voy a comprar algunos ________ para mi cuarto: dos mesitas de ________ y una ________.
4. ¿Dónde ________ usted a su novio(a)?
5. No necesito comprar muebles porque el apartamento está ________.
6. Quiero ________ pero no encuentro ningún apartamento ________ cerca de aquí.
7. Creo que yo puedo ________ a mi esposo(a) de alquilar esa casa, porque está en un ________ muy bueno.
8. ¿Dónde ________ la pensión donde vives?

Para conversar

5. Habla con tu compañero(a) de clase. With a classmate, take turns asking and answering the following questions.

1. ¿Hay una butaca y una mesa de centro en tu sala de estar? ¿Tienes un librero?
2. ¿Hay cuadros en la pared? ¿Hay un espejo?
3. ¿Hay una lámpara en tu mesita de noche? ¿Hay un reloj?

4. ¿Qué días cambias las sábanas y las fundas de tu cama? ¿Tienes una sobrecama? ¿Cuántas frazadas usas en el invierno?
5. ¿Tu casa tiene calefacción? ¿Hay un ventilador en tu dormitorio?
6. ¿Tu lavadora y tu secadora están en el garaje o en el cuarto de lavar? ¿Y la tabla de planchar?
7. ¿Qué usas más frecuentemente: el horno o el microondas? ¿la licuadora, la tostadora o la cafetera? ¿la cacerola o la sartén?
8. ¿Qué hay en tu refrigerador para comer? ¿Y para beber?

6. Mañana nos mudamos. With a classmate, play the roles of two people who are moving into a new house or apartment. Ask each other whether or not you have certain pieces of furniture, appliances, and kitchen utensils. You each answer what you have, and mention what you have to buy.

Modelo *—¿Tenemos... ?*
—Sí, tenemos..., pero tenemos que comprar...

7. No estamos de acuerdo. You and a classmate play the roles of two roommates looking for a new apartment. One likes everything and the other finds fault with everything.

Modelo *—Las cortinas son muy bonitas.*
—No me gusta el color...

CD2-18

Pronunciación

Pronunciation in context

In this lesson, there are some new words and phrases that may be challenging to pronounce. For further pronunciation practice of Spanish sounds, listen to your instructor and repeat the following sentences.

1. **Ahora** las chicas viven en una **pensión.**
2. Están hablando de su **niñez.**
3. La casa de sus abuelos no **quedaba lejos.**
4. ¿Tus padres **te malcriaban**?
5. El apartamento **está amueblado.**
6. **Incluye la electricidad** y el teléfono.
7. Voy a tratar de **convencer** a mi hermana.
8. Ustedes **están acostumbradas** a vivir en una casa grande.

1 The imperfect *(El imperfecto de indicativo)*

› There are two simple past tenses in the Spanish indicative: the preterite, which you studied in **Lecciones 7, 8,** and **9,** and the imperfect.

A. Regular forms

› To form the regular imperfect, add the following endings to the verb stem.

-*ar* verbs		-*er* and -*ir* verbs			
hablar		***comer***		***vivir***	
habl-	**aba**	com-	**ía**	viv-	**ía**
habl-	**abas**	com-	**ías**	viv-	**ías**
habl-	**aba**	com-	**ía**	viv-	**ía**
habl-	**ábamos**	com-	**íamos**	viv-	**íamos**
habl-	**abais**	com-	**íais**	viv-	**íais**
habl-	**aban**	com-	**ían**	viv-	**ían**

› Note that the endings of the **-er** and **-ir** verbs are the same, and that there is a written accent on the first **í** of the endings of the **-er** and **-ir** verbs.

› The Spanish imperfect tense is equivalent to three English forms.

Yo **vivía** en Caracas. — *I used to live in Caracas.* / *I was living in Caracas.* / *I lived in Caracas.*

› The imperfect is used to refer to habitual or repeated actions in the past, with no reference to when they began or ended.

—¿Ustedes **tenían** una casa en Caracas? — *Did you have a house in Caracas?*
—No, **vivíamos** en un apartamento. — *No, we lived in an apartment.*

› The imperfect is also used to refer to actions, events, or conditions that the speaker views as *in the process* of happening in the past, again with no reference to when they began or ended.

Veníamos para casa cuando vimos a Raúl. — *We were coming home when we saw Raúl.*

¿Tú lo sabías?

En las grandes ciudades españolas y latinoamericanas, la mayoría de la gente vive en apartamentos, que en España se llaman **pisos.** Los apartamentos se alquilan o se compran. Muchos edificios tienen oficinas o tiendas en la planta baja y apartamentos en los otros pisos.

› **En la ciudad donde vives, ¿la mayoría de la gente vive en casas o en apartamentos?**

B. Irregular forms

› Only three verbs are irregular in the imperfect tense: **ser, ver,** and **ir.**

ser	ver	ir
era	veía	iba
eras	veías	ibas
era	veía	iba
éramos	veíamos	íbamos
erais	veíais	ibais
eran	veían	iban

—¿**Ibas** mucho a casa de tus abuelos cuando **eras** niño? *Did you often go to your grandparents' house when you were a child?*

—Sí, los **veía** todos los sábados. *Yes, I used to see them every Saturday.*

—¿Adónde **iban** ustedes de vacaciones cuando eran niños? *Where did you go on vacation when you were children?*

—**Íbamos** a la playa o a las montañas. *We used to go to the beach or to the mountains.*

Práctica

8. Hace diez años Ten years ago, María wrote this composition about herself and her family. Rewrite her composition, using the imperfect tense.

Mi familia y yo vivimos en Caracas. Mi padre trabaja para la compañía Sandoval y mi madre enseña en la universidad. Es una profesora excelente. Mis hermanos y yo asistimos a la escuela. Generalmente pasamos las vacaciones en isla Margarita. Allí vamos a la playa y nadamos. Mis abuelos viven en Maracaibo y no los vemos mucho, pero siempre les escribimos.

9. Tu historia Now write a paragraph about your own childhood, using Activity 8 as a model.

10. Adolescentes Compare your teenage years with those of a classmate by taking turns completing the following sentences.

1. Cuando yo era adolescente...
2. Mi familia y yo siempre...
3. Mis abuelos...
4. Mi mejor amigo(a)...
5. Frecuentemente, nosotros...
6. Cuando yo tenía dieciséis años...
7. En la escuela, yo...
8. Todos los fines de semana, mis amigos y yo...
9. En el verano...
10. Cuando yo quería salir con mis amigos, mis padres...

11. ¡Habla con tu compañero(a)! Interview a classmate, using the following questions and two of your own. When you have finished, switch roles.

1. ¿Dónde vivías cuando tenías diez años? ¿Vivías en una ciudad grande o en un pueblo pequeño? ¿Vivías en una casa o en un apartamento?
2. ¿A qué escuela ibas? ¿La escuela quedaba cerca o lejos de tu casa? ¿Tenías muchos(as) amigos(as) en la escuela? ¿Tenías buenos maestros?
3. ¿Te gustaba estudiar? ¿Eras un(a) buen(a) estudiante? ¿Sacabas buenas notas *(grades)*?
4. ¿Con quiénes ibas de vacaciones? Generalmente, ¿ibas a la playa o a la montaña? ¿Qué hacías durante las vacaciones?
5. ¿Preferías pasar las vacaciones en el campo *(country)* o en la ciudad?
6. Generalmente, ¿cuánto tiempo estabas de vacaciones? ¿Qué era lo que más te gustaba hacer en tus vacaciones? ¿Siempre hacías lo mismo?

12. Recuerdos Get together with a classmate and compare your high school years. Ask pertinent questions.

Modelo —*¿Te gustaba la ciudad donde vivías?*
—*Sí, me gustaba mucho.*

Alliance/Shutterstock.com

¿Te gustaba la ciudad donde vivías?

2 The preterite contrasted with the imperfect *(El pretérito contrastado con el imperfecto)*

› The difference between the preterite and the imperfect can be visualized in the following way.

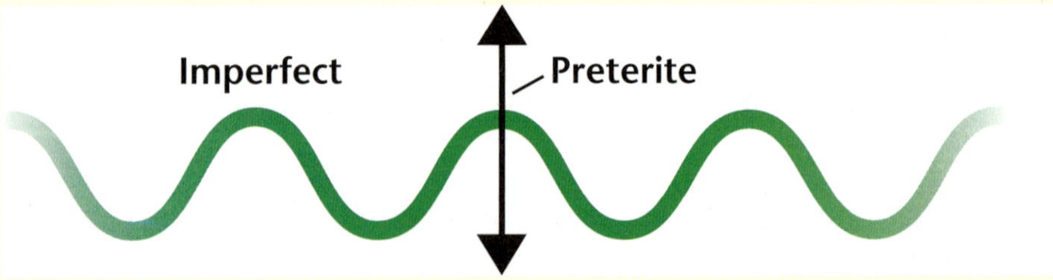

The wavy line representing the imperfect shows an action or event taking place over a period of time in the past. There is no reference to when the action began or ended. The vertical line representing the preterite shows an action or event as completed in the past.

In some instances, the choice between the preterite and the imperfect depends on how the speaker views the action or event. The following table on page 293 summarizes some of the most important uses of both tenses.

Preterite	Imperfect
1. Reports past actions that the speaker views as finished and completed. Yo **estuve** allí el año pasado. Ayer **compré** una bolsa de dormir. Nosotros **vinimos** a California en el año 2010.	1. Describes past actions in the process of happening, with no reference to their beginnings or ends. **Iba** a la biblioteca cuando lo vi.
2. Sums up a condition or state viewed as a whole (and no longer in effect). Me **sentí** mal todo el día. Eva **estuvo** enferma toda la semana pasada.	2. Refers to repeated or habitual actions or events: *used to . . .* Cuando **era** niña **iba**[1] de vacaciones a Montevideo.
	3. Describes a physical, mental, or emotional state or condition in the past. Me **sentía** muy mal.
	4. Expresses time in the past. **Eran** las ocho de la noche cuando llegaron a su casa.
	5. Is generally used in indirect discourse. Me dijo que **podía** encontrarse con nosotras.
	6. Describes age in the past. Cuando **tenía** veinte años, vivía en Chile.
	7. Describes or sets the stage in the past. **Hacía** frío y **llovía.**

LEARNING TIP

Using the preterite and the imperfect correctly takes time. To personalize some of the uses, say what you *used to do* when you were a child. Then say what you did last week. Think of as many examples as possible.

[1]Note that this use of the imperfect also corresponds to the English *would* used to describe a repeated action in the past: *When I was a child, I used to go to Montevideo on vacation.* = *When I was a child,* ***I would go*** *to Montevideo on vacation.*

ESTRUCTURAS

Preterite or Imperfect . . . ?

Práctica

13. Minidiálogos Complete the following dialogues. Then act them out with a classmate.

1. —¿Cuántos años _________ (tener) tú cuando _________ (venir) a vivir a Caracas?
   —_________ (Tener) doce años.
2. —¿Qué te _________ (decir) la maestra ayer?
   —Me _________ (decir) que yo _________ (deber) volver mañana.
3. —¿Qué tiempo _________ (hacer) cuando ustedes _________ (salir) de casa esta mañana?
   —_________ (Hacer) frío y _________ (nevar).
4. —¿Adónde _________ (ir) ustedes de vacaciones cuando _________ (ser) niños?
   —Siempre _________ (ir) a la playa, pero un verano mis padres _________ (decidir) alquilar una casa en las montañas y esas _________ (ser) nuestras mejores vacaciones.
5. —¿Qué hora _________ (ser) cuando tú _________ (llegar) a casa ayer?
   —_________ (Ser) las ocho.
   —¿_________ (Ir) a la tienda?
   —Sí, _________ (ir) con Nora. Cuando nosotras _________ (ir) para la tienda, _________ (ver) un accidente en la calle Bolívar.
   —¿_________ (Morir) alguien?
   —No, por suerte no _________ (morir) nadie.

14. Preguntas y respuestas Match the questions in column A with the answers in column B.

A		B
1. ¿Qué hiciste ayer?	_______	a. No, no me gustaba estudiar.
2. ¿Ana tenía hermanos?	_______	b. Sí, cuando íbamos para la biblioteca.
3. ¿Dónde quedaba la escuela?	_______	c. No, nos quedamos en casa.
4. ¿Tú eras buen estudiante?	_______	d. No, porque no me sentía bien.
5. ¿No salieron anoche?	_______	e. Sí, pero no vine a la universidad.
6. ¿Qué te dijo tu mamá ayer?	_______	f. Las seis y media.
7. ¿No fuiste a la fiesta el sábado?	_______	g. Me encontré con Eva en el cine.
8. ¿Hubo clase el lunes pasado?	_______	h. No, porque vivían en otra ciudad.
9. ¿Vieron a Julio ayer?	_______	i. No, era hija única.
10. ¿Qué hora era cuando llegaron?	_______	j. Que necesitaba muebles nuevos.
11. ¿Veías a tus abuelos frecuentemente?	_______	k. No muy lejos de mi casa.
12. ¿Qué tiempo hacía cuando saliste?	_______	l. Llovía.

15. ¡Pobre Beto! With a classmate, go to the illustration on page 294 and prepare questions about what Beto's day was like. Take turns asking and answering the questions.

16. ¿Pretérito o imperfecto? You and a classmate take turns giving the Spanish equivalents of the words in parentheses.

1. Anoche yo _______ a la fiesta porque _______ bien. *(didn't go / wasn't feeling)*
2. Cuando yo _______ esta mañana, _______ y _______. *(got up / it was cold/ it was raining)*
3. Cuando Dori _______ diez años, sus padres _______ a España. *(was / took her)*
4. Cuando nosotros _______ niños, _______ de vacaciones a Costa Rica. *(were / we used to go)*
5. Mi primer novio _______ alto y guapo. *(was)*
6. Ayer mi mamá _______ que _______ muebles nuevos. *(told me / she needed)*
7. Jorge _______ enfermo todo el día ayer. *(was)*
8. Yo _______ para la estación del metro ayer cuando _______ un accidente en la calle Magnolia. _______ las dos de la tarde. *(was going / I saw / It was)*

Para conversar

17. ¡Habla con tu compañero(a)! Interview a classmate. Ask the following questions to practice the preterite and the imperfect. Then add four more questions of your own to practice both tenses. When you have finished, switch roles.

1. ¿Cuántos años tenías cuando conociste a tu mejor amigo(a)?
2. ¿A qué escuela ibas cuando tenías 12 años?
3. ¿Siempre ibas de vacaciones en el verano?
4. ¿Te divertías mucho en las vacaciones?
5. ¿Cómo era tu primer(a) novio(a)?
6. ¿A qué hora te levantaste ayer? ¿Qué hiciste?
7. ¿Te encontraste con algún (alguna) amigo(a)?
8. ¿Qué tiempo hacía cuando saliste de tu casa?
9. ¿Llegaste tarde a clase hoy? ¿A qué hora llegaste?
10. ¿Tuviste algún examen la semana pasada *(last)*?

18. Cuando usted era adolescente... In groups of four or five, prepare five to six questions to ask your instructor about his or her life as a teenager.

3 Verbs that change meaning in the preterite *(Verbos que cambian de significado en el pretérito)*

› Some Spanish verbs change meaning when they are used in the preterite. Note the usage of the verbs in the following examples.

conocer:	conocí (preterite)	*I met*
	conocía (imperfect)	*I knew (was acquainted or familiar with)*
	Anoche **conocí** a una chica muy simpática.	*(I met her for the first time.)*
	Yo no **conocía** la ciudad.	*(I wasn't familiar with the city.)*
saber:	supe (preterite)	*I found out, I learned*
	sabía (imperfect)	*I knew*
	Lo **supe** cuando él me lo dijo.	*(I found it out.)*
	Yo no **sabía** que te gustaba el golf.	*(I wasn't aware of it.)*
no querer:	no quise (preterite)	*I refused*
	no quería (imperfect)	*I didn't want*
	Raúl **no quiso** ir.	*(didn't want to and refused)*
	Rita **no quería** ir, pero después decidió ir.	*(didn't want to at the time)*

—¿Tú **conocías** al cuñado de Carmen?	*Did you know Carmen's brother-in-law?*
—No, lo **conocí** anoche.	*No, I met him last night.*
—¿Y Roberto? ¿No vino?	*And Roberto? Didn't he come?*
—No, **no quiso** venir.	*No, he refused to come.*
—Yo tampoco **quería** venir, pero vine para traer a Anita.	*I didn't want to come either, but I came to bring Anita.*

Práctica

19. **Una telenovela** Act out the following scene from a soap opera with a classmate, providing the missing verbs.

ADRIÁN: ¿Tú ________ que Rosaura estaba embarazada *(pregnant)*?

SARA: No, lo ________ anoche.

ADRIÁN: ¡Qué horrible! Dicen que su esposo es un idiota. Los padres de ella no ________ ir a la boda *(wedding)*. Ese día se fueron a Europa.

SARA: Pero, ¿dónde ________ Rosaura a Lorenzo?

ADRIÁN: En una fiesta. Rosaura no ________ ir, pero Olga la llevó.

SARA: ¿Olga ________ a Lorenzo?

ADRIÁN: Sí, Olga es la ex esposa de Lorenzo...

Para conversar

20. **La próxima escena** With a classmate, write and act out the scene that follows the one you read in **19. Una telenovela.** Some words you might use: **divorciarse, el (la) amante** *(lover)*, **irse de casa, los problemas económicos,** etc.

21. **¡Habla con tu compañero(a)!** Interview a classmate, using the following questions and at least two of your own. When you have finished, switch roles. Anwer the questions in complete sentences.

1. ¿Conocías tú al profesor (a la profesora) antes de empezar esta clase?
2. ¿Cuándo lo (la) conociste?
3. ¿Sabías tú la nacionalidad del profesor (de la profesora)?
4. ¿Cuándo la supiste?
5. Yo no quería venir a clase hoy. ¿Y tú?
6. La última vez *(last time)* que no viniste a clase, ¿fue porque no pudiste o porque no quisiste?
7. ¿Cuándo conociste a tu mejor amigo(a) o novio(a)?
8. De niño(a), ¿conocías a alguien interesante? ¿A quién?
9. ¿Cuándo supiste que Santa Claus no traía los regalos?
10. De niño(a), ¿qué cosas no querías comer?

Jack Hollingsworth/Exactostock-1598/Superstock

Él es el profesor Domínguez. ¿Tú lo conoces? ¿Sabías que era de Costa Rica?
Hoy no vino a clase. ¿Fue porque no pudo o porque no quiso?

4 The relative pronouns *que* and *quien* (*Los pronombres relativos* que *y* quien)

Relative pronouns are used to combine two sentences that have a common element, usually a noun or a pronoun.

A. The relative pronoun *que*

¿Dónde está **el dinero**? Trajiste **el dinero.**

common element

¿Dónde está el dinero **que** trajiste?

R.P.

La chica se llama Rosa. **La chica** vino esta mañana.

common element

La chica **que** vino esta mañana se llama Rosa.

R.P.

- The relative pronoun **que** not only helps to combine the two sentences in each of the examples, but also replaces the nouns **el dinero** and **la chica** in the combined sentences.
- The relative pronoun **que** is invariable and is used for both persons and things. It is the Spanish equivalent of *that, which*, and *who*. Unlike its English equivalents, the Spanish **que** is never omitted.

—¿Para quién es el sofá **que** compraste?	*For whom is the sofa that you bought?*
—Es para la señora **que** alquiló el apartamento.	*It is for the lady who rented the apartment.*

B. The relative pronoun *quien*

—¿La muchacha **con quien** hablabas es estadounidense?	*Is the girl with whom you were talking an American?*
—No, es venezolana.	*No, she's a Venezuelan.*
—¿Quiénes son esos señores?	*Who are those gentlemen?*
—Son los señores **de quienes** te habló José.	*They are the gentlemen about whom José spoke to you.*

- The relative pronoun **quien** is used only with persons.
- The plural of **quien** is **quienes. Quien** does not change for gender.
- **Quien** is generally used after prepositions, e.g., **con quien, de quienes.**
- **Quien** is the Spanish equivalent of *whom* and *that.*

Práctica

22. Minidiálogos Complete the following dialogues, using **que, quien,** or **quienes.** Then act them out with a classmate.

1. —¿Quién es el muchacho ________ va a compartir el apartamento con Mario?
   —Es el hermano del chico con ________ estudio.
2. —¿Dónde pusiste el ventilador ________ traje ayer?
   —Lo puse en el cuarto de los niños.
3. —Los muchachos con ________ trabajo estuvieron aquí ayer.
   —¿Trajeron el microondas ________ les pedí?
   —Sí, y lo dejaron en la cocina.
4. —¿Vas a salir sola esta noche?
   —No, voy a salir con Roberto, el muchacho de ________ te hablé ayer.
5. —¿Esa es la chica ________ estudia contigo?
   —No, es la muchacha con ________ trabajo.
6. —¿Quién es la persona ________ todavía te malcría?
   —Mi abuela. Ayer me regaló un traje magnífico.
7. —¿Sandra es la chica ________ te invitó a su fiesta?
   —No, ella es la muchacha ________ trabaja para mi papá.

Un dicho
El que ríe al último, ríe mejor.
Equivalent: *He who laughs last, laughs best.*

Para conversar

23. ¡Habla con tu compañero(a)! Interview a classmate using the following questions. When you have finished, switch roles.

1. ¿Cómo se llama la persona a quien más admiras? ¿Quién es la persona que más te admira a ti?
2. ¿Cómo se llama el profesor o la profesora que enseña tu clase favorita?
3. ¿Quiénes son las personas que viven contigo? ¿Quiénes son los que estudian contigo?
4. ¿Cómo se llaman las personas con quienes vas a salir el sábado?
5. ¿Quién es la persona que más te quiere? ¿Quién es la persona a quién tú más quieres?
6. ¿Cuál es la comida que más te gusta? ¿Cuál es la que menos te gusta?
7. ¿Cuál es el color que más te gusta? ¿Cuál es el color que menos te gusta?
8. ¿Dónde está el banco en el que tienes tu cuenta corriente?
9. ¿Quién es el actor que más te gusta? ¿Y la actriz *(actress)* que más te gusta?
10. ¿Quién es la persona con quien te gusta ir al cine?

¡Vamos a ver!

Antes de ver el video

24. Preguntas You and a classmate take turns asking and answering the following questions. Answers should be given in complete sentences.

1. ¿Cuándo y dónde conociste a tu mejor amigo(a)?
2. ¿Tú te encontraste con tus amigos la semana pasada?
3. Cuando tú das una fiesta, ¿cuántos invitados tienes, por lo general?
4. Cuando tú eras niño(a), ¿quién hacía los trabajos de la casa?
5. ¿A qué escuela asistías cuando eras niño(a)? ¿Estaba cerca o lejos de tu casa?
6. ¿Tú te quejabas de todo cuando eras chico(a)? Generalmente, ¿estabas de acuerdo con tus padres?
7. ¿Vas a tratar de convencer a tu papá de que tú necesitas más dinero?
8. ¿Te gusta tu barrio o quieres mudarte?
9. Si tú alquilas un apartamento, ¿tiene que estar amueblado o tú tienes muebles?
10. Generalmente, el alquiler incluye la electricidad y el agua. ¿Incluye también el teléfono?
11. Los edificios de apartamentos que hay en tu ciudad, ¿tienen muchos apartamentos desocupados?
12. Generalmente, ¿qué muebles hay en una sala comedor?
13. ¿Hay una cómoda en tu dormitorio? ¿Hay una mesita de noche?
14. ¿Tú duermes a veces en una bolsa de dormir? ¿Es tan cómoda como tu cama?

El video: Marísol se queja de todo

—Vamos, que es tarde. ¿Dónde pusiste la llave?

—Te la di esta mañana... ¡Ah, no! Está en mi bolso.

—Esta es la sala comedor. Como ven, es muy amplia. Tiene un sofá, una mesa y cuatro sillas.

—*(A Cristina)* Podemos tener solamente un invitado a la vez.

—Yo sé que a ti te gustó el apartamento que vimos anteayer.

—Sí, yo no quería ver este porque tampoco me gusta el barrio donde está y el otro estaba más cerca de la universidad. Este está muy lejos.

Después de ver el video

Silvia

Marisol

el encargado

Cristina

25. ¿Quién lo dice? Identify the person who said each of the following in the dialogue.

1. Cuando eras chica también te quejabas de todo. ________
2. Cuando veníamos para acá vi un edificio de apartamentos mucho mejor que este. ________
3. Vamos, que es tarde. ¿Dónde pusiste la llave? ________
4. Yo sé que a ti te gustó el apartamento que vimos anteayer. ________
5. Entonces, ¿no piensan alquilar el apartamento? ________
6. El apartamento tiene que estar amueblado porque no tenemos muebles. ________
7. Bueno... tenemos bolsas de dormir. ________
8. Esta es la sala comedor. Como ven, es muy amplia. ________

26. Hablemos. With a classmate, take turns asking and answering the following questions. Base your answers on the dialogue.

En el diálogo

1. ¿De qué ciudad vinieron Silvia, Marisol y Cristina?
2. ¿Dónde conocieron Silvia y Marisol a Cristina?
3. ¿A qué hora dijo Cristina que podía encontrarse con sus amigas?
4. ¿Cómo van a ir las chicas al apartamento?
5. ¿Dónde puso Marisol la llave?
6. ¿Qué incluye el alquiler?
7. ¿Cómo es el baño del apartamento?
8. ¿Marisol conocía a Cristina cuando las dos eran chicas?
9. ¿Qué dice Marisol del barrio donde está el apartamento?
10. ¿Qué va a hacer Silvia enseguida?

27. ¿Qué pasa después...? You and a classmate, use your imagination to say what the characters do. In Spanish, discuss the following.

1. Whether Hugo took Cristina to see another apartment or whether she took a taxi.
2. Whether or not the girls had to buy (some) furniture and why or why not.
3. What the girls used to do when they were little. Name three or four things.
4. Whether the girls saw another building that had vacant apartments.
5. Whether they went to see another apartment, and whether Marisol liked it.
6. Whether or not Marisol continued to complain about everything.
7. Whether or not Silvia's father sent them more money.
8. Whether or not the super *(el encargado)* was able to rent the apartment.

Now compare your answers to those of the members of another group.

¡A escuchar!

ESTRATEGIA **Training yourself to listen for units of meaning** One of the most challenging aspects of listening to native speech as a beginning Spanish learner is telling where a word or a part of a sentence ends and the next one begins. Linking, which you read about in **Lección 3,** can contribute to the challenge of hearing words or phrases distinctly. Remember that if two adjacent letters are the same (for example, **las sopas** or **va a tomar**), they sound almost like one in speech. Be aware of this and listen for logical phrases or groups of words.

CD2-19 **28. En busca de un apartamento** You will listen to several sentences that are transcribed below without spacing between words. Listen as many times as needed and mark the divisions between the words.

1. elapartamentoquevimosenesteedificionotienecalefacción
2. nopiensanalquilareseapartamentoporquenoestáamueblado
3. megustamáselotroapartamentoporqueestácercadelmetro
4. levanaavisarmañanasipuedemudarseestasemana
5. ellosquedaronenencontrarseenlauniversidadalauna

¡Vamos a conversar!

ESTRATEGIA **Paraphrasing practice II** When paraphrasing, remember that your goal is to simplify what you hear, using words that you know. Developing this skill can be useful in conversation as well as in writing to summarize and report or explain something that you have heard or read.

CD2-20 **29. ¿Qué dijo?** You will hear five sentences. Listen and restate them in your own words. Then compare your responses with those of a classmate.

30. ¿Qué dices tú? What would you say in the following situations? What might the other person say? Act out the scenes with a classmate. Take turns playing each role.

1. You are talking to a real estate agent. You are looking for a house in a good neighborhood, with five bedrooms, air conditioning, and a three-car garage.
2. You and your friend are going to share an apartment. Describe one that you have just seen, and tell him/her why you should take the apartment. Your friend doesn't think it is a good idea.
3. You are going to give a bridal shower for a friend who has nothing. Decide what appliances and other necessities you think that your guests can buy.
4. You ask the super of an apartment building if the rent includes electricity, water, and phone.
5. You tell someone where you lived when you were a child and where you and your family used to go on vacation.

31. Para conocernos mejor To do this activity, work with a classmate whom you would like to get to know. Take turns asking and answering these questions.

1. ¿Dónde vivías cuando eras niño(a)? ¿La escuela a la que asistías quedaba cerca o lejos de tu casa? ¿Cómo ibas a la escuela? ¿A qué hora empezaban las clases? ¿Almorzabas en la cafetería? ¿A qué hora volvías a tu casa?
2. ¿A qué hora cenabas? ¿Qué hacías después de cenar? ¿A qué hora te acostabas? ¿Trabajabas los fines de semana?
3. ¿Cuántos dormitorios tiene tu casa o apartamento? ¿Te gusta tu barrio o quieres mudarte?
4. ¿Qué aparatos electrodomésticos hay en la cocina? ¿Usas más la cafetera o la licuadora? ¿Te gusta más usar el horno o el microondas? ¿por qué?
5. ¿Qué muebles hay en tu dormitorio? ¿y en tu sala de estar? ¿Tienes muchos cuadros en la pared? ¿Hay fotografías de tus parientes y amigos?

32. Una actividad para toda la clase

Cuando éramos niños Students will take turns describing their childhoods.

Step 1: Divide the class into groups of 3 or 4 and talk about the following.

a. Where you lived, whether you liked your neighborhood, and whether you lived in a house or an apartment
b. What furniture you had in your room and whether you shared your room with a sibling
c. Where you used to go on vacation
d. Whether you used to see your grandparents often or not
e What you used to like to do and to eat
f. Who your best friend was and whether you are still friends

Step 2: One of the people in each group shares some information about his/her childhood with the rest of the class.

Marilyn Conway/Photographer's Choice/Getty Images

ESTRUCTURAS

1 The subjunctive mood *(El modo subjuntivo)*

A. Introduction to the subjunctive

Until now, you have been using verbs in the indicative mood. The indicative is used to express factual, definite events. By contrast, the subjunctive is used to reflect the speaker's feelings or attitudes toward events, and when the speaker views events as uncertain, unreal, or hypothetical.

- The Spanish subjunctive is most often used in subordinate or dependent clauses.
- The subjunctive is also used in English, although not as often as in Spanish. Consider the following sentence:

  I suggest that he ***arrive*** *tomorrow.*

The expression that requires the use of the subjunctive is in the main clause, *I suggest*. The subjunctive appears in the subordinate clause, *that he* ***arrive*** *tomorrow*. The subjunctive is used because the action of arriving is not real; it is only what is *suggested* that he do.

B. Present subjunctive forms of regular verbs

- To form the present subjunctive, add the following endings to the stem of the first-person singular of the present indicative after dropping the **o.**
- Note that the endings for **-er** and **-ir** verbs are identical.

-*ar* verbs		**-*er* verbs**		**-*ir* verbs**	
habl	**-e**	com	**-a**	viv	**-a**
habl	**-es**	com	**-as**	viv	**-as**
habl	**-e**	com	**-a**	viv	**-a**
habl	**-emos**	com	**-amos**	viv	**-amos**
habl	**-éis**	com	**-áis**	viv	**-áis**
habl	**-en**	com	**-an**	viv	**-an**

- The table on the following page shows how to form the first-person singular of the present subjunctive. The stem is the same for all persons.

Un dicho

Viajar es un ejercicio con consecuencias fatales para los prejuicios, la intolerancia y la estrechez de mente.
Equivalent: *Travel is fatal to prejudice, bigotry, and narrow-mindedness.*

First-person singular			
Verb	**Present indicative**	**Subjunctive stem**	**Present subjunctive**
camin**ar**	camin**o**	camin-	**camine**
aprend**er**	aprend**o**	aprend-	**aprenda**
escrib**ir**	escrib**o**	escrib-	**escriba**
dec**ir**	dig**o**	dig-	**diga**
hac**er**	hag**o**	hag-	**haga**
tra**er**	traig**o**	traig-	**traiga**
sac**ar**	sac**o**	sac-	**saque**[1]
lleg**ar**	lleg**o**	lleg-	**llegue**[1]
empez**ar**	empiez**o**	empiez-	**empiece**[1]

Práctica

9. Formas Give the present subjunctive of the following verbs.

1. *yo:* solicitar, recibir, traer, decir, caminar, comer, ver
2. *tú:* escribir, cobrar, decidir, regresar, venir, barrer, aparcar
3. *él:* aconsejar, hacer, mandar, salir, anotar, esperar
4. *nosotros:* cocinar, depositar, leer, poner, pagar, parecer
5. *ellos:* caminar, deber, robar, conocer, vender, salir, empezar

C. Subjunctive forms of stem-changing verbs

› Verbs that end in **-ar** and **-er** undergo the same stem changes in the present subjunctive as in the present indicative.

recomendar (e:ie) *to recommend*		**recordar (o:ue)** *to remember*	
recom**iende**	recomend**emos**	rec**uerde**	record**emos**
recom**iendes**	recomend**éis**	rec**uerdes**	record**éis**
recom**iende**	recom**ienden**	rec**uerde**	rec**uerden**

[1]Remember that in verbs ending in **-gar, -car,** and **-zar, g** changes to **gu, c** changes to **qu,** and **z** changes to **c** before **e.**

entender (e:ie) *to understand*		**devolver (o:ue)** *to return (something)*	
entienda	entendamos	devuelva	devolvamos
entiendas	entendáis	devuelvas	devolváis
entienda	entiendan	devuelva	devuelvan

› In stem-changing verbs that end in **-ir,** the unstressed **e** changes to **i** and the unstressed **o** changes to **u** in the first- and second-person plural **(nosotros** and **vosotros)** forms. The other persons follow the same pattern as the indicative.

mentir (e:ie) *to lie*		**dormir (o:ue)** *to sleep*	
mienta	mintamos	duerma	durmamos
mientas	mintáis	duermas	durmáis
mienta	mientan	duerma	duerman

D. Verbs that are irregular in the subjunctive

› The following verbs are irregular in the subjunctive.

dar	**estar**	**saber**	**ir**	**ser**
dé	esté	sepa	vaya	sea
des	estés	sepas	vayas	seas
dé	esté	sepa	vaya	sea
demos	estemos	sepamos	vayamos	seamos
deis	estéis	sepáis	vayáis	seáis
den	estén	sepan	vayan	sean

¡Atención! The subjunctive of **hay** (impersonal form of **haber**) is **haya.**

Práctica

10. Más formas Give the present subjunctive of the following verbs.

1. *yo:* dormir, mentir, recomendar, dar, pensar, ir
2. *tú:* volver, estar, ser, preferir, recordar, morir, ver, pedir
3. *él:* cerrar, saber, perder, probar, dar, servir, seguir
4. *nosotros:* sentir, ir, dar, dormir, perder, cerrar, saber, ser
5. *ellos:* estar, ser, recordar, saber, encontrar, repetir

E. Uses of the subjunctive

There are four main concepts that call for the use of the subjunctive in Spanish.

› **Volition:** demands, wishes, advice, persuasion, and other attempts to impose will

Ella **quiere** que yo **viaje** hoy.	*She wants me to travel today.*
Te **aconsejo** que no **vayas** a esa agencia.	*I advise you not to go to that agency.*
Les **ruego** que no se **vayan.**	*I beg you not to leave.*

› **Emotion:** pity, joy, fear, surprise, hope, and so on

Espero que **lleguen** temprano.	*I hope they arrive early.*
Siento que no **puedas** ir a Costa Rica.	*I'm sorry you can't go to Costa Rica.*
Me **sorprende** que no **vayas** a Río de Janeiro.	*It surprises me that you're not going to Rio de Janeiro.*

› **Doubt:** disbelief, denial, uncertainty, and negated facts

Dudo que se **casen** hoy.	*I doubt they'll get married today.*
No creo que ella sea **argentina.**	*I don't think she is Argentinian.*
No es verdad que Ana **esté** en Bogotá.	*It isn't true that Ana is in Bogotá.*

› **Unreality:** indefiniteness and nonexistence

¿**Hay alguien** que **tenga** los pasajes?	*Is there anyone who has the tickets?*
No hay nadie que **quiera** ir.	*There's nobody that wants to go.*

2 The subjunctive with verbs of volition *(El subjuntivo con verbos que indican voluntad o deseo)*

› All impositions of will, as well as indirect or implied commands, require the subjunctive in subordinate clauses. The subject in the main clause must be different from the subject in the subordinate clause.

› Note the sentence structure for this use of the subjunctive in Spanish.

Él **quiere**	que	yo **estudie.**
He wants		*me to study.*
main clause		subordinate clause

—¿Quiere que le **dé** el número de mi cuenta?	*Do you want me to give you my account number?*
—Sí, y también necesito que **firme** la tarjeta.	*Yes, and I also need you to sign the card.*
—Roberto quiere que tú **vayas** a la fiesta.	*Roberto wants you to go to the party.*
—Sí, pero yo no quiero **ir.**	*Yes, but I don't want to go.*

¡Atención! Notice that the infinitive is used after a verb of volition if there is no change of subject: **Yo no quiero** ***ir.***

ESTRUCTURAS

› Some verbs of volition are:

aconsejar *to advise*	**pedir (e:i)** *to ask for, request*
desear *to want*	**querer (e:ie)** *to want*
exigir *to demand*	**recomendar (e:ie)** *to recommend*
mandar *to order*	**rogar (o:ue)** *to beg, plead*
necesitar *to need*	**sugerir (e:ie)** *to suggest*

Práctica

LEARNING TIP
Try to personalize the uses of the subjunctive. Think of people you know. What do they want you to do (or not to do)? What do you want them to do (or not to do)? Think of as many examples as possible. Remember: Practice makes perfect!

11. ¿Qué deben hacer? What do you or other people want someone else to do?

Use the present subjunctive of the verbs in parentheses.

1. Mi madrina te sugiere que ________ (hacer) un crucero.
2. Nosotros queremos que usted nos ________ (aconsejar) qué hacer
3. Mis abuelos nos piden que los ________ (visitar) frecuentemente.
4. Tus padres prefieren que tú ________ (casarse) en junio.
5. Ellos necesitan que Raúl ________ (quedarse) aquí hoy.
6. Tú les aconsejas a ellos que no ________ (divorciarse).
7. Mi compañero de trabajo desea que sus padres le ________ (pagar) sus vacaciones.
8. Mi padrino te recomienda que ________ (viajar) en tren porque es más barato.

12. ¡Órdenes y más órdenes! With a classmate, take turns describing what the following people want each person to do, using the present subjunctive.

Modelo

Anita
La mamá de Anita quiere que ella estudie.

1. Tito

2. Julia

3. Beto

4. Los estudiantes

5. Hugo

(HINT: tintorería *dry cleaner's*)

13. Mis consejos Your friends are always coming to you with their problems. Tell them what you suggest, recommend, or advise for each situation.

Modelo —Necesito comprar un pasaje a Bogotá. ¿Qué me aconsejas que haga?
—*Te aconsejo que lo compres por Internet.*

1. Ana y Beto no saben adónde ir de luna de miel. ¿Adónde les sugieres que vayan?
2. Luis y su prometida no saben en qué mes casarse. ¿En qué mes les sugieres que se casen?
3. Yo no tengo dinero para comprar los pasajes. ¿A quién me aconsejas que se lo pida?
4. No sé si comprar un billete de ida o un billete de ida y vuelta. ¿Qué me aconsejas que haga?
5. Eva y yo podemos ir a Boston en avión o en tren. ¿Cómo nos recomiendas que viajemos?
6. Los chicos no saben en qué hotel hospedarse. ¿Qué les recomiendas que hagan?
7. Pedro quiere viajar a Sudamérica, pero es muy tacaño. ¿A qué país le sugieres que viaje?
8. Yo no quiero pagar exceso de equipaje. ¿Cuántas maletas me sugieres que lleve?
9. Yo le voy a dar dinero a Nora para viajar a Costa Rica. ¿Cuánto me sugieres que le dé?
10. Ada y yo no tenemos mucho dinero para viajar. ¿En qué clase nos aconsejas que viajemos?

14. Excusas With a classmate, look at the list of errands that must be done tomorrow. Then take turns saying what you want each other to do, and give different reasons why you can't do each thing.

Modelo comprar la medicina para Ernesto
—*Yo quiero que tú compres la medicina para Ernesto.*
—*Yo no puedo comprarla porque tengo que estudiar.*

1. llevarle las flores a Rita
2. pagar los pasajes
3. depositar el cheque en el banco
4. llevar la motocicleta al taller *(shop)*
5. traer las bebidas para la fiesta
6. planear el viaje
7. darle el regalo a Eva
8. comprar los billetes para la excursión
9. ir a la oficina de turismo
10. pedir la lista *(list)* de hoteles

Para conversar

15. **Todos me dan órdenes.** Discuss with a classmate things that important people in your life (parents, relatives, friends, professors, etc.) want you to do. List at least five things, and then compare your results with another group.

16. **Problemas y soluciones** Write two or three problems on a slip of paper. Then, form a small group with two or three classmates. Switch slips with the group and take turns offering solutions to each other's problems.

Un dicho

Si quieres que los demás te respeten... ¡empieza por respetar a los demás!

Equivalent: *If you want others to respect you, start by respecting others.*

3 The subjunctive with verbs of emotion *(El subjuntivo con verbos de emoción)*

› In Spanish, the subjunctive is always used in subordinate clauses when the verb in the main clause expresses any kind of emotion, such as fear, joy, pity, hope, pleasure, surprise, anger, regret, sorrow, likes and dislikes, and so forth.

—**Siento** que Julia no **venga** hoy.	*I'm sorry that Julia is not coming today.*
—**Espero** que **pueda** venir mañana.	*I hope she can come tomorrow.*
—Ramón no tiene dinero para comprar un coche.	*Ramón doesn't have money to buy a car.*
—**Ojalá** que **consiga** un préstamo.	*I hope that he obtains a loan.*

¡Atención! **Ojalá** is always followed by the subjunctive: **Ojalá** que él **esté** aquí.

› If there is no change of subject, the infinitive is used instead of the subjunctive.

Me alegro de estar aquí. (**Yo** me alegro—**yo** estoy aquí.)	*I'm glad to be here.*

› Some verbs and expressions that express emotion are:

alegrarse (de)	*to be glad*
esperar	*to hope*
sentir (e:ie)	*to be sorry, to regret*
sorprender	*to surprise*
temer	*to fear*
es una lástima	*it's a pity*
ojalá	*I hope*

Práctica

17. Cosas que pasan Say whether you are glad *(Me alegro de que...)* or sorry *(Siento que...)* about what is happening to your classmate and his or her family.

Modelo —Me caso el mes que viene.
—*Me alegro de que te cases.*

1. Jorge y Marta se van a divorciar.
2. Javier no puede tener vacaciones este año.
3. Rocío se casa este viernes.
4. Temo no poder ir con ustedes a los Estados Unidos.
5. Teresa va a viajar en primera clase.
6. Mi padrino me va a pagar el viaje de luna de miel.
7. El avión llega con dos horas de atraso.
8. Estamos en un hotel excelente.

18. Emociones Complete the following sentences to express how you feel, using the infinitive or the subjunctive as appropriate.

1. Yo me alegro mucho de...
2. Yo me alegro mucho de que mi madrina...
3. Yo deseo...
4. Yo deseo que Ana...
5. Yo temo...
6. Yo temo que mi prometido...
7. Yo siento...
8. Yo siento que mi familia...
9. Ojalá...
10. Es una lástima que ustedes...

Para conversar

19. ¿Qué tal nos va? In groups of three, tell each other about things that are going on in your life, some positive and some negative. Everyone should react appropriately.

Modelo —*Hoy estoy contento.*
—*Me alegro de que estés contento.*

Dragon Images/Shutterstock.com

¡Vamos a ver!

Antes de ver

20. Preguntas With a classmate, take turns asking and answering the following questions.

1. Cuando compras pasajes, ¿los compras por Internet o prefieres ir a una agencia de viajes?
2. Generalmente, ¿los paquetes incluyen el pasaje y el hospedaje? ¿Incluyen algunas excursiones?
3. Por lo general, ¿tú compras pasajes de ida o de ida y vuelta? ¿en primera clase o en clase turista?
4. ¿Prefieres un vuelo directo o te gusta hacer escalas?
5. ¿Prefieres viajar en avión, en tren o en barco? ¿Qué es más romántico?
6. ¿Te encantan las ciudades grandes o prefieres los pueblos pequeños?
7. ¿Tú quieres conocer los bosques de Costa Rica o prefieres visitar Canadá?
8. ¿Alguien de tu familia planea casarse pronto? ¿Cuál es el lugar ideal para pasar la luna de miel?
9. Yo quiero ir de vacaciones. ¿A dónde me sugieres que viaje? ¿Me aconsejas que viaje a otro país?
10. ¿Tú me recomiendas que haga un crucero por el Mediterráneo o por el Caribe?

El video: ¿Dónde pasamos la luna de miel?

—Mi amor, si tú quieres ir a Buenos Aires, no hay problema. A mí me encantan las ciudades grandes.

—Bueno, la verdad es que yo quiero conocer los bosques de Costa Rica.

—Yo les recomiendo que hagan un crucero por el Mediterráneo. ¡Viajar en barco es muy romántico! Y después, una semana en Italia.

—Bueno... temo que eso sea un poco caro. Mi prometida y yo preferimos quedarnos en este continente.

Después de ver el video

Victoria

Gustavo

el agente

21. ¿Quién lo dice? Identify the person who said each of the following in the dialogue.

1. Bueno… temo que eso sea un poco caro.
2. Les sugiero que visiten Canadá.
3. Mi prometida y yo preferimos quedarnos en este continente.
4. A mí me encantan las ciudades grandes.
5. Pueden ir en avión hasta Toronto.
6. Estos folletos describen unos paquetes buenísimos.
7. Queremos dos pasajes de ida y vuelta a San José, en clase turista.
8. Yo les recomiendo que hagan un crucero por el Mediterráneo.
9. Mi amor, si tú quieres ir a Buenos Aires, no hay problema.

22. Hablemos. With a classmate, take turns asking and answering the following questions. Base your answers on the dialogue.

1. ¿Cuándo planean casarse Victoria y Gustavo?
2. ¿Qué están tratando de decidir Gustavo y Victoria?
3. ¿Qué les sugieren los padrinos de Victoria?
4. ¿Qué incluyen los paquetes que describen los folletos?
5. ¿Qué espera Victoria que puedan hacer hoy?
6. ¿Qué les recomienda el agente que hagan?
7. ¿Qué decide hacer Victoria?
8. ¿Por qué prefieren Victoria y Gustavo un vuelo directo?

23. ¿Qué pasa después? You and a classmate use your imagination to say what the characters do. In Spanish, discuss the following.

1. Whether or not Gustavo and Victoria were able to get a direct flight to Costa Rica.
2. Whether they liked the forests in Costa Rica.
3. Whether Gustavo and Victoria want to live in Bogotá or they want to go back to Chía.
4. Whether Gustavo plans to take Victoria to Buenos Aires next year or prefers to go to Río.
5. Whether Gustavo's mother hopes that they go to Buenos Aires next year.
6. Whether Gustavo's mother decides to travel too and where she wants to go. Does she travel first class or tourist class? What does the agent recommend to her?
7. Whether Victoria's godparents decide to go back to Costa Rica, to take a cruise, or to travel to Canada.

Now compare your statements to those of another group.

¡Vamos a escuchar!

ESTRATEGIA **Recognizing linking or transition words** Different classes of words convey different aspects of meaning orally or in writing. For example, nouns, adjectives, and verbs provide the bulk of the "picture" that is being communicated in words. There are other classes of words, such as linking or transition words, that hold the ideas together, indicate sequence, and establish transitions or relationships among the elements in the picture.

- Linking ideas: **y, también, además (de)**
- Comparing or contrasting: **pero, como** *(like)*
- Establishing sequence: **primero, luego, antes, después, finalmente**
- Expressing a result: **entonces** *(so then)*, **por eso, como resultado, de modo que**

CD2-23 **24. Unas vacaciones** Raúl and Rita are talking about where to go on vacation. Listen to their conversation and try to list at least six words you hear that serve to link ideas and/or create a transition.

¡Vamos a conversar!

ESTRATEGIA **Using courtesy expressions and common phrases** Interacting with others requires being able to express your reactions and emotions in a sensitive way. Here are some common phrases for a variety of situations.

To wish a friend well

¡Que te mejores! *Get better!*
¡Que te vaya bien! *May it all go well!*
¡Que te diviertas! *Have fun!*
¡Que pases un buen fin de semana! *Have a good weekend!*

To react with certain emotions

¡Cuánto me alegro! *I'm so glad!*
Temo que no. *I'm afraid not.*
Espero que sí (no). *I hope so (not).*
¡Qué lástima! *What a pity (shame)!*
¡Qué sorpresa! *What a surprise!*

25. Situaciones With a classmate, react to the following situations. Then, take turns telling your classmate something about your own life and react to each other's news.

1. Un amigo te dice que va a pasar el fin de semana en una playa.
2. Un compañero de clase está enfermo.
3. Una amiga quiere que le prestes dinero y tú no puedes prestárselo.
4. Tus padres no pudieron irse de vacaciones.

26. ¿Qué dicen ustedes? What would you say in the following situations? What might the other person say? Act out the scene with a classmate. Take turns playing each role.

1. Suggest to a friend that he travel to Costa Rica. Talk about ways to travel, vacation packages, and hotels (including prices). Talk also about what there is to see there.
2. You are traveling to Lima, Perú. Ask the travel agent about prices for round-trip tickets in tourist class and first class. Tell him/her you want a direct flight and indicate when you can travel.
3. Tell someone that you want to reserve one window seat and one aisle seat.
4. Announce that the passengers have to board the plane. Add that they need their boarding passes.
5. Announce that the plane from Miami is two hours behind schedule.

27. Para conocernos mejor To do this activity, work with a classmate whom you would like to get to know. Take turns asking and answering these questions.

1. Cuando tú viajas, ¿dónde compras los pasajes? ¿Prefieres pasar tus vacaciones en una selva, en una playa o en una ciudad grande?
2. Generalmente, ¿cuánto tiempo tienes de vacaciones? ¿Prefieres tener vacaciones en el verano o en el invierno? ¿Qué te gusta hacer? ¿Adónde planeas ir en tus próximas vacaciones? ¿Vas a viajar solo(a), con tu familia o con tus amigos(as)?
3. ¿Tú prefieres hacer un crucero o pasar una semana en un balneario *(resort)*? ¿Qué es más romántico para una luna de miel?
4. Si alguien no sabe adónde ir de vacaciones, ¿adónde le sugieres que vaya? ¿Le aconsejas que compre los pasajes por Internet? ¿por qué? ¿En qué hotel le sugieres que se hospede?
5. Cuando tú viajas, ¿llevas mucho equipaje? ¿Tomas muchas fotos con tu teléfono inteligente? ¿Se las mandas a tus amigos o prefieres mandarles tarjetas postales? ¿Compras regalos? ¿para quiénes?

28. Una actividad para toda la clase

Vamos de viaje The class is going to spend a month in Costa Rica, attending classes at the Universidad de San José as exchange students. Divide into small groups and ask each other questions about the following:

Step 1: How much will the program cost? How do they plan to travel there? Where do they expect to live? What do they already know about Costa Rica? How many days a week will they have class? What plans are they making for the weekends? What areas of the country are they interested in visiting? Are there any excursions they are planning to take?

Step 2: Each group joins another group to exchange information about their members' answers to the above.

Hemis.fr / Hemis.fr/Superstock

ASÍ SOMOS

Rincón literario

Enrique Anderson-Imbert (Argentina: 1910–2000)

Courtesy of Anabel Anderson-Imbert

Enrique Anderson-Imbert se conoce internacionalmente, sobre todo como cuentista y crítico. Anderson-Imbert escribió cuentos muy breves de tipo fantástico, en los que la realidad se mezcla con la fantasía. La selección que usted va a leer muestra ambas *(shows both)* cualidades, y es uno de sus famosos "minicuentos" de la colección *El gato Cheshire*.

Antes de leer

ESTRATEGIA **Reading literature** Predicting, guessing meaning from context, anticipating content as you read, and reading critically all contribute to understanding a text. In addition, for short stories or prose narrations, it may be important to identify who is telling the story. Is the narrator the writer or a character? Is the narration in the first or third person? This will determine whether you see a character only through his or her thoughts and speech or from the perspective of an observer and the points of view of others.

Before reading the whole story, you will look at different aspects with different goals for each.

1. Predicting: Read the first two sentences of the story. In pairs, list three possible things that could happen to Costa, the murderer.
2. Creating context by establishing key connections: Skim the story and try to figure out why it was titled "Sala de espera."

¡A leer!

Sala de espera

Costa y Wright roban una casa. Costa asesina° a Wright y se queda con° la valija llena de joyas y dinero. Va a la estación para escaparse en el primer tren. En la sala de espera una señora se le sienta a la izquierda y le da° conversación. Fastidiado°, Costa finge con un bostezo° que tiene sueño y que se dispone a dormir, pero oye que la señora, como si no se hubiera dado cuenta, sigue conversando. Abre entonces los ojos y ve, sentado, a la derecha, el fantasma° de Wright. La señora atraviesa a Costa de lado a lado° con su mirada y dirige su charla al fantasma, quien contesta con gestos de simpatía. Cuando llega el tren Costa quiere levantarse, pero no puede. Está paralizado, mudo; y observa atónito° cómo el fantasma agarra tranquilamente la valija y se aleja con la señora hacia el andén°, ahora hablando y riéndose. Suben y el tren parte°. Costa los sigue con la vista. Viene un peón y se pone a limpiar° la sala de espera, que ha quedado completamente desierta. Pasa la aspiradora por el asiento donde está Costa, invisible.

murders / **se...** *keeps*
le... *engages him in*
annoyed / *yawn*
ghost
atraviesa... *looks right through Costa*
aghast
platform (train) / *leaves*
se... *starts cleaning*

Enrique Anderson-Imbert, "Sala de espera," from *El gato de Cheshire*. Editorial Losada, 1965. Reprinted by permission from the estate of Enrique Anderson-Imbert.

29. Comprensión Read the story and find the answers to the following questions.

1. ¿Qué hacen Costa y Wright y qué pasa después?
2. ¿Para qué va Costa a la estación?
3. ¿Qué sucede en la sala de espera?
4. ¿Con quién conversa la señora?
5. ¿Por qué no puede Costa tomar el tren?
6. ¿Quiénes toman el tren?
7. ¿Qué hace el hombre que viene a limpiar la sala de espera?

Después de leer… reflexiones

30. Preguntas In groups of three or four, discuss the following.

1. ¿Qué pensaron usted y sus compañeros(as) que le iba a pasar a Costa?
2. ¿Alguna de sus posibilidades se acerca a lo que le ocurrió a Costa según el desenlace *(according to the ending)* del cuento? Comparta sus ideas con la clase.

¡Vamos a escribir!

Antes de escribir

ESTRATEGIA **Assessing your needs as a writer** Strategies are helpful guidelines, but in addition to all the strategies that have been presented so far, you are likely to come across specific needs that you will have to assess and find solutions to. This means tackling your projects with successful strategies you have used in the past as well as new or adapted ones.

¡A escribir!

31. Un minicuento de ciencia ficción You will write a story in which reality and fantasy are mixed. Use any number of strategies that you think you need (Lessons 9 and 10 give some good ideas). Start by brainstorming about a scenario where what is real could go side by side with the fantastic. How will it end? Will reality "win"? Write the **primer borrador** of your story, imitating Anderson-Imbert's style.

Después de escribir

32. A revisar Before writing the final version of your story, exchange your first draft with a classmate's and peer edit each other's work.

- noun-adjective agreement
- use of transition
- spelling and punctuation
- surprise ending

EL MUNDO HISPÁNICO Y TÚ

Colombia

Colombia tiene cuatro cosas famosas: el mejor café del mundo, las esmeraldas, la cumbia y Shakira. Es el único país del continente que tiene salida al Atlántico (el mar Caribe) y al Pacífico. Su territorio presenta gran variedad de regiones naturales: glaciares, montañas, selvas lluviosas, llanuras, desiertos y hermosas playas. El 90% de las esmeraldas del mundo proviene de Colombia.

Ciudades importantes

Bogotá

En **Bogotá,** la capital del país, llamada "la Atenas de Sudamérica", se contrasta lo moderno con lo antiguo. En la ciudad hay arquitectura colonial, modernos rascacielos y muchos museos. Uno de los barrios más interesantes es La Candelaria, con sus muchas iglesias y casas coloniales. Bogotá tiene una rica vida nocturna y magníficos restaurantes que sirven comida de todo el mundo.

Jess Kraft/Shutterstock.com

Fotos593/Shutterstock.com

Cartagena de Indias

La ciudad, fundada en 1533, está situada en la costa noreste del país. Durante la época colonial fue el puerto principal de donde se exportaban las riquezas del Nuevo Mundo a Europa. La parte antigua de la ciudad estaba amurallada para protegerla de los piratas.

Puntos de atracción turística

Al norte de Bogotá se encuentra la **Catedral de Sal de Zipaquirá,** una de las catedrales más grandes del mundo. Está construida en el interior de una montaña, en una antigua mina de sal convertida en catedral. Todo allí está hecho de sal.

Michaela Begsteiger/Media Bakery

Silvio Fiore/Superstock

En el **Museo del Oro** de Bogotá, establecido en 1939, hay unas 35.000 piezas de oro y cerca de 25 mil objetos de cerámica. También hay una colección de esmeraldas que es una de las más grandes del mundo.

Las artes

Literatura

© Piero Pomponi/Liaison/Getty Images

Gabriel García Márquez es el escritor colombiano más famoso. Ganó el Premio Nobel de Literatura en 1982 por su novela *Cien años de soledad,* que ha sido traducida a 35 idiomas.

Image copyright © The Metropolitan Museum of Art. Image source: Art Resource, NY

Artes plásticas

Otro artista colombiano de gran fama internacional es **Fernando Botero,** pintor, escultor y dibujante. Se dice que es el artista vivo originario de Latinoamérica cuyas obras han alcanzado mayor precio en todo el mundo. El estilo de pintura de Botero se caracteriza por sus formas redondeadas, infladas, hasta lo exagerado, "gordas" como él mismo las ha llamado. Esta pintura se titula "Bailando en Colombia". En el año 1973, Botero se fue a París, donde empezó a crear esculturas.

Música

En la música colombiana se mezclan tres culturas: la indígena, la africana y la española. Entre sus ritmos más importantes están la cumbia y el vallenato. Entre los cantantes modernos más famosos están **Juanes** y **Shakira**, ambos ganadores de Premios Grammy.

Ethan Miller/Getty Images

DYDPPA/REX Shutterstock/Newscom

Háganse preguntas

The class will be divided into groups of 3 or 4 students. The instructor will assign one the seven items of information presented here to each group. The members in each group will prepare questions about the item assigned to them to ask the rest of the class.

iLrn™

To learn more about Colombia, watch the cultural footage in the Media Library.

AUTOPRUEBA

¿Cuánto sé ahora?

Take this test. When you have finished, check your answers in the answer key provided in Appendix D. Then use a red pen to correct any mistakes you may have made. Are you ready?

A. The subjunctive mood Give the present subjunctive of the following verbs, according to each subject.

1. casarse: nosotros ________
2. esperar: tú ________
3. sacar: ellos ________
4. dar: Ud. ________
5. ir: yo ________
6. quedarse: él ________
7. temer: Uds. ________
8. divorciarse: yo ________
9. saber: ellos ________
10. vivir: tú ________
11. ser: nosotros ________
12. decir: Uds. ________
13. comenzar: yo ________
14. hacer: tú ________
15. llegar: él ________

B. The subjunctive with verbs of volition Complete the following sentences, using the present subjunctive of the verbs given.

1. Mi madrina nos aconseja que ________ (ir) en un crucero.
2. ¿Tú quieres que tus hermanos ________ (viajar) en el verano?
3. Mi compañero de trabajo me pide que yo lo ________ (ayudar).
4. Tus padres necesitan que tú ________ (quedarse) a vivir en este pueblo.
5. Nosotros le pedimos a mi padrino que nos ________ (pagar) el viaje.
6. Laura planea casarse en agosto, pero yo le sugiero que ________ (casarse) en mayo.
7. Yo te aconsejo que no ________ (hacer) escala en Miami.
8. ¿Usted nos recomienda que ________ (hospedarse) en este hotel?

C. The subjunctive with verbs of emotion Rewrite the following sentences, according to the new beginnings.

1. Alicia y Juan se casan en mayo.
   Me alegro de que Alicia y Juan ________.
2. Magaly no va a poder viajar hoy.
   Temo que Magaly no ________.
3. Mis padres van a Río de Janeiro.
   Ojalá que mis padres ________.
4. Mis hijos van a quedarse a vivir aquí.
   Espero que mis hijos ________.
5. El avión va a llegar con dos horas de atraso.
   Siento que el avión ________.
6. Eva y Jorge no saben cuánto cuesta su viaje de luna de miel.
   Me sorprende que Eva y Jorge ________.
7. Nosotros no podemos ir a la excursión a la selva.
   Es una lástima que nosotros ________.

D. Just words . . .

a. Match the questions in column A with the answers in column B.

A		B
1. ¿Vas a viajar en avión?	_____	a. Mi padrino.
2. ¿Van a hacer escala?	_____	b. No, es muy tacaño.
3. ¿Qué me sugieres?	_____	c. Sí. ¡Buen viaje!
4. ¿Quieres un asiento de pasillo?	_____	d. No, de ida y vuelta.
5. ¿Dónde te vas a hospedar?	_____	e. No, en barco.
6. ¿Tienes que pagar exceso de equipaje?	_____	f. No, el vuelo es directo.
7. ¿Quién te va a pagar el viaje?	_____	g. No, de ventanilla.
8. ¿Mario gasta mucho dinero?	_____	h. Sí, tengo cinco maletas.
9. ¿Tu pasaje es de ida?	_____	i. En un hotel.
10. ¿Sabes que viajo a Costa Rica?	_____	j. Que hagas un crucero.

b. Choose the word or phrase that best completes each sentence.

1. Vamos a hacer una (excursión / luna) al bosque.
2. Mi (compañera / madrina) de trabajo y su prometido planean casarse la semana próxima.
3. Eva planea viajar a Río de Janeiro en (barco / vuelo).
4. Los paquetes (temen / incluyen) el pasaje y el hospedaje.
5. Teresa va a pagar el viaje. A mí no me va a costar un (centavo / precio).
6. Los pasajeros tienen que (despegar / abordar) el avión ahora.
7. Mi asiento está en la (salida / fila) cuatro.
8. Le voy a dar la tarjeta de embarque a la (azafata / escala).
9. Ellos van a (aconsejar / facturar) el equipaje porque tienen muchas maletas.
10. Costa Rica tiene unos (pasillos / bosques) magníficos.

E. Culture

1. Complete the following, based on the information found in the **¿Tú lo sabías?** sections.
   a. En los países hispanos las parejas *(couples)* generalmente están _______________ durante muchos años.
   b. Cuando se bautiza a un hijo o a una hija, los padres seleccionan a dos personas para ser la madrina y el ___________ de sus hijos.
2. Answer the following questions, based on the information found in the **El mundo hispánico y tú** section.
   a. ¿Qué catedral se encuentra al norte de Bogotá?
   b. ¿Cuáles son los ritmos más populares de la música colombiana?
   c. ¿Cuál es el escritor colombiano más famoso?

F. Un dicho Do you remember the Spanish saying that stresses the importance of being respectful? Find it in this lesson.

LECCIÓN 12

EL AUTOMÓVIL

Automóviles en la ciudad de Lima, Perú

OBJETIVOS COMUNICATIVOS

You will learn vocabulary related to automobiles, service stations, and road emergencies.

SITUACIONES

Necesitamos otro coche

ESTRUCTURAS

1 The **Ud.** and **Uds.** commands

2 The subjunctive to express doubt, disbelief, and denial

3 Constructions with **se**

ASÍ SOMOS

¡Vamos a ver!

Watching and understanding situations

¡Vamos a escuchar!

Recognizing spatial markers

¡Vamos a conversar!

Paraphrasing practice III

Rincón literario

Examples

Mi raza by José Martí

¡Vamos a escribir!

Brainstorming and organizing

EL MUNDO HISPÁNICO Y TÚ

› Perú

› Ecuador

AUTOPRUEBA

You will review what you learned in this lesson.

Amar and Isabelle Guillen - Guillen Photo LLC / Alamy

PERÚ Y ECUADOR

PERÚ es el tercer país más grande de Sudamérica. Su territorio es un poco menor que el de Alaska, y su población es de unos 28 millones de habitantes. La moneda del país es el nuevo sol. El Puerto del Callao es uno de los más importantes de Sudamérica.

ECUADOR debe su nombre a su posición geográfica. El país está situado justamente sobre la línea del ecuador. Su territorio, incluidas las islas Galápagos, es un poco menor que el de Nevada, y su población es de unos 13,5 millones de habitantes.

Thompson Paul / Prisma /Superstock

El Puerto del Callao, Perú

D. Parer & E. Parer-Cook / Pantheon /Superstock

Las islas Galápagos

Necesitamos otro coche

CD2-24

¡Ubíquelos!

Lidia´s parents' house is in the district of Miraflores in Lima, the capital of Perú. The video will show you several places one can visit in Lima. It will also show you Quito, the capital of Ecuador, which is Miguel´s birthplace.

goodluz/Shutterstock.com

Miguel Araújo y su esposa, Lidia, viven con los padres de ella, en el Distrito de Miraflores en la ciudad de Lima, la capital de Perú. Miguel es de Ecuador y Lidia es peruana. En este momento están hablando de la posibilidad de comprar un coche. Están leyendo los avisos clasificados.

Lidia: Necesitamos comprar un coche, porque el nuestro funciona muy mal y a menudo está en el taller de mecánica.

Miguel: Dudo que podamos comprar un coche, Lidia. Don Aldo me dijo que podía arreglar el que tenemos. Va a necesitar un acumulador nuevo, pero el arreglo no va a ser muy caro.

Lidia: ¡No! Ayer no arrancó y tuve que llamar una grúa. Fui a mi trabajo caminando. ¡No vale la pena arreglarlo!

Miguel: Pero Lidia, un coche nuevo cuesta un ojo de la cara.

Lidia: A lo mejor podemos comprar un buen coche usado. Lee este aviso.

Agencia Pérez y Hnos.

¿Su auto funciona un día sí y otro no?

Tenemos carros nuevos y usados a los mejores precios.

Se vende al contado y a plazos.

Visítenos este fin de semana.

Estamos en la esquina de las calles Primera y Sol.

Teléfono: (555) 238-6217

Syda Productions/Shutterstock.com

Lidia convence a Miguel y ahora están en la agencia donde se venden coches usados. Están hablando con uno de los vendedores.

Vendedor: Vengan por aquí, por favor. Miren este que está aquí. Es un coche compacto, de cambios mecánicos, y no gasta mucha gasolina.

Miguel: Francamente, yo prefiero los coches automáticos. Y no creo que mi esposa pueda acostumbrarse a manejar uno de cambios mecánicos.

Lidia: *(Bromeando)* ¡Ni tú tampoco! *(Al vendedor)* Dígame, ¿de qué año es este carro?

Vendedor: Es del año dos mil ocho, pero está en muy buenas condiciones.

Lidia: ¡No, no! Yo quiero uno más moderno. Creo que este se va a descomponer a menudo, como el que tenemos ahora. ¿Cuánto cuesta ese coche rojo?

Vendedor: Ese cuesta treinta mil soles.[1]

Miguel: Muchas gracias, señor. Denos su tarjeta y nosotros lo llamamos la semana próxima. Adiós. *(A Lidia)* Vamos a la esquina a tomar el colectivo.

Lidia: ¿No vamos a comprar un coche?

Miguel: Bueno... Depende... ¿Cuánto podamos ahorrar al mes? A ver... si no vas a la peluquería... si nunca comemos en restaurantes... si no compramos ropa... si vamos a pie a todas partes...

Lidia: Allí viene el colectivo. Yo sé adónde vamos a ir.

Miguel: ¿Adónde? ¿Al correo? ¿A la farmacia?

Lidia: No, a un lugar donde se venden bicicletas. Espero que esté abierto.

Miguel: Ojalá que esté cerrado. No me gustan las bicicletas.

1. Hablemos. With a classmate, take turns asking and answering the following questions. Base your answers on the dialogue and on your own circumstances.

En el diálogo

1. ¿De qué están hablando Miguel y Lidia?
2. ¿Qué están leyendo Lidia y Miguel?
3. Según Lidia, ¿cómo funciona el coche de ellos?
4. ¿Quién dijo que podía arreglar el coche?
5. ¿Por qué tuvo Lidia que llamar una grúa ayer?
6. ¿Qué dice Miguel que cuesta un ojo de la cara?
7. ¿Cómo es el coche que les ofrece el vendedor?
8. ¿Por qué no quiere Miguel un coche de cambios mecánicos?
9. ¿Por qué no pueden comprar un coche Lidia y Miguel?
10. ¿Qué decide hacer Lidia?

¿Y tú?

1. ¿Tú tienes coche? ¿Lo compraste nuevo o usado?
2. Cuando tú vas a comprar algo, ¿dónde buscas información?
3. ¿Tu coche funciona bien o tiene muchos problemas?
4. ¿Tú sabes arreglar coches?
5. ¿Alguna vez tuviste que llamar una grúa? ¿Por qué?
6. ¿Alguna vez compraste algo que te costó un ojo de la cara? ¿Qué fue?
7. ¿Qué tipo de coche te gusta?
8. ¿Tú prefieres un coche de cambios mecánicos o un coche automático? ¿Por qué?
9. Si tú quieres comprar un coche, ¿necesitas ahorrar mucho?
10. ¿Tú tienes bicicleta? ¿Cuándo la usas?

[1] Peruvian currency

VOCABULARIO

En el diálogo

Cognados

automático(a)	*automatic*
clasificado(a)	*classified*
compacto(a)	*compact*
la condición	*condition*
francamente	*frankly*
la gasolina	*gasoline*
moderno(a)	*modern*
la posibilidad	*possibility*
peruano(a)	*Peruvian*
usado(a)	*used*

Nombres

el acumulador, la batería	*battery*
el arreglo	*repair*
la bicicleta	*bicycle*
el colectivo	*bus*
el correo, la oficina de correos	*post office*
la esquina	*(street) corner*
la grúa, el remolcador	*tow truck*
la peluquería, el salón de belleza	*beauty salon*
el taller de mecánica	*car repair shop*
el (la) vendedor(a)	*salesperson*

Verbs

acostumbrarse (a)	*to get used (to)*
arrancar	*to start (e.g., a motor)*
arreglar	*to repair*
bromear	*to kid, to joke*
descomponerse	*to break down (e.g., a motor)*
dudar	*to doubt*
funcionar	*to work, to function*
gastar	*to use, to spend*
manejar	*to drive*

Adjetivos

abierto(a)	*open*
cerrado(a)	*closed*

Otras palabras y expresiones

a lo mejor	*maybe*
a menudo, frecuentemente	*often, frequently*
a pie	*on foot*
al mes	*monthly, per month*
costar un ojo de la cara	*to cost an arm and a leg*
de cambios mecánicos	*standard shift*
depende	*it depends*
ir a pie, ir caminando	*to go on foot, to walk*
por aquí	*this way*
valer (merecer) la pena	*to be worth it*

Britt Erlanson/Cultura/Getty Images

¿Tú lo sabías?

En las grandes ciudades como Madrid, Bogotá, la Ciudad de México y Buenos Aires, hay muchísimos automóviles y autobuses, lo cual *(which)* está causando graves problemas de contaminación del aire. Sin embargo, en muchas zonas rurales de los países hispanos, particularmente en Hispanoamérica, hay muy pocos automóviles, ya que no hay carreteras, o las que existen están en muy malas condiciones.

› **¿En qué ciudades de este país hay mucha contaminación del aire?**

Más sobre el tema

Para hablar del coche

la autopista	*highway, freeway*
la bocina	*horn*
la bolsa de aire	*air bag*
el coche híbrido	*hybrid car*
el (la) conductor(a)	*driver*
descompuesto(a)	*out of order, not working*
el filtro de aceite	*oil filter*
el freno	*brake*
la gasolinera, la estación de servicio	*gas (service) station*
el limpiaparabrisas	*windshield wiper*
el neumático, la llanta (Méx.) de repuesto	*spare tire*
lleno(a)	*full*
la milla[1]	*mile*
el motor	*motor, engine*
el neumático pinchado, la llanta pinchada	*flat tire*
la pieza de repuesto	*spare part*
el portaguantes, la guantera	*glove compartment*
el sistema de inyección	*fuel injection system*
el tanque	*tank*
la velocidad máxima	*speed limit*

Un dicho

Un viaje de mil millas comienza con el primer paso.
Equivalent: *A thousand-mile journey starts with the first step.*

[1]Una milla = 1.6 km

Práctica

2. ¿Cuál no va? Select the word or phrase that does not belong in each group.

1. automático / posibilidad / de cambios mecánicos
2. ir a pie / ir en coche / ir caminando
3. acostumbrarse / descomponerse / no funcionar
4. Está en buenas condiciones. / Funciona bien. / Depende.
5. de Lima / peruano / usado
6. manejar / conducir / gastar
7. ser muy caro / costar poco / costar un ojo de la cara
8. ómnibus / colectivo / esquina

3. ¿Qué es? Write the words or phrases that correspond to the following.

1. batería ____________
2. correo ____________
3. grúa ____________
4. peluquería ____________
5. persona de Perú ____________
6. frecuentemente ____________
7. persona que vende ____________
8. no hablar en serio ____________

La grúa

4. Para completar Complete the following sentences, using vocabulary from this lesson.

1. Tengo que llevar mi coche al ____________ de mecánica.
2. Elsa está leyendo los avisos ____________ porque quiere comprar un coche usado.
3. El coche tiene muchos problemas. No ____________ la pena arreglarlo.
4. No me gustan los coches grandes. Prefiero los modelos ____________.
5. No podemos comprar un coche. Tenemos que ____________ a caminar.
6. Los coches de cambios mecánicos usan menos gasolina que los coches ____________.
7. La parada del ____________ está en esa esquina.
8. Yo digo que a lo ____________ el correo está abierto pero Nicolás dice que está ____________.

Para conversar

5. **Habla con tu compañero(a) de clase.** With a classmate, take turns asking and answering the following questions.

    1. ¿Eres buen(a) conductor(a)? ¿Siempre pones las dos manos en el volante cuando manejas? ¿Te gusta la idea de conducir un coche híbrido?
    2. ¿Tú sabes cuál es la velocidad máxima en la autopista?
    3. ¿Tienes un gato y una llanta de repuesto en el maletero? ¿Sabes cambiar un neumático pinchado? ¿Tienes mapas en el portaguantes o buscas las direcciones en el celular?
    4. ¿El tanque de tu coche está lleno o está casi vacío? ¿Hay una gasolinera cerca de tu casa?
    5. ¿Tú sabes el número de la chapa de tu coche? ¿Sabes cambiar el filtro de aceite? ¿Tu coche necesita un limpiaparabrisas nuevo?
    6. Si tu coche está descompuesto, ¿levantas el capó y revisas *(check)* el motor o llamas a tu mecánico?
    7. ¿Cuántas bolsas de aire tiene tu coche?
    8. Si el coche que está delante *(in front)* de ti no avanza con la luz verde, ¿tocas la bocina?

6. **¿Vale la pena arreglarlo?** With a classmate, play the roles of two family members who are trying to decide what has to be done with a car that frequently breaks down and is very old. Decide also who can fix it, how much it's going to cost, etc.

7. **Tenemos mucho que hacer.** Work in groups of three. One student will ask for help doing chores tomorrow morning. The other two will take turns explaining that they can't help. Giving several excuses, they should say what they have to do and where they have to go instead.

Pronunciación

CD2-25

Pronunciation in context

In this lesson, there are some new words or phrases that may be challenging to pronounce. For further pronunciation practice of Spanish sounds, listen to your instructor and repeat the following sentences.

1. **Miguel Araújo** y su esposa viven en el **distrito de Miraflores.**
2. **Don Aldo** me dijo que podía **arreglar** el coche que tenemos.
3. Ayer no **arrancó** y tuve que llamar un **remolcador.**
4. **Están hablando** con uno de los **vendedores.**
5. **Francamente** yo prefiero los coches **automáticos.**
6. Creo que este **se va a descomponer a menudo.**
7. ¿Cuánto podemos **ahorrar al mes**?
8. A ver… si no vas a **la peluquería…**

ESTRUCTURAS

1 The *Ud.* and *Uds.* commands *(Formas del imperativo para* Ud. *y* Uds.*)*

The command forms for **Ud.** and **Uds.**[1] are identical to the corresponding present subjunctive forms.

A. Regular forms

LEARNING TIP
Think of as many **-ar** verbs as you can and use them to give commands: ***Estudie* más. *Cierre* la puerta.** Repeat this activity using **-er** and **-ir** verbs.

Endings of the Formal Commands			
		Ud.	***Uds.***
-ar verbs	cantar	cant **-e**	cant **-en**
-er verbs	beber	beb **-a**	beb **-an**
-ir verbs	vivir	viv -a	viv **-an**

—¿Cuándo volvemos? *When do we return?*
—**Vuelvan** mañana y **traigan** los documentos. *Come back tomorrow and bring the documents.*
—¿Compro la batería? *Do I buy the battery?*
—No, no **compre** la batería. *No, don´t buy the battery.*

¡Atención! To give a negative **Ud./Uds.** command, place **no** in front of the verb: **No** compre la batería.

B. Irregular forms

› The command forms of the following verbs are irregular.

	dar	estar	ser	ir
Ud.	dé	esté	sea	vaya
Uds.	den	estén	sean	vayan

—¿Adónde tengo que ir? *Where do I have to go?*
—**Vaya** a la gasolinera. *Go to the gas station.*
—¿A qué hora tenemos que estar aquí? *At what time do we have to be here?*
—**Estén** aquí a las ocho. ¡**Sean** puntuales! *Be here at eight. Be punctual!*

Práctica

8. Órdenes What commands would these people give?

1. Un padre a sus hijos, que piensan comprar un coche usado:
   a. leer los anuncios clasificados
   b. ir a varias agencias de venta de coches
   c. preguntar si el coche está en buenas condiciones
   d. preguntar cuánta gasolina gasta el coche
   e. estar seguros de que el coche funciona bien
   f. conducir el coche por un rato
   g. llevar el coche a un mecánico para que lo revise
   h. no comprar un coche de cambios mecánicos

[1] **Tú** commands will be studied in **Lección 13.**

2. El cliente *(customer)* al mecánico:
   a. cambiar la llanta pinchada
   b. revisar el sistema de inyección
   c. pedir la pieza de repuesto
   d. poner un acumulador nuevo
   e. arreglar las luces
   f. arreglar los frenos

Para conversar

9. ¿Cómo vamos? Claudia and Silvia, two girls from Quito, have decided to visit a few places of interest in Lima, but don't know how to get to them. Using the map, you and your classmate are going to give them directions. (Note: In Peru, **jirón** = **calle.**)

(HINT: **doblar** *to turn,* **seguir derecho** *to continue straight ahead*)

1. del Hotel Lima a la Plaza San Martín
2. de la Plaza San Martín a la Universidad de San Marcos
3. de la Universidad de San Marcos al Palacio de Justicia
4. del Palacio de Justicia al Centro Cívico
5. del Centro Cívico al Museo de Arte Italiano
6. del Museo de Arte Italiano a la Plaza Grau
7. de la Plaza Grau a la Embajada de los Estados Unidos
8. de la embajada al hotel

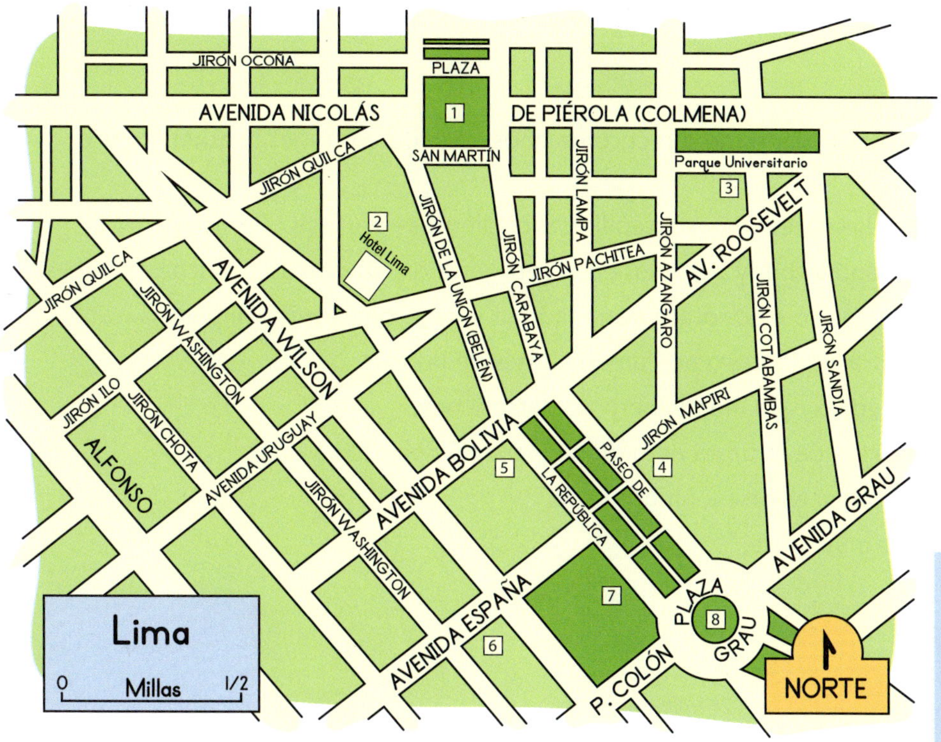

LEYENDA

1. Plaza San Martín
2. Hotel Lima
3. Universidad de San Marcos
4. Palacio de Justicia
5. Museo de Arte Italiano
6. Embajada de los Estados Unidos
7. Centro Cívico
8. Plaza Grau

Un dicho

Si toma, no maneje. Si maneja, no tome.
Equivalent: *If you drink, don't drive. If you drive, don't drink.*

ESTRUCTURAS

C. Position of object pronouns with direct commands

› In all direct *affirmative* commands, the object pronouns are placed *after* the verb and attached to it.

***Ud.* form**		***Uds.* form**	
Hága**lo.**	*Do it.*	Cómpren**lo.**	*Buy it.*
Díga**les.**	*Tell them.*	Díga**nle.**	*Tell him/her.*
Tráiga**nosla.**	*Bring it to us.*	Tráiga**nselo.**	*Bring it to him/her.*
Quéde**se.**	*Stay.*	Quéde**nse.**	*Stay.*

¡Atención! Note the use of the written accent, which follows the rules for accentuation. See Appendix A.

› In all *negative* commands, the pronouns are placed *in front of the verb.*

***Ud.* form**		***Uds.* form**	
No **lo** haga.	*Don't do it.*	No **lo** hagan.	*Don't do it.*
No **le** hable.	*Don't speak to him/her.*	No **le** hablen.	*Don't speak to him/her.*
No **se lo** dé.	*Don't give it to him/her.*	No **se lo** den.	*Don't give it to him/her.*

› Remember that when an indirect and a direct object pronoun are used together in the same sentence, the indirect object always precedes the direct object.

Práctica

10. A mis hermanitos Using the direct commands, tell your younger brothers to do the following.

1. Levantarse a las siete, bañarse, cepillarse los dientes y vestirse.
2. Hacer unos sándwiches y ponerlos en el refrigerador. No ponerles mucha mayonesa.
3. Mandarle un correo electrónico a su madrina y darle saludos de mi parte.
4. Llamar a la Dra. Peña, pero no llamarla antes de las tres.
5. Envolver el regalo para mamá, pero no dárselo hoy.
6. Decirle a Marta que la fiesta es mañana, pero no decírselo a Raúl.
7. Quedarse en casa. No irse a ningún lado.
8. No acostarse muy tarde.

¿Tú lo sabías?

En la mayoría de los países hispanos, la gasolina y los automóviles son mucho más caros que en los Estados Unidos. Por esta razón es muy popular la motocicleta, especialmente entre la gente joven.

› **¿Qué medio de transporte prefiere usar la gente joven en la ciudad donde tú vives?**

11. ¿Qué hacemos? With a classmate, take turns telling two people what to do about the items given.

Modelo los avisos clasificados *Léanlos.*

1. la grúa
2. el tanque
3. las piezas de repuesto
4. el sistema de inyección
5. los frenos
6. el gato
7. el aceite
8. el acumulador
9. el neumático pinchado
10. el coche descompuesto

12. Mozo... You are having dinner at a fancy restaurant. With a classmate, play the role of the waiter and the client. Ask the following questions and tell the waiter what you want or don't want him to do. Add four more questions of your own.

Modelo ¿Le traigo el menú?
Sí, tráigamelo, por favor. (No, no me lo traiga.)

1. ¿Le traigo la lista de vinos?
2. ¿Le sirvo la ensalada primero?
3. ¿Le pongo pimienta a la ensalada?
4. ¿Abro la botella de vino ahora?
5. ¿Le traigo el postre?
6. ¿Le sirvo el café?
7. ¿Le traigo la cuenta ahora?

Para conversar

13. Querida Soraya You and a classmate will be the "ghost" advice columnist behind Soraya. Decide what advice you are going to give each of the following people. Be sure to use commands.

Monkey Business Images/Shutterstock.com

Querida Soraya

1. Yo necesito que mi novio me preste su coche a veces, pero no me lo quiere prestar porque dice que yo manejo muy rápido. **¿Qué le digo para convencerlo?**
Mónica

2. Mi esposa y yo compramos un coche usado que funciona un día sí y otro no. Queremos que nos devuelvan el dinero, pero ellos se niegan (*refuse*). **¿Qué podemos hacer?**
Juan Carlos

3. Mi amigo Beto y yo a menudo vamos a almorzar juntos. Yo siempre tengo que pagar la cuenta porque él nunca tiene dinero. **¿Qué hago?**
Andrés

4. Voy a dar una fiesta, pero solo para mis amigos. Mi prima quiere venir también, pero ella es muy antipática. **¿Cómo le digo que ella no está invitada, sin ofenderla?**
Rita

ESTRUCTURAS

2 The subjunctive to express doubt, disbelief, and denial

(Uso del subjuntivo para expresar duda, incredulidad y negación)

A. Doubt

› In Spanish, the subjunctive is always used in a subordinate clause when the verb of the main clause expresses doubt or uncertainty.

—Vamos al correo.	*Let's go to the post office.*
—**Dudo** que **esté** abierto a esta hora.	*I doubt that it's open at this time.*
—Estoy seguro de que abren a las ocho.	*I'm sure that they open at eight.*

¡Atención! When *no doubt* is expressed and the speaker is certain of the reality **(Estoy seguro[a], No dudo),** the indicative is used: **Estoy seguro** de que **abren** a las ocho.

B. Disbelief

› The verb **creer** is followed by the subjunctive in negative sentences, where it expresses disbelief.

—¿Ustedes van a la peluquería hoy?	*Are you going to the beauty parlor today?*
—No, **no creo** que **tengamos** tiempo...	*No, I don't think we'll have time . . .*
—Yo creo que pueden ir, si salen temprano.	*I think you can go if you leave early.*

¡Atención! **Creer** is followed by the indicative when it expresses belief or conviction: **Yo creo** que **pueden** ir.

C. Denial

› When the main clause expresses denial of what is said in the subordinate clause, the subjunctive is used.

—¡Tú siempre llegas tarde!	*You always arrive late!*
—**No es verdad** que siempre **llegue** tarde. No niego que *a veces llego* un poco tarde, pero a veces soy puntual.	*It's not true that I always arrive late. I don't deny that sometimes I arrive a little late, but sometimes I'm punctual.*

LEARNING TIP
Make a list of descriptive adjectives and think of them as being applied to you. Then indicate whether each statement is true or not. For example: **Es verdad que yo soy muy alto. (No es verdad que yo sea muy alto.)**

¡Atención! When the main clause does not deny, but rather confirms what is said in the subordinate clause, the indicative is used: **No *niego* que a veces *llego* un poco tarde.**

Un dicho
Es verdad que la mejor manera de terminar algo, es empezar.
Equivalent: *It's true that the best way to finish something is to start it.*

antoniodiaz/Shutterstock.com

Laura

1. ¿Tú crees que Laura es bonita?
2. ¿Crees que tiene más de treinta años?
3. ¿Crees que es profesora o lo dudas?
4. ¿Es verdad que tú conoces a Laura?

Práctica

14. ¿Verdadero o falso? Say whether the following statements are true or not. If a statement is false, correct it.

1. Texas es más grande que Maine.
2. Hace más calor en Alaska que en Arizona.
3. Quito es la capital de Perú.
4. El 25 de diciembre celebramos la independencia de nuestro país.
5. Necesitamos un documento de identidad para comprar un coche.
6. Arreglan coches en un taller de mecánica.
7. Una bicicleta es más cara que un auto.
8. Los coches modernos tienen bolsas de aire.

15. Un fin de semana You and a friend are spending the weekend in a very small town. Your friend wants to know about things to do, places to go, and so on. Answer, expressing belief or disbelief, doubt or certainty.

1. ¿Tú crees que hay habitaciones libres en el hotel?
2. ¿Tú crees que un cuarto cuesta menos de cien dólares por noche?
3. ¿Tú crees que aceptan cheques de viajero en el hotel?
4. ¿Tú crees que hay un aeropuerto internacional aquí?
5. ¿Podemos alquilar un coche?
6. Son las siete; ¿tú crees que el correo está abierto?
7. Vamos al centro. Quiero ir a una tienda elegante.
8. Tengo el pelo *(hair)* muy largo. Dicen que aquí hay peluquerías excelentes.
9. Quiero ir a cenar a un restaurante francés.
10. ¿Tú crees que vamos a volver aquí algún día?

16. Hablando de coches Combine the items in column **A** with the items in column **B**, appropriately.

1. Yo dudo que ese coche…	_____	a. cuesta un ojo de la cara.
2. Estoy seguro de que el correo…	_____	b. sepa cambiar una llanta.
3. No creo que el mecánico…	_____	c. puede arreglar el coche.
4. Estoy segura de que la gasolinera…	_____	d. está abierto hoy.
5. No es verdad que yo…	_____	e. está en la calle Lima.
6. Yo no niego que mis padres…	_____	f . cueste menos de 30.000 dólares.
7. Creo que un BMW…	_____	g. consiga las piezas de repuesto hoy.
8. No dudo que un buen mecánico…	_____	h. me dan dinero a veces.

¿Tú lo sabías?

En muchos países hispanos es necesario tener una cédula *(document)* de identidad como identificación y es necesario llevarla en todo momento.

› **¿Qué documento de identificación es el equivalente, en su país, a la cédula de identidad?**

Para conversar

17. ¡Habla con tu compañero(a)! With a classmate, take turns asking each other the following questions.

1. ¿Tú crees que un Honda cuesta mucho más que un Chevrolet?
2. ¿Es verdad que un Cadillac cuesta un ojo de la cara?
3. ¿Tú crees que un coche automático gasta menos gasolina que un coche de cambios mecánicos?
4. ¿Crees que pronto los coches no van a necesitar gasolina o dudas que esto pueda pasar?
5. ¿Crees que las estaciones de servicio están abiertas o cerradas a esta hora?
6. Si tu coche se descompone, ¿crees que puedes arreglarlo?
7. ¿Crees que tu mamá sabe cambiar una llanta?
8. ¿Es verdad que tú vienes a la universidad a pie?
9. ¿Es verdad que tú lees los anuncios clasificados todos los días?
10. ¿Es verdad que el correo está abierto *(open)* los domingos?

3 Constructions with *se* *(Construcciones con **se**)*

› In Spanish, the pronoun **se** + *the third-person singular or plural form of the verb* is used as an impersonal construction. It is equivalent to the English passive voice in which the person doing the action is not specified. It is also equivalent to English constructions that use the impersonal subjects *one, they, people*, and *you* (indefinite). The impersonal construction is widely used in Spanish.

LEARNING TIP
Think about different ads, instructions, or directions you see around you and express them in Spanish. Example: *For rent:* **Se alquila.**

Se habla español en Lima.	*Spanish is spoken in Lima. / They speak Spanish in Lima.*
—¿A qué hora **se abren** las peluquerías?	*What time do the beauty salons open?*
—**Se abren** a las nueve de la mañana.	*They open at nine a.m.*
—**Se dice** que la gasolina es barata aquí.	*It's said that gasoline is inexpensive here.*
—Sí, pero los coches son muy caros.	*Yes, but cars are very expensive.*

› The impersonal **se** is often used in ads, instructions, or directions.

FOR SALE

NO SMOKING

EXIT TO THE RIGHT

Práctica

18. Letreros In groups of three, write signs with the following information on them, using the impersonal construction.

1. *No parking* ________________.
2. *Exit to the left* ________________.
3. *Spanish spoken here* ________________.
4. *No littering* (*to litter:* **tirar basura**) ________________.
5. *Apartments for rent* ________________.
6. *No swimming* ________________.
7. *Cars for sale* ________________.

19. ¡No, no, no... ! With a classmate, take turns telling different people what is inappropriate, according to what they are doing.

Modelo A teenager is using a swear word.
¡Eso no se dice!

1. A child is eating spaghetti with his/her hands.
2. A little boy is trying to eat dirt.
3. Someone wears white after Labor Day.[1] (*to wear:* **usar**)
4. A child is touching the salad on your plate. (*to touch:* **tocar**)
5. Someone is about to drink mouthwash.

Para conversar

20. El turista necesita saber... With a classmate, act out a scene between a tourist in Lima and a resident of the city who responds to the tourist's questions about the city. Use constructions with **se** in your conversation.

1. ... el horario *(schedule)* de los bancos, del correo y de las tiendas
2. ... qué idiomas habla la gente
3. ... qué y dónde comen
4. ... si venden objetos de oro *(gold)* y de plata *(silver)*
5. ... dónde alquilan coches
6. ... dónde venden coches usados
7. ... dónde arreglan coches
8. ... la hora en que abren y cierran las peluquerías

¿Tú lo sabías?

En España y en Latinoamérica se celebra el Día del Trabajo el primero de mayo.

› **¿Cuándo se celebra el Día del Trabajo en este país?**

Un dicho

Se sufre, pero se aprende.
Equivalent: *One suffers, but one learns.*

[1] *Labor Day* = **Día del Trabajo**

¡Vamos a ver!

Antes de ver el video

21. Preguntas You and a classmate, take turns asking and answering the following questions.

1. ¿Tú crees que es mejor comprar un coche usado o un coche nuevo? ¿Prefieres un coche de cambios mecánicos o un coche automático?
2. Si un coche funciona un día sí y otro no, ¿tú crees que vale la pena arreglarlo?
3. ¿Qué haces tú si tu coche no arranca? ¿Llamas a un amigo o llamas una grúa?
4. ¿Cuándo fue la última vez que llevaste tu coche a un taller? ¿El arreglo te costó un ojo de la cara?
5. Generalmente, ¿cuántas veces al mes va una persona a una gasolinera para comprar gasolina?
6. ¿Es verdad que tú sabes arreglar coches? ¿Los coches modernos son complicados?
7. ¿Tu carro se descompone a menudo?
8. ¿Es verdad que tú tienes que ir a pie a todas partes?
9. ¿Vas a la peluquería *(hairdresser's)* a menudo? ¿Necesitas un corte de pelo *(haircut)*?
10. ¿Tú lees los avisos clasificados?

El video: Se venden coches usados

—Creo que voy a necesitar un carro si tengo que ir al trabajo después de mi última clase...

—Bueno... aquí dice que se venden coches usados, pero dudo que podamos comprar uno con el dinero que tenemos.

—Buenos días. ¿Están leyendo los avisos clasificados?

—Sí. Dígame, don José, ¿usted cree que necesitamos comprar un carro?

—Francamente, no creo que valga la pena.

—Vamos, Ramiro. Tenemos que acostumbrarnos a usar colectivos...

—*(Bromeando)* Si quieren, les vendo mi coche...

—No, gracias. ¡Prefiero una bicicleta!

Después de ver el video

Ramiro

Liliana

Don José

22. ¿Quién lo dice? Identify the person who said each of the following in the dialogue.

1. Me gustan más los carros automáticos.
2. Eso es porque Marta me obliga a ir a pie a todas partes.
3. Pero tía Marta dice que usted sabe arreglar carros.
4. No, gracias. ¡Prefiero una bicicleta!
5. ¿Usted cree que necesitamos comprar un carro?
6. Tenemos que acostumbrarnos a usar colectivos.
7. No, no es verdad que yo sepa arreglar nada.
8. ¡Ay! Tengo que ir al correo y después a la peluquería.
9. Llamé una grúa, que llevó el coche al taller de mecánica.

23. Hablemos. With a classmate, take turns asking and answering the following questions. Base your answers on the dialogue.

1. ¿Adónde tiene que ir Ramiro después de su última clase?
2. ¿Qué tipo de carro prefiere Ramiro?
3. ¿Don José cree que vale la pena comprar un coche usado?
4. ¿Por qué tuvo que llamar una grúa don José?
5. ¿Le costó a don José mucho dinero el arreglo del coche?
6. ¿Qué dice don José que su esposa lo obliga a hacer?
7. ¿Adónde tiene que ir Liliana?
8. ¿A qué tienen que acostumbrarse Liliana y Ramiro?

24. ¿Qué pasa después? You and a classmate use your imaginations to say what the characters do. In Spanish, discuss the following.

1. Whether the post office was open when Liliana got there or whether she had to go back the next day **(al día siguiente).**
2. Whether Marta went to the hairdresser's and whether she needed a haircut.
3. Whether it's true that don José´s wife makes him walk everywhere.
4. Whether don José's car started the next day.
5. Whether don José had to take his car to the repair shop again.
6. What kind of car Liliana and Ramiro bought. Give as many details as possible.
7. Whether or not Ramiro and Liliana got used to using buses.

Now compare your statements with those of another group.

¡Vamos a escuchar!

ESTRATEGIA **Recognizing spatial markers** In **Lección 11** you reviewed transition words that hold together and establish relationships between ideas in a sentence. Prepositions such as **en, entre,** and **hacia** and phrases indicating location are another category of words that serve to mark the spatial relationship of elements in a sentence. Some common phrases that indicate location are:

al lado de next to, beside **debajo de** underneath, below **detrás de** behind
cerca de near **encima de** on top of **frente a** in front of

25. Un aviso comercial You are going to hear a commercial from a car-towing business. Listen for and write the four words or phrases that indicate spatial relationships. There is one phrase that you have probably never heard. Can you identify it?
CD2-26

¡Vamos a conversar!

ESTRATEGIA **Paraphrasing practice III** You have already read that paraphrasing, in speech or writing, can be a useful tool for showing that you understand what is said, as well as for reporting or summarizing what you hear.

26. ¿Qué dijeron? You will hear a series of sentences related to everyday situations. Listen and restate each one in your own words. Then compare your responses with those of a classmate.
CD2-27

27. ¿Qué dices tú? What would you say in the following situations? What might the other person say? Act out the scenes with a classmate. Take turns playing each role.

1. You tell someone that you are reading the classified ads because you're thinking about **(en)** the possibility of buying a used car.
2. You indicate that you doubt that the mechanic can fix the car because he does not have the spare parts that he needs.
3. You tell a friend that your car won't start and ask if he can call a tow truck.
4. You ask a friend if he prefers to drive a standard shift car or an automatic. You indicate what your preference is.
5. You ask a friend if the post office is open and add that you hope that it isn't closed.
6. You tell a friend that it's not worth it to fix his car because it's always broken.

28. Para conocernos mejor To do this activity, work with a classmate whom you would like to get to know. Take turns asking and answering these questions.

1. ¿Prefieres los coches automáticos o los coches de cambios mecánicos? ¿Los coches grandes o los compactos? ¿Los de dos puertas o los de cuatro puertas? ¿Prefieres comprar un coche nuevo o un coche usado?
2. ¿Qué haces tú cuando tu coche no arranca? Si tienes una llanta pinchada, ¿sabes cambiarla? ¿Tú crees que es fácil hacerlo? ¿Siempre llevas un gato en el maletero de tu coche? ¿Es verdad que tú sabes arreglar coches? Si un coche se descompone a menudo, ¿crees que vale la pena arreglarlo? ¿A veces tienes que venir a la universidad a pie?

3. ¿Cuántas millas hay de la universidad a tu casa? ¿Tú sabes cuál es la velocidad máxima en la autopista? Si haces un viaje largo *(long)*, ¿prefieres ir en avión o en auto?
4. ¿Cuántas veces al mes vas a la oficina de correos? ¿Está cerca de tu casa? ¿Tú sabes a qué hora se abre el correo? ¿Sabes a qué hora se cierra?
5. ¿Hay una peluquería en la esquina de tu casa? Generalmente, ¿a qué peluquería vas? ¿Vas a menudo? ¿Qué día de la semana prefieres ir? ¿Por qué? Cuando vas a la peluquería, ¿solamente te peinan y te cortan el pelo o también te lavan la cabeza? ¿Te cobran un ojo de la cara?

29. Una actividad especial para toda la clase

Hablemos de autos Students will play the parts of car salesmen and women, mechanics, and customers.

Step 1: Set up two car dealerships and three car repair shops. There should be two or three people working at each place. The rest of the students will play customers who want to buy cars and people who take their cars to the repair shops. Some might go in pairs, and might argue with each other about the kinds of cars they want to buy or what is wrong with the cars they drive.

Step 2: Some students will inform the rest of the class about their experience.

BlueSkyImage/Shutterstock.com

Rincón literario

José Martí (Cuba: 1835–1895)

José Martí reunió las cualidades del hombre de letras y del hombre de acción. Está considerado como uno de los grandes escritores hispanoamericanos. Fue periodista, ensayista y pensador, y dedicó su vida a la independencia de su país. Es uno de los pioneros del modernismo[1], y sus temas principales son el amor, la amistad y la libertad. Sus poemas más conocidos son los *Versos sencillos*. Su prosa muestra uno de los estilos más expresivos de la lengua española.

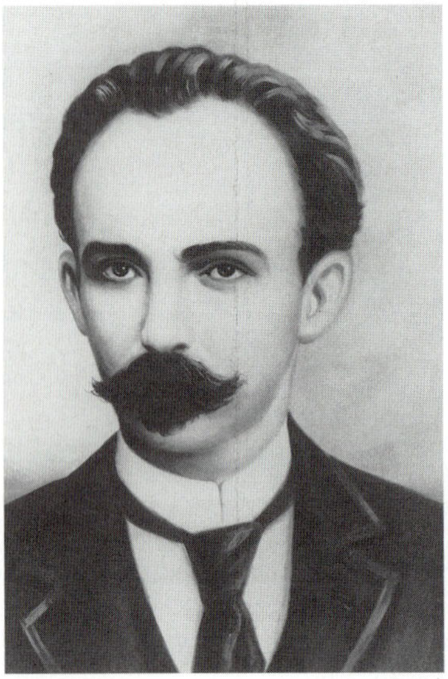

Portrait of Jose-Maria Marti (photolitho), French Photographer,

Antes de leer

ESTRATEGIA **Examples** Taking into account the title of the essay, look for examples given by the author when he talks about race. Read the first paragraph and notice the emphasis placed on equality.

¡A leer!

30. Comprensión As you read the essay, find the answers to the following questions.

1. ¿Qué dice el autor de la palabra **racista**?
2. ¿Tiene un hombre algún derecho especial por pertenecer a una raza o a otra?
3. Según el autor, ¿qué no debe decir ni el hombre blanco ni el hombre negro?
4. ¿Qué es un pecado contra la humanidad?
5. ¿De qué no deben envanecerse ni los blancos ni los negros?
6. ¿Qué pide la paz? ¿Qué hace el blanco que se aísla?
7. ¿De acuerdo a qué factores se agrupan los seres humanos, blancos o negros?
8. ¿Cómo se tratarán *(will treat each other)* los hombres verdaderos, negros o blancos?
9. ¿De qué se han olvidado ya *(have already forgotten)* muchos blancos y muchos negros?
10. ¿Por qué cosas trabajan juntos, blancos y negros?

Mi raza *(fragmento)*

Esa de racista es una palabra confusa y hay que aclararla. El hombre no tiene ningún derecho° especial porque pertenezca° a una raza o a otra: cuando se dice hombre, ya se dicen todos los derechos. El negro, por negro, no es inferior ni superior a ningún otro hombre; peca° por redundante el negro que dice "mi raza"; peca por redundante el blanco que dice "mi raza".

right / belongs

he sins

Todo lo que divide a los hombres, todo lo que especifica, todo lo que separa, es un pecado° contra la humanidad. ¿A qué blanco sensato° se le ocurre envanecerse de ser blanco? ¿Qué piensan los negros del blanco que se envanece° de su color? Insistir en las divisiones de raza, en las diferencias de raza, es dificultar la ventura° pública y la individual.

sin / sensible

becomes conceited

happiness

El racista blanco que le cree a su raza derechos superiores, ¿qué derechos tiene para quejarse del racista negro que también le ve especialidad a su raza? El racista negro que ve en su raza un carácter especial, ¿qué derecho tiene para

[1] Movimiento literario que empezó en Hispanoamérica a fines del siglo XIX. Se caracteriza por el amor a la belleza y por las innovaciones del lenguaje.

quejarse del racista blanco? El hombre blanco que, por razón de su raza, se cree superior al hombre negro, admite la idea de la raza, y autoriza y provoca al racista negro. El hombre negro que proclama su raza, autoriza y provoca al racista blanco. La paz° pide los derechos comunes de la naturaleza: los derechos diferenciales, contrarios a la naturaleza, son enemigos de la paz. El blanco que se aísla, aísla al negro. El negro que se aísla, provoca a aislarse al blanco.

peace

Hombre es más que blanco, más que mulato, más que negro. En la vida diaria de defensa, de lealtad°, de hermandad, de astucia, al lado de cada blanco hubo° siempre un negro. Los negros, como los blancos, se dividen por sus caracteres, tímidos o valerosos, abnegados o egoístas...

loyalty
there was

Los hombres de pompa e interés se irán de un lado, blancos o negros; y los hombres generosos y desinteresados°, se irán de otro. Los hombres verdaderos°, negros o blancos, se tratarán con lealtad y ternura.°

unselfish / real
tenderness

Dos racistas serían igualmente culpables°: el racista blanco y el racista negro. Muchos blancos se han olvidado ya de su color, y muchos negros. Juntos trabajan blancos y negros, por el cultivo° de la mente, por la propagación de la virtud y por el triunfo del trabajo creador y de la caridad° sublime.

guilty
improvement
charity

Después de leer... reflexiones

31. Preguntas In groups of three, answer the following questions.

1. ¿Qué problemas hay que podemos resolver si trabajamos juntos?
2. ¿Qué podemos hacer?
3. ¿Qué derechos tenemos todos los seres humanos?

¡Vamos a escribir!

Antes de escribir

ESTRATEGIA **Brainstorming and organizing** When getting ready to write, it is a good idea to think about your main topic and two or three subtopics. Jot down everything that comes to mind, and then try to organize your ideas and, if applicable, a sequence of events. You will write three or four paragraphs about you and your friends.

- What are your virtues and your shortcomings?
- Do you work well with others?
- Do you try to be generous and help others, no matter who they are?

Add any details and examples you deem necessary.

¡A escribir!

32. Mis amigos y yo Write the **primer borrador** of your essay.

Después de escribir

33. ¡A revisar! Before writing the final version of your essay, exchange your first draft with a classmate's and peer edit each other's work.

EL MUNDO HISPÁNICO Y TÚ

Perú

Perú es famoso por unos animales llamados **llamas.** ¿Alguna vez viste llamas en el zoológico? ¿Leíste el cartelito *(little sign)* que decía de dónde venían? De Perú, ¿verdad? De allí también son las alpacas y las vicuñas...

Perú es el lugar ideal para los amantes de la cultura. Unos se quedan en Lima, cuyo centro histórico fue declarado Monumento Cultural de la Humanidad. Otros van a Machu Picchu, en Cuzco, la capital del Imperio Inca. Algunos quieren ver las enigmáticas líneas y figuras geométricas de Nazca, y a otros les interesa la Amazonia peruana, el lago Titicaca o la extraordinaria diversidad de la flora y la fauna peruanas.

Puntos de atracción turística

Glowimages/Getty Images

Lima

La capital de Perú fue fundada en 1535. Allí están las mejores muestras de la arquitectura colonial, como la Catedral, el convento de San Francisco y la Universidad de San Marcos. Hay casas con hermosos balcones tallados en madera, y muchas plazas, como la de San Martín, llamada así en honor del libertador de Perú, José de San Martín.

Cuzco

La capital del Imperio Inca está situada al sureste de Lima, en los Andes. Está rodeada de ruinas preincaicas e incaicas, entre ellas **el Templo del Sol,** construido con piedras colocadas unas sobre otras sin nada que las mantenga unidas. El nombre de la ciudad proviene de una palabra quechua que significa "ombligo" *(navel)*, porque sus fundadores creían que estaba situada en el centro del universo.

© JTB Photo Communications, Inc./Alamy

mirc3a/Shutterstock.com

Machu Picchu

Machu Picchu, la ciudad perdida de los incas, fue construida en la cordillera de los Andes, a una altura *(height)* de 1400 pies sobre el río Urubamba. Estuvo escondida en las montañas por más de cuatro siglos, hasta que, en 1911, Hiram Bingham, un profesor de Yale, la descubrió. Se cree que fue un centro religioso y la residencia del primer emperador inca. Machu Picchu es hoy la mayor atracción turística de Sudamérica. En el año 2007 fue declarada una de las nuevas siete maravillas del mundo.

Ecuador

Ecuador está justo en la mitad del mundo. ¿Puedes imaginarte con un pie en el hemisferio norte y otro en el hemisferio sur? Esto puedes hacerlo en Ecuador, donde también puedes visitar una de las zonas ecológicas mejor conservadas del mundo: las islas Galápagos.

La lengua oficial del país es el español, pero la tercera parte de su población habla lenguas indígenas: la mayoría, quechua.

Ecuador es el principal exportador de bananas y uno de los mayores exportadores de petróleo, flores, camarones y cacao.

Puntos de atracción turística

Anton_Ivanov/Shutterstock.com

Quito

Quito es la capital más antigua de Sudamérica, y todavía mantiene su aspecto colonial y sus calles estrechas *(narrow)*. Está situada al pie del volcán Pichincha y tiene un clima primaveral todo el año.

© Jenny Leonard/Shutterstock.com

Mitad del Mundo

A 22 millas de Quito, cerca de la villa de San Antonio, está el monumento **La Mitad del Mundo,** que marca el punto por donde hasta hace poco se creía que pasaba la línea del ecuador. Sin embargo, mediciones más recientes sitúan el ecuador 240 metros más al sur.

KKulikov/Shutterstock.com

Las Islas Galápagos

Las Islas Galápagos son de origen volcánico, y deben su nombre a sus enormes tortugas, llamadas **galápagos,** que pesan unos 200 kilos y viven hasta 250 años. Estas islas deben su fama a los estudios sobre la evolución de las especies que hizo allí el naturalista Charles Darwin. Estas islas están a unas 560 millas al oeste del Ecuador continental y son parte de este país. Tienen una población de unos 25.000 habitantes.

Háganse preguntas

The class will be divided into groups of 3 or 4 students. The instructor will assign one of the seven items of information presented here to each group. The members in each group will prepare questions about the item assigned to them to ask the rest of the class.

iLrn™

To learn more about Perú and Ecuador, watch the cultural footage in the Media Library.

AUTOPRUEBA

¿Cuánto sé ahora?

Take this test. When you have finished, check your answers in the answer key provided in Appendix D. Then use a red pen to correct any mistakes you may have made. Are you ready?

A. The *Ud.* and *Uds.* commands

a. Complete the following, using the Spanish equivalent of the words in parentheses. You are speaking to more than one person, so use the **Uds**. form.

1. ________a la oficina y ________ (________) a trabajar. *(Come / start)*
2. Necesito las llantas. ________ mañana y ________ aquí. *(Bring them to me / put them)*
3. ________/ a las ocho. ________ puntuales. *(Be / Be)*
4. ________ al correo y ________ los documentos. *(Go / take)*
5. ________ con él y ________ que quieren un coche automático. *(Speak / tell him)*
6. ________ el dinero, pero ________ hoy. *(Give him / don't give it to him)*
7. ________ a las seis y ________ de su casa a las siete. *(Get up / leave)*
8. ________ aquí. ________ por nada. *(Sit / Don't worry)*

b. You are talking with one of your employees. Using the command for **Ud.,** give him the following orders.

1. Ir al taller de mecánica y darle un cheque al mecánico.
2. Poner el gato y la llanta de repuesto en el maletero.
3. Preguntarle al vendedor cuánto cuestan los coches usados.
4. Avisarle a la señora López que su coche está descompuesto.
5. Volver a la oficina mañana.

B. The subjunctive to express doubt, disbelief, and denial. Change the following, according to the new beginning.

1. Creo que el gato está en el maletero. (No creo)
2. No dudo que la gasolinera queda cerca de aquí. (Dudo)
3. Estoy seguro de que ellos se encuentran aquí. (No estoy seguro)
4. Es verdad que somos peruanos. (No es verdad)
5. No niego que ellos me dan dinero. (Niego)
6. Es verdad que necesitan un acumulador. (No es verdad)

C. Constructions with *se* Form questions with the elements given, adding the necessary connectors. Follow the model.

Modelo a qué hora / abrir / las tiendas

¿A qué hora se abren las tiendas?

1. qué idiomas / hablar / Perú
2. a qué hora / cerrar / las gasolineras
3. por dónde / salir / de aquí
4. cómo / llegar / a la estación de servicio
5. córno / decir / manejar / en inglés
6. dónde / comprar / piezas de repuesto

D. Just words . . .

Circle the word or phrase that best completes each sentence.

1. Prefieres los coches de cambios mecánicos o los coches (automáticos, clasificados)?
2. No (vale, bromea) la pena arreglar el coche.
3. Mi mamá fue-al salón de (peluquería , belleza).
4. Yo no creo que el taller de mecánica esté (abierto, usado).
5. Mi coche no arranca. Creo que necesita un (acumulador, colectivo) nuevo.
6. Mi coche (se acostumbra, se descompone) frecuentemente.
7. A lo (mejor, menudo) mi papá puede arreglar el carro.
8. Yo compro gasolina cinco veces (a pie, al mes).
9. Cuando manejas, tienes que poner las manos en el (neumático, volante).
10. ¿Tú sabes cuál es la velocidad máxima en (la estación de servicio, la autopista?
11. Mi coche tiene dos bolsas (modernas, de aire).
12. Tengo que cambiar el filtro del (tanque, aceite).
13. Tengo documentos en (el portaguantes, la bocina).
14. La (conductora, chapa) de mi coche es 435CBJ.
15. Si el coche no arranca, tenemos que llamar un (remolcador, limpiaparabrisas).
16. El arreglo del coche me costó un ojo de (la cara, la esquina).

E. Culture

1. Complete the following, based on the information found on the **¿Tú lo sabías?**
   a. En la mayoría de los países hispanos, la gasolina y los automóviles son muy caros. Por esta razón, es muy popular la ________.
   b. En muchos países hispanos es necesario tener una ________ de identidad como identificación.
2. Complete these sentences, based on the information found in the **El mundo hispánico y tú** section.
   a. Cusco es la capital del Imperio ________.
   b. La capital de Perú es ________.
   c. ________ es la capital más antigua de Sudamérica.

F. Un dicho Do you remember the Spanish saying about the fact that life's trials can teach us good lessons? Find it in this lesson.

LECCIÓN 13

DE COMPRAS EN EL CENTRO COMERCIAL

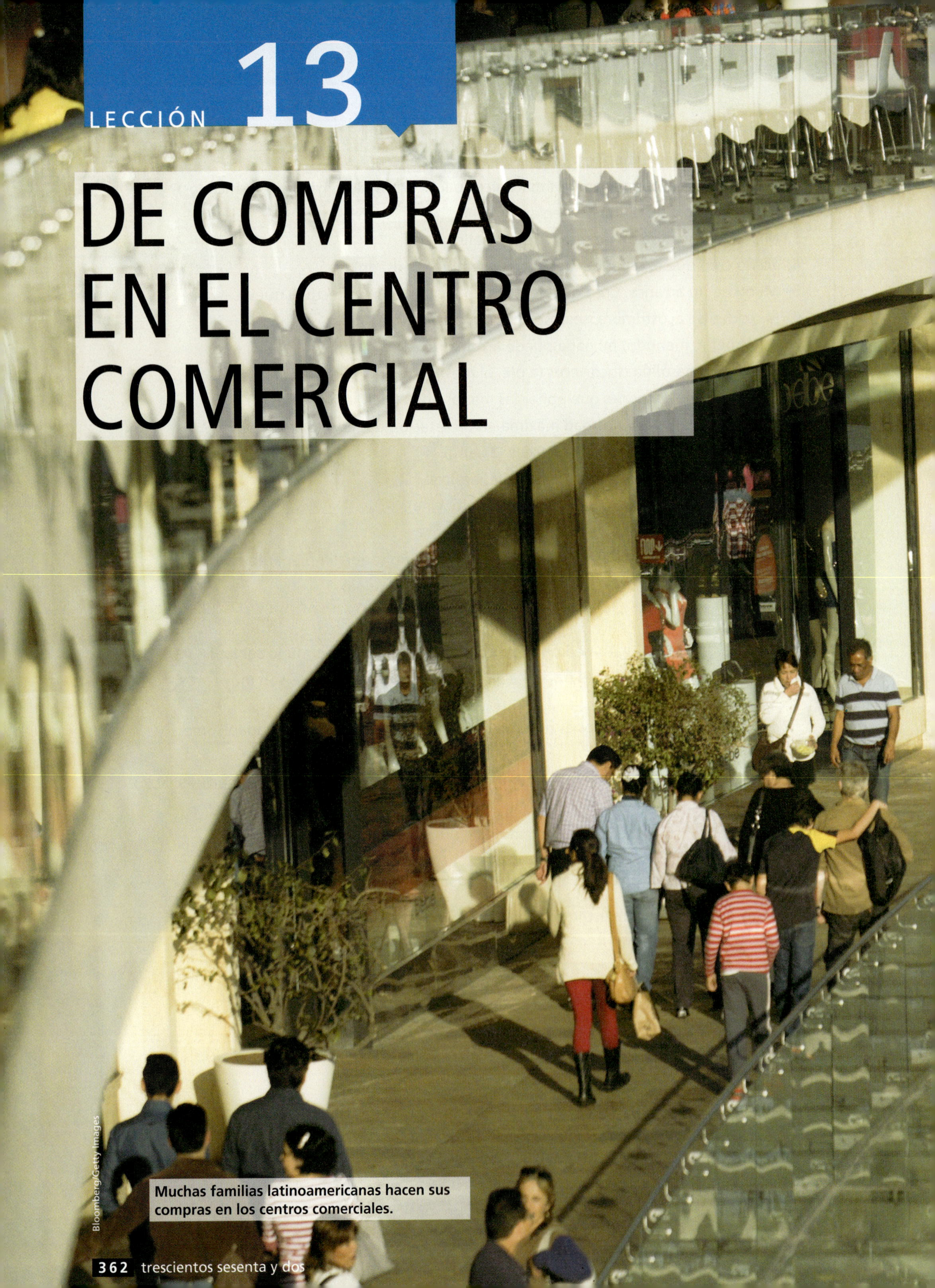

Muchas familias latinoamericanas hacen sus compras en los centros comerciales.

OBJETIVOS COMUNICATIVOS

You will learn vocabulary related to clothing and shopping.

SITUACIONES

De compras

ESTRUCTURAS

1 The familiar commands **(tú)**

2 **¿Qué?** and **¿cuál?** used with **ser**

3 The subjunctive to express indefiniteness and nonexistence

ASÍ SOMOS

¡Vamos a ver!

Watching and understanding situations

¡Vamos a escuchar!

Listening for the order of events

¡Vamos a conversar!

Expressing ideas and opinions

Rincón literario

Reading poetry

Meciendo and *Piececitos* by Gabriela Mistral

¡Vamos a escribir!

Writing an advice column

EL MUNDO HISPÁNICO Y TÚ

› Chile

AUTOPRUEBA

You will review what you learned in this lesson.

©Pressmaster/Shutterstock.com

CHILE es un país largo y estrecho. El país tiene dos veces el área de Montana y su población es de unos 16 millones de habitantes. De estos, el 80% vive en las ciudades. En Santiago, la capital, vive casi la tercera parte de los habitantes del país.

Chile es famoso por sus lugares turísticos, como Viña del Mar, por sus pistas de esquí y por su rica producción de vinos de exportación. Está situado en el extremo sudoeste de Sudamérica. Su nombre oficial es República de Chile. Linda con *(it borders)* Perú, Bolivia y Argentina. Al oeste linda con el océano Pacífico.

La cordillera de los Andes atraviesa todo el país de norte a sur.

Buddy Mays/Documentary Value/Corbis

De compras

CD3-2

¡Ubíquelos!

Fabio and Mireya and their two children live in Santiago, the capital of Chile. The video shows you many places that this family visits, generally on weekends.

© Jose Luis Pelaez Inc/Blend Images/ Jupiter Images

Photodisc/Getty Images

Fabio y Mireya, un matrimonio chileno, viven en Santiago, la capital de Chile. Tienen dos hijos: Héctor, de trece años, y Nora, de catorce años. Hoy los cuatro van al centro comercial porque los chicos necesitan ropa y zapatos. Fabio va a ir de compras con Héctor y Mireya va a llevar a Nora.

Mireya y Nora, en una tienda por departamentos muy elegante.

MIREYA: Mira este vestido. ¡Es precioso! ¡Pruébatelo! ¿Dónde está el probador?

NORA: ¡Ay, no! No me gusta. ¡Es un vestido para una niñita!

MIREYA: ¿Y qué eres tú? Bueno... pruébate esta blusa y esta falda. Hacen juego con tus sandalias.

NORA: La blusa me va a quedar grande. Yo uso talla extra pequeña.

MIREYA: ¡Escúchame! Tú usas talla pequeña o mediana.

NORA: *(Casi llorando)* ¡No! ¡No te olvides que yo perdí dos kilos! Además, aquí no hay nada que me guste. Hazme un favor, llévame a otra tienda...

Fabio y Héctor, en una zapatería.

HÉCTOR: Me gustan estos zapatos de tenis. Son de buena marca.

EMPLEADO: ¿Qué número calzas?

HÉCTOR: No estoy seguro. ¿Puede medirme los pies?

FABIO: *(Mira el precio de los zapatos de tenis.)* ¡Héctor! Fíjate en el precio de estos zapatos de tenis. ¡Cuestan un ojo de la cara!

HÉCTOR: No, papá. ¡No te preocupes! Van a durar mucho tiempo...

FABIO: Por este precio, tienen que durar por lo menos diez años. ¡Y no estoy exagerando!

HÉCTOR: *(Se está probando un par de botas.)* Estas son un poco estrechas. Necesito unas que sean un poco más anchas...

Después de media hora, Fabio va a la caja y paga por los zapatos de tenis y por las botas. Después compran dos camisetas y luego van a una librería. Por fin se encuentran con Mireya y Nora, que están en un restaurante de comida rápida, cargadas de bolsas.

FABIO: Nora, no me digas que compraron todo eso. ¡Vamos a necesitar un camión!

NORA: Es que no tenía nada que ponerme. Además, tuvimos que cambiar unos zapatos que no me gustaban.

FABIO: *(A Mireya)* ¡Tengo una idea!

MIREYA: ¿Sí? ¿Cuál es tu idea?

FABIO: ¿Qué te parece si nunca más volvemos al centro comercial?

MIREYA: *(Se ríe.)* ¡Me parece una idea estupenda!

¿Tú lo sabías?

Los restaurantes de comida rápida son populares en los países hispanos. Muchos de estos restaurantes pertenecen a famosas cadenas de los Estados Unidos.

› **¿Cuál de los restaurantes de comida rápida es el más popular en tu ciudad?**

1. Hablemos. With a classmate, take turns asking and answering the following questions. Base your answers on the dialogue and on your own circumstances.

En el diálogo

1. ¿Fabio y Mireya son un matrimonio estadounidense?
2. ¿Por qué van al centro comercial?
3. ¿Qué dice Nora del vestido que le gusta a Mireya?
4. Según Mireya, ¿qué talla usa Nora?
5. ¿Por qué quiere Nora que su mamá la lleve a otra tienda?
6. ¿Héctor sabe qué número calza?
7. ¿Qué dice Fabio de los zapatos de tenis?
8. ¿Qué dice Héctor de las botas que se prueba?
9. ¿Dónde se encuentran los cuatro?
10. ¿Qué dice Fabio que no deben hacer nunca más?

¿Y tú?

1. ¿Tú conoces a algunas personas chilenas?
2. ¿Tú vas al centro comercial frecuentemente?
3. ¿Tú te pruebas la ropa antes de comprarla?
4. ¿Qué talla usas tú?
5. ¿Tú vas a muchas tiendas cuando vas al centro comercial?
6. ¿Qué número calzas tú?
7. ¿Tus zapatos de tenis te costaron un ojo de la cara?
8. ¿Te gusta usar botas?
9. ¿Tú comes en restaurantes de comida rápida frecuentemente?
10. ¿Qué días te gusta ir al centro comercial?

ESTRUCTURAS

1 The familiar commands (tú) *(Las formas imperativas de* ***tú****)*

Unlike other commands in Spanish, the familiar affirmative command does not use the subjunctive.

A. *Tú* commands[1]

› The affirmative command form for **tú** has exactly the same form as the third-person singular form of the present indicative.

Verb	Present Indicative	Familiar Command *(tú)*[1]
hablar	él habla	**habla** (tú)
comer	él come	**come** (tú)
abrir	él abre	**abre** (tú)
cerrar	él cierra	**cierra** (tú)
volver	él vuelve	**vuelve** (tú)

—Teresa, **trae** el vestido. — *Teresa, bring the dress.*
—**Espera** un momento. Estoy ocupada. — *Wait a moment. I'm busy.*
—Me voy. — *I'm leaving.*
—**Vuelve** temprano y **cierra** la puerta de calle. — *Return early and close the front door.*

› Spanish has eight irregular **tú** command forms.

decir	**di**	salir	**sal**
hacer	**haz**	ser	**sé**
ir	**ve**	tener	**ten**
poner	**pon**	venir	**ven**

—Carlitos, **ven** aquí; **hazme** un favor. **Ve** a la casa de Rita y **dile** que la fiesta es hoy. — *Carlitos, come here; do me a favor. Go to Rita's house and tell her the party is today.*

—Muy bien. En seguida vuelvo. — *Okay. I'll be right back.*

Un dicho

Crea fama y acuéstate a dormir.
Equivalent: *Once you build a reputation, it stays forever.*

LEARNING TIP

To remember the eight verbs that are irregular in the **tú** command, memorize the following:

Ana, *sé* buena y *ve* al mercado con Rosa. *Ven* a casa y *ponlo* todo en el refrigerador. *Haz* una ensalada y *dile* a Luis que coma con ustedes. *Sal* con los niños, pero *ten* paciencia con ellos.

As you say aloud and/or write down this text, visualize it as a movie you are starring in. This will aid you in memorizing it.

[1]The affirmative command form for **vosotros** is formed by changing the final **r** of the infinitive to **d:** hablar → **hablad,** comer → **comed,** vivir → **vivid.**

B. Negative forms

› The negative **tú**[1] commands use the corresponding forms of the present subjunctive.

hablar	no **hables** tú
vender	no **vendas** tú
decir	no **digas** tú

—¿Voy con Julia? *Shall I go with Julia?*
—No, no **vayas** con ella. *No, don't go with her.*
—¿Pongo las faldas aquí? *Do I put the skirts here?*
—No, no las **pongas** aquí. *No, don't put them here.*

Un dicho
No cantes victoria antes de tiempo.
Equivalent: *Don't count your chickens before they're hatched.*

Pon**lo** aquí. *Put it here.*
No **lo** pongas allí. *Don't put it there.*
Vénde**nosla.** *Sell it to us.*
No **nos la** vendas. *Don't sell it to us.*

¡Atención! Object and reflexive pronouns are positioned with familiar commands just as they are with the formal commands.

Práctica

8. **Órdenes** Play the role of an older sibling giving instructions to a younger brother or sister, using the cues provided.
   1. levantarse temprano, bañarse y vestirse
   2. ponerse los pantalones negros y la camisa de cuadros y salir antes de las siete
   3. lavar su ropa interior y sus calcetines
   4. ir a la biblioteca y devolver los libros
   5. llamar por teléfono a su tía y decirle que la necesitamos
   6. no ponerse las botas negras
   7. no ir al centro comercial; quedarse en casa y estudiar
   8. no preocuparse si llegamos un poco tarde
   9. limpiar su cuarto y pasarle la aspiradora a la alfombra
   10. no acostarse antes de terminar la tarea *(homework)*

[1]The negative **vosotros** commands also use the present subjunctive: **no habléis.**

9. ¿Qué hago? Juana always has a hard time deciding what to do. Give her some suggestions, using the cues provided.

Modelo No sé qué clase tomar. (francés)
Toma una clase de francés.

1. No sé adónde ir esta noche. (cine)
2. No sé con quién salir. (Mauricio)
3. No sé qué hacer mañana. (ir de compras)
4. No sé qué comprar. (un traje de baño)
5. No sé qué regalarle a papá. (una corbata)
6. No sé qué comprarle a mamá. (un vestido)
7. No sé qué hacer para comer. (sopa y pollo)
8. No sé qué decirle a Jorge. (que te lleve al centro comercial)
9. No sé en qué banco poner mi dinero. (en el Banco Nacional)
10. No sé qué hacer con las botas. (cambiarlas)

10. Haz esto... No hagas eso. *(Do this . . . Don't do that.)* Say two commands, one affirmative and one negative, that each of the following people would be likely to give.

1. una madre a su hijo de quince años
2. un(a) estudiante a su compañero(a) de cuarto
3. una muchacha a su novio
4. un hombre a su esposa
5. un profesor a un estudiante

11. Las órdenes de Lucía Lucía and David are moving into their new apartment and some friends are helping them. Based on the illustration, what does Lucía tell each person to do? Use familiar commands.

Para conversar

12. De compras With a classmate, play the roles of two friends who are at a shopping mall helping a third friend shop for clothes, shoes, jewelry, etc., and telling him/her what to do and what not to do. Use informal commands.

¿Tú lo sabías?

Aunque ahora hay muchos grandes almacenes, todavía existen en los países hispanos muchas tiendas pequeñas especializadas en un solo producto. Por ejemplo, se vende **perfume** en la **perfumería, joyas** en la **joyería** y **relojes** en la **relojería.**

› **En este país, ¿la mayoría de las tiendas especializadas están en centros comerciales o en edificios independientes?**

2 *¿Qué?* and *¿cuál?* used with *ser* (*Qué y cuál usados con el verbo ser*)

› *What?* translates as **¿qué?** when it is used as the subject of the verb and it asks for a definition.

—¿**Qué** es el pisco?	*What is pisco?*
—Es una bebida chilena.	*It's a Chilean drink.*

› *What?* translates as **¿cuál?** when it is used as the subject of a verb and it asks for a choice. **Cuál** conveys the idea of selection from among several or many available objects, ideas, and so on.

—¿**Cuál** es su número de teléfono?	*What is your phone number?*
—792-4856.	*792-4856.*
—¿**Cuál** es su tienda favorita?	*Which is your favorite store?*
—La tienda París, pero yo tengo una modista.	*The Paris Store, but I have a dressmaker.*

¿Tú lo sabías?

En las ciudades hispanas hay excelentes tiendas donde se puede comprar ropa hecha *(ready-to-wear),* pero muchas personas prefieren utilizar los servicios de un sastre *(tailor)* o de una modista *(dressmaker).*

› **En general, ¿dónde prefieren comprar la ropa los estadounidenses?**

Práctica

13. Preguntas Write the questions you would ask to get the following information. Use **qué** or **cuál,** as needed.

1. —____________________
   —Mi apellido es Velázquez.
   —____________________
   —Calle Rosales, número 420.
   —_________________________
   —835-2192.

2. —¿Quiere un pisco?
   —____________________
   —Es una bebida chilena. ¿Quiere comer una cazuela de ave?
   —____________________
   —Es un plato chileno que se prepara con pollo.

ESTRUCTURAS

Para conversar

14. ¡Habla con tu compañero(a)! With a classmate, take turns asking and answering the following questions.

1. ¿Cuál es la fecha de tu cumpleaños?
2. ¿Cuál es tu color favorito?
3. ¿Cuál es la estación del año que más te gusta?
4. ¿Cuál es tu programa de televisión favorito?
5. ¿Cuál es el título de tu libro favorito?
6. ¿Cuál es la ciudad más grande de tu estado?
7. ¿Cuál es la tienda que más te gusta?
8. ¿Cuál es tu día favorito?

3 The subjunctive to express indefiniteness and nonexistence

(El subjuntivo para expresar lo indefinido y lo inexistente)

› The subjunctive is always used when the subordinate clause refers to someone or something that is indefinite, unspecified, or nonexistent.

Quiero una cartera que **haga** juego con estos zapatos.	*I want a purse that matches these shoes.*
Busco un disco compacto que le **guste** a Eva.	*I'm looking for a CD that Eva will like.*
No hay ninguna blusa que **sea** de mi talla.	*There is no blouse that's my size.*

LEARNING TIP

These are words or phrases that you might use to express indefiniteness: **quiero, busco, prefiero, ¿hay?, ¿tienen ustedes?, ¿conoces?** Use each one to make a statement or ask a question. For example: ***Quiero* un par de zapatos que me *queden* bien.**

› If the subordinate clause refers to existing, definite, or specific persons or things, the indicative is used instead of the subjunctive.

Tengo una cartera que **hace** juego con estos zapatos.	*I have a purse that matches these shoes.*
Busco el disco que le **gusta** a Eva.	*I'm looking for the CD that Eva likes.*
Hay una blusa que **es** de mi talla.	*There is a blouse that's my size.*

Práctica

15. En esta clase Indicate that there is nobody in your class to whom the circumstances below apply. Follow the model.

Modelo En mi clase... hay una chica que baila flamenco.
En mi clase no hay nadie que baile flamenco.

En mi clase...

1. ... hay dos chicas que son de Paraguay.
2. ... hay un muchacho que conduce un Mercedes Benz.
3. ... hay un muchacho que habla francés.
4. ... hay tres estudiantes que tienen solamente quince años.
5. ... hay una chica que sabe tocar el violín.
6. ... hay dos muchachos que dan fiestas todos los sábados.
7. ... hay una chica que va a Europa todos los veranos.
8. ... hay dos muchachas que vienen a la universidad los domingos.
9. ... hay tres estudiantes que siempre están ocupados.
10. ... hay una chica que sale de su casa a las cinco de la mañana.

16. Información With a classmate, play the roles of a newcomer to Santiago and a helpful long-time resident who is able to offer solutions to all of the newcomer's needs. Have a conversation based on your needs: for example, a house, a car, a job, places to go for leisure, etc. Follow the model.

Modelo una casa – tener piscina
—*Quiero (Necesito, Busco) una casa que tenga piscina.*
—*En mi barrio hay una casa que tiene piscina.*

1. una casa – tener tres dormitorios
2. una casa – estar cerca de la universidad
3. una casa – no costar un ojo de la cara
4. un coche – tener aire acondicionado
5. muebles – ser baratos
6. un empleo – pagar bien
7. alguien – ayudarme a mudarme
8. un restaurante – servir hamburguesas

17. Quiero saber. A friend of yours is planning to move to your city or town and wants some information about it. Answer his or her questions as completely as possible.

1. ¿Hay alguna casa en un buen barrio que sea barata?
2. ¿Hay alguna casa que tenga piscina?
3. ¿Hay algún apartamento que esté cerca del centro *(downtown)*?
4. Yo necesito una secretaria. ¿Conoces a alguien que sepa hablar alemán y japonés?
5. A mí me gusta la comida chilena. ¿Hay algún restaurante que sirva comida chilena?
6. A mis padres les gusta la comida mexicana. ¿Hay algún restaurante que sirva comida mexicana?

18. ¿Subjuntivo o indicativo? Complete the following sentences logically, using the subjunctive or indicative as appropriate.

1. Necesito unos zapatos que...
2. En esta tienda no hay ningún pantalón que...
3. Aquí venden unas botas que...
4. Rosa tiene una falda que...
5. Busco una tienda que...
6. En esta clase no hay nadie que...
7. Mi novio(a) necesita un empleo que...
8. ¿Hay alguien aquí que... ?

¿Tú lo sabías?

En la mayoría de los países hispanos, la talla de la ropa se basa en el sistema métrico.

› **¿Se usa el sistema métrico en este país?**

Para conversar

19. Díganme... You and your classmate want to know more about other people. Take turns asking whether there is anybody there who speaks German, vacations in a foreign country, or needs new clothes, jewelry, etc. The answers should imply indefiniteness and nonexistence.

Modelo —*¿Hay alguien en la clase que hable alemán?*
—*No, no hay nadie que hable alemán.*

¡Vamos a escuchar!

ESTRATEGIA **Listening for the order of events** You have already read about the words **primero, luego, después,** and **finalmente** to indicate sequence. When listening to a narration of events, biographical information, or other text in which a series of events comes into play, pay particular attention to sequencing words in order to understand the chronology of events.

CD3-4 **24. La cronología** You are going to hear a short narration about a shopping trip. Listen and number the activities according to the order in which they occurred. Then listen again and write the sequencing word or phrase used to indicate the order of each event. There may be a sequencing phrase that you have not heard before. Can you identify it?

_____ Fueron a la zapatería. _____________

_____ Fueron a la tienda La Francia. _____________

_____ Fueron a la joyería. _____________

_____ Almorzaron. _____________

¡Vamos a conversar!

ESTRATEGIA **Expressing ideas and opinions** Here is a series of phrases and expressions that are useful for discussing ideas and introducing your opinions or point of view on a topic.

Introducing an opinion or idea:

(No) Me parece que...
(No) Creo que...
(No) Pienso que...

Adding ideas or changing the direction of a conversation:

Sin embargo,... *However, . . .*
Por el contrario... *On the contrary . . .*
Por otro lado... *On the other hand . . .*

Reacting to ideas:

De acuerdo. *I'm in agreement.*
¡Ya lo creo! *I'll say!*
No exactamente. *Not exactly.*
No creo eso por lo siguiente: ... *I don't think so for the following reason: . . .*
No creo eso porque... *I don't think so because . . .*
No estoy de acuerdo contigo (en eso, en ese punto, con esa idea). *I disagree with you (on that, on that point, with that idea).*

25. A discutir In groups of three or four, discuss the following issue for five minutes. Use the phrases for expressing opinions.

1. Es mejor hacer compras por Internet.
2. Es mejor ir al centro comercial.

26. **¿Qué dices tú?** What would you say in the following situations? What might the other person say? Act out the scenes with a classmate. Take turns playing each role.

1. You are shopping in a large department store. You need a pair of gloves, pantyhose, and a wallet. You also see a brown suit that you like for your father, and you want to know how much it costs.
2. You are a clerk. A customer is admiring an evening gown. Ask her what size she wears, and tell her the fitting room is on the left next to the cash register.
3. A clerk is showing you a pair of boots. They are too tight on you.
4. Your friend is going to the store. Ask her to buy you a pair of socks and a T-shirt.

27. **Para conocernos mejor** To do this activity, work with a classmate whom you would like to get to know. Take turns asking and answering these questions.

1. ¿Prefieres comprar tu ropa en una boutique o en una tienda por departamentos? ¿Prefieres usar ropa de algodón, de seda o de rayón? ¿Gastas mucho dinero en ropa?
2. Para el cumpleaños de tu mejor amiga, ¿planeas regalarle aretes, un collar o una pulsera? ¿Recibiste muchos regalos en tu cumpleaños? ¿Cuál te gustó más?
3. ¿Usas talla grande, pequeña o mediana? ¿Qué número calzas? ¿Tus zapatos son de cuero? ¿Prefieres usar botas o zapatos de tenis? ¿Por qué?
4. Si tienes la oportunidad de ir de compras o al cine, ¿adónde vas? ¿Prefieres ir de compras solo(a) o con un(a) amigo(a)? ¿Vas de compras por lo menos una vez al mes?
5. ¿Hay algunas tiendas que tengan una gran liquidación esta semana?
6. ¿Qué te pones cuando hace mucho frío? ¿y cuando hace mucho calor?

28. **Una actividad especial para toda la clase**

¿Qué vamos a comprar? The classroom is now part of a mall. There are clothing stores, shoe stores, and jewelry stores. Some students are store clerks, and others are shopping for clothes, shoes, and jewelry.

Step 1: The store employees should describe the sizes, brands, styles, materials, colors, and prices.

Step 2: Shoppers should ask where the fitting rooms and cash registers are, and when they are ready to pay, discuss method of payment.

jackf/Shutterstock.com

Rincón literario

Gabriela Mistral (Chile: 1889–1957)

Bettmann/Corbis

Gabriela Mistral es una de las poetisas más famosas de Hispanoamérica. Nació en Vicuña, Chile. Su verdadero nombre era Lucila Godoy. Gabriela Mistral es un pseudónimo o nombre de pluma *(pen name)*. Dejó una amplia obra tanto en *(both in)* prosa como en *(and in)* verso. Los temas principales de su poesía son la maternidad *(motherhood)*, el dolor *(pain)* del amor y la justicia. Además del libro *Ternura*, donde muestra su inmenso amor por los niños y de donde es el siguiente poema, Gabriela Mistral escribió otros libros de poemas: *Desolación, Tala* y *Lagar*. En 1945 recibió el premio Nobel de Literatura, siendo *(being)* la primera entre los escritores latinoamericanos en recibirlo. La autora se destacó también en la educación y en la diplomacia. Vivió en varios países de Latinoamérica, Europa y en los Estados Unidos. Cuando esta gran poetisa de origen humilde falleció, el gobierno chileno declaró tres días de luto *(mourning)* nacional.

Antes de leer

ESTRATEGIA **Reading poetry** When reading poetry you can use some of the same strategies you have used with other types of texts. Looking at the title and skimming the poem for the main idea or recurring phrases can provide clues to the subject of the poem. Remember that poetry often conveys strong feelings and frequently makes use of images and symbols. Here are a few elements to look for to aid your comprehension and appreciation of a poem.

- **la rima** *(rhyme)* or **el verso libre** *(free verse)*
- **la repetición** of sounds, words, or phrases
- **los símbolos** or **las imágenes** *(images)*
- **el ritmo** *(rhythm)*

29. El lenguaje poético In this poem a mother rocks a baby. With a classmate, skim the poem and identify the words or phrases that are repeated in each stanza. What impression or sensation do you think this might convey? What elements of nature do you see in the poem?

¡A leer!

Meciendo

El mar sus millares° de olas°
mece,° divino.
Oyendo a los mares amantes°
mezo a mi niño.

El viento errabundo° en la noche
mece los trigos.°
Oyendo a los vientos amantes
mezo a mi niño.

Dios° Padre sus miles de mundos
mece sin ruido.°
Sintiendo su mano en la sombra°
mezo a mi niño.

thousands / waves
rocks
loving
wandering
wheat
God
sin... *silently*
shadow

Gabriela Mistral, "Meciendo," from *Poesías completas*, Third Edition (Madrid, Aguilar, 1966).

30. Comprensión As you read the poem, find the answers to the following questions.

1. ¿A quién está dedicado este poema?
2. Mientras el **yo** del poema mece a su niño, ¿qué mecen el mar y el viento?
3. ¿Qué mece Dios Padre?
4. ¿Qué siente la madre que mece a su niño?

Después de leer... reflexiones

31. Reacciones In groups of three, have a conversation using the following questions as guidelines.

1. ¿Por qué sentimos ternura al mecer a un niño?
2. ¿Qué sensación recordamos al pensar en el mar y en las olas?
3. ¿Experimentamos alguna vez una noche de tranquilidad y de silencio, lejos de los ruidos de la ciudad?
4. El **yo** del poema "siente" una "mano en la sombra". ¿Sentimos algunas veces una presencia que no podemos explicar?
5. ¿En qué ocasiones nos sentimos parte de la naturaleza?
6. ¿Qué podemos hacer para poder experimentar esos sentimientos *(feelings)* más frecuentemente?

Otro poema de Gabriela Mistral

Antes de leer

As you will recall, sometimes the title of a story or a poem will suggest something about the topic. What does the word **"piececitos"** *(little feet)* bring to mind? Does it evoke tenderness?

Read the first verse. Does it give you an idea about what the rest of the poem will be like? Skim the poem, reading it aloud. You will notice that the author uses the **vosotros** form. Thus, the pronoun **os** means "you."

¡A leer!

32. Comprensión As you read the poem, find the answers to the following questions.

1. ¿Por qué están azulosos los piececitos? ¿Qué es lo que la gente no hace?
2. ¿Qué es lo que hiere a[1] los piececitos?
3. ¿Qué es lo que ignora el hombre?
4. Donde los piececitos sangran, ¿qué flor nace más fragante?
5. La autora dice que los piececitos son perfectos. ¿Qué más deben ser?
6. ¿Qué es lo que la gente no hace al pasar?

[1]The personal **"a"** is used here because the author personifies **"piececitos"**.

Piececitos

Piececitos de niño,
azulosos de frío,
¡cómo os ven y no os cubren
Dios mío!

¡Piececitos heridos° — *wounded*
por los guijarros° todos, — *pebbles*
ultrajados de nieves
y lodos°! — *mud*

El hombre ciego° ignora — *blind*
que por donde pasáis,
una flor de luz viva
dejáis;

que allí donde ponéis
la plantita sangrante,° — *bleeding*
el nardo nace más
fragante.

Sed,° puesto que marcháis — *Be*
por los caminos rectos,° — *straight*
heroicos como sois
perfectos.

Piececitos de niño,
dos joyitas° sufrientes, — *little jewels*
¡cómo pasan sin veros
las gentes°! — *people*

Gabriela Mistral, "Piececitos," from *Poesías completas*, Third Edition (Madrid, Aguilar, 1966).

Después de leer... reflexiones

33. Reacciones In groups of three or four, discuss the following.

1. Muchos niños pobres andan descalzos *(go barefoot)* porque sus padres no tienen dinero para comprarles zapatos. ¿Qué puede hacer la gente para ayudarlos?
2. ¿Qué organizaciones de caridad ayudan a los pobres? ¿Ustedes pertenecen a alguna iglesia o institución que tenga un programa especial para este fin?
3. ¿Ustedes creen que el gobierno *(government)* debe encargarse *(take charge)* de ayudar a la gente pobre? ¿Por qué sí o por qué no?

¡Vamos a escribir!

Antes de escribir

ESTRATEGIA **Writing an advice column** When giving advice, you need to draw on a few strategies:

1. State the purpose or the main idea of the advice.
2. Brainstorm ideas, possible solutions, and how to's.
3. Organize the advice according to categories or subtopics relating to the main topic. Include details. Summarize.

34. Consejos para una madre You will write an advice column in which you tell mothers how to raise a healthy, happy child. First brainstorm about the following topics, jotting down all the ideas that come to you.

1. What to do for a baby's physical and emotional well-being
2. What kinds of food to feed the baby
3. How much time to spend with him/her
4. How to help a child develop intellectually
5. How to help a child develop socially
6. How to keep a child's room safe and cheerful
7. Whether or not to read bedtime stories

OKSun/Shutterstock.com

¡A escribir!

35. La columna Write the **primer borrador** of your column.

Después de escribir

36. A revisar Before writing the final version of your advice column, exchange your first draft with a classmate's, and peer edit each other's work, making sure that the guidelines have been followed.

Chile

Chile nos da la posibilidad de esquiar en junio o julio. ¿Recuerdas? Chile está en el hemisferio sur, y en junio y julio el país está en pleno invierno. Algunos llaman a este país "la Suiza de Sudamérica" por su belleza natural.

Es una zona de montañas altas y tiene los centros de esquí más famosos, como Portillo y Farallones. Chile posee la segunda cadena volcánica más grande y de mayor actividad del planeta.

Tiene una alta calidad de vida y un alto crecimiento económico. La economía del país depende principalmente de la exportación de minerales, frutas y vinos. Chile tiene tratados de libre comercio con más de 50 países.

Puntos de interés turístico

© Gary yim /Shutterstock.com

Santiago de Chile

Santiago, la capital, se distingue por el contraste de sus modernos rascacielos y las pocas construcciones coloniales que los terremotos han dejado en pie *(have left standing)*, como **el Palacio de La Moneda** (actual Palacio Presidencial). Santiago tiene más de 5 millones de habitantes.

Viña del Mar

Viña del Mar, conocida como "la Ciudad Jardín", es la ciudad-balneario *(seaside resort)* más famosa de Chile, con playas y barrios residenciales de gran belleza. Aquí se celebra todos los años el Festival Internacional de la Canción, donde participan artistas de todo el mundo. Los ganadores reciben, como trofeo, la Gaviota *(Seagull)* de Oro o de Plata. Esta ciudad atrae a miles de turistas chilenos y de otros países durante todo el año.

erlucho/E+/Getty Images

GybasDigiPhoto/Shutterstock.com

La isla de Pascua

Situada en medio del océano Pacífico, esta isla pertenece a Chile y es famosa por tener aproximadamente 600 **estatuas gigantes** de piedra (moáis): único vestigio de una misteriosa cultura ancestral.

La isla de Pascua es una de las islas habitadas más remotas del mundo y su población es de unas 5800 personas.

Leonard Zhukovsky/Shutterstock.com

Los Andes

La cordillera de los Andes es la más larga del mundo. Se extiende de norte a sur, pasando por siete países sudamericanos: Venezuela, Colombia, Ecuador, Perú, Bolivia, Chile y Argentina. Es la cordillera más alta fuera de Asia. Los Andes del sur dividen Argentina de Chile.

Dos grandes escritores

Pablo Neruda es el poeta chileno más famoso internacionalmente. Su obra más leída es *20 poemas de amor y una canción desesperada*, pero la mayor parte de sus obras reflejan sus ideas políticas. Entre ellas sobresalen las dedicadas a la Guerra Civil Española. Recibió el Premio Nobel de Literatura en 1971 y ocupó cargos diplomáticos en diferentes países.

© AP Photo/Michel Lipchitz

dpa picture alliance / Alamy

Isabel Allende es una de las escritoras actuales más famosas. Antes de cumplir 20 años, comenzó a escribirle una carta a su abuelo, un anciano de 99 años. La carta se fue extendiendo hasta convertirse en su primera novela, *La casa de los espíritus,* llevada al cine con el nombre *House of Spirits.* Más tarde publicó, entre otras, los *Cuentos de Eva Luna* y *Paula*, dedicada a su hija muerta *(dead).*

Háganse preguntas

The class will be divided into groups of 3 or 4 students. The instructor will assign one of the seven items of information presented here to each group. The members in each group will prepare questions about the item assigned to them to ask the rest of the class.

iLrn™

To learn more about Chile, watch the cultural footage in the Media Library.

AUTOPRUEBA

¿Cuánto sé ahora?

Take this test. When you have finished, check your answers in the answer key provided in Appendix D. Then use a red pen to correct any mistakes you may have made. Are you ready?

A. Familiar commands *(tú)* Give the Spanish equivalents of the words in parentheses.

1. ________, Paco, ¿pusiste el dinero en la billetera? *(Tell me)*
2. ________ la comida y luego ________ las camisas de manga larga. *(Make / wash)*
3. ________ de mi cuarto, Carlitos. *(Leave)*
4. ¿Los guantes? ________ en el cuarto. *(Put them)*
5. ________ conmigo. *(Come)*
6. Anita, ________ buena y ________ la bufanda. *(be / bring me)*
7. Julia, ________ con Sara y ________ las camisetas para tu padre. *(go / buy)*
8. ________ la fiesta hoy. *(Have)*
9. ________ el camisón si no está en rebaja, Anita. *(Don't buy)*
10. ¿Los zapatos? ________, Elena. *(Don't exchange them)*
11. ________, Silvia. *(Don't go away)*
12. ________ a las siete y ________ a las diez. *(Get up / go to bed)*

B. *Qué* and *cuál* used with *ser* Supply the questions that elicited the following responses. Begin each one with **qué** or **cuál,** as appropriate.

1. Mi camisa es la de mangas largas.
2. Me gusta la bufanda de seda.
3. Una pulsera es una joya.
4. Necesito las blusas de lino.
5. Mi talla es la mediana.
6. Un sobretodo es una ropa para el frío.

C. The subjunctive to express indefiniteness and nonexistence Complete the following sentences, using the present subjunctive or the present indicative of the verbs given.

1. ¿Hay alguien aquí que ________ (saber) hablar español?
2. Tengo unos zapatos que ustedes ________ (tener) que devolver.
3. No conozco a nadie que ________ (ser) chileno.
4. ¿Usted quiere una blusa que ________ (tener) rayas?
5. Necesito una falda que ________ (hacer) juego con esta blusa.
6. Aquí hay una chica que ________ (hablar) francés, pero no hay nadie que ________ (hablar) italiano.
7. Busco una casa que ________ (estar) cerca de la universidad.
8. Aquí venden un abrigo y una gorra que me ________ (gustar) mucho.

D. Just words . . .

a. Complete the following sentences, using the vocabulary from **Lección 13.**

1. Voy a ir al centro _________ para _________ unos aretes.
2. No tengo nada que _________; por eso voy a _________ de compras.
3. Estas botas no son estrechas; son muy _________.
4. ¿Qué número _________ usted?
5. La caja está al _________ del probador.
6. Voy a devolver este vestido porque me _________ grande. Yo uso _________ mediana.
7. Ernesto está en el _________ de caballeros porque necesita comprar _________ interior.
8. No me gustan las camisas de _________. Prefiero las de cuadros.
9. Voy a la _________ para comprar unos libros.
10. Tengo que comprar un _________ de zapatos negros.
11. ¿Qué les _________ si vamos de compras hoy?
12. Esta cartera cuesta solamente diez dólares; es una _________.
13. Ellos volvieron de las tiendas _________ de paquetes.
14. No sé qué número necesita el niño. ¿Puede _________ los pies?
15. Estos zapatos son muy buenos. Van a _________ mucho tiempo.
16. Para llevar todas las cosas que compramos vamos a necesitar un _________.

b. Write the word or phrase that corresponds to each of the following.

1. combinar
2. persona de Chile
3. kilo
4. estrecho
5. talla
6. opuesto de **estrecho**
7. cambiar
8. rebaja
9. muy, muy bonito
10. opuesto de **quedar chico**
11. aquí se vende ropa de hombre
12. almacén
13. la usamos con una camisa, en el cuello
14. zapatos que usamos en el verano
15. ni grande ni pequeño

E. Culture

1. Complete the following sentences, based on the information found in the **¿Tú lo sabías?** sections.
   a. Aunque en los países hispanos ahora hay muchos grandes _________, todavía existen tiendas pequeñas donde se vende un solo producto.
   b. En la mayoría de los países hispanos, la talla de la ropa se basa en el sistema _________.
2. Answer these questions, based on the information found in the **El mundo hispánico y tú** section.
   a. ¿En qué país encontramos algunas de las montañas más altas de Sudamérica?
   b. ¿Cuál es el poeta chileno mas famoso del siglo pasado?
   c. ¿Por qué es famosa la isla de Pascua?

F. Un dicho Do you remember the Spanish saying that is equivalent to "You can´t make a silk purse out of a sow's ear"? Find it in this lesson.

Práctica

2. ¿Qué es? Write the words or phrases that correspond to the following.

1. opuesto de **pasado** ______________
2. tarea ______________
3. materia ______________
4. doctor en medicina ______________
5. materia obligatoria ______________
6. continuar ______________
7. decidir ______________
8. persona que escribe ______________
9. enojarse ______________
10. terminar los estudios ______________

3. Para completar Complete the following sentences, using vocabulary from this lesson.

1. Los chicos están _________ cerca de la puerta.
2. Yo no me di _________ de que tú estabas enferma.
3. Voy al _________ para hacer ejercicio.
4. Estudiamos los problemas de las ciudades en la clase de _________.
5. No me interesa la _________ de abogada.
6. No puedo terminar el trabajo _________ tú me ayudes.
7. Puedes mirar la tele con _________ que hagas los deberes primero.
8. Tomo educación física para _________ en forma.
9. Lo _________ que le gusta es comer.
10. No pienso tomar esta clase porque no _________ de mucho.

Para conversar

4. Habla con tu compañero(a). With a classmate, take turns asking and answering the following questions.

1. ¿Tuviste que llamar a los bomberos alguna vez? ¿Cuándo fue la última vez que tuviste que llamara un electricista o un plomero?
2. ¿Te gusta más la idea de ser ejecutivo(a), ingeniero(a), enfermero(a), programador(a) o bibliotecario(a)?
3. ¿Tienes un buen horario este semestre? ¿Faltas a clase a veces? ¿Qué promedio mantienes en tus clases?
4. ¿Prefieres tomar una clase de administración de empresas, de ciencias, de informática o de contabilidad?
5. ¿Tienes una clase que requiere laboratorio? ¿Tienes que hacer investigación para alguna clase?
6. ¿Siempre apruebas todos los exámenes o quedas suspendido(a) en alguno? ¿Sacaste una buena nota en el examen de español?
7. ¿Tuviste que pagar la matrícula o tienes una beca? ¿Sabes si es fácil conseguir ayuda financiera en esta universidad?
8. ¿Tienes una copia de tus antecedentes académicos? ¿Qué título quieres obtener: un bachillerato o licenciatura (*B.A.*), una maestría (*M.A.*) o un doctorado (*Ph.D.*)?

5. En este país... With a classmate, play the roles of a counselor and a student from Argentina who is attending your college. Tell the student what classes to take **(Puede tomar...)** and suggest some extracurricular activities. Also, ask the student what professions or trades and related courses he/she likes.

Puede tomar una clase de contabilidad.

Mike Kemp/Blend Images/Brand X Pictures/Getty Images

6. Nuestras clases... You and your classmate discuss your class schedules and talk about your favorite classes and the classes you don't like. Give reasons. Talk also about the classes you plan to take next semester.

Un dicho

La educación empieza en la cuna y termina en la tumba.
Equivalent: *Education begins in the womb and ends in the tomb.*

CD3-6

Pronunciación

Pronunciation in context

In this lesson, there are some new words or phrases that may be challenging to pronounce. For further pronunciation practice of Spanish sounds, listen to your instructor and repeat the following sentences.

1. Laura está leyendo un **correo electrónico** de su amiga **estadounidense.**
2. Como **todavía no he decidido** cuál va a ser mi **especialización,** voy a tomar **varios requisitos.**
3. Mi materia **favorita** es la **educación física,** pero no **sirve** de mucho.
4. Voy a tomar una **decisión** cuando vuelva a los Estados Unidos.
5. Yo **propongo** que, en cuanto **llegue,** la **llevemos** a Mar del Plata.
6. Yo no sé si podemos ir... a menos que tía **Graciela** insista en que nos **quedemos** en su casa.
7. Tú siempre **has sido** su sobrina **favorita.** Siempre te lo **he dicho.**
8. Tengo que ir a la **facultad,** y después tengo que ir al médico para que me **haga un chequeo.**

2 The past participle *(El participio pasado)*

A. Forms of the past participle

Past Participle Endings		
-ar *verbs*	-er *verbs*	-ir *verbs*
habl-**ado** *(spoken)*	com-**ido** *(eaten)*	decid-**ido** *(decided)*

› The following verbs have irregular past participles.

abrir	**abierto**	*opened*
cubrir	**cubierto**	*covered*
decir	**dicho**	*said*
escribir	**escrito**	*written*
hacer	**hecho**	*done, made*
morir	**muerto**	*died*
poner	**puesto**	*put*
romper	**roto**	*broken*
ver	**visto**	*seen*
volver	**vuelto**	*returned* (somewhere)
devolver	**devuelto**	*returned* (something)
envolver	**envuelto**	*wrapped*

LEARNING TIP
Write the list of infinitives and their corresponding past participles on a piece of paper. Fold the paper so you can only see the infinitives. Test your knowledge of the past participles by seeing how many times you have to unfold the paper.

Un dicho
Lo hecho, hecho está.
Equivalent: *What's done is done.*

¡Atención! Verbs ending in **-er** and **-ir** with stems that end in a strong vowel require an accent mark on the **i** of the **-ido** ending.

creer	**creído**	*believed*
leer	**leído**	*read*
oír[1]	**oído**	*heard*
traer	**traído**	*brought*

[1]Present tense: **oigo, oyes, oye, oímos, oís, oyen.**

Práctica

10. Participios Supply the past participle of each of the following verbs.

1. tener ________
2. traer ________
3. cerrar ________
4. decir ________
5. aprovechar ________
6. apretar ________
7. cortar ________
8. volver ________
9. romper ________
10. cubrir ________
11. cambiar ________
12. sentir ________
13. entrar ________
14. salir ________
15. hacer ________
16. poner ________
17. abrir ________
18. escribir ________
19. ver ________
20. aceptar ________
21. devolver ________
22. leer ________
23. dar ________
24. sacar ________

¿Tú lo sabías?

En lugar de letras, el sistema de calificaciones *(grading system)* en las universidades hispanas usa números. Por lo general, se califica asignando notas de 1 a 5 en Hispanoamérica y de 1 a 10 en España. Una nota de 3 o de 6 es normalmente la nota mínima para aprobar una clase o un examen.

› **En su país, ¿cuál es la nota mínima para aprobar una clase o un examen?**

B. Past participles used as adjectives

› In Spanish, most past participles may be used as adjectives. As such, they agree in number and gender with the nouns they modify.

La biblioteca está **abierta** hoy.	*The library is open today.*
El gimnasio está **abierto** hoy.	*The gym is open today.*
Las bibliotecas están **abiertas** hoy.	*The libraries are open today.*
No dejen los libros **abiertos.**	*Don't leave the books open.*
Le mandé dos tarjetas **escritas** en inglés.	*I sent him two cards written in English.*

Un dicho

En boca cerrada no entran moscas *(flies)*.
Equivalent: *If you keep quiet, you won't get in trouble.*

ESTRUCTURAS

Note that when the past participle is part of a perfect tense, it is invariable. The past participle only changes in form when it is used as an adjective.

Ella ha escrit**o** la cart**a**.	*She has written the letter.*
La cart**a** está escrit**a**.	*The letter is written.*

In the Spanish present perfect tense the auxiliary verb **haber** can never be separated from the past participle as it can in English.

Yo nunca **he estado** en Lima.	*I have never been in Lima.*

› Remember that when reflexive or object pronouns are used with compound tenses, the pronouns are placed immediately before the auxiliary verb.

Le ha dado mucho dinero a su hijo.	*He has given a lot of money to his son.*
María y José **se** han ido.	*María and José have left.*

Práctica

13. Lo que hemos hecho Look at the following illustrations and describe what these people have done today, using the present perfect.

1. Tú ____________________

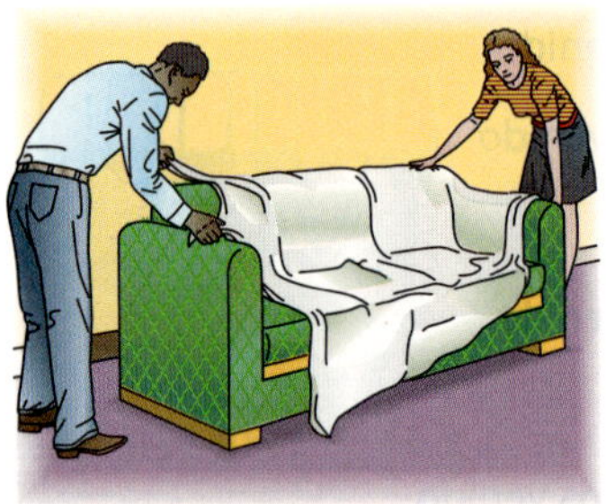

2. Tú y yo ____________________

3. Los chicos ____________________

4. Yo ____________________

5. Mi mamá ____________________

6. Ustedes ____________________

14. Últimamente With a classmate, take turns asking each other what you have done lately.

Modelo ir al cine / con quién
—¿Has ido al cine últimamente?
—Sí, he ido al cine.
—¿Con quién has ido?
—He ido con mi novio(a).

1. comprar ropa / dónde
2. ver alguna película / cuál
3. dar una fiesta / dónde
4. mandar algún mensaje electrónico / a quién
5. tomar algún examen / en qué clase
6. visitar algún lugar interesante / cuál
7. escribir una carta / a quién
8. poner dinero en el banco / en cuál
9. leer un libro / cuál
10. recibir algún regalo / de quién

Para conversar

15. Nuestras experiencias With a classmate, discuss five things that you or your family and friends have never done and five things you have done many times. Compare your own experiences with those of your classmate.

Modelo *—Yo nunca he estado en Buenos Aires.*

—Yo tampoco he estado en Buenos Aires, pero he estado en...
(Yo he estado en Buenos Aires dos veces.)

Yo he estado en Buenos Aires dos veces.

16. Todavía... With a classmate, use your imagination to indicate what these people haven't done yet.

Modelo mi hermana
Mi hermana todavía no ha aprendido a cocinar.

Yo	Tú
Mi padre	Mi familia y yo
Mi madre	Mis amigos
Mi hermano(a)	El (La) profesor(a) de español
Mi mejor amigo(a)	

B. The past perfect (pluperfect)

› The past perfect tense is formed by using the imperfect tense of the auxiliary verb **haber** with the past participle of the verb that expresses the action or state.

› This tense is equivalent to the English past perfect *(had* + past participle, as in *I had spoken).* Generally, the past perfect tense expresses an action that had taken place before another action in the past.

Imperfect of *haber*	
había	habíamos
habías	habíais
había	habían

Formation of the Past Perfect Tense			
	estudiar	***beber***	***ir***
yo	**había** estudiado	**había** bebido	**había** ido
tú	**habías** estudiado	**habías** bebido	**habías** ido
Ud. / él / ella	**había** estudiado	**había** bebido	**había** ido
nosotros(as)	**habíamos** estudiado	**habíamos** bebido	**habíamos** ido
vosotros(as)	**habíais** estudiado	**habíais** bebido	**habíais** ido
Uds. / ellos / ellas	**habían** estudiado	**habían** bebido	**habían** ido

—¿No hablaste con tu abogada? *Didn't you speak with your lawyer?*
—No, cuando yo llegué, ella ya se **había ido.** *No, when I arrived, she had already left.*

—¿Uds. ya **habían estado** en Buenos Aires? *Had you already been in Buenos Aires?*
—No, nunca **habíamos estado** allí. *No, we had never been there.*

Práctica

17. Ya lo habíamos hecho One of your brothers is never around when there is work to be done. Say what you and other members of your family had already done by the time he got home last night.

Modelo nosotros / lavar los platos

Cuando él llegó, nosotros ya habíamos lavado los platos.

1. yo / barrer la cocina
2. los chicos / pasarle la aspiradora a la alfombra
3. Roberto y yo / hacer la comida
4. Elsa / planchar la ropa
5. tú / limpiar el refrigerador

6. Carmen y Elena / bañar al perro
7. Anita / poner la mesa
8. Raúl y Carlos / comprar las bebidas
9. Mirta / lavar las sábanas
10. Raúl y yo / envolver los regalos

18. Siempre o nunca Complete the following sentences logically, using the pluperfect tense.

1. Antes de venir a esta universidad, yo nunca...
2. Antes de tomar esta clase, mis compañeros y yo nunca...
3. Hasta el año pasado, mis amigos y yo siempre...
4. Hasta el semestre pasado, los estudiantes de esta clase nunca...
5. Hasta que yo cumplí dieciséis años, yo nunca...
6. Hasta el verano pasado, mi familia y yo siempre...
7. Antes de vivir en esta ciudad, yo nunca...
8. Antes de cumplir dieciocho años, yo siempre...

Pablo Castagnola / Anzenberger/Redux

Antes de vivir aquí, yo nunca había comido en un restaurante argentino.

Para conversar

19. ¡Habla con tu compañero(a)! With a classmate, have a conversation about what other people in his/her family had done when he/she arrived home last night. Answer the questions in complete sentences. Be creative. Use the verbs in the word bank as a guide.

Modelo *Cuando llegaste a tu casa anoche, ¿las otras personas ya habían cenado?*
Mis padres ya habían cenado. Mi hermano no había comido todavía.

acostarse	hacer	mirar
preparar	bañarse	irse
llegar	comer	

20. Antes de cumplir los 16 años With a classmate, discuss things you had done before you turned sixteen. Then talk to another classmate and tell him/her about your classmate's experience. Use the pluperfect tense and answer the questions in complete sentences.

21. ¿Y nuestro(a) profesor(a)? In groups of three, prepare three questions to ask your professor about his/her experiences before turning sixteen. Use the questions for an interesting interview!

¡Vamos a ver!

Antes de ver el video

22. Preguntas With a classmate, answer the following questions.

1. ¿En qué año te graduaste de la escuela secundaria?
2. ¿Qué tal te va en tus clases? ¿Son interesantes?
3. ¿Tú ya estás matriculado(a) para el próximo semestre? ¿Vas a tomar algunos requisitos?
4. ¿A qué hora termina tu última clase?
5. ¿Qué es algo que siempre te ha gustado hacer?
6. Si una persona quiere ponerse en forma, ¿le recomiendas que camine, que corra o que vaya al gimnasio?
7. ¿Tú haces ejercicio todos los días?
8. Si tú caminas o corres, ¿insistes en que alguien vaya contigo? ¿Tú corres cuando hace mucho calor?
9. En el verano, ¿adónde vas para escapar del calor?
10. ¿Te es fácil o difícil tomar decisiones?

El video: En un café al aire libre

—¿Ya has decidido cuál va a ser tu especialización?

—Bueno, todavía no he tomado ninguna decisión… Mi padre se enoja conmigo porque cuando él tenía mi edad, ya había decidido ser médico. Me gusta el periodismo, pero a veces quiero ser abogada, o arquitecta o escritora, …

—Bueno, cuando empieces a tomar clases, vas a darte cuenta de cuáles te gustan.

Después de ver el video

Mónica

Norma

23. ¿Quién lo dice? Identify the person who said each of the following in the dialogue.

1. Oye, ¿no vamos a encontrarnos con tu hermano? ________
2. Me gusta el periodismo, pero a veces quiero ser abogada. ________
3. Pronto vamos a comenzar a trabajar en el hospital. ________
4. Lo único que me ha gustado siempre ha sido ir al gimnasio. ________
5. ¿Por qué no invitas a mi hermano? A él le encanta correr. ________
6. Con tal de que no insistas en que yo corra... ________
7. ¡Me has dado una magnífica idea! ¡Profesora de educación física! ________
8. El único ejercicio que yo hago es ir de la sala de estar a mi cuarto. ________

24. Hablemos. With a classmate, take turns asking and answering the follwing questions. Base your answers on the dialogue.

1. ¿En qué mes se graduó Mónica de la escuela secundaria?
2. ¿Dónde están sentadas las chicas y de qué están hablando?
3. ¿Qué empezó a hacer Norma en marzo?
4. ¿Cómo le va a Norma en las clases?
5. ¿Cuántos requisitos está tomando Mónica?
6. ¿Cuándo va a llamar Mónica a su mamá?
7. ¿Ha decidido Mónica cuál va a ser su especialización?
8. ¿Por qué se enoja el padre de Mónica con ella a veces?
9. ¿Qué es lo único que siempre le ha gustado a Mónica?
10. ¿Qué quiere hacer Mónica mañana?
11. ¿Cuál es el único ejercicio que hace Norma?
12. ¿A quién va a invitar Mónica?

25. ¿Qué pasa después? You and a classmate use your imaginations to say what the characters do. In Spanish, discuss the following.

1. Whether or not Monica decided to specialize in physical education.
2. Whether Monica's mother can buy the books that Monica is going to need.
3. What Monica is going to do to get in shape.
4. Whether Monica is now Norma's brother's girlfriend.
5. What Monica is going to do when she returns to Arizona.
6. Whether Norma's brother plans to visit Monica in Arizona.
7. Whether Norma decides to start exercising.
8. Whether Norma still likes her classes and whether she started to work at the hospital.

Now compare your statements to those of another group.

¡Vamos a escuchar!

ESTRATEGIA **Guessing meaning practice I** You have already practiced guessing meaning from context while listening and reading. Remember to use cognates, word families **(aprender–aprendizaje–aprendiz),** the words you know, and the surrounding ideas to make informed guesses about unfamiliar words.

CD3-7 **26. Tres avisos** You are going to hear three brief commercials for institutions of higher learning and guess the meanings of the following words and phrases. Listen to each commercial first for the gist and then listen again for the specific words.

Aviso 1: 1. diseñados 2. extranjeras 3. enseñanza 4. docente

Aviso 2: 1. calendario 2. a partir de 3. publicada 4. avanzados

Aviso 3: 1. aprendizaje 2. sustituir 3. a través de

¡Vamos a conversar!

ESTRATEGIA **Paraphrasing practice IV** When paraphrasing, remember that your goal is to simplify what you hear while capturing the main idea. Aim to apply this technique in the future in speech and in writing when you report, summarize, or explain what you hear or read.

27. ¿Qué dijeron? Listen to five sentences and restate each in your own words. Then compare
CD3-8 your responses with those of a classmate.

28. ¿Qué dices tú? What would you say in the following situations? What might the other person say? Act out the scenes with a classmate. Take turns playing each role.

1. Carlos is a new classmate. Ask him what his major is, what his favorite subjects are, and when he plans to graduate. Ask also how he's doing in his classes.
2. You tell a friend that you want to take a physical education class because you realize you need to get in shape.
3. A freshman asks you what courses to take. Find out something about his or her interests and plans, and make sure he/she takes the appropriate courses. Be sure to mention some of your school's requirements.
4. You are talking to a friend about classes you like, classes you don't like, and the reasons why.

29. Para conocernos mejor To do this activity, work with a classmate whom you would like to get to know. Take turns asking and answering these questions.

1. ¿Prefieres tomar una clase de matemáticas, una clase de nutrición o una clase de contabilidad? ¿Has tomado una clase de biología? ¿Cuál es tu asignatura favorita? ¿Cuál es la materia que menos te gusta?
2. ¿Has pensado en el futuro? ¿En qué año te vas a graduar? ¿Qué carrera te gusta? ¿Te gusta más la idea de ser ingeniero(a), arquitecto(a), bibliotecario(a) o profesor(a)?
3. ¿Qué tal te va en tus estudios hasta ahora? ¿Tienes un buen horario? ¿Qué requisitos has tomado? ¿Has aprobado todos tus exámenes o has quedado suspendido(a) en alguno? ¿En qué materia has sacado mejor nota?
4. ¿Te enojas a veces con tus profesores? ¿por qué? ¿Con qué otras personas te enojas a veces? ¿Alguien se enoja contigo? ¿quién?
5. ¿Ya estás matriculado(a) para el semestre que viene? ¿Qué clases vas a tomar?

30. Una actividad para toda la clase

Otra reunión del club de español Imagine you and your classmates are members of the Spanish club who have gathered together to discuss their classes and professional goals.

Step 1: In groups of three or four, club members will talk about the classes they are taking, including what requirements they are taking or have to take, their favorite and least-liked subjects, their grade point average, and whether or not they have a good schedule.

Step 2: They will also talk about what careers interest them, and whether they choose classes that are relevant to their future professions. They will talk about graduation and what they can't wait to do after they graduate.

Step 3: Finally, they will discuss some extra-curricular activities and perhaps. . .make some plans for the weekend so they can have some fun!

J.D. Dallet/AGE Fotostock

Rincón literario

Autor anónimo *(unknown)*

En la literatura española, como en las de otras lenguas, hay muchas obras de autor desconocido. En muchos casos, se trata de historias, leyendas, cuentos o poemas que fueron conservados por la tradición oral, principalmente, durante la época en que no existía la imprenta y mucha gente no sabía leer ni escribir. Actualmente también hay obras de cuyos autores no se tiene noticia. Se trata, por lo general, de obras breves, ligeras, sin pretensiones literarias que hoy pasan de boca en boca y, sobre todo, de computadora en computadora, de las que nadie reclama la autoría. A este grupo pertenece *Plataforma política.*

Antes de leer

ESTRATEGIA **Guessing** The title tells you what the topic of the selection is. Read the first line, which states that, in their (political) party, they keep their promises. In general, do people think that politicians keep their promises? What might the author be trying to demonstrate?

¡A leer!

31. Comprensión As you read the selection, find the answers to the following questions.

1. ¿Qué dice el autor de su partido político?
2. ¿Contra qué lucharán?
3. ¿Qué cosas son fundamentales para alcanzar sus ideales?
4. ¿Qué no seguirán haciendo las mafias?
5. ¿Cuál será el fin principal de su política?
6. ¿Qué fantasean o añoran los idiotas?
7. Cuando asuman el poder, harán lo posible para que se acaben… ¿qué?
8. ¿Qué no permitirán que les pase a los niños?
9. ¿Qué pasará si los recursos económicos se agotan?
10. ¿Quiénes son ellos?

Plataforma política

En nuestro partido° político cumplimos con lo que prometemos. — *party*
Solo los tontos° pueden creer que — *fools*
no lucharemos° contra la corrupción. — no… *we won't fight*
Porque si hay algo seguro para nosotros es que
la honestidad y la transparencia son fundamentales
para alcanzar° nuestros ideales. — *to reach*
Demostraremos° que es una gran estupidez creer que — *we will show*
las mafias seguirán° formando parte del gobierno — *will continue*
como en otros tiempos.
Aseguramos sin ninguna duda° que — sin… *without the least doubt*
la justicia social será° el fin principal° de nuestra política. — *will be / main*

A pesar de° eso, todavía hay idiotas que añoran° que
se pueda seguir gobernando con las mañas° de la vieja° política.
Cuando asumamos° el poder, haremos° lo imposible para que
se acaben los negocios sucios° y las jubilaciones° de privilegio.
No permitiremos° de ningún modo que
nuestros niños mueran de hambre.
Cumpliremos° nuestros propósitos aunque°
los recursos° económicos se hayan agotado°.
Ejerceremos° el poder hasta que°
comprendan desde ahora que ¡SOMOS "LA NUEVA POLÍTICA"!

In spite of / miss
tricks / old
we assume / we will do
negocios… *funny business / retirements*
we will not permit
We will fulfill / even if
Resources / se… *have ended*
We will exrcise / hasta… *until*

Knowing what the politicians have promised, read it again, from the bottom up, to see what they are *really* going to do.

Después de leer… reflexiones

32. Promesas In groups of three or four, discuss the following.

1. ¿Qué promesas hacen a veces las personas, que después no cumplen *(keep)*?
2. ¿Quiénes les hicieron promesas a ustedes, que después no cumplieron?
3. En general, ¿creen ustedes en las promesas de las personas que son parte de su vida *(life)*?
4. Y ustedes, ¿cumplen siempre sus promesas? ¿Creen que a veces no es posible cumplirlas? ¿por qué?
5. Den ejemplos y detalles.

¡Vamos a escribir!

Antes de escribir

ESTRATEGIA **Writing to persuade** You are going to write an e-mail to a member of your family or to a friend, in which you make some promises. Try to convince that person that you mean to keep your promises. Jot down every idea that comes to mind, and then organize your ideas.

33. Yo te prometo You will state your promises and then indicate how you are going to keep one. Be sure to write about how things are going to be different this time.

¡A escribir!

34. Primer borrador Write the **primer borrador.** Make sure to apply the strategy and to include the promises you listed above.

Después de escribir

35. ¡A revisar! Before writing the final version, exchange your first draft with a classmate's and peer edit each other's work. Make sure to follow the guidelines.

EL MUNDO HISPÁNICO Y TÚ

Argentina

Argentina es un país con universidades muy importantes. ¿Qué tal te va en los estudios? ¿Te gusta leer buenos libros, visitar museos y galerías de arte? Al estudiar Argentina, vamos a hablar, entre otras cosas, del sistema de educación y de sus centros culturales.

Para muchos, Argentina es la tierra del tango, de Evita[1] y de los gauchos, pero en la actualidad la música argentina es muy variada, la política ha cambiado, y el campo y la ciudad están más unidos gracias a la tecnología. Argentina es el país más visitado de Sudamérica.

Argentina exporta carne y cereales, pero su fuente de riqueza *(source of income)* actual depende principalmente de la industria y del sector de servicios.

FrankvandenBergh/iStock/Getty Images

Buenos Aires, la reina del Plata[2]

Buenos Aires, la ciudad capital, es la más grande del mundo hispano después de México. Allí vive casi la mitad de la población argentina. La ciudad tiene amplias avenidas, entre ellas, la Avenida 9 de Julio, una de las más anchas del mundo. Buenos Aires ha sido llamada "el París de Sudamérica" porque muchos de sus edificios tienen un estilo similar al de París. Buenos Aires tiene una rica vida cultural, con la mayor concentración de teatros del mundo. Los nacidos en Buenos aires se llaman "porteños".

Arterra Picture Library / Alamy

La famosa **calle Florida,** arteria comercial y cultural a partir del *(since)* año 1900, es una calle peatonal *(only for pedestrians)* con algunas de las tiendas más elegantes del país.

Jon Hicks / Alamy

El barrio de La Boca es famoso por su tradición italiana, sus casas de múltiples colores y su Caminito, calle llamada así en honor al tango del mismo nombre. Muchos turistas visitan La Boca, donde se oyen tangos y siempre hay bailarines que demuestran los intricados pasos *(steps)* de esta típica música argentina.

[1] Wife of former president Juan Perón and advocate of the working class.
[2] The queen of the Río de la Plata, the main, wide river betwen Argentina and Uruguay.

La educación y el arte en Argentina

Argentina tiene los niveles de educación más altos de Latinoamérica. Los niños de entre seis y catorce años deben asistir a la escuela por ley *(law)*. La educación es gratis, y el número de personas que sabe leer y escribir pasa del 95%. Las universidades públicas son también gratis.

Etcheverry Images / Alamy

La Universidad de Buenos Aires (UBA) fue inaugurada en el año 1821, y tiene más de 300.000 estudiantes. La investigación científica es de gran importancia. Hombres de ciencia de muchas partes del mundo enseñan y hacen investigación en esta universidad.

El Teatro Colón tiene fama internacional. Allí actuan *(perform)* algunos de los más grandes artistas del mundo.

Winfield Parks/National Geographic Creative

El deporte

El **fútbol** es el deporte más popular, y sus jugadores están entre los mejores del mundo. Otro deporte característico de Argentina es el **polo**. El torneo más importante de este deporte se juega en Palermo, Buenos Aires.

rodrigues/Shutterstock.com

Debby Wong/Shutterstock.com

Háganse preguntas

The class will be divided into groups of 3 or 4 students. The instructor will assign one of the eight items of information presented here to each group. The members in each group will prepare questions about the item assigned to them to ask the rest of the class.

iLrn™
To learn more about Argentina, watch the cultural footage in the Media Library.

AUTOPRUEBA

¿Cuánto sé ahora?

Take this test. When you have finished, check your answers in the answer key provided in Appendix D. Then use a red pen to correct any mistakes you may have made. Are you ready?

A. The subjunctive or indicative after certain conjunctions Complete the following sentences with the present subjunctive or the present indicative of the verbs given.

1. Tan pronto como Marta ________ (llegar) a casa, le voy a dar el dinero.
2. Voy a esperarlos hasta que ________ (volver).
3. Cuando ellos ________ (ir) a la universidad, siempre salen temprano.
4. En caso de que ella ________ (necesitar) el horario, yo puedo traérselo.
5. Vamos a hablar con ellos antes de que ________ (tomar) una decisión.
6. Ella va a ir al laboratorio con tal que tú ________ (ir) con ella.
7. No puedo matricularme a menos que tú me ________ (dar) el dinero.
8. Aurora llama a sus padres tan pronto como ________ (llegar) a su casa.
9. Voy a llamar a Raúl para que nos ________ (llevar) a la universidad.

B. The past participle Give the past participle of the following verbs.

1. leer
2. llamar
3. salir
4. abrir
5. decir
6. poner
7. volver
8. escribir

C. Past participles used as adjectives Give the Spanish equivalents of the words in parentheses.

1. —¿El gimnasio está ________ (abrir)?
   —No, está ________ (cerrar).
2. —¿El trabajo está ________ (terminar)?
   —No, todavía no está ________ (hacer).
3. —¿Los regalos ya están ________ (envolver)?
   —Sí, y todos los nombres ya están ________ (poner) en los regalos.
4. —¿Las ventanas están ________ (romper)?
   —No, ya están ________ (arreglar).
5. —¿El informe ya está ________ (escribir)?
   —No, todavía no está ni ________ (empezar).

D. The present perfect Complete the sentences with the present perfect tense of the verbs given.

1. —¿El plomero ya ________ de arreglar el inodoro? (terminar)
   —No, él no ________ a trabajar hoy. (venir)
2. —Raúl, ¿qué te ________ el electricista y el carpintero? (decir)
   —Que el trabajo cuesta una fortuna.
3. —¿Usted ________ a la abogada? (ver)
   —No, ella no ________ en su despacho hoy. (estar)
4. —¿Qué ________ ustedes hoy? (hacer)
   —Nosotros ________________ en la universidad. (matricularse)
5. —Rosaura, ¿tú ya ________ una decisión? (tomar)
   —No, yo no ________ nada todavía. (decidir)

E. The past perfect (pluperfect) Complete the following sentences with the past perfect tense of the verbs given.

1. Cuando nosotros llegamos, el profesor de informática no ________ todavía. (llegar)

2. Ellos nos dijeron que nunca __________ ayuda económica para estudiar. (recibir)
3. Yo __________ mis antecedentes académicos desde la semana pasada. (pedir)
4. ¿Tú __________ a clase el día del examen? (faltar)
5. Jaime siempre __________ con ser ingeniero. (soñar)

F. Just words . . .

a. Match the questions in column A with the answers in column B.

A			B
1. ¿Adónde vas?	______	a.	Administración de empresas.
2. ¿Qué materias estás tomando?	______	b.	El año próximo.
3. ¿Quién es tu consejero?	______	c.	No, es plomero.
4. ¿Qué tal te va?	______	d.	Al laboratorio.
5. ¿Qué tienes que escribir?	______	e.	Sí, para pagar la matrícula.
6. ¿Qué nota sacaste?	______	f.	Física, química y sociología.
7. ¿Estudia periodismo?	______	g.	No, quedé suspendido.
8. ¿Necesitas dinero?	______	h.	El Dr. Peña.
9. ¿Aprobaste el examen?	______	i.	Un informe para mi clase de biología.
10. ¿Es carpintero?	______	j.	No muy bien.
11. ¿Qué carrera estudia?	______	k.	Una B.
12. ¿Cuándo te gradúas?	______	l.	Sí, quiere trabajar para el *Times*.

b. Complete the following, using vocabulary from **Lección 14.**

1. En la clase de ________ estudiamos a Newton.
2. Voy a ir al ________ todos los días porque necesito ponerme en ________.
3. Cuando vi a mi hijo le di un ________ y un beso *(kiss)*.
4. Mi familia es de ________ española.
5. Ellos no se han ________ en la universidad todavía.
6. Lo ________ que me interesa es graduarme este año para que me den mi ________ de abogado.
7. Ayer hablé con mi ________ sobre las clases que debo tomar.
8. Tengo que terminar la ________ que estoy haciendo para mi informe porque tengo que ________ mañana.
9. ¿Qué ________ tienes que ________ en el examen para poder mantener un ________ de B?
10. No estudies esa materia. No te va a ________ de mucho.

G. Culture

1. Complete the following, based on the information found in the **¿Tú lo sabías?** sections.
   a. Por lo general, en Hispanoamérica se califica asignando ________ y en España, de ________.
   b. Una nota de ________ es normalmente la nota mínima para aprobar un examen o una clase.
2. Complete the following, based on the information found in the **El mundo hispánico y tú** section.
   a. Actualmente, la principal fuente de riqueza de Argentina es la ________.
   b. En la calle ________ están algunas de las tiendas más importantes de Argentina.
   c. El barrio de La Boca es famoso por sus ________ de múltiples ________ y por su tradición ________.

H. Un dicho Do you remember the Spanish saying about keeping quiet to stay out of trouble? Find it in this lesson.

SITUACIONES

Síntomas

CD3-9

¡Ubíquelos!

César and Gloria live in Asunción, the capital of Paraguay. The video shows you some sights and tells you about the most important Paraguayan musical instrument, the harp. It also shows you places in La Paz, César's place of birth.

César Benítez y su esposa, Gloria, viven en Asunción, la capital de Paraguay. César es de La Paz, Bolivia, y Gloria es paraguaya. Viven en un barrio de casas antiguas y patios enormes con árboles frutales. César es un joven guapo, inteligente y simpático, pero tiene un defecto: ¡es hipocondriaco! Gloria es una mujer encantadora, pero a veces… ¡pierde la paciencia!

César: Ven acá, Gloria. Tócame la frente. Creo que tengo fiebre… debo tener como 39 grados[1]; como sabes, tengo catarro. También tengo otros síntomas: dolor de garganta y tos. *(Tose.)*

Gloria: *(Le toca la frente.)* Tendré que tomarte la temperatura. ¿Dónde está el termómetro? ¿Quieres que te haga una taza de té con miel de abeja?

César: *(Suspira.)* No… Me gustaría merendar. Quiero un cafecito bien caliente y pan tostado. Estoy un poco débil…

Gloria: De haber sabido que estabas tan enfermo, no habría invitado a tu amigo a cenar con nosotros. Puedo llamarlo por teléfono... ¡Qué lástima! Dijo que vendría a eso de las siete.

César: No, no... para esa hora ya habré tomado algún remedio casero y unas aspirinas y me sentiré perfectamente bien. ¡Ya verás!

Gloria: ¿Y si lo que tienes es contagioso? *(Un poco sarcástica)* A lo mejor tienes gripe... ¡o pulmonía! ¡O algo peor!

César: ¿Por qué no llamas al médico y le preguntas si necesito un antibiótico? Supongo que está en su consultorio.

Gloria: ¡El médico no te recetará nada sin verte!

César: Ahora me duele la cabeza. Creo que, en vez de mejorarme, me estoy empeorando…

[1] 37°C = 98.6°F *(normal body temperature)*

A las siete suena el timbre y la criada abre la puerta. César se levanta y saluda a su amigo.

CÉSAR: ¡Fernando! ¡Qué gusto de verte! ¡Pasa, pasa! ¿Un cafecito?

FERNANDO: ¡No te molestes... ! Bueno... ¡acepto!

GLORIA: *(Piensa.)* ¡Menos mal que vino Fernando! Él va a entretener a César y yo podré mirar mi telenovela en paz.

¿Tú lo sabías?

En los países de habla hispana se mide la temperatura en grados Celsius o centígrados. En la escala Celsius, 0° (temperatura de fusión del hielo) corresponde a 32° Fahrenheit. Por ejemplo, 40° Celsius corresponden a 104° Fahrenheit.

› **¿Sabes convertir grados Fahrenheit a centígrados?**

1. Hablemos. With a classmate, take turns asking and answering the following questions. Base your answers on the dialogue and on your own circumstances.

En el diálogo

1. ¿Cómo son las casas del barrio donde viven César y Gloria?
2. ¿Qué defecto tiene César? ¿Y Gloria?
3. ¿Qué le duele a César? ¿Tiene tos?
4. ¿Qué le ofrece Gloria a César?
5. ¿Qué quiere César? ¿Cómo se siente?
6. De haber sabido que César estaba tan enfermo, ¿qué no habría hecho Gloria?
7. ¿Qué habrá hecho César para las siete?
8. ¿A quién quiere César que Gloria llame? ¿Para qué?
9. ¿César cree que se está mejorando o que se está empeorando?
10. ¿Qué podrá hacer Gloria mientras Fernando entretiene a César?

¿Y tú?

1. ¿Las casas del barrio donde tú vives son modernas o antiguas?
2. ¿Tú pierdes la paciencia a veces? ¿En qué casos?
3. ¿Qué medicina tomas cuando tienes tos?
4. ¿Tú tomas té con miel de abeja? ¿Qué tomas generalmente cuándo estás enfermo(a)?
5. ¿Tú te sientes débil a veces?
6. ¿Tú invitas a tus amigos a cenar a veces? ¿Tú cocinas o van a un restaurante?
7. ¿Tú tomas remedios caseros a veces o prefieres que tu médico te recete algo?
8. ¿Tú llamas a tu médico frecuentemente?
9. Si estás enfermo(a) y no te mejoras, ¿qué haces?
10. ¿Qué haces tú para entretener a tus amigos?

VOCABULARIO

En el diálogo

Cognados

el antibiótico	*antibiotic*
la aspirina	*aspirin*
contagioso(a)	*contagious*
enorme	*enormous*
hipocondriaco	*hypochondriac*
la paciencia	*patience*
perfectamente	*perfectly*
sarcástico(a)	*sarcastic*
el síntoma	*symptom*
la temperatura	*temperature*
el termómetro	*thermometer*

Nombres

los árboles frutales	*fruit trees*
la cabeza	*head*
el cafecito	*small (cup of) coffee*
el catarro, el resfriado, el resfrío	*cold*
el consultorio	*doctor's office*
el defecto	*fault*
el dolor	*pain, ache*
______ de garganta	*sore throat*
la fiebre	*fever*
la frente	*forehead*
la garganta	*throat*
el grado	*degree*
la gripe	*influenza, flu*
la medicina, el medicamento, el remedio	*medicine*
el (la) joven	*young man (woman)*
la miel de abeja	*honey*
el patio	*backyard*
la pulmonía	*pneumonia*
el remedio casero	*home remedy*
la salud	*health*
el timbre	*doorbell*
la tos	*cough*

Verbos

doler[1] **(o:ue)**	*to hurt*
empeorarse	*to get worse*
entretener[2]	*to entertain*
mejorarse	*to get better*
merendar (e:ie)	*to have an afternoon snack*
molestarse	*to bother (doing something)*
preguntar	*to ask (a question)*
recetar	*to prescribe*
saludar	*to greet*
sonar (o:ue)	*to ring*
suponer (yo supongo)	*to suppose*
tocar	*to touch*
toser	*to cough*

Adjetivos

casero(a)	*homemade*
débil	*weak*

Otras palabras y expresiones

a eso de	*at about*
bien caliente	*nice and hot*
de haber sabido	*had I known*
en paz	*in peace*
en vez de	*instead of*
menos mal	*it's a good thing*
¡Qué gusto de verte!	*How nice to see you!*
¡Qué lástima!	*What a pity!*
tan	*so*
¡Ya verás!	*You'll see!*

[1] Same construction as **gustar: Me duele** la cabeza. **Me duelen** los pies.
[2] Conjugated like **tener.**

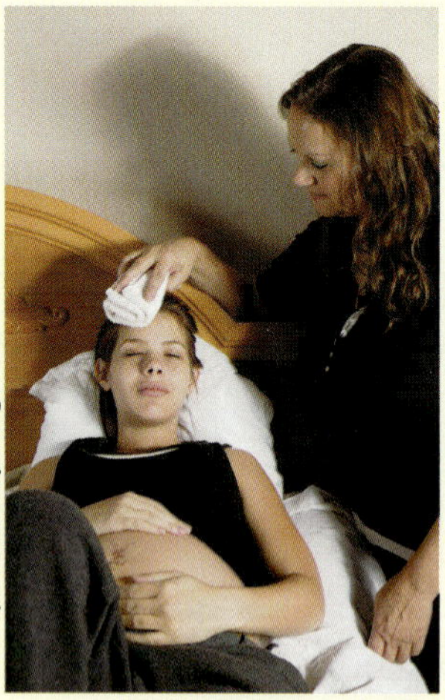
Primeop76/E+/Getty Images

1. ¿Crees que la chica tiene fiebre?
2. ¿Qué temperatura crees que tiene?
3. ¿Qué haces tú si tienes fiebre?

¿Tú lo sabías?

Especialmente en las grandes ciudades hispanas, la medicina está muy adelantada *(advanced)*, pero en muchos pueblos remotos no hay médicos ni hospitales. En ese caso, mucha gente recurre a *(turn to)* los servicios de un curandero *(healer)*. Muchas mujeres tienen sus bebés con la ayuda de una partera *(midwife)*.

› **La mayoría de las mujeres de este país, ¿tienen sus bebés en un hospital o en casa con la ayuda de una partera?**

Más sobre el tema

El cuerpo

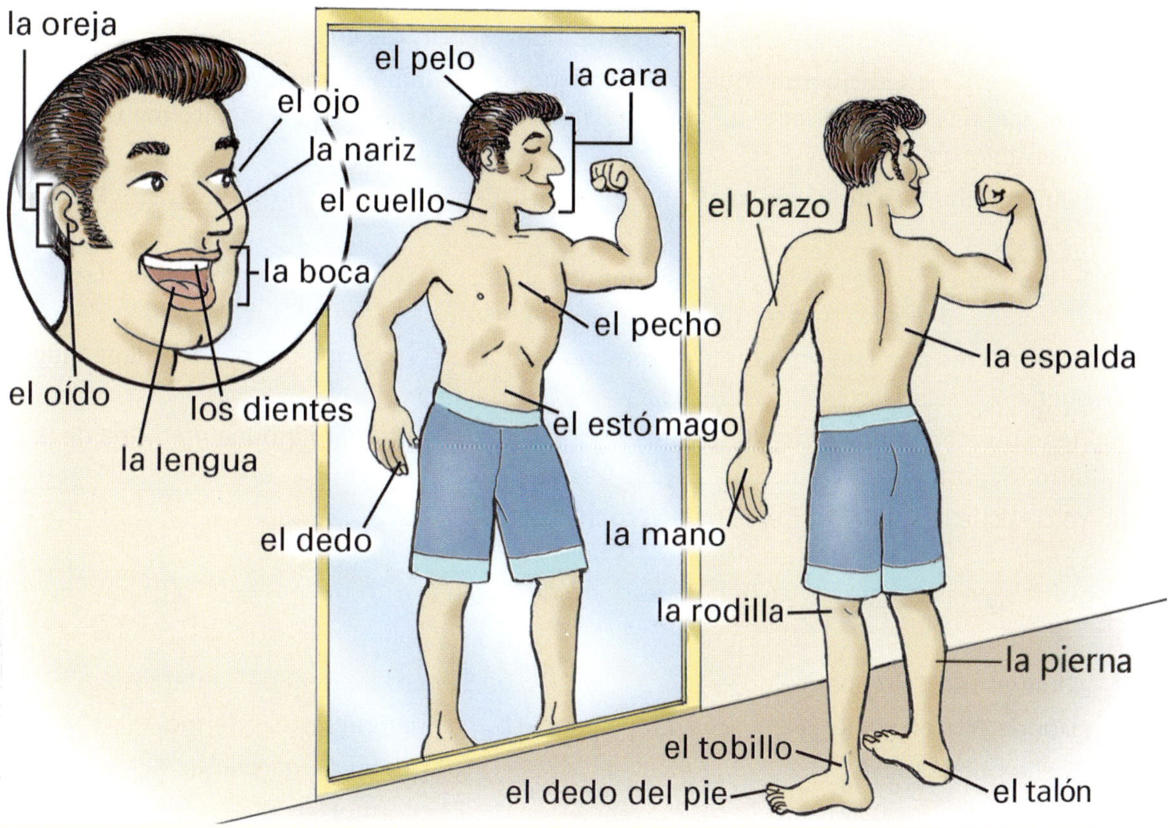

En el consultorio del médico

embarazada	*pregnant*
hacer una radiografía	*to take an X-ray*
la inyección antitetánica	*tetanus shot*
poner una inyección	*to give a shot*
la receta	*prescription*
la sala de rayos X	*X-ray room*
la vacuna	*vaccination*

En el hospital

el accidente	*accident*
la ambulancia	*ambulance*
el ataque al corazón	*heart attack*
la emergencia	*emergency*
romperse, quebrarse	*to break*
la silla de ruedas	*wheelchair*

¿Tú lo sabías?

En España y en algunos países latinoamericanos, las farmacias venden principalmente medicinas. En algunos países hispanos es posible comprar ciertas medicinas —como la penicilina— sin tener receta médica.

› **¿En este país se pueden comprar antibióticos sin receta médica?**

Práctica

2. Para completar Complete the sentences, using vocabulary from this lesson.

1. ¡Hola! ¡Qué ________ de verte! De haber ________ que venías, habría preparado algo de comer. Elena vuelve a ________ de las cinco.
2. La casa no es moderna; es ________, con ________ frutales en el ________.
3. Pásame el ________ porque quiero ver si tengo fiebre. También me ________ la garganta. Creo que tengo un resfriado, ________... ¡o pulmonía! Espero que el médico me ________ un antibiótico.
4. ¿Quieres una taza de té con miel de ________? ¿O prefieres tomar un ________ bien ________?
5. Tengo ________ de cabeza. Voy a tomar dos ________ con un un vaso de agua. Le voy a ________ al médico si necesito ________ algo más.
6. Siempre cree que está enfermo. Yo creo que es ________ porque en realidad tiene muy buena ________.
7. Tiene una temperatura de 102 ________, pero no quiere tomar ninguna medicina de la farmacia; prefiere los remedios ________.
8. Yo creí que iba a mejorarse, pero la verdad es que ayer se ________.

3. Preguntas y respuestas Match the questions in column A with the answers in column B.

A		B
1. ¿Quieres que te prepare algo?	____	a. Sí, pero no es nada contagioso.
2. ¿Dónde está el médico?	____	b. No, siempre está enfermo.
3. ¿Tiene buena salud?	____	c. Tos y dolor de garganta.
4. ¿Por qué me tocas la frente?	____	d. ¡Es enorme!
5. ¿Estás enferma?	____	e. No, gracias. No te molestes.
6. ¿El patio es grande?	____	f. No, ¡qué lástima!
7. ¿Qué síntomas tiene?	____	g. ¡Sí! ¡Dice que él nunca está equivocado!
8. ¿Cómo es Amanda?	____	h. Porque creo que tienes fiebre.
9. ¿Sergio no tiene ningún defecto?	____	i. Supongo que está en su consultorio.
10. ¿Eva no puede ir con nosotros?	____	j. Es una joven muy bonita.

Para conversar

4. Habla con tu compañero(a) de clase. With a classmate, take turns asking and answering these questions.

1. ¿Alguna vez te has quebrado un brazo o una pierna? ¿Te han hecho una radiografía últimamente? ¿Has tenido que usar una silla de ruedas alguna vez?
2. ¿A veces te duele el pecho o la espalda? Si te duelen los oídos, ¿vas al médico? ¿Y si te duele mucho el estómago?
3. ¿Cuánto tiempo hace que te pusieron una inyección antitetánica?
4. ¿Has tenido un accidente alguna vez? ¿Han tenido que llevarte a la sala de emergencia en una ambulancia alguna vez?
5. Si a alguien le duelen las rodillas o los dedos de la mano, ¿qué medicina puede tomar? ¿Y si le duelen los dientes?

6. Si alguien tiene un ataque al corazón, ¿es mejor llevarlo al médico o a la sala de emergencia?
7. Si una mujer está embarazada, ¿qué no debe beber?
8. ¿Cómo se dice *face* en español? ¿Cómo se dice *nose*?

5. **¡Ay!** *(Ouch!)* With a classmate, play the roles of a doctor and a patient who is a hypochondriac. The patient describes symptoms and says what he/she thinks the problem is **(Yo creo que tengo...)**. The doctor tells the patient what to do and what he/she is going to prescribe **(Tiene que... / Le voy a recetar...)**. The patient keeps adding at least three more symptoms. Switch roles.

6. **¿Qué haces tú?** With a classmate, take turns asking each other what you do when different parts of your body hurt. When you answer, give some details.

7. **¡Bienvenido(a)!** With a classmate, play the roles of a guest and a gracious host (hostess). Express happiness at seeing each other. The host (hostess) offers something to eat and drink, including an afternoon snack. Use vocabulary from previous lessons.

CD3-10

Pronunciación

Pronunciation in context

In this lesson, there are some new words or phrases that may be challenging to pronounce. For further pronunciation practice of Spanish sounds, listen to your instructor and repeat the following sentences.

1. **César** es de La Paz, **Bolivia,** y Gloria es paraguaya.
2. Tiene un **defecto:** es **hipocondriaco.**
3. Tendré que tomarte la **temperatura.** ¿Dónde está el **termómetro**?
4. Para esa **hora** ya **habré** tomado algún **remedio casero.**
5. El médico no te **recetará** nada **sin verte.**
6. Creo que, **en vez de mejorarme,** me estoy **empeorando.**
7. **¡Fernando!** ¡Qué **gusto** de verte! ¡Pasa, pasa! ¿Un **cafecito**?
8. Él va a **entretener** a **César.**

Un dicho

Es mejor prevenir° que curar.
Equivalent: *An ounce of prevention is worth a pound of cure.*

to prevent

ESTRUCTURAS

1 The future *(El futuro)*

› Most Spanish verbs are regular in the future tense. The infinitive serves as the stem of almost all of them, and the endings are the same for all three conjugations.

The Future Tense				
	Infinitive	***Stem***	***Ending***	
yo	trabajar	trabajar-	**é**	trabajar**é**
tú	aprender	aprender-	**ás**	aprender**ás**
Ud.	escribir	escribir-	**á**	escribir**á**
él	hablar	hablar-	**á**	hablar**á**
ella	decidir	decidir-	**á**	decidir**á**
nosotros(as)	dar	dar-	**emos**	dar**emos**
vosotros(as)	ir	ir-	**éis**	ir**éis**
Uds.	caminar	caminar-	**án**	caminar**án**
ellos	perder	perder-	**án**	perder**án**
ellas	recibir	recibir-	**án**	recibir**án**

¡Atención! Note that all the endings, except the one for the **nosotros** form, have written accents.

—¿**Irás** al médico? — *Will you go to the doctor?*
—Sí, y ya **verás** que pronto me **sentiré** mejor. — *Yes, and you'll see that soon I'll feel better.*

The English equivalent of the Spanish future is *will* or *shall* + a verb. As you have already learned, Spanish also uses the construction **ir a** + *infinitive* or the present tense with a time expression to express future action, very much like the English present tense or the expression *going to*.

Vamos a ir al hospital esta noche.
or: **Iremos** al hospital esta noche. — *We're going (We'll go) to the hospital tonight.*

Anita **toma** el examen mañana.
or: Anita **tomará** el examen mañana. — *Anita is taking (will take) the exam tomorrow.*

¡Atención! The Spanish future is *not* used to express willingness, as is the English future. In Spanish, this is expressed with the verb **querer.**

¿**Quieres** llamar a Tomás? — *Will you call Tomás?*

¿Tú lo sabías?

En la mayoría de los países de habla hispana, los hospitales son gratis y subvencionados *(subsidized)* por el gobierno. Hay clínicas privadas para la gente de mejor posición económica que no quiere ir a un hospital público.

› **En este país, ¿los hospitales son gratis?**

› A small number of verbs are irregular in the future. These verbs use a modified form of the infinitive as a stem, but have the same endings as the regular verbs.

Irregular Future Stems		
Infinitive	***Modified form (Stem)***	***First-person singular***
decir	dir-	**diré**
hacer	har-	**haré**
querer	querr-	**querré**
saber	sabr-	**sabré**
poder	podr-	**podré**
caber	cabr-	**cabré**
poner	pondr-	**pondré**
venir	vendr-	**vendré**
tener	tendr-	**tendré**
salir	saldr-	**saldré**
valer[1]	valdr-	**valdré**

—¿Qué les **dirás** a tus padres? — *What will you tell your parents?*

—Les **diré** que no **podremos** venir en enero y que **vendremos** en febrero. — *I will tell them that we won't be able to come in January and that we will come in February.*

¡Atención! The future of **hay** (impersonal form of **haber**) is **habrá.**

¿**Habrá** una fiesta (hoy)? *Will there be a party (today)?*

Un brindis[2]

Salud, amor y pesetas... y tiempo para gastarlas.
Health, love, and money . . . and the time to enjoy them.

LEARNING TIP
Remember that you must create activities that will place information in your long-term memory. To help you do this, use each verb in short affirmative, interrogative, and negative sentences, varying the subjects. For example: ***Eva dirá* la verdad. ¿*Tú dirás* la verdad? *Ellos* no *dirán* la verdad.**

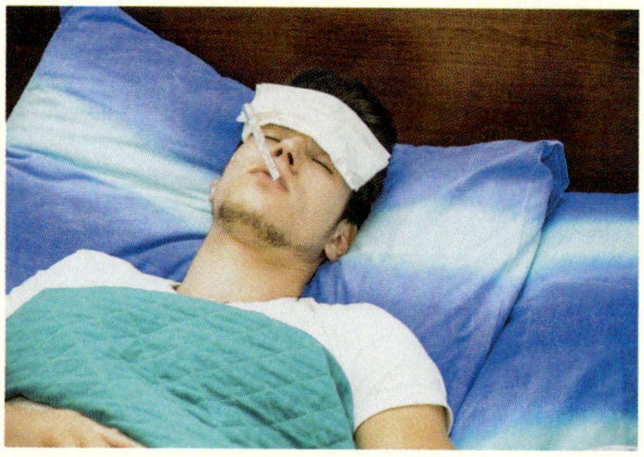
Stefano Cavoretto/Shutterstock.com

Juan Carlos no se siente bien.

1. ¿Podrá ir a trabajar? ¿Qué le dirá a su jefe?
2. ¿Qué tendrá que hacer? ¿Quién vendrá a verlo?
3. ¿Saldrá con su novia esta noche o se quedará en su casa?
4. ¿Qué hará cuando se sienta mejor?

[1] **valer** = *to be worth*
[2] This is a popular toast in Spain. The **peseta** is the former Spanish currency.

Práctica

8. La próxima semana The following things **happened.** Change all the verbs to the future tense to indicate what **will happen.**

1. Jorge fue al hospital y habló con el médico.
2. Ana vino a visitarme y trajo a los niños.
3. La enfermera me puso una inyección antitetánica.
4. Nosotros tuvimos que entretener a nuestros amigos.
5. El médico salió para el hospital a las seis y volvió a su casa a la una.
6. El médico no nos dijo nada.
7. Ellos no pudieron llevarme a la sala de rayos X.
8. Nosotros hicimos muchas cosas y terminamos el trabajo.

9. ¿Qué haremos? Indicate what the following people will do in each situation. Use the verbs given.

1. El abuelo de Eva no puede caminar. (usar)
2. Ana y yo estamos muy enfermos. (ir)
3. El doctor tiene dos pacientes que tienen pulmonía. (recetar)
4. Yo tengo fiebre, con una temperatura de 102 grados. (tomar)
5. El médico cree que uno de sus pacientes se quebró una pierna. (hacer)
6. A Paco y a Raquel les duele la garganta. (llamar)
7. El hijo del Dr. Paz tuvo un accidente. (llevar)
8. La señora Vega está embarazada. (no beber)

10. Un viaje a Paraguay You and a friend will be attending a special program in Paraguay next year. Take turns asking and answering the following questions about your trip.

1. ¿A qué ciudad irán?
2. ¿Cuándo saldrán de viaje?
3. ¿Viajarán en barco o en avión?
4. ¿Cuánto tiempo estarán estudiando?
5. ¿Podrán visitar muchas ciudades?
6. ¿Qué lugares visitarán? (See map on page 417.)
7. ¿Les enviarán tarjetas postales a sus amigos?
8. ¿Cuánto dinero necesitarán para el viaje?
9. ¿Se lo pedirán a sus padres?
10. ¿Cuándo volverán?

Un dicho

Dime con quién andas y te diré quién eres.
Equivalent: *You are known by the company you keep.*

Para conversar

11. ¿Cuáles son tus planes? Now, use questions similar to those in **Actividad 10** as a model to ask a classmate about his or her upcoming vacation plans.

12. Tu horóscopo You and your classmate are in charge of the astrology section in a newspaper. Using the future tense, take turns making predictions for each sign. Your classmate should write all predictions. Compare notes with other members of the class. Use the word that characterizes each sign to help you make your predictions.

Aries	Tauro	Géminis	Cáncer	Leo	Virgo

SOY	TENGO	PIENSO	SIENTO	QUIERO	ANALIZO
Libra	Escorpión	Sagitario	Capricornio	Acuario	Piscis

PESO	DESEO	VEO	USO	SÉ	CREO

2 The conditional *(El condicional)*

› The conditional tense in Spanish is equivalent to the conditional in English, expressed by *should* or *would + a verb*.[1] Like the future tense, the conditional uses the infinitive as the stem and has only one set of endings for all three conjugations.

The Conditional Tense				
Infinitive		***Stem***	***Ending***	
trabajar	yo	trabajar-	**ía**	trabaj**aría**
aprender	tú	aprender-	**ías**	aprender**ías**
escribir	Ud.	escribir-	**ía**	escribir**ía**
ir	él	ir-	**ía**	ir**ía**
ser	ella	ser-	**ía**	ser**ía**
dar	nosotros(as)	dar-	**íamos**	dar**íamos**
hablar	vosotros(as)	hablar-	**íais**	hablar**íais**
servir	Uds.	servir-	**ían**	servir**ían**
estar	ellos	estar-	**ían**	estar**ían**
preferir	ellas	preferir-	**ían**	preferir**ían**

[1] The conditional is never used in Spanish as an equivalent of *used to.*
Cuando era pequeño, siempre **iba a la playa.** *When I was little, I would always go to the beach.*

› All of the conditional endings have written accents.

—Él dijo que **tomaría** esta medicina. *He said that he would take this medicine.*

—Sí, y también dijo que **hablaría** con el médico. *Yes, and he also said that he would speak with the doctor.*

› The conditional is also used as the future of a past action. The future states what *will* happen; the conditional states what *would* happen.

Future	Conditional
(states what *will* happen)	(states what *would* happen)
Él **dice** que **estará** aquí mañana.	Él **dijo** que **estaría** aquí mañana.
He says that he will be here tomorrow.	*He said that he would be here tomorrow.*

› The verbs that have irregular stems in the future tense are also irregular in the conditional. The endings are the same as those for regular verbs.

Irregular Future Stems		
Infinitive	***Modified form (Stem)***	***First-person singular***
decir	dir-	**diría**
hacer	har-	**haría**
querer	querr-	**querría**
saber	sabr-	**sabría**
poder	podr-	**podría**
caber	cabr-	**cabría**
poner	pondr-	**pondría**
venir	vendr-	**vendría**
tener	tendr-	**tendría**
salir	saldr-	**saldría**
valer	valdr-	**valdría**

—¿A qué hora te dijo que **vendría**? *What time did he tell you he would come?*

—Dijo que **saldría** de casa a las dos. *He said he would leave home at two.*

¡Atención! The conditional of **hay** (impersonal form of **haber**) is **habría.**

Dijo que **habría** un examen mañana. *He said there would be an exam tomorrow.*

LEARNING TIP

Take all the affirmative and negative statements you created with verbs in the future, and change them to the conditional by starting with **"Yo te dije que..."** For example: **Yo te dije que *Eva diría* la verdad.**

Práctica

13. No haríamos lo mismo Nobody would do the things that Carlos does. With a classmate, take turns saying what the following people would do instead.

Modelo Carlos come en la cafetería. (yo)
Yo comería en mi casa.

Carlos...

1. se levanta a las cinco. (Uds.)
2. estudia por la mañana. (Ana y Luis)
3. viene a la universidad en ómnibus. (Nosotros)
4. toma clases de alemán. (yo)
5. se baña por la noche. (Elsa)
6. se acuesta a las nueve de la noche. (Ud.)
7. va a las montañas los fines de semana. (Ellos)
8. sale con Margarita. (tú)

14. ¿Qué harías tú? Describe what you would do in the following situations, using the conditional.

1. Tu amigo cree que tiene pulmonía.
2. A ti te duele mucho la cabeza.
3. Son las cuatro de la tarde y tú tienes mucha hambre.
4. Suena el timbre.
5. Tú notas *(notices)* que un niño está débil.
6. Tú tienes un accidente.
7. A ti te duele el estómago.
8. Los zapatos te quedan chicos y te duelen los pies.
9. Tú tienes dolor de espalda.
10. Tú crees que tu hermanito tiene fiebre.

Para conversar

15. Buenos consejos Using the following advice from a magazine article, take turns with your classmate indicating what each person in the list on page 430 said he/she would or wouldn't do after reading it.

Buenos consejos para conservar la salud

DEBE	*NO DEBE*
✔ comer más vegetales y frutas	✖ fumar
✔ dormir lo suficiente	✖ consumir mucho alcohol
✔ visitar al médico periódicamente	✖ consumir mucha sal o azúcar
✔ hacer ejercicio	✖ usar drogas
✔ aprender a relajarse	✖ comer mucha grasa
✔ evitar la tensión *(stress)*	✖ trabajar en exceso
✔ pensar positivamente	
✔ tener una dieta balanceada	
✔ controlar su peso *(weight)*	

1. El Sr. Vega toma diez cervezas todos los días.
2. La Srta. Díaz está siempre sentada, mirando televisión.
3. Elsa come muchos dulces *(sweets)*.
4. El Dr. Álvarez trabaja catorce horas cada día.
5. La Sra. Carreras duerme solo cuatro horas cada noche.
6. Estela se preocupa constantemente por todo.
7. Adela siempre come papas fritas, hamburguesas, mantequilla, pollo frito, etc.
8. Hace cinco años que Carlos no va a ver a su médico.
9. La dieta de Eduardo es de 5000 calorías al día.
10. Raúl pesa *(weighs)* 300 libras *(pounds)*.
11. Raquel solamente come carne y pastas.
12. Jorge fuma muchísimo.

16. ¡Gané la lotería! With a classmate, take turns telling each other what you would do if you won a million dollars in the lottery. Say at least five things each, and then compare your responses with those of other classmates.

3 The future perfect and the conditional perfect *(El futuro perfecto y el condicional perfecto)*

A. The future perfect

› The future perfect in Spanish corresponds closely in formation and meaning to the same tense in English. The Spanish future perfect is formed with the future tense of the auxiliary verb **haber** + *the past participle* of the main verb.

Future Tense of *haber*	
habré	habremos
habrás	habréis
habrá	habrán

Formation of the Future Perfect Tense		
yo	**habré terminado**	*I will have finished*
tú	**habrás vuelto**	*you will have returned*
Ud. / él / ella	**habrá comido**	*you (he, she) will have eaten*
nosotros(as)	**habremos escrito**	*we will have written*
vosotros(as)	**habréis dicho**	*you* (fam.) *will have said*
Uds. / ellos / ellas	**habrán salido**	*you (they) will have left*

- Like its English equivalent, the future perfect is used to indicate an action that will have taken place by a certain time in the future.

—¿Tus padres estarán aquí para el dos de junio?	*Will your parents be here by June second?*
—Sí, para esa fecha ya **habrán vuelto** de Madrid.	*Yes, by that date they will have returned from Madrid.*

Práctica

17. Minidiálogos Complete the following dialogues, using the future perfect forms of the verbs listed. Then act them out with a classmate.

acostarse	salir	terminar (2)
cenar	limpiar	volver

1. —Esta noche a las once voy a llamar a Quique.
   —¿Estás loco(a)? Para esa hora él ya ___________. Llámalo mañana a las siete.
   —Para esa hora ya _________ de su casa.
2. —¿Uds. _________ de México para el 4 de julio?
   —No, todavía no. Vamos a estar allí hasta agosto.
3. —Tú y yo podemos salir para España el 12 de diciembre porque ya estaremos de vacaciones.
   —Bueno, tú ___________ las clases para entonces, pero yo no las ___________ todavía.
4. —No podemos traer a mis amigos esta noche porque la casa está muy sucia *(dirty).*
   —No te preocupes. Para cuando Uds. vengan, las chicas ya la _________.
5. —¿Quieres cenar con nosotros hoy?
   —Gracias, pero para cuando yo vuelva, Uds. ya ___________.

Para conversar

18. Para entonces With a classmate, discuss things that you will or will not have done by certain times.

1. para las once de la noche
2. para mañana a las cinco de la mañana
3. para mañana a las seis de la tarde
4. para el sábado próximo
5. para junio del año próximo
6. para el año 2025
7. para diciembre
8. para el mes próximo
9. para el verano que viene
10. para el año 2020

michaeljung/Shutterstock.com

Esta chica se llama Diana. ¿Qué habrá hecho para las once de la noche? ¿Qué más?

¡Vamos a ver!

Antes de ver el video

21. Preguntas You and a classmate take turns asking and answering the following questions.

1. Si te duele la cabeza y la garganta y tienes fiebre y tos, ¿vienes a clase? ¿y si tienes algo contagioso?
2. Si tú no te sientes bien, y alguien te ofrece una taza de té bien caliente con miel de abeja, ¿tú la aceptas?
3. Si tú tienes gripe, ¿vas al médico para que te recete un antibiótico o te quedas en tu casa y descansas?
4. Tengo una temperatura de 102 grados. ¿Será necesario que el doctor me vea?
5. A eso de las cuatro, ¿te gustaría mirar la tele y merendar? ¿Qué prepararías para comer?
6. ¿Tú tendrás que salir o tendrás que quedarte en tu casa el domingo?
7. Cuando suena el timbre en tu casa, ¿quién abre la puerta, generalmente?
8. ¿Tienes árboles frutales en tu patio? ¿Qué flores tienes en tu jardín? ¿Qué flores te gustaría tener?
9. ¿Preferirías vivir en una casa moderna o en una casa de tipo colonial?
10. Para las once de la noche, ¿tú ya te habrás acostado?
11. La próxima vez que tengas fiebre, ¿vendrás a clases?
12. ¿Qué le dirías a un amigo que está enfermo?
13. Tu mejor amigo(a) estaba enfermo con un virus contagioso. ¿Lo (La) habrías invitado a tu fiesta de cumpleaños?
14. Tus amigos te invitan a una fiesta cuando estás con un poco de fiebre. ¿Qué harás? ¿Qué les dirás?
15. Imagina que ayer tu amigo te llamó y te dijo que tenía una temperatura de 102 grados. ¿Qué habrías hecho?

El video ¿Qué síntomas tiene Adriana?

—¿Anabel? Habla Adriana. Hoy no quiero ir a la facultad, de modo que le voy a decir a mi mamá que no me siento bien.

—No, Adriana... podrías empeorarte. Necesitas descansar... Voy a llamar a Carolina, a ver si ella puede ir conmigo. ¡Ojalá que te mejores pronto!

Después de ver el video...

Adriana

Doña Eva

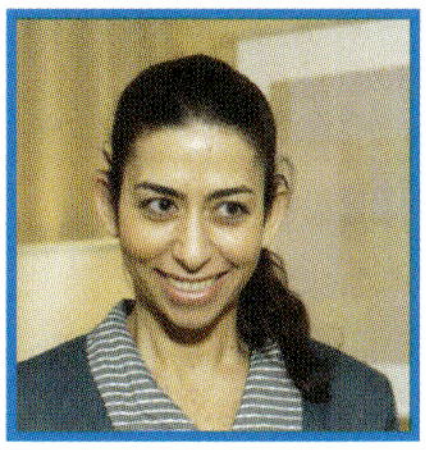

Criada

Ignacio

22. ¿Quién lo dice? Identify the person who said each of the following in the dialogues.

1. No, gracias, señora. ¡No se moleste!
2. ¡Ojalá que te mejores pronto!
3. Para el lunes ya se habrá curado y podrá volver a la universidad.
4. Mamá, tendré que quedarme en casa hoy.
5. Voy a llamar a Carolina, a ver si ella puede ir conmigo.
6. ¡Ignacio! ¡Qué gusto de verte!
7. ¿Te gustaría venir a visitarme?
8. Señora, aquí hay un joven que quiere hablar con la señorita Adriana.

23. Hablemos. With a classmate, take turns asking and answering the following questions. Base your answers on the dialogue.

1. Para no ir a la facultad, ¿qué le va a decir Adriana a su mamá?
2. ¿Qué síntomas dice Adriana que tiene?
3. ¿Qué tomará Adriana para mejorarse?
4. ¿Qué dice la mamá de Adriana que su hija tendrá que hacer?
5. ¿Quién abre la puerta cuando suena el timbre?
6. ¿Qué habría hecho doña Eva de haber sabido que Ignacio venía?
7. ¿Qué quiere preguntarle Ignacio a Adriana?
8. ¿Cuándo dice doña Eva que Adriana podrá volver a la universidad?

24. ¿Qué pasa después... ? You and a classmate use your imaginations to say what the characters do. In Spanish, discuss the following.

1. Whether or not Anabel comes to visit Adriana and what they do.
2. What Adriana tells Anabel about Ignacio. Give details.
3. Whether Dr. Viñas will see Adriana and what he will prescribe.
4. Whether Adriana would like to drink tea with honey, or something else.
5. What doña Eva would have prepared for an afternoon snack.
6. Whether later Adriana told her mother that she wasn't sick.
7. Carolina accepted Ignacio's invitation. Say whether they had a good time at the party. Did Ignacio call Adriana the next day? Does he like Carolina better?

Now compare your answers with those of the members of another group.

¡Vamos a escuchar!

ESTRATEGIA **Recognizing transitions** You have already seen that certain words establish links or transitions between one idea and the next. Review the transition words listed in **¡Vamos a escuchar!, Lección 11.** Here are other transition words you have seen. The lesson number where each was introduced is shown in parentheses.

bueno (1)	en ese caso (2)	en fin (8)
a pesar de (esto, lo anterior) (9)	es que (13)	por ejemplo (13)
en cuanto (14)	si (14)	de haber(lo) sabido (15)

CD3-11 **25. Estoy muy mal.** Listen to a conversation between Rosa and Sergio. Listen specifically for the transitional markers and write them on a piece of paper. Try to list ten different ones.

¡Vamos a conversar!

ESTRATEGIA **Practicing extended conversation** As you continue your study of Spanish, it is important that you develop your conversational skills beyond brief oral exchanges. When you make a statement, try to elaborate with details. For example, on the topic *Hoy voy al médico*, you can talk about the time of the appointment, why you are going, your symptoms, how long you have had the problem, etc.

26. Anécdotas personales Think of three simple statements to tell your classmate and expand on each with as much information as you can. You might talk about something you plan to do, a friend, a recent medical problem, a movie you saw, etc.

27. ¿Qué dices tú? What would you say in the following situations? What might the other person say? Act out the scenes with a classmate. Take turns playing each role.

1. You tell a friend that you were sick but the doctor has prescribed some medicine, and you are now feeling perfectly well.
2. You tell a friend that an ambulance has taken his dad to the emergency room because he had a heart attack.
3. You tell a friend that, had you known that he/she was sick, you would have taken him/her to the doctor.
4. Someone offers to do something for you. Tell him/her not to bother.
5. You tell your friend, who is in the hospital, that you will go visit him/her at about 5 P.M.
6. You didn't feel well and you stayed home. Ask a friend what he/she would have done.

28. Para conocernos mejor To do this activity, work with a classmate whom you would like to get to know. Take turns asking and answering these questions.

1. ¿Has tenido algún problema últimamente? ¿Cuántas veces al año vas al médico? ¿Cuándo fue la última vez que te hicieron un chequeo? ¿Cómo se llama tu médico? ¿Cómo te sientes hoy?
2. ¿Tú te quedas en tu casa cuando estás enfermo(a)? ¿Has tenido pulmonía alguna vez? ¿Cuándo fue la última vez que tuviste catarro? ¿Qué hiciste?
3. ¿Tú eres alérgico(a) a alguna medicina? ¿Qué tomas cuando tienes tos? ¿Tu médico te receta antibióticos a veces? ¿Cuáles?
4. ¿Cuándo fue la última vez que te hicieron una radiografía? ¿De qué parte del cuerpo *(body)*? ¿Cuándo fue la última vez que te pusieron una inyección antitetánica? ¿Cuándo irás a tu médico para que te haga un chequeo?
5. ¿Tú conoces a alguien que sea hipocondriaco? Si tú crees que alguien tiene fiebre, ¿le tocas la frente o usas un termómetro? Yo no me sentía bien y tomé un remedio casero. ¿Qué habrías hecho tú?
6. ¿Tú te habrás acostado para las once de la noche? Mañana, ¿habrás salido de tu casa para las siete?
7. Cuando un buen amigo viene a visitarte, ¿qué le dices para saludarlo? ¿Qué le ofreces para beber? (Le ofrezco...)

29. Una actividad especial para toda la clase

En la clínica The classroom is a clinic, and several students will play the roles of doctors. The rest of the class will play the roles of patients who have all sorts of medical problems: colds, the flu, pneumonia, and all kinds of pains.

Step 1: The patients describe their symptoms and the doctors ask questions and prescribe medicine. Some patients will need X-rays and shots.

Step 2: Each "doctor" will give some information about one of his/her patients to the rest of the class, and will say what he/she prescribed. Some "doctors" or "patients" might ask some questions or make some comments about each case.

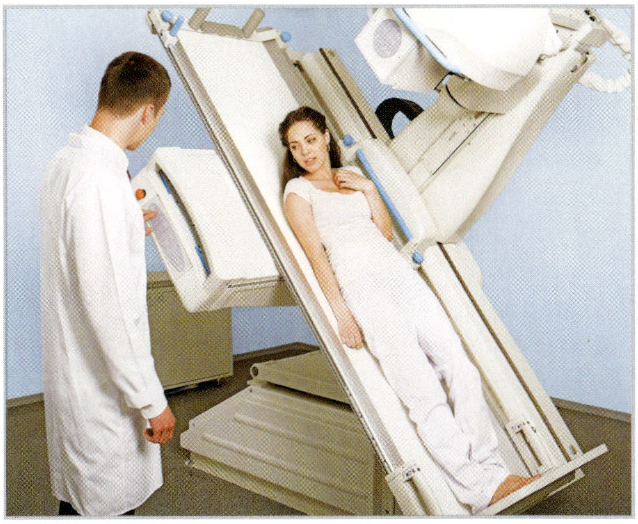

Poznyakov/Shutterstock.com

Rincón literario

Juan Ramón Jiménez (España: 1881–1958)

akg-images/Newscom

Juan Ramón Jiménez nació en Moguer. Su poesía, al evolucionar, pasa de lo subjetivo sentimental a lo objetivo, y finalmente a lo filosófico metafísico en su búsqueda *(search)* de la "poesía pura". La mayor preocupación de Jiménez era lo estético. Su obra *(work)* es muy numerosa y el poeta trata constantemente de depurarla *(purify it)*. Entre sus obras más importantes están *Poesías escojidas*[1], *Segunda antolojía poética, Canción* y *Tercera antolojía.* Una de sus obras más famosas es un libro de prosa poética titulado *Platero y yo*. Juan Ramón Jiménez fue profesor de literatura en la Universidad de Puerto Rico y en la Universidad de Miami en Coral Gables, Florida.

Antes de leer

ESTRATEGIA **Guessing and skimming** The title of the poem tells us that the topic is death. Skimming the poem, we see that the poet emphasizes that nothing will change after he goes. Read the last stanza to see how the poet expresses the loneliness and sadness of those who die, while life . . . goes on.

¡A leer!

30. Comprensión As you read the poem, find the answers to the following questions.

1. Después de la muerte del poeta, ¿qué estarán haciendo los pájaros?
2. ¿Qué hay en el huerto?
3. ¿Cómo será el cielo?
4. ¿Qué harán las campanas del campanario?
5. ¿Qué pasará con aquellos que amaron al poeta?
6. ¿Qué hará su espíritu en el huerto?
7. ¿Cómo estará el poeta?

El viaje definitivo

... Y yo me iré. Y se quedarán los pájaros° cantando;
Y se quedará mi huerto° con su verde árbol,
y con su pozo° blanco.
Todas las tardes, el cielo° será azul y plácido;
y tocarán°, como esta tarde están tocando,
las campanas° del campanario°.
Se morirán aquellos que me amaron;
y el pueblo se hará nuevo cada° año;
y en el rincón° aquel de mi huerto florido y encalado°,
mi espíritu errará° nostáljico...

birds
orchard
well
sky
will toll
bells / bell tower
each
corner / whitewashed
will wander

[1]The poet used **j** instead of **g** intentionally in his works.

Y yo me iré; y estaré solo, sin hogar°, sin árbol
verde, sin pozo blanco, sin cielo azul y plácido...
Y se quedarán los pájaros cantando.

home

Juan Ramón Jiménez, "El viaje definitivo" from *Segunda antología poética*. Madrid, 1922. Used with permission of the author's estate.

Después de leer... reflexiones

31. **¿Qué dejamos?** In groups of three, talk about the things that people leave after they die. Then discuss this question: How important are material things **(las cosas materiales)**?

¡Vamos a escribir!

Antes de escribir

ESTRATEGIA **A review of different strategies** Think of the strategies you used before. Which one proved most helpful to you? Which one works best when trying to narrate, summarize, or explain? Can you come up with a new way of organizing your thoughts and ideas?

¡A escribir!

32. **En mi ausencia** You will write about the following: The night before you go away to college, you realize that this is the last time you will be in your room (for a while). Think of two things: what you will miss about home when you're away and what your family and friends will miss about you. Jot down everything that comes to mind and then organize your lists. Add details and examples.

33. **Borrador** Write the **primer borrador.**

Después de escribir

34. **A revisar** Exchange your first draft with a classmate's and peer edit each other's work to prepare the final version.

Paraguay

Paraguay tiene dos idiomas importantes: el guaraní y el español. Los paraguayos van generalmente de uno a otro idioma, según el tema de la conversación. ¿Te gustaría aprender una palabra en guaraní? Aquí va: para decir "vámonos", di "yajhá". Los niños aprenden el guaraní en las escuelas.

Paraguay es un país principalmente agrícola y su economía depende de sus bosques y tierras *(lands)*. Sin embargo, desde la construcción de la planta hidroeléctrica de Itaipú, la más grande del mundo, el país ha comenzado a industrializarse y empieza a convertirse en un centro de atracción turística.

Asunción, la capital de Paraguay, es también su principal puerto. Paraguay no tiene salida al mar, pero tiene más de 1800 millas de ríos navegables, que son sus principales vías de transporte. Desde Asunción salen los barcos que, a través del río Paraná, transportan los productos del país hasta el río de la Plata. Muchas expediciones coloniales salieron de Asunción para fundar otras ciudades.

La represa *(dam)* hidroeléctrica de Itaipú

En la frontera de Paraguay, Argentina y Brasil están las famosas **cataratas de Iguazú,** nombre guaraní que significa "agua grande". Estas cataratas son una de las mayores atracciones turísticas y son muchísimo más altas que las cataratas del Niágara.

La danza y la música

En la foto de la derecha, la muchacha baila la **danza de la botella,** un baile típico de Paraguay. Una mujer baila con una, dos o, a veces, más botellas en la cabeza, lo cual requiere increíble habilidad y gracia.

El **arpa paraguaya** es el instrumento nacional. Es más pequeña que el arpa clásica y tiene 34 o más cuerdas de nilón. La mayoría de los arpistas tocan de oído *(by ear)*. Se escuchan en el arpa las melódicas guaraníes y las alegres polcas paraguayas. Una de las polcas más famosas es "Cascada", dedicada a las cataratas del Iguazú.

Bolivia

Bolivia tiene dos capitales: La Paz, situada a 12.000 pies de altura, es la capital administrativa. Sucre es la capital política. Bolivia es tan grande como los estados de California y Tejas juntos, pero apenas *(barely)* puede explotar sus riquezas naturales porque no tiene salida al mar y su territorio es muy montañoso. Los indios quechua y aymará, que constituyen más de la mitad de su población, mantienen su cultura y sus lenguas tradicionales. El resto de la población lo constituyen las personas de ascendencia europea y los mestizos.

© Klaus Lang/Alamy

La Plaza Murillo está en el lugar más céntrico de La Paz y está dedicada a don Pedro Domingo Murillo, patriota y precursor de la lucha por la independencia. En la plaza está el Palacio Presidencial.

imageBROKER/Superstock

Una manada de **alpacas** pace *(grazes)* en las montañas de Bolivia. La alpaca pertenece a la familia de las llamas. La llama se usa principalmente como animal de transporte, mientras que la lana *(wool)* de la alpaca se utiliza para hacer alfombras y diferentes artículos de ropa.

Christian Kober / John Warburton Lee / Superstock

Peter Langer / DanitaDelimont.com "Danita Delimont Photography"/ Newscom

La música boliviana se toca con instrumentos típicos del altiplano, como la **quena,** que es una flauta de caña, y el **charango,** un instrumento de cuerdas hecho con el cuerpo del armadillo.

Ruinas milenarias

Tiahuanaco es un importante sitio arqueológico precolombino situado en el oeste *(west)* de Bolivia. Las ruinas de esta antigua *(ancient)* ciudad están cerca del lago Titicaca, el segundo lago más grande de Sudamérica. Las esculturas típicas de Tiahuanaco son como columnas de piedra, con ojos enormes y cuadrados *(square)*.

Atlantide S.D.F./AGE Fotostock

Háganse preguntas

The class will be divided into groups of 3 or 4 students. The instructor will assign one the seven items of information presented here to each group. The members of each group will prepare questions about the item assigned to them to ask the rest of the class.

iLrn™

To learn more about Paraguay and Bolivia, watch the cultural footage in the Media Library.

AUTOPRUEBA

¿Cuánto sé ahora?

Take this test. When you have finished, check your answers in the answer key provided in Appendix D. Then use a red pen to correct any mistakes you may have made. Are you ready?

A. The future Rewrite the following sentences using the future tense.

1. Le vamos a decir que debe tomar antibióticos.
2. ¿Qué van a hacer Uds. con las recetas?
3. Ellos no van a querer ir al consultorio ahora.
4. Mañana voy a saber el resultado del examen.
5. Ellos no van a venir hoy.
6. Vamos a ir al hospital ahora.
7. ¿Te van a poner la inyección hoy?
8. Nosotros vamos a venir con el médico.
9. Voy a tener que comprar un termómetro.
10. Vamos a salir mañana temprano.
11. Vamos a tomar aspirina para el dolor de garganta.
12. Le van a preguntar si tiene una enfermedad contagiosa.

B. The conditional Rewrite the following sentences, using the conditional tense.

1. Yo voy a Paraguay.
2. Nosotros les recetamos antibióticos.
3. ¿Tú se lo dices?
4. Ellos hablan con Dora.
5. ¿Ud. lo pone en el consultorio?
6. ¿Uds. vienen el domingo?
7. Julio pide miel.
8. Nosotros lo hacemos hoy.
9. Tú no sales con ella.
10. Ella no va sola.
11. Aurora y yo podemos ir a eso de las diez.
12. Me gusta tomar un cafecito bien caliente.

C. The future perfect Complete the following sentences, using the future perfect of the verbs given.

1. Para mañana, el médico me __________ (decir) qué medicina debo tomar.
2. Para las cuatro de la tarde, ellos __________ (volver) del consultorio.
3. Para el domingo, yo ____________ (mejorarse).
4. Para las cinco, nosotras ya ______________ (merendar).
5. ¿Tú me __________ (traer) la silla de ruedas para el mediodía?
6. ¿Ud. se __________ (poner) la inyección antitétanica para el viernes?
7. Para las ocho de la noche, los niños ____________ (cepillarse) los dientes.
8. Para la próxima semana, Elena ____________ (curarse) de la gripe.

D. The conditional perfect Complete the following sentences, using the conditional perfect of the verbs given.

1. Yo ______________ (tomar) aspirinas.
2. Ellos ______________ (venir) a eso de las tres.
3. La enfermera te ______________ (poner) una inyección antitetánica.
4. De haber sabido que estabas enferma, nosotros ______________ (ir) a verte.
5. ¿Qué ______________ (hacer) tú?
6. ¿Ud. le ______________ (preguntar) cuáles eran sus síntomas?
7. ¿Uds. le ______________ (dar) miel de abeja para la tos?
8. Ellos no ______________ (decir) que él era hipocondriaco.

E. Just words . . . Choose the word or phrase in parentheses that best completes each sentence.

1. Ella es alérgica a la (radiografía, penicilina, clase).
2. Comemos con (los oídos, los dientes, el pecho).
3. Hablamos con (la espalda, los dedos, la lengua).
4. Vemos con (los ojos, la boca, las orejas).
5. Caminamos con (las manos, el cuello, los pies).
6. Tuvo un accidente. Lo llevaron al hospital en una (garganta, salud, ambulancia).
7. ¿Te (rompiste, quejaste, evitaste) el brazo alguna vez?
8. Me dolía mucho (la pierna, el pelo, el consultorio).
9. ¿Cuándo fue la última vez que le (cortaron, quebraron, pusieron) una inyección antitetánica?
10. ¿Por qué tomaste aspirina? ¿Tenías (dolor de cabeza, tos, frío)?
11. ¿Tienes Alka Seltzer? Es para (el pecho, el estómago, los dedos de los pies).
12. Va a tener un bebé. Está (cansada, enferma, embarazada).

F. Culture

1. Complete the following, based on the information found in the **¿Tú lo sabías?** sections.
   a. En los países de habla hispana se mide la temperatura en grados Celsius, también llamados ______________.
   b. En la mayoría de los países de habla hispana, los hospitales son ______________.
2. Answer the following questions, based on the information found in the **El mundo hispánico y tú** section.
   a. ¿Cuál es la mayor planta hidroeléctrica del mundo? ______________
   b. ¿Cuál es el segundo lago más grande de Sudamérica? ______________

G. Un dicho Do you remember the Spanish saying that is equivalent to "You are known by the company you keep"? Find it in this lesson.

LECCIÓN 16

DEPORTES Y ENTRETENIMIENTO

Jugando al tenis

OBJETIVOS COMUNICATIVOS

You will learn vocabulary related to outdoor activities, sports, and the world of entertainment.

SITUACIONES

¿Adónde vamos?

ESTRUCTURAS

1 The imperfect subjunctive

2 Some uses of the prepositions **a, de,** and **en**

3 The present perfect subjunctive

ASÍ SOMOS

¡Vamos a ver!

Watching and understanding situations

¡Vamos a escuchar!

Identifying word boundaries practice I

¡Vamos a conversar!

Transitioning between ideas

Rincón literario

Using your experience as context

Lecciones de inglés by Germán Arciniegas (Colombia)

¡Vamos a escribir!

Writing about opinions and experiences

EL MUNDO HISPÁNICO Y TÚ

› Uruguay

› Brasil

AUTOPRUEBA

You will review what you learned in this lesson.

David Ramos/Getty Images

URUGUAY, el país más pequeño de Sudamérica, está situado entre Brasil y Argentina, en la costa oriental *(east)* de este continente. Su nombre oficial es República Oriental del Uruguay.

BRASIL es el país más grande y más rico de Latinoamérica. Limita con todos los países de Sudamérica, excepto Chile y Ecuador. El idioma del país es el portugués, porque Brasil fue colonizado por Portugal.

SITUACIONES

¿Adónde vamos?

CD3-12

¡Ubíquelo!

Armando lives in Montevideo, the capital of Uruguay. When you watch the video you will see the variety of architectural styles and the most important sites that make up this city, located on the banks of the *Río de la Plata.*

ProStockStudio/Shutterstock.com

Armando, un muchacho uruguayo muy simpático, invitó a Mariana, una chica argentina que trabaja como modelo, a tomar un café. Ahora están conversando sobre lo que les gusta hacer los fines de semana o cuando están de vacaciones.

ARMANDO: A mí me encantan todas las actividades al aire libre. Y no hay deporte que no haya practicado. Y a ti... ¿Te gusta ir a acampar? No hay nada como dormir en una tienda de campaña y después ir de pesca...

MARIANA: No... Me gusta ir a la playa, broncearme y tomar mate, pero... si tengo ganas de comer pescado... voy a un restaurante.

ARMANDO: *(Se ríe.)* Bueno... ¿Qué te parece si vamos al cine? Dan una película de guerra en el cine Victoria y dicen que es buenísima. Mi hermano me recomendó que la viera.

MARIANA: Me gustan más las películas de misterio o de ciencia ficción, pero yo preferiría que fuéramos al teatro. A mí me gustan las comedias musicales...

ARMANDO: ¡Yo me aburriría como una ostra! Creo que en mi familia no hay nadie que haya visto una obra musical.

MARIANA: Bueno... Unos amigos y yo vamos a ir a nadar en casa de los Vierci y ellos me sugirieron que te invitara. ¿Quieres ir?

ARMANDO: ¿En una piscina... ? A mí me gusta nadar en un lago... o en un río... o en el mar... Oye, ¿quieres ir a patinar?

MARIANA: Yo nunca he aprendido a patinar... Armando, la verdad es que tú y yo no tenemos nada en común. Mira... tengo una idea. Mi amiga Nora sería perfecta para ti. Ella es atleta, es campeona de tenis y juega al fútbol, es entrenadora de un equipo de básquetbol y prefiere el campo a la ciudad. Y creo que le gusta cazar. Puedo presentártela...

Armando: ¿En serio? ¡Me encantaría que me la presentaras! Y yo tengo un primo que pertenece a un teatro de aficionados, estudia arte dramático y nunca se pierde los festivales de cine en Punta del Este[1].

Mariana: ¿Me estás tomando el pelo?

Armando: ¡No! ¡Te lo puedo presentar hoy mismo!

Mariana: ¡Trato hecho!

¿Tú lo sabías?

Tomar **mate** es una costumbre típica en Uruguay, Argentina, Paraguay y el sur de Brasil. El mate es una especie de té que se bebe en un recipiente especial con una bombilla *(straw)* que generalmente es de plata. Compartir con alguien el mate es una señal *(sign)* de amistad. En Uruguay se ve gente tomando mate en todas partes y a todas horas.

› **¿Qué bebidas son muy populares en este país?**

1. **Hablemos.** With a classmate, take turns asking and answering the following questions. Base your answers on the dialogue and on your own circumstances.

En el diálogo

1. ¿De qué hablan Armando y Mariana?
2. ¿Qué le encanta hacer a Armando?
3. ¿A Mariana le gusta ir de pesca? ¿Qué le gusta hacer?
4. ¿Qué película dan en el cine Victoria?
5. ¿Qué prefiere ver Mariana?
6. ¿Qué van a hacer Mariana y sus amigos?
7. ¿Qué no ha aprendido Mariana?
8. ¿Con quién tiene Armando cosas en común?
9. ¿Con quién tiene Mariana cosas en común?
10. ¿Qué puede hacer Armando hoy mismo?

¿Y tú?

1. ¿Qué te gusta hacer los fines de semana?
2. ¿Te gustan las actividades al aire libre y los deportes?
3. ¿Prefieres ir de pesca o ir a la playa?
4. ¿Te gustan las películas de guerra?
5. ¿Te gusta ir al teatro?
6. ¿Te gusta nadar? ¿Tienes piscina en tu casa?
7. ¿Te gusta patinar?
8. Como Nora... ¿tú eres atleta? ¿Juegas al tenis o al fútbol?
9. ¿Con quién tienes tú cosas en común?
10. ¿Qué dices tú cuando te presentan a alguien?

Una adivinanza *(A riddle)*

¿Qué le dices a un hispanohablante que está en una piscina?
Answer: ¡Nada! (Two meanings: *Nothing, and Swim!*)

[1]One of the most famous beaches in Uruguay

Práctica

2. Preguntas y respuestas Match the questions in column A with the answers in column **B.**

A		B
1. ¿Nadaron en un lago?	____	a. Sí, de un equipo de fútbol.
2. ¿Es una película de guerra?	____	b. No... ¿puedes presentármelo?
3. ¿Vas a ir a acampar?	____	c. No, en el campo.
4. ¿Él es entrenador?	____	d. ¡Sí! ¡Como una ostra!
5. ¿Te aburriste?	____	e. No, prefiero el tenis.
6. ¿Qué deporte practicas?	____	f. No, me la perdí.
7. ¿Viven en la ciudad?	____	g. No, de ciencia ficción.
8. ¿Viste esa película?	____	h. No, prefiero cazar.
9. ¿Tú conoces a mi primo?	____	i. ¡No! ¡No tenemos nada en común!
10. ¿Te gusta pescar?	____	j. No, en un río.
11. ¿Te gusta el básquetbol?	____	k. El baloncesto.
12. ¿Te vas a casar con Luis?	____	l. Sí, necesito una tienda de campaña.

3. Para completar With a classmate, take turns completing these sentences with the words you learned in the vocabulary.

1. ¿Te gustan las ________ al aire ________?
2. Ella ganó todos los partidos; es la nueva ________.
3. Yo pertenezco a un teatro de ________.
4. ¿Yo te enseño francés y tú me enseñas a patinar? ¡Trato ________!
5. No te lo digo en serio. Te estoy tomando el ________.
6. ¿Tienes ________ de jugar al tenis?
7. ¡No hay nada ________ ir de pesca!
8. El ________ de nuestro equipo es muy estricto con nosotros.
9. ¿Has asistido a un ________ de cine alguna vez?
10. Mi sobrina estudia ________ dramático.
11. Me gustan las ________ musicales.
12. Sandra es alta y hermosa; trabaja de ________.

Para conversar

4. Habla con tu compañero(a) de clase. With a classmate, take turns asking and answering the following questions.

1. ¿Prefieres montar a caballo o en bicicleta? ¿Te gusta hacer surfing? ¿Tienes tabla de mar?
2. ¿Qué prefieres que te regalen para tu cumpleaños? ¿una caña de pescar o un traje de baño? ¿Te gusta tomar el sol en la arena?
3. ¿Has trabajado de salvavidas alguna vez? ¿Prefieres navegar *(sail)* en velero o bucear? ¿Sabes remar? ¿Te gusta el esquí acuático?

4. Cuando vas al cine, ¿te gusta ver los avances? ¿Tienes la banda sonora de alguna película? ¿De cuál? Antes de ir al cine, ¿lees la cartelera? ¿Prefieres ver una comedia o una película de suspenso? ¿Te gusta asistir a los estrenos?
5. ¿Mirabas dibujos animados cuando eras niño(a)? ¿Y ahora? ¿Cuál es tu programa de concurso favorito? En tu casa, ¿quién usa más el control remoto?

5. **Una semana inolvidable** With a classmate, play the roles of two activity directors for a children's camp. Discuss the activities that you will have for a week and the equipment you will need.

6. **Cada cual con su gusto**[1] With a classmate, discuss the outdoor activities that you love **(Me encanta...)** and the ones you don't like at all **(No me gusta nada...)**. Give details.

Valery V. Markov/Shutterstock.com

CD3-13

Pronunciación

Pronunciation in context

In this lesson, there are some new words and phrases that may be challenging to pronounce. For further pronunciation practice of Spanish sounds, listen to your instructor and repeat the following sentences.

1. Me encantan las actividades al **aire libre**.
2. No hay **deporte** que no **haya practicado**.
3. Yo **preferiría** que **fuéramos** al teatro.
4. Yo **me aburriría** como una **ostra**.
5. Ellos me **sugirieron** que **te invitara**.
6. Yo tengo un **primo** que pertenece a un **teatro de aficionados**.
7. Nunca **se pierde** los festivales de cine en **Punta del Este**.

Un dicho

No te ahogues en un vaso de agua.
Equivalent: *Don´t drown in a glass of water.*

[1]To each his own

ESTRUCTURAS

1 The imperfect subjunctive *(El imperfecto de subjuntivo)*

A. Forms

› To form the imperfect subjunctive of all Spanish verbs—regular and irregular—drop the **-ron** ending of the third-person plural of the preterite and add the following endings to the stem.[1]

Imperfect Subjunctive Endings	
-ra *form*	
-ra	-ramos
-ras	-rais
-ra	-ran

LEARNING TIP
Review the forms of the preterite before you attempt to learn the forms of the imperfect subjunctive.

Formation of the Imperfect Subjunctive			
Verb	***Third-person plural preterite***	***Stem***	***First-person singular imperfect subjunctive***
hablar	habla**ron**	habla-	**hablara**
aprender	aprendie**ron**	aprendie-	**aprendiera**
vivir	vivie**ron**	vivie-	**viviera**
dejar	deja**ron**	deja-	**dejara**
ir	fue**ron**	fue-	**fuera**
saber	supie**ron**	supie-	**supiera**
decir	dije**ron**	dije-	**dijera**
poner	pusie**ron**	pusie-	**pusiera**
pedir	pidie**ron**	pidie-	**pidiera**
estar	estuvie**ron**	estuvie-	**estuviera**

¡Atención! The **nosotros** form of the imperfect subjunctive always takes an accent on the vowel that precedes the **-ra** ending: **habláramos.**

LEARNING TIP
Not all learning takes place in class or while you are "studying." To help you assimilate the use of this tense, do the following: Each time someone tells you or asks you to do something, think of what it was. For example: Someone asked you to call him. **(Me pidió que lo llamara.)** Make sure you use correct forms.

[1] A second form of the imperfect subjunctive ends in **-se** rather than **-ra: hablase, hablases, hablase, hablásemos, hablaseis, hablasen.** The two forms are interchangeable, but the **-ra** form is more commonly used.

Práctica

7. Formas Give the imperfect subjunctive forms of the following verbs.

1. yo: ganar, volver, pedir, decir, recibir
2. tú: ser, dormir, querer, dar, conocer
3. él: ir, estar, poner, conducir, servir
4. nosotros: saber, poder, regresar, conseguir, hacer
5. ellos: tener, recetar, comenzar, seguir, mentir

B. Uses

The imperfect subjunctive is used in a subordinate clause when the verb of the main clause is in the past and calls for the subjunctive.

—¿Qué te dijo René?	*What did René tell you?*
—Me dijo que **leyera** el artículo.	*He told me to read the article.*
—¿Qué le pediste a tu mamá?	*What did you ask your mom?*
—Le pedí que **hiciera** empanadas.	*I asked her to make empanadas.*

When the verb of the main clause is in the present, but the subordinate clause refers to the past, the imperfect subjunctive is used.

—Es una lástima que no **fueras** al teatro ayer.	*It's a pity that you didn't go to the theater yesterday.*
—No me sentía bien.	*I wasn't feeling well.*

Práctica

8. Minidiálogos Complete the following dialogues, using the imperfect subjunctive of the verbs given. Then act them out with a classmate.

1. —¿Qué te dijo Cristina?
   —Me dijo que ________ (comprar) las entradas y se las ________ (llevar) a su casa.
2. —¿Qué quería Eduardo?
   —Quería que nosotros lo ________ (llevar) al estadio y que ________ (ir) con él a esquiar.
3. —¿Por qué no te llevaron a escalar la montaña?
   —Porque temían que yo ________ (caerse) y ________ (romperse) una pierna.
4. —Yo quería que tú ________ (poner) la bolsa de dormir en la tienda de campaña.
   —Sí, pero yo no creí que tú la ________ (necesitar) hoy mismo.
5. —Siento que Uds. no ________ (poder) venir a la cabaña ayer.
   —Yo no me sentía bien. Le dije a Jorge que te ________ (llamar) y que te lo ________ (decir).

9. Mis padres y yo Describe all the things your parents did and did not want you to do at college, using the cues provided and the imperfect subjunctive.

Mis padres querían que yo...

1. *escribirles* todas las semanas
2. *llamarlos* por teléfono los domingos
3. *tomar* varias clases el primer semestre
4. *estudiar* mucho
5. *abrir* una cuenta corriente en el banco
6. *hacer* la tarea todos los días
7. *levantarme* temprano
8. *visitarlos* en las vacaciones

Mis padres no querían que yo...

9. *vivir* lejos de la universidad
10. *ir* a muchas fiestas
11. *comer* hamburguesas todos los días
12. *gastar* mucho
13. *pedirles* dinero extra todos los meses
14. *conducir* muy rápido
15. *olvidarme* de tomar la medicina
16. *acostarme* muy tarde

Para conversar

10. Esperanzas y temores With a classmate, talk about what your parents and other people in your life hoped you would do and what they feared you would do.

2 Some uses of the prepositions *a*, *de*, and *en*

(Algunos usos de las preposiciones **a, de** *y* **en***)*

A. a

The preposition **a** *(to, at, in)* expresses direction toward a point in space or a moment in time. It is used for the following purposes.

› to indicate the time (hour) of day

A las cinco salimos para Montevideo. — *At five we leave for Montevideo.*

› after verbs of motion, when followed by an infinitive, a noun, or a pronoun

Siempre venimos **a** caminar aquí. — *We always come to walk here.*

› after the verbs **empezar, comenzar, enseñar,** and **aprender,** when followed by an infinitive

Ellos **empezaron a** esquiar. — *They started skiing.*
Yo puedo **enseñarte a** patinar. — *I can teach you to skate.*

› after the verb **llegar**

¿Cuándo **llegaron a** Río? — *When did they arrive in Río?*

› before a direct object noun that refers to a specific person. It may also be used to personify an animal or a thing.

Yo no conozco a tu padrino. — *I don't know your godfather.*
Bañé a mi perro. — *I bathed my dog.*

¡Atención! If the direct object is not a definite person, the personal **a** is not used.

Busco un buen médico. — *I'm looking for a good doctor.*

B. de

The preposition **de** *(of, from, about, with, in)* indicates possession, material, and origin. It is also used in the following ways.

› to refer to a specific period of the day or night when telling time

Ayer buceamos hasta las tres **de** la tarde.	*Yesterday we dove until three in the afternoon.*

› after the superlative to express *in* or *of*

Orlando es el más simpático **de** la familia.	*Orlando is the nicest in the family.*

› to describe personal physical characteristics

Es morena, **de** ojos negros.	*She is brunette, with dark eyes.*

› as a synonym for **sobre** or **acerca de** *(about)*

Hablaban **de** todo menos **de** deportes.	*They were talking about everything except about sports.*

C. en

The preposition **en** *(at, in, on, inside, over)* in general situates someone or something within an area of time or space. It is used for the following purposes.

› to refer to a definite place

Están **en** el campo de golf.	*They are at the golf course.*

› as a synonym for **sobre** *(on)*

Está sentada **en** la silla.	*She is sitting on the chair.*

› to indicate means of transportation

Nunca he viajado **en** avión.	*I have never traveled by plane.*

Práctica

11. Un mensaje electrónico Complete the following e-mail, adding the missing prepositions.

Send Mail: Message Composition

A: ali44

De: isadebrasil

Asunto: Brasil

Querida Alicia:

Como te prometí, te escribo en seguida. Ayer llegamos a Río. Es una ______ las ciudades más hermosas ______ Brasil. Llegamos ______ las tres ______ la tarde y fuimos a buscar hotel.

______ el hotel conocimos ______ unos chicos muy simpáticos que nos invitaron ______ salir con ellos. Yo salí con Carlos, que es alto, moreno, ______ ojos verdes. Me ha dicho que me va ______ enseñar ______ bailar la samba. Espero aprender ______ bailar otros bailes también. Mañana vamos ______ ir ______ visitar el Pan de Azúcar. Vamos ______ ir ______ el coche ______ Carlos. Bueno, ______ el próximo e-mail espero poder contarte más ______ mi vida ______ esta hermosa ciudad.

Isabel

12. Preposiciones Look at the illustrations and complete the following sentences with logical answers, using appropriate prepositions.

1. Delia va a... __________

2. Sergio y Toña están... __________

3. Beatriz es rubia... __________

4. Teresa se quedó... __________

5. Rogelio quiere ir al club... __________

6. Tito salió de su casa... __________

7. Julio es... grupo. __________

8. Eva llega... __________

Para conversar

13. Una cita With a classmate, talk about someone you met recently or someone you went out with. Include information about where you went, what time you left and returned home, what the person is like, and what you talked about. Use the appropriate prepositions.

3 The present perfect subjunctive *(El pretérito perfecto de subjuntivo)*

› The present perfect subjunctive is formed with the present subjunctive of the auxiliary verb **haber** + *the past participle* of the main verb.

Present Subjunctive of *haber*	
haya	hayamos
hayas	hayáis
haya	hayan

Formation of the Present Perfect Subjunctive			
yo	**haya cambiado**	nosotros(as)	**hayamos hecho**
tú	**hayas temido**	vosotros(as)	**hayáis puesto**
Ud. / él / ella	**haya salido**	Uds. / ellos / ellas	**hayan visto**

› The present perfect subjunctive is used in the same way as the present perfect tense in English, but only in sentences that require the subjunctive in the subordinate clause. It is used to describe events that have ended prior to the time indicated in the main clause.

—Me alegro de que **hayas venido.**	*I'm glad you have come.*
—Es una lástima que papá no **haya podido** venir conmigo.	*It is a pity that Dad has not been able to come with me.*
—¿Hay alguien aquí que **haya estado** en Punta del Este?	*Is there anyone here who has been in Punta del Este?*
—No, no hay nadie que **haya viajado** a Uruguay.	*No, there's no one who has traveled to Uruguay.*

Práctica

14. Minidiálogos Complete the following dialogues, using the present perfect subjunctive forms of the verbs given. Then act them out with a classmate.

1. —¿Dices que no hay nadie que te ________ (ganar) jugando al tenis?
   —No es verdad que yo ________ (decir) eso.
2. —Dudo que Olga ________ (leer) ese artículo.
   —Bueno... si lo ha leído, no creo que lo ________ (entender).
3. —¿Dónde están los chicos?
   —No sé, pero espero que ya ________ (volver) a casa.
4. —Siento que tú no ________ (ir) a esquiar con tus amigos.
   —Y yo me alegro de que tú y yo ________ (poder) conversar un rato.
5. —¿Aquí hay alguien que ________ (hacer) un viaje a Uruguay?
   —No, no hay nadie que ________ (estar) allí.

Para conversar

15. ¡Habla con tu compañero(a)! With a classmate, take turns asking and answering the following questions.

1. ¿Tú conoces a alguien que haya escalado el Monte Everest?
2. ¿Es verdad que tú has trabajado de salvavidas?
3. ¿Es verdad que tú y tus amigos han comprado un velero?
4. ¿Tú crees que tus padres te han comprado una tabla de mar recientemente?
5. ¿Es verdad que tú y tu familia han hecho un picnic últimamente?
6. ¿Hay alguien en tu familia que haya escrito un libro sobre deportes?
7. ¿Es verdad que tú y tus amigos han aprendido a tomar mate?
8. ¿Tú conoces a alguien que haya estado en Uruguay?

16. Díganos... With a classmate, prepare two questions to ask your other classmates about their life experiences and what they have done. Use the present subjunctive and always begin with **¿Hay alguien aquí que... ?**

Un dicho

El que no haya trabajado, que no coma.
Equivalent: *He who hasn't worked, shouldn't eat.*

¡Vamos a ver!

Antes de ver el video

17. Preguntas With a classmate, take turns asking and answering the following questions.

1. ¿Qué te gusta hacer los fines de semana? Generalmente, ¿sales con tus amigos? ¿y cuando vas de vacaciones?
2. ¿Todavía ves a los amigos que tenías en el jardín de infantes *(kindergarten)*?
3. ¿Qué revistas te gusta leer? ¿Comentas a veces los artículos con un(a) amigo(a)?
4. ¿Te gusta ir a acampar con tus amigos o con tu familia? ¿Tienes una tienda de campaña? ¿Te gusta hacer un picnic? ¿dónde?
5. ¿Te gusta ir a pescar? Si tú fueras a pescar, ¿lo pasarías bien o te aburrirías como una ostra?
6. ¿Tú preferirías esquiar en Bariloche, escalar montañas en Chile o hacer surfing en Río de Janeiro?
7. Cuando juega tu equipo de fútbol favorito, ¿prefieres ver el partido en la tele o ir al estadio? ¿Son caras las entradas *(tickets)*?
8. ¿Tú juegas al tenis? ¿Sabes quién ganó el último torneo U.S. Open de tenis? ¿Te gustaría ver un partido de tenis en Wimbledon?
9. ¿Tú has comido empanadas[1] alguna vez? ¿Es verdad que tú has tomado mate[2]?
10. ¿Qué deportes practicabas cuando estabas en la escuela secundaria?

El video: Ramón no es muy atlético

—El artículo es una charla sobre cómo viven los millonarios, especialmente cuando van de vacaciones... A esquiar a Bariloche, a escalar montañas en Chile, a hacer surfing en Río de Janeiro...
—Yo traté de hacer surfing una vez... ¡Casi me ahogo!

—Aquí hay otro artículo sobre Fernando Peñarreal, el campeón de tenis... ¡Es divino! ¡Y no hay nadie que haya viajado tanto como él... ni ganado tantos partidos!
—Todas las chicas están enamoradas de él. ¡Y dicen que no es nada orgulloso *(he isn't at all proud)*!

[1]meat turnovers
[2]a type of tea made with **yerba** and drunk from a special container, using a metal straw. Drinking mate is very popular in Uruguay, Argentina, Paraguay, and southern Brazil.

Después de ver el video

Isabel

Ramón

Estrella

Néstor

18. ¿Quién lo dice? Identify the person who said each of the following in the dialogue.

1. Yo traté de hacer surfing una vez... ¡Casi me ahogo!
2. ¡Dejen tranquilo al pobre Ramón!
3. ¡Tenemos el televisor a nuestra disposición!
4. Todas las chicas están enamoradas de él.
5. Yo tengo una tienda de campaña, pero es de plástico...
6. El artículo es sobre cómo viven los millonarios, sobre todo cuando se van de vacaciones...
7. ¿Por qué no hacemos un picnic en Pocitos mañana?
8. Y aquella vez que fuimos a patinar, ¡te caíste como diez veces!

19. Hablemos. With a classmate, take turns asking and answering the following questions. Base your answers on the dialogue.

En el diálogo

1. ¿Desde cuándo se conocen los cuatro amigos?
2. ¿Sobre qué es el artículo que están leyendo las chicas?
3. ¿Qué pasó cuando Ramón trató de hacer surfing?
4. ¿Ramón sabe patinar?
5. ¿Dónde van a ver los chicos el partido de fútbol?
6. ¿Qué les gusta comer a Isabel y a Estrella?
7. ¿Cómo se llama el campeón de tenis?
8. ¿Qué le gusta hacer a Fernando Peñarreal los fines de semana?
9. ¿Les gusta a las chicas la idea de ir a pescar? ¿Por qué?
10. ¿Qué puede enseñarle Néstor a Ramón?

20. ¿Qué pasa después? You and a classmate use your imaginations to say what the characters do. In Spanish, discuss the following.

1. Whether Isabel talks about the article again and whether she would like to go skiing or surfing.
2. Whether or not Ramón learned how to skate and whether he fell again.
3. Whether or not they watched the soccer game on TV and what they ate.
4. Whether or not they went to Mass on Sunday.
5. Whether or not Peñarol won the game and what the four friends did to celebrate.
6. The girls talk about Fernando Peñarreal again. What do they say about him?
7. They went to Pocitos the next day. Say what they did there and whether they had fun.
8. Whether or not Ramón and Néstor went fishing or camping and what happened.

¡Vamos a escuchar!

ESTRATEGIA **Identifying word boundaries practice I** In **Lección 10** you practiced recognizing units of meaning, that is, detecting where one word ends and the next one begins. Developing this skill takes practice. Remember to be aware of linking—a final vowel or consonant is linked with an initial vowel of the following word—to help you distinguish words and listen for key words and phrases.

CD3-14 **21. Una noticia** Imagine that you work at a radio station. You need to prepare the transcript of what you hear for a press conference. Listen to several sentences that appear transcribed without spacing between words. Mark the divisions between words and punctuate the sentences.

Lanuevacampeonadetenisdeuruguayesmaríaalonsonadiehaganadotantospartidoscom
oellamaríaesunajovenmuyatractivaynoesnadaorgullosaademásdeltenisellapracticaotr
osdeportescomoelesquíacuáticoyelgolf

¡Vamos a conversar!

ESTRATEGIA **Transitioning between ideas** In earlier lessons you practiced listening for Spanish transition words and expressions. Using transition words when speaking helps you sound more fluent. Linking your ideas together creates smoother sentences and avoids a choppy feel in your speech.

22. De una idea a otra In pairs, tell your classmate about a sports event you attended, watched on TV, or participated in. Try to use as many of the following words as possible to create smooth transitions in your narrative.

primero	además	pero	
después (luego)	entonces	de modo que	a pesar de
en fin	en cuanto	porque	si

23. ¿Qué dices tú? What would you say in the following situations? What might the other person say? Act out the scenes with a classmate. Take turns playing each role.

1. On your vacation, you learned how to swim and ride a horse, and you caught a fish. Someone asks whether you had a good time. Say what else you did.
2. A friend invites you to go camping. You don't have a tent or a sleeping bag, and you want to know what else you will need.
3. You are trying to convince a friend to go camping. Tell him or her how much fun it can be and all the things you can do together.
4. You tell a group of people to have a good time. Add that, one of these days, you would like to go camping with them.
5. You ask a friend if he/she would prefer to play volleyball or to play tennis.
6. You tell someone on what occasions you are bored to death.

24. **Para conocernos mejor** To do this activity, work with a classmate whom you would like to get to know. Take turns asking and answering these questions.

1. ¿Tú eres atlético(a)? Cuando tú eras chico(a), ¿tus padres te obligaban a que practicaras algún deporte? ¿Qué buenos recuerdos tienes de tu niñez? Si alguien te invitara a ir a patinar, ¿aceptarías? ¿Por qué sí o por qué no? Si alguien no sabe patinar, ¿tú puedes enseñarle?
2. ¿Prefieres ir a la montaña o a la playa? Cuando vas a la playa, ¿tomas el sol para broncearte o prefieres nadar todo el tiempo? ¿Te gusta hacer surfing? ¿Has trabajado de salvavidas alguna vez? ¿Te gustaría ir a pasear en velero?
3. ¿Cuál es tu deporte favorito? ¿Has jugado al golf alguna vez? ¿Prefieres el fútbol o el fútbol americano? ¿Qué crees que es más divertido, jugar al tenis o al béisbol? ¿Prefieres patinar o esquiar?
4. Si fueras a pescar, ¿te divertirías o te aburrirías como una ostra? ¿Qué cosas te aburren? ¿Cuál es tu actividad favorita para divertirte?
5. Si tú fueras a acampar, ¿preferirías dormir en una tienda de campaña o al aire libre, en una bolsa de dormir? ¿Preferirías acampar cerca de una montaña o cerca de un lago? ¿Has ido a acampar alguna vez? ¿Te divertiste?

25. **Una actividad especial para toda la clase**

¡A jugar a las charadas o a dibujar! Let´s have a change of pace! The class is divided into two teams.

Step 1: The members of each team will act out or draw a word or phrase from this lesson that the instructor shows him/her on pages 448 and 449.

Step 2: The members of his/her team try to guess what the word or phrase is. If they do, the team gets one point. The team that gets more points wins. The students are not allowed to check the textbook.

Iakov Filimonov/Shutterstock.com

Rincón literario

Germán Arciniegas (Colombia: 1900–1999)

Biblioteca Nacional, Colombia. Courtesy of Gabriela A. Arciniegas.

Germán Arciniegas nació en Bogotá y se recibió de abogado en la Facultad de Derecho de la Universidad Nacional.

Ejerció la carrera de periodista durante toda su vida. Creó y dirigió varias revistas culturales. Fue parlamentario y ministro de educación, además de diplomático.

Arciniegas es uno de los grandes escritores colombianos. Es autor de más de 50 ensayos sobre la cultura, la sociología, la historia, el arte y la literatura de su país y de toda Latinoamérica. Su estilo es ligero *(light)* y ágil y su prosa es accesible y amena. Muchos de sus libros han sido traducidos al inglés y uno de ellos, *Entre la libertad y el miedo,* donde explica la situación de América Latina a mediados del siglo pasado, fue publicado en inglés antes que en español.

Además de su fama como escritor, Germán Arciniegas será recordado como uno de los políticos reformistas que más defendieron la democracia y la libertad en su época.

Antes de leer

ESTRATEGIA **Using your experience as context** With a classmate, make a list of some aspects of the English language that make it difficult to learn as a second language. Is verb conjugation as difficult as pronunciation and spelling? Put yourselves in the position of someone whose native language is one other than English and who is trying to become proficient in this language.

A leer

26. Comprensión Read the selection and find the answers to the following questions.

1. ¿Qué deletrea *(spells)* un inglés cuando se presenta?
2. Según el autor, ¿de cuántas maneras puede escribirse una palabra?
3. ¿Es más difícil el deletreo cuando se hace por teléfono?
4. ¿Qué dice el autor sobre el idioma de Shakespeare?
5. ¿Qué dice de un apellido inglés?
6. ¿Qué se puede decir como tesis fundamental?
7. ¿Cuál es el título de su libro en español? ¿y en inglés?
8. Cuando Arciniegas habla de su libro en inglés, nadie sabe si él escribió un nocturno o un libro de caballería. ¿Por qué?
9. ¿Qué advertencia aparece en la cubierta de este libro?
10. ¿Cómo anunciaron un día una conferencia de Arciniegas en el periódico?
11. Para el autor, ¿dónde está la dificultad del inglés?
12. ¿Qué dice Arciniegas de las vocales?
13. ¿Qué causa el esfuerzo que un hispanohablante realiza para producir "eres" o "eses"?
14. ¿Qué explicación les da siempre el autor a sus colegas?

Lecciones de inglés (Adaptado)

Un inglés que en algo se estima° se presenta de esta manera: "Soy Mr. John Nielsen, Ene-i-e-ele-ese-e-ene". Esto es porque en inglés se supone que una palabra se pronuncia de un modo —cosa que no es exacta— pero que en todo caso puede escribirse de mil maneras. Aun el deletreo° puede no ser suficientemente claro, principalmente si se hace por teléfono. En este caso lo más discreto y usual es decir: "Mr. Arciniegas, A como en Argentina, R como en Rusia, C como en Colombia, I como en Irlanda—". De esta manera, siendo el idioma de Shakespeare tan conciso, un apellido puede extenderse indefinidamente.

Las confusiones no quedan limitadas° a los apellidos. Como tesis fundamental usted puede decir que toda palabra inglesa es un jeroglífico. Yo tengo un libro que, en la edición española, se llama *El caballero° de El Dorado. Aquí, The Knight of El Dorado*. Pero como en inglés "noche" y "caballero" se pronuncian de un mismo modo°, cuando estoy hablando de mi libro nadie sabe si escribí un nocturno° o una obra de caballería°. En la cubierta° de este libro aparece la siguiente advertencia°: "Germán Arciniegas (se pronuncia Hairmáhn Ar-seen-yay-gus)." La advertencia es indispensable.

Pero si el lector° quiere saber más sobre los problemas de mi apellido en este país, puedo informarle que un día en el periódico anunciaron una conferencia mía así: "Hoy da una conferencia sobre la América Latina el doctor *Arthur Nagus*".

La dificultad del inglés está en la emisión de los sonidos°. Cuando uno se da cuenta° de que cada letra de las vocales° se pronuncia de cuatro o cinco modos distintos, desfallece°. El esfuerzo que uno realiza para producir "eres" o "eses" no solo causa una gran fatiga a quienes estamos acostumbrados al español, sino que deja en el rostro° una impresión de dolor o de gran torpeza°. Yo siempre les doy esta explicación a mis colegas: "Yo no soy bobo°; es que no sé inglés".

que... *who has some self esteem*
spelling
no... *are not limited*
knight
way
nocturne / chivalry / cover
warning
reader
sounds
se... *realizes / vowels*
faints
face / stupidity
dumb

Adapted from Germán Arciniegas, "Lecciones de inglés," *En el país del rascacielos y las zanahorias,* vol. 1. Librería Suramérica, 1945.

Después de leer... reflexiones

27. Opiniones In groups of three or four, discuss the following.

- Lo que ustedes encuentran difícil en español: ¿La conjugación de verbos? ¿La pronunciación? ¿El vocabulario?
- ¿Les es más difícil hablar o leer? ¿Entienden una conversación en español?
- ¿Tienen muchas oportunidades de practicar el idioma?
- ¿Creen que es una buena idea estudiar con sus compañeros de clase?
- Completen el siguiente cuestionario. Seleccionen **Sí** o **No.**

1. Asisten a clase y prestan atención.	Sí	No
2. Siempre hacen la tarea de español.	Sí	No
3. Hacen todas las actividades en línea.	Sí	No
4. Hablan español cada vez que se les presenta la oportunidad.	Sí	No
5. Miran programas y películas en español.	Sí	No
6. Leen artículos sobre la cultura hispánica.	Sí	No

Now get together with members of another group and compare notes. Discuss the following.

1. ¿Alguien tiene algunas ideas que pueden ayudar a hacer más fácil el estudio del español?
2. ¿Quiénes piensan tomar clases más avanzadas?
3. ¿Les parece una buena idea visitar un país de habla hispana?
4. ¿Les interesa la idea de estudiar en otro país?

¡Vamos a escribir!

Antes de escribir

ESTRATEGIA **Writing about opinions and experiences** When preparing to write about this, you need to draw on a number of strategies:

- Brainstorm ideas and then select the most important and interesting aspects.
- Organize your writing by grouping ideas according to categories related to your main topic.
- Create an outline.
- Provide details and examples.

28. Dos amigos... dos idiomas Scott es estadounidense y María Teresa es uruguaya. Los dos son y viven en Nueva York. Scott está tomando una clase de español para principiantes *(beginners)* y María Teresa está tratando de aprender a hablar inglés. A veces tienen que usar un diccionario para poder comunicarse. Tú y un(a) compañero(a) de clase, hablen de lo siguiente:

1. ¿Qué consejos *(advice)* pueden ustedes darles a los dos?
2. ¿Cuál de los dos va a tener más oportunidades de practicar el idioma? ¿Por qué?
3. Si una persona habla dos idiomas, ¿le es más fácil aprender un tercer idioma?

29. Lecciones de español You will write about your experiences in learning Spanish. First, brainstorm about what you find easy and what you find difficult about studying this language, and jot down all the ideas that come to you. Select the ones you want to use.

- Verb conjugations
- Pronunciation
- Comprehension
- Thinking in Spanish instead of thinking in English and trying to translate your thoughts.
- Talk about instances when you tried to use the language. Were you successful?

¡A escribir!

30. Aprender el español Write the **primer borrador**.

Después de escribir

31. A revisar Before writing the final version, exchange your first draft with a classmate's and peer edit each other's work. Make sure to have followed the guidelines.

- formation and subject-verb agreement of all tenses used
- noun-adjective agreement and spelling and punctuation

Un pensamiento

El mundo está dividido por cortinas de palabras.
—Germán Arciniegas

EL MUNDO HISPÁNICO Y TÚ

Uruguay

Uruguay está prácticamente rodeado de agua. ¿Cuándo fue la última vez que tú nadaste en el mar y te bronceaste? ¿Cuándo fue la última vez que comiste algo sabrosísimo y después un postre fabuloso? ¡Puedes hacer eso y mucho más en este pequeño país sudamericano, bañado por el Atlántico!

La superficie total es casi igual a la del estado de Washington. Sus aguas y su tierra son sus mejores recursos naturales. La mayor parte de la población es de ascendencia europea, especialmente española e italiana.

Ciudades y balnearios

Montevideo es la capital, la ciudad más importante y el puerto principal de Uruguay. Tiene magníficas playas y una arquitectura que combina lo colonial con lo moderno. Se dice que esta ciudad provee la calidad de vida más alta de Latinoamérica.

byvalet/Shutterstock.com

Nacho Calonge / Alamy

La playa de Pocitos es la favorita de los jóvenes, quienes practican fútbol, voleibol y deportes acuáticos.

La población de **Punta del Este** es de unos 12.000 habitantes, pero en el verano, con los turistas, llega a los 500.000. Aquí se lleva a cabo el Festival Internacional de Cine.

Leonardo Muniz/Moment Open/Getty Images

La cocina uruguaya y el mate

Photononstop/Superstock

En Uruguay se come mucha carne de res *(beef)* y, debido a la tradición italiana, también se come pasta y pizza. Los postres son muy variados: algunos son los alfajores (sándwiches de galletitas con dulce de leche[1]), budín inglés, flan y strudel.

El **mate** es una infusión hecha con hojas secas *(dried leaves)* de yerba mate y agua caliente. Esta bebida es, prácticamente, la bebida nacional del país.

[1]Hecho con leche y azúcar

Brasil

Brasil, colonizado por los portugueses, no es un país de habla hispana, pero está incluido aquí porque es parte de Latinoamérica y... ¡es demasiado grande para que lo ignoremos! Como tú hablas español, podrás entender un poco de portugués, pues estos dos idiomas son similares.

Brasil es famoso por sus hermosas playas, su música y su carnaval. Es un gran productor de café.

Ciudades

Donatas Dabravolskas/Shutterstock.com

Brasilia es la capital de Brasil y una ciudad ultramoderna.

Catarina Belova/Shutterstock.com

Río de Janeiro, la antigua capital, es famosa por sus hermosas playas, como Ipanema y Copacabana. A los habitantes de Río de Janeiro se les dice cariocas.

Puntos de interés turístico

Eduardo Garcia/Taxi/Getty Images

La formación rocosa, el **Pan de Azúcar**, de granito, tiene 400 metros de alto, y es el símbolo de Río de Janeiro. Es una de las mayores atracciones turísticas de Brasil, y es visitada por miles de personas todos los años.

Háganse preguntas

The class will be divided into groups of 3 or 4 students. The instructor will assign one of the seven items of information presented here to each group. The members in each group will prepare questions about the item assigned to them to ask the rest of the class.

iLrn™

To learn more about Uruguay and Brasil, watch the cultural footage in the Media Library.

AUTOPRUEBA

¿Cuánto sé ahora?

Take this test. When you have finished, check your answers in the answer key provided in Appendix D. Then use a red pen to correct any mistakes you may have made. Are you ready?

A. The imperfect subjunctive Rewrite the following sentences, using the new beginnings.

1. Quiero que traigas la escopeta y se la des a Luis. Quería…
2. Espero que jueguen y que no se aburran. Esperaba…
3. ¿Hay alguien aquí que sepa remar? ¿Había…
4. Te sugiero que vayas a patinar o a esquiar. Te sugerí…
5. No hay nadie que pueda ir a bucear conmigo. No había…
6. Les aconsejo que compren un velero y una tabla de mar. Les aconsejé…
7. Me alegro de que Eva tenga la banda sonora de esa película. Me alegré…
8. No creo que ella sea salvavidas. No creí…
9. No es verdad que nosotros tengamos miedo. No era verdad…
10. Yo temo que los chicos se caigan. Yo temía…
11. Mis padres quieren que veamos esa obra teatral. Mis padres querían…
12. Me gusta que ellos vengan a verme y me presenten a sus amigos. Me gustaba…

B. Some uses of the prepositions *a, de,* and *en* Complete the following sentences, using **a, de,** or **en** as necessary.

1. Nora y Luisa fueron ________ Brasil ________ junio y ahora solo hablan ________ su viaje. Dicen que cuando llegaron ________ Río conocieron ________ dos chicos muy simpáticos.
2. Ricardo está ________ el estadio desde las tres ________ la tarde. Va ________ volver ________ su casa ________ las cinco.
3. Anoche conocí ________ Teresa. Es una chica morena ________ ojos verdes y es la más simpática ________ su familia.
4. El mes pasado empecé ________ aprender ________ jugar al tenis.
5. A Rita no le gusta viajar ________ avión; prefiere viajar ________ tren.
6. Sergio me va ________ enseñar ________ bailar salsa.
7. Yo compré palos de golf ________ esa tienda.
8. Puse la raqueta ________ la mesa.

C. The present perfect subjunctive Complete these sentences with the present perfect subjunctive form of the verbs given.

1. Es una lástima que ellos no ________ (ir) al estadio hoy.
2. Me alegro de que tú ________ (aprender) a jugar al golf.
3. ¿Hay alguien aquí que ________ (leer) ese artículo?
4. Los padres de Clara esperan que ella no ________ (aburrirse) en la fiesta.
5. No creo que Ud. ________ (saber) armar la tienda de campaña.
6. No es verdad que nosotros nos ________ (divertir) en la fiesta.
7. Aquí no hay nadie que ________ (jugar) con el campeón de tenis.
8. Temo que ellos no ________ (poder) ir al río.

D. Just words. . . Match the questions in column **A** with the answers in column **B.**

A		B
1. ¿Te gusta acampar?	____	a. No, te estoy tomando el pelo.
2. ¿Qué deportes practicas?	____	b. No, es un lago.
3. ¿Te aburriste en la fiesta?	____	c. Sí, pero prefiero pescar.
4. ¿Hablas en serio?	____	d. Sí, es la nueva campeona.
5. ¿Fuiste al estreno?	____	e. No, en el campo.
6. ¿Te gusta cazar?	____	f. No, no tengo ganas de comer nada.
7. ¿Viven en la ciudad?	____	g. El fútbol y el baloncesto.
8. ¿Es un río?	____	h. No, de dibujos animados.
9. ¿Montaron a caballo?	____	i. No, de ciencia ficción.
10. ¿Vas a tomar el sol?	____	j. No, no tengo traje de baño.
11. ¿Vamos a almorzar?	____	k. No, no tenemos tienda de campaña.
12. ¿Ganó todos los partidos?	____	l. ¡Sí! ¡Como una ostra!
13. ¿Es una película de guerra?	____	m. Una obra musical.
14. ¿Es un programa de concurso?	____	n. No, me lo perdí.
15. ¿Qué vieron en el teatro?	____	o. Me gustan todas las actividades al aire libre.
16. ¿Van a ir a acampar?	____	p. No, en bicicleta.

E. Culture

1. Complete the following, based on the information found in the **¿Tú lo sabías?** sections.
   a. El __________ es una especie de té que se bebe en un recipiente especial con una bombilla.
   b. El asado y las __________ son comidas típicas de los países del Cono Sur.
2. Answer the following questions, based on the information found in the **El mundo hispánico y tú** section.
   a. ¿Cuáles son los dos únicos países sudamericanos de habla hispana que no lindan *(border)* con Brasil?
   b. ¿Qué ciudad de Uruguay es uno de los centros turísticos más famosos de Latinoamérica?

F. Un dicho Do you remember the Spanish saying that states that people should work for a living? Find it in this lesson.

LECCIÓN 17

EL MUNDO DE LOS NEGOCIOS

Monkey Business Images/Shutterstock.com

Una reunión de negocios

OBJETIVOS COMUNICATIVOS

You will learn vocabulary related to business, job interviews, and job-related technology.

SITUACIONES

¿Asistente… o víctima?

ESTRUCTURAS

1 The pluperfect subjunctive

2 *If* clauses

3 Summary of the uses of the subjunctive

ASÍ SOMOS

¡Vamos a ver!

Watching and understanding situations

¡Vamos a escuchar!

Guessing meaning practice II

¡Vamos a conversar!

Giving a presentation

Rincón literario

Training yourself to read

A pesar de todo by Josefina González (Cuba)

¡Vamos a escribir!

Using your imagination

EL MUNDO HISPÁNICO Y TÚ

› España

AUTOPRUEBA

You will review what you learned in this lesson.

JGI/Tom Grill/ Blend Images/Getty Images

ESPAÑA forma con Portugal la Península Ibérica, y es el tercer país europeo en cuanto a extensión. Con las islas Baleares en el Mediterráneo, las islas Canarias en el Atlántico, y Ceuta y Melilla en el continente africano, llega a una extensión de 770.750 kilómetros cuadrados. Por su situación entre el resto de Europa y África, siempre ha poseído considerable valor *(value)* estratégico. En su suelo se mezclaron *(mixed)* y fundieron *(melted)* diversos grupos étnicos provenientes *(coming)* de una gran variedad de civilizaciones; entre ellas, las más importantes fueron la romana, la judía y la árabe *(Arabic)*. El Palacio de La Alhambra, en Granada, es la estructura árabe más importante de España.

kamira777/Shutterstock.com

El Palacio de La Alhambra en Granada, España

¿Asistente… o víctima?

CD3-15

¡Ubíquela!

The company for which Mrs. Guerra works is in Madrid, the capital of Spain. As you watch the video, you might imagine yourself enjoying the innumerable attractions that this magnificent city has to offer.

© Daniel Korzeniewski/Shutterstock.com

La Sra. Guerra es la jefa de compras de una compañía de importación en Madrid. Ella está encargada de la selección, evaluación y compra de los equipos electrónicos que vende la compañía: computadoras, grabadoras de DVD, fotocopiadoras, sistemas de comunicación telefónica, etc. La Sra. Guerra es contadora pública, especializada en mercadeo. Es inteligente, tiene mucha experiencia y es extremadamente eficiente, pero... tiene fama de ser una tirana. En este momento Magda, su asistente, está leyendo un correo electrónico de la Sra. Guerra.

Send Mail: Message Composition

A: Magda

De: A. Guerra

Asunto: Instrucciones

Magda: Necesito que traduzcas las cartas que te di ayer y que escuches todos los mensajes que están en mi máquina contestadora y que me digas solamente los que sean importantes. Después, archiva las carpetas que están en mi escritorio y lee la correspondencia. Durante la hora de almorzar, te sugiero que comas un bocadillo en la oficina. Lee el resumé de cada uno de los candidatos para el puesto de traductor e intérprete que tenemos que entrevistar mañana. (Te dije que la entrevista era mañana, ¿no?)

Yo sé que tenemos cuarenta candidatos, pero, si hubieras leído los resumés ayer, cuando te pedí que los leyeras...

Te pedí que entrenaras a la secretaria del Sr. Roca. Yo sé que ella no tiene mucha experiencia, sobre todo en el uso de procesadores de textos.

¡Ah! ¿Les escribiste a los accionistas de la compañía? ¿Leíste las cartas de recomendación sobre los candidatos? Yo no quedé muy impresionada con algunas de ellas. Mándale un fax al Sr. Varela y después llámalo por teléfono y dile que venga a verme mañana mismo.

Magda, que está frustrada, le manda un mensaje muy breve a su jefa.

Send Mail: Message Composition

A: Sra. A. Guerra
De: Magda
Asunto: Instrucciones

¿Cuándo voy a hacer todo eso? ¡El sueldo que yo gano no compensa todo el trabajo que hago!

Mensaje electrónico no tan breve, de A. Guerra:

Send Mail: Message Composition

A: Magda
De: A. Guerra
Asunto: Tus responsabilidades

Magda: Si tú no puedes desempeñar tu trabajo y aceptar tus responsabilidades, yo puedo hablar con el jefe de personal y con el presidente de la compañía y decirles que no te den el aumento que pediste. ¡No te olvides de que tú trabajas bajo mi supervisión! ¡Yo tengo la última palabra!

Último correo electrónico de Magda, que ahora está realmente furiosa:

Send Mail: Message Composition

A: A. Guerra
De: Magda
Asunto: Últimas palabras

Creo que la última palabra es mía: ¡Renuncio!

1. Hablemos. With a classmate, take turns asking and answering the following questions. Base your answers on the dialogue and on your own circumstances.

En el diálogo

1. ¿Qué puesto tiene la Sra. Guerra?
2. ¿De qué está encargada ella?
3. ¿Qué fama tiene la Sra. Guerra?
4. De los mensajes en su máquina contestadora, ¿cuáles quiere ella?
5. ¿Qué le sugiere a Magda que haga durante la hora del almuerzo?
6. ¿Qué tuvo que hacer Magda con respecto a la secretaria del Sr. Roca?
7. ¿Qué quiere la Sra. Guerra que Magda le diga al Sr. Varela?
8. ¿Con quiénes dice la Sra. Guerra que ella puede hablar?
9. ¿De qué no debe olvidarse Magda?
10. ¿Qué decisión ha tomado Magda?

¿Y tú?

1. ¿Qué puesto tienes tú? Cuando tu familia da una fiesta, ¿de qué estás encargado(a) tú?
2. ¿Eres famoso(a) o conocido(a) por algo en especial?
3. ¿Cuántos mensajes por día tienes en tu máquina contestadora?
4. ¿Tú trabajas a veces durante la hora del almuerzo? ¿Qué haces?
5. ¿Tú has tenido que entrenar a alguien alguna vez?
6. ¿Tú piensas terminar esta lección mañana mismo?
7. ¿Qué le quieres decir tú a tu profesor(a) de español?
8. ¿Con qué personas de tu trabajo o de tu clase puedes hablar tú?
9. ¿De qué no debes olvidarte tú?
10. ¿Te es fácil o difícil tomar decisiones?

VOCABULARIO

En el diálogo

Cognados

el (la) asistente	*assistant*
el (la) candidato(a)	*candidate*
la compañía	*company*
la comunicación	*communication*
la correspondencia	*correspondence*
eficiente	*efficient*
especializado(a)	*specialized*
la evaluación	*evaluation*
extremadamente	*extremely*
el fax (facsímile)	*fax*
la importación	*import*
impresionado(a)	*impressed*
el (la) intérprete	*interpreter*
el personal	*personnel*
el (la) presidente(a)	*president*
la recomendación	*recommendation*
la responsabilidad	*responsibility*
el resumé, el currículum vitae	*résumé, curriculum vitae*
la selección	*selection*
la supervisión	*supervision*
el (la) supervisor(a)	*supervisor*
el (la) tirano(a)	*tyrant*
el uso	*use*
la víctima[1]	*victim*

Nombres

el (la) accionista	*shareholder*
el aumento	*increase*
el bocadillo	*sandwich (Spain)*
la carpeta	*folder*
la carta	*letter*
la compra	*purchase*
el (la) contador(a) público(a)	*certified public accountant*
la entrevista	*interview*
el equipo electrónico	*electronic equipment*
la fama	*reputation, fame*
la fotocopiadora	*photocopy machine*
el (la) jefe(a)	*boss, chief*
_____ de compras	*purchasing manager*
la máquina contestadora	*answering machine*
el mercadeo	*marketing*
la palabra	*word*
el procesador de textos	*word processor*
el puesto	*position, job*
el sistema de comunicación telefónica	*telephone system*
el sueldo, el salario	*salary*
el (la) traductor(a)	*translator*
la grabadora de DVD	*DVD recorder*

Verbos

archivar	*to file*
compensar	*to compensate*
desempeñar	*to perform (a job)*
entrenar	*to train*
entrevistar	*to interview*
renunciar	*to resign*

Adjetivo

encargado(a)	*in charge*

Otras palabras y expresiones

bajo	*under*
cada	*each*
la hora de almorzar	*lunch time*
mañana mismo	*tomorrow and not a day later*
quedar impresionado(a)	*to be impressed*

lightpoet/Shutterstock.com

Martín está haciendo fotocopias en su trabajo. ¿Tú haces fotocopias? ¿Dónde haces fotocopias? ¿Qué tipo de texto fotocopias?

[1] The word **víctima** is always feminine.

Más sobre el tema

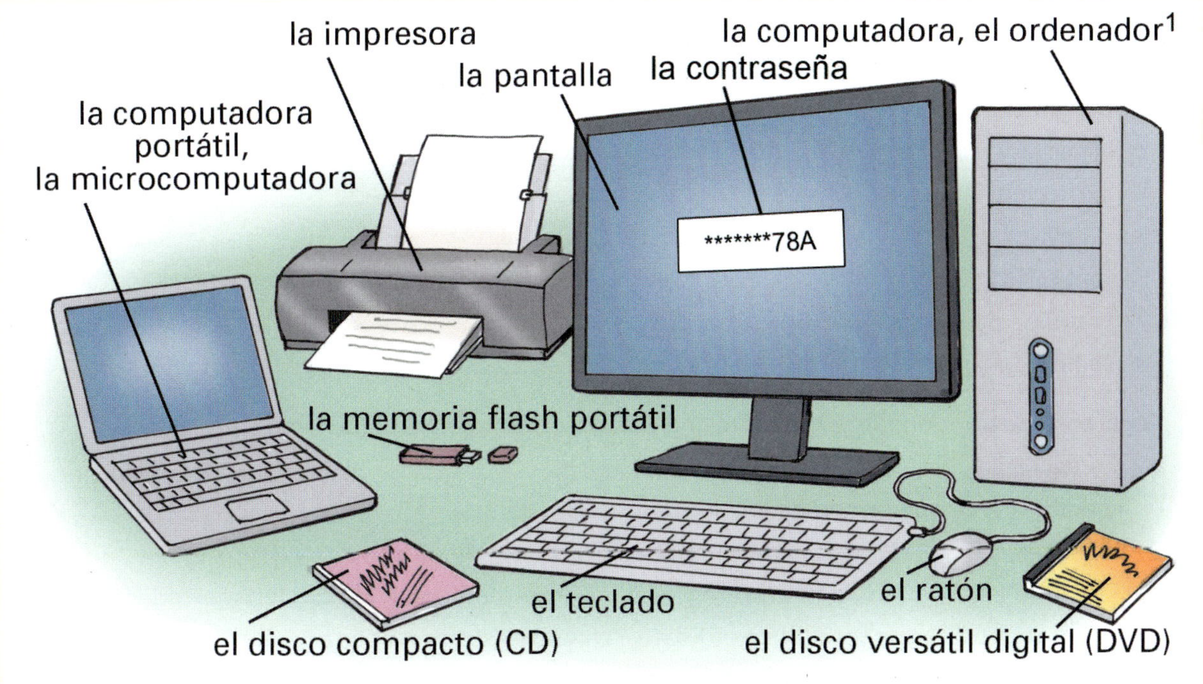

El mundo de los negocios

el (la) administrador(a)	*administrator*
el (la) agente de bienes raíces	*real estate agent*
el (la) agente de relaciones públicas	*public relations agent*
el (la) agente de seguros	*insurance agent*
el (la) bolsista, agente (corredor) de bolsa	*stockbroker*
el (la) comprador(a)	*buyer*
el despacho, la oficina	*office*
el (la) empleado(a) bancario(a)	*bank employee*
jubilarse, retirarse	*to retire*
trabajar a comisión	*to work on commission*
______ **a medio tiempo**	*to work part-time*
______ **por cuenta propia**	*to be self-employed*
______ **a tiempo completo**	*to work full-time*

¿Tú lo sabías?

En los países de habla hispana, generalmente las transacciones comerciales son menos formales que en los Estados Unidos y tienen un toque *(touch)* más personal. Nuestro "*businesslike approach*" puede parecerles brusco a las personas del mundo hispano.

› **Las transacciones comerciales entre este país y los países de habla hispana, ¿son más o menos frecuentes hoy en día? ¿Puedes dar ejemplos?**

[1] Used in Spain

Práctica

2. ¿Qué es? Write the words or phrases that correspond to the following.

1. fax ______________
2. persona que supervisa ______________
3. todas las cartas ______________
4. currículum vitae ______________
5. sándwich ______________
6. reputación ______________
7. máquina para hacer fotocopias ______________
8. sueldo ______________

3. Para completar Complete the following sentences, using vocabulary from this lesson.

1. Ella no va a ________ muy impresionada con las ________ de recomendación, incluyendo la del Sr. Peña, que es uno de los ________ de la compañía.
2. El Sr. Aranda es el ________ de compras.
3. Fernando es ________ e intérprete y es ________ público, ________ en mercadeo.
4. Vamos a ________ a todos los candidatos. La entrevista es mañana ________.
5. Ella está encargada de la selección, ________ y compra de los ________ electrónicos que vende la compañía.
6. Tengo que ________ estas carpetas, llamar al ________ de compras y dejarle un mensaje en su máquina ________.
7. Necesitamos un sistema de comunicación ________.
8. Yo no tengo experiencia en ese trabajo; me tienen que ________.

Para conversar

4. Habla con tu compañero(a). With a classmate, take turns asking and answering the following questions.

1. ¿Qué usas para proteger los documentos que tienes en tu ordenador?
2. ¿Tienes tú un despacho en tu casa?
3. ¿Utilizas el ratón o los dedos al usar tu computadora?
4. ¿Has comprado tu seguro de coche con un agente de seguros o electrónicamente?
5. ¿Qué te gustaría ser: gerente, bolsista o empleado(a) bancario(a)?
6. Además de un ordenador, ¿tienes una microcomputadora?
7. ¿Qué usas para hacer copias de tus documentos?
8. ¿Cambias a menudo tu contraseña?
9. ¿Prefieres trabajar a comisión o por cuenta propia?
10. Como estudiante, ¿es mejor trabajar a medio tiempo o a tiempo completo?
11. ¿A qué edad crees tú que uno debe retirarse?
12. ¿Preferirías ser agente de bienes raíces o agente de relaciones públicas?

5. **Una entrevista** With a classmate, play the roles of two friends who are helping a third friend to get ready for an interview with a big company. Ask him/her what type of company it is, details about his/her résumé, and tell him/her how he/she should dress.

6. **Un aumento de sueldo** With a classmate, play the roles of an employee who wants a raise and a boss who doesn't think he/she deserves it. The employee should emphasize what he/she does for the company.

miszaqq/Getty Images

7. **Sueldos...** With a classmate, talk about the different kinds of jobs people may have, and try to figure out what yearly salaries they might earn. Give reasons why. Decide which profession would be the best.

CD3-16

Pronunciación

Pronunciation in context

In this lesson, there are some new words or phrases that may be challenging to pronounce. For further pronunciation practice of Spanish sounds, listen to your instructor and repeat the following sentences.

1. Es jefa de **compras** de una **compañía** de **exportación** de Madrid.
2. Está **encargada** de la selección, evaluación y compra de los **equipos electrónicos.**
3. La Sra. Guerra es **contadora pública,** especializada en **mercadeo.**
4. Necesito que **traduzcas** las cartas que te di ayer.
5. Durante la hora de almorzar, te sugiero que comas **un bocadillo** en la oficina.
6. Ella no tiene mucha **experiencia,** sobre todo en el uso de **procesadores de textos.**
7. ¿Les escribiste a **los accionistas** de la compañía?
8. Creo que la última palabra es mía: **¡Renuncio!**

ESTRUCTURAS

1 The pluperfect subjunctive *(El pluscuamperfecto de subjuntivo)*

› The pluperfect subjunctive is formed with the imperfect subjunctive of the auxiliary verb **haber** + *the past participle* of the main verb. It is used in the same way that the past perfect is used in English, but only in sentences in which the main clause calls for the subjunctive.

Imperfect Subjunctive of *haber*	
hubiera	hubiéramos
hubieras	hubierais
hubiera	hubieran

Formation of the Pluperfect Subjunctive	
yo	**hubiera hablado**
tú	**hubieras comido**
Ud. / él / ella	**hubiera vivido**
nosotros(as)	**hubiéramos visto**
vosotros(as)	**hubierais hecho**
Uds. / ellos / ellas	**hubieran vuelto**

—Yo me alegré de que ellos le **hubieran dado** el puesto.
—Sí, porque ella tenía mucha experiencia.

I was glad that they had given her the job.
Yes, because she had a lot of experience.

—¿No había nadie que **hubiera visto** al jefe de personal?
—Sí, Eva ya lo había visto.

Wasn't there anybody who had seen the personnel director?
Yes, Eva had already seen him.

¡Atención! The pluperfect subjunctive of **hay** (impersonal form of **haber**) is **hubiera habido.**
Yo te dije que no era verdad que **hubiera habido** una reunión en mi despacho.

Práctica

8. La Sra. Díaz Indicate what Mrs. Díaz, the supervisor, had expected everyone in the office to do by the time she got back from a business trip.

Modelo su secretaria / archivar la correspondencia

Ella esperaba que su secretaria hubiera archivado la correspondencia.

1. yo / leer los currículums de los candidatos
2. Álvaro y yo / hacer la evaluación de la nueva empleada
3. tú / ir al despacho del Sr. Gómez
4. su asistente / devolver la microcomputadora nueva
5. Víctor y Omar / escribir las cartas de recomendación
6. la Sra. López / limpiar su oficina

9. Reacciones With a classmate, take turns deciding how Mrs. Díaz reacted **(se alegró, lamentó, sintió)** to what happened during her absence. Use the pluperfect subjunctive.

Modelo El presidente de la compañía le había dado un aumento de sueldo.

Ella se alegró de que el presidente le hubiera dado un aumento de sueldo.

1. Su asistente había terminado todo el trabajo.
2. El jefe de compras se había enfermado.
3. Yo había hecho la selección de los equipos electrónicos.
4. Los traductores habían traducido todos los documentos.
5. Tú no habías entrevistado a los candidatos.
6. Su secretaria había renunciado.

Para conversar

10. El año pasado... In groups of three, talk about the things that you hoped **(esperaba)** would happen, the things that you feared **(temía)** would happen, and the things that you were glad **(me alegré)** happened last year.

Modelo *Yo me alegré de que mis padres me hubieran comprado una computadora.*

2 *If* clauses *(Cláusulas con si)*

› In Spanish, the imperfect subjunctive is used in *if* clauses when a contrary-to-fact statement is made.

—Si **tuviera** dinero, **compraría** un teléfono inteligente.	*If I had money, I would buy a smartphone.*
—Usa tu tarjeta de crédito.	*Use your credit card.*

LEARNING TIP
Think of several ways in which you might finish these questions: **¿Qué haría yo si (no)... ?** and **¿Qué habría hecho yo si (no)... ?**

¡Vamos a ver!

Antes de ver el video

18. Preguntas You and a classmate, take turns asking and answering the following questions.

1. Si te entrevistaran para el puesto de asistente del supervisor del departamento de compras, ¿crees que te lo darían?
2. ¿Te gustaría ser contador(a) público(a) especializado(a) en mercadeo o preferirías ser traductor(a)? ¿por qué?
3. ¿Tú tienes conocimiento de ordenadores? ¿Sabes escribir a máquina? ¿Sabes usar un procesador de textos?
4. ¿Tú tienes experiencia en el mundo de los negocios?
5. ¿Qué equipos electrónicos puedes nombrar *(name)*?
6. La última vez que pediste un aumento de sueldo, ¿te lo dieron?
7. Si tú trabajas, ¿compensa el sueldo que te pagan todo el trabajo que tú haces?
8. Si alguien leyera tu currículum vitae y una carta de recomendación sobre ti, ¿quedaría impresionado?
9. ¿Te gustaría ser uno(a) de los (las) principales accionistas de una compañía multinacional?
10. Si yo te llamo y tú no estás en casa, ¿puedo dejarte un mensaje en la máquina contestadora?
11. ¿Preferirías ser empleado(a) bancario(a) o agente de relaciones públicas?
12. En tu familia, ¿quién tiene la última palabra?

El video: Dos entrevistas

—Si le ofreciéramos el puesto, ¿cuándo podría empezar a trabajar?

—La semana próxima.

—Perfecto. Si hoy termino las entrevistas, espero poder avisarle sobre mi decisión mañana mismo.

—¿Le va a dar el puesto al Sr. Menéndez? Leí su resumé y las cartas de recomendación de sus antiguos jefes. ¡Quedé muy impresionada!

—¡Yo también! Voy a hablar con el Sr. Valdivia, que es el que tiene la última palabra. Si él está de acuerdo conmigo, le ofrecemos el puesto.

Después de ver el video

Pablo

Elena

Sra. Vigo

Luis

19. ¿Quién lo dice? Identify the person who said each of the following in the dialogues.

1. ¡Mucha responsabilidad para un hombre tan joven como usted!
2. Si me hubieran dado el aumento, habría continuado trabajando allí.
3. Parece muy inteligente y encantador.
4. Si él está de acuerdo conmigo, le ofrecemos el puesto.
5. Además de mi trabajo, servía de traductor de toda la correspondencia en inglés.
6. A veces voy a visitar a mi tío, el señor José Ariet.
7. ¿Le va a dar el puesto al Sr. Menéndez?
8. Sé escribir a máquina... con dos dedos...

20. Hablemos. With a classmate, take turns asking and answering the following questions. Base your answers on the dialogue.

En el diálogo

1. ¿Qué puesto tiene la Sra. Vigo?
2. ¿De qué quiere la Sra. Vigo que le hable Luis?
3. ¿De qué estaba encargado Luis en la compañía Telelux?
4. ¿Por qué dejó Luis el puesto?
5. ¿Qué habría hecho Luis si le hubieran dado el aumento?
6. ¿Qué título tiene Pablo Casas?
7. ¿Qué sabe hacer Pablo?
8. ¿Dónde puede dejarle la Sra. Vigo un mensaje a Pablo?
9. ¿Con qué quedó muy impresionada Elena?
10. ¿Qué puesto le van a ofrecer a Pablo?

21. ¿Qué pasa después? You and a classmate, use your imaginations to say what the characters do. In Spanish, discuss the following.

1. Whether or not the Telelux Company called Luis to offer him a salary increase.
2. Whether Mr. Valdivia does have the last word or whether Mrs. Vigo can make the decision.
3. Whether or not Luis will serve as a translator and interpreter for the company.
4. How many employees will be working under Luis's supervision.
5. Whether Pablo calls his uncle to tell him about the interview and what he wants his uncle to do.
6. Whether Mrs. Vigo calls Pablo and leaves a message on his answering machine or whether she sends him an e-mail.
7. Whether Pablo Casas accepts the job that Mrs. Vigo offers him.
8. Whether Pablo goes back to college to study marketing.

¡Vamos a escuchar!

CD3-17

ESTRATEGIA **Guessing meaning practice II** When listening, keep in mind the topic to help orient you to the nature of unfamiliar words. Also remember to use cognates, word families, the words you know, and the surrounding ideas to make informed guesses about unfamiliar words.

22. Avisos de empleo You will listen to three announcements about job openings. Listen for context and guess the meanings of the following words or phrases.

Aviso 1:	1. estar dispuesto	2. dominar	
Aviso 2:	1. ambos	2. capacidad	
Aviso 3:	1. empresa	2. se encarga de	3. adiestramiento

¡Vamos a conversar!

ESTRATEGIA **Giving a presentation** When speaking formally about a topic in a foreign language, preparation is especially important. Here are some general guidelines for the delivery of a sound presentation.

- Know your subject as well as possible.
- Organize your presentation so that your audience is able to follow your thoughts easily.
- Establish a comfortable balance between following a script and improvising.
- Do a "dry run" in front of people you know and get feedback from them.
- Rehearse further if you think that this will strengthen your actual delivery.

23. Para mejorar la universidad Imagine that you have been asked to present to the president of your college your ideas on how to improve student services. In pairs, brainstorm ideas; then, individually, prepare your presentation and rehearse it with your classmate. As you develop your ideas, ask yourself the following questions.

- What specific measures am I proposing to achieve the suggested improvements?
- How am I going to persuade my audience (the president) about these measures?

24. ¿Qué dices tú? What would you say in the following situations? What might the other person say? Act out the scenes with a classmate. Take turns playing each role.

1. Someone wants you to help him get a job at the company where you work. Tell him that you work under the supervision of Mrs. Rojas, and she has the last word.
2. You complain to your boss, saying that the salary you get doesn't compensate for all the work you do because you have too many responsibilities.
3. You tell someone that, if you had money, you would buy a printer.
4. Tell a friend to leave you a message on your answering machine or to send you a fax.
5. You indicate that Miss Vega's assistant has read all the letters of recommendation.

25. Para conocernos mejor To do this activity, work with a classmate whom you would like to get to know. Take turns asking and answering these questions.

1. ¿Qué preferirías tú, ser empleado(a) bancario(a) o trabajar en una oficina? Si pudieras escoger una profesión, ¿cuál escogerías? ¿Por qué? ¿Qué es más importante para ti, tener un buen sueldo o desempeñar un trabajo que te guste?
2. ¿Crees que es importante que una persona tenga conocimiento de ordenadores? ¿Qué marca de computadora tienes tú? ¿Usas la computadora principalmente para escribir informes o para mandar y recibir mensajes?
3. Si tuvieras que escribir tu resumé para solicitar un trabajo, ¿qué podrías decir sobre tu experiencia? ¿Y sobre tu educación?
4. Si el sueldo que tú recibes no compensa el trabajo que tú haces, ¿continúas trabajando en el mismo lugar o tratas de conseguir otro trabajo? ¿Cuál crees tú que debe ser el sueldo mínimo?
5. ¿Vas a tratar de conseguir un trabajo en cuanto te gradúes o piensas tomarte unas vacaciones en vez de comenzar a trabajar enseguida?

26. Una actividad especial para toda la clase

Necesitamos un(a) asistente The vice president of a big company needs an assistant. The class will be divided into groups of three or four to do the following.

Step 1: Write the qualifications the candidates must have in order to get the position: experience working for another company, curriculum vitae, letters of recommendation, and experience using computers and all kinds of office equipment. Decide what the salary should be, according to experience and education. Preferred: candidates who can work as interpreters and translators.

Step 2: A person from each group will inform the class about one or two qualifications that the candidate must have.

Jacob Lund/Shutterstock.com

Rincón literario

Josefina González *(Cuba: 1945–)*

Josefina González llegó al exilio en 1962, cuando apenas acababa de terminar° su primer año de la carrera de medicina en la Universidad de La Habana. Vivió en Boston, pero no pudo terminar sus estudios hasta que se mudó a Miami en 1970. Las nuevas circunstancias la hicieron cambiar de rumbo° y en la Universidad Internacional de la Florida, terminó su licenciatura° y maestría y se graduó con un doctorado en Educación.

acababa... *had barely finished*
direction
B. A.

Actualmente es profesora de The Union Institute y además pertenece° a varias organizaciones que favorecen la caída° del régimen comunista en su país de origen. En su única° obra publicada, *A pesar de todo*, recoge la lucha y la nostalgia de las mujeres cubanas en el exilio. De ella se ha dicho lo siguiente:

belongs / fall
only

> *A pesar de todo* es la memoria de una generación arrancada° de su país por la fuerza. Los sueños° de juventud se convirtieron en nostalgias, las niñas se convirtieron en mujeres cuando todavía no era tiempo. A pesar de la injusticia hicieron una vida digna y rodearon° de felicidad a sus hijos. No olvidaron a su país y pretenden, a pesar de los muchos años, ocupar el espacio de servicio que les pertenece. No es una historia tranquila, pero sí llena de realizaciones y conquistas. Son "mucha mujer" estas muchachas de ayer que son parte esencial y fecunda del exilio cubano.

uprooted
dreams
surrounded

Antes de leer

ESTRATEGIA **Training yourself to read** This strategy includes, above all else, establishing a dialogue between what you read and what you think. Noting or jotting down your impressions, key information, and questions you have serves as an aid when later discussing a reading. By engaging with and reacting to a text you'll be able to better understand and appreciate it.

¡A leer!

27. Comprensión As you read the essay, find the answers to the following questions.

1. ¿Cómo describe la autora a su gente?
2. Según la autora, ¿cómo se vivía en Cuba antes de Fidel Castro?
3. ¿Cómo se sentían los cubanos cuando salían para el exilio?
4. ¿Qué es lo único que trajeron con ellos?
5. ¿Cuáles fueron los primeros problemas que los exiliados tuvieron que resolver en los Estados Unidos?
6. ¿Cómo cambió la vida de los "mayores"?

7. ¿Qué tipos de alimentos recibían los cubanos del gobierno?
8. ¿En qué se convirtieron los "mayores" para ganar dinero? ¿Qué más tuvieron que hacer?
9. ¿Cuántas personas vivían, a veces, en los pequeños apartamentos?
10. ¿Cómo se ayudaban los cubanos unos a otros?
11. ¿Cuáles fueron las reacciones de los norteamericanos ante la llegada de estos inmigrantes?
12. ¿Qué aprendieron los jóvenes de sus mayores?

A pesar de todo (Fragmento)

Éramos un pueblo pequeño, próspero, orgulloso° y educado. Se vivía con optimismo, se respiraba° alegría. Compartíamos° un entusiasmo colectivo que de algún modo° llegó a ser parte de la idiosincrasia cubana…

Salimos de Cuba con un nudo° en la garganta° y llegamos al exilio con un nudo en el estómago. Las que salieron acompañadas de su familia vieron preocupación y desasosiego° a su alrededor. Las inquietudes normales de una joven pasaron a convertirse en la incertidumbre° de no saber cómo ni de dónde saldría el dinero necesario para subsistir°. Había que buscar colegios, un medio de transporte, vivienda° y, sobre todo° trabajo.

Vimos a los "mayores" (aquellos de la edad de nuestros padres) aceptar comida del gobierno y aceptar trabajos muy por debajo° de sus carreras o profesiones. La mantequilla de maní°, tan ajena a la dieta criolla hasta entonces, se convirtió en fuente° de proteína. Los quesos y el "casi jamón" enlatado° llegaron a ser bienvenidos en la mesa de comer. La leche en polvo° parecía hasta cremosa. El Refugio[1] se convirtió en lugar de tertulias°. Con orgullo, esos "mayores" se vistieron de uniforme; se convirtieron en choferes o camioneros°; lavaron platos y recogieron cosechas°. Poco a poco los vimos buscar medios° de usar su educación o de invertir los poquitos dólares que quizás algunos cuantos° habían podido mantener en los Estados Unidos o traer consigo antes del cierre total de las salidas de divisas°. Los vimos compartir° con otros lo poco que tenían y recibir en sus casas a hijos ajenos° para darles

proud
we breathed / we shared
de… *somehow*
knot / throat
unrest
uncertainty
survive
housing / above all
por… *beneath*
peanut
source
canned
La… *dry milk*
conversations
truck drivers / harvest
means
algunos… *a few*
hard currency / share
othes people's

[1]U.S. Cuban Relief Agency

albergue° temporal. Los sofás-camas y las "colombinas[2]" florecían en los pequeños apartamentos donde en vez de dos o tres inquilinos°, había una docena de refugiados.

Son miles y miles las historias individuales y colectivas de acciones de rechazo° por parte de los norteamericanos que detestaban la llegada masiva de refugiados. Otras tantas de acciones nobles por parte de los que veían a los cubanos con lástima°. Muchos ofrecieron ayuda y acogieron° a sus nuevos vecinos; otros se negaban° incluso a alquilarles apartamentos disponibles°.

En medio de ese ambiente, aquellos que tenían que proveer° para sus hijos comenzaron a salvar los obstáculos uno por uno. Buscaban apoyo°, comprensión y consuelo en los que pasaban por lo mismo. Los vimos sentirse orgullosos y compadecer° a los que consideraban ignorantes de nuestra cultura y nuestra historia. El no tener dinero no los hacía inferiores, sino más desafiantes°. De ellos aprendimos el valor de poseer una buena educación y cómo sacarle partido° a las circunstancias, utilizando la cooperación y la unión de los que resultan afines°.

housing
renters
rejection
pity
received / se… *refused*
available
provide
support
feel sorry
defiant
sacarle… *take advantage*
close

Josefina González, from *A Pesar de Todo: Nostalgias Y Reflexiones de La Mujer Cubana En El Exilio*. Ediciones Universal, 1997.

Después de leer... reflexiones

28. El exilio In groups of three or four, discuss the following.

Imagínense que ustedes tienen que salir de su país sin dinero, y dejar su casa, su familia y todo lo que poseen, sin saber si podrán regresar algún día. Tienen que ir a tierras extrañas, y convivir con personas cuyo idioma no entienden y cuyas costumbres son diferentes. Esta es la situación en que se encontró la autora. ¿Cómo se sentirían Uds.? ¿Qué harían?

In groups of three or four, discuss the following problems you might face, and what you would do to solve them:

1. Extrañan a sus parientes y amigos.
2. Tienen que conseguir trabajo.
3. Tienen que aprender a hablar el idioma del país donde viven ahora.
4. Tienen que adaptarse a las costubres del país.
5. Por otro lado, quieren conservar los aspectos sociales y culturales que son importantes para ustedes.
6. Tienen que encontrar casa o apartamento.
7. Tienen que tratar de ayudar a otros exilados que están pasando por lo mismo.
8. Otros problemas que ustedes creen que se deben resolver.

[2]Folding bed (Cuba)

29. Extendiendo una mano (Lending a hand) With a classmate, discuss the following: De haber vivido en la época en que llegaron los refugiados cubanos, ¿qué habrían hecho ustedes para ayudarlos? Fíjense en los problemas que se describen en la actividad anterior.

Si estos jóvenos fueran los nietos de los primeros exiliados cubanos... ¿qué diferencias creen ustedes que habría entre sus vidas y las de sus abuelos?

wavebreakmedia/Shutterstock.com

Vamos a escribir

Antes de escribir

ESTRATEGIA **Using your imagination** Try to "see" what problems you might have in a foreign country that is quite different from yours. Jot down all those you can think of and choose the most important ones. Organize them in order of importance and difficulty. Offer examples and details.

¡A escribir!

30. Ensayo Write the **primer borrador** of your essay.

Después de escribir

31. A revisar Before writing the first version of your essay, exchange your first draft with a classmate's and peer edit each other's work. Have the guidelines been followed? Have you organized your ideas and examples?

Notice the use of the conditional tense.

EL MUNDO HISPÁNICO Y TÚ

España (I)

¿Recuerdas la canción que aprendiste en la lección 1? Españoles y turistas de otros países la cantan el Día de San Fermín, en la ciudad de Pamplona, conocida por sus encierros y sus corridas de toros.

En el norte del país están también Barcelona, la segunda ciudad más importante de España, y Santiago de Compostela.

En el centro del país está Madrid, la capital, una ciudad moderna de gran vitalidad, visitada cada año por más de 60 millones de turistas. Es el núcleo de los negocios, la política y el arte.

Qué ver en Madrid

El Prado es uno de los mejores museos del mundo. Allí se conserva la colección más grande de las obras de pintores españoles, como Goya, Murillo y Velázquez (incluida *Las Meninas*, su obra maestra).

El Parque del Buen Retiro es notable por su estanque y sus muchas fuentes. En una de ellas está la famosa estatua del Ángel Caído, que representa al diablo cuando fue arrojado del paraíso. En el parque están también la Rosaleda y el Palacio de Cristal.

Otros puntos de interés turístico

En Barcelona está la Iglesia de **la Sagrada Familia,** la obra maestra *(masterpiece)* del arquitecto catalán Antonio Gaudí.

La Mancha es la región de España más conocida en todo el mundo, debido a la novela *Don Quijote de la Mancha,* de Miguel de Cervantes. En esta novela se destaca el capítulo en que Don Quijote lucha *(fights)* con los molinos de viento *(windmills)* característicos de esa zona.

Los idiomas de España

En España llaman castellano al idioma español, que todos los españoles hablan y entienden. Además, se hablan otras lenguas: el catalán en Cataluña, el gallego en Galicia y el vascuence en el País Vasco, entre otros.

Dos universidades españolas

©Vlas 2000.shutterstock.com

La Universidad de Salamanca, fundada en 1218, es la más antigua de España y una de las cuatro más antiguas del mundo. Tiene programas especiales de español para extranjeros.

© Pepe Franco/Cover/Getty Images

La Universidad Complutense de Madrid está situada en la Ciudad Universitaria de Madrid y ha tenido, desde su fundación, un papel importante en el desarrollo político de España.

La política: del pasado al presente

Victor Blanco /Pool/Getty Images

España es una monarquía constitucional. Es un país democrático donde el pueblo elige al presidente y el congreso de la nación, y también al presidente y al congreso de cada comunidad. El Rey es el jefe de estado y como tal representa el país. Los actuales reyes son **Don Felipe de Borbón y Grecia** y **Doña Letizia.**

Háganse preguntas...

The class will be divided into groups of 3 or 4 students. The instructor will assign one of the eight items of information presented here to each group. The members in each group will prepare questions about the item assigned to them to ask the rest of the class.

iLrn™

To learn more about Spain, watch the cultural footage in the Media Library.

AUTOPRUEBA

¿Cuánto sé ahora?

Take this test. When you have finished, check your answers in the answer key provided in Appendix D. Then use a red pen to correct any mistakes you may have made. Are you ready?

A. The pluperfect subjunctive Complete the following sentences with the pluperfect subjunctive of the verbs in parentheses.

1. No había nadie que ____________ (ver) al presidente de la compañía.
2. Yo me alegré de que ellos no ____________ (tener) que entrevistarme.
3. Ellos no creían que nosotros ya ____________ (archivar) todas las carpetas.
4. Yo temía que Ud. no le ____________ (ofrecer) el puesto de traductor.
5. Ellos se alegraron de que yo ____________ (escribir) las cartas de recomendación.
6. Yo temía que tú ____________ (renunciar) al puesto de encargado.
7. Nosotros esperábamos que Uds. ____________ (recibir) un aumento de sueldo.
8. ¿Había alguien que ____________ (trabajar) bajo la supervisión del jefe de compras?

B. *If* clauses Complete the following sentences with the imperfect subjunctive, the pluperfect subjunctive, or the present indicative of the verbs given.

1. Si yo ____________ (tener) tiempo, hablaré con el jefe de personal.
2. Nosotros trabajaríamos con ellos si ____________ (poder) tener una asistente.
3. Si ellos ____________ (ir) al despacho, habrían visto al supervisor.
4. Si Uds. ____________ (necesitar) un traductor y un intérprete pueden emplearlos.
5. Tú habrías hablado con el agente de seguros si lo ____________ (ver).
6. Elsa habla como si lo ____________ (saber) todo y como si ____________ (ser) millonaria.
7. Si Amanda ____________ (entrenar) al nuevo empleado, él va a aprender mucho.
8. Nosotros compraríamos una impresora si ellos nos ____________ (prestar) el dinero.
9. Si nosotros ____________ (hablar) con el administrador, él nos habría dicho la verdad.
10. Fernando actúa *(acts)* como si él ____________ (tener) que hacer todo el trabajo.

C. Summary of the uses of the subjunctive Complete the following sentences, using the verbs in parentheses in the appropriate tense of the subjunctive or the indicative.

1. Yo quería que ellos me __________ (entrevistar) hoy y que me __________ (dar) el puesto.
2. Esperamos que tú __________ (poder) hablar con los accionistas mañana mismo.
3. Dile que me __________ (avisar) esta tarde y que __________ (ir) a la oficina del Sr. Vega.
4. Yo no creo que nosotros __________ (poder) desempeñar ese puesto, pero creo que Carlos __________ (poder) hacerlo porque él es experto en mercadeo.
5. ¿Hay alguien aquí que __________ (haber) visto al gerente hoy?
6. Voy a usar la fotocopiadora en cuanto __________ (llegar) a la oficina.
7. Le di dinero para que __________ (poder) comprar la computadora portátil.
8. No es verdad que nosotros le __________ (pagar) ese sueldo.
9. Yo te sugiero que le __________ (preguntar) al candidato si tiene su resumé.
10. Yo dudaba que nosotros __________ (tener) dinero para comprar una impresora.
11. Yo niego que mi padre __________ (ser) un tirano, y no es verdad que nosotros __________ (ser) sus víctimas.
12. No había nadie que __________ (estar) encargado de ese programa.

D. Just words . . .

a. Complete the following sentences, using vocabulary from Lesson 17 appropriately.

1. ¿Tú trabajas a tiempo completo o a ____________ tiempo?
2. Mi papá trabaja por su ____________.
3. Mi abuelo se va a ____________ cuando cumpla 65 años.
4. El Sr. Paz quedó muy ____________ cuando leyó tu resumé.
5. Mi hermano es ____________ público.
6. Déjame un mensaje en la máquina ____________.

b. Match the questions in column A with the responses in column B.

A		B
1. ¿Quién es Olga Vega?	____	a. Las archivé.
2. ¿Qué hizo con las cartas de recomendación?	____	b. En su despacho.
3. ¿Qué puesto desempeña él?	____	c. Mañana mismo.
4. ¿Qué hiciste con las carpetas?	____	d. Sí, trabaja para Geico.
5. ¿Qué quieres que compre?	____	e. Sí, voy a comer un bocadillo.
6. ¿Cuándo lo va a hacer?	____	f. El de gerente.
7. ¿Vende casas?	____	g. Sí, yo tengo la última palabra.
8. ¿Dónde está el jefe?	____	h. Mi asistente.
9. ¿Es agente de seguros?	____	i. Sí, trabaja para Wells Fargo.
10. ¿Tú siempre decides?	____	j. Sí, es agente de bienes raíces.
11. ¿Sonia es empleada bancaria?	____	k. Una fotocopiadora.
12. ¿Es la hora de almorzar?	____	l. Se las dio al supervisor.

E. Culture

1. Complete the following, based on the information found in the **¿Tú lo sabías?** sections.
   a. En los países de habla hispana, generalmente las transacciones comerciales son menos __________ que en los Estados Unidos.
   b. El "businesslike approach" de los Estados Unidos a veces puede parecer __________.
2. Answer the following questions, based on the information found in the **El mundo hispánico y tú** section.
   a. ¿Cuál es el sistema de gobierno de España?
   b. ¿Cuál es la segunda ciudad más grande de España?

F. Un dicho Do you remember the Spanish saying that suggests that it is better to have a wise man disapprove of what you do than to have a stupid man applaud your actions? Find the saying in this lesson.

LECCIÓN 18

NOTICIAS DEL MUNDO

withgod/ iStock / Getty Images Plus/Getty Images

Una presentadora dando las noticias.

OBJETIVOS COMUNICATIVOS

You will learn vocabulary related to media, news, politics, and social issues.

SITUACIONES

Mirando las noticias

ESTRUCTURAS

1 Uses of some prepositions after certain verbs

2 Uses of **por** and **para** in certain expressions

3 Some idiomatic expressions

ASÍ SOMOS

¡Vamos a ver!

Watching and understanding situations

¡Vamos a escuchar!

Identifying word boundaries and punctuating sentences

¡Vamos a conversar!

Expressing idiomatic language

Rincón literario

Using prior knowledge

Los deseos by Fernán Caballero

¡Vamos a escribir!

Writing a dialogue

EL MUNDO HISPÁNICO Y TÚ

› España (Cont.)

AUTOPRUEBA

You will review what you learned in this lesson.

Bob Levey/Telemundo/NBCU Photo Bank via Getty Images

ESPAÑA (Cont.) En el sur de España se encuentran Granada, Sevilla y Córdoba, ciudades de gran belleza donde se ve la influencia árabe. La Alhambra de Granada, la Giralda de Sevilla y la Mezquita *(Mosque)* de Córdoba son verdaderas joyas arquitectónicas. Sevilla tiene además el maravilloso Parque de María Luisa, donde se encuentra la gran Plaza de España. En esta plaza, construida enteramente de azulejos *(ceramic tiles)* de tipo andaluz, están representadas escenas históricas de las cincuenta provincias de España.

Marcos Mesa Sam Wordley/Shutterstock

Una bailaora *(Flamenco dancer)*

leoks/Shutterstock.com

La Plaza de España en Sevilla

David Herraez Calzada/Shutterstock.com

El puente romano de Córdoba

Mirando las noticias

CD3-18

¡Ubíquelos!

Fernando Alvarado and Paloma live in Toledo, a city near Madrid. As you watch the video, you will get a sense of the cultural importance of this very interesting city.

wavebreakmedia/Shutterstock.com

Fernando Alvarado y Paloma, su esposa, están sentados en la sala de estar, mirando las noticias. Él es periodista y ella es abogada, y siempre quieren enterarse de lo que está sucediendo en el mundo.

Escuchemos el noticiero de las once con ellos. Los presentadores son Estrella Acuña y Jorge Viñas.

Presentador: Saludos desde el Canal 24 Horas.

Estrella: Primero, las noticias locales: El alcalde de nuestra ciudad dio un discurso sobre los problemas que se deben resolver: el desempleo, la pobreza y el crimen.

Jorge: María Inés Luaces dio una conferencia de prensa, y anunció que piensa postularse para gobernadora en las elecciones que tendrán lugar a principios de noviembre. Dice que, aunque habrá muchos candidatos en esta campaña electoral, ella está convencida de que puede derrotar a sus rivales.

Estrella: Y ahora, las noticias internacionales: Hubo un terremoto en las Filipinas, pero por suerte, no causó muchos daños y no hubo muertos.

Jorge: La pobreza sigue siendo un problema en las grandes ciudades.

Estrella: En Buenos Aires, hay una huelga de trabajadores, que exigen mejores salarios y más beneficios. Los estudiantes universitarios se han unido a los trabajadores, y ha habido grandes manifestaciones.

Jorge: Y ahora, pasemos a comerciales. ¡No se vayan! Estaremos de vuelta con ustedes para entrevistar al comentarista Daniel Villarreal, que nos hablará de su último libro.

A la medianoche se acaba el noticiero y Fernando apaga el televisor.

Paloma: Estoy agotada. Me voy a acostar.

Fernando: Yo tengo que terminar el artículo que estoy escribiendo para la columna del lunes. Buenas noches, cariño.

Estrella: Hasta mañana, querido.

1. Hablemos. With a classmate, take turns asking and answering the following questions. Base your answers on the dialogue and on your own circumstances.

En el diálogo

1. ¿Qué están haciendo Fernando Alvarado y su esposa?
2. ¿Por qué siempre miran ellos noticieros?
3. ¿Cuál es la profesión de Paloma? ¿Y la de Fernando?
4. ¿De qué está convencida María Inés Luaces?
5. ¿La pobreza es un problema en las grandes ciudades?
6. ¿Por qué están en huelga algunos trabajadores en Buenos Aires?
7. En el programa de Estrella, ¿solamente dan noticias locales?
8. ¿A qué hora apagó Fernando el televisor?
9. ¿Qué va a hacer Paloma después de mirar el noticiero? ¿Por qué?

¿Y tú?

1. ¿Tú siempre miras las noticias?
2. ¿A ti te interesa saber lo que pasa en el mundo?
3. ¿Tú quieres ser abogado(a) o prefieres otra profesión?
4. ¿De qué estás convencido(a) tú?
5. ¿Crees tú que en esta ciudad la pobreza es un problema?
6. En tu estado, ¿hay huelgas frecuentemente?
7. ¿A ti te interesa ver los comerciales?
8. ¿A qué hora apagas tú el televisor?
9. ¿Qué vas a hacer tú cuando termine la clase?

goodluz/Shutterstock

Este señor es José Antonio Villalobos, que piensa postularse para alcalde de su ciudad. Con un(a) compañero(a) de clase hablen de lo siguiente:

1. ¿Cuál es la profesión de José Antonio Villalobos ahora?
2. ¿Qué problemas hay en la ciudad?
3. ¿Ustedes creen que él podrá resolverlos?
4. ¿Cuándo tendrán lugar las elecciones?

VOCABULARIO

En el diálogo

Cognados

el beneficio	*benefit*
la columna	*column*
el comercial	*commercial*
la conferencia	*conference*
el crimen	*crime*
las elecciones	*elections*
local	*local*
el (la) rival	*rival*

Nombres

el alcalde, la alcaldesa	*mayor*
la campaña electoral	*electoral campaign*
el cariño	*love, honey*
el (la) comentarista	*commentator*
la conferencia (rueda) de prensa	*press conference*
el daño	*damage*
el desempleo	*unemployment*
el discurso	*speech*
el (la) gobernador(a)	*governor*
la huelga	*strike*
la manifestación	*demonstration*
el noticiero, el telediario	*news program*
el (la) periodista	*journalist*
la pobreza	*poverty*
el (la) presentador(a), el (la) locutor(a)	*anchorperson*
el terremoto	*earthquake*
los trabajadores, los obreros	*workers*

Verbos

acabarse	*to end*
anunciar	*to announce*
apagar[1]	*to turn off*
causar	*to cause*
derrotar, vencer	*to defeat*
enterarse	*to find out*
exigir	*to demand*
postularse (para)	*to run (for office)*
resolver (o:ue)	*to solve*
suceder, pasar, ocurrir	*to happen, to occur*
unirse	*to join, to unite*

Adjetivos

agotado(a)	*exhausted*
universitario(a)	*(having to do with) college*
varios(s)	*several*

Otras palabras y expresiones

a principios de	*the first part of (a month, a year, etc.)*
aunque	*although*
escuchemos	*let's listen*
estar de vuelta	*to be back*
Pasemos a comerciales.	*Let's go to commercials.*
por suerte	*luckily*
sigue siendo	*it continues to be*
tener lugar	*to take place*

Blend Images - ColorBlind Images/Getty Images

1. ¿Cómo crees que se llaman estos presentadores?
2. ¿Están hablando de una campaña electoral, de un terremoto o de una huelga de obreros?
3. ¿Cuál es tu telediario preferido?
4. ¿A qué hora se acaba el noticiero de la noche?

[1]**encender (e:ie)** *to turn on*

Más sobre el tema

Titulares de un periódico

Burlingham/Shutterstock

Votando en una elección presidencial

Michael Ciaglo-Pool/Getty Images

Tres candidatos en un debate

El mundo de las noticias

el acontecimiento, evento	*event*
el capitalismo	*capitalism*
la constitución	*constitution*
el debate	*debate*
la dictadura	*dictatorship*
encender (e:ie)	*to turn on*
la encuesta, la investigación de la opinión pública	*poll, survey*
el huracán	*hurricane*
la inundación	*flooding*
la libertad	*freedom*
_____ de palabra	*freedom of speech*
_____ de prensa	*freedom of the press*
los medios de difusión	*the media*
el partido político	*political party*
el socialismo	*socialism*
los titulares	*headlines*
el tornado	*tornado*
votar	*to vote*

¿Tú lo sabías?

En muchos países de habla hispana es obligatorio votar. ¿Tú crees que sería una buena idea que el voto fuera obligatorio en este país?
Por otra parte, en Latinoamérica y en España hay muchos más partidos políticos que en los Estados Unidos y las campañas políticas son más cortas. ¿Prefieres tú una campaña política corta o una larga? Di por qué.

Práctica

2. ¿Cuál no va? Select the word or phrase that does not belong in each group.

1. comercial / conferencia / rival
2. alcalde / daño / gobernador
3. manifestación / medianoche / obreros
4. huelga / trabajadores / tornado
5. columna / locutor / presentador
6. desempleo / cariño / pobreza
7. crimen / comentarista / rueda de prensa
8. derrotar / vencer / acabarse

3. Preguntas y respuestas Match the questions in column A with the responses in column B.

1. ¿Quién es el alcalde (la alcaldesa) de tu ciudad?	_____	a. En Haití.
2. ¿Hubo un terremoto en Chile?	_____	b. No, no miré el telediario hoy.
3. ¿En qué país de América hay mucha pobreza?	_____	c. A principios de mes.
4. ¿Cuánto duró la huelga de los obreros?	_____	d. María Vargas.
5. ¿Te enteraste de lo que sucedió anoche?	_____	e. La semana pasada.
6. ¿Estás cansado hoy?	_____	f. No, tarde.
7. ¿Cuándo te vas de viaje?	_____	g. Sí, y hubo muchos muertos.
8. ¿Cuándo tuvo lugar la rueda de prensa?	_____	h. ¡Magnífico!
9. ¿Vas a estar de vuelta temprano?	_____	i. Una semana.
10. ¿Cómo estuvo el discurso del alcalde?	_____	j. Sí, estoy agotado.

4. Para completar Complete the following, using vocabulary from this lesson.

1. El gobernador dio una __________ de prensa ayer.
2. Maritza Alonso acaba de __________ que va a __________ para alcaldesa.
3. Los obreros __________ mejores __________ y más __________.
4. Los estudiantes __________ se __________ a la huelga de los ______________.
5. El alcalde está dando un __________. __________ lo que dice.
6. Por __________ el último terremoto no __________ mucho __________.
7. Las noticias __________ no son muy buenas.
8. La pobreza y el crimen siguen __________ un problema en este país.
9. Tenemos varios problemas que debemos __________.
10. __________ hay muchos candidatos, estoy __________ de que puedes ganar.

Para conversar

5. Habla con tu compañero(a). With a classmate, take turns asking and answering these questions.

1. ¿Qué sistema de gobierno crees que es mejor: el capitalismo o el socialismo?
2. ¿Qué dos libertades importantes garantiza *(guarantee)* la constitución de este país?
3. ¿A qué partido político perteneces *(belong)* tú? ¿Eres republicano, demócrata o independiente?
4. ¿Tú votas en las elecciones?
5. ¿Tú lees todas las noticias del periódico o solamente los titulares?
6. ¿En qué estados hay muchos tornados? ¿Y muchos huracanes?
7. ¿Cuba tiene un gobierno democrático o tiene una dictadura?
8. ¿Ha ocurrido algún acontecimiento importante esta semana? (¿Cuál?)
9. ¿Cuál crees tú que es el medio de difusión más importante?
10. ¿Cuándo hay muchas inundaciones?

CD3-19

Pronunciación

Pronunciation in context

In this lesson, there are some new words or phrases that may be challenging to pronounce. For further pronunciation practice of Spanish sounds, listen to your instructor and repeat the following sentences.

1. **Escuchemos** el **noticiero** de las once.
2. El **alcalde** de nuestra ciudad dio un **discurso.**
3. Dio una **conferencia** de prensa, y **anunció** que piensa postularse.
4. Ella está **convencida** de que puede **derrotar** a sus **rivales.**
5. Hubo un **terremoto** en Las **Filipinas.**
6. Los trabajadores **exigen** mejores salarios y más **beneficios.**
7. Ha habido grandes **manifestaciones.**
8. A la **medianoche** se acaba el **noticiero.**

Un dicho

A mal tiempo, buena cara.
Equivalent: *Keep a stiff upper lip.*

ESTRUCTURAS

1 Uses of some prepositions after certain verbs *(Usos de algunas preposiciones con ciertos verbos)*

In Spanish, some verbs are used with prepositions that have no equivalents in English or are different from the ones used in English. The prepositions used most often are **a, de, con,** and **en.**

› a

aprender a *to learn (how)*
asistir a *to attend*
ayudar a *to help*
empezar (comenzar) a *to begin, to start*
enseñar a *to teach*
invitar a *to invite*
ir a *to go*
venir a *to come*

—¿**Fuiste a** trabajar con Rafael? — *Did you go work with Rafael?*
—Sí, **empezamos a** trabajar anoche. — *Yes, we started to work last night.*

—Yo quiero **aprender a** bailar flamenco. — *I want to learn how to dance flamenco.*
—Yo te puedo **enseñar a** bailarlo. — *I can teach you to dance it.*

› de

acordarse de *to remember*
alegrarse de *to be glad*
enamorarse de *to fall in love with*
olvidarse de *to forget*

—No **te olvides de** llamar al locutor. — *Don't forget to call the anchorperson.*
—Bueno..., y tú, **acuérdate de** leer las noticias. — *Okay . . . , and you, remember to read the news.*

› con

casarse con *to marry, to get married to*
soñar (o:ue) con *to dream about (of)*
comprometerse con *to get engaged to*

—Teresa **se comprometió con** Antonio. — *Teresa got engaged to Antonio.*
—Debe estar muy contenta. Siempre **soñó con casarse con** un periodista. — *She must be very happy. She always dreamed of marrying a journalist.*

› en

fijarse en *to notice*
pensar en *to think about*
insistir en *to insist on*

—¿**En** qué estás **pensando**? — *What are you thinking about?*
—Estoy **pensando en** la fiesta de Beatriz. Ella **insistió en** invitar a Pablo y él siempre causa problemas... — *I am thinking about Beatriz's party. She insisted on inviting Pablo and he always causes problems . . .*

LEARNING TIP
Use each verb with its corresponding preposition to make a statement about yourself or people you know. For example: **Yo quiero *aprender a* tocar el piano.**

Práctica

6. Minidiálogos Complete the following dialogues with the Spanish equivalents of the words in parentheses. Then act them out with a classmate.

1. —¿_______________ ver el debate en la televisión? *(Did you remember)*
   —Sí, pero _______________ a mi hermana para que viniera a verlo. *(I forgot to call)*
2. —¿En qué piensas?
   —Estoy _______________ el problema del desempleo. *(thinking about)*
3. —¿Cuándo vas a _______________ preparar el discurso? *(start)*
   —La próxima semana. Todavía tengo tiempo.
4. —¿Qué es lo que más deseas?
   —_______________ ir a estudiar a Europa. *(I'm dreaming of)*
5. —¿Piensas _______________ la manifestación de hoy? *(to attend)*
   —No, no tengo tiempo.

7. ¿Qué pasa aquí? With a classmate, take turns asking and answering questions about the people in the following situations. Use the prepositions and verbs you learned in this section.

ESTRUCTURAS

› **de repente, de pronto** *suddenly*

De repente ellos decidieron viajar a Perú. — *They suddenly decided to travel to Peru.*

› **dejar plantado(a) a alguien** *to stand somebody up*

El presentador **me dejó plantado(a) ayer.** — *The anchorperson stood me up yesterday.*

› **hacerse ilusiones** *to dream, to fool oneself*

¡No **te hagas ilusiones**! Tú no vas a ser electo. — *Don't fool yourself! You are not going to be elected.*

› **hacer las paces** *to make up (after a fight)*

Ayer Rolando se enojó con Gustavo pero hoy **hicieron las paces.** — *Yesterday Rolando got angry at Gustavo but today they made up.*

› **importarle a uno** *to matter, to concern*

El debate fue muy interesante. No **me importa** lo que digan las encuestas. — *The debate was very interesting. I don't care what the survey says.*

› **llevar puesto(a)** *to have on, to be wearing (clothes)*

El vestido que la alcaldesa **llevaba puesto** era muy elegante. — *The dress the mayor was wearing was very elegant.*

› **sin falta** *without fail*

Ese periodista es muy puntual, así que tenemos que estar allí a las seis **sin falta.** — *That journalist is very punctual, so we have to be there at six o'clock without fail.*

› **tarde o temprano** *sooner or later*

No te preocupes. **Tarde o temprano** él admitirá que tú tienes razón. — *Don't worry. Sooner or later he'll admit that you're right.*

Práctica

11. Esto es idiomático Complete the following sentences, using the appropriate idiomatic expressions.

1. Ayer, Ana estaba furiosa con Raúl, pero yo creo que van a ____________.
2. ____________ cuando ese comentarista critica *(criticizes)* al presidente.
3. Lo esperé por tres horas y no vino. ____________.
4. Tenemos que estar allí a las cinco ____________. No podemos llegar más tarde.
5. Julián ____________ un traje azul que le quedaba muy bien.
6. Yo les ____________ por todos los favores que me han hecho.
7. Clara va a hacer lo que ella quiera porque no ____________ lo que tú digas.
8. Van a anunicar su decisión ____________ junio.
9. Mi padre me dice que no ____________ porque él no me va a comprar un coche.

12. ¿Qué me dices? With a classmate, take turns using appropriate idiomatic expressions to respond to the following.

1. ¿Tú quieres que yo esté en el teatro a las siete y media?
2. ¿Tú esperaste al abogado por dos horas y él no vino?
3. ¿Tú dices que vienes el cuatro o el cinco de febrero?
4. ¿Tú siempre esperas que te den mejor salario y nunca te lo dan?
5. ¿El presentador se levantó y se fue sin decir nada?

Para conversar

13. ¡Habla con tu compañero(a)! With a classmate, take turns asking and answering the following questions in complete sentences. In your answers, use the idiomatic expressions indicated in parentheses.

1. ¿Tienes que ir a la universidad mañana? (sin falta)
2. ¿Tú crees que yo puedo salir electo? (hacerte ilusiones)
3. ¿Cómo iba vestida la esposa del gobernador? (llevar puesto)
4. ¿Por qué estás furioso? (darme rabia)
5. Antonio te ayudó mucho. ¿Qué le vas a decir? (darle las gracias)
6. ¿Crees que los problemas se van a resolver? (Sí, ...) (tarde o temprano)

14. Habla con el grupo. In groups of three, talk about the following.

1. Si hay alguien que tenga que darles las gracias a Uds. y por qué.
2. Si Uds. han dejado plantado a alguien alguna vez. ¿Qué excusa dieron?
3. Si hay algo que Uds. hacen que le dé rabia a alguien. ¿A quién?
4. Con quiénes se enojan Uds. a veces y cómo hacen las paces.
5. Si a Uds. les importa o no lo que la gente piense de Uds. Den razones.
6. Si Uds. se hacen ilusiones a veces. Den detalles.

¡Vamos a ver!

Antes de ver el video

15. Preguntas You and a classmate take turns asking and answering the following questions.

1. ¿Conoces a alguien que pertenezca a un grupo de teatro de aficionados?
2. ¿Prefieres las comedias musicales, las películas de misterio, las películas de guerra o las películas de ciencia ficción?
3. ¿Te gustan las películas que tienen efectos especiales o solo te interesa la trama?
4. ¿Tú me recomendarías que viera el telediario de las once o una película de guerra?
5. ¿Preferirías estar a cargo de la programación de un canal o ser crítico y tener tu propia columna en un periódico?
6. Si tuvieras que elegir entre entrevistar a un famoso director de cine o al gobernador de tu estado (provincia), ¿a quién estrevistarías?
7. ¿Preferirías ser comentarista o crítico de cine?
8. ¿Prefieres asistir a una boda o a una rueda de prensa?
9. ¿Tú crees que tendrías más éxito *(would be more successful)* como alcalde (alcaldesa) o como actor (actriz) de cine?
10. ¿Tú les tomas el pelo a tus amigos a veces?

El video: El futuro director

—Me gusta el teatro, pero creo que sería interesante filmar una película. Cuando era chica no me perdía una, especialmente si era una comedia musical o una película de misterio.

—Yo prefería las de guerra, las de acción o las de ciencia ficción, especialmente si tenían efectos especiales.

—No sabía que te interesaba el baile flamenco…

—Bueno… al fin y al cabo tengo dos hermanas que son bailarinas… tus futuras cuñadas…

—Es verdad. Oye, ¿y cuándo van a ser mis cuñadas… ?

Después de ver el video

Marisol

Ángel

16. ¿Quién lo dice? Identify the person who said each of the following in the dialogue.

1. ¡Yo creo que tendría éxito!
2. A mí me dijeron que tú criticabas a todo el mundo.
3. Me gusta tomarte el pelo a veces.
4. A mí me gustaría dirigir.
5. Eran las dos cuando hablé con Álvaro.
6. ¡Que esperen!
7. ¿Qué te parece si la boda es en diciembre?
8. Tengo dos hermanas que son bailarinas.

17. Hablemos. With a classmate, take turns asking and answering the following questions. Base your answers on the dialogue.

1. ¿Con quién está comprometido Ángel Estévez?
2. ¿Dónde conoció Ángel a su prometida?
3. ¿Qué van a ensayar *(rehearse)* Ángel y sus amigos?
4. ¿Qué tipo de películas le gustaban a Marisol?
5. ¿A qué famoso director español admira Ángel?
6. ¿Por qué dice Ángel que no le habla de sus ilusiones *(dreams)* a Marisol?
7. ¿Qué documental quiere ver Ángel?
8. ¿Qué hacen las dos hermanas de Ángel?
9. ¿En qué mes va a ser la boda de Ángel y Marisol?
10. ¿Qué hace Marisol cuando Ángel le propone casamiento *(marriage)*?

18. ¿Qué pasa después... ? You and a classmate, use your imaginations to say what the characters do. In Spanish, discuss the following.

1. Whether the play that they were rehearsing was a musical comedy or a drama.
2. How long their friends had to wait before Marisol opened the door.
3. Whether or not they recorded the documentary about flamenco dancing or decided to record **(grabar)** a documentary about politics in Latin America..
4. Whether Marisol and Ángel told their friends that they were going to get married.
5. Whether the wedding will take place in December or in January.
6. Whether the next time they watch television, they will see a movie or watch the news program.
7. What the exact wedding date is. Were their parents happy?
8. Whether Ángel followed in Almodóvar's footsteps **(pasos)** or decided to be a journalist and write a column for a newspaper. Was he successful?

¡Vamos a escuchar!

ESTRATEGIA **Identifying word boundaries and punctuating sentences practice II** When identifying where words and sentences begin and end, you may be dealing with narration or dialogue, or a combination of both. Spanish punctuation is similar to English punctuation; however, differences occur, not just with exclamations and questions, but also with dialogue and the use of the colon.

- A colon introduces a list, a quote, or the heading of a letter, and precedes the completion of a thought.
- Dialogue dashes (—) often precede a quote in Spanish.

19. Un guión Listen to an excerpt from a soap opera script. Mark the divisions between words and punctuate the sentences. Keep in mind the format of a script.

CD3-20

llegóelmomentodecisivocristinanoteníalamenorideadesusituación
estertocóalapuertadelahabitacióndecristinaestabapálida
adelanteestercristinadebodecirtelaverdadluisitonoestuhijo

¡Vamos a conversar!

ESTRATEGIA **Expressing idiomatic language** As you develop your ability to express yourself in Spanish, try not to "think" in English, because you can run into trouble if you translate idiomatic English word for word. Instead, think in simple, basic terms about what you want to say. For example:

- Analyze the basic message behind *Can you give me a ride home?* You are actually asking the person to take you home in his or her car: **¿Puedes llevarme a casa (en tu coche)?**
- The idiomatic phrase *Are we on for tonight?* is asking if you are going to meet tonight: **¿Nos veremos esta noche?**

20. ¿Cómo se dice... ? With a classmate, express the following ideas.

1. We had a ball!
2. I need to get dinner ready.
3. I'll walk you home.
4. I would rather take a taxi.
5. Keep quiet!

21. ¿Qué dices tú? What would you say in the following situations? What might the other person say? Act out the scenes with a classmate. Take turns playing each role.

1. You tell someone that, unfortunately, terrorism continues to be a problem in the Middle East **(Medio Oriente).**
2. You indicate that you plan to run for mayor, and ask your friend if he/she can help you with the campaign. Add that, some day, you plan to run for governor.
3. You tell someone that the press conference will take place at five at the latest. Add that the president will give a speech tomorrow.
4. You tell someone that, fortunately, the earthquake didn't cause much damage.

22. Para conocernos mejor To do this activity, work with a classmate whom you would like to get to know. Take turns asking and answering these questions.

1. ¿Tú miras el telediario de las once? ¿Quién es tu locutor favorito? ¿Tú te enteras de lo que está ocurriendo en el mundo? ¿Qué acontecimientos importantes tuvieron lugar ayer? ¿Y la semana pasada?
2. ¿Te interesan más las noticias locales o las noticias internacionales? ¿Por qué?
3. ¿Tú sabes el nombre del alcalde (la alcaldesa) de la ciudad? ¿Cómo se llama el gobernador de este estado (de esta provincia)?
4. Cuando el presidente (el primer ministro) da una conferencia de prensa, ¿tú la escuchas? ¿Cuándo fue la última vez que tú escuchaste un discurso sobre política?
5. ¿Tú te postularías para gobernador (gobernadora)? ¿Has participado alguna vez en una campaña electoral? ¿Votaste en las últimas elecciones? ¿Qué problema crees tú que es más serio: el desempleo, la pobreza o el crimen?
6. ¿En qué lugares crees tú que hay terremotos frecuentemente? ¿Y dónde hay muchas inundaciones?
7. ¿Has participado en una huelga alguna vez? ¿Has participado en una manifestación? ¿Has participado en un debate sobre política? ¿Has participado en una encuesta?
8. ¿A qué hora apagas el televisor por la noche? Al final del día, ¿te sienes agotado(a) a veces?

23. Una actividad especial para toda la clase

¡Últimas noticias! The class will be divided into groups of 3 or 4 students who will prepare the 11:00 p.m. newscast.

Step 1: Items to be included are:

a) politics

b) the weather report

c) current events

Step 2: One student from each group will present one or two items from their newscast.

Oleksandr Rupeta / Alamy

Rincón literario

Fernán Caballero *(España: 1796–1877)*

Iberfoto / Iberfoto/Superstock

A Fernán Caballero —quien en realidad era una mujer y cuyo verdadero nombre era Cecilia Böhl de Fáber— corresponde la gloria de haber iniciado el realismo en España y de haber señalado el camino para el renacimiento de la novela en su país. Su idea de lo que debe ser una novela queda expresada al decir: "La novela no se inventa; se observa". Su obra es el resultado de la fusión de dos elementos románticos: lo sentimental y el costumbrismo. Su primera novela, y quizás la mejor de todas, fue *La gaviota*.

Los cuentos de Fernán Caballero tienen una temática muy variada, que va desde la exquisita espiritualidad poética hasta lo vulgar. Siente especial predilección por el relato de tipo moral, y su estilo es sencillo y natural. Sus cuentos fueron publicados en la colección que lleva el título de *Cuadros de costumbres andaluzas*.

Antes de leer

ESTRATEGIA **Using prior knowledge** You will be reading a story that has some of the aspects of a fable, especially because it is didactic, which means that it has as its object to teach a lesson, which is expressed in the **"moraleja."** The characters in the story are an old married couple and a fairy godmother. Keeping this in mind, what does the title suggest to you? Do you know or have you heard about some people who have won the lottery or have inherited a great deal of money? What happened to them afterwards? Did their lives improve?

24. ¿Necesidades o deseos? This story is about two people who are not satisfied with what they have and envy their neighbors. Read the first paragraph of the text and note your reaction to their feelings. Have you at times experienced similar thoughts? Are you perfectly happy with what you have and you don't wish for material things?

¡A leer!

25. Comprensión As you read the text, find the answers to the following questions.

1. ¿Qué hacía el matrimonio mientras estaba sentado junto al fuego?
2. ¿Qué le envidiaba el marido al tío Polainas?
3. ¿Qué le envidiaba la mujer a su vecina?
4. ¿Quién bajó por la chimenea y cómo era?
5. ¿Qué le concede el hada al matrimonio?
6. ¿Por qué no decidió el matrimonio inmediatamente lo que deseaba pedirle al hada?
7. ¿Qué vio el marido en la casa de los vecinos?
8. ¿Cómo desperdició la mujer el primer deseo?
9. ¿Por qué perdieron el segundo deseo?
10. ¿Qué querían hacer el perro y el gato?
11. ¿Cómo se sentía la mujer?
12. ¿Cuál fue el tercer deseo del matrimonio?

Los deseos (Adaptado)

Había un matrimonio anciano° que, aunque pobre, había tenido una buena vida, trabajando y cuidando de su pequeña hacienda°. Una noche de invierno, marido y mujer estaban sentados junto al fuego, y en lugar de° darle gracias a Dios por el bien y la paz de que disfrutaban, estaban enumerando los bienes° que tenían otros, y que ellos deseaban poseer también.

—Yo quiero un rancho como el del tío Polainas —decía el viejo.

—Y yo —añadía su mujer— quiero una casa como la de nuestra vecina, que es más nueva que la nuestra.

—Yo —continuaba el viejo— en lugar de la burra°, quiero un mulo como el del tío Polainas.

—Yo —añadía su mujer— ¡quiero matar un puerco° de doscientas libras como la vecina! Esa gente, para tener las cosas, solo necesita desearlas. ¿Cuándo voy a ver yo cumplidos° mis deseos°?

Apenas° dijo estas palabras, vieron que bajaba por la chimenea una mujer hermosísima; era pequeña y traía, como una reina°, una corona° de oro en la cabeza y tenía un cetro° de oro en la mano.

—Soy el hada° Fortunata —les dijo—; pasaba por aquí, y oí sus quejas°. Vengo a concederles° tres deseos: uno a ti —le dijo a la mujer—; otro a ti —le dijo al marido—, y el tercero para los dos; este último lo voy a otorgar mañana a esta misma hora. Hasta entonces, tienen tiempo de pensar qué es lo que quieren.

Después de decir esto, desapareció.

La alegría del buen matrimonio fue muy grande y pensaron en tantos deseos que, no pudiendo decidir, dejaron la elección° definitivamente para la mañana siguiente, y toda la noche para consultarlo con la almohada°, y se pusieron a conversar de otras cosas.

Empezaron a hablar otra vez de sus afortunados vecinos.

—Hoy estuve allí —dijo el marido—. Estaban haciendo las morcillas°. ¡Eran magníficas!

—¡Mmm! Quiero comer una de esas morcillas —dijo la mujer—. Inmediatamente apareció sobre las brasas° la morcilla más hermosa del mundo.

elderly
property
en... *instead of*
assets
donkey
pig
fulfilled / wishes
Barely
queen
crown / wand
fairy
complaints / grant you
choice
consultarlo... *sleep on it*
blood sausages
hot coals

La mujer se quedó mirándola con la boca abierta. El marido se levantó, desesperado.

—Por ti, que eres tan comilona°, desperdiciamos uno de los deseos. ¡Qué mujer tan tonta! ¿Por qué no se te pega° una morcilla en la naríz?

Al terminar de decirlo, ya estaba la morcilla colgando° de la nariz de la mujer. —¡Yo no quiero esta morcilla en mi nariz!

—Mujer, ¿y el rancho?

—Nada.

—¿Y la casa?

—Nada.

—Te puedo hacer una funda de oro para la morcilla.

—¿Estás loco?

—Pues qué, ¿nos vamos a quedar como estábamos?

—Ese es todo mi deseo.

El marido siguió rogando, pero no convenció a su mujer, que estaba más y más desesperada por su doble nariz y tratando de apartar° al perro y al gato, que querían comerse la morcilla.

Cuando, a la noche siguiente, apareció el hada y le dijeron cuál era su último deseo, ella les respondió:

—Ya ven cuán ciegos° y necios° son los hombres, creyendo que la satisfacción de sus deseos trae felicidad. La dicha° no está en el cumplimiento de los deseos; la dicha está en no tenerlos; porque rico es el que posee, pero feliz el que nada desea.

gluttonous
sticks
hanging
push away
blind / foolish
happiness

Después de leer... reflexiones

26. Gente que conocen In groups of three or four, talk about some people you know who are never satisfied with what they have.

1. ¿Quiénes son estas personas? ¿Piensan incluir Uds. a personas famosas?
2. ¿Cuán importante son las cosas materiales para Uds.? ¿Qué cosas consideran necesarias?
3. ¿Qué harían si tuvieran muchísimo dinero? ¿Usarían parte de ese dinero para ayudar a los pobres?
4. ¿Hay algún talento que Uds. no posean y deseen tener?
5. ¿Cuál es la moraleja del cuento? ¿Están Uds. de acuerdo con esta idea?

¡Vamos a escribir!

Antes de escribir

ESTRATEGIA **Writing a dialogue** When writing a dialogue, you have to "think" as your characters would think; you have to "become" that person. This allows you to decide what they would say, and how they would say it. Follow these guidelines.

- Identify the people participating in the dialogue.
- Decide whether the people are educated or lack education.
- Decide whether they are young or old.
- Is one of them trying to persuade the other or are they in agreement?
- Is there a problem to solve?

27. **Mi hada madrina y yo** You will use your imagination to write a dialogue between you and your fairy godmother in which you ask her for three wishes and explain to her why you need or want the things that you ask for. Are they material things? Are they talents you would like to possess? How does your fairy godmother react?

¡A escribir!

28. **El diálogo** Write the **primer borrador** of your dialogue. Remember how a dialogue is presented in Spanish:

—Hola. ¿Cómo está?
—Bien, ¿y usted?

Después de escribir

29. **A revisar** Before writing the final version of your dialogue, exchange your first draft with a classmate's and peer edit each other's work. Make sure the guidelines have been followed.

AUTOPRUEBA

¿Cuánto sé ahora?

Take this test. When you have finished, check your answers in the answer key provided in Appendix D. Then use a red pen to correct any mistakes you may have made. Are you ready?

A. Uses of some prepositions after certain verbs Complete the following sentences, using the verbs listed and the appropriate prepositions.

casarse	invitar	pensar	fijarse
insistir	enseñar	asistir	empezar

1. Yo los quiero ________ cenar conmigo. Por suerte tienen la noche libre.
2. Nosotros ________ trabajar a las siete y terminamos a las diez.
3. Ellos ________ todos los conciertos.
4. Yo te puedo ________ bailar, querida.
5. Analía va a ________ Julio Vargas Peña, el hijo del alcalde.
6. Yo nunca ________ la ropa de la gente.
7. Elena siempre ________ trabajar aunque esté agotada.
8. Yo siempre estoy ________ lo que está sucediendo en el mundo.

B. Uses of *por* and *para* in certain expressions Complete the following sentences, using the appropriate expressions with **por** and **para.**

1. ________, nosotros miramos el noticiero de las once.
2. ________, todavía hay mucho desempleo en nuestro país.
3. Yo me perdí el festival de cine y, ________, estuve enferma toda la semana.
4. ¿________ quieres escuchar su discurso? ¡Va a ser muy aburrido!
5. ________ terminaron el trabajo que empezaron el año pasado.
6. Me llevó a un restaurante de comida rápida. ¡________ me puse un vestido tan elegante!
7. Hubo un terremoto, pero ________ nadie murió.
8. No quiero irme de Madrid. Quiero quedarme aquí ________.

C. Complete the following, using the appropriate idiomatic expressions.

1. Tengo que estar allí a las cinco ________.
2. ________ cuando él no me devolvió el dinero que yo le había prestado.
3. Me ________. Lo esperé hasta las diez y no vino.
4. ________ se levantó y se fue, sin decir nada.
5. ________ vas a casarte con tu prometido; si no es este año, será el próximo año.
6. Me tienes que traer todos los documentos mañana ________.
7. La chica ________ un abrigo negro.
8. Yo no ________. No me van a dar el aumento de sueldo.
9. Ella se enojó con él, pero esta mañana ________.
10. ________ la opinion de la gente. Yo hago lo que quiero.
11. Van a estar de vuelta ________ mayo.
12. Yo te quiero ________ por todos los favores que me has hecho.

D. Just words . . . Circle the word or phrase that does not belong in each group.

1. gobernadora alcaldesa manifestación
2. huelga noticiero telediario
3. desempleo daño pobreza
4. presentador locutor terremoto
5. querida campaña cariño
6. anunciar acabarse terminarse
7. causar apagar encender
8. suceder ocurrir exigir
9. derrotar enterarse vencer
10. trabajadores comentaristas obreros
11. volver tener lugar estar de vuelta
12. titulares socialismo capitalismo
13. periodista libertad de prensa tornado
14. periódico discurso titulares
15. último muchos varios
16. Argentina Colombia las Filipinas

E. Culture

1. Answer the following questions, based on the information found in the **¿Tú lo sabías?** sections.
   a. ¿Cuál es el baile típico de la región de Andalucía?
   b. ¿De qué país son los cantantes Enrique Iglesias y David Bisbal?
2. Complete the following, based on the information found in the **El mundo hispánico y tú** section.
   a. Tres construcciones famosas de España son la Giralda, la Mezquita de Córdoba y la ______________ de Granada.
   b. Una costumbre muy española es ir de ______________.

F. Un dicho Do you remember the Spanish saying that states that liars are always found out? Find it in this lesson.

REFERENCES SECTION

SPANISH SOUNDS Vowels

There are five distinct vowels in Spanish: **a, e, i, o,** and **u.** Each vowel has only one basic, constant sound. The pronunciation of each vowel is constant, clear, and brief. The length of the sound is practically the same whether it is produced in a stressed or unstressed syllable.[1]

While producing the sounds of the English stressed vowels that most closely resemble the Spanish ones, the speaker changes the position of the tongue, lips, and lower jaw, so that the vowel actually starts as one sound and then glides into another. In Spanish, however, the tongue, lips, and jaw keep a constant position during the production of the sound.

English: banana **Spanish:** banana

The stress falls on the same vowel and syllable in both Spanish and English, but the English stressed *a* is longer than the Spanish stressed **a.**

English: banana **Spanish:** banana

Note also that the English stressed *a* has a sound different from the other *a*'s in the word, while the Spanish **a** sound remains constant.

a The Spanish **a** sounds similar to the English *a* in the word *father.*

alta	casa	palma	Ana
cama	Panamá	alma	apagar

e The Spanish **e** is pronounced like the English *e* in the word *eight.*

mes	entre	este	deje
ese	encender	teme	prender

i The Spanish **i** has a sound similar to the English *ee* in the word *see.*

fin ir sí sin dividir Trini difícil

o The Spanish **o** is similar to the English *o* in the word *no,* but without the glide.

toco	como	poco	roto
corto	corro	solo	loco

u The Spanish **u** is pronounced like the English *oo* sound in the word *shoot* or the *ue* sound in the word *Sue.*

su	Lulú	Úrsula	cultura
un	luna	sucursal	Uruguay

Diphthongs and Triphthongs

When unstressed **i** or **u** falls next to another vowel in a syllable, it unites with that vowel to form what is called a *diphthong*. Both vowels are pronounced as one syllable. Their sounds do not change; they are only pronounced more rapidly and with a glide. For example:

tr**ai**ga	Lid**ia**	tr**ei**nta	s**ie**te	**oi**go	ad**ió**s
Aurora	ag**ua**	b**ue**no	antig**uo**	c**iu**dad	L**ui**s

[1]In a stressed syllable, the prominence of the vowel is indicated by its loudness.

A triphthong is the union of three vowels: a stressed vowel between two unstressed ones **(i** or **u)** in the same syllable. For example: Parag**uay,** estud**iéi**s.

> NOTE: Stressed **i** and **u** do not form diphthongs with other vowels, except in the combinations **iu** and **ui.** For example: **rí**-o, sa-**bí**-ais.

In syllabication, diphthongs and triphthongs are considered a single vowel; their components cannot be separated.

Consonants

p Spanish **p** is pronounced in a manner similar to the English *p* sound, but without the puff of air that follows after the English sound is produced.

pesca	pude	puedo	parte	papá
postre	piña	puente	Paco	

k The Spanish **k** sound, represented by the letters **k, c** before **a, o, u** or a consonant, and **qu,** is similar to the English *k* sound, but without the puff of air.

casa	comer	cuna	clima	acción	que
quinto	queso	aunque	kiosko	kilómetro	

t Spanish **t** is produced by touching the back of the upper front teeth with the tip of the tongue. It has no puff of air as in the English *t*.

todo	antes	corto	Guatemala	diente
resto	tonto	roto	tanque	

d The Spanish consonant **d** has two different sounds depending on its position. At the beginning of an utterance and after **n** or **l,** the tip of the tongue presses the back of the upper front teeth.

día	doma	dice	dolor	dar
anda	Aldo	caldo	el deseo	un domicilio

In all other positions the sound of **d** is similar to the *th* sound in the English word *they*, but softer.

medida	todo	nada	nadie	medio
puedo	moda	queda	nudo	

g The Spanish consonant **g** is similar to the English *g* sound in the word *guy* except before **e** or **i.**

goma	glotón	gallo	gloria	lago	alga
gorrión	garra	guerra	angustia	algo	Dagoberto

j The Spanish sound **j** (or **g** before **e** and **i**) is similar to a strongly exaggerated English *h* sound.

gemir	juez	jarro	gitano	agente
juego	giro	bajo	gente	

b, v There is no difference in sound between Spanish **b** and **v.** Both letters are pronounced alike. At the beginning of an utterance or after **m** or **n, b** and **v** have a sound identical to the English *b* sound in the word *boy.*

vivir	beber	vamos	barco	enviar
hambre	batea	bueno	vestido	

When pronounced between vowels, the Spanish **b** and **v** sound is produced by bringing the lips together but not closing them, so that some air may pass through.

sábado	autobús	yo voy	su barco

y, ll In most countries, Spanish **ll** and **y** have a sound similar to the English *y* sound in the word *yes*.

el llavero	trayecto	su yunta	milla
oye	el yeso	mayo	yema
un yelmo	trayectoria	llama	bella

NOTE: When it stands alone or is at the end of a word, Spanish **y** is pronounced like the vowel **i.**

rey	hoy	y	doy	buey
muy	voy	estoy	soy	

r The sound of Spanish **r** is similar to the English *dd* sound in the word *ladder*.

crema	aroma	cara	arena	aro
harina	toro	oro	eres	portero

rr Spanish **rr** and also **r** in an initial position and after **n, l,** or **s** are pronounced with a very strong trill. This trill is produced by bringing the tip of the tongue near the alveolar ridge and letting it vibrate freely while the air passes through the mouth.

rama	carro	Israel	cierra	roto
perro	alrededor	rizo	corre	Enrique

s Spanish **s** is represented in most of the Spanish world by the letters **s, z,** and **c** before **e** or **i.** The sound is very similar to the English sibilant *s* in the word *sink*.

sale	sitio	presidente	signo
salsa	seda	suma	vaso
sobrino	ciudad	cima	canción
zapato	zarza	cerveza	centro

h The letter **h** is silent in Spanish.

hoy	hora	hilo	ahora
humor	huevo	horror	almohada

ch Spanish **ch** is pronounced like the English *ch* in the word *chief*.

hecho	chico	coche	Chile
mucho	muchacho	salchicha	

f Spanish **f** is identical in sound to the English *f*.

difícil	feo	fuego	forma
fácil	fecha	foto	fueron

l Spanish **l** is similar to the English *l* in the word *let*.

dolor	lata	ángel	lago	sueldo
los	pelo	lana	general	fácil

m Spanish **m** is pronounced like the English *m* in the word *mother*.

mano	moda	mucho	muy
mismo	tampoco	multa	cómoda

n In most cases, Spanish **n** has a sound similar to the English *n*.

nada	nunca	ninguno	norte
entra	tiene	sienta	

The sound of Spanish **n** is often affected by the sounds that occur around it. When it appears before **b, v,** or **p,** it is pronounced like an **m.**

tan bueno	toman vino	sin poder
un pobre	comen peras	siguen bebiendo

ñ Spanish **ñ** is similar to the English *ny* sound in the word *canyon*.

señor	otoño	ñoño	uña
leña	dueño	niños	años

x Spanish **x** has two pronunciations depending on its position. Between vowels the sound is similar to English *ks*.

examen	exacto	boxeo	éxito
oxidar	oxígeno	existencia	

When it occurs before a consonant, Spanish **x** sounds like *s*.

expresión	explicar	extraer	excusa
expreso	exquisito	extremo	

NOTE: When **x** appears in **México** or in other words of Mexican origin, it is pronounced like the Spanish letter **j**.

Rhythm

Rhythm is the variation of sound intensity that we usually associate with music. Spanish and English each regulate these variations in speech differently because they have different patterns of syllable length. In Spanish the length of the stressed and unstressed syllables remains almost the same, while the English stressed syllables are considerably longer than unstressed ones. Pronounce the following Spanish words, enunciating each syllable clearly.

es-tu-dian-te	bue-no	Úr-su-la
com-po-si-ción	di-fí-cil	ki-ló-me-tro
po-li-cí-a	Pa-ra-guay	

Because the length of the Spanish syllables remains constant, the greater the number of syllables in a given word or phrase, the longer the phrase will be.

Linking

In spoken Spanish, the different words in a phrase or a sentence are not pronounced as isolated elements but are combined together. This is called *linking*.

Pepe come pan.	Pe-pe-co-me-pan
Tomás toma leche.	To-más-to-ma-le-che
Luis tiene la llave.	Luis-tie-ne-la-lla-ve
La mano de Roberto.	La-ma-no-de-Ro-ber-to

› The final consonant of a word is pronounced together with the initial vowel of the following word.

Carlos anda	Car-lo-san-da
un ángel	u-nán-gel
el otoño	e-lo-to-ño
unos estudios interesantes	u-no-ses-tu-dio-sin-te-re-san-tes

› A diphthong is formed between the final vowel of a word and the initial vowel of the following word. A triphthong is formed when there is a combination of three vowels (see rules for the formation of diphthongs and triphthongs on pages A-1 and A-2).

su hermana	suher-ma-na
tu escopeta	tues-co-pe-ta
Roberto y Luis	Ro-ber-toy-Luis
negocio importante	ne-go-cioim-por-tan-te
lluvia y nieve	llu-viay-nie-ve
ardua empresa	ar-duaem-pre-sa

- When the final vowel of a word and the initial vowel of the following word are identical, they are pronounced slightly longer than one vowel.

Ana alcanza	A-n*a*l-can-za
lo olvido	l*o*l-vi-do
tiene eso	tie-n*e*-so
Ada atiende	Ad*a*-tien-de

- The same rule applies when two identical vowels appear within a word.

crees	cres
Teherán	Te-rán
coordinación	cor-di-na-ción

- When the final consonant of a word and the initial consonant of the following word are the same, they are pronounced as one consonant with slightly longer than normal duration.

el lado	e-*l*a-do
Carlos salta	Car-lo-*s*al-ta
tienes sed	tie-ne-*s*ed

Intonation

Intonation is the rise and fall of pitch in the delivery of a phrase or a sentence. In general, Spanish pitch tends to change less than English pitch, giving the impression that the language is less emphatic.

As a rule, the intonation for normal statements in Spanish starts in a low tone, rises to a higher one on the first stressed syllable, maintains that tone until the last stressed syllable, and then goes back to the initial low tone, with still another drop at the very end.

Tu amigo viene mañana.	José come pan.
Ada está en casa.	Carlos toma café.

Syllable Formation in Spanish

General rules for dividing words into syllables:

Vowels

- A vowel or a vowel combination can constitute a syllable.

a-lum-no   a-bue-la   Eu-ro-pa

- Diphthongs and triphthongs are considered single vowels and cannot be divided.

bai-le   puen-te   Dia-na   es-tu-diáis   an-ti-guo

- Two strong vowels **(a, e, o)** do not form a diphthong and are separated into two syllables.

em-ple-ar   vol-te-ar   lo-a

- A written accent on a weak vowel **(i** or **u)** breaks the diphthong, separating the vowels into two syllables.

trí-o   dú-o   Ma-rí-a

Consonants

- A single consonant forms a syllable with the vowel that follows it.

po-der   ma-no   mi-nu-to

- When two consonants appear between two vowels, they are separated into two syllables.

  al-fa-be-to cam-pe-ón me-ter-se mo-les-tia

  EXCEPTION: When a consonant cluster composed of **b, c, d, f, g, p,** or **t** with **l** or **r** appears between two vowels, the cluster joins the following vowel: **so-bre, o-tros, ca-ble, te-lé-gra-fo.**

- When three consonants appear between two vowels, only the last one goes with the following vowel.

  ins-pec-tor trans-por-te trans-for-mar

  EXCEPTION: When there is a cluster of three consonants in the combinations described in rule 2, the first consonant joins the preceding vowel and the cluster joins the following vowel: **es-cri-bir, ex-tran-je-ro, im-plo-rar, es-tre-cho.**

Accentuation

In Spanish, all words are stressed according to specific rules. Words that do not follow the rules must have a written accent to indicate the change of stress. The basic rules for accentuation are as follows.

- Words ending in a vowel, **n**, or **s** are stressed on the next-to-last syllable.

hi-jo	**ca**-lle	**me**-sa	fa-**mo**-sos
flo-**re**-cen	**pla**-ya	**ve**-ces	

- Words ending in a consonant, except **n** or **s**, are stressed on the last syllable.

  ma-**yor** a-**mor** tro-pi-**cal** na-**riz** re-**loj** co-rre-**dor**

- All words that do not follow these rules must have a written accent.

ca-**fé**	**lá**-piz	**mú**-si-ca	sa-**lón**
án-gel	**lí**-qui-do	fran-**cés**	**Víc**-tor
sim-**pá**-ti-co	rin-**cón**	a-**zú**-car	de-**mó**-cra-ta
sa-**lió**	**dé**-bil	e-**xá**-me-nes	

- Pronouns and adverbs of interrogation and exclamation have a written accent to distinguish them from relative pronouns.

¿**Qué** comes?	*What are you eating?*
La pera que él no comió.	*The pear that he did not eat.*
¿**Quién** está ahí?	*Who is there?*
El hombre a quien tú llamaste.	*The man whom you called.*
¿**Dónde** está él?	*Where is he?*
En el lugar donde trabaja.	*At the place where he works.*

- Words that have the same spelling but different meanings take a written accent to differentiate one from the other.

el	*the*	él	*he, him*	te	*you*	té	*tea*
mi	*my*	mí	*me*	si	*if*	sí	*yes*
tu	*your*	tú	*you*	mas	*but*	más	*more*

VERBS Regular Verbs

Model *-ar*, *-er*, *-ir* verbs

Infinitive		
amar *(to love)*	**comer** *(to eat)*	**vivir** *(to live)*

Present Participle		
amando *(loving)*	**comiendo** *(eating)*	**viviendo** *(living)*

Past Participle		
amado *(loved)*	**comido** *(eaten)*	**vivido** *(lived)*

SIMPLE TENSES

Indicative Mood

Present

(I love)		*(I eat)*		*(I live)*	
amo	amamos	como	comemos	vivo	vivimos
amas	amáis	comes	coméis	vives	vivís
ama	aman	come	comen	vive	viven

Imperfect

(I used to love)		*(I used to eat)*		*(I used to live)*	
amaba	amábamos	comía	comíamos	vivía	vivíamos
amabas	amabais	comías	comíais	vivías	vivíais
amaba	amaban	comía	comían	vivía	vivían

Preterite

(I loved)		*(I ate)*		*(I lived)*	
amé	amamos	comí	comimos	viví	vivimos
amaste	amasteis	comiste	comisteis	viviste	vivisteis
amó	amaron	comió	comieron	vivió	vivieron

Future

(I will love)		*(I will eat)*		*(I will live)*	
amaré	amaremos	comeré	comeremos	viviré	viviremos
amarás	amaréis	comerás	comeréis	vivirás	viviréis
amará	amarán	comerá	comerán	vivirá	vivirán

Conditional

(I would love)		*(I would eat)*		*(I would live)*	
amaría	amaríamos	comería	comeríamos	viviría	viviríamos
amarías	amaríais	comerías	comeríais	vivirías	viviríais
amaría	amarían	comería	comerían	viviría	vivirían

Subjunctive Mood

Present

([that] I [may] love)		*([that] I [may] eat)*		*([that] I [may] live)*	
ame	amemos	coma	comamos	viva	vivamos
ames	améis	comas	comáis	vivas	viváis
ame	amen	coma	coman	viva	vivan

Imperfect (two forms: -ra, -se)

([that] I [might] love)	*([that] I [might] eat)*	*([that] I [might] live)*
amara(-ase)	comiera(-iese)	viviera(-iese)
amaras(-ases)	comieras(-ieses)	vivieras(-ieses)
amara(-ase)	comiera(-iese)	viviera(-iese)
amáramos(-ásemos)	comiéramos(-iésemos)	viviéramos(-iésemos)
amarais(-aseis)	comierais(-ieseis)	vivierais(-ieseis)
amaran(-asen)	comieran(-iesen)	vivieran(-iesen)

Imperative Mood

(love)	*(eat)*	*(live)*
ama (tú)	come (tú)	vive (tú)
ame (Ud.)	coma (Ud.)	viva (Ud.)
am**emos** (nosotros)	com**amos** (nosotros)	viv**amos** (nosotros)
ama**d** (vosotros)	come**d** (vosotros)	vivi**d** (vosotros)
am**en** (Uds.)	com**an** (Uds.)	viv**an** (Uds.)

COMPOUND TENSES

Perfect Infinitive

haber amado	haber comido	haber vivido

Perfect Participle

habiendo amado	habiendo comido	habiendo vivido

Indicative Mood

Present Perfect

(I have loved)	*(I have eaten)*	*(I have lived)*
he amado	he comido	he vivido
has amado	has comido	has vivido
ha amado	ha comido	ha vivido
hemos amado	hemos comido	hemos vivido
habéis amado	habéis comido	habéis vivido
han amado	han comido	han vivido

Pluperfect

(I had loved)	*(I had eaten)*	*(I had lived)*
había amado	había comido	había vivido
habías amado	habías comido	habías vivido
había amado	había comido	había vivido
habíamos amado	habíamos comido	habíamos vivido
habíais amado	habíais comido	habíais vivido
habían amado	habían comido	habían vivido

Future Perfect

(I will have loved)	*(I will have eaten)*	*(I will have lived)*
habré amado	habré comido	habré vivido
habrás amado	habrás comido	habrás vivido
habrá amado	habrá comido	habrá vivido
habremos amado	habremos comido	habremos vivido
habréis amado	habréis comido	habréis vivido
habrán amado	habrán comido	habrán vivido

Conditional Perfect

(I would have loved)	*(I would have eaten)*	*(I would have lived)*
habría amado	habría comido	habría vivido
habrías amado	habrías comido	habrías vivido
habría amado	habría comido	habría vivido
habríamos amado	habríamos comido	habríamos vivido
habríais amado	habríais comido	habríais vivido
habrían amado	habrían comido	habrían vivido

Subjunctive Mood

Present Perfect

([that] I [may] have loved)	*([that] I [may] have eaten)*	*([that] I [may] have lived)*
haya amado	haya comido	haya vivido
hayas amado	hayas comido	hayas vivido

haya amado	haya comido	haya vivido
hayamos amado	hayamos comido	hayamos vivido
hayáis amado	hayáis comido	hayáis vivido
hayan amado	hayan comido	hayan vivido
	Pluperfect (two forms: -ra, -se)	
([that] I [might] have loved)	*([that] I [might] have eaten)*	*([that] I [might] have lived)*
hubiera(-iese) amado	hubiera(-iese) comido	hubiera(-iese) vivido
hubieras(-ieses) amado	hubieras(-ieses) comido	hubieras(-ieses) vivido
hubiera(-iese) amado	hubiera(-iese) comido	hubiera(-iese) vivido
hubiéramos(-iésemos) amado	hubiéramos(-iésemos) comido	hubiéramos(-iésemos) vivido
hubierais(-ieseis) amado	hubierais(-ieseis) comido	hubierais(-ieseis) vivido
hubieran(-iesen) amado	hubieran(-iesen) comido	hubieran(-iesen) vivido

Stem-changing verbs

The *-ar* and *-er* stem-changing verbs

Stem-changing verbs are those that have a spelling change in the root of the verb. Stem-changing verbs that end in **-ar** and **-er** change the stressed vowel **e** to **ie,** and the stressed **o** to **ue.** These changes occur in all persons, except the first- and second-persons plural, of the present indicative, present subjunctive, and imperative.

Infinitive	Indicative	Imperative	Subjunctive
cerrar	cierro	—	cierre
(to close)	cierras	cierra	cierres
	cierra	cierre	cierre
	cerramos	cerremos	cerremos
	cerráis	cerrad	cerréis
	cierran	cierren	cierren
perder	pierdo	—	pierda
(to lose)	pierdes	pierde	pierdas
	pierde	pierda	pierda
	perdemos	perdamos	perdamos
	perdéis	perded	perdáis
	pierden	pierdan	pierdan
contar	cuento	—	cuente
(to count; to tell)	cuentas	cuenta	cuentes
	cuenta	cuente	cuente
	contamos	contemos	contemos
	contáis	contad	contéis
	cuentan	cuenten	cuenten
volver	vuelvo	—	vuelva
(to return)	vuelves	vuelve	vuelvas
	vuelve	vuelva	vuelva
	volvemos	volvamos	volvamos
	volvéis	volved	volváis
	vuelven	vuelvan	vuelvan

Verbs that follow the same pattern:

acordarse	*to remember*	cocer	*to cook*
acostar(se)	*to go to bed*	colgar	*to hang*
almorzar	*to have lunch*	comenzar	*to begin*
atravesar	*to go through*	confesar	*to confess*

costar	*to cost*	negar	*to deny*
demostrar	*to demonstrate, show*	nevar	*to snow*
despertar(se)	*to wake up*	pensar	*to think; to plan*
empezar	*to begin*	probar	*to prove; to taste*
encender	*to light; to turn on*	recordar	*to remember*
encontrar	*to find*	rogar	*to beg*
entender	*to understand*	sentar(se)	*to sit down*
extender	*to stretch*	soler	*to be in the habit of*
llover	*to rain*	mover	*to move*
mover	*to move*	soñar	*to dream*
mostrar	*to show*	torcer	*to twist*

The *-ir* stem-changing verbs

There are two types of stem-changing verbs that end in **-ir:** one type changes stressed **e** to **ie** in some tenses and to **i** in others, and stressed **o** to **ue** or **u;** the second type changes stressed **e** to **i** only in all the irregular tenses.

Type 1: -ir: e > ie *or* i / o > ue *or* u

These changes occur as follows.

Present Indicative: all persons except the first- and second-persons plural change **e** to **ie** and **o** to **ue.** *Preterite:* third person, singular and plural, changes **e** to **i** and **o** to **u.** *Present Subjunctive:* all persons change **e** to **ie** and **o** to **ue,** except the first- and second-persons plural, which change **e** to **i** and **o** to **u.** *Imperfect Subjunctive:* all persons change **e** to **i** and **o** to **u.** *Imperative:* all persons except the first- and second-persons plural change **e** to **ie** and **o** to **ue;** first-person plural changes **e** to **i** and **o** to **u.** *Present Participle:* changes **e** to **i** and **o** to **u.**

	Indicative		Imperative	Subjunctive	
INFINITIVE **sentir** *(to feel)*	PRESENT	PRETERITE		PRESENT	IMPERFECT
PRESENT PARTICIPLE sintiendo	siento sientes siente sentimos sentís sienten	sentí sentiste sintió sentimos sentisteis sintieron	 siente sienta sintamos sentid sientan	sienta sientas sienta sintamos sintáis sientan	sintiera(-iese) sintieras sintiera sintiéramos sintierais sintieran
INFINITIVE **dormir** *(to sleep)* PRESENT PARTICIPLE durmiendo	duermo duermes duerme dormimos dormís duermen	dormí dormiste durmió dormimos dormisteis durmieron	 duerme duerma durmamos dormid duerman	duerma duermas duerma durmamos durmáis duerman	durmiera(-iese) durmieras durmiera durmiéramos durmierais durmieran

Other verbs that follow the same pattern:

advertir	*to warn*	herir	*to wound, hurt*
arrepentirse	*to repent*	mentir	*to lie*
consentir	*to consent; to pamper*	morir	*to die*
convertir(se)	*to turn into*	preferir	*to prefer*
discernir	*to discern*	referir	*to refer*
divertir(se)	*to amuse oneself*	sugerir	*to suggest*

Type II: -ir: e > i

The verbs in the second category are irregular in the same tenses as those of the first type. The only difference is that they have only one change: **e** > **i** in all irregular persons.

	Indicative		Imperative	Subjunctive	
INFINITIVE **pedir** *(to ask for, request)*	**PRESENT**	**PRETERITE**		**PRESENT**	**IMPERFECT**
	pido	pedí		pida	pidiera(-iese)
PRESENT PARTICIPLE	pides	pediste	pide	pidas	pidieras
	pide	pidió	pida	pida	pidiera
pidiendo	pedimos	pedimos	pidamos	pidamos	pidiéramos
	pedís	pedisteis	pedid	pidáis	pidierais
	piden	pidieron	pidan	pidan	pidieran

Verbs that follow this pattern:

concebir	*to conceive*	repetir	*to repeat*
competir	*to compete*	reñir	*to fight*
despedir(se)	*to say goodbye*	seguir	*to follow*
elegir	*to choose*	servir	*to serve*
impedir	*to prevent*	vestir(se)	*to dress*
perseguir	*to pursue*		

Orthographic-Changing Verbs

Some verbs undergo a change in the spelling of the stem in some tenses in order to maintain the sound of the final consonant. The most common ones are those with the consonants **g** and **c.** Remember that **g** and **c** in front of **e** or **i** have a soft sound, and in front of **a, o,** or **u** have a hard sound. In order to keep the soft sound in front of **a, o,** or **u, g** and **c** change to **j** and **z,** respectively. In order to keep the hard sound of **g** or **c** in front of **e** and **i, u** is added to the **g (gu)** and the **c** changes to **qu.** The most important verbs that are regular in all the tenses but change in spelling are the following.

1. Verbs ending in **-gar** change **g** to **gu** before **e** in the first person of the Preterite and in all persons of the present subjunctive.

   pagar *to pay*
   Preterite: pa**gué,** pagaste, pagó, etc.
   Pres. Subj.: pa**gu**e, pa**gu**es, pa**gu**e, pa**gu**emos, pa**gu**éis, pa**gu**en

   Verbs that follow the same pattern: **colgar, llegar, navegar, negar, regar, rogar, jugar.**

2. Verbs ending in **-ger** or **-gir** change **g** to **j** before **o** and **a** in the first person of the present indicative and in all the persons of the present subjunctive.

   proteger *to protect*
   Pres. Ind.: prote**j**o, proteges, protege, etc.
   Pres. Subj.: prote**j**a, prote**j**as, prote**j**a, prote**j**amos, prote**j**áis, prote**j**an

   Verbs that follow the same pattern: **coger, corregir, dirigir, elegir, escoger, exigir, recoger.**

3. Verbs ending in **-guar** change **gu** to **gü** before **e** in the first person of the Preterite and in all persons of the present subjunctive.

   averiguar *to find out*
   Preterite: averi**gü**é, averiguaste, averiguó, etc.
   Pres. Subj.: averi**gü**e, averi**gü**es, averi**gü**e, averi**gü**emos, averi**gü**éis, averi**gü**en

   The verb **apaciguar** follows the same pattern.

4. Verbs ending in **-guir** change **gu** to **g** before **o** and **a** in the first person of the present indicative and in all persons of the present subjunctive.

   conseguir *to get*
   Pres. Ind.: consi**go**, consigues, consigue, etc.
   Pres. Subj.: consi**ga**, consi**gas**, consi**ga**, consi**ga**mos, consi**gá**is, consi**ga**n

   Verbs that follow the same pattern: **distinguir, perseguir, proseguir, seguir.**

5. Verbs ending in **-car** change **c** to **qu** before **e** in the first person of the Preterite and in all persons of the present subjunctive.

   tocar *to touch; to play (a musical instrument)*
   Preterite: to**qué**, tocaste, tocó, etc.
   Pres. Subj.: to**que**, to**que**s, to**que**, to**que**mos, to**qué**is, to**que**n

   Verbs that follow the same pattern: **atacar, buscar, comunicar, explicar, indicar, pescar, sacar.**

6. Verbs ending in **-cer** or **-cir** preceded by a consonant change **c** to **z** before **o** and **a** in the first person of the present indicative and in all persons of the present subjunctive.

   torcer *to twist*
   Pres. Ind.: tuer**zo**, tuerces, tuerce, etc.
   Pres. Subj.: tuer**za**, tuer**za**s, tuer**za**, tor**za**mos, tor**zá**is, tuer**za**n

   Verbs that follow the same pattern: **convencer, esparcir, vencer.**

7. Verbs ending in **-cer** or **-cir** preceded by a vowel change **c** to **zc** before **o** and **a** in the first person of the present indicative and in all persons of the present subjunctive.

   conocer *to know, be acquainted with*
   Pres. Ind.: cono**zco**, conoces, conoce, etc.
   Pres. Subj.: cono**zca**, cono**zca**s, cono**zca**, cono**zca**mos, cono**zcá**is, cono**zca**n
   Verbs that follow the same pattern: **agradecer, aparecer, carecer, entristecer** *(to sadden),* **establecer, lucir, nacer, obedecer, ofrecer, padecer, parecer, pertenecer, reconocer, relucir.**

8. Verbs ending in **-zar** change **z** to **c** before **e** in the first person of the Preterite and in all persons of the present subjunctive.

   rezar *to pray*
   Preterite: re**cé**, rezaste, rezó, etc.
   Pres. Subj.: re**ce**, re**ce**s, re**ce**, re**ce**mos, re**cé**is, re**ce**n

   Verbs that follow the same pattern: **abrazar, alcanzar, almorzar, comenzar, cruzar, empezar, forzar, gozar.**

9. Verbs ending in **-eer** change the unstressed **i** to **y** between vowels in the third-persons singular and plural of the Preterite, in all persons of the imperfect subjunctive, and in the present participle.

   creer *to believe*
   Pres. Part: cre**y**endo
   Preterite: creí, creíste, cre**y**ó, creímos, creísteis, cre**y**eron
   Imp. Subj.: cre**y**era(-ese), cre**y**eras, cre**y**era, cre**y**éramos, cre**y**erais, cre**y**eran
   Past Part.: creído

   Verbs that follow the same pattern: **leer, poseer.**

10. Verbs ending in **-uir** change the unstressed **i** to **y** between vowels (except **-quir,** which has the silent **u**) in the following tenses and persons.

    huir *to escape, flee*
    Pres. Part.: hu**y**endo
    Pres. Ind.: hu**y**o, hu**y**es, hu**y**e, huimos, huís, hu**y**en
    Preterite: huí, huiste, hu**y**ó, huimos, huisteis, hu**y**eron

Imperative: huye, huya, huyamos, huid, huyan
Pres. Subj.: huya, huyas, huya, huyamos, huyáis, huyan
Imp. Subj.: huyera(-ese), huyeras, huyera, huyéramos, huyerais, huyeran

Verbs that follow the same pattern: **atribuir, concluir, constituir, construir, contribuir, destituir, destruir, disminuir, distribuir, excluir, incluir, influir, instruir, restituir, sustituir.**

11. Verbs ending in **-eír** lose the **e** in the third-person singular and plural of the Preterite, in all persons of the imperfect subjunctive, and in the present participle.

    reír *to laugh*
    Pres Ind.: río, ríes, ríe, reímos, reís, ríen
    Preterite: reí, reíste, rio, reímos, reísteis, rieron
    Pres. Subj.: ría, rías, ría, riamos, riáis, rían
    Imp. Subj.: riera(-ese), rieras, riera, riéramos, rierais, rieran
    Pres. Part.: riendo

    Verbs that follow the same pattern: **freír, sonreír.**

12. Verbs ending in **-iar** add a written accent to the **i**, except in the first- and second-persons plural of the present indicative and subjunctive.

    fiar(se) *to trust*
    Pres. Ind.: (me) fío, (te) fías, (se) fía, (nos) fiamos, (os) fiáis, (se) fían
    Pres. Subj.: (me) fíe, (te) fíes, (se) fíe, (nos) fiemos, (os) fiéis, (se) fíen

    Verbs that follow the same pattern: **ampliar, criar, desviar, enfriar, enviar, guiar, telegrafiar, vaciar, variar.**

13. Verbs ending in **-uar** (except **-guar**) add a written accent to the **u**, except in the first- and second-persons plural of the present indicative and subjunctive.

    actuar *to act*
    Pres. Ind.: actúo, actúas, actúa, actuamos, actuáis, actúan
    Pres. Subj.: actúe, actúes, actúe, actuemos, actuéis, actúen

    Verbs that follow the same pattern: **acentuar, continuar, efectuar, exceptuar, graduar, habituar, insinuar, situar.**

14. Verbs ending in **-ñir** lose the **i** of the diphthongs **ie** and **ió** in the third-person singular and plural of the Preterite and all persons of the imperfect subjunctive. They also change the **e** of the stem to **i** in the same persons in the present indicative and present subjunctive.

    teñir *to dye*
    Pres. Ind.: tiño, tiñes, tiñe, teñimos, teñís, tiñen
    Preterite: teñí, teñiste, tiñó, teñimos, teñisteis, tiñeron
    Pres. Subj.: tiña, tiñas, tiña, tiñamos, tiñáis, tiñan
    Imp. Subj.: tiñera(-ese), tiñeras, tiñera, tiñéramos, tiñerais, tiñeran

    Verbs that follow the same pattern: **ceñir, constreñir, desteñir, estreñir, reñir.**

Some Common Irregular Verbs

Only those tenses with irregular forms are given below.

adquirir *to acquire*
Pres. Ind.: adquiero, adquieres, adquiere, adquirimos, adquirís, adquieren
Pres. Subj.: adquiera, adquieras, adquiera, adquiramos, adquiráis, adquieran
Imperative: adquiere, adquiera, adquiramos, adquirid, adquieran

andar *to walk*
Preterite: anduve, anduviste, anduvo, anduvimos, anduvisteis, anduvieron
Imp. Subj.: anduviera (anduviese), anduvieras, anduviera, anduviéramos, anduvierais, anduvieran

avergonzarse *to be ashamed, to be embarrassed*
Pres. Ind.: me avergüenzo, te avergüenzas, se avergüenza, nos avergonzamos, os avergonzáis, se avergüenzan
Pres. Subj: me avergüence, te avergüences, se avergüence, nos avergoncemos, os avergoncéis, se avergüencen
Imperative: avergüénzate, avergüéncese, avergoncémonos, avergonzaos, avergüéncense

caber *to fit, to have enough room*
Pres. Ind.: quepo, cabes, cabe, cabemos, cabéis, caben
Preterite: cupe, cupiste, cupo, cupimos, cupisteis, cupieron
Future: cabré, cabrás, cabrá, cabremos, cabréis, cabrán
Conditional: cabría, cabrías, cabría, cabríamos, cabríais, cabrían
Imperative: cabe, quepa, quepamos, cabed, quepan
Pres. Subj.: quepa, quepas, quepa, quepamos, quepáis, quepan
Imp. Subj.: cupiera (cupiese), cupieras, cupiera, cupiéramos, cupierais, cupieran

caer *to fall*
Pres. Ind.: caigo, caes, cae, caemos, caéis, caen
Preterite: caí, caíste, cayó, caímos, caísteis, cayeron
Imperative: cae, caiga, caigamos, caed, caigan
Pres. Subj.: caiga, caigas, caiga, caigamos, caigáis, caigan
Imp. Subj.: cayera (cayese), cayeras, cayera, cayéramos, cayerais, cayeran
Past Part.: caído

conducir *to guide; to drive*
Pres. Ind.: conduzco, conduces, conduce, conducimos, conducís, conducen
Preterite: conduje, condujiste, condujo, condujimos, condujisteis, condujeron
Imperative: conduce, conduzca, conduzcamos, conducid, conduzcan
Pres. Subj.: conduzca, conduzcas, conduzca, conduzcamos, conduzcáis, conduzcan
Imp. Subj.: condujera (condujese), condujeras, condujera, condujéramos, condujerais, condujeran
(All verbs ending in **-ducir** follow this pattern.)

convenir *to agree (see* **venir***)*

dar *to give*
Pres. Ind.: doy, das, da, damos, dais, dan
Preterite: di, diste, dio, dimos, disteis, dieron
Imperative: da, dé, demos, dad, den
Pres. Subj.: dé, des, dé, demos, deis, den
Imp. Subj.: diera (diese), dieras, diera, diéramos, dierais, dieran

decir *to say, to tell*
Pres. Ind.: digo, dices, dice, decimos, decís, dicen
Preterite: dije, dijiste, dijo, dijimos, dijisteis, dijeron
Future: diré, dirás, dirá, diremos, diréis, dirán
Conditional: diría, dirías, diría, diríamos, diríais, dirían
Imperative: di, diga, digamos, decid, digan
Pres. Subj.: diga, digas, diga, digamos, digáis, digan
Imp. Subj.: dijera (dijese), dijeras, dijera, dijéramos, dijerais, dijeran
Pres. Part.: diciendo
Past Part.: dicho

detener *to stop; to hold; to arrest (see* **tener***)*

entretener *to entertain, amuse (see* **tener***)*

errar *to err; to miss*
Pres. Ind.: yerro, yerras, yerra, erramos, erráis, yerran
Imperative: yerra, yerre, erremos, errad, yerren
Pres. Subj.: yerre, yerres, yerre, erremos, erréis, yerren

estar *to be*

Pres. Ind.:	estoy, estás, está, estamos, estáis, están
Preterite:	estuve, estuviste, estuvo, estuvimos, estuvisteis, estuvieron
Imperative:	está, esté, estemos, estad, estén
Pres. Subj.:	esté, estés, esté, estemos, estéis, estén
Imp. Subj.:	estuviera (estuviese), estuvieras, estuviera, estuviéramos, estuvierais, estuvieran

haber *to have*

Pres. Ind.:	he, has, ha, hemos, habéis, han
Preterite:	hube, hubiste, hubo, hubimos, hubisteis, hubieron
Future:	habré, habrás, habrá, habremos, habréis, habrán
Conditional:	habría, habrías, habría, habríamos, habríais, habrían
Pres. Subj.:	haya, hayas, haya, hayamos, hayáis, hayan
Imp. Subj.:	hubiera (hubiese), hubieras, hubiera, hubiéramos, hubierais, hubieran

hacer *to do; to make*

Pres. Ind.:	hago, haces, hace, hacemos, hacéis, hacen
Preterite:	hice, hiciste, hizo, hicimos, hicisteis, hicieron
Future:	haré, harás, hará, haremos, haréis, harán
Imperative:	haz, haga, hagamos, haced, hagan
Pres. Subj.:	haga, hagas, haga, hagamos, hagáis, hagan
Imp. Subj.:	hiciera (hiciese), hicieras, hiciera, hiciéramos, hicierais, hicieran
Past Part.:	hecho

imponer *to impose; to depose (see* **poner***)*

ir *to go*

Pres. Ind.:	voy, vas, va, vamos, vais, van
Imp. Ind.:	iba, ibas, iba, íbamos, ibais, iban
Preterite:	fui, fuiste, fue, fuimos, fuisteis, fueron
Imperative:	ve, vaya, vayamos, id, vayan
Pres. Subj.:	vaya, vayas, vaya, vayamos, vayáis, vayan
Imp. Subj.:	fuera (fuese), fueras, fuera, fuéramos, fuerais, fueran

jugar *to play*

Pres. Ind.:	juego, juegas, juega, jugamos, jugáis, juegan
Imperative:	juega, juegue, juguemos, jugad, jueguen
Pres. Subj.:	juegue, juegues, juegue, juguemos, juguéis, jueguen

obtener *to obtain (see* **tener***)*

oír *to hear*

Pres. Ind.:	oigo, oyes, oye, oímos, oís, oyen
Preterite:	oí, oíste, oyó, oímos, oísteis, oyeron
Imperative:	oye, oiga, oigamos, oíd, oigan
Pres. Subj.:	oiga, oigas, oiga, oigamos, oigáis, oigan
Imp. Subj.:	oyera (oyese), oyeras, oyera, oyéramos, oyerais, oyeran
Pres. Part.:	oyendo
Past Part.:	oído

oler *to smell*

Pres. Ind.:	huelo, hueles, huele, olemos, oléis, huelen
Imperative:	huele, huela, olamos, oled, huelan
Pres. Subj.:	huela, huelas, huela, olamos, oláis, huelan

poder *to be able to*

Preterite:	pude, pudiste, pudo, pudimos, pudisteis, pudieron
Future:	podré, podrás, podrá, podremos, podréis, podrán
Conditional:	podría, podrías, podría, podríamos, podríais, podrían
Imperative:	puede, pueda, podamos, poded, puedan
Pres. Subj.:	pueda, puedas, pueda, podamos, podáis, puedan
Imp. Subj.:	pudiera (pudiese), pudieras, pudiera, pudiéramos, pudierais, pudieran
Pres. Part.:	pudiendo

poner *to place, to put*
Pres. Ind.: pongo, pones, pone, ponemos, ponéis, ponen
Preterite: puse, pusiste, puso, pusimos, pusisteis, pusieron
Future: pondré, pondrás, pondrá, pondremos, pondréis, pondrán
Conditional: pondría, pondrías, pondría, pondríamos, pondríais, pondrían
Imperative: pon, ponga, pongamos, poned, pongan
Pres. Subj.: ponga, pongas, ponga, pongamos, pongáis, pongan
Imp. Subj.: pusiera (pusiese), pusieras, pusiera, pusiéramos, pusierais, pusieran
Past Part.: puesto

querer *to want, to wish; to like, to love*
Preterite: quise, quisiste, quiso, quisimos, quisisteis, quisieron
Future: querré, querrás, querrá, querremos, querréis, querrán
Conditional: querría, querrías, querría, querríamos, querríais, querrían
Imp. Subj.: quisiera (quisiese), quisieras, quisiera, quisiéramos, quisierais, quisieran

resolver *to decide on, to solve*
Past Part.: resuelto

saber *to know*
Pres. Ind.: sé, sabes, sabe, sabemos, sabéis, saben
Preterite: supe, supiste, supo, supimos, supisteis, supieron
Future: sabré, sabrás, sabrá, sabremos, sabréis, sabrán
Conditional: sabría, sabrías, sabría, sabríamos, sabríais, sabrían
Imperative: sabe, sepa, sepamos, sabed, sepan
Pres. Subj.: sepa, sepas, sepa, sepamos, sepáis, sepan
Imp. Subj.: supiera (supiese), supieras, supiera, supiéramos, supierais, supieran

salir *to leave; to go out*
Pres. Ind.: salgo, sales, sale, salimos, salís, salen
Future: saldré, saldrás, saldrá, saldremos, saldréis, saldrán
Conditional: saldría, saldrías, saldría, saldríamos, saldríais, saldrían
Imperative: sal, salga, salgamos, salid, salgan
Pres. Subj.: salga, salgas, salga, salgamos, salgáis, salgan

ser *to be*
Pres. Ind.: soy, eres, es, somos, sois, son
Imp. Ind.: era, eras, era, éramos, erais, eran
Preterite: fui, fuiste, fue, fuimos, fuisteis, fueron
Imperative: sé, sea, seamos, sed, sean
Pres. Subj.: sea, seas, sea, seamos, seáis, sean
Imp. Subj.: fuera (fuese), fueras, fuera, fuéramos, fuerais, fueran

suponer *to assume; to suppose (see* **poner***)*

tener *to have*
Pres. Ind.: tengo, tienes, tiene, tenemos, tenéis, tienen
Preterite: tuve, tuviste, tuvo, tuvimos, tuvisteis, tuvieron
Future: tendré, tendrás, tendrá, tendremos, tendréis, tendrán
Conditional: tendría, tendrías, tendría, tendríamos, tendríais, tendrían
Imperative: ten, tenga, tengamos, tened, tengan
Pres. Subj.: tenga, tengas, tenga, tengamos, tengáis, tengan
Imp. Subj.: tuviera (tuviese), tuvieras, tuviera, tuviéramos, tuvierais, tuvieran

traducir *to translate (see* **conducir***)*

traer *to bring*

Pres. Ind.:	traigo, traes, trae, traemos, traéis, traen
Preterite:	traje, trajiste, trajo, trajimos, trajisteis, trajeron
Imperative:	trae, traiga, traigamos, traed, traigan
Pres. Subj.:	traiga, traigas, traiga, traigamos, traigáis, traigan
Imp. Subj.:	trajera (trajese), trajeras, trajera, trajéramos, trajerais, trajeran
Pres. Part.:	trayendo
Past Part.:	traído

valer *to be worth*

Pres. Ind.:	valgo, vales, vale, valemos, valéis, valen
Future:	valdré, valdrás, valdrá, valdremos, valdréis, valdrán
Conditional:	valdría, valdrías, valdría, valdríamos, valdríais, valdrían
Imperative:	vale, valga, valgamos, valed, valgan
Pres. Subj.:	valga, valgas, valga, valgamos, valgáis, valgan

venir *to come*

Pres. Ind.:	vengo, vienes, viene, venimos, venís, vienen
Preterite:	vine, viniste, vino, vinimos, vinisteis, vinieron
Future:	vendré, vendrás, vendrá, vendremos, vendréis, vendrán
Conditional:	vendría, vendrías, vendría, vendríamos, vendríais, vendrían
Imperative:	ven, venga, vengamos, venid, vengan
Pres. Subj.:	venga, vengas, venga, vengamos, vengáis, vengan
Imp. Subj.:	viniera (viniese), vinieras, viniera, viniéramos, vinierais, vinieran
Pres. Part.:	viniendo

ver *to see*

Pres. Ind.:	veo, ves, ve, vemos, veis, ven
Imp. Ind.:	veía, veías, veía, veíamos, veíais, veían
Preterite:	vi, viste, vio, vimos, visteis, vieron
Imperative:	ve, vea, veamos, ved, vean
Pres. Subj.:	vea, veas, vea, veamos, veáis, vean
Imp. Subj.:	viera (viese), vieras, viera, viéramos, vierais, vieran
Past Part.:	visto

volver *to return*

Past Part.:	vuelto

GLOSSARY OF GRAMMATICAL TERMS

adjective: A word that is used to describe a noun: *tall* girl, *difficult* lesson.

adverb: A word that modifies a verb, an adjective, or another adverb. It answers the questions *How? When? Where?*: She walked *slowly.* She'll be here *tomorrow.* She is *here.*

agreement: A term applied to changes in form that nouns cause in the words that surround them. In Spanish, verb forms agree with their subjects in person and number (**yo** habl**o, él** habl**a,** etc.). Spanish adjectives agree in gender and number with the nouns they describe. Thus, a feminine plural noun requires a feminine plural ending in the adjective that describes it (cas**as** amarill**as**) and a masculine singular noun requires a masculine singular ending in the adjective (libr**o** negr**o**).

auxiliary verb: A verb that helps in the conjugation of another verb: I *have* finished. He *was* called. She *will* go. He *would* eat.

command form: The form of the verb used to give an order or a direction: *Go! Come* back! *Turn* to the right!

conjugation: The process by which the forms of the verb are presented in their different moods and tenses: I *am,* you *are,* he *is,* she *was,* we *were,* etc.

contraction: The combination of two or more words into one: *isn't, don't, can't.*

definite article: A word used before a noun indicating a definite person or thing: *the* woman, *the* money.

demonstrative: A word that refers to a definite person or object: *this, that, these, those.*

diphthong: A combination of two vowels forming one syllable. In Spanish, a diphthong is composed of one *strong* vowel **(a, e, o)** and one *weak* vowel **(u, i)** or two weak vowels: **ei, ua, ui.**

exclamation: A word used to express emotion: *How* strong! *What* beauty!

gender: A distinction of nouns, pronouns, and adjectives, based on whether they are masculine or feminine.

indefinite article: A word used before a noun that refers to an indefinite person or object: *a* child, *an* apple.

infinitive: The form of the verb generally preceded in English by the word *to* and showing no subject or number: *to do, to bring.*

interrogative: A word used in asking a question: *Who? What? Where?*

main clause: A group of words that includes a subject and a verb and by itself has complete meaning: *They saw me. I go now.*

noun: A word that names a person, place, or thing: *Ann, London, pencil.*

number: Refers to singular and plural: *chair, chairs.*

object: Generally a noun or a pronoun that is the receiver of the verb's action. A direct object answers the question *What?* or *Whom?:* We know *her.* Take *it.* An indirect object answers the question *To whom?* or *To what?:* Give *John* the money. Nouns and pronouns can also be objects of prepositions: The letter is *from Rick.* I'm thinking *about you.*

past participle: Past forms of a verb: *gone, worked, written.*

person: The form of the pronoun and of the verb that shows the person referred to: *I* (first-person singular), *you* (second-person singular), *she* (third-person singular), and so on.

possessive: A word that denotes ownership or possession: This is *our* house. The book isn't *mine.*

preposition: A word that introduces a noun or pronoun and indicates its function in the sentence: They were *with* us. She is *from* Nevada.

present participle: A verb form in English that ends in *-ing: eating, sleeping, working.* In Spanish, this form cannot be used as a noun or after a preposition.

pronoun: A word that is used to replace a noun: *she, them, us,* and so on. A **subject pronoun** refers to the person or thing spoken of: *They* work. An **object pronoun** receives the action of the verb: They arrested *us* (direct object pronoun). She spoke to *him* (indirect object pronoun). A pronoun can also be the object of a preposition: The children stayed with *us.*

reflexive pronoun: A pronoun that refers back to the subject: *myself, yourself, himself, herself, itself, ourselves,* and so on.

subject: The person, place, or thing spoken of: *Robert* works. *Our car* is new.

subordinate clause: A clause that has no complete meaning by itself but depends on a main clause: They knew *that I was here.*

tense: The group of forms in a verb that show the time in which the action of the verb takes place: *I go* (present indicative), *I'm going* (present progressive), *I went* (past), *I was going* (past progressive), *I will go* (future), *I would go* (conditional), *I have gone* (present perfect), *I had gone* (past perfect), *that I may go* (present subjunctive), and so on.

verb: A word that expresses an action or a state: We *sleep.* The baby *is* sick.

AUTOPRUEBA: Answer key to *¿Cuánto sé ahora?*

Lección 1

A. 1. efe-o-equis 2. doble ve-i-ele-ese-o-ene 3. ka-u-ere-te 4. jota-a-ce-ka-ese-o-ene 5. be-u-de-ge-e 6. hache-i-ele-ele 7. eme-ce-de-e-ve-i-te 8. pe-e-erre-erre-i griega o ye 9. cu-u-e-ene-te-i-ene 10. zeta-e-ele-ele-e-erre
B. 1. veintiuno 2. doce 3. veintisiete 4. quince 5. treinta y dos 6. diecisiete 7. veinte 8. trece 9. treinta y nueve 10. veintiocho 11. treinta 12. once 13. catorce 14. dieciséis
C. 1. amarillo 2. anaranjado 3. verde 4. morado 5. negro 6. gris 7. marrón 8. rojo, blanco y azul
D. sábado / lunes / miércoles / viernes
E. 1. el treinta y uno de octubre 2. el cuatro de julio 3. el primero (uno) de enero 4. el catorce de febrero 5. el veinticinco de diciembre 6. el once de noviembre 7. el cinco de mayo
F. 1. verano 2. invierno 3. primavera 4. otoño
G. eres / soy / son / es / somos
H. 1. despedida 2. biblioteca 3. ¿Cómo se dice? 4. Tome asiento. 5. Saludos 6. cafetería 7. discoteca 8. cumpleaños
I. 1 a. María b. Mecha c. Pepe
2 a. Más de cinquenta millones. b. Una novelista y poeta mexicoamericana.
J. El tiempo es oro.

Lección 2

A. 1. las 2. el 3. la 4. la 5. los 6. el 7. la 8. los 9. las 10. la 11. la 12. la 13. las 14. los 15. los 16. el
B. 1. una 2. una 3. unos 4. un 5. unas 6. un 7. unos 8. una 9. unos 10. una 11. una 12. unos 13. unos 14. un 15. un 16. una
C. 1. cuarenta y dos 2. cien 3. cincuenta y tres 4. sesenta y uno 5. ochenta 6. setenta y nueve 7. noventa 8. ochenta y seis 9. cincuenta 10. sesenta
D. 1. La clase de francés es a las nueve y cuarto de la mañana. 2. La clase de español acaba a las dos menos cinco de la tarde. 3. La clase de historia es a las ocho y veinticinco de la noche.
E. 1. hablamos 2. conversan 3. estudias 4. necesita 5. regreso 6. trabaja 7. gana 8. llegan
F. 1. La computadora de la chica 2. Las mochilas de los muchachos 3. El profesor de Alina
G. 1. k 2. n 3. h 4. a 5. m 6. d 7. c 8. l 9. f 10. e 11. i 12. g 13. b 14. j
H. 1. a. calle / avenida b. 24
2. a. económicas b. español
I. El saber no ocupa lugar.

Lección 3

A. 1. Mi 2. tu 3. sus 4. Mis 5. Nuestros 6. tus 7. Nuestra 8. su
B. 1. ciento noventa y cinco 2. doscientos ochenta y seis 3. trescientos setenta y uno 4. cuatrocientos sesenta 5. quinientos cincuenta y tres 6. seiscientos cuarenta y cuatro 7. setecientos treinta y dos 8. ochocientos veintisiete 9. novecientos dieciocho 10. mil
C. 1. delgado 2. bonita 3. rubios 4. optimistas 5. baja 6. pequeño 7. antipática 8. difícil
D. 1. aprendemos / leemos / escribimos 2. comes / lees / bebes 3. creo 4. leen 5. bebe 6. debe 7. venden 8. abro 9. reciben 10. escribimos
E. 1. vienes; vengo; tengo 2. vienen; venimos; tenemos 3. vienen; vienen 4. tienes; tienen
F. 1. llamo a mis amigos 2. lleva a su hermano 3. llamamos a Nora y a Alicia
G. 1. leer 2. mensaje 3. llenar 4. económicos 5. escribir 6. comer 7. esta noche 8. parcial 9. refresco 10. hacer
H. 1. a. Oigo. b. castellano
2. a. béisbol b. actriz / cantante / bailarina
I. Debes comer para vivir, no vivir para comer.

Lección 4

A. 1. mí / ti 2. contigo / conmigo 3. ustedes 4. nosotros / usted 5. ella / él 6. ellos
B. 1. del zoológico / de la playa 2. a la fiesta de Navidad / al teatro 3. al hijo del Sr. Vega 4. a los hijos de mi vecino(a)
C. 1. vas / voy 2. da / dan 3. estoy / estás / están 4. van / vamos 5. das / doy

D. 1. van a servir 2. voy a bailar 3. va a celebrar 4. vas a charlar 5. van a preparar 6. vamos a llevar
E. 1. empieza 2. entiende 3. pienso 4. preferimos / quieren 5. comienzan 6. pensamos 7. pierden 8. cierras
F. 1. tienen prisa 2. no tengo hambre / tengo mucha sed 3. tenemos calor 4. tienen mucho sueño 5. tienes miedo 6. tiene razón / tiene diez años
G. 1. contento 2. hambre 3. sacar 4. fin de semana 5. ¡Salud! 6. preocupado 7. enojada 8. cantan 9. sed 10. acabamos
H. 1. a. José b. santo
2. a. Guadalajara b. Autónoma c. pintora
I. Ojos que no ven, corazón que no siente.

Lección 5

A. 1. más caros que / menos caro que 2. más alto que / menos alta que 3. más grande que / menos grande que 4. tantas horas como 5. tan bonita como
B. 1. mayor / menor 2. mejor / peor 3. la mejor / el peor
C. 1. cuestan 2. almuerzan 3. contamos 4. duerme 5. vuelves 6. podemos 7. recuerdo 8. llueve
D. 1. estamos pidiendo 2. están sirviendo 3. estoy leyendo 4. estamos poniendo 5. estás tomando 6. está diciendo
E. 1. Elsa es la mamá de Marcela. 2. El restaurante Miramar está en la calle Siete. 3. ¡El pollo está delicioso! 4. Roberto es de México, pero ahora está en Guatemala. 5. El café está frío. 6. El escritorio es de metal.
F. 1. está lloviendo 2. nieva 3. hace 4. hace 5. hay
G. 1. plato 2. servilleta 3. cordero 4. volver 5. leche 6. pescado 7. mantel 8. al mediodía
H. 1. a. propina b. euro
2. a. el quetzal b. Miguel Ángel Asturias
I. Marzo ventoso, abril lluvioso hacen a mayo florido y hermoso.

Lección 6

A. 1. este / esta / esos 2. Aquel / aquellas 3. Eso
B. 1. sigue 2. digo / dice 3. servimos / sirve 4. consigo 5. piden
C. 1. No, yo no sacudo los muebles todos los días. 2. No, nosotros ni lavamos ni doblamos la ropa. 3. No, no hay ninguna sábana en el armario. 4. No, no hay nadie.
D. 1. conduzco 2. sé 3. quepo 4. salgo 5. traduzco 6. veo 7. hago 8. pongo 9. conozco 10. traigo
E. 1. Ellos saben que nosotros somos hermanos, pero no conocen a mi hermana. 2. Yo conozco al cuñado de María, pero no sé dónde vive. 3. James conoce Buenos Aires, pero no sabe hablar español. 4. Mis primos no saben bailar salsa.
F. 1. Sí, yo la conozco. 2. Sí, mis tíos lo saben. 3. Sí, nuestros abuelos nos llevan al teatro. 4. Sí, mis primos me llaman por teléfono. 5. Sí, yo puedo llevarte. 6. Sí, yo las escondo en mi cuarto. 7. Sí, yo los lavo. 8. Sí, nosotros la sacamos todos los días.
G. 1. aspiradora / sacudir / césped / ropa 2. abrir / sé 3. escoba / huéspedes 4. sala / planchar 5. taxi / agencia 6. salgo 7. cuñado 8. montón / artículos 9. dice / acuerdo 10. cocina / cuarto
H. 1. a. trabajos b. soltera
2. a. Tegucigalpa b. En la agricultura
I. Más vale tarde que nunca.

Lección 7

A. 1. vas a traernos / Les voy a traer 2. le hablas / me contesta 3. te manda / le escribo
B. 1. A mis padres les gustan más 2. le gusta hacer 3. Nos gusta mucho 4. No me gusta 5. Te gusta más
C. 1. Hace dos días que yo no duermo. 2. Hace un mes que tú no me llamas. 3. Hace media hora que nosotras estamos aquí. 4. Hace un año que ellos viven en Panamá. 5. Hace doce horas que Eva no come. 6. Hace quince minutos que Uds. hablan por teléfono.
D. 1. llamó / reservó 2. llegué / empecé 3. saliste / volviste 4. buscó / leyó 5. comimos / bebimos 6. abrieron / cerraron 7. toqué / canté 8. almorzaron / estudiaron 9. creyó / leyó 10. costaron / costó

E. 1. primer / tercer 2. segundo / cuarto 3. quinto / décimo
F. 1. i 2. f 3. l 4. b 5. d 6. n 7. a 8. m 9. c 10. g 11. h 12. j 13. k 14. e
G. 1. a. pensiones / comida b. habitaciones / baño
2. a. economías b. Canal
H. Salió de Guatemala y entró en Guatepeor.

Lección 8

A. 1. se lo mandé 2. me la puedes traer 3. puede prestárnosla 4. puedo dártelas 5. no puedo traérselos 6. se lo mando
B. 1. fui / di 2. fuimos / fue 3. fue / dimos 4. fuiste 5. fuiste / fuimos 6. dieron 7. dio / diste 8. dieron
C. 1. Durmieron 2. siguieron 3. servimos 4. mintió 5. consiguió 6. pidieron 7. murió 8. repitió 9. dormí / durmió 10. pidió
D. por / para / por / para / para / Para / por / por / para
E. 1. especialmente 2. frecuentemente 3. lenta / claramente 4. recientemente 5. Generalmente 6. Desafortunadamente
F. 1. préstamo 2. fechar 3. creo que 4. Trabajo. 5. parquear 6. hidrante 7. talonario de cheques 8. estacionar 9. gerente 10. boca de incendios 11. multa 12. al contado 13. fuego 14. ramo
G. 1. a. central b. tarjeta
2. a. Asociado b. turismo
H. Todo tiempo pasado fue mejor.

Lección 9

A. 1. se afeita / nos afeitamos 2. me levanto / me acuesto 3. se divirtieron 4. te bañas 5. se lava 6. me olvidé 7. nos acordamos 8. se quitan / se ponen 9. se despierta 10. nos preocupamos 11. te sientas 12. me visto
B. 1. la camisa azul 2. en la escuela 3. el abrigo 4. las manos 5. Los padres 6. El café
C. 1. El mío 2. las suyas 3. las nuestras 4. las tuyas 5. los nuestros 6. El suyo (El de él) 7. La nuestra 8. el suyo (el de Uds.) 9. la mía 10. la suya (la de Ud.)
D. 1. vinieron / trajeron 2. estuve / tuve 3. puso / pudo 4. conduje / quise 5. dijeron / Hicieron 6. vino / hizo 7. traje / traduje 8. pudiste / pusiste 9. trajo / supieron 10. vinimos / viniste
E. 1. Hace media hora que llegué. 2. Hace tres días que vi a Carlos. 3. Hace cuatro meses que conocí a Eva. 4. Hace tres años que compré mi coche. 5. Hace quince minutos que Carlitos empezó a tocar el piano.
F. a. 1. infancia 2. bolso 3. melocotón 4. bote 5. medianoche 6. carnicería 7. órgano 8. naranja
b. 1. higiénico 2. olvidaste 3. billetera 4. adelante / levantar / acostar 5. cabeza / vestí 6. divirtieron / culpa 7. bodas 8. pesar 9. zapatería / farmacia 10. extraño
G. 1. a. productos b. música
2. a. pintores b. merengue
H. Las apariencias engañan.

Lección 10

A. 1. Eran / llovía / hacía 2. vivía / trabajaba 3. hablábamos / estudiábamos 4. almorzaban / costaban 5. ibas / veías 6. era / aprendía 7. íbamos / nos divertíamos 8. salían / llegaban
B. 1. dijo / necesitaba / podía / tenía 2. compramos / éramos / llevábamos / íbamos 3. tenía / vinimos / hablábamos / estudiábamos 4. fue / Tuve / sentía 5. iba / vio / murieron 6. Eran / salimos / Llovía / hacía / Volvimos
C. 1. conocías / conocí 2. sabían / supimos 3. quiso / quería
D. 1. que se queja 2. que se mudaron 3. que nos gusta 4. a quien conocí 5. para quien
E. 1. h 2. k 3. o 4. a 5. m 6. d 7. b 8. f 9. n 10. c 11. e 12. g 13. j 14. l 15. i
F. 1. a. barrio b. pisos
2. a. petróleo b. joropo
G. El que ríe último, ríe mejor.

Lección 11

A. 1. nos casemos 2. esperes 3. saquen 4. dé 5. vaya 6. se quede 7. teman 8. me divorcie 9. sepan 10. vivas 11. seamos 12. digan 13. comience 14. hagas 15. llegue
B. 1. vayamos 2. viajen 3. ayude 4. te quedes 5. pague 6. se case 7. hagas 8. nos hospedemos
C. 1. se casen en mayo 2. pueda viajar hoy 3. vayan a Río de Janeiro 4. se queden a vivir aquí 5. llegue con dos horas de atraso 6. no sepan cuánto cuesta su viaje de luna de miel 7. no podamos ir a la excursión a la selva
D. a. 1. e 2. f 3. j 4. g 5. i 6. h 7. a 8. b 9. d 10. c
b. 1. excursión 2. compañera 3. barco 4. incluyen 5. centavo 6. abordar 7. fila 8. azafata 9. facturar 10. bosques
E. 1. a. comprometidas b. padrino
2. a. La Catedral de Sal de Zipaquirá b. La cumbia y el vallenato c. Gabriel García Márquez
F. Si quieres que los demás te respeten... ¡empieza por respetar a los demás!

Lección 12

A. a. 1. Vengan / comiencen (empiecen) 2. Tráiganmelas / pónganlas 3. Estén aquí / Sean 4. Vayan / lleven 5. Hablen / díganle 6. Denle / no se lo den 7. Levántense / salgan 8. Siéntense / No se preocupen
b. 1. Vaya / dele 2. Ponga 3. Pregúntele 4. Avísele 5. Vuelva
B. 1. esté 2. quede 3. se encuentren 4. seamos 5. den 6. necesiten
C. 1. ¿Qué idiomas se hablan en Perú? 2. ¿A qué hora se cierran las gasolineras? 3. ¿Por dónde se sale de aquí? 4. ¿Cómo se llega a la estación de servicio? 5. ¿Cómo se dice *manejar* en inglés? 6. ¿Dónde se compran piezas de repuesto?
D. 1. automáticos 2. vale 3. belleza 4. abierto 5. acumulador 6. se descompone 7. mejor 8. al mes 9. volante 10. la autopista 11. de aire 12. aceite 13. el portaguantes 14. chapa 15. remolcador 16. la cara
E. 1. a. motocicleta b. cédula 2. a. Inca b. Lima c. Quito
F. Se sufre, pero se aprende.

Lección 13

A. 1. Dime 2. Haz / lava 3. Vete (Sal) 4. Ponlos 5. Ven 6. sé / tráeme 7. ve / compra 8. Ten 9. No compres 10. No los cambies 11. No te vayas 12. Levántate / acuéstate
B. 1. ¿Cuál es tu camisa? 2. ¿Cuál de las bufandas te gusta? 3. ¿Qué es una pulsera? 4. ¿Qué blusas necesitas? 5. ¿Cuál es tu talla? ¿Qué es un sobretodo?
C. 1. sepa 2. tienen 3. sea 4. tenga 5. haga 6. habla / hable 7. esté 8. gustan
D. a. 1. comercial / comprar 2. ponerme / ir 3. anchas 4. calza 5. lado 6. queda / talla 7. departamento / ropa 8. rayas 9. librería 10. par 11. parece 12. ganga 13. cargados 14. medirle 15. durar 16. camión
b. 1. hacer juego 2. chileno(a) 3. kilogramo 4. angosto 5. medida 6. ancho 7. devolver 8. liquidación 9. precioso 10. quedar grande 11. departamento de caballeros 12. tienda por departamentos 13. corbata 14. sandalias 15. mediano
E. 1. a. almacenes b. métrico
2. a. En Chile b. Pablo Neruda c. Por sus gigantescas estatuas de piedra
F. Aunque la mona se vista de seda, mona se queda.

Lección 14

A. 1. llegue 2. vuelvan 3. van 4. necesite 5. tomen 6. vayas 7. des 8. llega 9. lleve
B. 1. leído 2. llamado 3. salido 4. abierto 5. dicho 6. puesto 7. vuelto 8. escrito
C. 1. abierto / cerrado 2. terminado / hecho 3. envueltos / puestos 4. rotas / arregladas 5. escrito / empezado
D. 1. ha terminado / ha venido 2. han dicho 3. ha visto / ha estado 4. han hecho / nos hemos matriculado 5. has tomado / he decidido
E. 1. había llegado 2. habían recibido 3. había pedido 4. habías faltado 5. había soñado
F. a. 1. d 2. f 3. h 4. j 5. i 6. k 7. l 8. e 9. g 10. c 11. a 12. b
b. 1. física 2. gimnasio / forma 3. abrazo 4. ascendencia 5. matriculado 6. único / título 7. consejero 8. investigación / entregarlo 9. nota / sacar / promedio 10. servir
G. 1. a. notas de 1 a 5 / 1 a 10 b. 3 o de 6
2. a. industria b. Florida C. casas / colores / italiana
H. En boca cerrada no entran moscas.

Lección 15

A. *Verb forms:* 1. diremos 2. harán 3. querrán 4. sabré 5. vendrán 6. Iremos 7. pondrán 8. vendremos 9. Tendré 10. Saldremos 11. Tomaremos 12. preguntarán
B. *Verb forms:* 1. iría 2. recetaríamos 3. dirías 4. hablarían 5. pondría 6. vendrían 7. pediría 8. haríamos 9. saldrías 10. iría 11. podríamos 12. gustaría
C. 1. habrá dicho 2. habrán vuelto 3. me habré mejorado 4. habremos merendado 5. habrás traído 6. habrá puesto 7. se habrán cepillado 8. se habrá curado
D. 1. habría tomado 2. habrían venido 3. habría puesto 4. habríamos ido 5. habrías hecho 6. habría preguntado 7. habrían dado 8. habrían dicho
E. 1. penicilina 2. los dientes 3. la lengua 4. los ojos 5. los pies 6. ambulancia 7. rompiste 8. la pierna 9. pusieron 10. dolor de cabeza 11. el estómago 12. embarazada
F. 1. a. centígrados b. gratis
2. a. Itaipú b. el lago Titicaca
G. Dime con quién andas y te diré quién eres.

Lección 16

A. 1. que trajeras la escopeta y se la dieras a Luis. 2. que jugaran y que no se aburrieran. 3. alguien aquí que supiera remar? 4. que fueras a patinar o a esquiar. 5. nadie que pudiera ir a bucear conmigo. 6. que compraran un velero y una tabla de mar. 7. de que Eva tuviera la banda sonora de esa película. 8. que ella fuera salvavidas. 9. que nosotros tuviéramos miedo. 10. que los chicos se cayeran. 11. que viéramos esa obra teatral. 12. que ellos vinieran a verme y me presentaran a sus amigos.
B. 1. a / en / de / a / a 2. en / de / a / a / a 3. a / de / de 4. a / a 5. en / en 6. a / a 7. en 8. en
C. 1. hayan ido 2. hayas aprendido 3. haya leído 4. se haya aburrido 5. haya sabido 6. hayamos divertido 7. haya jugado 8. hayan podido
D. 1. o 2. g 3. l 4. a 5. n 6. c 7. e 8. b 9. p 10. j 11. f 12. d 13. i 14. h 15. m 16. k
E. 1. a. mate b. empanadas
2. a. Chile y Ecuador b. Punta del Este
F. El que no haya trabajado, que no coma.

Lección 17

A. 1. hubiera visto 2. hubieran tenido 3. hubiéramos archivado 4. hubiera ofrecido 5. hubiera escrito 6. hubieras renunciado 7. hubieran recibido 8. hubiera trabajado
B. 1. tengo 2. pudiéramos 3. hubieran ido 4. necesitan 5. hubieras visto 6. supiera / fuera 7. entrena 8. prestaran 9. hubiéramos hablado 10. tuviera
C. 1. entrevistaran / dieran 2. puedas 3. avise / vaya 4. podamos / puede 5. haya 6. llegue 7. pudiera 8. paguemos 9. preguntes 10. tuviéramos 11. sea / seamos 12. estuviera
D. a. 1. medio 2. cuenta 3. jubliar 4. impresionado 5. contador 6. contestadora
b. 1. h 2. l 3. f 4. a 5. k 6. c 7. j 8. b 9. d 10. g 11. i 12. e
E. 1. a. formales b. brusco
2. a. Una monarquía constitucional b. Barcelona
F. Si el sabio no aprueba, malo; si el necio aplaude… peor.

Lección 18

A. 1. invitar a 2. empezamos a 3. asisten a 4. enseñar a 5. casarse con 6. me fijo en 7. insiste en 8. pensando en
B. 1. Por lo general 2. Por desgracia 3. para peor 4. Para qué 5. Por fin 6. Para eso 7. por suerte 8. para siempre
C. 1. a más tardar 2. Me dio rabia 3. dejó plantado(a) 4. De repente 5. Tarde o temprano 6. sin falta 7. llevaba puesto 8. me hago ilusiones 9. hicieron las paces 10. No me importa 11. a principios de 12. dar las gracias
D. 1. manifestación 2. huelga 3. daño 4. terremoto 5. campaña 6. anunciar 7. causar 8. exigir 9. enterarse 10. comentaristas 11. tener lugar 12. titulares 13. tornado 14. discurso 15. último 16. las Filipinas
E. 1. a. el flamenco b. de España
2. a. Alhambra b. tapas
F. Tarde o temprano se descubre al mentiroso.

PROFESSIONS AND TRADES

accountant **contador(a)**
actor **actor**
actress **actriz**
administrator **administrador(a)**
agent **agente**
architect **arquitecto(a)**
artisan **artesano(a)**
artist **artista**
baker **panadero(a)**
bank officer **empleado(a) bancario(a)**
bank teller **cajero(a)**
banker **banquero(a)**
barber **barbero(a)**
bartender **barman, cantinero(a)**
bill collector **cobrador(a)**
bookkeeper **tenedor(a) de libros**
brickmason (bricklayer) **albañil**
butcher **carnicero(a)**
buyer **comprador(a)**
camera operator **camarógrafo(a)**
carpenter **carpintero(a)**
cashier **cajero(a)**
chiropractor **quiropráctico(a)**
clerk **dependiente(a)** *(store),* **oficinista** *(office)*
computer operator **computista**
construction worker **obrero(a) de la construcción**
constructor **constructor(a)**
contractor **contratista**
cook **cocinero(a)**
copilot **copiloto** *(masc., fem.)*
counselor **consejero(a)**
dancer **bailarín(-ina)**
decorator **decorador(a)**
dental hygienist **higienista dental**
dentist **dentista**
designer **diseñador(a)**
detective **detective**
dietician **especialista en dietética**
diplomat **diplomático(a)**
director **director(a)**
dockworker **obrero(a) portuario(a)**
doctor **doctor(a), médico(a)**
draftsman **dibujante**
dressmaker **modista**
driver **conductor(a)**
economist **economista**
editor **editor(a)**
electrician **electricista**
engineer **ingeniero(a)**
engineering technician **ingeniero(a) técnico(a)**
eye doctor **oculista**
farmer **agricultor(a)**
fashion designer **diseñador(a) de alta costura**
fire fighter **bombero(a)**
fisherman **pescador(a)**
flight attendant **auxiliar de vuelo**
foreman **capataz, encargado(a)**
funeral director **empresario(a) de pompas fúnebres**
garbage collector **basurero(a)**
gardener **jardinero(a)**
guard **guardia**
guide **guía**
hairdresser **peluquero(a)**
home economist **economista doméstico(a)**
housekeeper **mayordomo, ama de llaves**
inspector **inspector(a)**
instructor **instructor(a)**
insurance agent **agente de seguros**
interior designer **diseñador(a) de interiores**
interpreter **intérprete**
investigator **investigador(a)**
janitor **conserje**
jeweler **joyero(a)**
journalist **periodista**
judge **juez(a)**
lawyer **abogado(a)**
librarian **bibliotecario(a)**
machinist **maquinista**
maid **criada**
mail carrier **cartero(a)**
manager **gerente**
mechanic **mecánico(a)**
midwife **comadrona, partera**
miner **minero(a)**
model **modelo**
musician **músico(a)**
nurse **enfermero(a)**
optician **óptico(a)**
optometrist **optometrista**
painter **pintor(a)**
paramedic **paramédico(a)**
pharmacist **farmacéutico(a)**
photographer **fotógrafo(a)**
physical therapist **terapista físico(a)**
physician **médico(a)**
pilot **piloto** *(masc., fem.),* **aviador(a)**
plumber **plomero(a)**
police officer **policía, agente de policía**
printer **impresor(a)**
psychologist **sicólogo(a)**
public relations agent **agente de relaciones públicas**
real estate agent **agente de bienes raíces**
receptionist **recepcionista**
reporter **reportero(a), periodista**
sailor **marinero(a)**
sales representative **vendedor(a)**
scientist **científico(a)**
secretary **secretario(a)**
security guard **guardia**
social worker **trabajador(a) social**
sociologist **sociólogo(a)**
soldier **soldado, militar**
stenographer **estenógrafo(a)**
stockbroker **bolsista**
student **estudiante**
supervisor **supervisor(a)**
surgeon **cirujano(a)**
systems analyst **analista de sistemas**
tailor **sastre**
taxi driver **chofer de taxi, taxista**
teacher **maestro(a)** *(elem. school),* **profesor(a)** *(high school and college)*
technician **técnico(a)**
telephone operator **telefonista**
television and radio announcer **locutor(a)**
television and radio technician **técnico(a) de radio y televisión**
teller **cajero(a)**
therapist **terapista**
travel agent **agente de viajes**
truck driver **camionero(a)**
typist **mecanógrafo(a), dactilógrafo(a)**
undertaker **director(a) de pompas fúnebres**
veterinarian **veterinario(a)**
waiter **mozo, camarero**
waitress **camarera**
watchmaker **relojero(a)**
worker **obrero(a)**
writer **escritor(a)**

The Spanish–English vocabulary contains all active and passive vocabulary that appears in the student text. Active vocabulary includes words and expressions that appear in the vocabulary lists that follow the dialogues, and in charts and word lists that are part of the grammar explanations. Passive vocabulary consists of words and expressions that are given an English gloss in textual material throughout the book: readings, photo captions, exercises, activities, and authentic documents.

The English–Spanish Vocabulary contains both active and passive words and expressions. The following abbreviations are used in the vocabularies:

abbr.	abbreviation	*indir. obj.*	indirect object	*poet.*	poetic
adj.	adjective	*inf.*	infinitive	*prep.*	preposition
adv.	adverb	*lang.*	language	*pron.*	pronoun
aux.	auxiliary	*m.*	masculine	*p.p.*	past participle
dir. obj.	direct object	*Mex.*	Mexico	*sing.*	singular
f.	feminine	*obj.*	object	*Sp.*	Spain
fam.	familiar	*pl.*	plural	*Sp. Am.*	Spanish America
form.	formal				

Spanish–English

a at, 2; to, 3; in, 16; **— casa** home; **¿— cómo está el cambio de moneda?** What is the exchange rate?, 9; **¿— cuánto estamos hoy?** What's the date today?, **— deshoras** untimely; **— eso de** at about, 15; **— la derecha (izquierda)** to the right (left), 7; **— la parrilla** grilled, 5; **— la vez** at a time; **— lo mejor** maybe, 12; **— más tardar** at the latest, 18; **— menos que** unless, 14; **— menudo** often, 12; **— nuestra disposición** at our disposal, 16; **— pesar de (que)** in spite of, 9; **— pie** on foot, 12; **— plazos** in installments, 8; **— principios de** at the first part of, 18; **¿— qué hora?** At what time?, 2; **— (en) todas partes** everywhere, 2; **— todos lados** everywhere, 2; **— veces** sometimes, 6; **— ver** let's see, 5
abierto(a) *(p.p. of* **abrir** *and adj.)* open(ed), 12
abogado(a) *(m., f.)* lawyer, 14
abordar el avion to board the plane, 11
abrazar to hug
abrazo *(m.)* hug, 14
abrigo *(m.)* coat, 13
abril April, 1
abrir to open, 3; **— una cuenta** to open an account, 8
abrocharse el cinturón to fasten one's seatbelt, 11
abuela *(f.)* grandmother, 4
abuelo *(m.)* grandfather, 4
aburrido(a) bored, 4
aburrirse (como una ostra) to be bored (to death), 16
acá here, 10
acabar de to have just, 4
acabarse to end, 18
acampar to camp, 16
accidente *(m.)* accident, 15
accionista *(m., f.)* shareholder, 17
aceite *(m.)* oil, 9; **— de oliva** *(m.)* olive oil
aceituna *(f.)* olive
aceptar to accept, 2
acercarse to approach, 11
aconsejar to advise, 11
acontecimiento *(m.)* event, 18
acordarse (o:ue) (de) to remember, 9
acostar (o:ue) to put to bed, 9
acostarse to go to bed, 9
acostumbrarse (a) to get used to, 12
actividad *(f.)* **— al aire libre** *(f.)* outdoor activity, 16
actualmente nowadays
actuación *(f.)* acting, 16
actuar to act
acumulador *(m.)* battery, 12
adelantado(a) advanced
además besides, 5
adicional additional
adiós goodbye, P
adjetivo *(m.)* adjective
administración de empresas *(f.)* business administration, 14
administrador(a) administrator, 17
adolescente *(m., f.)* teenager
¿adónde? where? (to), 3
aduana *(f.)* customs, 7
advertencia *(f.)* warning
aerolínea *(f.)* airline, 11
aeropuerto *(m.)* airport, 11
afeitar(se) to shave, 9
agente *(m., f.)* agent; **— de bienes raíces** *(m., f.)* real estate agent, 17; **— de bolsa** *(m., f.)* stockbroker, 17; **— de policía** *(m., f.)* police officer, 8; **— de relaciones públicas** *(m., f.)* public relations agent, 17; **— de seguros** *(m., f.)* insurance agent, 17
agosto August, 1
agotado(a) exhausted, 18
agradecimiento *(m.)* gratitude
agua (el) *(f.)* water, 5; **— mineral** *(f.)* mineral water, 5
aguardar to wait
ahijado(a) *(m., f.)* godson (daughter)
ahora now, 4
ahorrar to save, 8
ahorros *(m. pl.)* savings, 8
aire acondicionado *(m.)* air conditioning, 7
ajeno belonging to other people
al *(m. sing.) (contraction)* to the, 4; **— aire libre** outdoor, 16; **— contado** in cash, 8; **— horno** baked, cooked in the oven, 5; **— lado de** next to, 7; **— mes** a month, per month; **— teléfono** on the phone, 3
alacena *(f.)* pantry
alba *(f.)* dawn, daybreak
alberca *(f.)* swimming pool *(Mex.)*, 7
alcalde *(m.)* mayor, 18
alcaldesa *(f.)* mayor, 18
alegrarse (de) to be glad, 11
alegre merry, 4
alfabetizar to alphabetize
alfabeto *(m.)* alphabet
alfombra *(f.)* carpet, 10
alforja *(f.)* saddlebag
algo something, anything, 6
algodón *(m.)* cotton, 13
alguien someone, somebody, anyone, 6
alguno(a), algún any, some, 6
algunos(as) some, 6
allí there
alma *(f.)* soul
almacén *(m.)* department store, 13
almohada *(f.)* pillow, 10
almorzar (o:ue) to have lunch, 5
almuerzo *(m.)* lunch, 7
alojamiento *(m.)* lodging
alquilar to rent, 10
alquiler *(m.)* rent, 10
altiplano *(m.)* plateau
alto(a) tall, 2
alumno(a) *(m., f.)* student
amable polite, courteous, 2; **Muy —.** Very kind (of you)., 1
amante *(adj.)* loving
amar to love
amarillo(a) yellow, 1
ambos(as) both
ambulancia *(f.)* ambulance, 15
americano(a) American, 2
amistad *(f.)* friendship
amor *(m.)* love
amplio(a) large, ample, 10
amueblado(a) furnished, 10
anaranjado(a) orange, 1
ancho(a) wide, 13
andén *(m.)* platform
angosto(a) narrow, 13

anillo *(m.)* ring, 13
anoche last night, 7
anotar to write down, 2
anteayer the day before yesterday, 7
antecedentes académicos *(m.)* transcripts, 14
antes (de) before, 7; **— de que** before, 14
antibiótico *(m.)* antibiotic, 15
antiguo(a) former, 17
antipático(a) unpleasant, 3
antojársele a uno to seem to one
anunciar to announce, 18
anuncio *(m.)* ad, 3
añadir to add
año *(m.)* year, 3; **— Nuevo** *(m.)* New Year, 4
apagar to turn off, 18
aparato electrodoméstico *(m.)* home appliance, 10
aparcar to park, 8
apariencia *(f.)* appearance
apartamento *(m.)* apartment, 3
apellido *(m.)* last name, 3; **— de soltera** *(m.)* maiden name; **— materno** *(m.)* mother's surname, 3; **— paterno** *(m.)* father's surname, 3
apio *(m.)* celery, 9
aprender (a) to learn, 3
apretar (e:ie) to be tight; to tie together
aprobar (o:ue) to pass *(an exam or course)*, 14
aprovechar to take advantage of
aquel(los), aquella(s) *(adj.)* that, those *(distant)*, 6
aquel(los), aquella(s) *(pron.)* that one, those *(distant)*, 6
aquello *(neuter pron.)* that, 6
aquí here; **¡— va!** Here it goes!
árabe Arabic, 2
árbol *(m.)* tree; **— de Navidad** Christmas tree, 4; **— frutal** *(m.)* fruit tree, 15
archivar to file, 17
arena *(f.)* sand, 16
arete *(m.)* earring, 13
argentino(a) Argentinian, 11
arquitecto(a) *(m., f.)* architect, 14
arrancar to start *(car)*, 12
arreglar to tidy up, to fix, 6; to repair, 12
arreglo *(m.)* repair, 12
arroz *(m.)* rice, 5; **— con leche** *(m.)* rice pudding, 5
arte *(f.)* art
artículo *(m.)* article, 6
asado(a) roasted, barbecued, 5
ascendencia *(f.)* ancestry, 14
Así es la vida. Such is life.
asiento *(m.)* seat; **— de pasillo** *(m.)* aisle seat, 11; **— de ventanilla** *(m.)* window seat, 11
asignatura *(f.)* (school) subject, 14
asistente *(m., f.)* assistant, 17
asistir (a) to attend, 3
aspiradora *(f.)* vacuum cleaner, 6
aspirina *(f.)* aspirin, 15
ataque al corazón *(m.)* heart attack, 15
aterrizar to land (a plane), 11
atleta *(m., f.)* athlete, 16
atónito(a) aghast
atravesar (e:ie) to go through; **— con la mirada** to look right through
aturdido(a) dazed, confused, 4
aumento *(m.)* increase, 17
aunque although, 18
auto *(m.)* car, 10
autobús *(m.)* bus, 6
automático(a) automatic, 12
automóvil *(m.)* car, 10
autopista *(f.)* freeway, highway, 12
auxiliar de vuelo *(m., f.)* flight attendant, 11
avance *(m.)* preview, 16
avergonzado(a) ashamed
avión *(m.)* plane, 11
avisar to let know, to advise, 10
aviso *(m.)* ad, 3; **— clasificado** *(m.)* classified ad
¡Ay, no! Oh, no!, 1
ayer yesterday, 7
ayuda económica *(f.)* financial aid, 14
ayudar (a) to help, 6
azafata *(f.)* female flight attendant, 11
azúcar *(m.)* sugar, 9
azul blue, 1
azulejo *(m.)* tile

bailar to dance, 4
bailarín(-ina) *(m., f.)* dancer, 4
bajo(a) *(adj.)* short, 3; *(prep.)* under
balneario *(m.)* resort
baloncesto *(m.)* basketball, 16
banana *(f.)* banana, 9
banco *(m.)* bank, 8
banda sonora *(f.)* soundtrack, 16
bandera *(f.)* flag
bañadera *(f.)* bathtub, 7
bañar(se) to bathe (oneself), 9
bañera *(f.)* bathtub, 7
baño *(m.)* bathroom, 6
barato(a) inexpensive, 13
barca *(f.)* boat, 16
barco *(m.)* ship, 11
barrer to sweep, **6**
barrio *(m.)* neighborhood, 10
básquetbol *(m.)* basketball, 16
bastante quite, 5
batería *(f.)* drums, 9; battery, 12; **— de cocina** *(f.)* cookware, 10
batir to beat
beber to drink, 3; **— algo** to have something to drink, 3
bebida *(f.)* drink, 5
beca *(f.)* scholarship, 14
belleza *(f.)* beauty
beneficio *(m.)* benefit, 18
besar to kiss
beso *(m.)* kiss, 11
biblioteca *(f.)* library, 1
bibliotecario(a) *(m., f.)* librarian, 14
bicicleta *(f.)* bicycle, 12
bien well, fine, P; **— caliente** nice and hot, 15
bienvenido(a) welcome, 4
biftec *(m.)* steak, 5
billete *(m.)* ticket, 11; **— de ida** *(m.)* one-way ticket, 11; **— de ida y vuelta** *(m.)* round-trip ticket, 11
billetera *(f.)* wallet, 9
biología *(f.)* biology, 14
bisabuela *(f.)* great-grandmother
bisabuelo *(m.)* great-grandfather
bistec *(m.)* steak, 5
blanco(a) white, 1
blusa *(f.)* blouse, 13
boca *(f.)* mouth, 15; **— de incendios** *(f.)* fire hydrant, 8
bocina *(f.)* horn, 12
boda *(f.)* wedding, 9
bolígrafo *(m.)* pen, 2
bolsa de aire *(f.)* air bag, 12
bolsa de dormir *(f.)* sleeping bag, 10
bolso *(m.)* purse, handbag, 9; **— de mano** *(m.)* carry-on bag
bombilla *(f.)* straw *(for mate)*
bondad *(f.)* kindness
bonito(a) pretty, 2
borrador *(m.)* first draft, 2
bosque *(m.)* forest, 11
bosquejo *(m.)* outline
bota *(f.)* boot, 13
bote *(m.)* *(Mex.)* can, 9; boat, 16
botones *(m.)* bellhop, 7
brazo *(m.)* arm, 15
brillante brilliant, 7
bromear to joke, to kid, 12
broncearse to get a tan, 16
bucear to scuba dive, 16
buenísimo(a) extremely good, 11
bueno(a), buen good; **¡Buen viaje!** Have a nice trip!, 11; **buenas noches** good evening, good night, P, 1; **buenas tardes** good afternoon, P, 1; **buenos días** good morning, P, 1
bufanda *(f.)* scarf, 13
burro(a) *(m., f.)* donkey
bus *(m.)* bus, 6
buscar to get, to pick up, 6; to look for; to find
búsqueda *(f.)* search
butaca *(f.)* armchair, 10

caballero *(m.)* knight
cabaña *(f.)* cabin, 16
cabello *(m.)* hair, 15
caber to fit, 6
cabeza *(f.)* head, 15
cacerola *(f.)* saucepan, 10
cada *(invariable adj.)* each, 17
café *(m.)* brown, 1; coffee, 2; café, 3
cafecito *(m.)* small (cup of) coffee, 15
cafetera *(f.)* coffee maker, 10
cafetería *(f.)* cafeteria, 1
caja *(f.)* cash register, 13
cajero automático *(m.)* automatic teller, 8
cajuela *(f.)* trunk *(car)*, 12
calcetines *(m. pl.)* socks, 13
calculadora *(f.)* calculator
calefacción *(f.)* heating, 10
callar to be silent
calle *(f.)* street, 1
calor *(m.)* heat, 14
caloría *(f.)* calorie, 5
calzar to wear (a certain size in shoes), 13
cama *(f.)* bed, 6
camarero(a) *(m., f.)* waiter, waitress, 5
camarones *(m. pl.)* shrimp, 5
cambiar to change, 6; to exchange, 13; **— de idea** to change one's mind, 11

cambio de moneda *(m.)* exchange rate, 7
cambios mecánicos *(m. pl.)* standard shift, 12
camelia *(f.)* camellia, 8
caminar to walk, 12
camión *(m.)* truck, 13
camisa *(f.)* shirt, 6
camiseta *(f.)* T-shirt, 13
camisón *(m.)* nightgown, 13
campaña electoral *(f.)* electoral campaign, 18
campeón(-ona) *(m., f.)* champion, 16
campo *(m.)* countryside, 16
canal *(m.)* channel, 7
cancelar to cancel, 7
canción *(f.)* song, 9; **— infantil** *(f.)* children's song
candidato(a) *(m., f.)* candidate, 17
canoa *(f.)* canoe, 16
cansado(a) tired, 4
cantar to sing, 4
caña de azúcar *(f.)* sugar cane
caña de pescar *(f.)* fishing rod, 16
capital *(f.)* capital (city)
capitalismo *(m.)* capitalism, 18
capó *(m.)* hood, 12
capullo *(m.)* bud
cara *(f.)* face, 15
¡caramba! gee!, 2
carbón *(m.)* coal
cárcel *(f.)* jail
cargado(a) (de) loaded with, 13
cargo *(m.)* position
cariño *(m.)* love, honey, 18
carnaval *(m.)* Mardi Gras
carne *(f.)* meat, 6; flesh; **— de res** *(f.)* beef
carnicería *(f.)* meat market, 9
caro(a) expensive, 10
carpeta *(f.)* folder, 17
carpintero(a) *(m., f.)* carpenter, 14
carrera *(f.)* career, 14
carro *(m.)* car, 10
carta *(f.)* letter, 17
cartelera *(f.)* movie (entertainment) section (of a newspaper)
cartera *(f.)* handbag, 9; wallet, 13
casa *(f.)* house, 2; home; **— de ancianos** *(f.)* nursing home
casado(a) married, 3
casarse (con) to get married (to), 11
catarro *(m.)* cold, 15
cátedra *(f.)* faculty appointment
catorce fourteen, 1
causar to cause, 18
cazar to hunt, 16
cebolla *(f.)* onion, 9
cédula *(f.)* I.D. document
celebrar to celebrate, 9
cena *(f.)* dinner, 7
cenar to have dinner, to dine, 7
censura *(f.)* censorship
centro *(m.)* downtown; **— comercial** *(m.)* shopping mall, 13
cerca close to, near, 10; around; **— de** near
cereza *(f.)* cherry
cero zero, P
cerradura *(f.)* lock
cerrar (e:ie) to close, 4
cerveza *(f.)* beer, 5
cesto de papeles *(m.)* wastebasket, 2
champán *(m.)* champagne, 5
chapa *(f.)* license plate, 12
Chau. Goodbye., P, 1
cheque *(m.)* check, 8; **cambiar un —**, 8
chequeo *(m.)* checkup, 14
chequera *(f.)* checkbook, 8
¡Chévere! Great!
chica *(f.)* girl, young woman, 2
chico *(m.)* boy, young man, 2
chico(a) small, 10
chino Chinese *(lang.)*, 2
chocolate *(m.)* chocolate, 5; **— caliente** *(m.)* hot chocolate, 5
chorizo *(m.)* sausage
cielo *(m.)* sky, heaven
cien, ciento one hundred, 2
ciencia *(f.)* science, 14; **— ficción** *(f.)* science fiction, 16
cierto true
cinco five, P
cincuenta fifty, 2
cine *(m.)* movie (theater), 4
cita *(f.)* appointment
ciudad *(f.)* city, 3
clarinete *(m.)* clarinet, 9
claro(a) light; clear
clase *(f.)* class, 1; **— optativa** *(f.)* elective; **— turista** *(f.)* tourist class, 11
clasificado(a) classified, 12
clavel *(m.)* carnation, 8
cliente *(m., f.)* customer
cobardía *(f.)* cowardice
cobrar un cheque to cash a check, 8
cobre *(m.)* copper
coche *(m.)* car, 10; **— híbrido** *(m.)* hybrid car, 12
cocina *(f.)* kitchen, 6
cocinar to cook, 6
cocinero(a) *(m., f.)* cook, chef, 14
cognado *(m.)* cognate
col *(f.)* cabbage
cola *(f.)* tail
colchón *(m.)* mattress, 7
colega *(m., f.)* colleague
collar *(m.)* necklace, 13
colonial colonial, 15
color *(m.)* color, 1
colorado(a) red
columna *(f.)* column, 18
combinar (con) to match, 13
comedia *(f.)* comedy, 16
comedor *(m.)* dining room, 6
comentarista *(m., f.)* commentator, 18
comenzar (e:ie) (a) to begin, to start, 4
comer to eat, 3; **— algo** to have something to eat, 3
comercial *(m.)* commercial, 18
comida *(f.)* food, 4; meal, 5
como since, 7; like, 11; about, 16; **— si** as if, 17
¿cómo? how?, P; what?; **¿— está usted?** How are you? *(form.)*, P, 1; **¿— están ustedes?** How are you?, P, 1; **¿— estás?** How are you? *(fam.)*, P; **¿— le va?** How is it going (for you)? *(form.)*, 1; **¿— se dice… ?** How do you say . . . ?, 1; **¿— se escribe… ?** How do you write . . . ?; **¿— se llama usted?** What's your name? *(form.)*, P, 1; **¿— te llamas (tú)?** What's your name? *(fam.)*, P; **¿— te va?** How is it going (for you) *(fam.)*?
cómoda *(f.)* bureau, chest of drawers, 10
cómodo(a) comfortable, 7
compacto(a) compact, 12
compañero(a) *(m., f.)* partner; **— de clase** *(m., f.)* classmate, 4; **— de cuarto** *(m., f.)* roommate, 3
compañía *(f.)* company, 3
comparar to compare, 14
comparativo(a) comparative
compartir to share, 10
compensar to compensate, 17
complicado(a) complicated, 12
compra *(f.)* purchase, 17
comprador(a) *(m., f.)* buyer, 17
comprar to buy, 6
comprometerse con to get engaged to, 18
computadora *(f.)* computer, 2; **— portátil** *(f.)* laptop computer, 17
común common, 18
con with, 1; **¿— cuánta anticipación?** How far in advance?; **— él (ella) habla.** This is he (she) speaking., 3; **— razón** no wonder, 3; **— tal (de) que** provided that, as long as, 14; **— vista a** overlooking, 7
concierto *(m.)* concert, 4
concordancia *(f.)* agreement
condicional conditional
conducir to drive *(Sp.)*, 6
conductor *(m., f.)* driver, 12
conferencia *(f.)* lecture, 18
conferencia de prensa *(f.)* press conference, 18
confiar to trust
confirmar to confirm, 7
conmigo with me, 2
conocer to know, to be acquainted, 6; to meet, 10
conocimiento *(m.)* knowledge, 3
conseguir (e:i) to get, to obtain, 6
consejero(a) *(m., f.)* advisor, 14
consejo *(m.)* advice
constitución *(f.)* constitution, 18
consulado *(m.)* consulate, 7
consultorio *(m.)* doctor's office, 15
contabilidad *(f.)* accounting, 14
contado: al — in cash, 8
contador(a) *(m., f.)* accountant, 5; **— público(a)** *(m., f.)* certified public accountant, 17
contagioso(a) contagious, 15
contaminación del aire *(f.)* smog
contar (o:ue) to count, 5; to tell, 18
contento(a) happy, 4
contestar to answer, 3
contigo *(fam. sing.)* with you, 4
continente *(m.)* continent
continuar to continue, 17
contra against
contrabajo *(m.)* bass, 9
contracción *(f.)* contraction
contraseña *(f.)* password, 17
control remoto *(m.)* remote control, 18
convencer to convince, 10
conversación *(f.)* conversation, 2
conversar to talk, to converse, 2, 4

convivencia *(f.)* coexistence
copa *(f.)* glass, goblet, 5
corbata *(f.)* tie, 13
cordero *(m.)* lamb, 5
corredor de bolsa *(m., f.)* stockbroker, 17
correo *(m.)* post office, 12; — **electrónico** *(m.)* e-mail, 17
correr to run, 3
correspondencia *(f.)* correspondence, 17
corrida de toros *(f.)* bullfight
corsario *(m.)* privateer
cortar(se) to cut (oneself); — **el césped** to mow the lawn, 6
corte de pelo *(m.)* haircut, cut
cortés polite, courteous, 2
cortina *(f.)* curtain, 10
cosa *(f.)* thing, 6
costar (o:ue) to cost, 5; — **un ojo de la cara** to cost an arm and a leg, 12
costumbre *(f.)* custom, 4
crear to create
crecer to grow
creer to believe, to think, 3
creído *(p.p. of* **creer***)* believed, 14
crema *(f.)* cream, 5
crepúsculo *(m.)* twilight
criada *(f.)* maid, 6
crimen *(m.)* crime, 18
cuaderno *(m.)* notebook, 2
cuadro *(m.)* picture, painting, 10; **de** — plaid, 13
¿cuál? what?, which?, P; **¿— es tu (su) dirección?** What is your address?, 1; **¿— es tu (su) número de teléfono?** What is your telephone number?, P
cuando when, 14
¿cuándo? when?, 2
¿cuánto(a)? how much?; **¿— tiempo hace que... ?** How long . . . ?, 7
¿cuántos(as)? how many?
cuarenta forty, 2
cuarto *(m.)* room, 4; — **de baño** *(m.)* bathroom, 6; — **de lavar** laundry room, 6; **menos** — quarter of / to *(time)*, 2; **y** — quarter after / past *(time)*, 2
cuarto(a) fourth, 7
cuatro four, P
cuatrocientos(as) four hundred, 3
cubano(a) Cuban, 2
cubierto(a) *(p.p. of* **cubrir** *and adj.)* covered, 14
cubiertos *(m. pl.)* silverware, 5
cubrir to cover
cuchara *(f.)* spoon, 5
cucharada *(f.)* spoonful
cucharita *(f.)* teaspoon, 5
cuchillo *(m.)* knife, 5
cuello *(m.)* neck, 15; collar
cuenta *(f.)* bill, check, 5; account, 8; — **conjunta** *(f.)* joint account, 8; — **corriente** *(f.)* checking account, 8; — **de ahorros** *(f.)* savings account, 8
cuero *(m.)* leather, 13
cuerpo *(m.)* body, 15
cuidado *(m.)* care
cumbre *(f.)* pinnacle
cumpleaños *(m.)* birthday, 1
cumplir... años to turn . . . years old, 4
cuñado(a) *(m., f.)* brother-in-law, sister-in-law, 6
curandero(a) *(m, f.)* healer
curarse to cure oneself, to get better, 15
currículum vitae *(m.)* curriculum vitae, 17
curtido(a) weatherbeaten

daño *(m.)* damage, 18
dar to give, 4; — **alimento (a)** to feed; — **hacia** to overlook; — **la mano** to shake hands; — **las gracias** to express gratitude, 18; — **un beso** to kiss; — **una multa** to fine, to give a ticket, 8; — **una película** to show a movie, 7; —**le rabia a uno** to be furious, 18; —**se cuenta (de)** to realize, 14
datos personales *(m. pl.)* personal information, 3
de from, 1; of, 1; about, with, in, 16; — **acuerdo** in agreement, 13; — **acuerdo con** according to; — **cuadros** plaid, 13; — **estatura mediana** of medium height, 5; — **haber sabido** had I known, 15; — **la mañana** a.m., 2; — **la tarde** p.m., 2; — **lunares** polka-dotted, 13; — **manera que** so, 9; — **memoria** by heart; — **modo que** so, 9; — **nada.** You're welcome., 1; — **postre** for dessert, 5; — **pronto** suddenly, 18; — **rayas** striped, 13; — **repente** suddenly, 18; — **todos modos** anyway
debajo de under, 6
debate *(m.)* debate, 18
deber owe, 8
deber *(+ infinitive)* must, should, 3
deberse a to be due to
debidamente duly
decidir to decide, 3
décimo(a) tenth, 7
decir (e:i) to say, to tell, 6
decisión *(f.)* decision, 17
dedo *(m.)* finger, 15; — **del pie** *(m.)* toe, 15
dejar to leave behind, 5; — **plantado(a) a alguien** to stand somebody up, 18; — **tranquilo(a)** to leave alone
deletrear to spell
deletreo *(m.)* spelling
delgado(a) thin, slender, 3
demás: los (las) — others
demostrativo(a) demonstrative
dentro inside
departamento *(m.)* department, section; — **de (ropa para) caballeros** *(m.)* men's department, 13; — **de (ropa para) damas** *(m.)* women's department, 13
depender to depend, 14
deporte *(m.)* sport, 16
depositar to deposit, 8
derecho *(m.)* right; **derecho(a)** *(adj.)* right; — **ajeno** *(m.)* the other person's right; **a la derecha** to the right, 7
derretir (e:i) to melt
derrotar to defeat, 18
desafortunadamente unfortunately, 8
desafortunado(a) unfortunate, 8
desagradecido(a) *(adj.)* ungrateful
desamparo *(m.)* abandonment
desastre *(m.)* disaster, 4
desayuno *(m.)* breakfast, 7
descansar to rest, 7
descomponerse to break down, 12
descompuesto(a) *(p.p. of* **descomponer** *and adj.)* out of order, not working, 12
desconcertado(a) bewildered
desde since, 6; from, 10
desear to want, to wish, 2
desempeñar to perform (a job), 17
desempleo *(m.)* unemployment, 18
desesperanza *(f.)* despair
desfallecer to faint
desocupado(a) vacant, 10
desocupar el cuarto to vacate the room, 7
despacho *(m.)* office, 17
despacio slowly
despedazar to tear
despedida *(f.)* farewell, 1
despegar to take off (a plane), 11
despertarse (e:ie) to wake up, 9
desposar to marry, to betroth
despreciar to scorn
después afterwards, 3
desvestirse (e:i) to get undressed, 9
destacar to emphasize
destacarse to stand out
detener to stop (something); —**se** to stop
determinado(a) definite
deuda *(f.)* debt, 8
devolver (o:ue) algo to return (something), 13
devuelto(a) *(p.p. of* **devolver** *and adj.)* returned, 14
día *(m.)* day, 1
diamante *(m.)* diamond
diariamente daily
diario *(m.)* newspaper, 3
dibujos animados *(m. pl.)* cartoons, 16
diccionario *(m.)* dictionary
dicho *(m.)* saying
dicho(a) *(p.p. of* **decir** *and adj.)* said, told, 14
diciembre December, 1
dictadura *(f.)* dictatorship, 18
diecinueve nineteen, 1
dieciocho eighteen, 1
dieciséis sixteen, 1
diecisiete seventeen, 1
diente *(m.)* tooth, 15
dieta *(f.)* diet, 5
diez ten, P
difícil difficult, 1
diligencia *(f.)* errand, 8
dinero *(m.)* money, 2
Dios God
dirección *(f.)* address, 1
directo(a) direct, 11
discoteca *(f.)* discotheque, 4
discurso *(m.)* speech, 18
diseño *(m.)* design
disfrutar to enjoy
disquete *(m.)* diskette, 17
distinto(a) different
divertirse (e:ie) to have a good time, to enjoy oneself, 9
divorciado(a) divorced, 3
doblado(a) dubbed

doblar to turn, 12; to dub; — **la ropa** to fold the clothes, 6
doble double, 7
doce twelve, 1
doctor(a) *(m., f.)* doctor, P
doler (o:ue) to hurt, 15
dolor *(m.)* pain, 15
domicilio *(m.)* address, 1
domingo *(m.)* Sunday, 1
don *(m.)* *(title of respect)*
¿dónde? where?, 1
dorado(a) golden
dormir (o:ue) to sleep, 5
dormirse to fall asleep, 9
dormitorio *(m.)* bedroom, 6
dos two, P
doscientos(as) two hundred, 3
dramático(a) dramatic, 16
dramaturgo(a) *(m., f.)* playwright
ducha *(f.)* shower, 7
dudar to doubt, 12
dulce fresh *(water)*; sweet
dulces *(m. pl.)* sweets
durar to last, 13
durazno *(m.)* peach, 9

echar el bofe to be out of breath
económico(a) financial, 3
edad *(f.)* age, 3
edificio *(m.)* building, 10
educación física *(f.)* physical education, 14
efectivo *(m.)* cash, 8; **en —** in cash, 8
ejecutivo(a) *(m., f.)* executive, 14
ejército *(m.)* army
el the *(m. sing.)*, 2; — **(la) que** he (she) who
él he, 1; him, 4
elecciones *(f.)* elections, 18
electricidad *(f.)* electricity, 10
electricista *(m., f.)* electrician, 14
ella she, 1; her, 4
ellas *(f. pl.)* they, 1; them, 4
ellos *(m. pl.)* they, 1; them, 4
embajada *(f.)* embassy, 7
embarazada pregnant, 15
embarcarse to get on a boat
emergencia *(f.)* emergency, 15
empanada *(f.)* meat turnover
empeorarse to get worse, 15
empezar (e:ie) (a) to begin, to start, 4
empleado(a) *(m., f.)* clerk, 7; — **bancario** *(m., f.)* bank employee, 17
empleo *(m.)* job, 3
empresarial *(adj.)* business
en in, at, 1; on, inside, over, 16; — **casa** at home, 4; — **caso de que** in case, 14; — **cuanto** as soon as, 14; — **cuanto a** regarding; — **efectivo** in cash, 8; — **ese caso** in that case, 2, 11; — **este momento** at this moment, 5; — **fin...** anyway . . . ; — **la actualidad** nowadays 18; — **ningún lado** nowhere; — **ninguna parte** nowhere; — **parte** in part, 14; — **punto** on the dot; **¿— qué puedo servirle?** How can I help you?, 7; — **seguida** right away, 5; — **seguida vuelvo** I'll be right back, 5; — **serio?** seriously?, 2; — **vez de** instead of, 15
enamorarse de to fall in love with, 18
encantado(a) charmed, 1

encantarle a uno to love, 8
encargado(a) *(m., f.)* super(intendent), 10
encargado(a) de in charge of, 17
encender (e:ie) to turn on, 18
enciclopedia *(f.)* encyclopedia, 8
encontrar (o:ue) to find, 5
encontrarse (con) to meet, 10
encuesta *(f.)* survey, poll, 18
enero January, 1
enfriar to cool down
enojarse to get angry, 14
enorme enormous, 15
ensalada *(f.)* salad, 5
ensangrentado(a) blood-stained
ensayo *(m.)* essay
enseñar (a) to teach
entablar to start
entender (e:ie) to understand, 4
enterarse to find out, 18
enterrado(a) buried
entonces then, in that case, 4
entrada *(f.)* entrance, 11
entrante next
entrar to enter, to come in
entre among, between
entregar to turn in, to deliver, 14
entrenador(a) coach, trainer, 16
entrevista *(f.)* interview, 17
entrevistar to interview, 17
enviar to send, 7
envolver (o:ue) to wrap, 14
envuelto(a) *(p.p. of* **envolver** *and adj.)* wrapped, 14
equipaje *(m.)* luggage, 7
equipo *(m.)* team, 16
equipo electrónico *(m.)* electronic equipment, 17
equivocado(a) wrong, 4
errabundo wandering
es decir that is to say
es que... the fact is . . . , 13
escalar to climb, 16
escalera *(f.)* stairs, 7; — **mecánica** *(f.)* escalator, 7
escapar to escape
esclavo(a) *(m., f.)* slave
escoba *(f.)* broom, 6
escoger to choose
esconder to hide, 6
escopeta *(f.)* shotgun, 16
escribir to write, 3; — **a máquina** to type
escrito(a) *(p.p. of* **escribir** *and adj.)* written, 14
escritor(a) *(m., f.)* writer, 14
escritorio *(m.)* desk, 2
escuchemos let's listen (to), 18
escuela *(f.)* school, 10; — **secundaria** *(f.)* high school, 10
ese(os), esa(s) *(adj.)* that, those, (nearby), 6
ese(os), esa(s) *(pron.)* that one, those *(nearby)*, 6
esfuerzo *(m.)* effort
eso *(neuter pron.)* that, 6
espada *(f.)* sword
espalda *(f.)* back, 15
España Spain
español *(m.)* Spanish *(lang.)*, 1
especial special, 5
especialización *(f.)* major *(field of study)*, 14
especializado(a) specialized, 17

especialmente especially, 8
espejo *(m.)* mirror, 10
esperanza *(f.)* hope
esperar to wait (for), to expect; to hope, 11
esposa *(f.)* wife, 5
esposo *(m.)* husband, 5
espuma *(f.)* foam
esquí acuático *(m.)* water ski, 16
esquiar to ski, 16
esquina *(f.)* corner, 12
¿Está... *(name)*? Is . . . *(name)* there?, 3
esta noche tonight, 2
estación *(f.)* season, 1; station, 10; — **de la seca** *(f.)* dry season; — **de servicio** *(f.)* gas (service) station, 12
estacionar to park, 8
estado *(m.)* state; — **civil** *(m.)* marital status, 3
Estados Unidos *(m. pl.)* United States, 11
estampado(a) print (fabric), 13
estar to be, 4; — **a cargo** to be in charge, 18; — **de acuerdo** to agree, 6; — **de vacaciones** to be on vacation, 7; — **de vuelta** to be back, 18; — **equivocado(a)** to be wrong, 4; — **muerto(a) de hambre** to be starving, 5
estatura *(f.)* height, 5
este east, 16
este(os), esta(s) *(adj.)* this, 6; these, 6
este(os), esta(s) *(pron.)* this one; these, 6
este fin de semana *(m.)* this weekend
estimarse to have self-esteem
estirar to stretch
esto *(neuter pron.)* this, 6
estómago *(m.)* stomach, 15
estrechar to hold
estrecho(a) narrow, 13
estreno *(m.)* première, 16
estribillo *(m.)* refrain
estrofa *(f.)* stanza
estudiante *(m., f.)* student, 1
estudiar to study, 2
etapa *(f.)* period
evaluación *(f.)* evaluation, 17
evento *(m.)* event, 18
evitar to avoid, 17
exactamente exactly, 17
exactitud *(f.)* accuracy
examen *(m.)* exam, 3; checkup, 15; — **parcial (de mitad de curso)** *(m.)* midterm examination, 3
excelente excellent, 11
exceso de equipaje *(m.)* excess baggage, 11
excursión *(f.)* excursion, 11
exigir to demand, 10
éxito *(m.)* success
experiencia *(f.)* experience, 3
experto(a) *(m., f.)* expert, 14
expresión *(f.)* expression
extranjero(a) foreign; **en el extranjero** abroad
extrañar to miss, 9
extraño(a) *(m., f.)* stranger

fábrica *(f.)* factory, 5
fácil easy, 1
fácilmente easily, 8

facsímile *(m.)* fax, 17
factoría *(f.)* factory, 5
facturar el equipaje to check luggage, 11
facultad *(f.)* college, school, 14
falda *(f.)* skirt, 13
fallecer to pass away, 9
falta *(f.)* lack
faltar a clase to miss class, 14
familia *(f.)* family, 4
fantasma *(m.)* ghost
farmacia *(f.)* pharmacy, 9
fastidiado(a) annoyed
favorito(a) favorite, 4
fax *(m.)* fax, 17
febrero February, 1
fecha de nacimiento *(f.)* date of birth, 3
fechar to date *(check or letter)*, 8
femenino(a) feminine
feo(a) ugly, 3
ferretería *(f.)* hardware store, 9
festejar to celebrate, 9
festival *(m.)* festival, 16
fiebre *(f.)* fever, 15
fiesta *(f.)* party, 4
fijarse en to notice, 18
filmar to film (make) a movie
filosofía *(f.)* philosophy
filtro de aceite *(m.)* oil filter, 12
fin *(m.)* end; **— de semana** *(m.)* weekend, 4
fingir to pretend
firma *(f.)* signature, 8
firmar to sign, 8
física *(f.)* physics, 14
flan *(m.)* caramel custard, 5
flauta *(f.)* flute, 9
flor *(f.)* flower, 8
florería *(f.)* flower shop, 8
fortaleza *(f.)* fortress
fortuna *(f.)* fortune, 11
foto *(f.)* photo, photograph, 4
fotocopiadora *(f.)* photocopy machine, 17
fotografía *(f.)* photo, photograph, 4
francamente frankly, 12
francés *(m.)* French *(lang.)*, 2
frecuentar to visit frequently
frecuente frequent
frecuentemente frequently, 12
fregar (e:ie) to wash the dishes, 6
freno *(m.)* brake, 12
frente a in front of, 8
fresa *(f.)* strawberry, 9
frijoles *(m. pl.)* beans, 5
frito(a) fried, 5
frondoso(a) leafy
fruta *(f.)* fruit, 9
fuego *(m.)* fire, 8
fuente *(f.)* source
fuera *(adv.)* outside
fumar to smoke
funcionar to work, to function, 12
funda *(f.)* pillowcase, 10
fundir to melt
fusilar to shoot
fútbol *(m.)* soccer, 16
futuro *(m.)* future, 14

ganadería *(f.)* livestock
ganar to earn, 2
ganga *(f.)* bargain, 13
garaje *(m.)* garage, 6
garganta *(f.)* throat, 15
gaseosa *(f.)* soda pop, 3
gasolina *(f.)* gasoline, 12
gasolinera *(f.)* gas (service) station, 12
gato *(m.)* car jack, 12
general general, 8
generalmente generally, 8
género *(m.)* gender
gente de negocio *(f.)* businesspeople
geranio *(m.)* geranium, 8
gerente *(m., f.)* manager, 8
gimnasio *(m.)* gym, 14
girasol *(m.)* sunflower, 8
gobernador(a) governor, 18
goma de borrar *(f.)* eraser
gordo(a) fat, 3
grabar to tape, 18
gracias thank you, thanks, P
grado *(m.)* degree, 15
graduarse to graduate, 14
grande big
gratis free (of charge), 8
gratuito(a) free
gripe *(f.)* flu, 15
gris gray, 1
grúa *(f.)* tow truck, 12
grupo *(m.)* group, 18
guante *(m.)* glove, 13
guantera *(f.)* glove compartment, 12
guapo(a) handsome, good-looking, 2
guatemalteco(a) *(m., f.)* Guatemalan, 5
guerra *(f.)* war, 18
guía telefónica *(f.)* telephone book
guión *(m.)* script, screenplay
guitarra *(f.)* guitar, 9
gustar to like, to be pleasing to, 7
gusto *(m.)* pleasure, joy; **El — es mío.** The pleasure is mine., 1

haber *(aux.)* to have
habitación *(f.)* room, 4; **— doble** *(f.)* double room, 7; **— sencilla** *(f.)* single room, 7
hablar to speak, 2
hace + *time* + **que** + *verb (present)* to have been doing something for a length of time, 7; **Hace mucho que no duermo una siesta.** I haven't taken a nap for a long time., 7
hace + *time* + **que** + *verb (preterite / imperfect)* to have done something in the past (ago), 9
hacer to do, 4; to make, 6; **— buen tiempo** to be good weather, 5; **— calor** to be hot, 5; **— diligencias** to run errands, 8; **— ejercicio** to exercise, 7; **— escala** to make a stopover, 11; **— frío** to be cold, 5; **— juego (con)** to match, 13; **— las compras** to do the shopping, 6; **— las maletas** to pack; **— mal tiempo** to be bad weather, 5; **— sol** to be sunny, 5; **— surfing** to surf, 16; **— un crucero** to take a cruise, 11; **— un picnic** to have a picnic; **— una radiografía** to take an X-ray, 15; **— viento** to be windy, 5; **—se cargo** to take charge; **—se ilusiones** to dream, to fool oneself, 18
hacia toward
hambre *(f.)* hunger, 4; **tener —** to be hungry, 4
hamburguesa *(f.)* hamburger, 5
hasta until, 7; **— ahora** up to now, 14; **— la vista.** Goodbye., 1; **— mañana.** See you tomorrow., P; **— que** until, 14
hay there is, there are, 1
hecho *(m.)* happening
hecho(a) *(p.p. of* **hacer** *and adj.)* done, made, 14
helado *(m.)* ice cream, 5
herir (e:ie) to hurt
hermana *(f.)* sister, 4
hermanastra *(f.)* stepsister
hermanastro *(m.)* stepbrother
hermanito(a) *(m., f.)* little brother (sister), 4
hermano *(m.)* brother, 4
hermoso(a) beautiful, 5
hidrante *(m.)* fire hydrant, 8
hija *(f.)* daughter, 4
hijastra *(f.)* stepdaughter
hijastro *(m.)* stepson
hijo *(m.)* son, 4
hijos *(m. pl.)* children
hilo *(m.)* linen, 13
historia *(f.)* history, 3
hogar *(m.)* home
hogareño(a) family oriented
hoja *(f.)* leaf; **— de papel** *(f.)* sheet of paper
hola hello, P
hombre *(m.)* man; **— de negocios** *(m.)* businessman, 7
honrado(a) honest, honorable
hora *(f.)* time (of day), 2; hour; **¿A qué —... ?** (At) what time . . . ?, 2; **¿Qué — es?** What time is it?, 2
horario *(m.)* schedule, 14
horno *(m.)* oven, 10
hospedaje *(m.)* lodging, 11
hospedarse en to stay, to lodge (at a hotel), 11
hospital *(m.)* hospital, 2
hotel *(m.)* hotel, 7
hoy today, 1; **— en día** nowadays, 18
huelga *(f.)* strike, 18
huracán *(m.)* hurricane, 18

idea *(f.)* idea, 2
ideal *(adj.)* ideal, 11
idioma *(m.)* language, 2
iglesia *(f.)* church
igualmente likewise, 1
ilusión *(f.)* dream, 18
impaciencia *(f.)* lack of patience; **—s** *(f. pl.)* pressures
imperativo *(m.)* command
imperfecto *(m.)* imperfect
impermeable *(m.)* raincoat, 5
imponer una multa to fine; to give a ticket, 8
importación *(f.)* import, 17
importarle a uno to matter, to concern
imposible impossible, 5
impresionado(a) impressed, 17
impresora *(f.)* printer, 17
impuesto *(m.)* tax, 8
incendio *(m.)* fire, 8
incluir to include, 10
indeterminado(a) indefinite
indicativo(a) indicative

infancia *(f.)* childhood, 9
informática *(f.)* computer science, 14
informe *(m.)* report, 3
ingeniero(a) *(m., f.)* engineer, 14
inglés *(m.)* English *(lang.)*, 2
ingreso(s) *(m. pl.)* income
insistir en to insist on, 14
instantáneo(a) instant, 7
instrumento musical *(m.)* musical instrument, 9
inteligente intelligent, 2
interesante interesting, 6
interesar to interest, 18
Internet *(f.)* the World Wide Web, 7
intérprete *(m., f.)* interpreter, 17
interrogativo(a) interrogative
inundación *(f.)* flooding, 18
investigación *(f.)* research, 14
investigación de la opinión pública *(f.)* poll, survey, 18
invierno *(m.)* winter, 1
invitación *(f.)* invitation, 3
invitado(a) *(m., f.)* guest, 4
invitado(a) invited, 4
invitar (a) to invite, 18
inyección antitetánica *(f.)* tetanus shot, 15; **poner una —** to give a shot, 15
ir to go, 4; **ir a** + *infinitive* to be going (to) + *infinitive*, 4; **— a acampar** to go camping, 16; **— a pescar** to go fishing, 16; **— a pie** to go on foot, to walk, 12; **— caminando** to go on foot, to walk, 12; **— de pesca** to go fishing, 16
irse to go away, to leave, 9
isla *(f.)* island, 9
italiano *(m.)* Italian *(lang.)*, 2
izquierdo(a) left; **a la —** to (on, at) the left, 12

jabón *(m.)* soap, 7
jactarse (de) to brag (about)
jamás never, ever 6
jamón *(m.)* ham, 5
jardín *(m.)* garden, 7
jefe(a) *(m., f.)* boss, chief, 17; **— de compras** purchasing manager, 17
joven *(m., f.)* young man, young woman, 15; *(adj.)* young
jóvenes *(m., f.)* young people
joyas *(f. pl.)* jewels, jewelry, 13
joyería *(f.)* jewelry store, 9
jubilarse to retire, 17
juego *(m.)* game, 4
jueves *(m.)* Thursday, 1
jugar (u:ue) to play *(game, sport)*; **— al golf** to play golf, 16; **— al tenis** to play tennis, 16
jugo *(m.)* juice; **— de frutas** fruit juice, 5
julio July, 1
junio June, 1
juntos(as) together, 2
justo(a) fair
juventud *(f.)* youth, 9

la *(f. sing.)* the, 2; *(pron.)* her, it, you *(form.)*, 6
labio *(m.)* lip
laboratorio *(m.)* laboratory, 14
labrador(a) *(m., f.)* farmer
ladera *(f.)* hillside
lago *(m.)* lake, 16
lámpara *(f.)* lamp, 10
lana *(f.)* wool, 13
langosta *(f.)* lobster, 5
lápiz *(m.)* pencil, 2
las *(f. pl.)* the, 2; *(pron.)* them, you *(form.)*, 6
lástima *(f.)* pity, shame; **es una —** it's a pity, 11; **¡Qué —!** What a pity!, 15
lata *(f.)* can, 9
lavadora *(f.)* washing machine, 10
lavar to wash, 6
lavar(se) to wash (oneself), 9; **— la cabeza** to wash one's hair, 9; **— la ropa** to do the laundry, 6; **— los platos** to wash dishes, 6
le (to, for) her, (to, for) him, (to, for) you *(form.)*, 7
leal loyal
leche *(f.)* milk, 5
lecho *(m.)* bed
lechón *(m.)* pork
lechuga *(f.)* lettuce, 9
lector(a) *(m., f.)* reader
lector MP3 *(m.)* MP3 player, 4
leer to read, 3
legumbre *(f.)* vegetable, 5
leído *(p.p. of* **leer***)* read, 14
lejano(a) far away
lejos *(adv.)* far, 10
lengua *(f.)* language, 2; tongue, 15
lentamente slowly, 8
lento(a) slow, 8
les (to, for) them, (to, for) you, *(form. pl.)*, 7
levantar to lift, to raise, 9; **—se** to get up, 9
libertad *(f.)* liberty, freedom, 2, 18
libertad de palabra *(f.)* freedom of speech, 18
libertad de prensa *(f.)* freedom of the press, 18
libra *(f.)* pound
libre vacant; free, available
librería *(f.)* bookstore, 13
librero *(m.)* bookshelf, 10
libro *(m.)* book, 2
licuadora *(f.)* blender, 10
liga *(f.)* league
ligero(a) light
lila *(f.)* lilac, 8
limpiaparabrisas *(m.)* windshield wipers, 12
limpiar el baño to clean the bathroom, 6
limpio(a) clean
lindo(a) pretty, 2
lino *(m.)* linen, 13
liquidación *(f.)* sale, 13
lista *(f.)* list; **— de espera** *(f.)* waiting list, 7
literatura *(f.)* literature, 2
llama *(f.)* flame
llamar to call, 3; **¿Cómo se llama usted?** What is your name? *(form.)*, P; **¿Cómo te llamas?** What's your name? *(fam.)*, P; **Me llamo…** My name is . . . , P; **—se** to be called, 9
llano *(m.)* plain
llanta *(f.)* tire, 12; **— pinchada** *(f.)* flat tire, 12; **— de repuesto** *(f.)* spare tire, 12
llanura *(f.)* plain
llave *(f.)* key, 7
llegada *(f.)* arrival, 11
llegar to arrive, 2
llenar to fill, to fill out, 3
lleno(a) full, 12
llevar to take *(someone or something someplace)*, 3; **— puesto(a)** to have on, to be wearing (clothes), 18
llover (o:ue) to rain, 5
lluvia *(f.)* rain, 5
lo him, it, you *(form.)*, 6; **— que** what, which, 6; **— siguiente** the following; **— soy.** Indeed I am.; **—** + *adj.* that which is + *adj.*
local *(adj.)* local, 18
locutor(a) anchor person, 18
logro *(m.)* achievement
los *(m. pl.)* the, 2; *(pron.)* them, you *(form.)*, 6
luchar to fight
lugar *(m.)* place, 6; **— de nacimiento** *(m.)* place of birth, 3; **— donde trabaja** *(m.)* place of employment, 3
lujo *(m.)* luxury
luna *(f.)* moon, 11; **— de miel** *(f.)* honeymoon, 11
lunares: de — polka-dotted, 13
lunes *(m.)* Monday, 1
luz *(f.)* light, 2; headlight, 12

madera *(f.)* wood
madrastra *(f.)* stepmother
madre *(f.)* mother, 1
madrina *(f.)* godmother
maestro(a) *(m., f.)* teacher (elementary school), 14
magnífico(a) excellent, 14; great, 4
mal bad, badly
maleta *(f.)* suitcase, 7
maletero *(m.)* (car) trunk, 12
maletín *(m.)* briefcase
maligno(a) evil
malo(a) bad
mamá mom, 1
mancha *(f.)* blemish, spot
mandar to send, 7; to order
manejar to drive, 12
manga *(f.)* sleeve; **(de) — cortas** short-sleeved, 13; **(de) — largas** long-sleeved, 13; **sin —** sleeveless, 13
mango *(m.)* mango, 9
manifestación *(f.)* demonstration, 18
mano *(f.)* hand, 15
mantel *(m.)* tablecloth, 5
mantener to maintain, 14; **— la conversación** to keep the conversation going
mantequilla *(f.)* butter, 9
manzana *(f.)* apple, 3, 9; *(Sp.)* city block
mañana *(f.)* morning, tomorrow; **— mismo** tomorrow and not a day later, 17
mapa *(m.)* map, 2
máquina contestadora *(f.)* answering machine, 17
máquina de afeitar *(f.)* razor
mar *(m.)* sea, 7
marca *(f.)* brand, 13

margarina *(f.)* margarine, 9
margarita *(f.)* daisy, 8
marido *(m.)* husband, 5
mariposa *(f.)* butterfly
mariscos *(m. pl.)* shellfish
marrón brown, 1
martes *(m.)* Tuesday, 1
marzo March, 1
más more, 2; plus; — **allá** beyond; — **o menos** more or less, 3
masculino male
matemáticas (*f. pl.*) math, mathematics, 14
materia *(f.)* (school) subject, 14
maternidad *(f.)* motherhood
matrícula *(f.)* registration, tuition, 14
matricularse to register, 14
matrimonio *(m.)* marriage
mayo May, 1
mayor older, 5; bigger, 5; **el (la)** — the oldest, 5
me me, 6; (to, for) me, 7; (to) myself, 9; — **llamo...** My name is . . . , P
mecánico *(m.)* mechanic, 12
mecer to rock
mediano(a) medium, 13
medicamento *(m.)* medicine, 15
medicina *(f.)* medicine, 15
médico(a) *(m., f.)* physician, doctor, 14
medida *(f.)* size, 13; measure
medio(a) half; **medio** *(m.)* means; **medio hermana** *(f.)* half sister; **medio hermano** *(m.)* half brother; **y media** half-past (*telling time*), 2
medios de difusión *(m.)* media, 18
mejor best; better, 5; **el (la)** — the best, 5
mejorar to improve, 9; **—se** to get better, 15
melocotón *(m.)* peach, 9
menor younger, 5; **el (la)** — youngest, 5
menos to, till *(telling time)*, 2; less, 5; minus; — **mal** it's a good thing, 15
mensaje electrónico *(m.)* e-mail, 3
menú *(m.)* menu, 5
mercadeo *(m.)* marketing, 17
mercado *(m.)* market, 6
merecer la pena to be worth it, 12
merendar (e:ie) to have an afternoon snack, 15
mes *(m.)* month, 1
mesa *(f.)* table, 4; — **de centro** *(f.)* coffee table, 10
mesita de noche *(f.)* night table, 10
meta *(f.)* goal
métrica *(f.)* meter *(poetry)*
metro *(m.)* subway, 10
mexicano(a) Mexican, 1
mexicanoamericano(a) Mexican American, 1
mezcla *(f.)* mixture
mezclar to mix
mi *(sing.)* my, 2, 3; — **amor** my love, 3; — **vida** *(f.)* darling, (my life), 3
mí *(obj. of prep.)* me, 4
microcomputadora *(f.)* laptop computer, 17
microondas *(m.)* microwave, 10
miedo *(m.)* fear, 4
miel de abeja *(f.)* honey, 15
mientras while, 3
miércoles *(m.)* Wednesday, 1
mil one thousand, 3
milla *(f.)* mile, 12
millar *(m.)* thousand
millonario(a) *(m., f.)* millionaire
mío(s), mía(s) *(pron.)* mine, 9
mirar to look (at), 5; to watch *(e.g., TV)*, 5; — **por la ventana** to look out the window, 6; — **vidrieras** to window shop, 13
mis *(pl.)* my, 3
mismo(a) same, 10
misterio *(m.)* mystery
mitad *(f.)* half
mochila *(f.)* backpack, 2
moda *(f.)* fashion
moderno(a) modern, 12
modista *(f.)* dressmaker
modo *(m.)* way
molestarse to bother (doing something), 15
momento *(m.)* moment, 3
moneda *(f.)* currency
montaña *(f.)* mountain, 4
montar to ride, 16; — **a caballo** to ride a horse, 16; — **en bicicleta** to ride a bicycle, 16
monte *(m.)* mountain
montón *(m.)*: **un montón de** a bunch of, 6
morado(a) purple, 1
moreno(a) dark, brunette, 2
morir (o:ue) to die, 5
mostrar (o:ue) to show
moto *(f.)* motorcycle, 8
motocicleta *(f.)* motorcycle, 8
mozo *(m.)* waiter, 5
muchacha *(f.)* girl, young woman, 2
muchacho *(m.)* boy, young man, 2
Muchas gracias. Thank you very much., 1
muchísimo a lot, 7
mucho(a) much, 1
Mucho gusto. How do you do? Nice to meet you., 1
mucho tiempo a long time, 7
muchos(as) many, 4
mudarse to move (from one house to another), 10
muebles *(m. pl.)* furniture, 10
muelle *(m.)* dock
muerte *(f.)* death
muerto(a) *(p.p. of* **morir** *and adj.)* died, dead, 14
mujer *(f.)* wife, 5; woman; — **de negocios** *(f.)* businesswoman
multa *(f.)* fine, ticket, 8
mundo *(m.)* world, 17
museo *(m.)* museum, 4
música *(f.)* music
musical musical, 16
músico *(m.)* musician
muy very, P; — **bien** very well, P

nacer to be born, 9
nacido(a) born
nacimiento *(m.)* birth, 3
nacionalidad *(f.)* nationality, 3
nada nothing, 1
nadar to swim, 7
nadie nobody, no one, not anyone, 6
naranja *(f.)* orange, 9
nariz *(f.)* nose, 15
Navidad *(f.)* Christmas, 4
necesario(a) necessary
necesitar to need, 2
negarse (e:ie) to refuse
negativo(a) negative
negocio *(m.)* business, 17
negro(a) black, 1
neumático *(m.)* tire, 12; — **de repuesto** *(m.)* spare tire, 12; — **pinchado** *(m.)* flat tire, 12
nevado(a) snowed
nevar (e:ie) to snow, 5
ni nor, 6; **—... ni...** neither . . . nor . . . , 6
niebla *(f.)* fog, 5
nieta *(f.)* granddaughter, 6
nieto *(m.)* grandson, 6
nieve *(f.)* snow, 16
ninguno(a), ningún no, none, not any, 6
niño(a) *(m., f.)* child
no no, not, P; — **más que** nothing but; — **mucho** not much, P; — **muy bien** not very well
noche *(f.)* evening, night, 2
nocturno *(m.)* nocturne
nombre *(m.)* (first) name, 1, 3; noun; — **de pluma** *(m.)* pen name
norte north, 16
norteamericano(a) North American, 2
nos us, 6; (to, for) us, 7; (to, for) ourselves, 9; — **vemos.** See you., 1
nosotros(as) we, 1; us, 4
nota *(f.)* grade, 14
noticia(s) (*f. pl.*) (piece of) news, 7
noticiero *(m.)* news program, 18
novecientos(as) nine hundred, 3
noveno(a) ninth, 7
noventa ninety, 2
novia *(f.)* girlfriend, 3
noviembre November, 1
novio *(m.)* boyfriend, 3
nublado(a) cloudy
nuera *(f.)* daughter-in-law, 5
nuestro(a) our, 3; *(pron.)* ours, 9
nuestros(as) our *(pl.)*, 3
nueve nine, P
número *(m.)* number, P; size *(of shoes)*, 13; — **de identidad** *(m.)* I.D. number, 3; — **de la licencia de conducir** *(m.)* driver's license number, 3; — **de seguro social** *(m.)* social security number, 3; — **de teléfono** *(m.)* phone number, P
nunca never, 6
nutrición *(f.)* nutrition, 14

o or, 6; **—... o...** either . . . or . . . , 6
objeto *(m.)* object
obligar to force, to make
obra *(f.)* work *(of art)*; play, 16, 18
obrero(a) worker, 18
ochenta eighty, 2
ocho eight, P
ochocientos(as) eight hundred, 3
octavo(a) eighth, 7
octubre October, 1
ocultar to hide
ocupación *(f.)* occupation, 3
ocupado(a) busy, 4
ocurrir to happen 18
oeste west, 16
oficina *(f.)* office, 1; — **de correos** *(f.)* post office, 12

oficio *(m.)* trade, 14
ofrecer to offer, 17
oído *(m.)* *(p.p. of* **oír**) heard; ear (inner), 15
oír to hear
ojalá I hope, God grant, 11
ojo *(m.)* eye, 15
ola *(f.)* wave
olvidar(se) (de) to forget, 9
ómnibus *(m.)* bus, 6
once eleven, 1
opinión *(f.)* opinion, 11
oportunidad *(f.)* opportunity
oprimir to hold tightly
optativo(a) elective
optimista *(invariable adj.)* optimistic, 3
opuesto(a) opposite
oración *(f.)* sentence
orden *(f.)* order
ordenador *(m.)* computer *(Sp.)*, 17
oreja *(f.)* ear, 15
orgulloso(a) proud
oro *(m.)* gold
orquesta *(f.)* orchestra, band
orquídea *(f.)* orchid, 8
os you *(fam. pl.)*, 6; (to, for) you, 7; (to) yourselves, 9
oscuro(a) dark
otoño *(m.)* autumn, fall, 1
otra vez again
otro(a) another, other, 2
oveja *(f.)* sheep
oye listen, 1

padrastro *(m.)* stepfather
padre *(m.)* father, 1
padres *(m. pl.)* parents, 6
padrino *(m.)* godfather, 11
pagar to pay, 5
país *(m.)* country, 9
pájaro *(m.)* bird
palabra *(f.)* word, 17
palma *(f.)* palm, palm tree, 9
palo de golf *(m.)* golf club, 16
pan *(m.)* bread, 5
panadería *(f.)* bakery, 9
pantalla *(f.)* screen, 16; movie screen
pantalones *(m. pl.)* pants, trousers, 8
pantimedias (*f. pl.*) pantyhose, 13
pañuelo *(m.)* handkerchief, 13
papa *(f.)* potato, 5
papá dad, 1
papel *(m.)* paper, 2; — **higiénico** *(m.)* toilet paper, 9
paquete *(m.)* package, 11
par *(m.)* pair, 13
para in order, 2; for, 3; to, in order to, 8; by, 8; — **beber** to drink, 5; — **eso** for that, 18; — **peor** to make matters worse, 18; — **que** in order that, 14; ¿— **qué?** What for?; — **siempre** forever, 18; — **ver** to see, 5
parabrisas *(m.)* windshield, 12
parada de autobuses *(f.)* bus stop, 6
paraguas *(m.)* umbrella
paraíso terrenal *(m.)* Garden of Eden
parecer to seem
pared *(f.)* wall, 2
pareja *(f.)* couple
pariente *(m., f.)* relative, 6
parlantes *(m.)* speakers, 4
parque *(m.)* park, 4; — **de diversiones** *(m.)* amusement park, 4
parquear to park, 8
partera *(f.)* midwife
partido *(m.)* game, 4
partido político *(m.)* political party, 18
partir to leave
pasado(a) last, 7
pasado mañana the day after tomorrow, 4
pasaje *(m.)* ticket, 11; — **de ida** *(m.)* one-way ticket, 11; — **de ida y vuelta** *(m.)* round-trip ticket, 11
pasajero(a) *(m., f.)* passenger, 11
pasaporte *(m.)* passport, 7
pasar to spend *(time)*, 4; to happen, 18; — **la aspiradora** to vacuum, 6; — **por la aduana** to go through customs, 7; — **por las armas** to shoot; — **una película** to show a movie, 7
pasarlo bien to have a good time, 5
Pase. Come in., 1
Pasemos a comerciales. Let's go to commercials., 18
pastel *(m.)* pie, 5
patinar to skate, 16
patio *(m.)* backyard, 15
patria *(f.)* homeland
pavo *(m.)* turkey, 5
paz *(f.)* peace, 15
pecho *(m.)* chest, 15
pedazo *(m.)* piece, 5
pedido *(m.)* order, 5
pedir (e:i) to order, 5; to ask for, to request, 6; — **un préstamo** to apply for a loan, 8
película *(f.)* movie, 7; **dar una** — to show a movie, 4; **pasar una** — to show a movie, 4; — **de ciencia ficción** science fiction movie, 16; — **de guerra** war movie, 16; — **de misterio** mystery movie, 16; — **de suspenso** thriller, 16; **ver una** — to watch a movie, 4
peligroso(a) dangerous
pelirrojo(a) red-headed, 3
pelo *(m.)* hair, 15
peluquería *(f.)* beauty salon, 12
pena *(f.)* sorrow
pensamiento *(m.)* pansy, 8; thought
pensar (e:ie) to think, 4; *(+ inf.)* to plan *(to do something)*, 4; — **en** to think about, 18
pensión *(f.)* boarding house
peor worse, 5; **el (la)** — the worst, 5
pepino *(m.)* cucumber, 9
pequeño(a) small, little, 3
perder (e:ie) to lose, 4
Perdón. Pardon me., 1
perfectamente perfectly, 15
perfecto(a) perfect, 2
periódico *(m.)* newspaper, 3
periodismo *(m.)* journalism, 14
periodista *(m., f.)* journalist, 18
pero but, 1
perro(a) *(m., f.)* dog; — **caliente** *(m.)* hot dog, 5
persona *(f.)* person, 4
personal *(m.)* personnel, 17
pesar to weigh
pescadería *(f.)* fish store, 9
pescado *(m.)* fish, 5
pescar to fish, to catch *(a fish)*, 16
pesimista *(invariable adj.)* pessimistic, 3
piano *(m.)* piano, 9
pie *(m.)* foot, 15
piedra *(f.)* stone
pierna *(f.)* leg, 15
pieza de repuesto *(f.)* spare part, 12
pimienta *(f.)* pepper, 5
pino *(m.)* pine tree, 16
pintor(a) *(m., f.)* painter
piña *(f.)* pineapple, 9
piscina *(f.)* swimming pool, 7
piso *(m.)* floor, 6
placa *(f.)* license plate, 12
plancha *(f.)* iron, 10
planchar to iron, 6
planear to plan, 11
planilla *(f.)* form, 8
plástico *(m.)* plastic
plata *(f.)* silver
plátano *(m.)* banana, 9
platicar to talk, to converse, 2
platillo *(m.)* saucer, 5
plato *(m.)* plate, 5; dish, 5
playa *(f.)* beach, 4
plomero(a) *(m., f.)* plumber, 14
pluma *(f.)* pen, 2
pluscuamperfecto *(m.)* pluperfect
pobre poor (*unfortunate*), 4
pobrecito(a) poor thing
pobreza *(f.)* poverty, 18
poder (o:ue) to be able to, can, 5; *(m.)* power
poema *(m.)* poem, 2
poesía *(f.)* poetry
policía *(m.)* policeman, 8
poliéster *(m.)* polyester, 13
pollo *(m.)* chicken, 5
ponche *(m.)* punch, 4
poner to put, to place, 6; — **una inyección** to give an injection, shot, 15; — **una multa** to fine, to give a ticket, 8; —**se** to put on, 9; **no tener nada que** — not to have anything to wear, 13; —**se de acuerdo** to come to an agreement, 11; —**se en forma** to get into shape, 14; —**se en la cola** to stand in line, 11
por along, 8; around, 8; because of, 8; by, 8; during, 8; for, 8; in, 8; in exchange for, 8; in search of, 8; on account of, 8; on behalf of, 8; per, 8; through, 8; — **aquí cerca** around here, 18; — **desgracia** unfortunately, 8; — **ejemplo** for example, 13; — **el contrario** on the contrary, 13; — **eso** that is why, 18; — **favor** please, 1; — **fin** finally, 18; — **la mañana** in the morning, 1; — **la noche** in the evening, at night, 1; — **la tarde** in the afternoon, 1; — **lo general** generally, 18; — **lo menos** at least, 13; — **mes** a month, per month, 12; — **primera vez** for the first time, 4; ¿— **qué?** why?; — **si acaso** just in case, 18; — **suerte** luckily, 18; — **supuesto** of course, 18; — **teléfono** on the phone, 3; — **un tiempo** for a while, 12
porque because, 2

portaguantes *(m.)* glove compartment, 12
postre *(m.)* dessert, 5
postularse to run (for office), 18
porteño(a) from Buenos Aires
portugués *(m.)* Portuguese *(lang.)*, 2
practicar to practice, 2
practicar deportes to play sports, 16
precioso(a) pretty, beautiful, 13
preferir (e:ie) to prefer, 4
pregunta *(f.)* question, 4
preguntar to ask (a question), 15
preocuparse (por) to worry (about), 9
preparar to prepare, 4
presentador(a) anchor person, 18
presentar to introduce, 16
presente present
presidente(a) *(m., f.)* president, 17
préstamo *(m.)* loan, 8
prestar to lend, 8
presupuesto *(m.)* budget, 8
presuroso(a) in haste
prevalecer to prevail
primaria *(f.)* elementary school
primavera *(f.)* spring, 1
primera clase *(f.)* first class, 11
primero(a), primer first, 2; — *(poet., pl.)* basic (i.e., elemental)
primo(a) *(m., f.)* cousin, 6
principal main, 17
probable probable, 8
probablemente probably, 8
probador *(m.)* fitting room, 13
probar (o:ue) to try, 9; to taste, 9; **—se** to try on, 9
problema *(m.)* problem, 2
procesador de textos *(m.)* word processor, 17
profesión *(f.)* profession, 3
profesor(a) *(m., f.)* professor, teacher, instructor, P
profundidad *(f.)* depth
programa *(m.)* program, 2
programa de concursos *(m.)* game show, 16
programación *(f.)* programming
programador(a) *(m., f.)* programmer, 14
promedio *(m.)* grade point average, 14
prometer to promise, 7
prometido(a) fiancé(e), 11
pronóstico del tiempo *(m.)* weather forecast
pronto soon, 14
propina *(f.)* tip, 5
propio(a) own; **propia página** *(f.)* home page
proponer to propose; **—se** to set out to
proporcionar to furnish
proseguir (e:i) to continue
próximo(a) next
publicar to publish
pueblo *(m.)* town, 11; (*community, nation*) people
puente *(m.)* bridge
puerta *(f.)* door, 2; **— de calle** *(f.)* front door
puertorriqueño(a) *(m., f.)* Puerto Rican
pues... well . . . , 6
puesto(a) (*p.p. of* **poner** *and adj.*) put, 14; *(m.)* position, job, 17
pulmonía *(f.)* pneumonia, 15
pulsera *(f.)* bracelet, 13
punto *(m.)* dot

puré de papas *(m.)* mashed potatoes, 5

que (*rel. pron.*) that, 3; who, 4; than, 5; which, 10; (*conj.*) than, 5; **— viene** coming, next
¿qué? what?,; **¿A — hora?** (At) what time?, 2; **¡— Diablo!** What the heck!; **¡— gusto de verte!** How nice to see you!, 15; **¿— hay (de nuevo)?** What's up (new)?, P; **¿— hora es?** What time is it?, 2; **¡— lástima!** What a pity!, 15; **¿— teparece si... ?** What do you think about . . . ? 13; **¡— mala suerte!** Such bad luck!, 8; **¿— quiere decir... ?** What does . . . mean?; **¿— tal?** How are you?, P; **¿— tal te va?** How's it going for you? *(fam.)*, 14
quebrar(se) (e:ie) to break, 15
quedar to fit, to be, 10; **— impresionado(a)** to be impressed, 17; **— suspendido(a)** to fail (an *exam or a course*), 14; **—le grande (chico) a uno** to be too big (small) on someone, 13; **—se** to stay, 11; **—se con** to keep; **—se sentado(a)** to remain seated
quehaceres de la casa *(m. pl.)* housework, 6
quejarse to complain, 10
quemar to burn
querer (e:ie) to want, to wish, 4; **— decir** to mean; **no quise** I refused, 10
querido(a) dear, 11
queso *(m.)* cheese, 3
quien(es) who, whom, that, 10
¿quién? who?; **¿de —?** whose?
química *(f.)* chemistry, 1
quince fifteen, 1
quinientos(as) five hundred, 3
quinto(a) fifth, 7
quitar to take away, 9; **—se** to take off, 9
quizás perhaps, 13

radiografía *(f.)* X-ray, 15
raíz *(f.)* root
rama *(f.)* branch
ramo *(m.)* bouquet, 8
rápidamente rapidly, 8
rápido(a) *(adv.)* quickly, 6; rapidly, 8; *(adj.)* fast, 13
raqueta *(f.)* racket, 16
rascacielos (*m. sing.*) skyscraper
rato *(m.)* while, 4
ratón *(m.)* mouse, 17
raya *(f.)* stripe, 13
rayón *(m.)* rayon, 13
razón *(f.)* reason; **tener —** to be right, 4
realista (*invariable adj.*) realistic, 3
realizar to make
rebaja *(f.)* sale, 13
rebajar to mark down, 13
recámara *(f.)* bedroom (*Mex.*), 6
recepción *(f.)* registration, 7
receta *(f.)* recipe; prescription, 15
recetar to prescribe, 15
recibir to receive, 3
recibo *(m.)* receipt, 8
reciente recent, 8
recientemente recently, 8

recoger to pick up, 6
recomendación *(f.)* recommendation, 17
recompensa *(f.)* reward
recordar (o:ue) to remember, 5
recurrir a to turn to
Red *(f.)* the World Wide Web
refresco *(m.)* soft drink, soda pop, 3
refrigerador *(m.)*, refrigerator, 10
refugiado(a) *(m., f.)* refugee
regalo *(m.)* gift, 8
regatear to bargain
regla *(f.)* ruler
regresar to return, 2
reina *(f.)* queen
reírse (e:i) to laugh, 10
reloj *(m.)* clock, 2
remar to row, 16
remedio *(m.)* medicine, 15
remolcador *(m.)* tow truck, 12
renglón *(m.)* line
renunciar to resign, 17
repetir (e:i) to repeat
repollo *(m.)* cabbage, 9
represa *(f.)* dam
requisito *(m.)* requirement, 14
reserva *(f.)* reservation, 7
reservación *(f.)* reservation, 7
resfriado *(m.)* cold, 15
resfrío *(m.)* cold, 15
resoplar to blow
responsabilidad *(f.)* responsibility, 17
respuesta *(f.)* answer
restaurante *(m.)* restaurant, 5
resto *(m.)* the rest
resumé *(m.)* résumé, curriculum vitae, 17
resumen *(m.)* summary
retirarse to retire, 17
retrato *(m.)* portrait
reunirse to get together
revista *(f.)* magazine, 6
revolución *(f.)* revolution, 9
revolver (o:ue) to stir
revuelo *(m.)* fluttering
rey *(m.)* king
rico(a) tasty, 5
risa *(f.)* laughter
rodaja *(f.)* slice
rodeado(a) surrounded
rodilla *(f.)* knee, 15
rogar (o:ue) to beg, to plead, 11
rojo(a) red, 1
romántico(a) romantic, 11; **¡Qué — eres!** How romantic you are!, 8
romper(se) to break, 15
ropa *(f.)* clothes, 6; clothing, 13; **— hecha** *(f.)* ready-to-wear clothes; **— interior** *(f.)* underwear, 13
rosa *(f.)* rose, 8
rosado(a) pink, 1
rostro *(m.)* face
roto(a) (*p.p. of* **romper** *and adj.*) broken, 14
rubio(a) blond, 3
rueda de prensa *(f.)* press conference, 18
ruido *(m.)* noise
sábado *(m.)* Saturday, 1
sábana *(f.)* sheet, 6
saber to know, 6; to find out, 10
sabroso(a) tasty, 5
sacapuntas *(m.)* pencil sharpener
sacar to get, to receive (*a grade*), 14; **— la basura** to take out the

garbage, 6; — **una foto** to take a picture, 4
saco de dormir *(m.)* sleeping bag, 10
sacudir los muebles to dust the furniture, 6
sal *(f.)* salt, 5
sala *(f.)* living room
sala de estar *(f.)* family room, 3
sala de rayos X (equis) *(f.)* X-ray room, 15
salario *(m.)* salary, 17
saldo *(m.)* balance (e.g., of a bank account), 8
salida *(f.)* exit, departure, 11
salir to go out, 6; to leave
salón de belleza *(m.)* beauty salon, 12
salsa *(f.)* sauce, 9
salud *(f.)* health, 15
¡Salud! Cheers!, 4
saludo *(m.)* greeting, 1; **—s a…** Say hello to . . . , 1
salvavidas *(m., f.)* lifeguard, 16
sandía *(f.)* watermelon, 9
sándwich *(m.)* sandwich, 2
santo *(m.)* saint's day, 4
sartén *(f.)* frying pan, skillet, 10
sastre *(m.)* tailor
se (to) himself, (to) herself, (to) yourself *(form.)*, (to) yourselves, (to) themselves, 9; — **dice…** You say . . . , One says . . . , 2
Sea. So be it.
secadora *(f.)* dryer, 10
secar to dry, 6
sección de (no) fumar *(f.)* (no) smoking section
seco(a) dry
sed *(f.)* thirst, 4; **tener —** to be thirsty, 4
seda *(f.)* silk, 13
seguir (e:i) to follow, 6; to continue, 6; — **derecho** to continue straight ahead, 12
según according to
segundo(a) second, 7; **Segunda Guerra Mundial** *(f.)* Second World War; **segundo nombre** *(m.)* middle name
seis six, P
seiscientos(as) six hundred, 3
selección *(f.)* selection, 17
selva (tropical) *(f.)* jungle, 11
semana *(f.)* week, 4; **la semana próxima** *(f.)* next week, 4; **la semana que viene** *(f.)* next week, 4
sendero *(m.)* path
sensibilidad *(f.)* sensitivity
sentado(a) seated, sitting, 14
sentarse (e:ie) to sit (down), 9
sentir(se) (e:ie) to feel, 9; to be sorry, to regret, 11
señal *(f.)* sign
señor (Sr.) mister, Mr., sir, gentleman, P
señora (Sra.) madam, Mrs., lady, P
señorita (Srta.) Miss, young lady, P
septiembre September, 1
séptimo(a) seventh, 7
sepulcro *(m.)* tomb
ser to be, 1
servicio *(m.)* service, 7; — **de habitación (cuarto)** *(m.)* room service, 7
servilleta *(f.)* napkin, 5
servir (e:i) to serve, 6; **no — de mucho** to not be much good, 14; — **de** to serve as, 17
sesenta sixty, 2
setecientos(as) seven hundred, 3
setenta seventy, 2
sexo *(m.)* gender
sexto(a) sixth, 7
si if, 14
sí yes, 1
sicología *(f.)* psychology, 3, 14
siempre always, 6
sierra *(f.)* mountain
siete seven, P
siglo *(m.)* century
signo *(m.)* sign
siguiente following
silla *(f.)* chair, 2; — **de ruedas** *(f.)* wheelchair, 15
sillón *(m.)* armchair, 10
simpatía *(f.)* charm
simpático(a) nice, charming, 3
sin without; — **embargo** however, nevertheless, 13; — **falta** without fail, 18; — **que** without, 14; — **qué ni para qué** without rhyme or reason, 18
sincero(a) sincere
síntoma *(m.)* symptom, 15
sistema *(m.)* system, 2; — **de calificaciones** *(m.)* grading system; — **de comunicación telefónica** *(m.)* telephone system, 17; — **de inyección** fuel injection, 12
sitio *(m.)* room
sobre about; — **todo** above all, especially
sobrecama *(f.)* bedspread, 10
sobrenombre *(m.)* nickname
sobretodo *(m.)* overcoat, 13
sobrina *(f.)* niece, 6
sobrino *(m.)* nephew, 6
sociología *(f.)* sociology, 14
soda *(f.)* soda pop, 3
sofá *(m.)* sofa, 6
sol *(m.)* sun
solamente only, 10
soledad *(f.)* loneliness; solitude
solicitar un préstamo to apply for a loan, 8
solicitud *(f.)* application (form), 3; — **de empleo** *(f.)* job application, 3
solo(a) alone, 5
solo only, 10
soltar (o:ue) amarras to untie lines
soltero(a) single, 3
sombra *(f.)* shadow
sombrero *(m.)* hat
sonar (o:ue) to ring, 15
sonido *(m.)* sound
sonreír to smile
soñar (o:ue) con to dream about (of), 18
sopa *(f.)* soup, 5; — **de fideos** *(f.)* noodle soup, 5
sorprender to surprise, 11
sótano *(m.)* basement, 6
su his, her, its, your *(form.)*, their, 3
subterráneo *(m.)* subway, 10
subvencionado(a) subsidized
sucio(a) dirty
sucursal *(f.)* branch (office)
suegra *(f.)* mother-in-law, 6
suegro *(m.)* father-in-law, 6
sueldo *(m.)* salary, 17
sueño *(m.)* dream; **tener —** to be sleepy, 4
suéter *(m.)* sweater, 5
sugerir (e:ie) to suggest, 11
supermercado *(m.)* supermarket, 9
supervisión *(f.)* supervision, 17
supervisor(a) *(m., f.)* supervisor, 17
sur south, 16
sus his, her, its, your *(form.)*, their, 3
suspirar to sigh, 6
sustantivo *(m.)* noun
suyo(s), suya(s) *(pron.)* his, hers, theirs, yours, 9

tabla de mar *(f.)* surfboard, 16
tablilla de anuncios *(f.)* bulletin board, 2
talla *(f.)* size, 13
taller de mecánica *(m.)* car repair shop, 12
talonario de cheques *(m.)* checkbook, 8
tamaño *(m.)* size
también also, too, 2
tampoco neither, not either, 6
tan as, 5; so, 17; — **pronto como** as soon as, 14
tanque *(m.)* tank, 12
tanto(a) as much, 5; so much; — **como** as much as, 5; — **en… como en…** both in . . . and in . . .
tantos(as) as many, 5; — **como** as many as, 5
tardar to take (*time to do something*)
tarde *(f.)* afternoon, 2; *(adv.)* late, 7; **por la —** in the afternoon, 1; — **o temprano** sooner or later, 18
tarjeta *(f.)* card, 7; — **de crédito** *(f.)* credit card, 8; — **de embarque** *(f.)* boarding pass, 11; — **postal** *(f.)* postcard, 7
taxi *(m.)* taxi, 6
taza *(f.)* cup, 2
te *(pron.)* you *(fam.)*, 6; (to, for) you, 7; (to) yourself, 9
té *(m.)* tea, 5; — **frío (helado)** *(m.)* iced tea, 5
teatro *(m.)* theater, 4; — **de aficionados** *(m.)* amateur theatre, 16
teclado *(m.)* keyboard, 17
teja *(f.)* tile
tela *(f.)* material, 13
teléfono *(m.)* telephone; — **celular** *(m.)* cellular phone, 12
telenovela *(f.)* soap opera, 5
televisión *(f.)* television, 2
televisor *(m.)* TV, 7
tema *(m.)* subject, theme, 2
temblar to tremble
temer to fear, to be afraid, 11
temperatura *(f.)* temperature, 15
templado(a) mild
temprano early, 9
tenedor *(m.)* fork, 5
tener to have, 3; **no — razón** to be wrong, 4; **no — nada en común** to have nothing in common, 16; **—… años (de edad)** to be . . . years old, 4; — **calor** to be hot, 4; — **cuidado** to be careful, 4; **—… de retraso (atraso)** to be . . . behind schedule, 11; — **el día libre** to have the day off, 8; — **en cuenta** to keep in mind;

— **frío** to be cold, 4; — **hambre** to be hungry, 4; — **lugar** to take place, 18; — **miedo** to be afraid, 4; — **prisa** to be in a hurry, 4; — **que** (+ *inf.*) to have to (+ *inf.*), 3; — **razón** to be right, 4; — **sed** to be thirsty, 4; — **sueño** to be sleepy, 4; — **un picnic** to have a picnic; — **un pinchazo** to have a flat tire, 12
tenis *(m.)* tennis, 16
tercero(a), tercer third, 7
terco(a) stubborn, 3
terminar to finish, to end, 14
ternura *(f.)* tenderness
terreno *(m.)* land
ti you (*obj. of prep.*), 4
tía *(f.)* aunt, 4
tiburón *(m.)* shark
tiempo *(m.)* time, 2; weather, 5
tienda *(f.)* store, 4; — **por departamentos** *(f.)* department store, 13
tierra *(f.)* land
timbre *(m.)* doorbell, 15
tinto red (wine), 5
tío *(m.)* uncle, 4
tipo *(m.)* type
tirano(a) *(m., f.)* tyrant, 17
tirar to throw (away), to abandon; — **basura** to litter
título *(m.)* degree, 14; title
toalla *(f.)* towel, 7
tobillo *(m.)* ankle, 15
tocador *(m.)* dresser
tocar to play (*a musical instrument*), 9; — **a la puerta** to knock on the door, 6
todo(a) all, 6
todo all, everything; — **el mundo** everybody
todos(as) everybody
todos los días every day, 2
tomar to take, 2; to drink, 3; — **algo** to have something to drink, 3; — **el sol** to sunbathe, 16; — **una decisión** to make a decision, 14; — **una foto** to take a picture, 4
tomate *(m.)* tomato, 9
Tome asiento. Have a seat., 1
toque *(m.)* touch
tornado *(m.)* tornado, 18
torpeza *(f.)* stupidity
torre *(f.)* tower
torta *(f.)* cake, 5
tos *(f.)* cough, 15
toser to cough, 15
tostadora *(f.)* toaster, 10
trabajar to work; — **a comisión** to work on commission, 17; — **medio tiempo** to work part-time, 17; — **por cuenta propia** to be self-employed, 17; — **tiempo completo** to work full-time, 17
trabajo *(m.)* job, 3; work, 3; — **de la casa** *(m.)* housework, 6
tradición *(f.)* tradition, 4
traducir to translate, 6
traductor(a) *(m., f.)* translator, 17
traer to bring, 6
trágico(a) tragic
traído (*p.p. of* **traer**) brought, 14
traje *(m.)* suit, 10; — **de baño** *(m.)* bathing suit, 16
tranquilidad *(f.)* tranquility
trapear el piso to mop the floor, 6
tratar de to deal with; to try
trece thirteen, 1
treinta thirty, 1
tren *(m.)* train, 11
tres three, P; **3-D** three dimensional, 16
trescientos(as) three hundred, 3
trigo *(m.)* wheat
trompeta *(f.)* trumpet, 9
tropezar (e:ie) to trip
trozo *(m.)* piece, 5
tu your (*fam. sing.*), 3
tú you (*fam. sing.*), P
tulipán *(m.)* tulip, 8
turbio(a) muddy
turismo *(m.)* tourism
turista *(m., f.)* tourist, 11
tus your (*fam. pl.*), 3
tuyo(s), tuya(s) *(pron.)* yours (*fam. sing.*), 9

ubicación *(f.)* location
ubicar to locate
última vez last time
último(a) last, 17
un a, an, 1; — **poco** + *adj.* a little + *adj.*, 4; — **poco (de)** a little; — **rato** *(m.)* a while, 4
una a, an 1; — **vez** *(f.)* once, 16
único: lo — the only thing, 14
universitario(a) *(adj.)* university, 14
uno(a) one, P
unos(as) a few, some, 2; about
usado(a) used, 12
usar to use; to wear, 13
usted (Ud.) you (*form., sing.*), P; (*obj. of prep.*), 4
ustedes (Uds.) you (*form. pl.*), P; (*obj. of prep.*), 4
utilidad *(f.)* usefulness
uva *(f.)* grape, 9

vacaciones *(f. pl.)* vacation, 7
vacío(a) empty, 12
valer to be worth; **(no) vale la pena** it's (not) worth the trouble, 12
valeroso(a) brave
valija *(f.)* suitcase, 7
valor *(m.)* value
¡vamos! let's go!; — **de compras** let's go shopping, 13
vaso *(m.)* glass, 5
vecindad *(f.)* neighborhood, 10
vecino(a) *(m., f.)* neighbor, 4
veinte twenty, 1
veinticinco twenty-five, 1
veinticuatro twenty-four, 1
veintidós twenty-two, 1
veintinueve twenty-nine, 1
veintiocho twenty-eight, 1
veintiséis twenty-six, 1
veintisiete twenty-seven, 1
veintitrés twenty-three, 1
veintiuno twenty-one, 1
velero *(m.)* sailboat, 16
velocidad máxima *(f.)* speed limit, 12
vendedor(a) *(m., f.)* salesperson, 14; merchant
vender to sell, 3
venir (a) to come, 3
ventaja *(f.)* advantage
ventana *(f.)* window, 2
ventanilla *(f.)* window (of a vehicle or booth), 12
ventilador *(m.)* fan, 10
ver to see, 6
verano *(m.)* summer, 1
verbo *(m.)* verb
verdad *(f.)* truth, 2; **¿verdad?** right?, 1
verdadero(a) real; true
verde green, 1
verdura *(f.)* vegetable, 5
versión *(f.)* draft
verso *(m.)* line (of poetry)
vestido *(m.)* dress, 13; — **de noche** *(m.)* evening gown, 13
vestido(a) dressed; — **de gala** dressed up
vestirse (e:i) to get dressed, 9
vez *(f.)* time (*in a series*), 4; **a veces** at times, 6; **en — de** instead of, 17
viajar to travel, 7
viaje *(m.)* trip, 4
viajero(a) *(m., f.)* traveler, 11
vida *(f.)* life
vidriera *(f.)* shop window, 13
viejo(a) old
viento *(m.)* wind, 5; **hacer —** to be windy
viernes *(m.)* Friday, 1
vileza *(f.)* vileness
vinagre *(m.)* vinegar, 9
vino *(m.)* wine, 4; — **tinto** *(m.)* red wine, 5
violeta *(f.)* violet, 8
violín *(m.)* violin, 9
visitar to visit, 4
visto(a) (*p.p. of* **ver** *and adj.*) seen, 14; **vista** *(f.)* eyes, sight
viudo(a) widowed, 3
vivir to live, 3
vocabulario *(m.)* vocabulary
volante *(m.)* steering wheel, 12
volar (o:ue) to fly, 5
voltear to turn over
voluntad *(f.)* will power
volver (o:ue) to return, 5
vosotros(as) (*subject pron.*) you (*fam. pl.*), 1; (*obj. of prep.*), you (*fam. pl.*), 4
vuelo *(m.)* flight, 11
vuelto(a) (*p.p. of* **volver** *and adj.*) returned, 14
vuestro(a) your (*fam. sing.*), 3; *(pron.)* yours (*fam. pl.*), 9
vuestros(as) your (*fam. pl.*), 3

y and, P; past, after (time), 2
ya already, 2; now, 7; — **lo creo** I'll say; — **lo sé** I know; **¡— verás!** You'll see!, 15
yerno *(m.)* son-in-law, 6

zanahoria *(f.)* carrot, 9
zapatería *(f.)* shoe store, 9
zapato *(m.)* shoe, 13; — **de tenis** *(m.)* tennis shoe, 13
zona postal *(f.)* zip code, 3
zoológico *(m.)* zoo, 4

English–Spanish

a, an un(a), 1
abandonment desamparo *(m.)*
about de, 16; como, 16
abroad en el extranjero
accept aceptar, 2
accident accidente *(m.),* 15
according to de acuerdo con; según, 3
account cuenta *(f.),* 8
accountant contador(a) *(m., f.),* 5
accounting contabilidad *(f.),* 14
accuracy exactitud *(f.)*
act actuar
acting actuación *(f.),* 16
ad anuncio *(m.),* aviso *(m.),* 3
add añadir
address dirección *(f.),* domicilio *(m.),* 1
adjective adjetivo *(m.)*
advanced adelantado(a)
advice consejo *(m.)*
advise avisar, 10; aconsejar, 11
advisor consejero(a) *(m., f.),* 14
after *(time)* y, 2
afternoon tarde *(f.),* 2; **— snack** merienda *(f.),* 7; **good —** buenas tardes, P; **in the —** por la tarde, 1
again otra vez
against contra
age edad *(f.),* 3
agency agencia *(f.),* 16
agent agente *(m., f.)*
aghast atónito(a)
agree estar de acuerdo, 6
agreement concordancia *(f.)*
aha! ¡ajá!, 3
air bag bolsa de aire *(f.),* 12
air conditioning aire acondicionado *(m.),* 7
airline aerolínea *(f.),* 11; **— departure gate** puerta de salida, 11
airport aeropuerto *(m.),* 11
aisle seat asiento de pasillo *(m.),* 11
alcoholic beverage bebida *(f.)* alcohólica, 5
all todo(a), 6; *(pron.)* todo, 8
alone solo(a), 5
along por, 8
alphabet alfabeto *(m.)*
alphabetize alfabetizar
also también, 2
although aunque, 18
always siempre, 6
a.m. de la mañana, 2
amateur theatre teatro de aficionados *(m.),* 16
ambulance ambulancia *(f.),* 15
ample amplio(a), 10
amusement park parque de diversiones *(m.),* 4
an un(a), 1
ancestry ascendencia *(f.),* 14
anchor person locutor(a), 18; presentador(a), 18
and y, P
angry enfadado(a), enojado(a), 4
animated animado(a), 4
ankle tobillo *(m.),* 15
anniversary aniversario *(m.),* 9
announce anunciar, 18
annoyed fastidiado(a)
another otro(a), 2
answer contestar, 3; respuesta *(f.)*
answering machine máquina contestadora *(f.),* 17
antibiotic antibiótico *(m.),* 15
any alguno(a), algún, 6; **not —** ninguno(a), ningún, 6
anyone alguien, 6; **not —** nadie, 6
anything algo, 6
anyway en fin; de todos modos
apartment apartamento *(m.),* 3
appearance apariencia *(f.)*
apple manzana *(f.),* 3
application *(form)* solicitud *(f.),* 3
apply for a loan pedir (e:i) un préstamo, solicitar un préstamo, 8
appointment cita *(f.)*
approach acercarse, 11
April abril, 1
Arabic árabe, 2
arm brazo *(m.),* 15
armchair butaca *(f.);* sillón *(m.),* 10
army ejército *(m.)*
around por, 8; cerca de; **— here** por aquí cerca, 18
arrival llegada *(f.),* 4, 11
arrive llegar, 2
article artículo *(m.),* 6
as tan, 5; **— . . . —** tan... como, 5; **— long as** con tal de que, 14; **— many** tantos(as), 5; **— many . . . —** tantos(as)... como, 5; **— much** tanto, 5; **— much —** tanto como, 5; **— soon —** en cuanto, tan pronto como, 14
ashamed avergonzado(a)
ask *(a question)* preguntar, 15; **— (for)** pedir (e:i), 6
aspirin aspirina *(f.),* 15
assistant asistente *(m., f.),* 17
at en, 1; a, 2; **— a time** a la vez, 4; **— about** a eso de, 15; **— least** por lo menos, 13; **— night** por la noche, 1; **— the latest** a más tardar, 18; **— this moment** en este momento, 5; **— +** *time* a la (las) + *time,* 2
athlete atleta *(m., f.),* 16
attend asistir (a), 3
August agosto, 1
aunt tía *(f.),* 4
automatic automático(a), 12; **— teller (ATM)** cajero automático *(m.),* 8
autumn otoño *(m.),* 1
available libre, 13
avocado aguacate *(m.),* 9

back espalda *(f.),* 15
backpack mochila *(f.),* 2
backyard patio *(m.),* 15
bad malo(a)
bag bolsa *(f.),* 13
baked al horno, 5
bakery panadería *(f.),* 9
banana plátano *(m.),* 9
bank banco *(m.),* 8; **— employee** empleado(a) bancario(a) *(m., f.),* 17
bargain regatear; ganga *(f.),* 13
basement sótano *(m.),* 6
basketball baloncesto *(m.),* 16; básquetbol *(m.),* 16
bass contrabajo *(m.),* 9
bathe (oneself) bañar(se), 9
bathing suit traje de baño *(m.),* 16
bathroom baño *(m.),* 6; cuarto de baño *(m.),* 6
bathtub bañadera *(f.),* bañera, 7
battery acumulador *(m.),* batería *(f.),* 12
be ser, 1; estar, 4; **— able to** poder (o:ue), 5; **— acquainted with** conocer, 6; **— afraid** tener miedo (de), 4; temer, 11; **— at fault** tener la culpa, 9; **— back** estar de vuelta, 18; **— bad weather** hacer mal tiempo, 5; **— . . . behind schedule** tener... de retraso (atraso), 11; **— bored (to death)** aburrirse (como una ostra), 16; **— called** llamarse, 9; **— careful** tener cuidado, 4; **— cold** tener frío, 5; *(weather)* hacer frío, 5; **— due to** debido a; **— for, to exist for** enderezarse a; **— furious** darle rabia a uno, 18; **— glad** alegrarse (de), 11; **— going to** + *inf.* ir a + *inf.,* 4; **— good weather** hacer buen tiempo, 5; **— hot** tener calor, 5; *(weather)* hacer calor, 5; **— hungry** tener hambre, 4; **— impressed** quedar impresionado(a), 17; **— in a hurry** tener prisa, 4; **— in agreement** estar de acuerdo, 6; **— late** llegar tarde, 2; **— named** llamarse, 9; **— not much good** no servir de mucho, 14; **— on vacation** estar de vacaciones, 5; **— pleasing to** gustar, 7; **— right** tener razón, 4; **— right back** volver en seguida, 5; **— scared** tener miedo, 4; **— self-employed** trabajar por cuenta propia, 17; **— silent** callar; **— sleepy** tener sueño, 4; **— sorry** sentir (e:ie), 11; **— starving** estar muerto(a) de hambre, 5; **— sunny** hacer sol, 5; **— thirsty** tener sed, 4; **— too big (small) on someone** quedarle grande (chico) a uno, 13; **— wearing** llevar puesto(a), 18; **— worth it** valer (merecer) la pena, 12; **— wrong** no tener razón, 4; **— . . . years old** tener... años, 4
beach playa *(f.),* 4
beans frijoles *(m. pl.),* 5
beat batir
beautiful hermoso(a), 5; precioso(a), 13
beauty belleza *(f.);* **— salon** peluquería *(f.),* salón de belleza *(m.),* 12
because porque, 2; **— of** por, 8
bed cama *(f.),* 6; lecho *(m.);* **to go to —** acostarse (o:ue), 9; **to put to —** acostar (o:ue), 9
bedroom dormitorio *(m.);* recámara *(f.)* *(Mex.),* 6; pieza, 6
bedspread sobrecama *(f.),* 10
beef carne de res *(f.)*
beer cerveza *(f.),* 5
before antes (de), 7; antes de que, 14
beg rogar (o:ue), 11

begin comenzar (e:ie), empezar (e:ie) (a), 4
being that como, 14
believe creer, 3
believed creído (*p.p. of* creer), 14
bellhop botones *(m.)*, 7
belong pertenecer, 18
benefit beneficio *(m.)*, 18
besides además, 2
best el (la) mejor, 5
betroth desposar
better mejor, 5
beverage bebida *(f.)*, 5
bewildered desconcertado(a)
beyond más allá
bicycle bicicleta *(f.)*, 12
big grande
bill cuenta *(f.)*, 5
biology biología *(f.)*, 14
bird pájaro *(m.)*
birth nacimiento *(m.)*, 3
birthday cumpleaños *(m.)*, 1
black negro(a), 1
blanket frazada *(f.)*, 10
blemish mancha *(f.)*
blender licuadora *(f.)*, 10
block (city) manzana *(f.) (Sp.)*, cuadra *(f.)*
blond(e) rubio(a), 3
blood-stained ensangrentado(a)
blouse blusa *(f.)*, 13
blow resoplar
blue azul, 1
board (a plane) abordar el avión, 11
boarding house pensión *(f.)*
boarding pass tarjeta de embarque *(f.)*, 11
boat barca *(f.)*, bote *(m.)*, 16
book libro *(m.)*, 2
bookstore librería *(f.)*, 13
boot bota *(f.)*, 13
bored aburrido(a), 4
born nacido(a); **be —** nacer, 9
borrow pedir (e:i) prestado, 11
boss jefe(a) *(m., f.)*, 17
both ambos(as); **— in . . . and in . . .** tanto en... como en...; **— of them** los (las) dos, 2
bother (*doing something*) molestarse, 15
bouquet ramo *(m.)*, 8
boy chico *(m.)*, muchacho *(m.)*, 2
boyfriend novio *(m.)*, 3
bracelet pulsera *(f.)*, 13
brake freno *(m.)*, 12
branch rama *(f.)*; (*office*) sucursal *(f.)*
brand marca *(f.)*, 13
brave valeroso(a)
bread pan *(m.)*, 5
break romper(se), quebrar(se) (e:ie), 15; **— down** (*car*) descomponerse, 12
breakfast desayuno *(m.)*, 7
bridge puente *(m.)*
brilliant brillante, 7
bring traer, 6
broken roto(a), 14
broom escoba *(f.)*, 6
brother hermano *(m.)*, 3
brother-in-law cuñado *(m.)*, 6
brought traído (*p.p. of* traer), 14
brown marrón, café, 1
brunette moreno(a), 3
brush one's teeth cepillarse los dientes, 9
bud capullo *(m.)*
budget presupuesto *(m.)*, 8
bulletin board tablilla de anuncios *(f.)*, 2
bullfight corrida de toros *(f.)*
bunch: a — of un montón de *(m.)*, 6
bureau cómoda *(f.)*, 10
buried enterrado(a)
burn quemar
bus autobús *(m.)*, ómnibus *(m.)*, bus *(m.)*, 6; colectivo, 12; **— stop** parada de autobuses *(f.)*, 6
business *(adj.)* empresarial; **— administration** administración de empresas *(f.)*, 14
businesspeople gente de negocio *(f.)*
busy ocupado(a), 4
but pero, 1; sino
butter mantequilla *(f.)*, 9
butterfly mariposa *(f.)*
buy comprar, 6
buyer comprador(a) *(m., f.)*, 17
by para, 8; por, 8; **— heart** de memoria
bye chau, P

cabbage repollo *(m.)*, 9; col *(f.)*
cabin cabaña *(f.)*, 16
cafe café *(m.)*, 3
cafeteria cafetería *(f.)*, 1
cake torta *(f.)*, 5
calculator calculadora *(f.)*, 2
call llamar, 3
calorie caloría *(f.)*, 5
camellia camelia *(f.)*, 8
camera cámara (fotográfica) *(f.)*, 7
camp acampar, 16
can poder (o:ue), 5; bote *(m.)* (*Mex.*), lata *(f.)*, 9
canary canario *(m.)*, 8
cancel cancelar, 7
candidate candidato(a) *(m., f.)*, 17
canoe canoa *(f.)*, 16
cap gorra *(f.)*, 13
capital (city) capital *(f.)*, 8
capitalism capitalismo *(m.)*, 18
car auto *(m.)*, automóvil *(m.)*, carro *(m.)*, coche *(m.)*, 10; **— jack** gato *(m.)*, 12; **— repair shop** taller *(m.)* de mecánica, 12
caramel custard flan *(m.)*, 5
card tarjeta *(f.)*, 7
care cuidado *(m.)*
career carrera *(f.)*, 14
carnation clavel *(m.)*, 8
carpenter carpintero(a) *(m., f.)*, 14
carpet alfombra *(f.)*, 10
carriage carro *(m.)*
carrot zanahoria *(f.)*, 9
carry-on bag bolso de mano *(m.)*
cartoons dibujos animados *(m. pl.)*, 16
carved tallado(a)
case: in — en caso de que, 14; **in that —** en ese caso, 11
cash efectivo *(m.)*, 8; **— a check** cobrar un cheque, 8; **— register** caja *(f.)*, 13; **in —** en efectivo, 8
cat gato *(m.)*, 8
catch a fish pescar, 16
cause causar, 18
celebrate celebrar, festejar, 9
celery apio *(m.)*, 9
cellular phone teléfono celular *(m.)*, 12
censorship censura *(f.)*
cent centavo *(m.)*, 11
ceramic tile azulejo *(m.)*
certified public accountant contador(a) público(a) certificado(a), 17
chair silla *(f.)*, 2
chalk tiza *(f.)*, 2
chalkboard pizarra *(f.)*, 2
champagne champán *(m.)*, 5
champion campeón(-ona) *(m., f.)*, 16
change cambiar, 6; **— one's mind** cambiar de idea, 11
channel canal *(m.)*, 7
charge: in — encargado(a), 17
charm simpatía *(f.)*
charmed encantado(a), 1
charming simpático(a), 3
chat charlar, 4
check cuenta *(f.)*, 5; cheque *(m.)*, 8; **to cash a —** cambiar un cheque, 8; **— luggage** facturar el equipaje, 11
checkbook talonario de cheques *(m.)*, chequera *(f.)*, 8
checking account cuenta corriente *(f.)*, 8
checkup chequeo *(m.)*, 15
Cheers! ¡Salud!
cheese queso *(m.)*, 3
chef cocinero(a) *(m., f.)*, 14
chemistry química *(f.)*, 1
cherry cereza *(f.)*
chest pecho *(m.)*, 15; **— of drawers** cómoda *(f.)*, 10
chicken pollo *(m.)*, 5; **— and rice** arroz *(m.)* con pollo, 5
chief jefe(a) *(m., f.)*, 17
child niño(a) *(m., f.)*, 5; **only —** hijo(a) único(a), 11
childhood infancia *(f.)*, niñez *(f.)*, 9
children hijos *(m. pl.)*; **—'s** *(adj.)* infantil
Chilean chileno(a), 13
Chinese *(lang.)* chino *(m.)*, 2
chivalry caballería *(f.)*
chocolate chocolate *(m.)*, 5
choose escoger
Christmas Navidad *(f.)*, 4; **— tree** árbol de Navidad *(m.)*, 4
church iglesia *(f.)*
cider sidra *(f.)*, 5
city ciudad *(f.)*, 3; **— block** manzana *(f.) (Sp.)*, cuadra *(f.)*
clarinet clarinete *(m.)*, 9
class clase *(f.)*, 1
classified clasificado(a), 12; **— ad** aviso clasificado *(m.)*
clean limpio(a); limpiar, 6
clerk empleado(a) *(m., f.)*, 7
climate clima *(m.)*, 2
climb escalar, 16
clock reloj *(m.)*, 2
close cerrar (e:ie), 4; *(adv.)* cerca, 10
closed cerrado(a), 12
cloudy nublado(a)
coach entrenador(a), 16
coal carbón *(m.)*
coat abrigo *(m.)*, 13
coffee café *(m.)*, 2; (*small cup of*) cafecito *(m.)*, 15; **— maker**

cafetera *(f.)*, 10; **— table** mesa *(f.)* de centro, 10
cognate cognado *(m.)*, 1
cold catarro *(m.)*, resfriado *(m.)*, resfrío *(m.)*, 15; **to be —** tener frío, 4; (*weather*) hacer frío, 5
collar cuello *(m.)*
colleague colega *(m., f.)*
college facultad *(f.)*, 14; *(adj.)* universitario(a), 14
color color *(m.)*, 1
column columna *(f.)*, 18
comb one's hair peinarse, 9
come venir (a), 3; **— in.** Pase., 1; **— to an agreement** ponerse de acuerdo, 11
comedy comedia *(f.)*, 16
comfortable cómodo(a), 7
commentator comentarista *(m., f.)*, 18
commercial comercial *(m.)*, 18; **Let's go to commercials.** Pasemos a comerciales., 18
common común, 16
communication comunicación *(f.)*, 17
compact compacto(a); **— disc** disco compacto *(m.)*; **— disc player** reproductor de discos *(m.)*, 4
company compañía *(f.)*, 3
compensate compensar, 17
complain quejarse, 9
computer computadora *(f.)*, 2; ordenador *(m.) (Sp.)*, 17
computer science informática *(f.)*, 14
concern importarle a uno, 18
concert concierto *(m.)*, 4
condition condición *(f.)*, 12
conditional condicional *(m.)*
conference conferencia *(f.)*, 18
confirm confirmar, 7
confused aturdido(a), 4
constitution constitución *(f.)*, 18
consulate consulado *(m.)*, 7
contagious contagioso(a), 15
continue seguir (e:i), continuar, 14; proseguir (e:i); **— straight ahead** seguir derecho, 12
contraction contracción *(f.)*
conversation conversación *(f.)*, 2
converse conversar, platicar, 2
convince convencer, 10
cook cocinar, 6; **cocinero(a)** *(m., f.)*, 14
cool (down) enfriar
copper cobre *(m.)*
corner (*street*) esquina *(f.)*, 12
correspondence correspondencia *(f.)*, 17
cost an arm and a leg costar (o:ue) un ojo de la cara, 12
cotton algodón *(m.)*, 13
cough tos *(f.)*, 15; toser, 15
count contar (o:ue), 5
country país *(m.)*, 9
countryside campo *(m.)*, 16
couple pareja *(f.)*
courteous amable, 2
cousin primo(a) *(m., f.)*, 6
cover cubrir
covered cubierto(a), 14
cowardice cobardía *(f.)*
co-worker compañero(a) de trabajo, 11
crazy loco(a)
cream crema *(f.)*, 5
create crear
credit card tarjeta de crédito *(m.)*, 8
crime crimen *(m.)*, 18
crowd muchedumbre *(f.)*, 2
cruise crucero *(m.)*, 11
cry llorar, 13
Cuban cubano(a), 2
Cuban American cubanoamericano(a), 2
cucumber pepino *(m.)*, 9
cup taza *(f.)*, 2
currency moneda *(f.)*
curriculum vitae currículum vitae *(m.)*, 17
curtain cortina *(f.)*, 10
customer cliente *(m., f.)*
customs aduana *(f.)*, 7
cut cortar(se)

dad papá *(m.)*, 1
daily diariamente
daisy margarita *(f.)*, 8
dam represa *(f.)*
damage daño *(m.)*, 18
dance bailar, 4; baile *(m.)*, 4
dancer bailarín(-ina) *(m., f.)*, 4
dangerous peligroso(a)
dark moreno(a), 2; oscuro(a)
darling mi amor *(m.)*, mi vida *(f.)*, 3
date fechar, poner la fecha, 8; fecha; **— of birth** fecha de nacimiento *(f.)*, 3
daughter hija *(f.)*, 4; **— in-law** nuera *(f.)*, 6
dawn alba *(f.)*
day día *(m.)*, 1; **— before yesterday** anteayer, 8; **one of these —s** un día de estos
dazed aturdido(a), 4
dead muerto(a), 14
deal with tratar de
dear querido(a), 11
death muerte *(f.)*
debate debate *(m.)*, 18
debit card tarjeta de débito, 7
debt deuda *(f.)*, 8
December diciembre, 1
decide decidir, 3
defeat derrotar, 18
definite determinado(a)
degree título *(m.)*, 14; grado *(m.)*, 15
deliver entregar, 14
demand exigir, 11, 18
demonstration manifestación *(f.)*, 18
demonstrative demostrativo(a)
denial negación *(f.)*
deny negar (e:ie), 12
department store almacén *(m.)*, tienda por departamentos *(f.)*, 13
departure salida *(f.)*, 11
deposit depositar, 8
depth profundidad *(f.)*
desk escritorio *(m.)*, pupitre *(m.)*, 2
despair desesperanza *(f.)*
dessert postre *(m.)*, 5
diamond diamante *(m.)*
dictatorship dictadura *(f.)*, 18
die morir(se) (o:ue), 5
died muerto, 14
diet dieta *(f.)*, 5; dietético(a), 5
different distinto(a)
difficult difícil, 1
dine cenar, 7
dining room comedor *(m.)*, 6
dinner cena *(f.)*, 7; **have —** cenar, 7
direct directo(a), 11
dirty sucio(a)
disaster desastre *(m.)*, 4
discotheque discoteca *(f.)*, 4
discount descuento *(m.)*, 13
dish plato *(m.)*, 5
divorced divorciado(a), 3
do hacer, 4; **— the laundry** lavar la ropa, 6; **— the shopping** hacer las compras, 6
dock muelle *(m.)*
doctor (Dr.) doctor(a) *(m., f.)*, P; médico(a) *(m., f.)*, 14; **—'s office** consultorio *(m.)*, 15
document documento *(m.)*, 12; cédula *(f.)*
done hecho (*p.p. of* hacer), 14
donkey burro(a) *(m., f.)*
door puerta *(f.)*, 2
doorbell timbre *(m.)*, 15
dot punto *(m.)*; **on the —** en punto
double doble, 7; **— bed** cama doble, 7; **— room** habitación doble *(f.)*, 7
doubt dudar, 12
draft borrador *(m.)*, 2; versión *(f.)*
dramatic dramático(a), 16
dream hacerse ilusiones, 18; **— about (of)** soñar (o:ue) con, 18
dress vestido *(m.)*, 13
dressed: to get — vestirse (e:i), 9; **— up** vestido(a) de gala
dressmaker modista *(f.)*
drink beber, tomar, 3; bebida *(f.)*, 5
drive conducir, 6; manejar, 12
driver conductor *(m., f.)*, 12
driver's license licencia de conducir, 3; **— number** número de la licencia de conducir, 3
drums batería *(f.)*, 9
dry secar; seco(a); **— season** estación de la seca *(f.)*
dryer secadora *(f.)*, 10
dubbed doblado(a)
duly debidamente
during durante, 7; por, 8
dust the furniture sacudir los muebles, 6
DVD disco *(m.)* versátil digital, 17

each cada, 17
ear (*inner*) oído *(m.)*, 15; (*external*) oreja *(f.)*, 15
early temprano, 9
earn ganar, 2
earring arete *(m.)*, 13
easily fácilmente, 8
east este, 16
easy fácil, 1
eat comer, 3; **— soup** tomar sopa, 5
efficient eficiente, 17
effort esfuerzo *(m.)*
egg huevo *(m.)*, 5
eight ocho, P; **— hundred** ochocientos(as), 3
eighteen dieciocho, 1
eighth octavo(a), 7
eighty ochenta, 2
either . . . or o... o, 6; **not —** tampoco, 6
elections elecciones *(f.)*, 18
elective clase optativa *(f.)*; optativo(a)
electoral campaign campaña electoral *(f.)*, 18
electricity electricidad *(f.)*, 10
electronic equipment equipo electrónico *(m.)*, 17
elegant elegante, 13

eleven once, 1
e-mail mensaje electrónico *(m.)*, 3; correo electrónico *(m.)*, 17
embassy embajada *(f.)*, 7
emergency emergencia *(f.)*, 15
emphasize destacar
employee empleado(a), 7
employment office agencia de empleos, 6
empty vacío (a), 12
end terminar, 14; acabarse, 18; fin *(m.)*
engineer ingeniero(a) *(m., f.)*, 14
English *(lang.)* inglés *(m.)*, 2
enjoy disfrutar; **— oneself** divertirse (e:ie), 9
enormous enorme, 15
entertain entretener, 15
entertainment section (*of newspaper*) cartelera *(f.)*, 16
enthused entusiasmado(a), 4
entrance entrada *(f.)*, 11
eraser borrador *(m.)*, 2
errand diligencia *(f.)*, 8; **to run —s** hacer diligencias, 8
escalator escalera mecánica *(f.)*, 7
especially especialmente, 8
essay ensayo *(m.)*
evaluation evaluación *(f.)*, 17
evening noche *(f.)*, 2; **— gown** vestido de noche *(m.)*, 13
event acontecimiento *(m.)*, 18
ever alguna vez
every day todos los días, 2
everything todo
everywhere a (de) todas partes, a todos lados, 2
evil maligno(a)
exactly exactamente, 17
exaggerate exagerar, 13
exam examen *(m.)*, 3
excellent excelente, 11
excess baggage exceso de equipaje *(m.)*, 11
exchange cambiar, 13
excursion excursión *(f.)*, 11
executive ejecutivo(a) *(m., f.)*, 14
exercise hacer ejercicio, 7
exhausted agotado(a), 18
exit salida *(f.)*, 11
expect esperar
expensive caro(a), 10
experience experiencia *(f.)*, 3
express gratitude dar las gracias, 18
expression expresión *(f.)*
extremely extremadamente, 17; **— good** buenísimo(a), 11
eye ojo *(m.)*, 15; **with brown eyes** de ojos castaños, 5

face cara *(f.)*, 15; rostro *(m.)*
fact: the — is . . . es que..., 13
faculty appointment cátedra *(f.)*
fail (*course or exam*) quedar suspendido(a), 14
faint desfallecer
fair justo(a)
faith fe *(f.)*, 18
fall otoño *(m.)*, 1; **— asleep** dormirse (o:ue), 9; **— in love with** enamorarse de, 18
false falso(a)
fame fama *(f.)*, 17
family familia *(f.)*, 4; **— oriented** hogareño(a); **— room** salón de estar *(m.)*, 6
fan ventilador *(m.)*, 10
far lejos, 10; **— away** lejano(a)
farewell despedida *(f.)*, 1
farmer labrador(a) *(m., f.)*
fashion moda *(f.)*
fast rápido(a), 13
fasten one's seatbelt abrocharse el cinturón, 11
fat gordo(a), 3
father padre *(m.)*, 1
father-in-law suegro *(m.)*, 6
fault defecto *(m.)*, 15
favorite favorito(a), 4
fear temer, 11
February febrero, 1
feed dar alimento (a), dar de comer
feel sentir(se) (e:ie), 9
festival festival *(m.)*, 16
fever fiebre *(f.)*, 15
few unos(as), 2
fiancé(e) prometido(a) *(m., f.)*, 11
fifteen quince, 1
fifth quinto(a), 7
fifty cincuenta, 2
fight luchar
file archivar, 17
fill, fill out llenar, 3
film película *(f.)*, 7; filmar, 18
finally por fin, 18
financial económico(a), 3
financial aid ayuda económica *(f.)*, 14
find encontrar (o:ue), 5; **— out** saber, 10; enterarse, 18
fine *(adv.)*, bien, P; multa *(f.)*, 8; (*verb*) dar (poner o imponer) una multa, 8
finger dedo *(m.)*, 15
finish terminar, 14
fire fuego *(m.)*, incendio, 8
fire fighter bombero, 14
fire hydrant boca de incendios *(f.)*, hidrante *(m.)*, 8
first primero(a), primer, 2; **— class** primera clase, 11; **— name** nombre *(m.)*, 3; **— part of** a principios de, 18
fish pescado *(m.)*, 5; pez; pescar, 16; **— store** pescadería *(f.)*, 9
fishing rod caña de pescar *(f.)*, 16
fit caber, 6; quedar
fitting room probador *(m.)*, 13
five cinco, P; **— hundred** quinientos(as), 3
fix arreglar, 6
flame llama *(f.)*
flash memory card memoria *(f.)* flash portátil, 17
flat tire llanta pinchada *(f.)*, neumático pinchado *(m.)*, 12
flesh carne *(f.)*
flight vuelo *(m.)*, 11; **— attendant** auxiliar de vuelo *(m., f.)*, 11; azafata *(f.)*, 11
flood(ing) inundación *(f.)*, 18
floor piso *(m.)*, 7
flower flor *(f.)*, 8; **— shop** florería *(f.)*, 8
flu gripe *(f.)*, 15
flute flauta *(f.)*, 9
fly volar (o:ue), 5
foam espuma *(f.)*
fog niebla *(f.)*, 5
fold doblar, 6
folder carpeta *(f.)*, 17
follow seguir (e:i), 6
following siguiente
food comida *(f.)*, 4
fool oneself hacerse ilusiones, 18
foot pie *(m.)*, 13; **on —** a pie, 12
for para, 3; por, 8; **— example** por ejemplo, 13; **— that** para eso, 18
force obligar
forehead frente *(f.)*, 15
foreign extranjero(a)
forest bosque *(m.)*, 11
forever para siempre, 18
forget olvidar(se) (de), 9
fork tenedor *(m.)*, 5
form planilla *(f.)*, 8
fortress fortaleza *(f.)*
fortune fortuna *(f.)*, 11
forty cuarenta, 2
four cuatro, P; **— hundred** cuatrocientos(as), 3
fourteen catorce, 1
fourth cuarto(a), 7
frankly francamente, 12
free (*of charge*) gratis, 8, gratuito(a); libre, 13
freedom libertad *(f.)*, 2, 18
freedom of the press libertad de prensa *(f.)*, 18
freedom of speech libertad de palabra *(f.)*, 18
freeway autopista *(f.)*, 12
French *(lang.)* francés *(m.)*, 2; **— fries** papas fritas, 5
frequent frecuente
frequently a menudo, frecuentemente, 12
fresh (*water*) dulce
Friday viernes *(m.)*, 1
fried frito(a), 5
friendship amistad *(f.)*
from de, 1; desde, 10; **— now on** de ahora en adelante, 9
front: in — of frente a, 8; **— door** puerta de calle *(f.)*
fruit fruta *(f.)*, 9
fruit juice jugo de frutas *(f.)*, 5
fruit tree árbol frutal *(m.)*, 15
frustrated frustrado(a), 4
frying pan sartén *(f.)*, 10
fuel injection sistema de inyección, 12
full lleno(a), 12
function funcionar, 12
furious furioso(a), 4
furnish proporcionar
furnished amueblado(a), 10
furniture muebles *(m. pl.)*, 10
future futuro *(m.)*, 14

game partido *(m.)*, 4
game show programa de concursos *(m.)*, 16
garage garaje *(m.)*, 6
garden jardín *(m.)*, 7; **— of Eden** paraíso terrenal *(m.)*
gas station gasolinera *(f.)*, estación de servicio *(f.)*, 12
gasoline gasolina *(f.)*, 12
gee! ¡caramba!, 2

gender género *(m.)*, sexo *(m.)*
general general, 8
generally generalmente, 8; por lo general, 18
gentleman señor *(m.)*, P; caballero *(m.)*
geranium geranio *(m.)*, 8
German *(lang.)* alemán *(m.)*, 2
get buscar, 6; conseguir (e:i), 6; (*grade*) sacar, 14; **— a tan** broncearse, 16; **— angry** enojarse, enfadarse, 14; **— better** mejorarse, 15; **— dressed** vestirse (e:i), 9; **— engaged to** comprometerse con, 18; **— in shape** ponerse en forma, 14; **— married** casarse con, 11; **— together** reunirse; **— undressed** desvestirse (e:i), 9; **— up** levantarse, 9; **— used to** acostumbrarse a, 12; **— worse** empeorarse, 15
ghost fantasma *(m.)*
gift regalo *(m.)*, 8; don *(m.)*; **— shop** tienda de regalos, 7
girl chica *(f.)*, muchacha *(f.)*, 2
girlfriend novia *(f.)*, 3
give dar, 4; **— a shot** poner una inyección, 15
glass vaso *(m.)*, 4; copa *(f.)*, 5
glove guante *(m.)*, 13; **— compartment** guantera, portaguantes, 12
go ir (a), 4; **— away** irse, 9; **— camping** acampar, ir a acampar, 16; **— down** bajar, 12; **— fishing** ir de pesca, ir a pescar, 16; **— on an excursion** hacer una excursión, 11; **— on foot** ir a pie, ir caminando, 12; **— on vacation** ir de vacaciones, 11; **— out** salir, 6; **— through** atravesar (e:ie); **— through customs** pasar por la aduana, 7; **— to bed** acostarse (o:ue), 9
goal meta *(f.)*
goblet copa *(f.)*, 5
God Dios; **— grant** ojalá, 11
goddaughter ahijada *(f.)*
godfather padrino *(m.)*, 11
godmother madrina *(f.)*
godson ahijado *(m.)*
gold oro *(m.)*
golden dorado(a)
golf club palo de golf *(m.)*, 16
good bueno(a), buen; **— afternoon** buenas tardes, P; **— evening** buenas noches, P; **— morning** buenos días, P; **— night** buenas noches, P
good bye adiós, P; chau, P
good-looking guapo(a), 2
gosh! ¡caramba!, 1
governor gobernador(a), 18
grade nota *(f.)*, 14; **— point average** promedio *(m.)*, 14
grading system sistema de calificaciones *(m.)*
graduate graduar(se), 14
granddaughter nieta *(f.)*, 6
grandfather abuelo *(m.)*, 4
grandmother abuela *(f.)*, 4
grandson nieto *(m.)*, 6
grape uva *(f.)*, 9
gratitude agradecimiento *(m.)*
gray gris, 1
great magnífico(a), 14
Great! ¡Chévere!, ¡Bárbaro!
great-grandfather (-mother) bisabuelo(a) *(m., f.)*
green verde, 1
greet saludar, 15
greeting saludo *(m.)*, 1
grilled a la parrilla, 5
group grupo *(m.)*, 7
guest invitado(a) *(m., f.)*, 4; **— room** cuarto *(m.)* de huéspedes, 6
guilty culpable
Guinea pig conejillo de Indias *(m.)*, 8
guitar guitarra *(f.)*, 9
gym gimnasio *(m.)*, 14

hair pelo *(m.)*, cabello *(m.)*
half medio(a); mitad *(f.)*; **— past** y media (*time*), 2
ham jamón *(m.)*, 5
hamburger hamburguesa *(f.)*, 5
hand mano *(f.)*, 15
handbag bolso *(m.)*, cartera *(f.)*, 9
handkerchief pañuelo *(m.)*, 13
handsome guapo(a), 2
happen pasar, ocurrir, 18
happening hecho *(m.)*
happy contento(a), 4
hardware store ferretería *(f.)*, 9
hardworking trabajador(a), 3
hat sombrero *(m.)*
have tener, 3; haber (*aux.*); **— a good time** pasarlo bien, 5; divertirse (e:ie), 9; **— a lot to do** tener mucho que hacer, 3; **— a nice trip** buen viaje, 11; **— a picnic** hacer un picnic; **— a seat.** Tome asiento., 1; **— breakfast** desayunar, 5; **— dinner** cenar, 5; **— just . . .** acabar de... , 4; **— lunch** almorzar (o:ue), 5; **— self-esteem** estimarse; **— nothing in common** no tener nada en común, 16; **— nothing to wear** no tener nada que ponerse, 13; **— something to drink (eat)** tomar (beber) algo, 3; **— the day off** tener el día libre, 8; **— to** tener que + *inf.*, 3
he él, 1; **— (she) who** el (la) que
head cabeza *(f.)*, 15
headlight luz *(f.)*, 12
healer curandero(a) *(m., f.)*
health salud *(f.)*, 15
hear oír
heard oído (*p.p. of* oír), 15
heart corazón *(m.)*; **— attack** ataque al corazón *(m.)*, 15
heating calefacción *(f.)*, 10
heaven cielo *(m.)*
height estatura *(f.)*, 3
hello hola, P; **say — to . . .** saludos a..., 1
help ayudar (a), 6; ayuda *(f.)*, 2
her su(s), 3; ella, 4; la, 6; le, 7
here aquí; **— it goes.** Aquí va.; **— it is.** Aquí está., 3
hers suyo(a)(s), 9
herself se, 9
hide esconder, 6; ocultar
highway autopista *(f.)*, 12
hillside ladera *(f.)*
him él, 4; lo, 6; le, 7
himself se, 9
his su(s), 3; suyo(a)(s), 9
history historia *(f.)*, 3
hold estrechar; **— tightly** oprimir
holidays fiestas, 4
home casa *(f.)*, hogar *(m.)*; **— page** propia página *(f.)*; **(related to) —** casero(a), 15
homework deber *(m.)*, tarea *(f.)*, 14
honest honrado(a)
honey miel de abeja *(f.)*, 15; cariño *(m.)*, 18
honeymoon luna de miel *(f.)*, 11
honorable honorable
hood capó *(m.)*, 12
hope esperar, 11; esperanza *(f.)*; **I —** ojalá, 11
horn bocina *(f.)*, 12
horse caballo *(m.)*; **— rider** jinete *(m., f.)*
hospital hospital *(m.)*, 2
hot caliente; **— chocolate** chocolate caliente *(m.)*, 5; **— dog** perro caliente *(m.)*, 5; **nice and —** bien caliente, 15; **to be —** tener calor, 4; (*weather*) hacer calor, 5
hotel hotel *(m.)*, 5
hour hora *(f.)*
house casa *(f.)*, 2
housework quehaceres (trabajos) de la casa, 6
how? ¿cómo?, P; **— are you?** ¿Cómo está Ud.? (*form. sing.*), P, 1; ¿Cómo están ustedes? (*form. pl.*), P, 1; ¿Cómo estás? *(fam.)*, P, 1; **— do you do?** Mucho gusto., 1; **— does one say . . . ?** ¿Cómo se dice...?, 1; **— far in advance?** ¿Con cuánta anticipación?; **— is it going (for you)?** ¿Qué tal (te va)?, P, 14; ¿Cómo le va? *(form.)*, ¿Cómo te va? *(fam.)*; **— many?** ¿cuántos(as)?; **— may I help you?** ¿En qué puedo servirle?, 7; **— much?** ¿cuánto(a)?; **— nice to see you!** ¡Qué gusto de verte!, 15
hug abrazo *(m.)*, 14; abrazar, 8
hundred cien, ciento, 2
hunger hambre *(f.)*, 5
hungry: to be — tener hambre, 4
hunt cazar, 16
hurricane huracán *(m.)*, 18
hurt doler (o:ue), 15; herir (e:ie)
husband esposo *(m.)*, marido *(m.)*, 5
hybrid car coche híbrido *(m.)*, 12
hypochondriac hipocondriaco *(m.)*, 15

ice cream helado *(m.)*, 5
iced tea té helado, 5
I.D. number número de identidad *(m.)*, 3
idea idea *(f.)*, 2
ideal *(adj.)* ideal, 11
if si, 12
immediately inmediatamente, 18
imperfect imperfecto(a)
import importación *(f.)*, 17
important importante, 17
impossible imposible
impressed impresionado(a), 17
improve mejorar, 9
in en, 1; por, 8; de, 16; a, 16; **— case** en caso de que, 14; **— charge** encargado(a), 17; **— exchange for** por, 8; **— front of** frente a, 8; **— haste** presuroso(a);

— **order** para, 2; — **order that** para que, 14; — **order to** a, 3; para, 8; — **search of** en busca de, 8; — **spite of** a pesar de (que), 9; entonces, 4; — **the afternoon** de (por) la tarde, 1; — **the evening** de (por) la noche, 1; — **the morning** de (por) la mañana, 1
include incluir, 10
income ingreso *(m.)*
increase aumento *(m.)*, 17
indefinite indeterminado(a)
indicative indicativo(a)
inexpensive barato(a), 11
influenza gripe *(f.)*, 15
injection inyección *(f.)*, 15; **to give an** — poner una inyección, 15
inside en, 16; dentro
insist on insistir en, 14
installments plazos *(m. pl.)*, 8; **in (on)** — a plazos, 8
instructor profesor(a), P
insurance agent agente de seguros *(m., f.)*, 17
intelligent inteligente, 2
interest interesar, 18
interesting interesante, 6
international internacional, 2
internet Internet *(m., f.)*, 7
interpreter intérprete *(m., f.)*, 17
interrogative interrogativo(a)
interview entrevista *(f.)*, 17; entrevistar, 17
introduce presentar, 16
invitation invitación *(f.)*, 3
invite invitar (a), 18
invited invitado(a), 4
iron planchar, 6; plancha *(f.)*, 10
ironing board tabla de planchar, 10
Is . . . (*name*) there? ¿Está... (*name*)?, 3
it la, 6; lo, 6
Italian *(lang.)* italiano *(m.)*, 2
its su(s), 3
itself se, 9

jack gato *(m.)*, 12
jail cárcel *(f.)*
January enero, 1
Japanese *(lang.)* japonés *(m.)*, 2
jewelry joyas (*f. pl.*), 13; — **store** joyería *(f.)*, 9
job empleo *(m.)*, trabajo *(m.)*, 3; puesto *(m.)*, 17; — **application** solicitud de trabajo *(f.)*, 3
joint account cuenta conjunta *(f.)*, 8
joke bromear, 12
journalism periodismo *(m.)*, 14
journalist periodista *(m., f.)*, 18
joy gusto *(m.)*
juice jugo *(m.)*, 5
July julio, 1
June junio, 1
jungle selva (tropical) *(f.)*, 11
just in case por si acaso, 18

keep quedarse con; (*something going*) mantener; — **in mind** tener en cuenta
key llave *(f.)*, 6
keyboard teclado *(m.)*, 17
kid: to — (*joke*) bromear, 12
kilo, kilogram kilogramo *(m.)*, 13
kindergarten jardín de infantes (infancia) *(m.)*
kindness bondad *(f.)*
king rey *(m.)*
kiss beso *(m.)*, 11; besar
kitchen cocina *(f.)*, 6
knee rodilla *(f.)*, 15
knife cuchillo *(m.)*, 5
knight caballero *(m.)*
knock on the door tocar a la puerta, 6
know conocer, 6; saber, 6
knowledge conocimiento *(m.)*

labor *(adj.)* obrero(a)
laboratory laboratorio *(m.)*, 14
lack falta *(f.)*; — **of patience** impaciencia *(f.)*
lady señora *(f.)*, P
lake lago *(m.)*
lamb cordero *(m.)*, 5
lamp lámpara *(f.)*, 10
land tierra *(f.)*, terreno *(m.)*
land (a plane) aterrizar, 11
language idioma *(m.)*; lengua *(f.)*, 2
laptop computer microcomputadora *(f.)*, computadora portátil *(f.)*, 17
large grande, amplio, 10
last pasado(a), 7; durar, 13; — **name** apellido *(m.)*, 3; — **night** anoche, 7; — **time** última vez *(f.)*, 16
later después, más tarde, 3
laugh reírse (e:i), 10
laughter risa *(f.)*
lawyer abogado(a) *(m., f.)*, 14
leaf hoja *(f.)*
leafy frondoso(a)
league liga *(f.)*
learn aprender (a), 3
leather cuero *(m.)*, 13
leave (behind) dejar, 5; salir, 6; irse, 9; partir
lecture conferencia *(f.)*
left izquierdo(a); **to the** — a la izquierda, 7
leg pierna *(f.)*, 15
lemon limón *(m.)*, 5
lend prestar, 8
less menos, 5; — **. . . than** menos... que, 5; — **than** + *number* menos de + *number*, 5; **more or** — más o menos
let know avisar, 10
let's go vamos, 2; — **shopping** vamos de compras, 13
let's see a ver, 5
letter carta *(f.)*, 17
lettuce lechuga *(f.)*, 9
liberty libertad *(f.)*, 2
librarian bibliotecario(a) *(m., f.)*, 14
library biblioteca *(f.)*, 1
license licencia; — **plate** chapa *(f.)*, placa *(f.)* (*Mex.*), 12
life vida *(f.)*
lifeguard salvavidas *(m., f.)*, 16
lift levantar, 9
light luz *(f.)*, 2; *(adj.)* claro(a), ligero(a)
likable simpático(a), 3
like gustar, 7; como, 11, 16
likewise igualmente, 1
lilac lila *(f.)*, 8
line renglón *(m.)*; (*of poetry*) verso *(m.)*
linen hilo *(m.)*, lino *(m.)*, 13
lip labio *(m.)*
list lista *(f.)*, 9
listen oye, 1; escuchar, 13; **let's** — escuchemos, 18
literature literatura *(f.)*, 2
litter tirar basura
little pequeño(a); **a** — un poco (de), 2; **a** — + *adjective* un poco + *adjective*, 4; — **sister (brother)** hermanita(o) (*f., m.*), 4
live vivir, 3
livestock ganadería *(f.)*
living room sala *(f.)*, 6
loaded (with) cargado(a) (de), 13
loan préstamo *(m.)*, 8
lobster langosta *(f.)*, 5
local *(adj.)* local, 18
locate ubicar
located: to be — quedar, 10
location ubicación *(f.)*
lock cerradura *(f.)*
lodge (at a hotel) hospedarse en, 11
lodging hospedaje *(m.)*, 11; alojamiento *(m.)*
loneliness soledad *(f.)*
long time mucho tiempo, 7
long-sleeved (de) mangas largas, 13
look (at) mirar, 5; — **for** buscar, 6; — **out the window** mirar por la ventana, 6; — **right through** atravesar (e:ie) con la mirada
lose perder (e:ie), 4
love encantarle a uno, 8; cariño *(m.)*, 18
loving amante *(adj.)*
loyal leal
luckily por suerte, 18
luggage equipaje *(m.)*, 7
lunch almuerzo *(m.)*, 7; **to have** — almorzar (o:ue), 5; — **time** la hora de almorzar, 17
luxury lujo *(m.)*

madam señora *(f.)*, P
made hecho(a) (*p.p. of* hacer), 14
magazine revista *(f.)*, 6
magnificent magnífico(a), 4
maid criada *(f.)*, 10
maiden name apellido de soltera *(m.)*
maintain mantener, 14
majority mayoría *(f.)*, 18
make hacer, 6; obligar; realizar; — **a decision** tomar una decisión, 14; — **a movie** filmar, 18; — **a stopover** hacer escala, 11; to — **matters worse** para peor, 18
man hombre *(m.)*
manager gerente *(m., f.)*, 8
mango mango, 9
many muchos(as), 4
map mapa *(m.)*, 2
March marzo, 1
Mardi Gras carnaval *(m.)*
margarine margarina *(f.)*, 9
marital status estado civil *(m.)*, 3
mark down rebajar, 13
marker marcador *(m.)*, 2
market mercado *(m.)*, 6
marketing mercadeo *(m.)*, 17
marriage matrimonio *(m.)*
married casado(a), 3; — **couple** matrimonio *(m.)*, 13
marry casarse (con), 18
mashed potatoes puré de papas *(m.)*, 5
match combinar, hacer juego, 13

math(ematics) matemáticas *(f. pl.)*, 2
matter importarle a uno, 18
mattress colchón *(m.)*, 7
May mayo, 1
maybe a lo mejor, 12; tal vez
me mí, 4; me (*d.o.*), 6; me (*i.o.*), 7
meal comida *(f.)*, 5
mean querer decir
means medio *(m.)*
measure medida *(f.)*; medir (e:i), 13
meat carne *(f.)*, 6; **— market** carnicería *(f.)*, 9; **— turnover** empanada *(f.)*
mechanic mecánico *(m.)*, 12
media medios de difusión *(m.)*, 18
medicine medicina *(f.)*, medicamento *(m.)*, 15; remedio *(m.)*, 15
medium mediano(a), 13; **of — height** de estatura mediana, 3
meet conocer, 10; encontrarse (o:ue) (con), 10
melt fundir; derretir (e:i)
men hombres *(m. pl.)*; **—'s department** departamento de (ropa para) caballeros *(m.)*, 13
menu menú *(m.)*, 5
merchant vendedor(a) *(m., f.)*
merry alegre
message mensaje *(m.)*, 3
meter métrica *(f.)* (*poetry*)
Mexican mexicano(a), 1
microwave microondas *(m.)*, 10
middle name segundo nombre *(m.)*
midnight medianoche *(f.)*, 9
midterm exam examen parcial *(m.)*, examen de mitad de curso *(m.)*, 3
midwife partera *(f.)*
mild templado(a)
mile milla *(f.)*, 12
milk leche *(f.)*, 5
mine mío(a), míos(as), 9
mineral water agua mineral *(f.)*, 5
minus menos
mirror espejo *(m.)*, 10
miss extrañar, 9; **to — class** faltar a clase, 14
Miss señorita (Srta.) *(f.)*, P
mister señor (Sr.), P
mix mezclar
mixture mezcla *(f.)*
modern moderno(a), 12
mom mamá *(f.)*, 1
moment momento *(m.)*, 3; **at this —** en este momento, 5
Monday lunes *(m.)*, 1
money dinero *(m.)*, 2
month mes *(m.)*, 1; **a (per) —** al (por) mes, 12
moon luna *(f.)*, 11
mop the floor trapear el piso, 6
more más, 2
most el (la) más, 5
mother madre *(f.)*, 1
motherhood maternidad
mother-in-law suegra *(f.)*, 6
motorcycle motocicleta *(f.)*, moto *(f.)*, 8
mountain montaña *(f.)*, 4; sierra *(f.)*, monte *(m.)*
mouse ratón *(m.)*, 17
mouth boca *(f.)*, 15
move (*from one house to another*) mudarse, 10
movie película *(f.)*, 7; **— screen** pantalla cinematográfica *(f.)*; **— section** (*of newspaper*) cartelera *(f.)*, 16; **— theater** cine *(m.)*, 4; **mystery —** película de misterio *(f.)*, 16; **see a —** ver una película, 7; **show a —** dar una película, 7; pasar una película, 7; **science-fiction —** película de ciencia ficción *(f.)*, 16; **thriller —** película de suspenso *(f.)*, 16; **war —** película de guerra *(f.)*, 16
mow the lawn cortar el césped, 6
MP3 player lector MP3 *(m.)*, 4
Mr. señor *(m.)*, Sr., P
Mrs. señora *(f.)*, Sra., P
much mucho(a), 1
muddy turbio(a)
murder mystery película de misterio *(f.)*, 16
museum museo *(m.)*, 4
music música *(f.)*, 18
musical musical, 16
musician músico *(m.)*
must deber, 3
my mi(s), 2, 3; **— love** mi amor, 3; **— name is . . .** Me llamo..., P
myself me, 9
mystery misterio *(m.)*; **. . . (movie)** película de misterio *(f.)*, 16

name nombre *(m.)*, 3; nombrar; **first —** nombre *(m.)*, 3; **My — is . . .** Me llamo..., P; **What's your —?** ¿Cómo se llama Ud.? *(form.)*, P, 1; ¿Cómo te llamas? *(fam.)*, P
nap siesta *(f.)*, 7
napkin servilleta *(f.)*, 5
narrow estrecho(a), angosto(a), 13
nation nación *(f.)*; pueblo *(m.)*
nationality nacionalidad *(f.)*, 3
natural ínsito(a)
necessary necesario(a), 3
neck cuello *(m.)*, 15
necklace collar *(m.)*, 13
need necesitar, 2
negative negativo(a)
neighbor vecino(a) *(m., f.)*, 4
neighborhood barrio *(m.)*, vecindad *(f.)*, 10
neither tampoco, 6; **— . . . nor** ni... ni, 6
nephew sobrino *(m.)*, 6
nervous nervioso(a), 4
never nunca, jamás, 6; **— again** nunca más, 13
New Year Año Nuevo *(m.)*, 4
news program noticiero *(m.)*, 18
newspaper diario *(m.)*, periódico *(m.)*, 3
next próximo(a), 2; que viene; entrante, 18; **— to** al lado de, 7
nice simpático(a), 3; **— and hot** bien caliente, 15; **— to meet you.** Mucho gusto., 1
niece sobrina *(f.)*, 6
night noche *(f.)*, 2; **— table** mesita de noche *(f.)*, 10
nightgown camisón *(m.)*, 13
nine nueve, P; **— hundred** novecientos(as), 3
nineteen diecinueve, 1
ninety noventa, 2
ninth noveno(a), 7
no no, 1; ningún, ninguna, 6; **— one** nadie, 6; **— wonder** con razón, 3
nobody nadie, 6
nocturne nocturno *(m.)*
noise ruido *(m.)*
none ninguno(a), ningún, 6
noodles fideos *(m. pl.)*, 5
noon mediodía *(m.)*, 5; **at —** al mediodía, 5
nor ni, 6
north norte *(m.)*, 16
nose nariz *(f.)*, 15
not no, P; **— any** ninguno(a), 6; **— either** tampoco, 6; **— much** no mucho, P; **— working** descompuesto(a), 12
notebook cuaderno *(m.)*, 2
nothing nada, 1; **— but** no... más que
notice fijarse en, 18
noun nombre *(m.)*, sustantivo *(m.)*
November noviembre, 1
now ahora, 6
nowadays hoy en día, 18; actualmente
number número *(m.)*, P
nursing home casa de ancianos *(f.)*

object objeto *(m.)*
obtain conseguir (e:i), 6
occupation ocupación *(f.)*, 3
occur ocurrir, pasar, 18
October octubre, 1
of de, 1; **— course** por supuesto, 7
office oficina *(f.)*, 1, despacho *(m.)*, 17
often a menudo, frecuentemente, 12
Oh, no! ¡Ay, no!, 1
oil aceite *(m.)*, 9
oil filter filtro de aceite *(m.)*, 12
old viejo(a); antiguo(a), 10; **to be . . . years —** tener... años, 4
older mayor, 5
oldest el (la) mayor, 5
olive aceituna *(f.)*; **— oil** aceite de oliva *(m.)*
on en, 16; **— account of** por, 8; **— behalf of** por, 8; **— the other hand** por otro lado, 13; **— the phone** al (por) teléfono, 3
once una vez, 16
one uno, P; **— says** se dice, 1; **— way (ticket)** de ida, 11
one thousand mil, 3
onion cebolla *(f.)*, 9
online application form solicitud *(f.)* electrónica, 3
only solamente, solo, 10; **— thing** lo único, 14
open abrir, 3; abierto(a), 12; **— an account** abrir una cuenta, 8
opened abierto (*p.p. of* abrir), 14
opinion opinión *(f.)*, 11
optimist(ic) optimista *(m., f.)*, 3
or o, 6
orange anaranjado(a), 1; naranja *(f.)*, 9
orchestra orquesta *(f.)*
orchid orquídea *(f.)*, 8
order pedir (e:i), 5; mandar, 11; pedido *(m.)*, 5; orden *(f.)*
organ órgano *(m.)*, 9
other otro(a), 2; **— person's right** derecho ajeno *(m.)*
others los (las) demás
our nuestro(a)(os)(as), 3

ours nuestro(a)(s), 9
ourselves nos, 9
out of order descompuesto(a), 12
outdoor activity actividad al aire libre, 16
outline bosquejo *(m.)*
outside fuera
oven horno *(m.)*, 10
over en, 16
overcoat sobretodo *(m.)*, 13
overlook dar hacia
overlooking con vista a, 7
owe deber, 8
own propio(a)

pack hacer las maletas
package paquete *(m.)*, 11
pain dolor *(m.)*, 15
painter pintor(a)
painting cuadro *(m.)*, 10
pair par *(m.)*, 13
Panamanian panameño(a), 7
pansy pensamiento *(m.)*, 8
pantry alacena *(f.)*
pants pantalones *(m. pl.)*
pantyhose pantimedias (*f. pl.*), 13
paper papel *(m.)*, 2
Pardon me. Perdón., 1
parents padres *(m. pl.)*, 2
park parque *(m.)*, 4; aparcar, estacionar, parquear, 8
partner compañero(a) *(m., f.)*
party fiesta *(f.)*, 4
pass (*an exam or course*) aprobar (o:ue), 14
passenger pasajero *(m., f.)*, 11
passport pasaporte *(m.)*, 7
password contraseña *(f.)*, 17
past (*time*) y, 2
pastry pastel *(m.)*, 5
path sendero *(m.)*
patience paciencia *(f.)*, 15
pay pagar, 5; **— excess baggage** pagar exceso de equipaje, 11
peace paz *(f.)*, 15; **in —** en paz, 15
peach durazno *(m.)*, melocotón *(m.)*, 9
pen pluma *(f.)*, 2; bolígrafo *(m.)*, 2; **— name** nombre de pluma *(m.)*
pencil lápiz *(m.)*, 2
people (*nation*) pueblo *(m.)*
pepper pimienta *(f.)*, 5
per por, 8
perfect perfecto(a), 2
perfectly perfectamente, 15
perform (*a job*) desempeñar, 17
perhaps quizás, 13
period etapa *(f.)*
personnel personal, 17
Peruvian peruano(a), 12
pessimist(ic) pesimista *(m., f.)*, 3
pharmacy farmacia *(f.)*, 9
phone book guía telefónica *(f.)*
photocopy machine fotocopiadora *(f.)*, 17
photo(graph) fotografía *(f.)*, foto *(f.)*, 4
physical education educación física *(f.)*, 14
physician médico(a) *(m., f.)*, 14
physics física *(f.)*, 14
piano piano *(m.)*, 9
pick up recoger, 6; buscar, 6
picture cuadro *(m.)*, 10
pie pastel *(m.)*, 5
piece pedazo *(m.)*, trozo *(m.)*, 5; **— of news** noticia *(f.)*, 7
pillow almohada *(f.)*, 10
pillowcase funda *(f.)*, 10
pine tree pino *(m.)*, 16
pineapple piña *(f.)*, 9
pink rosado(a), 1
pinnacle cumbre *(f.)*
pity: it's a — es una lástima, 11; **What a —!** ¡Qué lástima!, 15
place lugar *(m.)*, 6; poner, 6; **— of birth** lugar de nacimiento *(m.)*, 3; **— of employment** lugar donde trabaja *(m.)*, 3
plain llanura *(f.)*, llano *(m.)*
plan pensar (e:ie) (+ *inf.*), 4; planear
plane avión *(m.)*, 11
plate plato *(m.)*, 5
plateau altiplano *(m.)*
platform andén *(m.)*
play (*instrument*) tocar, 9; jugar (u:ue), 16; obra (de teatro) *(f.)*, 16; **— golf** jugar (u:ue) al golf *(m.)*, 16; **— sports** practicar deportes, 16 **— tennis** jugar (u:ue) al tenis *(m.)*, 16
playwright dramaturgo(a) *(m., f.)*
please por favor, 1
pleasure gusto; **The — is mine.** El gusto es mío., 1
plumber plomero(a) *(m., f.)*, 14
pluperfect pluscuamperfecto
p.m. de la tarde, de la noche, 2
pneumonia pulmonía *(f.)*, 15
poem poema *(m.)*, 2
poetry poesía *(f.)*
police officer agente de policía *(m., f.)*, 8
polite amable, 2; cortés, 2
political party partido político *(m.)*, 18
poll encuesta *(f.)*, 18; investigación de la opinión pública *(f.)*, 18
polyester poliéster *(m.)*, 13
pool piscina *(f.)*
poor pobre (*unfortunate*), 4; **— thing** pobrecito(a) *(m., f.)*
portrait retrato *(m.)*
Portuguese *(lang.)* portugués *(m.)*, 2
position puesto *(m.)*, 17; cargo *(m.)*
possibility posibilidad *(f.)*, 12
post office correo *(m.)*, oficina de correos *(f.)*, 12
postcard tarjeta postal *(f.)*, 7
pot cacerola *(f.)*, 10
potato papa *(f.)*, 5
pound libra *(f.)*
poverty pobreza *(f.)*, 18
power poder *(m.)*
practice practicar, 2
prefer preferir (e:ie), 4
pregnant embarazada, 15
première estreno *(m.)*, 16
preparations preparativos, 4
prepare preparar, 4
prescribe recetar, 15
prescription receta *(f.)*, 15
present regalo *(m.)*, 8; presentar, 18; presente
president presidente(a) *(m., f.)*, 17
press conference conferencia de prensa *(f.)*, 18; rueda de prensa *(f.)*, 18
pretend fingir
pretty bonito(a), lindo(a), 2; precioso(a), 13
prevail prevalecer
preview avance *(m.)*, 16
price precio *(m.)*, 11
print (*fabric*) estampado(a), 13
printer impresora *(f.)*, 17
privateer corsario *(m.)*
probable probable, 8
problem problema *(m.)*, 2; **There's no —.** No hay problema., 2
profession profesión *(f.)*, 3
professor profesor(a) *(m., f.)*, P
program programa *(m.)*, 2
programmer programador(a) *(m., f.)*, 14
promise prometer, 7
propose proponer
proud orgulloso(a)
provided that con tal (de) que, 14
psychology sicología *(f.)*, 3
public relations agent agente de relaciones públicas *(m., f.)*, 17
publish publicar
Puerto Rican puertorriqueño(a) *(m., f.)*, 3
punch ponche *(m.)*, 4
punctual puntual, 2
purchase compra *(f.)*, 17
purchasing department departmento de compras *(m.)*, 17
purchasing manager jefe(a) de compras *(m., f.)*, 17
purple morado(a), 1
purse bolso *(m.)*, 9
put poner, 6; (*p.p. of* poner) puesto, 14; **— on** ponerse, 9; **— to bed** acostar (o:ue), 9

quarter after / past ... y cuarto *(time)*, 2
quarter of / to ... menos cuarto *(time)*, 2
queen reina *(f.)*
question pregunta *(f.)*, 4
Quick! ¡Rápido!, 6
quite bastante, 5

racket raqueta *(f.)*, 16
rain lluvia *(f.)*, 5; llover (o:ue), 5
raincoat impermeable *(m.)*
raise levantar, 9
rapid rápido(a), 8
rapidly rápidamente, 8
rare raro(a)
rate of exchange cambio de moneda *(m.)*, 7
rayon rayón *(m.)*, 13
razor máquina de afeitar *(f.)*
read leer, 3; (*p.p.*) leído, 14
reader lector(a) *(m., f.)*
ready listo(a); **—-to-wear clothes** ropa hecha *(f.)*
real estate agent agente de bienes raíces *(m., f.)*, 17
realist(ic) realista *(m., f.)*, 3
realize darse cuenta (de), 14
receipt recibo *(m.)*, 8
receive recibir, 3; (*grade*) sacar, 14
recent reciente, 8
recently recientemente, 8
recite recitar, 9
recommendation recomendación *(f.)*, 17
red rojo(a), 1
red-headed pelirrojo(a), 3

refrain estribillo *(m.)*
refrigerator refrigerador *(m.)*, 10
refugee refugiado(a) *(m., f.)*
refuse no querer (e:ie), 10; negarse (a) (e:ie)
regarding en cuanto a
register matricularse, 14
registered matriculado(a), 14
registration recepción (*desk*) *(f.)*, 7; matrícula *(f.)*, 14
regret sentir (e:ie), 11
relative pariente *(m., f.)*, 6
remain seated quedar(se) sentado(a)
remember recordar (o:ue), 5; acordarse (o:ue) (de), 9
remote control control remoto *(m.)*, 16
rent alquiler *(m.)*, 10; alquilar, 10
repair arreglar, 12; arreglo *(m.)*, 12; **— shop** taller de mecánica *(m.)*, 12
report informe *(m.)*, 3
reputation fama *(f.)*, 17
request pedir (e:i), 11
requirement requisito *(m.)*, 14
research investigación *(f.)*, 14
reservation reserva *(f.)*, reservación *(f.)*, 7
resign renunciar, 17
resort balneario
responsibility responsabilidad *(f.)*, 17
rest descansar, 7
restaurant restaurante *(m.)*, 5
résumé resumé *(m.)*, 17
retire jubilarse; retirarse, 17
return regresar, 2; volver (o:ue), 5; (*some thing*) devolver (o:ue), 13
returned (*p.p.*) (de)vuelto(a), 14
revolution revolución *(f.)*, 9
reward recompensa *(f.)*
rice arroz *(m.)*, 5; **— pudding** arroz con leche *(m.)*, 5
ride (*a bicycle*) montar en bicicleta, 16; (*a horse*) montar a caballo, 16
right derecho *(m.)*; *(adj.)* derecho (a); **—?** ¿verdad?, 1; **— away** en seguida, 5; **to the —** a la derecha, 7
ring anillo *(m.)*, 13; (*phone*) sonar (o:ue), 15
river río *(m.)*, 16
rock mecer
role papel *(m.)*
romantic romántico(a), 11; **How — you are!** ¡Qué romántico(a) eres!, 8
room cuarto *(m.)*, habitación *(f.)*, 5; sitio *(m.)*; **laundry —** cuarto de lavar *(m.)*, 6; **— service** servicio de habitación (cuarto) *(m.)*, 7
roommate compañero(a) de cuarto *(m., f.)*, 3
root raíz *(f.)*
rose rosa *(f.)*, 8
round-trip de ida y vuelta, 11
row remar, 16; fila *(f.)*, 11
run correr, 3; **— errands** hacer diligencias, 8; **— for office** postularse, 18
Russian *(lang.)* ruso *(m.)*, 2

sad triste, 4
saddlebag alforja *(f.)*
said (*p.p. of* decir) dicho, 14
sailboat velero *(m.)*, 16
saint's day santo *(m.)*
salad ensalada *(f.)*, 5
salary salario *(m.)*, sueldo *(m.)*, 17
sale liquidación *(f.)*, rebaja *(f.)*, 13
salesperson vendedor(a) *(m., f.)*, 1
salt sal *(f.)*, 5
same mismo(a), 10; **— here** igualmente, 1; **— thing** lo mismo, 10
sand arena *(f.)*, 16
sandal sandalia *(f.)*, 13
sandwich sándwich *(m.)*, 2; bocadillo *(Sp.)*, 17
sarcastic sarcástico(a), 15
Saturday sábado *(m.)*, 1
sauce salsa *(f.)*, 9
saucepan cacerola *(f.)*, 10
saucer platillo *(m.)*, 5
sausage chorizo *(m.)*
save ahorrar, 8
savings account cuenta de ahorros *(f.)*, 8
say decir (e:i), 6
scarf bufanda *(f.)*, 13
schedule horario *(m.)*, 14
scholarship beca *(f.)*, 14
school escuela *(f.)*, 10; facultad *(f.)*, 14
science ciencia *(f.)*, 14
scorn despreciar
scrambled revueltos(as), 5
screen pantalla *(f.)*, 16; **—play** guión *(m.)*
script guión *(m.)*, libreto *(m.)*, 18
scuba dive bucear, 16
sea mar *(m.)*, 7
search búsqueda *(f.)*
season estación *(f.)*, 15
seat asiento *(m.)*, 18
seated sentado(a), 14
second segundo(a), 6; **— World War** Segunda Guerra Mundial *(f.)*
see ver, 6; **— you.** Nos vemos., 1; **— you tomorrow.** Hasta mañana., P
seem parecer; **— to one** antojársele a uno
seen (*p.p. of* ver) visto(a), 14
selection selección *(f.)*, 17
sell vender, 3
semester semestre *(m.)*, 2
send enviar, mandar, 7
sensitivity sensibilidad *(f.)*
sentence oración *(f.)*
September septiembre, 1
seriously? ¿en serio?, 2
serve servir (e:i), 6
service servicio *(m.)*, 7
set out to proponerse
seven siete, P; **— hundred** setecientos(as), 3
seventeen diecisiete, 1
seventh séptimo(a), 7
seventy setenta, 2
several varios(as), 14
shadow sombra *(f.)*
shake hands darse la mano
shame: it's a — es una lástima, 11
share compartir, 10
shareholder accionista *(m., f.)*, 17
shark tiburón *(m.)*
shave afeitar(se), 9
she ella, 1
sheep oveja *(f.)*
sheet sábana *(f.)*, 6
ship barco *(m.)*, 11
shirt camisa *(f.)*, 6
shoe zapato *(m.)*, 13; **— store** zapatería *(f.)*, 9
shoot fusilar, pasar por las armas
shop tienda *(f.)*, 7
shopping: to go — ir de compras, 13
shopping mall centro comercial *(m.)*, 13
short bajo(a), 3; corto(a), 9
short-sleeved (de) mangas cortas, 13
shot inyección *(f.)*, 15; **to give a —** poner una inyección, 15
shotgun escopeta *(f.)*, 16
should deber, 3
show mostrar (o:ue), 6; **— a movie** pasar (dar) una película, 7
shower ducha *(f.)*, 7
shrimp camarones *(m. pl.)*, 5
sick enfermo(a), 4
sigh suspirar, 6
sign firmar, 8; señal *(f.)*; signo *(m.)*
signature firma *(f.)*, 8
silently sin ruido
silk seda *(f.)*, 13
silver plata *(f.)*
silverware cubiertos *(m. pl.)*, 5
since desde; como, 7
sing cantar, 4
single soltero(a), 3; **— bed** cama sencilla *(f.)*, 7 **— room** habitación sencilla *(f.)*, 7
sink lavabo *(m.)*, 7
sir señor, P
sister hermana *(f.)*, 4
sister-in-law cuñada *(f.)*, 5, 6
sit down sentarse (e:ie), 9; Siéntate., 1
sitting sentado(a), 14
six seis, P; **— hundred** seiscientos(as), 3
sixteen dieciséis, 1
sixth sexto(a), 7
sixty sesenta, 2
size medida *(f.)*, talla *(f.)*, 13; (*of shoes*) número *(m.)*, 13; tamaño *(m.)*
skate patinar, 16
skateboard andar en patineta, 16
ski esquiar, 16
skillet sartén *(f.)*, 10
skirt falda *(f.)*, 13
sky cielo *(m.)*
skyscraper rascacielos *(m. sing.)*
slave esclavo(a) *(m., f.)*
sleep dormir (o:ue), 5
sleeping bag saco de dormir *(m.)*, bolsa de dormir *(f.)*, 10
sleepy: to be — tener sueño, 4
sleeve manga *(f.)*; **long-sleeved** (de) mangas largas, 13; **sleeveless** sin mangas, 13; **short-sleeved** (de) mangas cortas, 13
slender delgado(a), 3
slice rodaja *(f.)*
slippers zapatillas (*f. pl.*), 15
slow lento(a), 8
slowly lentamente, 8; despacio
small chico(a), 10; pequeño(a); **to be too — (on someone)** quedar(le) chico(a) (a uno), 13
smile sonreír
smog contaminación del aire *(f.)*
smoke fumar
snow nevar (e:ie), 5; nieve *(f.)*, 16
so tan, 17; **— be it.** Sea.; **— much** tanto
soap jabón *(m.)*, 7; **— opera** telenovela *(f.)*, 5

soccer fútbol *(m.)*, 16
social security number número de seguro social *(m.)*, 3
sociology sociología *(f.)*, 14
sock calcetín *(m.)*, 13
soda pop gaseosa, 3; refresco *(m.)*, 3; soda *(f.)*, 3
sofa sofá *(m.)*, 6
solitude soledad *(f.)*
some unos(as), 2; algunos(as), 6; alguno(a), algún, 6
somebody alguien, 6
someone alguien, 6
something algo, 6
sometimes a veces
son hijo *(m.)*, 4
son-in-law yerno *(m.)*, 6
song canción *(f.)*, 9
soon pronto, 14; **as — as** en cuanto, tan pronto como, 14; **—er or later** tarde o temprano, 18
sore throat dolor *(m.)* de garganta, 15
sorrow pena *(f.)*
soul alma *(f.)*
sound sonido *(m.)*
soundtrack banda sonora *(f.)*, 16
soup sopa *(f.)*, 5
source fuente *(f.)*
south sur *(m.)*, 16
Spain España
Spanish *(lang.)* español *(m.)*, 1
spare part pieza de repuesto *(f.)*, 12
spare tire llanta *(f.)* o neumático *(m.)* de respuesto *(f.)*, 12
speak hablar, 2
speakers parlantes *(m.)*, 4
special especial, 8
specialized especializado(a), 17
speech discurso *(m.)*, 18
speed limit velocidad máxima *(f.)*, 12
spell deletrear
spelling deletreo *(m.)*
spend (*time*) pasar, 4; gastar, 12
spoil malcriar, 10
spoon cuchara *(f.)*, 5
spoonful cucharada *(f.)*
sport deporte *(m.)*, 16
spot mancha *(f.)*
spring primavera *(f.)*, 1
stairs escalera *(f.)*, 7
stand in line ponerse en la cola, 11
stand out destacarse
stand somebody up dejar plantado(a) a alguien, 18
standard shift de cambios mecánicos, 12
stanza estrofa *(f.)*
start comenzar (e:ie), empezar (e:ie), 4; arrancar (*car*), 12; entablar
state estado *(m.)*
station estación *(f.)*, 10
stay quedarse, 11; hospedarse (en) (*at a hotel*), 11
steak bistec *(m.)*, biftec *(m.)*, 5
steering wheel volante *(m.)*, 12
still todavía, 10
stingy tacaño(a), 11
stir revolver (o:ue)
stockbroker agente de bolsa *(m., f.)*, 17; corredor de bolsa *(m., f.)*, 17
stomach estómago *(m.)*, 15
stone piedra *(f.)*
stop detenerse; **— (something)** detener + *d.o.*
stopover escala *(f.)*, 11; **to make a —** hacer escala, 11
store tienda *(f.)*, 8
stranger extraño(a) *(m., f.)*
straw (*for mate*) bombilla *(f.)*
strawberry fresa *(f.)*, 9
street calle *(f.)*, 1
stretch estirar
strike huelga *(f.)*, 18
stripe raya *(f.)*, 13
stubborn terco(a), 3
student estudiante *(m., f.)*, 1; alumno(a), 3
study estudiar, 2
stupidity torpeza *(f.)*
subject tema *(m.)*, 2; (*course*) asignatura, materia, 14
subsidized subvencionado(a)
subway metro *(m.)*, subterráneo *(m.)*, 10
success éxito *(m.)*
Such bad luck! ¡Qué mala suerte!, 8
Such is life. Así es la vida.
suddenly de pronto, de repente, 18
sugar azúcar *(m.)*, 9; **— cane** caña de azúcar *(f.)*
suggest sugerir (e:ie), 11
suit traje *(m.)*, 10
suitcase maleta *(f.)*; valija *(f.)*, 7
summary resumen *(m.)*
summer verano *(m.)*, 1
sun sol *(m.)*
sunbathe tomar el sol, 16
Sunday domingo *(m.)*, 1
sunflower girasol *(m.)*, 8
sunny: to be — hacer sol, 5
supermarket supermercado *(m.)*, 9
supervision supervisión *(f.)*, 17
supervisor supervisor(a) *(m., f.)*, 17
supper cena *(f.)*, 7
suppose suponer, 15
surf hacer surfing
surfboard tabla de mar *(f.)*, 16
surprise sorpresa *(f.)*, sorprender, 11
surrounded rodeado(a)
survey encuesta *(f.)*, 18; investigación de la opinión pública *(f.)*, 18
sweater suéter *(m.)*
sweep barrer, 6
sweet dulce
sweets dulces *(m. pl.)*
swim nadar, 7
swimming pool piscina *(f.)*, alberca *(f.)* (*Mex.*), 7
sword espada *(f.)*
symptom síntoma *(m.)*, 15
system sistema *(m.)*

table mesa *(f.)*, 4
tablecloth mantel *(m.)*, 5
tail cola *(f.)*
tailor sastre *(m.)*
take tomar, 2; (*someone or something someplace*) llevar, 3; (*a taxi*), 6; **— a cruise** hacer un crucero, 11; **— a picture** sacar (tomar) una foto, 4; **— advantage of** aprovechar, 15; **— an X-ray** hacer una radiografía, 15; **— away** quitar, 9; llevarse, 11; **— charge** hacerse cargo; **— off** quitarse, 9; **— off** *(a plane)* despegar, 11; **— out the garbage** sacar la basura, 6; **— place** tener lugar
talk conversar, platicar, 2; hablar, 2
tall alto(a), 2
tank tanque *(m.)*, 12
taste probar (o:ue), 9
tasty sabroso(a), 5
tax impuesto *(m.)*, 8
taxi taxi *(m.)*, 6
tea té *(m.)*, 5
teacher (*elementary school*) maestro(a) *(m., f.)*, 10; profesor(a), P
team equipo *(m.)*, 16
tear despedazar
teaspoon cucharita *(f.)*, 5
teeth dientes *(m. pl.)*, 15
telephone teléfono *(m.)*, **on the —** al teléfono, 3; **— book** guía *(f.)* telefónica; **— system** sistema de comunicación telefónica *(m.)*, 17
television televisión *(f.)*, 2
tell decir (e:i), 6; contar (o:ue), 5
temperature temperatura *(f.)*, 15
ten diez, P
tenderness ternura *(f.)*
tennis shoe zapato de tenis *(m.)*, 13
tent tienda de campaña *(f.)*, 16
tenth décimo(a), 7
terrible terrible
tetanus shot inyección antitetánica *(f.)*, 15
than que, 5
thank you gracias, P; **— very much.** Muchas gracias., 1
thanks gracias, P
that *(adj.)* que, 3, 4; aquel(la), 6; *(adj.)* ese, 6; *(adj.)* esa, 6; *(neuter pron.)* aquello, 6; *(neuter pron.)* eso, 6; **— is to say** es decir; **— one** aquel(la), 7; ese, 6; esa, 6; **—'s why** por eso, 18
the el, la, las, los, 2
theater teatro *(m.)*, 4
their su(s), 3
theirs suyo(a)(s), 9
them ellas, ellos, 4; las, 6; los, 6; les, 7
theme tema *(m.)*, 2
themselves se, 9
then entonces *(in that case)*, 3
there allí; **— are, is** hay, 1
thermometer termómetro *(m.)*, 15
these *(adj.)* estos(as), 6; *(pron.)* estos(as), 6
they ellos, 1; ellas, 1
thin delgado(a), 3
think creer, 3; pensar (e:ie), 4; **— about** pensar en, 18
third tercero(a), tercer, 7
thirst sed *(f.)*, 4
thirsty: to be — tener sed, 4
thirteen trece, 1
thirty treinta, 1
this *(adj.)* este, esta, 6; (*neuter pron.*), esto, 6; **— is he (she) speaking.** Con él (ella) habla., 3
those *(adj.)* aquellos(as), 6; *(pron.)* aquellos(as), 6; *(adj.)* esos(as), 6; *(pron.)* esos(as), 6
thought pensamiento *(m.)*
thousand mil, 3; millar *(m.)*
three tres, P; **— hundred** trescientos(as), 3; **3-D** three-dimensional, 16
thriller película de suspenso *(f.)*, 16
throat garganta *(f.)*, 15; **sore —** dolor *(m.)* de garganta, 15

through por, 8
Thursday jueves *(m.)*, 1
ticket (*for plane, train, bus*) pasaje *(m.)*, billete *(m.)*, 11; (*to an event*) boleto *(m.)*; (*fine*) multa *(f.)*, 8; **one-way —** billete (pasaje) de ida *(m.)*, 11; **round-trip —** billete (pasaje) de ida y vuelta *(m.)*, 11
tidy up arreglar, 6
tie corbata *(f.)*, 13; **— together** apretar (e:ie)
tile teja *(f.)*; (*ceramic*) azulejo *(m.)*
till menos (*telling time*), 2
time hora *(f.)*, 2; tiempo, 2; vez (*in a series*) *(f.)*, 4; **for the first —** por primera vez, 4; **have a good —** divertirse (e:ie), 16; **this —** esta vez, 4; **What — is it?** ¿Qué hora es?, 2
tip propina *(f.)*, 5
tire llanta *(f.)*, neumático *(m.)*, 12
tired cansado(a), 4
title título *(m.)*, P
to *(telling time)* menos, 2; a, 3; para, 3
to the al *(contrac.)*
toast brindis *(m.)*, 4; pan *(m.)* tostado, 5
toaster tostadora *(f.)*, 10
today hoy, 1
toe dedo del pie *(m.)*, 15
together juntos(as), 2
toilet inodoro *(m.)*, 7; **— paper** papel higiénico *(m.)*, 9
tomato tomate *(m.)*, 9
tomb sepulcro *(m.)*
tomorrow mañana, 3; **— and not a day later** mañana mismo, 17
tongue lengua *(f.)*, 15
tonight esta noche, 2
too también, 2
tooth diente *(m.)*, 15
tornado tornado *(m.)*, 18
touch toque *(m.)*; tocar, 15
tourist turista *(m., f.)*, 11; **— class** clase turista *(f.)*, 11; turístico(a), 11
tow truck grúa *(f.)*, remolcador *(m.)*, 12
toward hacia
towel toalla *(f.)*, 7
tower torre *(f.)*
town pueblo *(m.)*, 11
tragic trágico(a)
train tren *(m.)*, 11; entrenar, 17
trainer entrenador(a), 16
tranquility tranquilidad *(f.)*
transcripts antecedentes académicos *(m.)*, 14
translate traducir, 6
translator traductor(a) *(m., f.)*, 17
travel viajar, 7
traveler viajero(a) *(m., f.)*, 11
traveling de viaje
tree árbol *(m.)*
tremble temblar
trip viaje *(m.)*, 4
trousers pantalón *(m.)*, pantalones *(m. pl.)*
truck camión *(m.)*, 13
true cierto
true? ¿verdad?, 11
trumpet trompeta *(f.)*, 9
trunk *(car)* maletero *(m.)*, cajuela *(f.)*, 12
trust confiar
truth verdad *(f.)*, 2, 6
try probar (o:ue), 9; **— on** probarse (o:ue), 9
T-shirt camiseta *(f.)*, 13
Tuesday martes *(m.)*, 1
tuition matrícula *(f.)*, 14
tulip tulipán *(m.)*, 8
turkey pavo *(m.)*, 5
turn: — in entregar, 14; **— off** apagar, 18; **— on** encender (e:ie) 18; **— over** voltear; **— to** recurrir a; **— … years old** cumplir… años, 4
TV set televisor *(m.)*, 7
twelve doce, 1
twenty veinte, 1; **— eight** veintiocho, 1; **— five** veinticinco, 1; **— four** veinticuatro, 1; **— nine** veintinueve, 1; **— one** veintiuno, 1; **— seven** veintisiete, 1; **— six** veintiséis, 1; **— three** veintitrés, 1; **— two** veintidós, 1
twilight crepúsculo *(m.)*
two dos, P; **— hundred** doscientos(as), 3
tyrant tirano(a) *(m., f.)*, 17

ugly feo(a), 3
umbrella paraguas (*m. sing.*)
uncle tío *(m.)*, 4
under debajo de, 6; bajo, 17
understand entender (e:ie), 4
underwear ropa interior *(f.)*, 13
unemployment desempleo *(m.)*, 18
unfortunate desafortunado(a), 8
unfortunately desgraciadamente, por desgracia, desafortunadamente, 8
ungrateful *(adj.)* desagradecido(a)
United States Estados Unidos *(m. pl.)*, 11
unless a menos que, 14
unpleasant antipático(a), 3
untie lines soltar (o:ue) amarras
until hasta, 7; hasta que, 14
untimely a deshoras
up to now hasta ahora, 14
Uruguayan uruguayo(a), 16
us (*obj. of prep.*) nosotros(as), 4; nos, 6, 7
use usar; gastar, 12; uso *(m.)*, 17
used usado(a), 12; **— to** acostumbrado(a) a, 10
usefulness utilidad *(f.)*

vacant libre, 7; desocupado(a), 10
vacate the room desocupar el cuarto, 7
vacation vacaciones (*f. pl.*), 7; **— package** paquete turístico, 11
vaccination vacuna *(f.)*, 15
vacuum pasar la aspiradora, 6
value valor *(m.)*
vegetable verdura *(f.)*, vegetal *(m.)*, legumbre *(m.)*, 5
Venezuelan venezolano(a), 10
verb verbo *(m.)*
very muy, P; **(not) — well** (no) muy bien, P
victim víctima *(f.)*, 17
vinegar vinagre *(m.)*, 9
violet violeta *(f.)*, 8
violin violín *(m.)*, 9
visit visitar, 6; **— frequently** frecuentar
vocabulary vocabulario *(m.)*

wait (for) esperar; aguardar
waiter camarero *(m.)*, mozo *(m.)*, 5
waiting list lista de espera *(f.)*, 7
waitress camarera *(f.)*, 5
wake up despertarse (e:ie), 9
walk caminar, 7; ir a pie, ir caminando, 12
wall pared *(f.)*, 2
wallet billetera *(f.)*, 9; cartera *(f.)*, 9
waltz vals *(m.)*, 4
wandering errabundo
want querer (e:ie), 4; desear, 2
war guerra *(f.)*, 18
war movie película de guerra *(f.)*, 16
warning advertencia *(f.)*
wash lavar(se), 6, 9; **— dishes** lavar los platos, fregar (e:ie) los platos, 6; **— one's hair** lavarse la cabeza, 9
washing machine lavadora *(f.)*, 10
wastebasket cesto de papeles *(m.)*, 2
watch mirar, 5
water agua *(f.)*, 5; **— ski** esquí acuático *(m.)*, 16
watermelon sandía *(f.)*, 9
wave ola *(f.)*
way modo *(m.)*; manera *(f.)*
we nosotros(as), 1
weak débil, 15
wear usar; **not to have anything to —** no tener nada que ponerse, 13; **— a certain (shoe) size** calzar, 13
weather tiempo *(m.)*; **— forecast** pronóstico del tiempo; **to be good (bad) —** hacer buen (mal) tiempo, 6; **What's the weather like?** ¿Qué tiempo hace?, 6
weatherbeaten curtido(a)
wedding boda *(f.)*, 9; **golden — (anniversary)** bodas de oro, 9
Wednesday miércoles *(m.)*, 1
week semana *(f.)*, 2; **a — ago** hace una semana, 9
weekend fin de semana *(m.)*, 4
weigh pesar
welcome bienvenido(a), 4; **You're —.** De nada., 1
well bien, P; pues, 4; **— . . . okay**
west oeste *(m.)*, 16
what cuál, P; qué, 2; lo que, 6; **— a pity!** ¡Qué lástima!, 15; **— do you think about . . . ?** ¿Qué les parece si… ?, 13; **— for?** ¿Para qué?, 18; **— is the rate of exchange?** ¿A cómo está el cambio de moneda?, 7; **— is your address?** ¿Cuál es tu dirección?, 1; **— is your name?** ¿Cómo se llama Ud.? *(form.)*, P, 1; ¿Cómo te llamas? *(fam.)*, P; **— is your phone number?** ¿Cuál es tu número de teléfono?, P; **— the heck!** ¡Qué diablo!; **— time is it?** ¿Qué hora es?, 2; **—'s new?** ¿Qué hay (de nuevo)?, P
wheat trigo *(m.)*
wheelchair silla de ruedas *(f.)*, 15
when? ¿cuándo?, 2; cuando, 14
where? ¿dónde?, 1; ¿adónde?, 3
which? ¿cuál?, P; (*rel. pron.*) que, 10
white blanco(a), 1

who (*rel. pron.*) que, 4; quien(es), 10
whom quien, quienes, 10
whose de quién
why? ¿por qué?
wide ancho(a), 13
widowed viudo(a), 3
wife esposa *(f.)*, mujer *(f.)*, 5
willpower voluntad *(f.)*
window ventana *(f.)*, 2; (*of a vehicle or booth*) ventanilla *(f.)*, 12; **— seat** asiento de ventanilla *(m.)*, 11; **to — shop** mirar vidrieras, 13
windshield parabrisas *(m.)*, 12; **— wipers** limpiaparabrisas *(m.)*, 12
windy: to be — hacer viento, 5
wine vino *(m.)*, 4
winter invierno *(m.)*, 1
wish desear, 2; querer (e:ie), 4
with con, 2; de, 16; **— me** conmigo, 2; **— you** (*fam. sing.*) contigo, 4
without sin; sin que, 14; **— fail** sin falta, 18; **— rhyme or reason** sin qué ni para qué, 18
woman mujer *(f.)*
women's department departamento de (ropa para) damas, 13
wood madera *(f.)*
wool lana *(f.)*, 13
word palabra *(f.)*, 17; **— processor** procesador de textos *(m.)* (de arte), 17
work trabajar; trabajo *(m.)*, 2; funcionar, 12; **— *(of art)*** obra *(f.)* (de arte); **— full-time** trabajar tiempo completo, **17 — on commission** trabajar a comisión, 17; **— part-time** trabajar a medio tiempo, 17; **to be self-employed** trabajar por cuenta propia, 17
workers obreros *(m.)*, 18
world mundo *(m.)*, 17; **— Wide Web** Internet *(f.)*, Red *(f.)*, 7
worried preocupado(a), 4
worry (about) preocuparse (por), 9
worse peor, 5
worst el (la) peor, 5
worth: to be — the trouble valer la pena, 12
wrap envolver (o:ue), 14
wrapped envuelto(a), 14
write escribir, 3; **— down** anotar, 2
writer escritor(a) *(m., f.)*, 14
written escrito(a), 14
wrong equivocado(a); **be —** estar equivocado(a), no tener razón, 4

X-ray radiografía *(f.)*, 15; **— room** sala de rayos X *(f.)*, 15

year año *(m.)*, 3; **to be . . . —s old** tener... años, 4
yellow amarillo(a), 1
yes sí, 2
yesterday ayer, 7
yogurt yogur *(m.)*, 5
you (*subj.*) tú *(fam.)*, usted (Ud.) *(form.)*; ustedes, vosotros(as), P; (*d.o. pron.*) la(s), lo(s), os, te, 6; (*i.o. pron.*) le(s), os, te, 7; (*obj. of prep.*) ti, usted(es), vosotros(as), 4
You'll see! ¡Ya verás!, 15
young joven *(m., f.)*, 17; **— lady** señorita *(f.)*, P; **— man** chico *(m.)*, muchacho *(m.)*, 2; joven *(m.)*, 15; **— people** jóvenes *(m., f.)*; **— woman** chica *(f.)*, muchacha *(f.)*, 2; joven *(f.)*, 15
younger menor, 5
youngest el (la) menor, 5
your su(s), tu(s), vuestro(a)(os)(as), 3
yours suyo(a)(s), tuyo(a)(s), vuestro(a)(s), 9
yourself se, te, 9
yourselves os, se, 9
youth juventud *(f.)*, 9

zero cero, P
zip code zona postal *(f.)*, 3
zoo zoológico *(m.)*, 4

México
ESTADOS UNIDOS
Río Gila
Río Colorado
Tijuana
Mexicali
Nogales
Nogales
Ciudad Juárez
El Paso
Río Grande
Río Misisipí
Houston
San Antonio
Hermosillo
Chihuahua
Río Conchos
Río Bravo
BAJA CALIFORNIA
Golfo de California
SIERRA MADRE OCCIDENTAL
SIERRA MADRE ORIENTAL
Laredo
Nuevo Laredo
Brownsville
Reynosa
Matamoros
Monterrey
Torreón
Saltillo
Golfo de México
La Paz
Cabo San Lucas
Mazatlán
Trópico de Cáncer
Ciudad Victoria
Tula
Zacatecas
San Luis Potosí
Tampico
Aguascalientes
León
Guanajuato
Puerto Vallarta
Guadalajara
Canal de Yucatán
Tizmín
Cancún
Mérida
Chichén Itzá
Cozumel
Uxmal
Campeche
YUCATÁN
Bahía de Campeche
Teotihuacán
Morelia
México, D.F.
Jalapa
Veracruz
Toluca
Cuernavaca
Puebla
Uruapan
Orizaba
Taxco
Río Balsas
Villahermosa
OCÉANO PACÍFICO
Islas Revillagigedo
ISTMO DE TEHUANTEPEC
Tlapa
Oaxaca
Acapulco
Lago Petén Itzá
Belmopan
BELICE
Lago Isabel
San Pedro Sula
GUATEMALA
HONDURAS
Golfo de Tehuantepec
Copán
Tegucigalpa
Guatemala
San Salvador
EL SALVADOR
0 100 200 300 400 Km.
0 100 200 300 400 Mi.

América Central y el Caribe
ESTADOS UNIDOS
0 100 200 300 400 Km.
0 100 200 300 400 Mi.
Golfo de México
Miami
Estrecho de la Florida
Islas Bahamas
OCÉANO ATLÁNTICO
Trópico de Cáncer
La Habana
Matanzas
Pinar del Río
Cienfuegos
Morón
Camagüey
CUBA
Canal de Yucatán
Isla de Pinos
Guantánamo
Santiago de Cuba
REPÚBLICA DOMINICANA
Puerto Plata
Santiago de los Caballeros
HAITÍ
Puerto Príncipe
Santo Domingo
PUERTO RICO
San Juan
Bayamón
Mayagüez
Río Piedras
Ponce
Islas Vírgenes
Antigua
Antillas Mayores
JAMAICA
Kingston
MÉXICO
Guadalupe
Dominica
Martinica
Sta. Lucía
Barbados
San Vicente
Granada
Antillas Menores
Tikal
PETÉN
Lago Petén Itzá
Belmopan
BELICE
Lago Isabel
Puerto Barrios
San Pedro Sula
GUATEMALA
Chichicastenango
HONDURAS
Copán
Tegucigalpa
Guatemala
Antigua
Quetzaltenango
EL SALVADOR
San Salvador
Mar Caribe
NICARAGUA
Managua
Lago de Nicaragua
Aruba
Bonaire
Curazao
Isla Margarita
Tobago
Puerto España
TRINIDAD
Arenal
Poás
Irazú
Puerto Limón
Puntarenas
Orosí
San José
Quepos
COSTA RICA
Colón
Panamá
PANAMÁ
Canal de Panamá
OCÉANO PACÍFICO
AMÉRICA DEL SUR
VENEZUELA
COLOMBIA

Hispanos en Estados Unidos

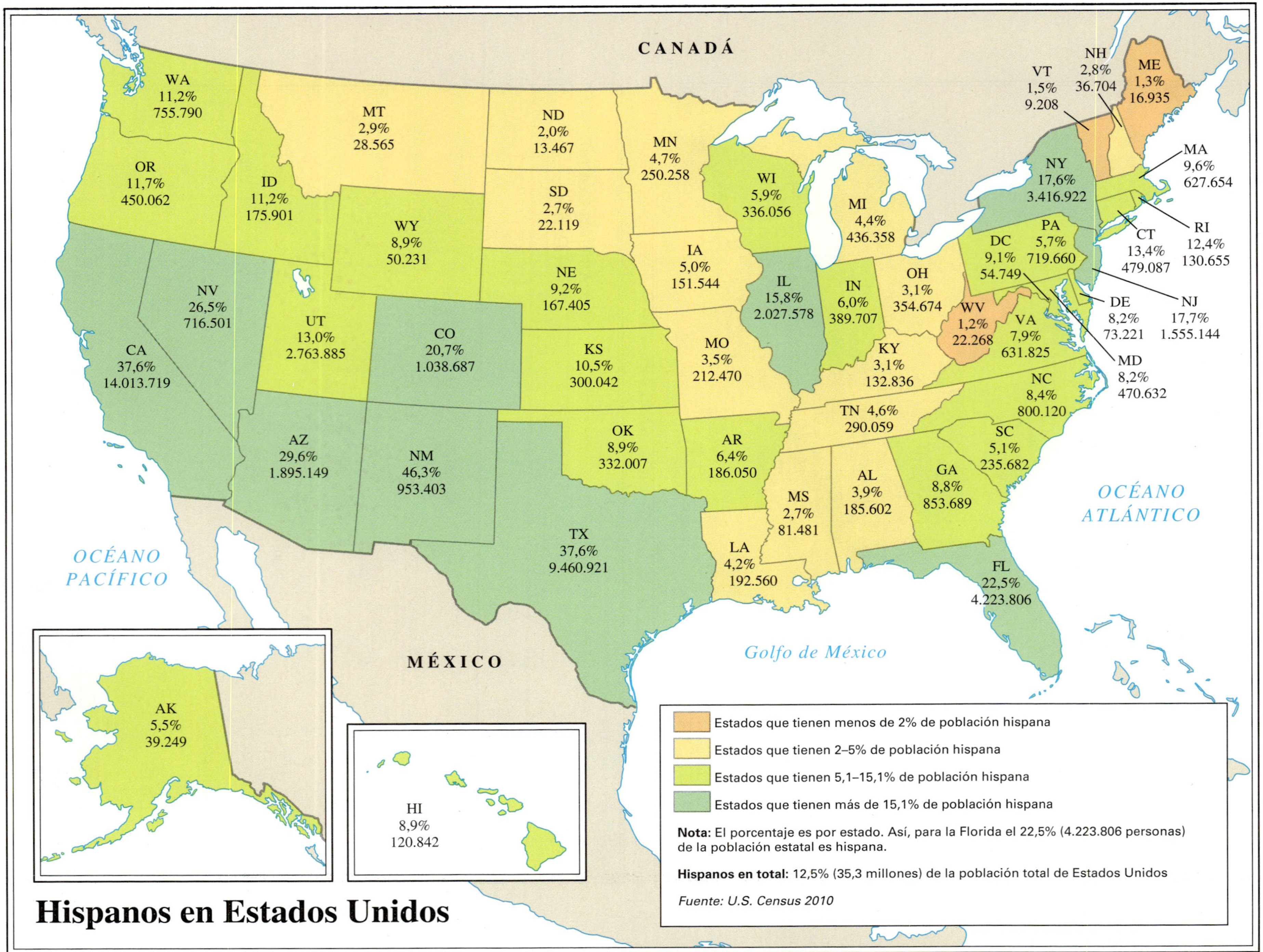

España

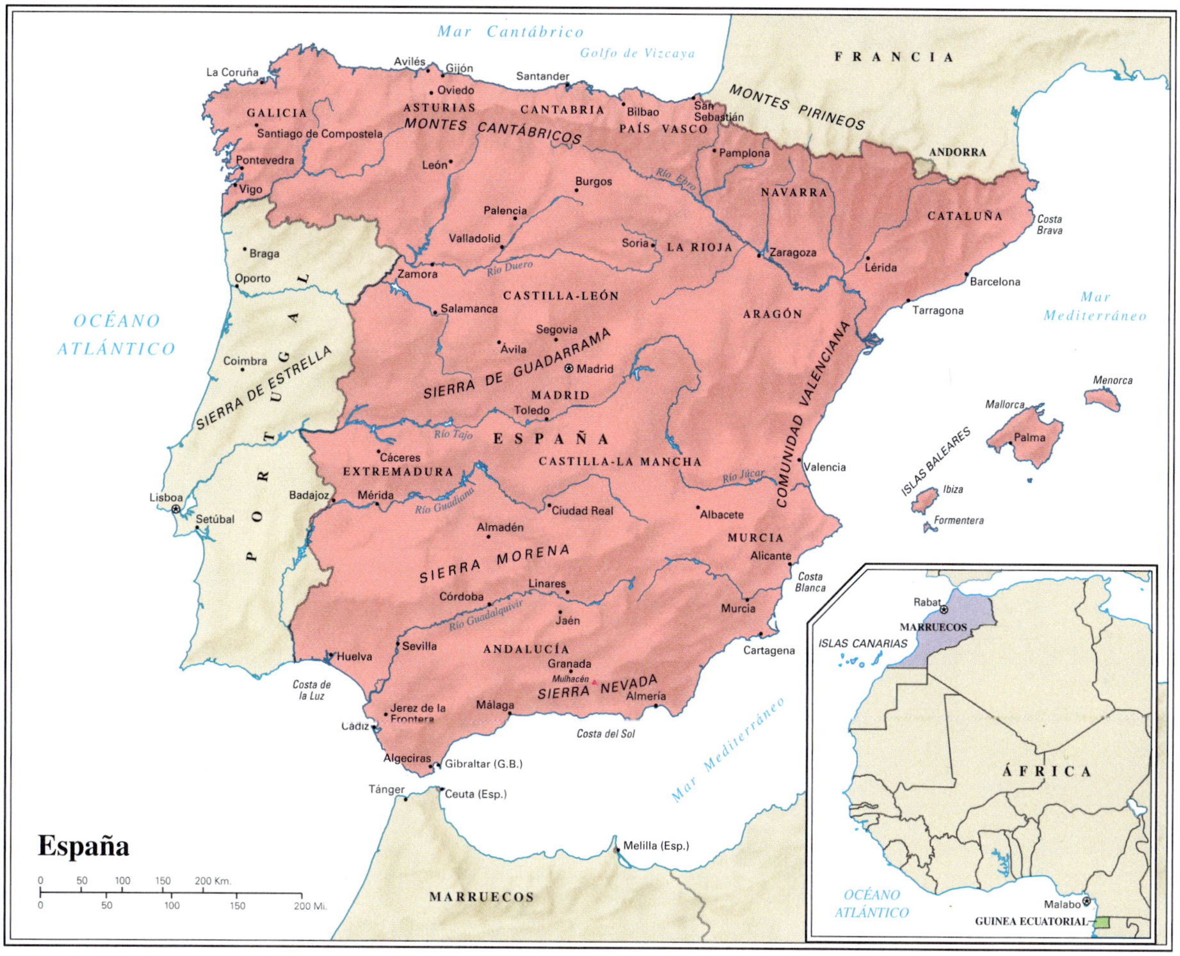

América del Sur

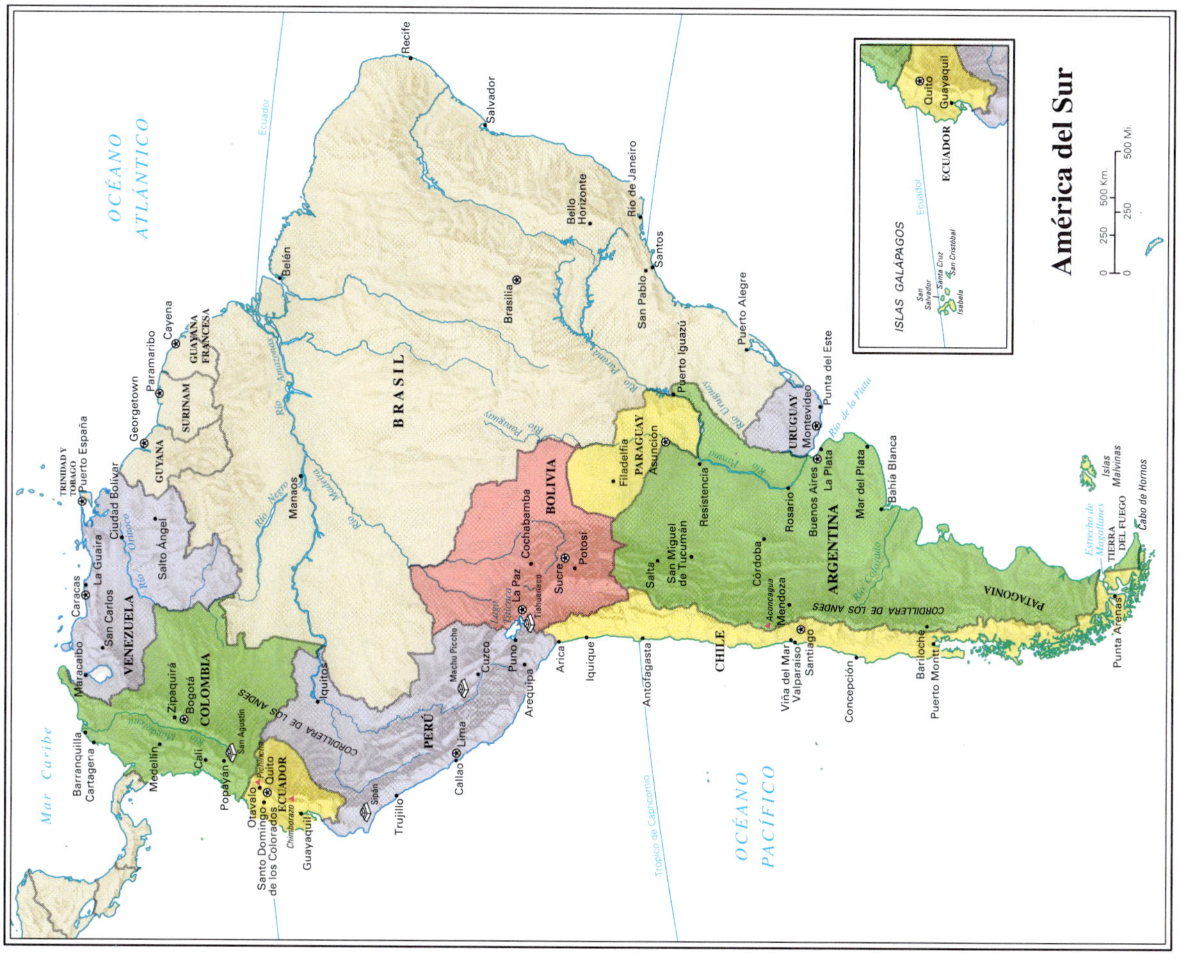